Gestillte Sehnsucht - starke Kinder!

ChrisTine Müller-Mettnau

Von Haptonomie, Geschwistern, Nähe und dem Mut natürlich zu stillen

Das Erfahrungsbuch und Nachschlagewerk

IMPRESSUM

1. Auflage 2005
2. Auflage 2009

Das Werk ist urheberrechtlich geschützt. Jede Verwertung ist ohne schriftliche Zustimmung unzulässig und strafbar. Das gilt insbesondere für Vervielfältigungen, Übersetzungen, Mikroverfilmen und die Einspeicherung in elektronischen Systemen.

Lektorat: Mag. Gundula Riedl
Beratung: Dagmar Neubronner vom Genius Verlag
Umschlagsfoto: Silke Püschel
Umschlagsgestaltung: John Dierauer, grafisches und digitales Atelier www.sculpt.ch
Layout: Andreas Seibert

Die Aussagen in diesem Werk werden durch eine Vielzahl von Quellenhinweisen belegt, vorzugsweise durch medizinische Fachbücher und Fachzeitschriften. Alle in diesem Buch enthaltenen Angaben, Daten, Ergebnisse etc. wurden von der Autorin nach bestem Wissen erstellt und von ihr mit größtmöglicher Sorgfalt überprüft. Gleichwohl sind inhaltliche Fehler nicht vollständig auszuschließen. Daher erfolgen die Angaben ohne jegliche Verpflichtung oder Garantie des Verlages oder der Autorin. Beide schließen deshalb jegliche Verantwortung und Haftung für etwaige inhaltliche Unrichtigkeiten aus.

Wenn der Leser auf Mängel oder Fehler stößt - und wie sollte er nicht? -, so ist er gebeten, diese nicht einem Zeitschriftsartikel anzuvertrauen, sondern seine Beanstandungen mir selbst mitzuteilen, damit ich diese in einer späteren Auflage berücksichtigen kann.

ISBN: 3-00-013379-8

EIGENVerlag

INHALTSVERZEICHNIS

IMPRESSUM	2
WIDMUNG	9
DANKSAGUNG	10
VORWORT	12
WARUM DIESES BUCH ENTSTANDEN IST	13

1 VÄTER — 15
- 1.1. Ein Wort an die Väter — 15
- 1.2. Vätergedanken zwischen Erleichterung, Neid und Eifersucht — 17
- 1.3. Von Vater zu Vater — 18
- 1.4. Langzeitstillen aus der Sicht eines Vaters — 23

2 HAPTONOMIE — 24
- 2.1. Was ist Haptonomie? — 24
    - 2.1.1. Wo steht die Anleitung zur Haptonomie? — 26
- 2.2. Warum ist der Körperkontakt für das Baby so unersetzlich? — 28
- 2.3. Wie wir zur Haptonomie kamen — 29
- 2.4. Das Paradies des absoluten und bedingungslosen Kontaktes — 30
- 2.5. Ein Mensch ist vor der Geburt eine Person — 31
    - 2.5.1. Worte zur Haptonomie von Hebamme Claudia Knie — 31
    - 2.5.2. Haptonomie im Appenzeller Hinterland — 32
- 2.6. Die haptonomische Begleitung in der Schwangerschaft - ein Erklärungsversuch — 32
    - 2.6.1. Andreas und Dieters Haptonomieerfahrungen — 34
- 2.7. Die Engramme eines wachsenden Menschenbabys — 39
- 2.8. Haptonomie mit dem Baby, Rückenprobleme und Übungen für die Geburt — 41
- 2.9. Pränatale Begleitung und Geburt — 42
    - 2.9.1. Die Haptonomie aus der Sicht des Vaters — 44
    - 2.9.2. Wie Christian Haptonomie als Vater empfand — 45
- 2.10 Der Umgang mit Haptonomie nach der Geburt — 46
- 2.11. Hapto-Psychotherapie — 51
- 2.12. Unsere Erfahrungen nach der Geburt — 52
- 2.13. Blähungen der Kinder: Eine Unsicherheit der Eltern? — 55
- 2.14. Kinder sollten geboren werden, wie sie es für richtig halten — 57
- 2.15. Veränderungen nach einer schweren Geburt — 58
- 2.16. Über Ängste und Kaiserschnitte — 58
    - 2.16.1. Das Kind in die Welt einladen — 59
- 2.17. Analyse von 130 haptonomischen Geburten — 61
- 2.18. Das haptonomisch begleitete Kind im Krabbelalter — 71
- 2.19. Erfahrungsberichte anderer Eltern mit haptonomischer Begleitung und Geburt — 71

2.19.1.	Haptonomiebericht in Form eines Fragebogens	72
2.19.2.	Wir haben das Baby eingeladen	73
2.19.3.	Unsere „Geschichte" zur Haptonomie	74
2.19.4.	Haptonomietagebuch 29. Schwangerschaftswoche bis Geburt	77
2.19.5.	Haptonomietagebuch in der Schwangerschaft	79
2.19.6.	Unser Wunder – über eine haptonomisch begleitete Schwangerschaft und Geburt	81
2.19.7.	Wir begannen mit der Haptonomie in der 14. Schwangerschaftswoche	85
2.19.8.	Haptonomie im Appenzeller Hinterland	86
2.19.9.	Haptonomische Begleitung bei Beckenendlage	87
2.19.10.	Wie die Haptonomie und unser Sohn unser Leben bereichert haben	89
2.19.11.	Unsere Erfahrung mit Haptonomie	97
2.20.	Was sagt die Umwelt zu Haptonomie und dem Umgang mit den Kindern?	98
2.21.	Geschwister bei der Geburt dabei?	98
2.22.	Was kann ich tun, wenn ich ohne Partner oder über der 29. Woche schwanger bin?	102
2.23.	Haptonomische Zukunftswünsche	103

3 STILLAUSWIRKUNGEN 104

3.1.	Ein Argument zum Stillen für alle Fälle, wenn keine anderen helfen	104
3.2.	Stillauswirkungen	104
3.3.	Stillmotivation	105
3.4.	Medizinische Vorteile des Stillens	106
3.4.1.	Stillen und erhöhter IQ	107
3.4.2.	Muttermilch als „Impfstoff"	108
3.4.3.	Muttermilch schützt vor Übergewicht	110
3.4.4.	Stillen reduziert kindliches Leukämierisiko	111
3.4.5.	Stillen reduziert kindliches Asthma-Risiko	112
3.4.6.	Muttermilch schützt Kinderherzen	112
3.4.7.	Ist die Vitamin D-Versorgung über Muttermilch beim Stillen ausreichend?	113
3.4.8.	Stillen und Brustkrebs	114
3.5.	Kranke Kinder und die Nährstoffe der Muttermilch	114
3.5.1.	Stillen von Frühgeborenen und Kindern mit Lippen-Kiefer-Gaumenspalte und Down-Syndrom	115
3.6.	Kann man ein krankes Kind wieder voll stillen?	117
3.7.	Kann das Kind zu viel nuckeln oder braucht es einen Nuckel?	120
3.8.	Körperliche Veränderungen: Wird die Brust vom Stillen hängen?	121
3.9.	Ökologische Stillbilanz	123

3.10.	Stillen und Ärzte	123
	3.10.1. Stillen im Sultanat Oman	126
	3.10.2. Warum Kleinkinder stillen	126
3.11.	„Gute" Ratschläge von anderen	128
3.12.	Stillen am Arbeitsplatz	129

4 MEDIZINISCHES, INTERESSANTES, PROBLEME UND LÖSUNGEN — 133

4.1.	Stillängste	133
4.2.	Vier Tipps für überempfindliche Brustwarzen	133
4.3.	Meine Erfahrungen mit wunden Brustwarzen	134
4.4.	Der Weg zum Milchfluss	135
4.5.	Stilltechnik	136
4.6.	Stillen alle zwei Stunden?	136
	4.6.1. Wie häufig stillen Säugetiere?	137
4.7.	Nach sechs Wochen war die Milch weg	139
4.8.	Stilltief am Nachmittag?	140
4.9.	Wie kann die Milchmenge gesteigert werden?	140
4.10.	Stillbedeutung und -verweigerung	142
4.11.	Stillprobleme lösen durch Homöopathie, Bio Chemie und Natur	143
4.12.	Milchstau	146
4.13.	Brustentzündung	147
4.14.	Der richtige BH	148
4.15.	Stillen und die geeignete Oberbekleidung	148
4.16.	Was ist Hexenmilch?	149
4.17.	Medikamente, Alkohol und Rauchen	149
	4.17.1 Stillen und Medikamente	149
	4.17.2. Stillen und Alkohol	150
	4.17.3. Stillen, Rauchen und vom Aufhören können	151
4.18.	Stillen und Zahngesundheit	152

5 STILLEN UND SCHLAFEN — 155

5.1.	Stillen und Einschlafen	155
5.2.	Wo soll das neue Baby schlafen?	156
	5.2.1. Stillen und das Familienbett aus anthropologischer Sicht	159
5.3.	Wenn das Bett zu eng wird	160
5.4.	Schlafen trotz Stillen	160
5.5.	Nächtliches Abstillen?	161
	5.5.1. Abstillgefühle	163
5.6.	Nächtliches Stillen mit einem Jahr und mehr	164
	5.6.1. Durchschlafen?	166

6 STILLEN IN DER SCHWANGERSCHAFT — 168

6.1.	Stillen und Fruchtbarkeit	168
	6.1.1. Natürliche Empfängnisregelung	168

6.2.	Stillen in der Schwangerschaft	171
6.2.1.	Fragen zum Stillen in der Schwangerschaft	178
6.2.2.	Entzieht Stillen in der Schwangerschaft meinem Baby notwendige Nährstoffe?	179
6.2.3.	Wie ist das mit Vitaminversorgung und Kalorieneinnahme?	179
6.2.4.	Wie kann ich die Milchproduktion aufrechterhalten, wenn ich schwanger bin?	180
6.2.5.	Stillen während der Wehen?	181
6.3.	Die Angst vor einer Fehlgeburt	181
6.3.1	„Muss ich meiner Frauenärztin sagen, dass ich noch stille?"	184
6.4.	Empfindliche Brustwarzen, Milchmenge und Milchgeschmack	184
6.5.	Soll man nicht doch in der Schwangerschaft abstillen?	187
6.6.	Stimmungsschwankungen und Vergesslichkeit	188
6.7.	Mütter berichten	189
6.8.	Stillen während der Schwangerschaft und Tandemstillen	192

7 LANGZEITSTILLEN — 195

7.1.	Weltgesundheitsorganisation, Studien, Empfehlungen von Experten	195
7.2.	Reicht denn die Muttermilch?	197
7.3.	„Wann soll ich zufüttern, Herr Doktor?"	198
7.3.1.	Wie lange stillen? Blick in andere Kulturen	202
7.3.2.	Stillen und zusätzliche Trinkmenge	203
7.3.3.	Mein Kind will nicht essen	203
7.4.	Der Zusammenhang des Fütterns und kleine Dinge Verschluckens	206
7.5.	Vorteile des Stillens über sechs Monate hinaus	207
7.5.1.	Stillen eines Kleinkindes	210
7.6.	Fragen und Antworten zum Essensbeginn	211
7.6.1.	Das nicht-ernährungsbedingte Saugen	216
7.7.	Stillen um das erste Lebensjahr	217
7.8.	Langzeitstillen in der Öffentlichkeit	217
7.8.1.	Positives beim Stillen in der Öffentlichkeit	219
7.8.2.	Kritik und Verunsicherung durch die Umwelt	220
7.9.	Umweltreaktionen	221
7.9.1.	Wie kann man Argumente gegen das Stillen entkräften?	222
7.9.2.	Berichte und Umgang mit Kommentaren von Anderen	223
7.10.	Codewörter fürs Langzeitstillen	225
7.11.	Langzeitstillmütter berichten	228
7.11.1.	Ich sehe gar nicht so aus	230
7.11.2.	Gibt es wirklich so wenige Tandemmuttis?	231
7.11.3.	Stillen im Kampf gegen Fertignahrung und Umwelt	232
7.12.	Stillen und Abhängigkeit	235
7.12.1.	Will eine Mutter durchs Stillen das Kind an sich binden?	236
7.12.2.	Stillen und Trösten	238
7.13.	Ich stille oder das Kind stillt?	240

7.14.	Wie die Kinder die andere Seite zum Stillen einfordern	241
7.15.	Zwicken und Beißen	242
7.16.	Einige Stillgeschichtchen	249
7.17.	Sexualität und Stillen	251
	7.17.1. Argument: Stillen und Sexualität	251
	7.17.2. Homosexualität durch Langzeitstillen?	252
	7.17.3. Aufklärung	253
7.18.	Hat es Vorteile, dem Kind selber das Abstillen zu überlassen?	253
	7.18.1. Das natürliche Abstillalter	254
7.19.	Ist langes Stillen ein gesundheitliches Risiko für das Kind?	256
7.20.	Ein früher langzeitgestillter Erwachsener berichtet	259
7.21.	Unterstützung beim Langzeitstillen	260

8 TANDEMSTILLEN — 261

8.1.	Warum Tandemstillen?	261
	8.1.1. „Tandemstillen – was ist das? Ist es etwas für dich?"	265
8.2.	Sollte eine Mutter wirklich Tandemstillen?	269
	8.2.1. Tandemstillen fördert die Geschwisterliebe	269
	8.2.2. Familienstillen	271
	8.2.3. Bericht: Stillen in der Schwangerschaft und Tandemstillen	272
8.3.	Welches Kind bekommt welche Milch?	274
	8.3.1. Blähungen durch Tandemstillen?	276
8.4.	Interessante Fragen zum Tandemstillen	276
	8.4.1. Wieviele zusätzliche Kalorien muss ich während des Tandemstillens zu mir nehmen?	279
8.5.	Stillen nach der Geburt des Geschwisterchens	279
	8.5.1. Gibt es notwendige hygienische Maßnahmen, wenn man beide Kinder stillt?	285
8.6.	Wenn beide Kinder gleichzeitig trinken wollen	286
8.7.	Tandemstillhaltungen	288
8.8.	Das Geschwister trinkt dem Baby alles weg?	291
	8.8.1. Zwei Brüste – zwei Kinder	293
8.9.	Stillen und Schlafen des älteren Kindes nach der Geburt des Geschwisterchens	295
		295
	8.9.1. Nächtliches Abstillen	297
8.10.	Sorgt Tandemstillen für mehr Eifersucht?	298
	8.10.1. Geben und Nehmen	301
8.11.	Aufschieben vom Stillen bei Kleinkindern	303
8.12.	Übersteht man Tandemstillen körperlich?	305
8.13.	Soll man nicht doch abstillen?	307
8.14.	Sind Krankheiten durch Tandemstillen übertragbar?	309
8.15.	Wie reagieren andere Menschen auf Tandemstillen?	309
8.16.	Wie Tandemstillkinder auf die Umwelt reagieren	310
8.17.	Futterneid: Hört das ältere Kind überhaupt jemals mit dem	

Stillen auf, wenn es das Jüngere dabei zusieht?	311
8.18. So war es bei uns: Tandemstillberichte life und in Farbe	312
8.18.1. Zwei in einem	312
8.18.2. Auf dem Weg zu besseren Gefühlen	313
8.18.3. Eine anstrengende Zeit	314
8.18.4. Zweimal zwei: Schön und anstrengend	315
8.18.5. Ein Anker: Die Entscheidung muss langsam wachsen	317
8.18.6. Beiden Kindern Glück geben	317
8.18.7. Unterstützung	318
8.18.8. In jedem Arm ein Kind: Ausdruck größten Glücks	319
8.18.9. Erneuter Stillbeginn des Älteren - es war für beide gut	321
8.18.10. Unterstützung bei Einmischung: Heute würde ich länger stillen	321
8.18.11. Zwei widerstandsfähige Stillkinder	322
8.18.12. Höhen und Tiefen	323
8.18.13. Die Kinder können selbst bestimmen	324
8.18.14. Händchen halten oder keine Dummheiten durchs Mitstillen	326
8.18.15. Einfach nur stillen	328
8.18.16. Mal zehn Minuten Ruhe	330
8.18.17. Milchgeschwister	332
8.19. Abstillgeschichten von Geschwisterkindern	334
8.20. Das Stillen von Mehrlingen?	341
8.21. Tandemstillen bei Tieren	346

9 FACHARBEIT ZUM THEMA TANDEMSTILLEN — **347**

Nachwort — **353**

Stillbericht einer Außerirdischen nach einem Besuch auf der Erde — 353

Lese-, Buchtipps und Internetseiten — **355**

Buchempfehlungen vor der Geburt	355
Stillen von frühgeborenen Kindern und Babys mit Down Syndrom und LKG	356
Link zum Schlafen	356
Link zur Haptonomie	356
Lesetipps: Mit zwei Monaten des Kindes:	357
Lesetipps: Mit 5 - 12 Monaten des Kindes	357
Lesetipps: nach oder vor der Geburt eines weiteren Kindes	357
Links zum Tandemstillen	358
Hilfreiche Adressen	358
Links zum Thema Stillen während der Schwangerschaft	358
Links zum Thema Stillen	359
Literaturverzeichnis	360
Stichwortverzeichnis	364

WIDMUNG

Dieses Buch ist der Haptonomie und Dr. Djalali in Düsseldorf gewidmet, ohne die ich vielleicht überhaupt nicht, sicher nicht so lange und ganz sicher schon gar nicht zwei Geschwisterkinder gestillt hätte.

DANKSAGUNG

Ich danke Gott, für den Weg, den ich fand, meinen Kindern Liebe und Nähe zu geben. Und für seine Führung, sowie die vielen ehrenamtlichen Helfer, die dieses Buch erscheinen ließen.

Ich danke den Familien, die ihre sehr persönlichen Fotos zur Verfügung gestellt haben.
Die Namen sind der Autorin alle bekannt und die Rechte an den Bildern bleiben bei den Abgebildeten.

Ich danke meiner mutigen Mutter Renate Klotz, die mir selbst (trotz aller damals üblichen Baby-Behandlungsmethoden) eine schöne Geburt im Vaterhaus ermöglichte und sich mit viel Liebe (und trotz kalter Umschläge gegen den Milcheinschuss) in das Abenteuer des Stillens stürzte.

Ich danke meinem Vater Herbert Klotz von ganzem Herzen, weil er ihr beides nicht ausredete und uns eine Kindheit zu Hause ermöglichte.
Und ich danke meinen beiden Eltern, die mir soviel Kraft mitgaben, den Dickkopf zu bekommen, meinen Weg zu gehen.

Ich danke Dr. Djalali für die haptonomische Begleitung, für seine Geduld und guten Nerven, seine vielen ausgezeichneten Texte in diesem Buch, sowie den verbalen Tritt, den er mir zum Stillen und gegen das Zufüttern verpasste.

Dank sei den unermüdlichen Hebammen Helene Platen und Mascha Klemme, die mich bei den anfänglich großen Stillschwierigkeiten trösteten und mir die notwendige Sicherheit gaben.

Dank sei der Stillvereinigung La Leche Liga, ohne deren Unterstützung, aktive Hilfe und wunderbare Arbeit ich sicher den Mut verloren hätte, als ich nicht weiter wusste.

Ich danke meinem Chef Dr. Uwe Ryguschik, weil ich nacheinander meine vier Kinder (und ihren sie betreuenden Vater) zum Vollstillen für lange Zeit mit in die Zahnarztpraxis bringen durfte. Ich freue mich, dass meinem Chef dadurch gedankt wurde, dass ich nie wegen Krankheit eines meiner Kinder vom Dienst fernbleiben musste
Ich danke „be-mom", dem Versand für Stillkleidung für die reichhaltige Unterstützung und ein ganz besonderer Dank gebührt Mag. Gundula Riedl von „be-mom" für ihre unermüdliche, ehrenamtliche und ausführliche Lektorarbeit, ohne die dieses Buch undenkbar gewesen wäre. Ihr müsste ich eigentlich zum Dank ein Schloss bauen.

Dank an Angela Cevallos, deren arbeitsintensive Facharbeit über Tandemstillen mit in dieses Buch aufgenommen werden durfte.
Kinderbuchautorin Claudia Joller, die das Buch als wichtiges Kind betrachtete und viel Zeit mit Übersetzungen, Texten, Anregungen, Begleitung und Erziehung dieses Kindes verbrachte.

Den fleißigen Übersetzern, vor allem Cordula Kolarik, gebührt Dank und Anerkennung für ihre schwierige, gründliche Arbeit und der Beantwortung meiner unerschöpflichen Fragen über Quellen und Literaturverzeichnisse.

Ich bedanke mich bei der Deutschlehrerin Rosemarie Kolarik, die ihren ganzen Italienurlaub mit diesem Buchskript und dessen neuer Rechtschreibung verbrachte, obwohl sie mich nicht einmal kannte. Sie hat mich damit glücklich gemacht.
Den Deutschlehrerinnen Elke Yersin und Maria Hess, die Anregungen und weitere Korrekturen suchten.

Ich danke meiner Freundin und Redakteurin Anke Kühnemund, für ihre ständige Begleitung, ihren vielen guten Texten, sachlichen Kommentaren und ihrer großartigen Hilfeleistung für dieses Gesamtwerk!

Größter Dank gilt dem gesamten Team (Mikel Dennis Watermann, Florian Müller, Dennis Bergfeldt, Siglinde Strauch, Oliver Katzor) von FlasherDeLuxe (www.flasherdeluxe.de/) und OK-IT-FUTURE (www.ok-it-future.de), insbesondere Alexandra Bergmann, für die tatkräftige Unterstützung der Gestaltung und Programmierung unserer Internetpräsentation www.tandemstillen.de/, die sie in so vielen professionellen, aber ehrenamtlichen Stunden erstellt haben!
Ganz besonders lieben Dank an Uwe Schmiedecke, der sich so viel Zeit für das Manuskript, die Fußnoten, das Inhaltsverzeichnis und einzelne Formulierungen nahm. Er stellte aus männlicher Sicht ganz andere Verständnisfragen - und war damit eine große Bereicherung für das Buch. Er las und korrigierte das Script immer wieder und hat Unmengen meiner fragenden E-Mails so kompetent, schnell und zeitaufwendig beantwortet.

Dank sei dir John Dierauer vom grafischen und digitalen Atelier für das ehrenamtliche Erstellen des wunderbaren Buchesumschlages.

Danke für unseren Layouter Andreas und John, die keine Mühe und Stunden scheuten eine Druckversion zu erstellen.
Einen herzlichen Dank für liebe Spender! Besonders an Andrea Hornegg aus Österreich, die die Einnahme von 60 Euro aus ihrer Stillgruppenkasse für das Buch spendete, was mich sehr berührte.

Vielen Dank meinen wundervollen Helfern und Beratern Stefan Städtler-Ley vom Saga-Verlag, Dagmar Neubronner vom Genius Verlag und Christa Mayer (Grafikerin), die mir stets antworteten und mir bei wichtigen Entscheidungen halfen.
Und einen großen Dank an alle Mütter und Väter, deren Zitate ich verwenden durfte, um sie anderen zugänglich zu machen. Des Weiteren allen die einen Tandem- oder Haponomiefragebogen ausfüllten, oder sogar einen Bericht schrieben. Dies alles war und ist nicht selbstverständlich. Ich weiß das zu schätzen und danke von Herzen im Namen der Kinder und Geschwisterkinder, die davon profitieren werden.

Den größten Dank verdient jedoch mein lieber und tapferer Mann Andreas, ohne den ein volles Stillen von einem Jahr und länger bei Berufsaufnahme nach acht Wochen nicht möglich gewesen wäre.

VORWORT

Die Lektüre dieses Buches hat mir wieder einmal zwei Aspekte vor Augen geführt, die mir bei meinem tagtäglichen intensiven Umgang mit Schwangerschaft und Geburt schon oft aufgefallen sind: Zum einen die Tatsache, dass eine positiv erlebte Schwangerschaft und besonders die Geburt, ein so tief schürfendes emotionales Erlebnis ist, dass es die gesamte Lebenseinstellung der Frau und dadurch unweigerlich ihr ganzes Lebensgefüge radikal verändert, wobei positive Erfahrung nicht unbedingt mit einer leichten Geburt gleichgesetzt werden darf. Und daneben steht jedoch die gleichzeitig große Schwierigkeit, fast Unmöglichkeit, diese Erfahrungen hinterher in Worte zu fassen und anderen Frauen weiterzugeben. Worte können Erfahrungen niemals ersetzen.

Aber müssen wir deswegen aufgeben, anderen Menschen diese Erfahrungen zur Verfügung zu stellen? Die Autorin dieses Buches stellt mit ungeheurem Engagement den Wunsch, andere Menschen an ihren Erlebnissen und dadurch gewonnenen Einsichten teilhaben zu lassen, über die Schwierigkeiten, dies in Worte zu fassen. Das zeigt einmal mehr, wie einschneidend diese Erlebnisse für ihr Leben gewesen sein müssen, wenn sie bereit ist, neben einer intensiven Betreuung von drei kleinen Kindern, eine solche Belastung auf sich zu nehmen, die doch augenscheinlich nur an eine Sisyphusarbeit grenzen kann.

Aber ich bin sicher, dass es das wert ist- für alle Frauen und ihre Kinder. Denn trotz allem sind Worte immer noch der Schlüssel, um andere Menschen zu erreichen.

Aus diesem Grund habe ich mich bereit erklärt, das Vorwort zu diesem Buch zu verfassen. Meine über zwanzigjährige Erfahrung mit Schwangerschaft, Geburt und Begleitung der Familie danach, die mir Erkenntnisse über die Entwicklungen von Tausenden, über lange Jahre gestillter Kindern beschert hat, führt mich zu der radikalen Einstellung, dass es keinerlei Alternative zum Stillen gibt. Ein Stillen, dessen Dauer und Intensität vom Kind selber bestimmt wird. Unter der Voraussetzung, dass ihm dies von der Mutter vertrauens- und bedingungslos zugestanden wird, entscheidet erfahrungsgemäß jedes Kind durchschnittlich um das fünfte Lebensjahr herum, sich selbst abzustillen.
Aufgrund fehlenden Vertrauens zum Kind, findet dies jedoch höchst selten statt. Warum?

Das Stillen ist mit keiner anderen Tätigkeit zu vergleichen und deshalb weder eine Frage der Intellektualität noch theoretisch - rational vermittelbar. Im Gegenteil, es ist eine höchst emotionale Angelegenheit, die unmittelbar mit den Gefühlen von Mutter und Kind während der Schwangerschaft und unter der Geburt zusammenhängt. Je positiver die Geburtserfahrung, desto selbstverständlicher das Stillen. Die haptonomische Schwangerschaftsbegleitung durch einen seriös ausgebildeten und erfahrenen Geburtshelfer oder eine Hebamme, ist eine optimale Grundlage dafür. Eine Frau, die durch einen unnötigen Kaiserschnitt ihrer natürlichen Geburtserfahrung beraubt wird, oder eine Frau, die durch Manipulationen der natürlichen Geburt (Einleitung, Periduralanästhesie[1], Zange, Saugglocke etc.) keine positiven Geburtserfahrungen sammeln konnte, hat immer große Schwierigkeiten, überhaupt eine Bindung zu ihrem Kind aufzubauen und deswegen die ständige, intensive Nähe beim Stillen zuzulassen.

Um das Ziel zu erreichen, dass die Frauen aus einer Selbstverständlichkeit heraus ihre Kinder intensiv und langfristig stillen, muss also die Situation der Geburt grundlegend

---

[1] eine rückenmarksnahe Regionalanästhesie (Schmerzausschaltung), die eine Schmerzfreiheit der unteren Körperregion hervorruft. Der Patient ist während der Periduralanästhesie „hellwach".

geändert werden. Die Änderung aber kann nur von den Frauen selber herbeigeführt werden. Sie dürfen nicht warten, mit der Hoffnung, dass die Mediziner ihnen vielleicht eines Tages die Kompetenz der fraulichen Fähigkeiten zum Gebären und zum Stillen, zurückgeben - in einer Zeit, wo in der Geburtshilfe die ernsthafte Diskussion geführt wird, ob die natürliche Geburt überhaupt noch zugelassen werden soll.

Einen Anstoß zur Veränderung wagt Tine Müller-Mettnau mit diesem Buch.

Dr. Mehdi Djalali, Düsseldorf, 2005

WARUM DIESES BUCH ENTSTANDEN IST

Ich bin überzeugt, dass auch die Kinder dieser westlichen Welt die besondere Nähe und Liebe brauchen, die das Stillen bietet. Dieses Buch soll allen Müttern Mut machen, sich auf die eigenen natürlichen Bedürfnisse und die ihrer Kinder einzulassen.

Es geht in diesem Buch um Haptonomie, lange Stillen, Zwillings- und Tandemstillen[2]. Hierzu sollen möglichst viele verschiedene Erfahrungsberichte vorgestellt werden, um einen breiten und authentischen Eindruck zu den Themen zu erhalten. Das Buch kann auch als Nachschlagewerk für die verschiedenen Themen verstanden und benutzt werden.

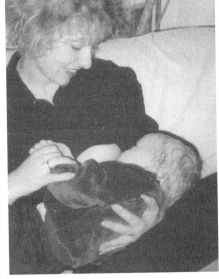

Drei Jahre lang habe ich in drei Ländern Aussagen und Berichte von Eltern gesucht, weil ich es sehr viel aussagekräftiger finde, als wenn nur eine Mutter etwas zu diesem Thema schreiben würde. Um das Buch nicht unnötig in die Länge zu ziehen, habe ich sehr viele Zitate unkommentiert aufgenommen, weil sie für sich sprechen. Viele Aussagen wurden nur wenig gekürzt. Wie in einem Lexikon können Kapitel, die zur Zeit nicht interessieren, überblättert und später gelesen werden.

Einige rieten mir das Buch drastisch zu kürzen, jedoch gibt es für Interessierte nur wenige Gelegenheiten Familien mit Haptonomieerfahrungen oder zum Tandemstillen zu befragen. Schwangere und stillende Leserinnen des Vor-Entwurfes sogen die Fülle förmlich auf, genossen und profitierten gerade von der Sammlung vieler verschiedener Eltern zu diesen Themen. Wenn sich manches zu wiederholen scheint, ist es doch aus verschiedenen Blickwinkeln beleuchtet.

Erfahren Sie[3], dass auch andere Mütter in dieser Situation sind und dass das Vorhaben zu bewältigen ist. Weil die Seele geduzt werden will und es sich um so persönliche Themen handelt, werde ich „Sie" ab nun mit dem vertraulicheren „du" ansprechen.
Es ist übrigens kein Mythos, dass zwischen Tandemstillgeschwistern[4] eine besondere

---

[2]Tandemstillen bedeutet, zwei Kinder verschiedenen Alters gleichzeitig oder nacheinander zu stillen.

[3] Ich werde von nun an du sagen, denn die Seele will geduzt werden. Sehr intime Themen werden zur Sprache gebracht und ein „du" erscheint mir da einfach angebrachter.

und wunderbare Geschwisterbeziehung entsteht und diese Kinder anders miteinander umgehen. Umdenken und anderes Umgehen mit den Bedürfnissen unserer Kinder kann unsere Welt um vieles schöner machen.

Dieses Buch hat einen sehr persönlichen Hintergrund: Viele Dinge gingen mir in meiner zweiten Schwangerschaft gerade beim Stillen meines ersten Sohnes durch den Kopf. Mein Zweijähriger hatte sich noch nicht abgestillt; Mein Bauch wurde dicker, die Fragen dringender und ich fand nicht genug Antworten. Die La Leche Liga brachte ein Buch heraus, das „Kleine gestillte Persönchen" heißt. Es ist ein wunderbares Buch und wird dir viel Kraft geben, wenn du in Ihrer Umgebung nicht einige lang stillende Frauen hast.

Ich hatte gelesen, dass Reizungen der Brustwarzen in der Schwangerschaft Wehen auslösen können, und kam ins Grübeln. Durch Gespräche und gesunden Menschenverstand wuchs in mir die Überzeugung, dass dies nicht sein muss, wenn man nicht aufhört zu stillen. Wilde Wehen sind zwar möglich, aber die Frau kann darauf reagieren. Ich konnte keine Mutter finden, bei der eine Geburt durch das Stillen des älteren Kindes eingeleitet wurde. Sicher auch deshalb, weil das Baby selbst an der Auslösung der geburtsaktiven Wehen beteiligt ist, wie man jetzt endlich herausgefunden hat.

Mit jedem weiteren Zentimeter Bauchumfang kamen mir weitere Zweifel, ob und wie ich es schaffen könnte, zwei Kinder zu stillen, da mein Sohn sehr an der Muttermilch hing. Ich wollte ihm auf keinen Fall wehtun, denn er sollte sich natürlich abstillen dürfen, (also wann und wie er es für richtig hielt). So wurde ich langsam dicker und ratloser und machte mich auf, etwas über Frauen zu suchen, die zwei Kinder stillen oder gestillt haben.

Die Stillvereinigung La Leche Liga gibt die Zeitung mit dem (damaligen) Namen „Bulletin"[5] heraus. Vor einigen Jahren erschien ein Heft, in dem ein wenig über Tandemstillen berichtet wurde. Aber das genügte meinem Wissensdurst nicht und beantwortete längst nicht alle meine Fragen.

Über das Stichwort Tandemstillen fand ich im Buchhandel nichts. In Europa werden die meisten Kinder gegen ihren Willen in einem Alter abgestillt, in dem sie sich nur durch Weinen (vergeblich) wehren können.

Als eine Brieffreundin eine Stillfortbildung machte, bat sie mich um Tandemstillbilder, die in Europa selten zu finden sind. Dies ändert sich langsam. Dieses Buch will dir Mut machen und alles wiedergeben, was ich über das Stillen und Haptonomie lernen durfte, sammeln konnte und wovon ich glaube, dass es für dich und deine Kinder wichtig sein könnte.

---

[4] Tandemstillen bedeutet, zwei Kinder verschiedenen Alters gleichzeitig oder nacheinander zu stillen.
[5] Heute „Wirbelwind"

1. VÄTER

1.1. Ein Wort an die Väter

Ihr Männer seid wichtig! David Steward schreibt:

„Vaterschaft ist der Gipfel der Männlichkeit. Vater sein kann nur ein Mann."

Der Mann hat mit dem Stillen unbewusst ein großes Problem, weil das Kind durch die Brust ruhig wird. Männern ist diese Lösung nicht möglich: die Frau bleibt immer die Hauptperson, weil sie das Kind nährt. Für Männer ist das eine schwere Zeit. Mein Mann und ich hatten während der ersten Monate größere Machtkämpfe, wissen jetzt aber, warum; nun geht es uns besser.

Die La Leche Liga hat ein Faltblatt über Stillen und Männer herausgegeben: besser kann man es gar nicht beschreiben. Wichtig ist, dass beide Eltern sich seelische Unterstützung holen können.
Ich habe sie mir aus Büchern geholt und bei mehreren La-Leche-Stillberaterinnen.
Es gibt auch Stilltreffen, die veranstaltet werden und bei denen auch Väter direkt eingeladen werden. Es hilft, zu reden und zu wissen, dass man nicht allein ist.

Es gibt Väter, die gegen das Stillen sind und sich unbewusst mit ihrer eigenen Mutter zusammentun. An sie und alle Betroffenen sei dieses Wort einer befreundeten Mutter und Stillberaterin gerichtet:

Gunde:
„Mein Mann und ich hatten uns oft in den Haaren wegen nächtlichem Stillen usw. Ich habe es gehasst, wenn er die Diagnose `Hunger´ stellte und mir meine Tochter, die vorher vom stolzen Vater herumgereicht wurde und nach Schwiegermutters Parfüm roch, in den Arm drückte. Wir haben daran gearbeitet und hatten bei Bennet (sieben Jahre später) diese Kämpfe nicht mehr. Mein Mann war nicht mehr `Mitmutter´, sondern Vater und Partner.
Über Kommentare der Verwandtschaft oder des Kollegenkreises können wir lachen, ich fühle mich sicher mit ihm.
Vielleicht hätte er an meiner Stelle nicht so lange oder so oft gestillt wie ich, aber ich bin nicht er und ich bin nun mal die Mutter. Er soll seinen (Vater-)Job gut machen, und das tut er wirklich. Aber da sind so viele unbefriedigte Bedürfnisse... Das erste eigene Kind ist eine gute Chance, sich mit der eigenen Kindheit auseinanderzusetzen und mit ihr abzuschließen.
Beim Stillen deiner Kinder bist du der Boss; dein Mann sollte dir den Rücken stärken. Dafür muss er aber dein Partner und nicht mehr der Sohn seiner Mutter sein. Dann setzt er dich auch nicht mehr unter Druck (`vor dem Essen keine Muttermilch´, `im Sommer sollst du abstillen...´), sondern ihr findet eine gemeinsame Lösung, die beide zufrieden stellt."

Es ist klar, dass es einem Mann weh tut, dass er das Kind nie so schnell und gründlich beruhigen kann wie die Mutter(brust). Und die Eifersucht, dass beide etwas teilen, wovon er ausgeschlossen ist, ist ebenfalls natürlich.

In so einem Moment wäre es schön, wenn auch die Frauen „ihre" Männer verstehen und unterstützen. Das Bedürfnis der Frau nach Körperkontakt wird durch Stillen und Halten des Babys gedeckt, das des Mannes nicht.

An der Stillbeziehung und der Milchmenge sind die Männer sicher maßgeblich beteiligt, indem sie die Frau zusätzlich belasten oder ihr den Rücken freihalten. Der Job des Mannes ist wichtig: er soll und kann Mutter und Kind umsorgen und Rückhalt bieten. Eine allein erziehende Mutter hat diesen Vorteil nicht. Deshalb will ich den Männern sagen: ihr seid wichtig.

Es gibt viele Aufgaben, die der Mann übernehmen kann, wenn er möchte, die ihn in die Beziehung integrieren: z.B. könnte dies das Baden des Kindes sein. Mein Mann übernahm lange Zeit oft den „Windelservice" – wie wir es nannten –, weil ich mir das Becken gebrochen hatte. Es sollte seine Aufgabe bleiben. Wichtig ist, dass die Frau dem Mann die Bewältigung der Aufgabe zutraut und nicht ständig auf Fehler wartet und sie kommentiert. Auch wenn das Windeln oder Geschirrtrocknen anfangs langwierig und ungeschickt scheinen, schadet sie allen Beteiligten, wenn sie sich mit gut gemeinten Ratschlägen einmischt. Männer können und werden alles lernen.

Yvonne Bergolte meint dazu:
„Ich beschloss während der Schwangerschaft, nicht zu stillen, und informierte mich daher erst gar nicht. Doch als der kleine Mann auf meinem Bauch lag, merkte ich, dass ich das Stillen durchaus mit meinem Körper vereinbaren könnte und entschied mich dafür.
Vor der Geburt hatte ich Angst, mich der Hebamme, dem Arzt, allen im Kreißsaal Anwesenden in einer Stresssituation und nackt zu überlassen; mein Eindruck von Gebärenden war, dass sie ihre Existenz als Frau verlieren und nur noch nackte Geburtsteilnehmerin sind; vollends Stillen fordert die Preisgabe der Brust, des letzten Körperteils, der während der Geburt nicht von Fremden `benutzt´ wird. Sämtliche Tabus schienen mir durch eine Geburt außer Kraft gesetzt zu sein: Mutterschutzuntersuchungen, Dammschnitt, Köpfchen – Fühlen, den Rest der Plazenta aus der Gebärmutter herausholen (was mir erspart geblieben ist)... Björn war völlig nackt, winzig, erschöpft und vertraute mir bedingungslos.
Während ich so Angst gehabt hatte, anderen zu vertrauen. Es war völlig normal, ihm alles Nötige zu geben: es war kein Nehmen von Björn, sondern ein Geben von mir.
An diesem Morgen waren ungezählte werdende Mütter bei den Kreißsälen, sodass die gestresste Hebamme vergaß, mir das Anlegen zu erklären. Am zweiten Tag nach der Geburt wurde ich gefragt, ob ich stillen wollte; natürlich wollte Björn das gern. Und nach vier Wochen ging es sogar ohne Stillhütchen.
Ab diesem Zeitpunkt begann ich, Literatur zum Thema `Stillen´ zu lesen. Die Problematik des Mannes auf diesem Gebiet wurde (manchmal sehr eindrücklich) dargestellt. Besonders das, was zwischen den Zeilen stand, brachte mich zum Nachdenken; auch wenn man weiß, wer die Artikel verfasst hat, bleiben sie doch nicht wirkungslos. Ein Beispiel wäre die Überschrift `Jetzt kann der Vater füttern, nicht nur wickeln - ... Väter entdecken beim Füttern, wieviel Zärtlichkeit man einem Kind geben kann´ (`Milch, die Babys brauchen´, Nestlé), die mich fragen ließ, ob Stillen dem Vater eine (vielleicht wertvolle und schöne) Erfahrung vorenthalten könne. Ein anderes Beispiel: `Bei dieser Art von Zweierbeziehung müssen sich Väter fast zwangsläufig fragen, wo sie bleiben und was für sie an Aufmerksamkeit und Liebe übrig bleibt ... Aber manche Reaktionen verraten doch die Zwiespältigkeit, die letztendlich verständlich ist ... Sie übernehmen zwar Babypflichten wie Wickeln und Baden, aber der richtige Spaß kommt dabei nicht auf. Sie sind launisch und im wahrsten Sinne des Wortes verschnupft. Das Wirrwarr der Gefühle kann auch Kopfschmerzen machen

oder Lust, für Stunden das Weite zu suchen, um sich bei Freunden oder Kollegen etwas Bestätigung zu suchen ... Sicher ist Stillen einer Frau vorbehalten, aber es ist kein gutes Mittel, um machtvoll Weiblichkeit oder Opferbereitschaft zu demonstrieren...´ – mein Gott, ich still doch nur, das kann eine Beziehungskrise hervorrufen?

Im Klartext lautet die Botschaft: Ich stille – mein Mann ist unglücklich – mein Kind hat keinen ´richtigen´ Vater.
Es dauerte lange, bis Björn und ich aufeinander eingespielt waren. In den ersten drei Wochen unterstützte mich mein Mann nach Kräften und ohne ihn hätte ich die Wachstumsphasen wohl nicht über ´stillt´. Unsere Sexualität hat nicht gelitten, weil er die körperlichen Veränderungen als natürlich ansieht, was mir die Kraft gab, ebenfalls damit - z.B. den enormen BH-Größe – umzugehen. Ich war stolz, sagen zu können: Ich stille voll.
Rede ich heute – fünf Monate später - mit Müttern, deren Partner Probleme mit dem Stillen haben, muss ich meinem Mann ein großes Danke aussprechen. Ich bin wirklich stolz auf uns: dass Peter so gut klar kommt, dass Björn so gut genährt ist und ich kein Problem habe, in Restaurants zu stillen. Wenn es für Björn ganz normal ist, sich an die Brust zu drehen, dass er, wenn er nachts trinkt und ich sage ´komm, wir tauschen´ – die Brust loslässt und sich zur anderen wendet. Ich bin froh, noch zu stillen: das Wissen, meinem Kind etwas wirklich Gutes tun zu können, das es selber genießt."

1.2. Vätergedanken zwischen Erleichterung, Neid und Eifersucht

von Dr. Michael Adam, Leiter des Geburtshauses Nußdorf in Wien, Österreich:
„Stillende Frauen, der Inbegriff des Mutterglücks. Und was ist mit den Vätern? Braucht die keiner mehr? Bedeuten Gedanken wie ´Was für ein Glück, dass sie stillt!´, übersetzt ins männliche Alltagsdeutsch ´Ich habe ungestört schlafen können´? Oder die klamme Frage: ´Wird ihre Brust wieder einmal mehr mit mir zu tun haben als bloß Nahrungsspender für das Baby sein?´ Was wiederum soviel bedeutet ´Und wo bleiben meine Bedürfnisse?´ Frauen zwischen Partnerin und Ernährerin der (gemeinsamen?) Kinder - ein heißes Thema. Hin- und herbewegt zwischen biologischer Notwendigkeit und rationaler Einsicht auf der einen und emotionalen männlichen Bedürfnissen auf der anderen Seite schwankt die Befindlichkeit der Männer stillender Frauen.

Wir Männer wissen um die Bedeutung des Stillens, und weil wir rational gesteuerte Wesen sind, unterstützen wir das auch nach bestem Wissen. Es tut unseren Kindern gut und letztlich auch unserer Brieftasche nicht schlecht, wenn unsere Kinder möglichst lange, aber zumindest sechs Monate voll gestillt werden. Nebenbei bemerkt, gilt das wegen des unglaublichen Nutzens für die gesamte Volkswirtschaft. Wir wissen um die körperliche und emotionale Bedeutung des Stillens, seinen bis ins Schulalter nachweisbaren Schutz vor Infektionen, seine Bedeutung für die richtige Kiefer-, Gaumen- und Zahnentwicklung., Das Leukämierisiko sinkt deutlich, Allergien sind seltener und auch das Risiko an Asthma zu erkranken, sinkt. Der Intelligenzquotient - so unglaublich es klingt - steigt um einige Punkte und das Brustkrebsrisiko stillender Mütter sinkt. Das alles wissen wir. Wissen wir Männer.

Aber wo bleibt die andere Seite? Wer spricht darüber, dass stillende junge Mütter deutlich weniger Interesse an ihren Männern im Allgemeinen und an der Sexualität im Besonderen haben? Ein Jahr dauert es im Durchschnitt, bis das sexuelle Verlangen wiederhergestellt ist.
Ein Jahr, in das wir unvermittelt und meist auch unvorbereitet hineinstolpern, oder besser

hineingestoßen werden. Geburtsvorbereitung gibt es heute (fast) in jedem Dorf. Aber Vatervorbereitung?

Dieses Jahr steht ganz klar im Zeichen des Neugeborenen und seiner Bedürfnisse. Gleich danach kommen die Bedürfnisse und oft auch die Überforderung der jungen Mutter. Chronisch unausgeschlafen und ganz mit der Anpassung an die neue Rolle beschäftigt, ist sie vollkommen ausgelastet. Dazu bedeutet diese Rolle oft auch eine nicht zu unterschätzende Isolation. Die Einschränkungen, denen junge Mütter unterworfen sind, sollte man nicht unterschätzen. Wir haben die Möglichkeit der Abwechslung in unserer Arbeit.

Vielleicht erschrecke ich manche unter Ihnen, die (noch?) keine Kinder haben.
Ich bin gerne Vater und es war sicher die lebensverändernste Entscheidung meines ganzen Daseins. Sie hat mir auch viele Konflikte und Auseinandersetzungen beschert. Trotzdem habe ich sie keine Sekunde bereut, keine einzige Sekunde.

Unsere Frauen und Partnerinnen brauchen unser ganzes Verständnis, auch wenn es in diesem Jahr eher einer schiefen Ebene gleicht als einem partnerschaftlichen Miteinander. ´Eh klar´, werden jetzt die meisten unter Ihnen sagen.
Aber auch die Männer benötigen das ganze Verständnis ihrer Partnerinnen. Es ist ganz sicher kein Zufall, dass gerade im ersten Jahr nach der Geburt eines Kindes so manche Beziehung zerbricht. Meinen Geschlechtsgenossen möchte ich das ins Stammbuch schreiben.

Den Partnerinnen aber möchte ich sagen, dass es uns sehr freuen würde, wenn man uns gelegentlich fragen würde, wie es uns denn geht. Abgemacht?

1.3. Von Vater zu Vater

Mit der freundlichen Genehmigung der La Leche Liga Österreich: Infobrief 2000 Vater werden... und wie geht es weiter?

Über das Stillen, von David Steward, übersetzt von Christine Nolte:
„Ihre Frau will also stillen. Darüber dürfen Sie sich glücklich schätzen! Nie werden Sie mitten in der Nacht aufstehen müssen, um dem Baby die Flasche zu geben. Sie werden mit Ihrer Frau und dem Baby unbesorgt auf Reisen gehen können, sogar zum Zelten, wenn Sie wollen. Die Säuglingsnahrung wird immer zur Stelle sein - in genau der richtigen Menge, Zusammensetzung, Temperatur und stets zur rechten Zeit. Stillen ist auch billiger - in einem Jahr spart es ca. 6000 Schilling (ca. 400 Euro). Was können Sie davon alles kaufen! Ihr Baby wird angenehmer riechen, es wird keine unverdauten Kuhmilchreste aufstoßen, selbst sein Windelinhalt wird einen weniger unangenehmen Geruch haben.

Untersuchungen zeigen, dass Ihr Baby weniger anfällig für Krankheiten und Allergien sein wird.
Das erspart Ihnen Arztbesuche und Arztkosten. Die ideale Form der Mutterbrust begünstigt das Wachstum von gerade gewachsenen, starken Zähnen, was Kosten für spätere Zahnkorrekturen mindern kann. Muttermilch ist der perfekte Nährstoff für den Aufbau von Nerven und Hirnzellen.

Es kann sein, dass Ihnen zusätzlich zu all diesen Vorteilen der Busen Ihrer Frau niemals schöner als während der Stillzeit erscheint. Totales Stillen kann auch eine Hilfe bei der

Geburtenregelung sein.

All dies sind handfeste Gründe, warum Ihre Frau Ihr Baby stillen sollte. Der wichtigste Grund allerdings, warum Sie Ihre Frau unterstützen sollten, ist die Tatsache, dass Ihre Frau stillen möchte.

Ihr Wunsch entspringt natürlichen Gefühlen. Keine Frau wird sich wohl fühlen, wenn sie sich gezwungen sähe, zwischen dem Wunsch des Ehemannes nach Flaschenfütterung und ihrem persönlichen Verlangen nach Stillen zu entscheiden.

Ganz gleich, wie letztendlich ihre Entscheidung ausfällt, es wird sich nachteilig auf Ihre Beziehung zueinander und ihre Haltung Ihnen gegenüber auswirken.

Aber wenn Sie sich positiv zum Stillen einstellen und Ihre Frau unterstützen, werden Sie feststellen, dass das Stillen nicht nur Ihre Frau, sondern auch Sie selbst große Befriedigung erfahren lässt.

Vom Ehemann zum Vater

Wenn Sie die Vielzahl der Vorteile des Stillens für Mutter, Kind und Vater zu schätzen wissen und Sie sich entschieden haben, Ihre Frau beim Stillen zu unterstützen, müssen Sie Ihre neue Rolle als Vater verstehen lernen und akzeptieren. Der Schritt vom Junggesellen zum Ehemann ist keine so große Umstellung wie die vom Ehemann zum Vater.

Am Anfang ist die Mutter die einzige Nahrungsquelle für das Kind. Ein Baby ist vollkommen hilflos und abhängig. Zeit ist nicht beliebig dehnbar. Nachdem Ihre Frau vor der Geburt einen Großteil Ihrer freien Zeit Ihnen gewidmet haben mag, kann sie nun nicht gleichzeitig so viel Zeit für Sie erübrigen und den Bedürfnissen des Babys gerecht werden. Jemand muss zurückstecken - Sie oder das Kleine. Die Möglichkeiten einer Mutter sind nicht unbegrenzt. Hoffentlich können Sie das als Erwachsener einsehen und soviel von der Aufmerksamkeit Ihrer Frau abgeben, wie das Baby in dieser Phase benötigt, in der es vollkommen auf die Hilfe seiner Mutter angewiesen ist.

Denken Sie daran, dass Ihre Frau Sie genau so liebt wie früher - und vielleicht sogar noch mehr für die Selbstlosigkeit und Rücksichtnahme während dieser ersten schwierigen Zeit. Die meisten Männer entwickeln mehr oder weniger starke Eifersuchtsgefühle auf die viele Zuwendung, die das Baby von seiner Mutter erfährt. Dies ist ganz normal. Wenn Sie dieses

Gefühl bei sich erkennen, kann dies einen vorteilhaften Einfluss auf Ihre Haltungen und Handlungen haben. Ein Beispiel: Sie verzichten bewusst darauf, dem Wunsch nachzugeben, Ihre Frau zu drängen, weniger Zeit dem Baby zu widmen (`Lass es doch mal schreien´, `Lass uns einen Babysitter nehmen und ausgehen´, usw.) Denken Sie vielmehr daran, dass die besonders starken Bedürfnisse eines Babys in der ersten Zeit nur vorübergehend sind, während ein Nichterfüllen der Bedürfnisse langwierige Konsequenzen mit sich bringen kann. Wenn Sie und Ihre Frau die Bedürfnisse Ihres Kindes jetzt voll befriedigen, tragen Sie wesentlich zu seiner beginnenden Persönlichkeitsentwicklung und seinem zukünftigen Glück bei.

Gleichzeitig werden Sie wahrscheinlich bemerken, das Sie selbst innerlich reifer geworden sind, und das parallel dazu Ihre Gefühle der Eifersucht und des sich Vernachlässigt-Fühlens abnehmen. Der Trick besteht darin, sich auf das Kind zu konzentrieren und die drastischen Veränderungen, die ein Neugeborenes in ein Eheleben bringt, zu akzeptieren.

Und nun ein Wort über tadellose Haushaltsführung und besondere Mahlzeiten. Sie werden erkennen müssen, dass es für Ihre Frau schwierig - wenn nicht gar unmöglich! - ist, die physischen und emotionalen Bedürfnisse von Ehemann und Kindern zu erfüllen, stets ein sauberes Haus zu haben und außerdem noch herausragende Mahlzeiten zu bereiten. Bestünden Sie auf perfekter Haushaltsführung, so würden die Kinder wahrscheinlich zu kurz kommen, vielleicht sogar der Ehemann selbst. Irgendwo müssen Abstriche gemacht werden. Vergessen Sie nicht, dass das Haus samt Inventar für die Familie da ist und nicht umgekehrt, nämlich die Familie für das Haus. Erwägen Sie den Kauf von zusätzlichen Geräten, die die Hausarbeit erleichtern. Helfen Sie Ihrer Frau, wann immer Sie können. Ihre Frau sollte jede Hilfe nehmen, die ihr angeboten wird. Jede Minute, die sie auf diese Weise bei der Hausarbeit spart, kann sie wieder Ihnen und den Kindern widmen.

Die Familie wächst

Ein Vater ist für Kinder sehr gut geeignet als Brücke zwischen der Mutter und der Welt. Das erklärt sich so: Das Neugeborene ist völlig von der Mutter abhängig und eng mit ihr verbunden. Es scheint, dass hier ein Prozess beginnt, der schrittweise zu einem normalen, gesellschaftlichen Verhalten führt. Zunächst entwickelt das Baby eine solide Beziehung zur Mutter. Von dieser sicheren Basis lernt es seinen Vater, dann die Geschwister kennen. Dass der erste Schritt zur Reifung diesen Weg nimmt, wird nicht von allen Vätern verstanden. Es befremdet sie, dass das Baby offensichtlich die Mutter vorzieht. Wenn Sie häufig um das Kind herum sind und es sich ungezwungen entwickeln kann, wird allmählich die Zeit kommen, wo es die enge Bindung mit der Mutter lösen und sich Ihnen zuwenden möchte. Das ist ein weiterer Schritt in seiner sozialen Entwicklung - der Aufbau von Beziehungen zum Vater. Von dieser erweiterten Basis wird das Kind bald auch Interesse an Geschwistern, anderen Kindern und Freunden entwickeln.

Wenn das Kind dann in die Schule kommt, wird es reif genug sein, diese schwierige, neue soziale Situation zu bewältigen.

Wenn Sie Ihr Kind sich schrittweise und im eigenen Tempo entwickeln lassen - ohne es dabei in Richtung auf Ihre persönlichen Vorstellungen und Erwartungen (oder die anderer) zu drängen - wird es bereits in seiner Jugend einen Persönlichkeitsgrad erreichen, auf den Sie stolz sein können.

Wenn ein neuer Zuwachs in die Familie kommt, ändert sich nicht nur die Position des Vaters zur Mutter und dem Neugeborenen, sondern auch die der älteren Geschwister. Kinder sind keine Erwachsenen und können sich nicht so schnell auf die neue Situation einstellen.

Wenn es für Sie schon schwierig ist, wie viel schwieriger ist es dann erst für Kinder! Sie werden Ihre Hilfe brauchen. Gerade in dieser Zeit kann der Vater seine Beziehung zu älteren Kindern vertiefen.

Für Sie als Vater ist es ganz klar, dass das Neugeborene hilflos und ganz von der Mutter abhängig ist. Die größeren Geschwister müssen jetzt verstehen lernen, dass sie - im Vergleich zu dem Neugeborenen - viel unabhängiger und reifer sind. Schon während der Schwangerschaft sollten Sie sie darauf vorbereiten. Wenn Sie ein Kleinkind haben, beginnen Sie ihm zu erzählen, wie groß es schon ist. Es soll sich dessen bewusst sein und es soll Freude gewinnen an dem Gedanken, ein `Großes´ zu sein.

Die Mutter kann sich jetzt nicht mehr so intensiv mit den älteren Kindern beschäftigen wie vor der Geburt. Das Neugeborene hat Vorrang - wie damals auch die anderen Kinder, als sie zur Welt kamen. Zeigen Sie Ihrem älteren Kind deutlich, was es schon alles kann, ganz im Gegensatz zum Baby. Und bedenken Sie, dass Ihre Frau sich auch für das ältere Kind Zeit nehmen muss, selbst wenn das einen unordentlichen Haushalt und keinen Lieblingskuchen für Sie bedeutet.

Stellen Sie sich gedanklich darauf ein, dass Ihr `Älteres´ die gleichen Dinge tun oder haben will wie das Baby. Es lernt durch Nachahmung, und es imitiert das Baby genau so wie Mutter, Vater oder andere Kinder. Dieses Verhalten ist normal und bedeutet nicht etwa einen Rückschritt in der Entwicklung. Es bedeutet lediglich, dass es nun selbst auch bewusst erfahren will, wie es ist, am Daumen zu nuckeln oder im kleinen Bett zu liegen. Seien Sie nachsichtig und liebevoll und schimpfen Sie nicht mit ihm. Was für die Entwicklung Ihres Kindes auf lange Sicht gut ist, sollte Ihnen jetzt wichtiger sein als das, was Ihre Freunde eventuell denken könnten (und sagen!).

Manchmal wird es nötig sein, dass Sie die Trösterrolle übernehmen, da Ihre Frau sich nicht teilen kann: Kuscheln und schmusen Sie mit Ihren Kindern, trösten Sie sie, wenn es Ärger gab, und küssen Sie Beulen und Wehwehchen weg, wenn sich die Kinder wehgetan haben. Sie brauchen sich dafür nicht zu schämen. Es ist ein Zeichen besonderer Stärke, männlich und gleichzeitig sanft zu sein.

Es ist besonders wichtig für Sie, mit den übrigen Kindern geduldig und freundlich umzugehen, wenn ein neues Baby die Mutter beansprucht. Ihre Frau wird häufiger müde sein und frustriert, weil sie ihre Arbeit nicht wie üblich erledigen kann und wird deshalb in dieser Zeit vielleicht ein bisschen grob und ungeduldig mit den anderen Kindern sein.
Jetzt ist die Zeit, wo sie ihren Vater wirklich brauchen. Nehmen Sie sie oft in die Arme und zeigen Sie ihnen häufig, dass Sie sie lieb haben. Bleiben Sie geduldig, wenn die Älteren sich plötzlich kindisch und babyhaft aufführen. Es sind ja Kinder, warum sollten sie sich nicht kindisch benehmen? Sie sollten auch überlegen, ob es möglich ist, nach der Heimkehr von Mutter und Kind ein paar Tage `Neuer-Vater´ Urlaub zu nehmen.

Vaterschaft ist der Gipfel der Männlichkeit. Vater sein kann nur ein Mann. Seien Sie stolz darauf! Sie brauchen sich bei niemandem zu entschuldigen, dass Sie sich in erster Linie um Ihre Familie kümmern und dass Ihr Beruf ab und zu an zweiter Stelle kommt.
Ihre Frau kann Ihnen nach der Geburt des ersten Kindes nicht mehr die ungeteilte Aufmerksamkeit schenken. Mit dem zweiten Kind wird ihr vorübergehend noch weniger Zeit für Sie bleiben. Um Ihr während dieser Zeit trotzdem nahe zu sein, sollten Sie sich auf das konzentrieren, worauf sich Ihre Frau konzentriert: die Kinder. Wenn Sie viel mit Ihren Kindern schmusen, kann es Ihnen darüber hinweghelfen, dass Sie vorübergehend weniger von Ihrer Frau haben.

Wenn Sie später darauf zurückblicken, wird das Konzentrieren auf das Baby, die Hingabe und die Zeit, die Sie ihm gewidmet haben, nur ein kurzer Abschnitt in Ihrem ganzen Leben sein.

Und es ist gut genutzte Zeit! Denn was man seinem Kind in seinen ersten Lebensjahren aus Bequemlichkeit oder Zeitgründen vorenthält, könnte später viel größere Zeitaufwendungen notwendig machen, z.B. für das Trösten bei Kummer und das Beseitigen von Frustrationen und Selbstunsicherheiten. Die Zeit, die Sie jetzt mit Ihren Kindern verbringen, ist auch zu Ihrem Besten. Die Minuten, die Sie heute investieren, werden reichlich Früchte tragen, ein ganzes Leben hindurch. Die Zeit Ihres Gebens ist so kurz im Vergleich zu der Zeit, wo Sie sich am Ergebnis Ihrer Selbstlosigkeit erfreuen können.

Danksagung

Das meiste, was ich über das Vatersein gelernt habe, durfte ich durch meine Frau Lee erfahren. Ohne ihr Beispiel, ihre Ermutigung und Hilfe während all der Jahre hätte ich nicht gewusst, wie ich hätte Vater sein sollen. Einen Artikel wie diesen zu schreiben, wäre fast undenkbar gewesen. Ich bin der Auffassung, dass Männer - im Allgemeinen - nicht automatisch wissen, wie man ein guter Vater wird. Sie müssen sich auf die Hilfe und Unterstützung ihrer Ehefrauen verlassen, die - wenn man sie ihren natürlichen mütterlichen Gefühlen folgen lässt - wissen, was das Richtige ist. Am besten verlassen Sie sich auf das Gefühl Ihrer Frau, was das Familienleben betrifft. Fordern Sie nicht unmittelbare Gründe oder Rechtfertigungen für die Gefühle und Entscheidungen Ihrer Frau. Die Logik ihres Tuns ist vorhanden, und auch Sie werden sie mit der Zeit sehen und fühlen können.

Dadurch, dass ich die Wünsche meiner Frau bezüglich Kindererziehung respektiert habe, konnte ich feststellen, dass sie mich auf einen Weg stets wachsenden Glücks geführt hat. Dafür werde ich immer dankbar sein."

1.4. LANGZEITSTILLEN AUS DER SICHT EINES VATERS

Kleber Cruz-Garcia:

„Ich komme aus einem Land, von dem man denken könnte, das Stillen ist das Normalste von der Welt. Und zum Teil ist es auch so. Unsere Gesellschaft ist von der Vorstellung geprägt, was modern ist und was unmodern ist, und natürlich alle wollen moderne Leute sein.

Stillen ist nun mal nicht mehr `in´ (auf dieser Ebene müssen wir das Problem in Südamerika sehen). Und in so einer Gesellschaft aufzuwachsen bedeutet, dass Stillen für Leute war, die nicht modern waren (spricht: Leute in bitterer Armut und konsequenterweise ungebildete Menschen - überwiegend Leute vom Land). So war ein Teil meiner Erziehung, und von diesen Gedanken waren meine ganzen Beziehungen zu anderen Menschen auch geprägt und mit diesem Gedanken bin ich natürlich groß geworden. Es war unangenehm, mit dem Bus durch Lima zu fahren und dabei sehen zu müssen, wie eine Frau (meistens sehr arm und aus dem Anden-Hochland) ihre Brust herausnahm und anfing ihr Kind zu stillen.

Jetzt, wenn ich zurückdenke, hatten die Gefühle, die ich empfing, mit dem Stillen nichts zu tun, sondern eher mit der Armut und dem Ursprung dieser Person, die das machte. So wurde für mich Stillen als Synonym von Armut und Rückstand. Gott sei Dank waren meine Verhältnisse eher wohlhabend; und darin, glaube ich, bestanden meine ersten Störungen gegenüber dem Stillen. Wäre diese Frau aus dem Bus reich und gut aussehend, hätte ich es mit modern und fortschrittlich gleichgesetzt. Es war nun mal anders. Ich will keine Überheblichkeit darstellen, ich will nur meine Erfahrungen zum Ausdruck bringen.

Als ich nach Deutschland kam (ich war achtzehn Jahre), hatte ich dieses Gefühl nicht mehr, bzw. ich bin nicht mit dem Thema konfrontiert worden. Man sieht in den Straßenbahnen oder Bussen keine stillenden Frauen, man sieht selten eine Frau, die ihr Kinder stillt und ich dachte `also es geht auch anders, und es ist natürlich modern´. Selbst bei Arbeitskollegen ist das Stillen zwar kein Tabu, soll aber nicht in die Öffentlichkeit hinaus getragen werden. Mit dieser Einschätzung bin ich nicht alleine. Überall wo man guckt, findet man die gleiche Einstellung.

Aber zurück zu meiner Tochter: Als Carolina geboren wurde, war ich sechsundzwanzig Jahre und hatte keine Erfahrung mit Vaterschaft, lediglich meine Beobachtungen und Schlussfolgerung aus meinen Erlebnissen. Ich fand es normal, dass Carolina gestillt werden sollte, aber bitte nicht in der Öffentlichkeit und auch nicht lange. Mir war es nicht bewusst, wie wichtig das Stillen für Mutter und Kind war und ist. Nach kurzer Zeit (sechs Monate) habe ich meine Frau Ulrike so stark gedrängt, mit dem Stillen endlich aufzuhören, dass wir regelrechte kritische Auseinandersetzungen hatten. Ich suchte bei jedem Arztbesuch die Bestätigung dafür, dass endlich Schluss mit dem Stillen sein sollte. Und seltsamerweise habe ich sie bekommen (ob Kinderarzt oder Kinderärztin). Wir waren in Nordperu im Urlaub, und natürlich hat meine Familie massiven Druck auf Ulrike gemacht. Carolina war damals ein Jahr alt und ich wollte Ulrike davon abbringen weiterzustillen. Ich verstand damals nicht, dass Stillen nicht nur eine reine `Nahrungsaufnahme-Methode´ ist, sondern auch die Beziehung und das Selbstwertgefühl des Kindes stärkt. Gott sei Dank, Ulrike war hart genug und davon überzeugt, dass, was sie tat, das Richtige für Carolina war. Wenn ich jetzt auf die persönliche Entwicklung von Carolina zurückblicke, bin ich froh, dass Ulrike nicht locker gelassen hat und mache mir auch Vorwürfe, dass ich sie allein gelassen habe.

Vor vierzehn Monaten wurde Daniel geboren. Als Ulrike erfahren hatte, dass sie schwanger war, hatte sie für mich noch einen neuen Schock: `Hausgeburt´. Ich sagte: `Oh Dios mio, por que yo?´ (Oh mein Gott! Warum ich?). Sie war so entschlossen, dass ich eigentlich keine Chance hatte, und so begab ich mich auf ein neues Terrain, und ich bereue nichts, es war toll! Man lernt nie aus, man muss nur Mut haben. Daniel ist vierzehn Monate alt und wird so lange gestillt, wie er es haben will. Über das Stillen habe ich jetzt eine andere Meinung."

2 HAPTONOMIE

2.1. Was ist Haptonomie?

Das Wort stammt aus dem Griechischen und bedeutet Fühlen, Tastsinn, auch Mitgefühl. Es ist die Wissenschaft von den Grundlagen der Affektivität[6]. Ein Teilbereich der Haptonomie befasst sich mit der Kontaktaufnahme der Babys im Mutterleib durch die Hand an der Bauchdecke. Man bestärkt in der Schwangerschaft das Kind, dass es gut, erwünscht und wertvoll ist. Es gibt ihm eine enorme Sicherheit und den Eltern, vor allem dem Vater, aber auch der Mutter, ein unvergleichliches Gefühl der Nähe und Verbundenheit zum Kind, die sich anders niemals so intensiv erfahren lässt. „Ärzte oder Hebammen legen der Frau in den Wehen die Hände auf den Bauch und versuchen, Kontakt mit dem Baby aufzunehmen. Berührungskontakt und Mitgefühl, die aber auch der werdenden Mutter die Angst nehmen. Sie kann sich besser öffnen - und hat so bis zu 70% weniger Schmerzen! Eine sanfte Methode, harte Medikamente zu vermeiden, die es erst in wenigen Kliniken gibt" das stand so in einer Zeitung.

Aber da stand einmal wieder nicht, worum es eigentlich geht. Einer Frau in den Wehen die Hände an den Bauch zu legen, über längere Zeit und mit Druck, ist normalerweise ohne vorherige haptonomische Begleitung nicht ohne Gewalt möglich. Und Hände auf den Bauch legen bedeutet nicht Haptonomie.

Wollen die Eltern das Kind haptonomisch begleiten, gehen sie zu einem Menschen, der die Haptonomie in einer langen Ausbildung erlernt hat und dessen eigene haptonomische Fähigkeiten entwickelt sein müssen, um überhaupt Haptonomie zu vermitteln und anzuwenden. Dies sollte ab der 20. - 27. Schwangerschaftswoche geschehen. Es sind einige Sitzungen dafür sinnvoll und notwendig.
Erklären kann man es nicht und Haptonomie ist ohne fachliche Anleitung unmöglich. Eine Anleitung zur Haptonomie ist deshalb schriftlich ebenso unmöglich. Die Ausbildung dürfen Hebammen, Gynäkologen, Heilpraktiker und Psychologen erwerben

Zwischen den Sitzungen lernt die Mutter mit ihrem Gefühl und mindestens einer Hand am Bauch, beim Kind zu sein. Möglichst immer, bei allem, was sie tut. Der Vater macht eine Art Übung mit dem Baby, so oft er kann, und möglichst 30 Minuten am Tag hintereinander. Wir lernten unsere Kinder im Bauch zur Bewegung einzuladen und sie folgten der Einladung. Sie fühlten sich wohl, weil sie in ihrem Sein bestärkt wurden. Außerdem ist es Kindern am Ende der Schwangerschaft langweilig, und sie freuen sich auf Abwechslung beim Wachsen und sich richtig zu fühlen. Besonders unser erstes Kind wartete richtig, bis wir endlich anfingen.
Von einer Brieffreundin bekam ich einen Zettel über Haptonomie und fand darin folgendes: „Die Berührung durch eine Person mit voll entfalteten haptonomischen Fähigkeiten bewirkt eine große Elastizität und Dehnbarkeit der Muskeln, des Bindegewebes und der Haut, verbunden mit einem besonderen Gefühl von Sicherheit und Geborgenheit.

In der Medizin kommt die Haptonomie zur Anwendung bei jeder körperlichen Berührung, bei jeder Untersuchung, in der gesamten Pflege, bei der Sterbebegleitung und in der Therapie. Einen schönen Link zur Haptonomie in der Krankenpflege fand ich unter:

www.stichtingpdl.nl/german_info.htm.

---

[6] affektiv: auf die Gefühle, Werthaltungen, Einstellungen und Interessenslage einer Person bezogen.

Im Rahmen der Frauenheilkunde und Geburtshilfe findet die Haptonomie ihre Anwendung hauptsächlich in der Schwangerschaft, unter der Geburt und in der Zeit nach der Geburt als prä-, peri- und postnatale haptonomische Eltern-Kind-Begleitung. Dabei lernen die Mütter und Väter ihre haptonomischen Fähigkeiten bevorzugt im Kontakt zu ihrem Kind zu entwickeln. Das ermöglicht einen intensiven gemütvollen Kontakt zu dem noch ungeborenen Kind, quasi ein ganzheitliches Empfinden des Kindes. Es kommt zu einem stillen innigen Dialog.

Der haptonomische Kontakt der Eltern zu ihrem Kind bewirkt eine fundamentale Daseinsbestätigung und Seinsbestärkung des Kindes. Er führt auch zu einer Vertiefung der Beziehung und der Liebe der Eltern zueinander. Bei gestörter Elternbeziehung kann diese Gestörtheit aber auch deutlicher hervortreten."

Der Begründer der Haptonomie – es gibt sie seit über vierzig Jahren – ist Frans Veldman. Er ist Holländer und lebt heute in Frankreich. Er gibt eine Broschüre heraus, die man kostenlos in deutscher Sprache unter folgender Adresse anfordern kann: Internationales Zentrum zur Forschung und Entwicklung der Haptonomie, Mas del Ore, OMS 66400 Céret, Frankreich.

In dieser Broschüre stehen viele schöne und komplizierte Sätze, nach denen man auch noch nicht genau weiß, was Haptonomie ist, weil man es fühlen muss. Man kann ja auch einem Unwissenden nicht erklären, wie ein Ei schmeckt, wenn er noch nie eines probiert hat.

Trotzdem möchte ich aus dieser Informationsbroschüre ein paar unzusammenhängende Sätze zitieren, die vielleicht besser erklären können, worum es bei der Haptonomie geht:

„Die Haptonomie betrachtet die körperliche Gegenwärtigkeit, die lebende Aktualität des konkreten Menschen, als die Wirklichkeit des menschlichen Daseins. -

Es sind vielmehr und insbesondere die tief ins Gemüt reichenden Gefühlskontakte und -beziehungen, die die Welt der Affektivität bestimmen, die der Mensch zu seiner Selbstentfaltung am meisten benötigt.

Es ist immer ein rührendes Erlebnis, die glückliche Verwunderung und die große Freude bei den Eltern zu beobachten, die das erste Mal während einer haptonomischen Begleitung in der affektiven Begegnung erleben, wie das Kind im Mutterschoß mit Bewegungen auf ihren psycho-taktilen Kontakt antwortet.

In den meisten Fällen führt dies auch zu einer Vertiefung der Liebe und Beziehung der Eltern zueinander und so zu den bestmöglichen Bedingungen für die Geburt und den Empfang des Kindes.

Die haptonome Annäherung verändert sichtbar und fühlbar den Tonus der Bauchdecke und des Dammes und bewirkt eine große Elastizität der Muskulatur, einen Tonus und eine Dehnbarkeit, die ohne alle Verspanntheit dem Kind Raum und Freiheit gibt. Die Spiel- und Affektivitätskontakte mit dem Kind werden dem jeweiligen Entwicklungsstadium entsprechend verändert, ausgedehnt und angepasst. In seinen Reaktionen zeigt das Kind ganz deutlich, ob es Spaß, Freude und Vergnügen, oder im Gegenteil Unbehagen, Unmut und Widerstreben empfindet. Es macht seine Empfindungen der Mutter während dieser psycho-taktilen, affektiven Begegnung spürbar, und dies ist deutlich sichtbar und fühlbar durch die Bauchdecke hindurch, wobei sich das Kind auf die Hände von Vater und Mutter zu bewegt. Aus dieser Begegnung heraus entwickelt sich ein Begegnungsspiel, das eine starke pränatale Bindung herstellt und so die Dauerhaftigkeit des affektiven, postnatalen Kontaktes vorbereitet. Die Mutter ihrerseits lernt Antizipierverhalten. Wenn das Kind z.B. durch starke Strampelbewegungen seinen Unmut und sein Unbehagen zum Ausdruck bringt, antwortet sie darauf mit einem psycho-taktilen Kontakt, der die Spannung der Bauchdecke und des Dammes verändert und dadurch die Ursache dieser Unmutsbewegungen beseitigt. Fast augenblicklich beruhigt sich das Kind und reagiert durch ruhige Bewegungen. Die Mutter und das Kind befinden sich im Einklang (Syntonie).

Kinder, die so begleitet werden, zeigen eine harmonischere und schnellere postnatale Entwicklung und eine frühe psychische Entfaltung. Es zeigt sich, dass sie psychomotorisch besser koordinieren können, aufmerksamer und lebhafter sind als Neugeborene, die keine haptonomisch affektive Begleitung hatten. Die Entwicklung der Intelligenz baut, wie wir wissen, auf der Art und Weise, dem Maß der Qualität der motorischen Entwicklung auf."

Ich würde am liebsten die ganze Broschüre abschreiben, denn damals habe ich die ganzen Sätze gar nicht begriffen. Jetzt, nach über acht Jahren und vier Kindern, verstehe ich sogar die vielen Fremdwörter und weiß sehr wohl, was gemeint ist. Mir hat noch der Satz gefallen: „*Das Kind bahnt sich aktiv seinen Weg zur Außenwelt und wird dabei durch die Kontraktion des Uterus unterstützt. Bei dieser wichtigen Prüfung wird das Kind durch seine Mutter angespornt und ermutigt, begleitet und geführt, die wiederum selbst vom Vater unterstützt wird. So kann die Mutter durch ihre gefühlsmäßige Wahrnehmung dem Kind den Weg ebnen, dem es bei der Geburt folgen soll: Sie kann ihm das Tor zur Welt öffnen."*
Das hat mir deshalb so gefallen, weil ich spürte, wie sich unser Sohn im Bauch abgestoßen hat, um über eine Schwellung zu kommen, die sich bei mir gebildet hatte. Kinder sind eben keine willenlosen Wesen. Sie wissen, was sie tun, auch bei der Geburt in den meisten Fällen. Die Kinder bahnen sich ihren Weg. Nicht das Pressen bringt sie zur Welt, die Wehen sind genug, die Kinder kommen idealerweise ohne Pressgewalt von selbst zur Welt.

2.1.1. Wo steht die Anleitung zur Haptonomie?

Vielen, auch uns damals natürlich, ist nicht klar, wieso man für Haptonomie keine Anleitungen finden kann, am besten noch als Video. Auf diese Fragen gibt Carola gute, einfache Antworten:

Frage: Wieso geht das nicht?

Carola:
"Doch könnte man schon. Aber erst einmal weiß dann immer noch keiner, was Haptonomie ist und zweitens sind das keine Übungen `nach Rezept´ zum Hausgebrauch. Die sollten schon unter ausgebildeter, erfahrener Begleitung erklärt und vorgemacht werden, weil es sonst zu Mißempfindungen, Komplikationen oder Enttäuschungen kommen könnte. Es gibt z.b. eine Übung, die man `Kind einladen´ nennt. Wenn man es aufmalt, sieht man `nur´ Hände auf dem Bauch! Oder ein anderes Beispiel: `Kind in den Bauch einladen´ - selbst wenn ich es aufmalen würde, wüsstest du nicht, wie es sich anfühlen (konkret aussehen) muss und ich denke mir, dass man - unsachgemäß ausgeführt - damit durchaus eine Fehlgeburt auslösen könnte ..."

Frage einer Mutter:
Es gibt Frauen, die viel Körpergefühl haben und die könnten das doch nach einem Buch und eben weniger Haptonomie-Sitzungen, selbst erlernen?

Carola antwortet:
„Möglicherweise, aber wer will das kontrollieren? Und wer von den Frauen mag sich selber überschätzen? Stell dir nur einmal vor, was da alles passieren könnte ... Das Haftungsrisiko wird doch niemand übernehmen."

Frage:
Was sollte schief gehen, wenn man sich selbst ans Üben macht und warum sollte ich nur bei jemandem Haptonomie lernen, der ein bisserl Ausbildung gemacht hat, das ist doch Angstmache.

Carola antwortet auch hier:
„Das ist auch eine Frage, ob man seine Krankheiten selbst behandelt oder nicht? Ohne Ahnung würde ich die Finger davon lassen ... Übrigens dauert die Haptonomie-Ausbildung Jahre und ist sehr teuer, von `ein bisserl´ Ausbildung kann man da wirklich nicht sprechen."

Man kann weder erklären, wie sich die Trauer um ein Kind anfühlt, noch wie ein Ei schmeckt, wenn jemand keine Trauer und kein Ei kennt. Das ist unmöglich. Haptonomie muss man erleben und gezeigt bekommen.
Übungen per Fernkurs darf es deshalb nicht geben, weil es nicht geht. Es muss jemand dabei sein, dessen eigene haptonomische Fähigkeiten voll entwickelt sind, sonst funktioniert es gar nicht richtig. Nur so kann uns Haptonomie gelehrt werden. Es ist deshalb Absicht, dass es nirgends gefilmt und anleitend erklärt wird. Man kann nicht in einen normalen schwangeren knallharten Bauch hineinfassen und mit dem Kind spielen, dazu muss die Oberflächenspannung gelöst sein, dass passiert nicht von alleine. Das ist nur ein Beispiel. Die Ausbildung ist recht teuer und derjenige gibt viel von sich. Es ist anstrengend und gut. Deshalb ist es nicht billig, aber so teuer nun auch wieder nicht, wenn man es mit Handwerksberufen vergleicht (nicht, dass ich Geld übrig hätte). Heute, nach 4 Kindern mit haptonomischen Begleitungen, bin ich so dankbar dafür und der Vater auch, der davon soviel hatte. Nicht nur für die Kinder, sondern auch deshalb, weil es soviel an mir selber getan hat, im Nachhinein. Heute würde ich dafür nach Japan fliegen und einen Kredit aufnehmen. Das hätte ich damals auch nicht gedacht.

Man kann die Gefühle der Haptonomie wirklich nicht beschreiben, sondern muss es erleben. Es lohnte sich so sehr, und ich wäre im Nachhinein bereit gewesen, dafür nach Hongkong zu fliegen. Auch wenn ich mein Baby stille und trage, kann ich dies später nicht nachholen. Zum Glück musste unser Kind nie in einen Kinderwagen, weil uns der Doc diesen Zahn gleich gezogen hat. Er sagte: „Ein Kinderzimmer, ein Kinderbett und einen Kinderwagen braucht ihr nicht."
Man muss die Haptonomie erfühlen. Der Bauch wird ganz weich, und Kind und Eltern sind im Gefühl verbunden; dann wird der Bauch noch viel weicher. Die meisten Leute sprechen vom ersten Lebenstag; Kinder jedoch leben schon lange als eigenständige Persönlichkeiten in einem Bauch und sollten auch als solche angenommen werden. Das tut ihnen und uns gut.
Das Urvertrauen wird nach der Geburt erhalten und gestärkt; es gibt wunderbare Babys, wenn der Schock der Berührungslosigkeit von 100% auf 0% sich langsam vollzieht und nicht in einer Sekunde. Bei der Geburt sollte auch alles stimmen; Kind auf den Bauch, Stimmen leise, Licht gedämmt, und danach gibt die Mutter das Kind nicht aus der Hand. Vielleicht höchstens einmal zum Abtrocknen und Anziehen, danach behält sie es bei sich.

Dr. med. M. Djalali, Mitglied des C.I.R.D.H für Deutschland (Zentrum zur Entwicklung und Erforschung der Haptonomie) stellte auf seiner Homepage www.haptonomie.de.vu dar:

Haptonomische Eltern – Kind - Begleitung

„Die haptonomische prä- und postnatale Begleitung fördert die Entwicklung gefühlsmäßiger Bindungen zwischen Kind, Vater und Mutter und gestattet eine liebevolle, innige Beziehung bereits mit dem ungeborenen Kind. Haptonomie fördert den Empfang des Neugeborenen im Moment der Geburt und seine Versicherung der Geborgenheit in der Zeit danach.
Das Kind erlangt bald eine grundlegende Sicherheit, die es zu Autonomie, Kontakt und Vertrauen einlädt."

2.2. WARUM IST DER KÖRPERKONTAKT FÜR DAS BABY SO UNERSETZLICH?

Bevor ein Baby geboren wird, ist es am ganzen Körper von Mama umgeben. Es wird also überall und vor allen Dingen ohne jede Bedingung berührt, egal, wie es aussieht, oder wer es ist. Nach der Geburt muss es immer irgendeine Bedingung erfüllen, damit es berührt wird. Volle Windeln, Hunger, gut in der Schule, ein krankes Knie, beim Friseur, erfolgreich usw.. Bei der Geburt passiert sehr viel zur selben Zeit: keine 37 Grad mehr, es wird hell, die Schwerelosigkeit ist plötzlich weg, es ist laut und das Schlimmste: Die Berührung hört auf, den meisten Kindern wird wehgetan. Das ist zu viel für ein Kind; es bekommt einen Schock und verliert einiges vom Urvertrauen. Das kann man ändern und verhindern.
Danach sind es erst einmal menschliche Hände, die ihm wehtun. Brennende Augentropfen, Stechen in die Ferse, auf eine kalte Waage legen, Körper zum Messen lang ziehen, Untersuchungen, zu frühes Abnabeln, bevor das Baby atmen möchte, muss es das dann

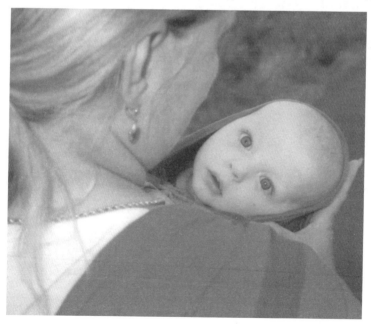

Tine mit Linus

tun und vor allem der Verlust der ständigen ganzheitlichen Berührung. Und alles gleichzeitig. Was für ein Schock!

Neben dem Bedürfnis wie Hunger ist auch das Bedürfnis nach Berührung und des Kontaktes da, und zwar fast genau so stark. Nur wird es den normalen Kindern nicht gewährt. Für die Psyche hat das so extreme Auswirkungen, dass viele der Zweifel – bin ich gut, schön etc. genug - als Erwachsene daher kommen. Später versucht man das verlorene Selbstgefühl dann in Waldorfschulen oder ähnlichen Einrichtungen, mit einem Überdecken durch Drogen, durch Essen, Kaufen, Sex oder Arbeiten wieder herzustellen.
Das gelingt auch ein wenig. Besser ist es dieses Urvertrauen in sich und die Welt so zu erhalten, dass man es nicht stärken muss und kaum noch kaputt gehen kann.

2.3. Wie wir zur Haptonomie kamen

Als ich schwanger wurde, hatte ich vor zwei Dingen Angst: Schwangerschaftsstreifen, die mir prophezeit wurden, weil ich ein schlechtes Bindegewebe habe, und davor, eine ungeduldige, stets genervte Mutter zu sein. Dann habe ich eine Sendung im Fernsehen gesehen, da ging es um einen weichen Bauch im neunten Monat. Und ich hatte bisher nur harte Bäuche angefasst, wenn sie hochschwanger waren. So dachte ich mir, was weich ist kann keine Schwangerschaftsstreifen bekommen, vor denen ich so große Angst hatte.

Ich fing an, herumzufragen; zwei andere Frauen hatten den Bericht gesehen. Die eine wusste noch, dass es Haptonomie heißt, was gezeigt worden war. Das Wort schrieb ich mir auf und fragte in ganz Deutschland an, ob es nicht irgendwo in Berlin einen Kurs, ein Video, ein Buch oder eine Person gäbe, wo ich das lernen könnte. Ich landete über Frankreich bei einer Liste von Leuten, die in Deutschland darin ausgebildet sind. Es sind Psychologen, Hebammen und Gynäkologen darunter. Dr. Djalali in Düsseldorf ist Repräsentant für die Haptonomie in Deutschland und führt die Adressenliste der in Haptonomie korrekt Ausgebildeten und Praktizierenden, da es auch hier schwarze Schafe gibt.

Als ich Dr. Djalali anrief, bat ich ihn, mir zu erklären, was Haptonomie sei. Da sagte er, das könne man nicht erklären, wir sollten zu ihm kommen. Er ist sicher nicht begeistert, dass ich hier versuche, alles zu erklären. Aber vielleicht findet jemand durch eine Veröffentlichung wie diese zur Haptonomie. Ich werde versuchen, über unsere Erfahrungen mit der Haptonomie und der haptonomen Tragweise zu berichten.

So kam es jedenfalls, dass wir mutig und ein bisschen verrückt in der 25.Schwangerschaftswoche das erste Mal nach Düsseldorf zu diesem besagten Doktor fuhren. Es war beeindruckend, wir hatten ein so gutes Gefühl, dass mein Mann spontan sagte: „Lass uns dort zum Geburtstermin eine Wohnung mieten und bei dem Arzt entbinden". Erst später stellte sich heraus, wie weise diese Entscheidung war. Ich wollte das nicht, aber mein Mann umso mehr. Nach reichlichem Zögern, willigte ich ein. Wir hatten vor der Entbindung wegen der weiten Entfernung fünf Sitzungen und lernten viel. Es waren tiefe und überraschende Erfahrungen. Aber er lehrte uns noch andere Dinge über den Umgang mit Babymenschen. Er schickte uns auf den Weg, offen zu werden und wunderbare Bücher zu lesen wie: „Die Suche vom verlorenen Glück", „Das Seelenleben eines Ungeborenen", „Schlafen und Wachen" oder „Geburt ohne Gewalt". Wir sind dankbar dafür, und es gibt inzwischen kaum einen Tag, an dem wir nicht von allem profitiert haben.

2.4. Das Paradies des absoluten und bedingungslosen Kontaktes

Die Vorrede des Doktors bei der Haptonomiesitzung wurde ähnlich schon geschrieben. Da es aber von elementarer Wichtigkeit ist und wir selber lange brauchten, um es zu verstehen, schadet es nicht, wenn einige Dinge nun wiederholt werden:

Viele psychische Schäden entstehen durch den Geburtsschock, weil das Kind vorher überall, jederzeit und ohne jede Bedingung berührt wird.

Die Eindrücke bei der Geburt sind gewaltig, mach dir das einmal klar: es wird kalt, laut, hell, Schwerelosigkeit ist weg, und das Schlimmste; die vollkommene Berührung, hört oft schlagartig vollständig auf, und die meisten Kindern erfahren durch die Geburtshelfer auch gleich Schmerz. Genau diesen Schock kann man verhindern.

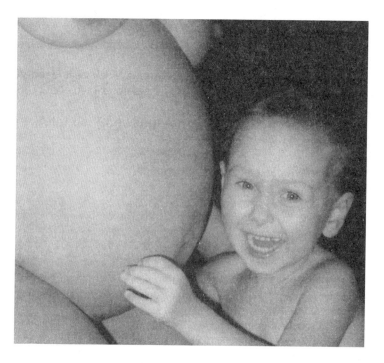

Besser als so einen Schock zur Begrüßung auf unserer Erde ist es, wenn sich diese Abnabelung der bedingungslosen Berührung überall am Körper nicht in fünf Sekunden, sondern in einem längeren Zeitraum, am besten ein ganzes Jahr, vollzieht. Also auch etwa so wie Frau Liedloff im Buch „Auf der Suche nach dem verlorenen Glück" empfiehlt, bis ins Krabbelalter. Ein großes Grundbedürfnis ist die Nähe. Der Mensch ist kein Nestflüchter, sondern wie der Affe ein Tragling, und ein Baby hat panische Angst, verlassen zu werden.

2.5. Ein Mensch ist vor der Geburt eine Person

Das Leben beginnt nicht mit der Geburt, sondern mit der Zeugung. Das Gehirn läuft bereits in der Schwangerschaft auf Hochtouren: Das Kind speichert schon früh Gefühle usw. Je enger man mit ihm verbunden ist, desto sicherer und geliebter fühlt es sich im Bauch, in dieser Form kann das später nicht mehr nachgeholt werden.

Ich stelle mir das so vor: Ein neuer Computer braucht ein Betriebssystem. Beim Gehirn hieße das: Ich bin wichtig, gut und willkommen, oder ich bin der Welt gleichgültig, schlecht und unbeliebt. Das ist keine Haptonomie, aber je öfter man sein Gefühl in seine Hand legt und die Hand oder die Hände auf seinen Bauch, desto mehr gibt man auch damit seinem Kind an Stärke und Sicherheit.

Noch einmal: Haptonomische Übungen sind in keinem Fall ohne gelernte Anleitungen möglich. Versuchen Sie es bitte erst gar nicht, Sie werden nur enttäuscht sein oder dem Baby oder der Mutter wehtun. Um die Übungen zu zeigen und zu lehren, müssen die haptonomen Fähigkeiten voll ausgebildet sein.

2.5.1. Worte zur Haptonomie von Hebamme Claudia Knie

„Ich liebe es.
Dieses Wort, das so Kompliziertes zu verbergen scheint, hütet einen so einfachen und trotzdem so kostbaren Schatz. Einen, den wir alle besitzen, dem wir aber viel zu selten genügend Raum geben, damit er strahlen kann.

Es geht um Kontakt.
Als Hebamme habe ich viele Babys kennen gelernt. Die Erfahrung der haptonomischen Kontaktaufnahme hat mich sehr bereichert. Spüren zu können, wer sie sind, diese kleinen zarten Wesen; wie genau sie wahrnehmen: Erst abwartend, wer ich bin, was ich von ihnen will. Und wenn sie dann meine Hand spüren: ich bin da und will mich nur vorstellen, das Kind einladen, mich kennen zu lernen; dann beginnen diese einmalig sanften, leichten Bewegungen unter meinen Händen. Ich gebe dem ungeborenen Kind Raum, mir zu zeigen, was es sagen will. Manche schlagen Purzelbäume vor Freude, andere kuscheln sich in meine Hand und der Bauch der Mutter wird ganz schief und wieder andere räkeln und bewegen sich leicht unter meinen Händen.

Seit vielen Jahren begleite ich Frauen, Männer und Kinder bei der Geburt zu Hause oder im Geburtshaus. Durch den Kontakt, den die Eltern und ich während der Geburt zum Kind aufbauen, fällt mir die Geburtshilfe jenseits der hoch technisierten Krankenhäuser immer leichter. Die ungeborenen Kinder sind der Herausforderung und den Belastungen einer Geburt in Begleitung ihrer Eltern und /oder der Hebamme viel besser gewachsen.
Ich denke, ich weiß, was sie mögen.

Sie wollen Respekt, Raum und Schutz.
Forderungen und Erwartungen lehnen sie ab.
Sie fordern Klarheit und wollen als eigene Persönlichkeiten wahrgenommen werden."

2.5.2. Haptonomie im Appenzeller Hinterland von Vater Werner Joller:

„Die Haptonomie kannten wir vom Hörensagen. Als wir dann unser erstes Kind erwarteten, besuchten wir eine Hebamme aus Claudias Freundeskreis, die mit dieser Methode zu arbeiten begonnen hatte. Sie machte uns vertraut mit den Grundgedanken der Haptonomie und wir lernten einige Übungen. Sie gab uns auch Artikel und Aufsätze über Haptonomie mit. Aber da wir mehrere Zugstunden voneinander entfernt wohnen, war das eine einmalige Einführung.

Wir begannen schon am selben Abend mit den Übungen: Für mich war das ein eindrucksvolles Vertrautwerden mit diesem kleinen Kind im Mutterleib, es zu spüren, es zu berühren, es zu fühlen, mit ihm zu kommunizieren und zu spielen. Mich hat immer der Satz aus dem `Kleinen Prinzen´ besonders fasziniert: `Man sieht nur mit dem Herzen gut.´ - Das war nun für mich eine wunderbare Möglichkeit, mich diesem kleinen Kind auf dem Herzensweg anzunähern, es mit den inneren Augen immer intensiver wahrzunehmen.

Ich glaube, niemand kann eine so tiefe natürliche Verbindung zum Ungeborenen haben wie die Mutter, die es in ihrem Leib trägt, aber so hatte auch ich als Vater die Möglichkeit, mich mit Händen und mit allen Sinnen an dieses Geheimnis heranzutasten, das da im Leib von Claudia heranwuchs. Wir machten die Übungen immer abends vor dem Einschlafen.
Der Alltag lag hinter uns, alle seine Lasten, aller Kleinkram war abgefallen. Alles war ruhig, wir konnten einander und unserem Kind frei und gelöst begegnen. Es waren echte Begegnungen, ein Gespräch zu dritt mit Händen, Herzen und Worten in entspannter Atmosphäre. Es war einfach poetisch.

Danach sangen wir unserem Kind noch ein Schlaflied, das `Guten Abend, gute Nacht´.
In diesen Monaten wuchsen wir drei durch dieses zärtliche Ritual zu einer vertrauten Gemeinschaft zusammen. Dafür bin ich dankbar: Für dieses Wissen, dass es auch mir als Mann und Vater möglich ist, schon in der Schwangerschaft zum Kind eine starke Beziehung aufzubauen."

2.6. Die haptonomische Begleitung in der Schwangerschaft – ein Erklärungsversuch

Der Doc erklärte einige Dinge, und ich legte mich dann in BH und Slip auf ein höhenverstellbares Bett. Er nahm die Hände meines Mannes, legte sie um meinen Bauch und seine darüber. Dann nahm er so den „Fußball" Uterus fest in die Hände, schüttelte meinen Bauch und zeigte meinem Mann, wie es sich anfühlt, eine Gebärmutter mit seinem Kind in der Hand zu halten, etwas, was man sonst auf keinen Fall tun darf.

Wir haben Übungen gelernt, die der Vater durchführt: Es ist eine tolle und einzigartige Erfahrung für ihn. Er lud das Baby mit dem Doc zusammen ein, seinen Händen zu folgen. Er schaukelte es im Bauch, das war schön für alle drei. Ich lernte, mit dem Kind ständig in Kontakt zu sein: Zum einen dadurch, weil ständig mindestens eine Hand den Bauch

berührt, zum anderen da ständig ein Teil meines Bewusstseins immer beim Kind ist. Es ist wunderbar für Eltern und Baby und für das Gehirn des Kindes mit seiner Erwartungshaltung an das Leben.
Der Doktor zeigte uns weitere Übungen, wie man das Kind im Bauch wiegen kann und

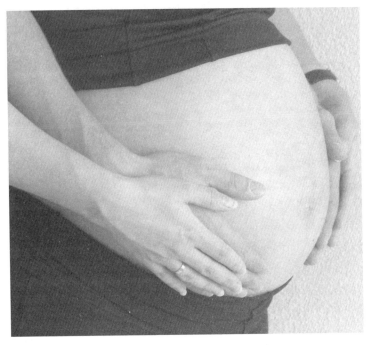

einladen auf die rechte oder linke Seite zu kommen. Es schuf eine unvergleichliche Nähe zwischen beiden Eltern und dem Kind; mein Bauch wurde weich. Ich hatte ein starkes Hohlkreuz. Als ich kam, spannte die Bluse über dem Bauch. Er kippte mein Becken haptonomisch, und als wir gingen, war die Bluse locker. Und er fragte mich, warum ich das Kind nicht weiter zu mir nähme. Ich wusste nicht, was er meinte. Er fragte, ob ich vor irgend etwas Angst hätte. Ich erklärte, dass ich Asthma habe, und dass in allen Babyheften steht, dass man ab einem gewissen Bauchumfang schlechter Luft bekäme. Er sagte, dass es dies sei, und legte mein Baby weiter nach innen zu den Organen hin. Ich brauchte dennoch Wochen Übung, bis ich das auch konnte. Jedes Mal, wenn wir da waren, zeigte er uns einen neuen Teil der Haptonomie.

Haptonomie kann mit Worten genau so wenig erklärt werden, wie ein Geschmack. Man muss es spüren. Mit jedem Tag merkten wir mehr: Je besser das Gefühl und die Hände am Bauch sind, desto besser reagiert das Kind darauf, desto sicherer wird das Gefühl für das Baby in mir und desto weicher ist die Bauchdecke. Wenn ich mit dem Auto z.B. stark bremsen musste und sich das Baby alleine fühlte und ohne Verbindung war, wurde der Bauch fast sofort hart.

Herr Dr. med. M. Djalali äußert in seiner Homepage www.haptonomie.de.vu:
„Die Natur der gefühlsmäßigen Beziehung, die sich während dieser Begleitung zwischen Vater, Mutter und Kind einstellt, fördert die Entfaltung elterlicher Gefühle und der gefühlsbezogenen Verantwortung der Eltern gegenüber der Seinsweise ihres Kindes: Sie entdecken, dass sie es in seiner körperlichen, psychischen und gefühlsmäßigen Entwicklung unterstützen können, indem sie einen Ort der Geborgenheit schaffen.

Bereits vor der Geburt gestatten sie dem Kind, die Initiative in der Beziehung zu ergreifen. Auf diese Weise bildet sich die Grundlage einer Erziehung, die die Autonomie des Kindes anstrebt.
Die pränatale Begleitung ist nicht auf eine Geburtsvorbereitung reduzierbar; sie ist nicht mit einer Technik oder `Handlungen´ vergleichbar, sondern stellt eine Vorbereitung zum Empfang des Kindes dar.

Bei jeder Begegnung mit dem Begleiter entdecken die Eltern Wege des Austausches mit dem Kind, indem sie den bestätigenden psycho-taktilen Kontakt voller Zärtlichkeit und Liebe verwirklichen. Dieser Austausch erfordert eine gefühlsmäßige Beteiligung beider Eltern; er wird daheim wiederholt und entwickelt.
Die haptonomische Begleitung erfolgt schrittweise und ist den Phasen der Entwicklung der Schwangerschaft angepasst; auf diese Weise wird eine gefühlsmäßige Beziehung geschaffen, die dem Kind frühzeitig Gefühle der Einzigartigkeit und der grundlegenden Sicherheit zur Entwicklung des Selbst vermittelt.

Obwohl sie nicht auf eine Geburtsvorbereitung reduziert werden kann, begünstigt die Begleitung eine natürliche Geburt und unterstützt die Entbindung. Grundlegend zielt die Haptonomie auf die Ganzheit der Person ab.

Es wäre wünschenswert, möglichst früh in der Schwangerschaft mit der haptonomischen Eltern-Kind-Begleitung zu beginnen."

Ich habe auch bei dieser Schwangerschaft wieder etwas Neues gelernt - dachte ich doch beim vierten Kind, ich könnte schon so das Meiste.

Ich sollte nämlich (emotional) nicht nur beim Kind sein, sondern auch beim Vater und beim Doc. Er redete mit meinem Mann, ich fühlte mich wohl, angenommen, normal, dazugehörig, willkommen. Doch plötzlich - als wenn er ein Kabel durchschnitt - stellte er das ab und ich fühlte mich unwohl, als fünftes Rad am Wagen (nicht dazugehörig, deplaziert). Das beschäftigt mich und ich versuche seitdem andere Menschen in mein Leben einzubeziehen, damit sie sich in meiner Nähe wohl fühlen. Es ist schwer zu erklären, war aber toll.

2.6.1. Andreas und Dieters Haptonomieerfahrungen

Andrea:

„Während meiner ersten Schwangerschaft hörte ich zum ersten Mal von Haptonomie. Ich glaube, mich erinnern zu können, dass ich im Internet darauf gestoßen bin. Ich fühlte mich gleich angesprochen, habe mich aber nicht weiter darum gekümmert.

Aus heutiger Sicht (knapp dreieinhalb Jahre später) weiß ich, dass diese Denkweise für Noah, unser erstes Kind, nicht so bedeutend gewesen wäre wie für unser zweites Kind jetzt. Noah hatte - vor allem von mir - bereits pränatal sehr viel Raum bekommen.

Dieses Mal habe ich Haptonomie von jemandem empfohlen bekommen: bei meinem Termin wollte ich meine Hebamme Ulla fragen, was sie davon halten würde. Das erwies sich als unnötig, weil sie mich bei diesem Termin fragte, ob ich schon mal was von Haptonomie gehört hätte, und sie wollte mir das gerne anbieten. Damit war die Sache für mich entschieden. Ulla erklärte mir, dass Haptonomie mit viel Liebe zu tun hat und mit einem intensiven Kontakt zum Kind. Außerdem könne man auch die Kinder unter der Geburt lenken, was in Anbetracht meiner ersten, für mich schweren, Geburt hilfreich sein könnte.

Ich sprach mit meinem Mann, er war sofort einverstanden. Ich war mittlerweile in der 20. Schwangerschaftswoche und unser zweites Kind lief mehr so nebenbei.
Unter der Alltagsbelastung vergaß ich manchmal, dass ich schwanger war.
(Vielleicht ist das auch der Grund, warum mein Bauch im Verhältnis so riesig ist.)
Unseren ersten Haptonomietermin hatten wir Ende der 23. SSW, weil ich das Kind gut spüren lernen sollte.

23. Schwangerschaftswoche, erster Termin:

Ulla hat uns erst ein bisschen was zur Haptonomie erklärt und hat dann zunächst mit Dieter, meinem Mann, gearbeitet. Er musste sich mit nacktem Oberkörper auf die Liege legen (auf den Bauch), und Ulla legte ihre Hände auf seinen Rücken. Dann hat sie ihn aufgefordert, in ihre Hände und später auch in ihre Arme und Schultern zu ´gehen´. Mich hat fasziniert, dass Ulla immer spüren konnte, wie weit mein Mann kam und wo er Schwierigkeiten hatte.

Wir haben das später auch mal zu Hause probiert, aber ich konnte das nicht so gut fühlen, vielleicht auch, weil mir meine Ungeduld im Weg stand. Da ist mir klar geworden, dass sich Ungeduld und Haptonomie nicht vertragen.
Nachdem Ulla mit Dieter gearbeitet hatte, musste ich meine Hose ausziehen und mich auf die Liege legen. Ulla hat Dieter gezeigt, wie er mich legen soll. Ich durfte nichts machen, außer seinen Einladungen folgen; ich musste mich führen lassen, durfte keine Bewegung aktiv machen. Bei diesem 1. Termin war noch eine Hebammenpraktikantin anwesend und ich kam mir ein bisschen merkwürdig vor, so halb nackt mit meinem großen Bauch. Und dann sollte ich die Kontrolle auch noch abgeben, womit ich ohnehin ein großes Problem habe.

Ulla zeigte Dieter, wie er mein Becken kippen sollte, damit ich flach aufliege und das Kind viel Platz hat. Nachdem ich richtig gut lag, hat Ulla unser Kind eingeladen, sich in ihre Hand zu kuscheln. Es hat sofort reagiert. Ich habe nicht so viel wahrgenommen, es war alles so neu. Aber Ulla fand, dass das Kind gut reagiert. Sie hat Dieter gezeigt, wie er am besten seine Hände auflegt, und ihm erklärt, dass es ganz wichtig ist, dass seine Hände leicht auf meinem Bauch liegen sollten, weil das sonst für das Baby unangenehm ist und es lieber abtaucht. Dieter sollte sich in dieser 1. Std. nur auf seine Hände konzentrieren und gucken, was er über seine Hände aus meinem Bauch wahrnehmen kann.
Zu Hause haben wir in der 1. Woche jeden Abend Haptonomie gemacht. Dieter hatte sich gut gemerkt, wie er mich legen und mein Becken kippen musste.

Unser Kind hat immer auf uns reagiert, aber für mich war alles diffus und ungewohnt. Ich habe vor allem die heftigeren Bewegungen des Kindes gespürt. Dieter hat gefallen, dass das Kind auf seine Hände reagiert.

24. Schwangerschaftswoche, zweiter Termin:

Beim nächsten Termin übt Ulla noch mal alles aus der ersten Sitzung. Zusätzlich zeigt sie Dieter, wie er mich sanft schaukeln kann. Dieses Schaukeln hilft wohl vielen Frauen als Entspannung unter den Wehen. Für mich ist es angenehm, auch wenn sich Dieter anfangs schwer tat und es einige Zeit (ca. zwei Wochen) dauerte, bis die Bewegung wirklich im Fluss war. Unser Kind reagiert immer auf diese langsame sanfte Schaukelbewegung.
Ich habe das Gefühl, dass das Schaukeln für unser Baby eine schöne Einstimmung und

Ankündigung ist.
Dann zeigt Ulla uns noch, wie wir das Kind einladen können, sich auch in Dieters andere Hand zu kuschen. Und erklärt uns, dass uns bei der Haptonomie vor allem die kleinen zarten Bewegungen des Kindes interessieren.

Diese Information war wichtig für mich, weil ich mich an diese Bewegungen von unserem ersten Kind nicht erinnern kann. Und dieses Mal nehme ich sie erst so bewusst wahr, seit wir regelmäßig Haptonomie machen.

Zum Abschluss zeigt Ulla Dieter noch eine andere Position, weil wir die Haptonomie zu Hause im Bett machen, welches bodennah ist. Dieter sitzt seitdem immer vor mir, und meine Beine liegen auf seinen. Das ist für uns beide gut.
Eine gute und bequeme Position ist eine wichtige Voraussetzung, um sich aufs Kind konzentrieren zu können.

Wir üben jeden Abend. Es fällt uns nicht immer ganz leicht, weil wir abends müde sind. Einmal ist es uns in dieser Woche gelungen, dass unser Kind sich zuerst in die eine, dann in die andere Hand gekuschelt hat. Das war für mich ein ganz irres Gefühl, ich habe mich meinem Kind ganz nah gefühlt. Dieter war zwar der Meinung, dass ich mir das nur eingebildet habe, aber ich war mir sicher. Und letztendlich war es für mich nur wichtig, dass ich mich dem Kind so nah fühlen durfte.

Während dieser Woche habe ich mir ein Bild gemacht, wie ich das Kind an der Hand nehme mit ihm durchs Wasser schwimme, um ihm die Hand seines Vaters zu zeigen, in die es sich kuscheln kann.

25. Schwangerschaftswoche, dritter Termin:
Beim dritten Termin klären wir erstmal unsere Fragen: Ich wollte wissen, ob wir das Kind verwirren, wenn wir es beide zur gleichen Zeit auf verschiedene Art und Weise einladen. Ulla sagte uns, dass das gut sei und fürs Kind klar verständlich sei. Für mich war das wichtig, weil mich derartige Unsicherheiten und Unklarheiten während der Haptonomie blockieren.

Heute haben wir Haptonomie im Stehen gemacht. Ich stand zwischen Ulla und Dieter.
Sie haben sich zunächst beide meinen Bauch, meine Bauchform angeguckt wie und wo ich mein Kind trage. Dann hat mich Dieter erst nach links, nach rechts, vorne und hinten geführt - immer nur, solange ich es zuließ. Für mich war das schwer, weil ich mich anfangs festhielt und nicht bereit war, die Kontrolle abzugeben. Ulla gab uns den Tipp, dass Dieter mich öfter mal über die Straße führen soll, wobei ich die Augen schließe. Für mich ist es wichtig zu lernen, einfach mal abzugeben, mich fallen und führen und zu lassen.

Dann hat Ulla uns gezeigt, wie ich mein Kind näher zu mir nehmen kann, z. B. dann, wenn sich mein Bauch schwer anfühlt und nach vorne oder nach unten drückt.

Zum Abschluss (Dieter stand hinter mir) haben wir in dieser stehenden Position Kontakt zu unserem Kind aufgenommen.

25. – 28. Schwangerschaftswoche:
Die stehende Position gefällt mir nicht, sie ist mir nicht entspannt genug. Ich habe oft das Bedürfnis, mein Kind näher zu mir zu nehmen, bin mir aber nicht sicher, ob ich das so richtig mache. Manchmal fühlt sich mein Bauch danach besser an, vielleicht mache ich es dann ja richtig.

Ansonsten versuchen wir, jeden Abend zu üben. Es fällt uns in dieser Zeit eher schwer. Es gibt auch hin und wieder einen Abend, an dem wir es lassen; wenn wir Streit hatten, gibt es keinen Sinn, und wenn wir so müde sind, dass wir kaum die Augen offen halten können, auch nicht. Aber wir lassen diese Auszeiten nicht einreißen, dafür ist uns unser Kind zu wichtig.

Insgesamt läuft es in diesen drei Wochen ganz gut. Einmal war ganz toll: Da hatten wir an zwei Abenden vorher keine Haptonomie gemacht und ich war auf die Reaktion des Babys gespannt. Es war faszinierend; wir konnten spüren und fühlen, wie es sich gefreut hat. Wir hatten das Gefühl, dass es uns die beiden Abende vorher vermisst hatte. Das fand ich toll. Ebenso finde ich es spannend, wie deutlich sichtbar die Kindsbewegungen mittlerweile auf der Bauchdecke sind.

Ansonsten haben wir das Gefühl, dass sich unser Kind nicht gerne in Dieters rechte Hand kuscheln will.

Was mir zu dieser Zeit wirklich schwer fällt, ist, mich auf ‚Knopfdruck' auf unser Kind einzulassen. Oftmals ist die Haptonomie-Zeit, bei uns ab 22.15 Uhr frühestens, die erste ruhige Zeit zwischen Dieter und mir; dann gehen mir oft 1000 Sachen im Kopf herum, die ich ihm mitteilen möchte bzw. mit ihm besprechen möchte.

Leider ist dann auch noch etwas passiert: Freunde von uns haben ihr Baby in der 20. SSW verloren. Daran habe ich lange zu knabbern, ich leide richtig mit. Seitdem fällt es mir schwer, Haptonomie zu machen, und die Freude auf unser Kind ist gedämpft. Es tut mir Leid für unser Kind, aber im Moment ist das eben so.

29. Schwangerschaftswoche, vierter Termin:

Das war für mich bisher die schönste Stunde, weil wir so viele Unsicherheiten und Fragen klären konnten. Außerdem war ich fasziniert davon, wie unser Baby auf Ullas Hände reagiert hat.

Im Laufe der Stunde haben wir festgestellt, dass wir falsche Erwartungen hatten; die Bewegung des Kindes von der linken in die rechte Hand ist nur eine kleine, die ich auch schon mehrmals unter Dieters Händen gespürt hatte. Wir hatten sie uns nur zu groß vorgestellt. Da aber unser Kind ja mittlerweile nicht mehr so klein ist, kann das natürlich nicht sein.
Ulla zeigt Dieter bei diesem Termin auch, wie er vorsichtig nachfühlen kann, ob das Kind unter seiner Hand liegt, wenn er sich nicht ganz sicher ist. Sie achtet besonders darauf, dass seine Hände nur leicht wie eine Feder aufliegen.

In dieser Stunde hat sich unser Baby auch einmal ganz stark rausgedrückt; das hat es schon öfter gemacht. Ich finde das ergreifend - näher kann es uns zurzeit ja nicht kommen. Und es zeigt so, dass es uns nah sein möchte. Leider tun mir diese Momente meist körperlich weh, weil es auf irgendetwas im Unterbauch drückt. Vielleicht macht es das deswegen auch nicht jedes Mal. Ulla hat Dieter gezeigt, wie er das Kind einladen kann, etwas höher zu gehen. Unser Kind war einverstanden - der Druck ließ bei mir sofort nach.

Anhand dieses Beispiels hat uns Ulla gezeigt, wie wichtig es ist, dem Kind vorher zu sagen, was wir als nächstes tun werden.

Es war auf alle Fälle eine tolle Stunde, die mir viel neue Motivation gegeben hat.

Zu Hause haben wir wieder jeden Tag Haptonomie geübt; seit dem letzten Termin mit Ulla geht es besser. Mir ist aufgefallen, dass unser Baby sich umso leichter führen lässt, je intensiver ich mich auf ein Bild konzentrieren kann, in dem ich es an die Hand nehme und führe.

Ich hatte einen emotionalen Einbruch, als wir die Einladung zur Beerdigung von Charlotte, dem Baby unserer Freunde, bekommen haben. Auch wenn ich mich wegen meines dicken Bauches entschieden hatte, nicht zur Beerdigung zu gehen - und auch wegen mir -, hatte ich schreckliche Bilder im Kopf und konnte einen Tag lang nur heulen.

Ich versuche jetzt, mir klar zu machen, was ich für ein Glück habe, wieder schwanger sein zu dürfen. Jeden Tag dieses Wunder miterleben zu dürfen. Dass da ein kleiner Mensch in mir wächst und in mir reift, der großes Interesse an mir hat. Vielleicht gelingt es mir, über dieses für unsere Freunde so traurige Ereignis wieder die Ehrfurcht vor dem werdenden Leben und dem Leben überhaupt neu zu sehen und zu spüren.

Wenn ich so über meine Haptonomieerfahrungen bis zum heutigen Tag nachdenke, bin ich froh und dankbar, dass wir uns dafür entschieden haben. Jede Haptonomie-Zeit ist auf ihre eigene Weise ergreifend.
Mittlerweile denke ich auch, dass Noah sich auch darüber gefreut hätte.
Ich bin auf alle Fälle gespannt, wie es weiter geht. Dieter ist begeistert; er hat im Geburtsvorbereitungskurse den anderen Paaren davon erzählt und hat es ihnen empfohlen.

29. Schwangerschaftswoche – 31. Schwangerschaftswoche:
Wir machen jeden Abend Haptonomie, außer donnerstags – da ist der Geburtsvorbereitungskurs. Dort machen wir kleine Phantasiereisen wie z. B. eine Reise zum Kind. Für die Haptonomie kommen wir zu spät nach Hause; ich würde zwar gerne, aber Dieter will absolut nicht.

Insgesamt geht es in dieser Phase ganz gut, allerdings sind unsere Haptonomie-Sitzungen kürzer als in der Zeit davor; wir sind oft so müde. Ich halte es für wichtiger, lieber jeden Abend kürzeren Kontakt zum Kind zu haben als nur jeden zweiten oder dritten Abend und dafür ausgiebiger. Ich habe schon das Gefühl, dass unser Kind eine innere Uhr hat, weil es fast immer sofort auf uns reagiert.

31. Schwangerschaftswoche, fünfter Termin:
Heute ist unsere fünfte Haptonomiestunde bei Ulla. Dieses Mal ist wieder eine Praktikantin dabei. Ich kannte sie schon von der letzten Geburtsvorbereitungsstunde und finde sie sympathischer als die andere; deswegen stört mich ihre Anwesenheit nicht so.

Im Anfangsgespräch mit Ulla merke ich, dass die Dreiheit vielleicht noch stärker im Mittelpunkt stehen sollte; bei mir verhält es sich manchmal so, dass ich Dieter im Kontakt mit dem Kind in den Hintergrund schiebe.

Im praktischen Teil reagiert das Kind wieder toll auf Ullas Hände - es fasziniert mich jedes Mal neu. Es gibt keine Anlaufphase - wie manchmal bei uns.

Dann legt Ulla ihre Hand auf bestimmte Weise auf mein Kreuzbein, später auf meine Oberschenkelinnenseiten und fordert mich auf, mit meiner Aufmerksamkeit in ihre Hände zu gehen. Anfangs fällt es mir schwer, später geht es besser. Sie beschreibt mir den Weg unseres Kindes bei der Entbindung - vom Kreuzbein bis zum Scheidenausgang. Ich soll mir vorstellen, dass das Kind durch eine Röhre durch muss; welche Farbe hat diese Röhre in meiner Fantasie? Ich sehe ein Bordeauxrot. Ulla bittet mich, meinem Kind den Weg zu zeigen: Das wird am Tag X dein Weg in die Welt sein. Ich mache es, habe aber ein bisschen Angst davor, dass das Kind es missversteht und mir direkt folgt. Ulla erwidert darauf, dass ich unserem Baby erklären soll, dass ich ihm den Weg nur zeige, und es anschließend an meiner Hand wieder zurückführen soll. Es funktioniert. Mit dieser Übung können wir in ca. zwei Wochen anfangen.

Im letzten Geburtsvorbereitungskurs zwei Tage nach unserer fünften Haptonomiestunde zeigt uns Ullas Kollegin den genauen Weg des Babys durch das Becken. Ich finde das anschaulich: so kann ich die Drehung des Köpfchens im großen Becken gut nachvollziehen - vielleicht wird dann dieses zweite Kind nicht auch als Sternengucker[7] geboren.

31. Schwangerschaftswoche:

Seit der letzten Haptonomiesitzung reagiert unser Baby noch deutlicher, finde ich. Mir gelingt es auch besser, in Dieters jeweilige Hand zu ‚gehen', sodass ich die Dreiheit stärker wahrnehme. Außerdem drückt es sich fast jedes Mal stark an die Bauchdecke, verweilt ein bisschen und taucht wieder ab. Interessanterweise macht es das jetzt auch tagsüber öfter.

In letzter Zeit habe ich das Gefühl, dass sich mein Kontakt zum Baby intensiviert hat: es findet ein richtiges Zwiegespräch statt, das mir Sicherheit vermittelt.

Manchmal nehme ich allerdings auch die Reaktionen unseres Kindes zu selbstverständlich – im Moment schleicht sich das ein. Ich versuche, bewusst dagegen zu steuern und dem Kind meine Freude über seine Reaktionen und sein ‚Mitmachen' mitzuteilen."

2.7. DIE ENGRAMME EINES WACHSENDEN MENSCHENBABYS

Noch einmal das Computerbeispiel, vielleicht nicht perfekt, aber verständlich.

Ein Computer besitzt keine Software, wenn er zusammengeschraubt wird. Nach und nach wird sie auf die Hardware aufgespielt. Das fängt mit dem Betriebssystem an, von dem es verschiedene Sorten, die unterschiedlich funktionieren und unterschiedlich leistungsfähig sind und auch unterschiedliche Programme zulassen, gibt. Das ist bei einem Menschen genau so: Das Gehirn wächst im Bauch der Mutter und sucht nach und nach Programme, die es laden und speichern kann. Es findet davon jede Menge: Jedes Gefühl der Mutter, Außen- und Innengeräusche, Hormone usw.

Alle weiteren Programme, die nach der Geburt gefunden und geladen werden, bauen auf diesen ersten Programmen, die sich Engramme nennen, auf. Die ersten Programme im Gehirn erzeugen eine Art Filter, durch den dieser Mensch sein ganzes Leben lang neue Programme schicken wird. Wenn die ersten Programme schlecht sind, wird man sein ganzes Leben lang Schlechtes erwarten. Wenn Unsicherheit, wie z.B. eine gute Mutter zu sein, es finanziell zu schaffen usw., die fast ausschließlichen Gedanken und Sorgen in der Schwangerschaft der Mutter sind, hat dies starke Auswirkungen auf ihr Kind.
In einer normalen Familie sind alle Gedanken sicher einmal positiv und einmal negativ und gehen durcheinander. Es gibt eine Möglichkeit, die Erwartung des Kindergehirns auf eine wunderbare Weise auf Positiv zu bringen: Die Haptonomie. Das Kind erwartet,

[7] Geburt mit dem Gesicht des Kindes „nach oben".

dass es geliebt wird, dass die Welt, die auf es kommen wird, eine großartige ist, in der es

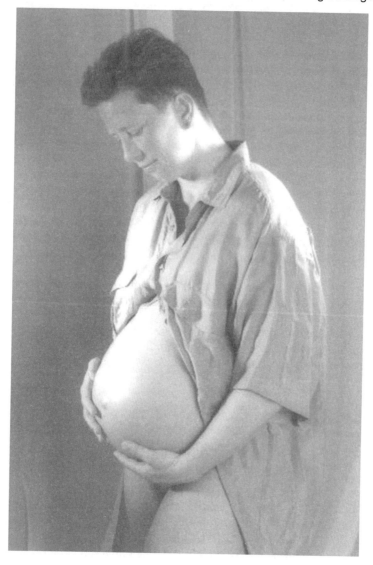

Geborgenheit und Aufregendes finden wird und dass die Welt schon freudig auf es wartet.

Die bejahende Bestärkung ist der Sinn und das Wunderbare an den Übungen.
Ein kleines wachsendes Gehirn hat ja noch keine Verknüpfungen oder Glaubenssätze.
Alles Wissen wie etwas ist und wie es miteinander zusammenhängt, wird im Laufe unseres Lebens erst im Gehirn nach und nach verknüpft. Diese Verknüpfungen entstehen durch „Verwachsungen" von Ausläufern (Dendriten) verschiedener Nervenzellen in den Synapsen. Und einmal Verknüpftes ist eben verknüpft. So einfach ist das, und so faszinierend.

Die haptonomische Begleitung ist außerdem gut für den Bewegungsapparat und vieles andere; die neue Arzthelferin hat beobachtet, dass sich haptonomisch begleitete Kinder sicherer bewegen und weniger stürzen. Dies könnte allerdings auch damit zu tun haben, dass die meisten sicher nach der Geburt getragen werden.

2.8. Haptonomie mit dem Baby, Rückenprobleme und Übungen für die Geburt

Die Übungen sollten möglichst jeden Tag mindestens einmal zusammen mit dem Vater durchführt werden. Es kann auch mehrmals täglich sein.

Man könnte die Übungen auch mit einer Freundin oder jemand anderem machen, wenn man sich z.B. getrennt hat.

Maren Walz:
„Wir hatten mittlerweile unsere zweite Haptositzung und da habe ich natürlich der Hebamme auch meine Fragen gestellt. Wir haben also u.a. dann eine Übung gemacht, die ich allein machen kann als Variante zur Partnerübung: Ich versuche erstmal herauszufinden, wo im Bauch gerade möglichst wenig Kind ist und da lege ich meine Hand auf. Dann versuche ich, die Gebärmutter von innen in die Hand zu fühlen, dann langsam den Arm hoch bis hoch zur Schulter, wo ich sie ablege. Den Raum bis zur Schulter versuche ich dann, mit der Gebärmutter auszufüllen.

Wenn es der Partner mitmachen kann, legt er auch die Hände auf und `saugt/lockt´. Ich denke die Gebärmutter erst die eine Seite hoch, dann die andere, hänge sie ihm dann sozusagen über die Schultern und fülle diesen großen Raum aus. (Beim Durchlesen denke ich gerade, wenn das ein Außenstehender liest, glaubt der doch, wir spinnen!)

Das Ergebnis: mein fester Bauch war so weich geworden, dass man zwischen den Fingern etwas Haut hochziehen konnte. Ich habe das auch allein schon hingekriegt.
Auf meine Frage sagte übrigens unsere Haptohebamme, es gäbe Fachliteratur in französischer Sprache mit derart vielen komplizierten Fachausdrücken, dass man sie selbst mit guten Französischkenntnissen kaum verstehen könnte."

Manchmal, wenn es spät war, hatten wir zu Übungen keine Lust mehr, besonders beim zweiten Kind. Sobald man dabei ist, arbeitet man es an manchen Tagen nur ab, während es an manchen Tagen spannend sein kann. Oft haben wir uns richtig darauf gefreut. Jeden Tag haben wir mehr gemerkt, wie es dem Baby Spaß macht, wie es darauf zu warten scheint, und immer stärker auf den Vater reagiert, auch auf seine Stimme und einen Kuss durch die Bauchdecke. Es war oft sehr, sehr schön und intensiv, manchmal auch völlig egal und gleichgültig. Ungefähr so wie Sex, einmal intensiv und mit einem langen schönen Gefühl danach und einmal so lala. Es war nicht nur für uns, es war für unser Kind, und das hat mich als Mutter motiviert, meinen Mann auch oft zu überreden, wenn er müde war oder keine Lust hatte. Bis auf Migräneanfälle und einen dicken Streit haben wir das auch durchgehalten und oft genossen. Die Übungen schafften eine unvergleichliche Nähe zwischen uns und dem Kind. Es war faszinierend, wie diese jeden Tag zu wachsen schien.

Bei der zweiten Sitzung lernten wir das Kind hinauf und hinunter zu bewegen. Der Doktor zeigte meinem Mann, wie er mein Becken in die richtige Stellung kippen könnte. So würde ich mit der Zeit lernen, wie es sich anfühlt, wenn man das Becken ohne Hohlkreuz hält. Ich habe den Doc überhaupt nicht verstanden. Schon immer hatte ich ein starkes Hohlkreuz und deshalb Rückenprobleme. Heute weiß ich, was er meinte, stelle mein Becken anders und habe ein leichteres Hohlkreuz als damals.

Dann zeigte mir der Doc, wie man das Kind, ohne es anzufassen, bewegt und nach innen verschiebt. Er legte meinen Mann angezogen aufs Bett und zeigte ihm an seinem

Bauch, was dieser Bereich der Haptonomie ist. Die Organe im Bauch verschoben sich; es war unglaublich! Er erschreckte meinen Mann mit den Händen, der mit geschlossenen Augen auf dem Bauch lag, er zuckte zusammen. Dann legte der Doc seine Hände auf den seitlichen Rücken meines Mannes und erschreckte ihn wieder. Und mein völlig entspannter Mann zuckte nicht zusammen. „Das ist Haptonomie", sagte der Doc. „Und jetzt mache ich wieder alles kaputt", er wuschelte ein bisschen auf dem Rücken und mein Mann erschrak wieder. Es war ein großartiges Erlebnis, das uns vor Augen führte, was Frau Liedloff im Buch „Auf der Suche nach dem verlorenen Glück" mit weniger starker Muskelspannung der Kinder meint. Wir waren unglaublich fasziniert.

In der folgenden Sitzung zeigte der Doc meinem Mann noch eine Übung, wie er in der Wehe helfen kann, damit das Kind sich senkrecht stellt und es bei meinem Hohlkreuz leichter hat. Ich habe aber bei der ersten Geburt unter Wehen das Heranziehen des Bauches nicht gemocht, weil es weh tat und ich besser allein zurecht kam. Ich war wirklich nicht genug beim Baby. Das war schlecht, denn so dauerte die Geburt 32 Stunden und war sehr schwer. Bei der zweiten Geburt ging ich ganz anders damit um; ich hatte viel stärkere Wehen, hielt mich aber bei jeder Wehe richtig an meinen Bauch fest, zog ihn zu mir, und zwischen den Wehen streichelte ich den Bauch und lobte mein Baby. Mein Mann konnte dabei mir nicht den Bauch, sondern musste das Lenkrad halten. Die Geburt dauerte nur knapp drei Stunden. Es war unglaublich: Wir waren zusammen, mein Baby und ich, wir machten die Geburt gemeinsam. Und obwohl es heftig war, wollte ich bald einmal erleben, weil es das Wahnsinnigste war, was mir je passiert war, so fernab von Raum und Zeit vereint mit meinem Kind.

2.9. Pränatale Begleitung und Geburt

Herr Dr. med. M. Djalali schreibt in seiner Homepage www.haptonomie.de.vu:

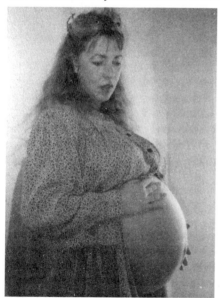

„Obwohl die haptonomische Eltern-Kind-Begleitung nicht auf eine Geburtsvorbereitung reduziert werden kann, begünstigt sie eine natürliche Geburt und unterstützt die Entbindung. Grundlegend zielt die Haptonomie auf die Ganzheit der Person ab.
Das affektive Leben - Gefühle und Empfindungen - offenbart sich auf dem Niveau der beseelten Leiblichkeit. Insbesondere das Gefühl des Wohlbehagens, der wesensmäßigen Ganzheitlichkeit, wird auf der körperlichen Ebene von einem speziellen Muskeltonus begleitet - geschmeidig und weich - und einer Nachgiebigkeit der Sehnen, die der Geburt förderlich ist. Dieser körperliche Zustand ist weder Ergebnis von Übungen noch einer Technik, sondern Resultat der befreienden Wirkung einer gefühlsmäßig bestätigenden Beziehung: Das bedeutet, dass Haptonomie unvereinbar ist mit Methoden mit dem Ziel, den Muskeltonus und die Atmung zu modifizieren, wie Yoga, Sophrologie, Atemtechniken... etc, da diese durch ihren Lerncharakter die befreiende Auswirkung des gefühlsmäßigen Ausdrucks behindern würden. Darüber hinaus behindert jede auf Atmung oder eine `imaginäre Vorstellung´ des Kindes gerichtete Aufmerksamkeit den gefühlsmäßigen Kontakt mit diesem."

Eine Mutter:
„Bei der ersten Geburt habe ich keine besondere Atemtechnik gehabt, aber ich habe die gesamten Wehen über getönt. Sagt nun Dr. Djalali, dass man nicht tönen soll, sondern nur normal stimmlos atmen? Das fällt mir schwer zu glauben, wie das gehen soll, denn gerade durch das tönen konnte ich sehr bei mir sein und weg von der Umwelt..."

Carola antwortet ihr:
„Bei der zweiten Geburt habe ich tatsächlich nur entspannt in den Bauch geatmet. Du schreibst ja selbst, dass du `bei dir´ sein konntest, aber Tönen, Summen, Singen oder was auch immer `übertönt´ doch und das Wichtigste, was dir immer wieder `eingeschärft´ wird, ist BEI dem Kind zu sein - also nicht (nur) bei dir, sondern auch mit/bei dem Baby! Das geht bei irgendwelchen antrainierten Techniken (Atem, Bewegung usw.) schlecht."

Frage:
Bei einer haptonomischen Geburt soll man nicht pressen? Wie soll das Baby dann rauskommen, wenn man nicht drückt?

Carola:
„Das Baby macht (mit dir zusammen) die Arbeit - es `wird´ nicht herausgedrückt - so die Vorstellung. Ich für meinen Teil find das insofern einsichtig, als dass du zum Einen die Schwerkraft hast, zum Anderen ist das Kind `in´ deinem Bauch - und nicht wie bei einer `normal´ Schwangeren vor dem Bauch. Schau dir mal den Querschnitt einer Hochschwangeren an - da liegt das Baby `außerhalb´ und muss sich erst mühsam den `in´ den Bauch und dann durch den Geburtskanal bahnen. Das Kind gebiehrt sich selbst - von den Geburtswegen massiert und unterstützt."

Bei meinem ersten Baby, schaffte ich es nur selten, während einer Wehe beim Baby zu sein. Zu sehr war ich mit mir beschäftigt. Beim zweiten Baby waren die Wehen wesentlich stärker, aber ich hatte beide Hände am Bauch und wir waren wie eine Einheit. Es war unbeschreiblich und ich bin so glücklich, dass ich meiner Tochter, die vielleicht selbst einmal Mutter wird, von ihrer guten Geburt berichten kann. Unser drittes Kind wurde mit Down Syndrom in einer Sturzgeburt zu Hause geboren und von meiner Seite aus, hatte ich engen Kontakt mit Robin. Aber ich bekam keinen Kontakt zu ihm, weil er nicht wollte, oder er zu schwach war. Schon früh merkten wir, dass wir als Eltern beide nur schwer und träge Kontakt zu ihm bekamen. Der Kontakt zum vierten Kind war wieder gut. Die Geburt war extrem heftig und ich bin dankbar, diesen Kontakt mit meinem Baby kaum abreißen gelassen zu haben.

Edda Schüller:
„Auf der Tagung war Dr. Djalali mit einem Vortrag über Geburt vertreten. Er zeigte uns einen Film über eine von ihm betreute Geburt und es war einfach riesig, zu sehen, wie es sein kann. Allen Frauen, die schon geboren haben, kamen bei diesen Bildern die Tränen, wahrscheinlich auch noch vielen anderen Tagungsteilnehmern. Das Wissen über die Haptonomie sollte viel weiter verbreitet sein."

2.9.1. Die Haptonomie aus der Sicht des Vaters

Andreas Müller-Mettnau:
„Ich sehe die haptonomischen Schwangerschafts-`Übungen´ als eine – vielleicht die einzige – Chance, dem Vater bereits vor der Geburt einen Kontakt zum Baby herzustellen und ihn auch emotional näher an und in die Beziehung Mutter-Kind zu bringen. Die Übungen und Praktiken führten bei mir dazu, dass ich recht früh (bis auf unseren Sohn Robin mit Trisomie 21, Down Syndrom, vielleicht auch Autist) einen realen Kontakt zu meinen Kindern aufbauen konnte. Das Köpfchen oder den Po in der eigenen Handfläche zu spüren, die Kommunikation mit dem Baby durch Berührung und mentale Projektion war anfangs ein unbekanntes und dann immer wieder aufregendes Gefühl. Die Gewissheit zu spüren und zu erleben, dass das ungeborene Kind im Mutterleib kein Wesen ist, das man mit einem speziellen Ausdruck wie `Fötus´ kennzeichnen muss (der ja irgend etwas Fremdes – noch nicht Menschliches- suggeriert), sondern es sich um ein bereits existierendes lebendiges, fühlendes und reagierendes Wesen handelt, ist eine wirklich schöne Erfahrung, die ich nicht mehr missen möchte.

Nach der Geburt unseres ersten Kindes, die extrem lange dauerte und komplikationsgeladen war, konnte ich unmittelbar spüren, wie gut bereits der Kontakt Vater-Sohn war. Meine Frau wurde nach 32-stündiger-(Spontan)-Geburt dann doch noch in den OP gebracht, um aus Vorsichtsgründen nach den vermuteten Resten der eventuell nicht vollständig gelösten Plazenta zu forschen. Daher war ich kurz nach der Geburt für ca. 90 Minuten ganz alleine mit meinem neugeborenen Sohn. Ich lag auf dem Bett, die Beine angewinkelt und setzte unseren neugeborenen Sohn auf seinen Po und lehnte seinen Rücken an meine Beine an. So saßen wir nun und schauten uns friedlich und ruhig an. Unser Sohn war munter, freundlich und neugierig – erstaunlich anders, als ich mir immer ein Neugeborenes vorgestellt hatte. Ich hielt seine kleinen Hände, als ob ich nie etwas anderes gemacht hätte. Verglichen mit anderen Vätern, die sich oft lange Zeit nicht trauen, ihr Kind zu nehmen, zu halten und mit ihm alleine zu sein, hatte ich durch die Tatsache, dass wir uns ja schon seit langem kannten, hier - für mich trotz allem überraschend – keine Probleme. Die Situation war irgendwie ganz normal und vollkommen harmonisch. Ohne die haptonomische Schwangerschaftsbegleitung wäre dies wahrscheinlich anders gewesen. Durch die Tatsache, dass meine Frau die ersten zwei Wochen nach der Geburt fast nur im Krankenhausbett verbrachte und aufgrund mehrerer schwerwiegender Verletzungen nicht mobil war, kümmerte ich mich tagsüber fast ausschließlich um unseren Sohn. Und dies lief – obwohl mein erstes Kind – wirklich problemlos. Auch hier merkte ich, dass wir beide, unser Baby und ich, keine Distanz hatten, sondern bereits gefühlsmäßig `auf einer Welle´ waren.

Ob beim Thema Familienbett, Tragen, Nichtfüttern, Stillen oder in anderen wichtigen Bereichen - ich durfte durch Dr. Djalali viel lernen. Ich bin auf jeden Fall froh, dass wir zu unserem `Doc´ und durch ihn zur Haptonomie finden durften. Leider musste ich feststellen, dass meine Begeisterung und meine Überzeugung selbst im Bekannten- und engsten Familienkreis nicht dazu führte, sich darauf einzulassen oder sich dafür zumindest zu interessieren. Werdende Eltern scheinen leider auch heute noch mehr über das richtige (?!) Modell des Kinderwagens nachzudenken, als über solch wesentlich grundlegendere Dinge wie den realen Kontakt zum Kind. Zum Glück durften meine Frau und ich den Weg finden und damit auch schon anderen Eltern helfen."

2.9.2. Wie Christian Haptonomie als Vater empfand

„Als meine Frau Anfang des sechsten Schwangerschaftsmonats mir über ihren Besuch bei unserer Haptonomiehebamme berichtete, war ich mehr als skeptisch. Was sie mir über Haptonomie erzählte, klang mir einfach zu „abgefahren", zu esoterisch, zu wenig greifbar. Ich bin mehr der Kopfmensch, der gerne alles vorausschauend plant, sich auf Fakten verlässt und weniger den geistigen Dingen des Lebens zugetan ist.

Da ich aber auch neugierig bin, bin ich wenige Tage später zum ersten Mal mit in die Sprechstunde von Frau K. gefahren, um mir das Ganze mal anzusehen. Meine Erwartungshaltung war neutral, ich dachte, mehr als zwei Stunden Zeit die nichts gebracht haben, kannst du nicht verlieren, aber vielleicht ist es doch etwas was uns und unserer Tochter weiter hilft. Frau K. gab mir dann erst mal einige Texte zu lesen und zeigte an mir, was Berührung bewirken kann. Dann begann sie mit den Übungen mit meiner Frau, die sie schon in der Sitzung zuvor praktiziert haben.

Frau K. bat mich, die Hände auf den Bauch meiner Frau zu legen und zeigte mir, wie ich mit meiner Tochter in Kontakt treten konnte, wie ich es erfühlen konnte und wie ich es einladen konnte, von meiner linken Hand in die rechte zu wandern. Ich war absolut überrascht zu spüren, dass unsere Tochter auf meine Hand reagierte und sich regelrecht in die Handfläche einkuschelte. Ich hätte ohne diese Anleitung niemals gewagt, das ungeborene Kind in dieser Form hin- und herzubewegen.

Wir versuchten, jede Möglichkeit (ich bin unter der Woche berufsbedingt nicht zu Hause), zusammen zu nutzen, um mit unserer Tochter Kontakt aufzunehmen, zu `spielen´. Dies geschah meistens abends, gegen 20 Uhr bis 22 Uhr mit dem Ergebnis, das zu dieser Zeit heute unsere Tochter immer wach ist und uns mit großen, aufmerksamen Augen anschaut und vor 23 Uhr kaum zum Schlafen zu bewegen ist. Tipp in der Hinsicht für Nachahmer: Früher mit dem ungeborenen Kind spielen, es gewöhnt sich wirklich an die Zeit.

Für mich persönlich war es immer ein intensives Erlebnis mit meiner Frau gemeinsam unsere Tochter zu spüren und ihre Reaktionen auf unsere Berührungen zu erfahren. Sie von rechts nach links und von oben nach unten zu bewegen ließ früh ein gemeinsames Gefühl entstehen, ließ mich sehr früh meine Tochter kennen lernen. Es war für mich die Chance, schon vor der Geburt nahe zu sein und sie zu erleben, einem Gefühl welches normalerweise nur die Mutter erfährt.

Auch die Geburt wird mir als einprägendes Erlebnis in Erinnerung bleiben. Immer wenn ich vorher Sendungen wie `Schnulleralarm´ und ähnliches gesehen hatte, blieb den Vätern im Kreissaal nicht mehr als die Rolle des unbeteiligten Statisten, der am Kopfende bei seiner Frau sitzen durfte und ihr ein wenig Mut zusprach. Ich habe mich während der Geburt nie ausgegrenzt gefühlt und wurde durch unsere Hebamme zur tatkräftigen Mitarbeit sowohl animiert und aufgefordert. Die Geburt als solches habe ich nicht als `außergewöhnliches´

Ereignis, sondern als natürliches Erlebnis erlebt, in dem ich mich jederzeit wohl gefühlt habe. Als ich dann den Kopf unserer Tochter das erste Mal erblickte, war es für mich wie das Erscheinen von jemandem, den man schon lange kennt. Mir ging im Moment der Gedanke durch den Kopf `So sieht die Kleine also aus, die du die ganze Zeit schon in deinen Händen gespürt hast´. Interessant für mich war zu sehen, wie ich im Vergleich zu anderen Vätern im Kinderzimmer mit meiner Tochter umging. Für mich war es das Natürlichste der Welt, meine Tochter in den Arm zu nehmen, zu wickeln und zu baden, sich ihr zu nähern und mich mit ihr zu beschäftigen, während andere Väter sich ihren Kindern eher respektvoll näherten und das für sie `unbekannte Wesen´ mehr aus der Distanz in Augenschein nahmen.

Auch nach der Geburt ist unsere Tochter leicht durch Bewegungen zu beruhigen. Sie ist ein relativ ruhiges Kind, das lediglich schreit, wenn es Hunger hat, die Windel voll ist, die obligatorischen Bauchkrämpfe auftreten oder sie Nähe sucht. Normalerweise beruhigt sie sich aber wieder schnell, wenn man die entsprechenden Ursachen abgestellt hat und sie auf dem Arm trägt oder schaukelt. Was uns auffällt, ist wie aufmerksam sie die Umwelt beobachtet, der Kinderarzt bemerkte ihre gute Motorik.

Im Nachgang betrachtet muss ich sagen, dass sich die Haptonomie für uns `gelohnt´ hat. Wir haben es als echte Bereicherung für uns und unsere Tochter erlebt und können es Eltern, die sich diesem Bereich nähern wollen, sehr empfehlen.

Normalerweise bin ich gewohnt, Sachverhalte klar und deutlich schriftlich zu formulieren. Bei der Reflektion meiner Gedanken zur Haptonomie bin ich immer wieder an die Grenzen meiner schriftlichen Ausdrucksmöglichkeiten gestoßen. Sie müssen es erleben. Es zu beschreiben gibt es nur unvollständig und rudimentär wieder."

2.10. Der Umgang mit Haptonomie nach der Geburt

Der Doc erklärte uns, dass sich auch nach der Geburt die haptonomische Begleitung auf vielfältige Weise fortsetzen kann.
Man soll das Kind nie von oben auf den Kopf fassen: Das bedeutet Macht: „Ich bin stärker als du." Unser Doc hielt das für so wichtig, dass er es sogar während der Geburt versuchte zu vermeiden.

Man soll das Kind nicht unter den Achselhöhlen hochhalten, denn dann ist das Kind „abhängig", wortwörtlich. Man kann es an den Rippen greifen, was für die Psyche besser ist.

Gut ist es, wenn man das Kind auch bei kürzeren Strecken auf dem Arm mit dem Gesicht nach vorne trägt; der Rücken zum Erwachsenenkörper, die Hand im Schritt: Die Basis des Menschen ist der Steiß. Vielleicht kommt daher der Begriff „Rückendeckung". Das Kind soll Arme und Beine bewegen können. Es wird angstfrei und interessiert in die Gegend schauen, vom ersten Tag an. Die Qualität des Kontaktes macht es aus, ob das Baby sich aus der Basis heraus halten kann oder nicht.

Wir machten uns Sorgen um die Babywirbelsäule. Unser Doc nahm das Neugeborene, setzte ihn sich auf die Hand und balancierte ihn. Wir bekamen einen Schreck, aber er konnte sich aufrecht halten. Es war faszinierend.

Und natürlich soll der Körperkontakt ununterbrochen bleiben, außer beim Schlafen, auch bedingungsloses Stillen (= ohne Nachdenken und Überlegen oder Abwägen), „Stillen, wann immer das Kind sich meldet", gehört irgendwie dazu, da es um die affektive Seinsbestätigung geht.

In seiner Homepage www.haptonomie.de.vu meint Dr. Djalali:

Die postnatale Begleitung

„Es ist immens wichtig, dass die affektive Beziehung zwischen dem Kind und seinen Eltern im Moment der Geburt nicht unterbrochen wird. In der Tat: eine Unterbrechung der gefühlsmäßigen Beziehung, die das Kind im Mutterschoß erlebt hat, würde eine für ihn schädliche Frustration zur Folge haben.

Nach der Geburt muss das Kind in besonderer Weise begleitet werden: Vier postnatale Zusammenkünfte sind wünschenswert. Auch hier wird jede Begegnung dem Entwicklungsstand des Kindes angepasst.

Die erste Begleitung findet frühestens in den ersten zwei Wochen nach der Geburt statt.

Durch die Unterstützung der Basis - dem Geborgenheit vermittelnden Tragen - wird sich das Kind seiner Leiblichkeit bewusst und entwickelt einen Zustand der Basis-Sicherheit in dieser neuen Welt. Die letzte Begleitung findet statt, wenn das Kind seinen Raum von sich aus erweitert, also sobald es das selbstständige Laufen erworben hat."

Über haptonomische und normale Geburten und einen besonderen Umgangs mit der Geburt ist ein Buch mit dem treffenden Titel erhältlich: „Geburtstage" ISBN-Nr. 3-9804631-2-5 bei Heike Schwitzke, Eigenverlag, Tel: 0212/76062, Fax: 0212/75300, Bonner Str. 208a, 42697 Solingen (damals) 37,80 DM. Dieses Buch hat sogar eine Nabelschnur (ja, wirklich).

Das Kind wird möglichst immer am Körper gehalten, nicht im Tragetuch, sondern entweder mit dem Gesicht nach vorne im Schritt oder in einer Tragehilfe nach vorne; so wird (wenn der haptonomische Kontakt besteht) der Rücken/die Basis gestärkt. Die Qualität des Kontaktes sollte in den ersten Wochen intensiv sein und deshalb ist die Trageweise mit dem blanken Arm jeder anderen vorzuziehen. In einem Tragetuch kann es Arme und Beine nicht bewegen, die Basis hat keinen Körperkontakt (außer in der Wickelkreuztrage), es kann nicht nach vorne sehen. Und nie weit weg vom Körper, abgeschoben in einen Kinderwagen lassen.

Entgegen Frau Liedloff (Buch Auf der Suche nach dem verlorenen Glück) könnte das Kind, wenn es schläft, abgelegt werden, aber es muss nicht. Wir haben die Kinder ab dem vierten Monat etwa in einer Trage getragen, bei dem man das Kind mit dem Gesicht nach vorne tragen kann und der Kopf seitlich durch die Tragegurte gestützt wird. Dieser wurde irgendwann unbequem, und wir wechselten zum Trecker von Beginnings (bis vier Jahre, etwa 80 Euro und so bequem). Beim zweiten Kind lernten wir noch eine weitere Trage von Beginnings kennen, die aus Holland ist und für die haptonome Trageweise konstruiert wurde. Sie war viel bequemer als unsere erste, und man konnte sie bis zu etwa einem

Jahr benutzen, vielleicht auch länger. Wir wechselten dann zum Trecker, weil der eine Lendenwirbelsäulenstütze hat. Heute gibt es schon einige Tragen, die es ermöglichen, das Kind mit dem Gesicht nach vorne zu tragen.

Beim dritten Kind trafen wir den Doc noch einmal. Er zeigte uns den Unterschied zwischen einfachem Tragen und haptonomischem Halten. Es ist eine Sache der Kontaktaufnahme, der Qualität des Kontaktes, wie man ein Kind trägt. Durch unsere räumliche Entfernung hatten wir das noch nicht verstanden, sahen wir uns doch sonst nur in den Schwangerschaften.

Er zeigte uns diesen Kontakt und wie sich schlagartig das Kind selber aus seiner Basis heraus stabilisiert und halten kann. Und dies, obwohl unser Robin mit Down Syndrom geboren wurde und einen schwachen Muskeltonus aufwies, sich somit gar nicht selber aufrecht halten konnte. Es waren zwei völlig verschiedene Kinder, die er da nacheinander hielt. Der Doc sagte: „Hand unter den Po ist nicht Haptonomie". Sieh selbst, Robin hatte einen so schwachen Muskeltonus, dass er seinen Kopf und sich ohne Hilfe nicht alleine halten konnte, nur auf diesen Fotos kann er es auf einmal und kippt nicht weg.

Fotos Dr. Djalali oben und unten mt haptonomischem Kontakt zu Robin.

Unser viertes Kind Linus liebte das fest gebundene Tragetuch. In der Wohnung trug ich die Kinder, als sie etwas größer waren, meist auf dem Becken sitzend, mit einem Arm haltend. Große Strecken lief ich ja in der Wohnung selten, und so veränderte sich die Haltung oft. Hausarbeit, die zwei Hände erforderte, musste auf den Schlaf des/der Kinde(s)r warten oder mit einer Hand erledigt werden. So einfach habe ich es mir meist gemacht, und es blieb auch viel liegen, aber darüber spricht heute keiner mehr. Als die Kinder sitzen konnten, habe ich sie auch kurz auf den Boden gesetzt und wieder aufgenommen, wenn die zweite Hand wieder frei war.

Den Einklang durch die haptonomische Begleitung mit meinem Kind spüre ich sogar: Als unsere Tochter 18 Monate alt war, stillte ich sie so gut wie voll und habe keine Mahlzeit ersetzt. Wenn sie in meinem Bett schlief und ich noch auf war, spürte ich ein paar Minuten oder Sekunden vorher, dass sie wach werden würde. Gerne ging ich vorher ins Bad und machte mich nachtfertig; fast immer passte das auf die Minute, als wenn sie mich rufen würde. Das war auch für meinen Mann erstaunlich.

Susanne fasste so wunderbar zusammen, was unser Doc und die Haptonomie sich wünschen und nach Rücksprache mit Dr. Djalali sind etwa 10 % im ursprünglichen Sinn aus der Haptonomie und 90% von ihm:

Susanne:
„Wir haben versucht, unseren Sohn auch nach der Geburt haptonomisch zu begleiten und nun bin ich aufgefordert, mal zu beschreiben, woraus die Haptonomie nach der Geburt besteht. Ich fürchte, das wird schwer. Dr. Djalali sagt immer, dass man Haptonomie nicht erklären kann, sondern es fühlen muss. Eigentlich verstehe ich erst jetzt nach so langer Hapto-Zeit, dass er Recht hat. Deswegen werden viele meiner folgenden Erklärungen so schwarz auf weiß eher hilflose Versuche bleiben. Aber ich will es dennoch versuchen.
Vorweg will ich noch schicken, dass ich selber nicht genau unterscheiden kann, zwischen dem, was sozusagen die reine haptonomische „Lehre" (des Begründers Veldman) empfiehlt und was wiederum eine reine Djalali-Empfehlung zum Umgang mit dem Kind ist. Darüber hinaus habe ich viel gelesen, und mir eigene Meinungen gebildet und bin in manchen Dingen noch unsicher. Ich will versuchen, die wesentlichen Punkte aufzuschreiben, so wie ich sie verstanden habe.

Zum Tragen:
- Möglichst 24-Stunden Körperkontakt mit dem Kind, also tragen nicht nur als Transportmittel, sondern Baby immer dabei (im Haushalt, unterwegs, bei Freunden etc.)
- haptonomisch mit Blick nach vorne, stütze an der Basis (d.h. am Po), das Kind kann den Kopf dann selber halten und benötigt keine Unterstützung (aber: Vorsicht, sich zeigen lassen)
- tragen in den ersten Lebenswochen hauptsächlich durch die Mutter, in Ausnahmen auch durch den Vater, aber niemals, wenn das Kind weint, dann soll die Mutter immer da sein
- zur Beruhigung eher nicht tragen, sondern lieber stillen

Dr. Djalali findet es schlimm, wenn die Leute schon im Mutterleib das Geschlecht ihres Kindes wissen und ihm dann schon den nachgeburtlichen Namen geben. Er meint, dieses Kind würde dann nicht mehr ohne wenn und aber angenommen, sondern eben schon mit konkreten ihm zugewiesenen Eigenschaften. Das würde das Kind spüren und sein Selbstgefühl u. U. mindern.

Zum Schlafen:

- Im Familienbett direkt bei der Mutter (nicht im Babybett nebendran, sondern mit wirklichem Körperkontakt)

Wann das Kind schläft, kann es selbst entscheiden (kein Training, möglichst auch keine `sanften´ Methoden). Baby soll einfach immer bei der Mutter sein und wird dort dann auch an der Brust einschlafen, egal wo sie ist... (dieser Punkt hat bei uns aus verschiedenen Gründen anfangs nicht so gut geklappt, inzwischen aber schon).

Zum Stillen:

- Nach Bedarf: egal wann, wie oft und wie lange das Kind sich meldet (wir hatten anfänglich häufig Stillabstände von wenigen Minuten und Dauernuckler von bis zu drei Stunden) auch `nur´ zum Nuckeln
- kein Schnuller, kein Fläschchen, kein Abpumpen etc.
- um das Kind zu beruhigen immer die Brust anbieten (klappt natürlich nicht immer; dann aber nach einer Pause immer wieder versuchen)
- kein Zufüttern, auch später nicht. Das Kind sitzt mit am Tisch und kann sich nehmen, was es will. (Auch hier ist Vorsicht angesagt, wenn diese `Selbstbedienung´ dann doch mit gelegentlichen Fütterungsversuchen einhergeht, könnte es gefährlich werden, weil dem Kind dann einmal die Verantwortung für das, was es in den Mund nimmt, abgenommen wurde. Eine Freundin von mir hatte massive Probleme, nachdem sie ihrem Kind einige Male Essen in die Hand gedrückt hat. Das Kind hat sich regelmäßig massiv verschluckt und gewürgt. Es scheint wirklich nur zu funktionieren, wenn man überhaupt nicht eingreift.)

Man braucht auch keine besondere Anlegetechnik (erst eine, dann andere Seite) und sollte sich auch nicht von Stillkissen etc. abhängig machen. Stillen kann man überall ohne Hilfsmittel, idealerweise auch im Gehen und Stehen. Kind kann immer an einer Brust pro `Mahlzeit´ (eigentlich gibt es so etwas wie klar abzugrenzende Mahlzeiten aber oft gar nicht) trinken, man muss sich aber nicht merken welche. Beim erneuten Andocken einfach die vollere nehmen. Selbst wenn man irrt, macht das nichts, das gleicht sich später wieder aus.

Zukunftsmusik: stillen bis das Kind sich selber abstillt, also mehrere Jahre...

Entwicklungsförderung
(haptonomische Übungen, Massage etc.):

Hier scheiden sich wohl die Geister von Dr. Djalali und Frans Veldman: es gibt in der haptonomischen Lehre wohl durchaus `Übungen´, die man mit dem Kind machen kann, um es in seiner (motorischen) Entwicklung zu unterstützen und zu fördern, Dr. Djalali sagte mir aber, dass er total dagegen sei, weil man als Eltern dann Leistungserwartungen in sein Kind stecke (überspitzt formuliert: Kind ist erst `gut´, wenn es dieses und jenes kann). Er ist auch dagegen mit dem Kind an einer Hand zu laufen, bevor es das von selber kann.

Bei einem kranken und/oder entwicklungsverzögerten Kind kann das durchaus liebevolle Bemühen der Eltern um Förderung beim Kind u. U. nur das Gefühl hinterlassen, einzig und allein über seine `Behinderung´ definiert zu werden. Ich lese gerade das Buch `Das kompetente Kind´ von Jesper Juul. Dort ist das Beispiel gebracht von Eltern, die ein dickes Kind haben und sich bemühen, die Ursachen herauszufinden, zu Diätberatern gehen etc. Sie sind liebevoll und wollen nur das Beste für ihr Kind. Eines Tages sind sie wieder bei einer Beratung zu dem Thema, das platzt es aus dem Kind heraus: `Das einzige was ihr seht, ist mein Fleisch!' Ich fand das Beispiel einleuchtend und denke, dass es an dieser Stelle ganz gut das widerspiegelt, was Dr. Djalali meint."

2.11. HAPTO-PSYCHOTHERAPIE

Die so begleiteten und getragenen Kinder gehen offen auf die Welt zu und werden sehr früh sehr freundlich und haben vor nichts Angst, wenn sie keine schlechten Erfahrungen machen. Ich habe auch bei allen Kindern so gut wie überhaupt kein Anzeichen von Fremdeln erlebt.

Für die Psyche hat das Erschrecken, der Schock, bei dem sich alles verkrampft, wenn wir auf die Welt kommen (gut geschildert in „Geburt ohne Gewalt" von Leboyer) so extreme Ausmaße, dass die eigenartige Berührungsangst (jeder braucht seine wenigstens 30 cm Privatsphäre, sonst fühlt er sich nicht wohl), die sicher kein Inder kennt, offensichtlich von der ruckartigen Entziehung der Berührung kommt. Es gibt inzwischen sogar haptonome Psychotherapie, die in wenigen Sitzungen mehr Erfolg haben soll, als Gespräche über viele Jahre. Adressen von Therapeuten werden auch in der Adressenliste von haptonomisch korrekt ausgebildeten und tätigen Hebammen, Psychologen und Gynäkologen aufgeführt.

Herr Dr. med. M. Djalali schreibt in seiner Homepage www.haptonomie.de.vu:

Die haptopsychotherapeutische Begleitung

„Im Verlauf der ersten Begegnung - der `Entdeckung´ - erkennt die begleitete Person bei sich affektive (gefühlsbezogene) Einschränkungen und Beschränkungen, die als Reaktionen auf Defizite und Frustrationen in Beziehungen entstanden sind. Darüber hinaus entdeckt der Mensch, dass er jenseits der inadäquaten Anpassungsmechanismen von Furcht und Sorge die affektiven Fähigkeiten erschließen kann, die ihm eigen sind. Er kann ohne Vorstellungen leben, ohne in Abwehrhaltung zu verharren oder auf der Flucht zu sein.

Nach dem Stadium der Entdeckung erforscht der Mensch seine eigenen affektiven Fähigkeiten: Im Erleben der Sicherheit, die durch eine affektiv-bestärkende Beziehung entstanden ist, verliert der Mensch die Angst davor, seine Gefühle zu leben. Indem er sich selbst erfährt, erlangt er nach und nach Eigenständigkeit in affektiven Beziehungen zu seinen Mitmenschen, gewinnt seine Lebensfreude wieder und entfaltet sie.
Auf diese Art entwickelt er ein Gefühl innerer Sicherheit, Selbstbewusstsein und Selbstvertrauen; diese Gefühle sind die notwendige Grundlage, um affektiv geprägte zwischenmenschliche Beziehungen aufzunehmen und aufrechtzuerhalten.

Die Haptonomie lässt weder medizinische und psychiatrische Erkenntnisse noch die Symptome, derentwegen der Mensch Hilfe sucht, außer Acht.
Im Verlauf der Begleitung entwickelt der Mensch ein Gefühl des Wohlbefindens und erlebt sich als eine Einheit, eine Ganzheitlichkeit."

Die Informationsbroschüre von Herrn Veldman dazu: *„In der hapto-analytischen Psychotherapie ist es möglich, negative Engramme, die aus Frustration und/oder traumatischen Eindrücken entstanden sind und zu (Gefühls-) Entwicklungsstörungen geführt haben, wieder aufzuspüren und aus dem un(ter)bewussten Gedächtnislager heraus zu reproduzieren, wodurch ihr zerstörerischer Einfluss aufgehoben wird. Durch danach* angebotene, bestärkende, haptonome Stimuli in transparenter affektiver Atmosphäre und Situation wird die blockierte und zurückgebliebene Gefühlsentfaltung gefördert und bis zur vollen Integration begleitet."

2.12. Unsere Erfahrungen nach der Geburt

Da das Kind leicht ist, kann man es die ersten drei Monate stets mit Körperkontakt halten, außer wenn es schläft. Und selbst dann hat unser Sohn öfter auf uns gelegen, wenn sein Bauch wehtat. Ein ständiger Körperkontakt wäre sicher besser, aber die Haptonomie verlangt das nicht. Da ich das Kind meist alleine bei mir hatte, war ich so satt an Körperkontakt, dass ich dankbar war, wenn es jemand anders auf dem Arm hatte oder ich es auch einmal zum Schlafen ablegen konnte. Nach drei Monaten haben wir die Kinder auch einmal zwei, drei, vier Minuten allein spielen lassen, nur solange sie sich wohl fühlten. Ein großes Grundbedürfnis des Menschen ist die Nähe zur Mutter. Der Mensch ist kein Nestflüchter, sondern wie der Affe ein Tragling. Ein Baby hat deshalb panische Angst verlassen zu werden. Unsere Wippe, das Laufgitter und die Krabbeldecke verkauften wir wieder, und einen Kinderwagen haben wir nie gehabt.

Unsere Kinder mussten nur kurz rufen, wenn sie im Ehebett schliefen, wir aber noch auf waren und nicht gleich gemerkt haben, dass sie wach waren. Denn dies bedeutet oft eine Bitte um Nähe, nicht nur Nahrung oder Windel. Nach dem Stillen schliefen alle vier immer sofort weiter.

Unsere Kinder spielen meist alleine, können sich lange konzentriert mit einer Sache beschäftigen, schlafen ohne Ritual, kommen nicht aus dem Zimmer oder weinen und sind meist so zufrieden und ausgeglichen, dass wir öfter angesprochen werden. Der Grund ist, dass sie Vertrauen zu sich und der Welt haben.

Da wir selber nicht mit dem Körperkontakt in dieser Form groß werden durften, war es am Anfang anstrengend, lohnte sich aber tausendfach. Unsere Hebamme hat 10.000 Kinder auf die Welt geholt und arbeitet seit Jahren mit haptonomisch begleiteten Kindern; sie sagte, wir sollten uns nicht einbilden, dass das unsere Gene sind, sondern dass haptonomisch begleitete Kinder alle ungewöhnlich zufrieden sind und auch als Erwachsene stets ein gutes Verhältnis mit ihren Eltern haben. Das kann ich nicht beurteilen, habe aber Briefkontakt zu zwei Müttern mit haptonomisch begleiteten Kindern; auch sie stellen Unterschiede zu Gleichaltrigen fest und gehen anders mit ihren Kindern um als gewöhnlich.

Regina Podsada berichtet über ihre Erfahrungen mit der Haptonomie:

Erstes Kind:

„Von meiner ersten Tochter Anna wurde ich 1994 von Dr. Djalali entbunden. Meine damalige Frauenärztin hatte mich zur Entbindung zu ihm `geschickt´. Aufgrund meiner weit fortgeschrittenen Schwangerschaft gab es nur wenige, vielleicht ein oder zwei, haptonomische Geburtsvorbereitungsstunden. Die haptonomische Geburt war das überwältigend schönste Erlebnis meines Lebens und von einer Woge der Euphorie getragen habe ich mein Baby gestillt und mit in unser Bett genommen und nur getragen und nicht auf den Kopf gefaßt etc. Nach der Geburt habe ich Dr. Djalali noch einmal zu einer `Haptonomischen Eltern-Kind-Begleitung´ besucht. Dann `ging ich zurück´ zu meiner Frauenärztin.

Es hat sechs Monate gedauert, da hatten uns unsere Familie und Freunde wieder auf `Normalmaß´. Wir hatten den schicksten Kinderwagen und das Baby ein eigenes Bett. Ich habe Anna auf den Vier-Stunden-Rhythmus gedrillt und versucht ihr die Flasche zu geben. Sie hatte `Drei-Monats-Koliken´ und war oft krank. Heute bin ich der Überzeugung, daß es `Drei-Monats-Koliken´ gar nicht gibt, sondern daß mein Kind Streß hatte. Gestillt habe ich zwar noch bis zum ersten Geburtstag, (damit war ich der totale Exot in meinem sozialen Umfeld) aber nach eineinhalb Jahren habe ich mein Kind zur Tagesmutter gegeben, habe selbständig gearbeitet und pünktlich mit drei Jahren war Anna im Kindergarten. Anna wollte noch länger gestillt werden, ich habe das aber nicht wahrgenommen und sie hätte viel mehr Nähe gebraucht (schlafen bei den Eltern und tragen). Eigentlich habe ich immer gewusst, dass ich es hätte besser machen können. Aber ich war einfach noch nicht so weit `das Große Ganze zu sehen´ und hatte leider auch die Djalalis (Frau Djalali hat mich - was das Stillen angeht - bei Theresa gecoacht) nicht an meiner Seite.

Zweites Kind:

Dr. Djalali war inzwischen mein Frauenarzt. 2001 bei Theresa haben wir dann das volle Programm der haptonomischen Geburtsvorbereitung genossen und sind auch zur Geburt die 170 km von Limburg angereist. Anna hat die Geburt miterlebt. Seitdem schläft sie immer häufiger und inzwischen immer im Elternbett. Theresa wird immer noch gestillt (dreieinhalb Jahre) und geht nicht in den Kindergarten.

Die haptonomische Geburtsvorbereitung und das häufige Üben an vielen Abenden mit meinem Mann gaben mir nach der Geburt das ganz sichere Gefühl, daß das Baby in meinen Armen genau das Kind war, das vorher in meinem Bauch war. Da gab es überhaupt keinen Zweifel. Die Kraft in den Bewegungen, die Art der Motorik, das hatte ich schon über Monate durch die Bauchdecke wahrgenommen und mit meinen Händen gefühlt.
Das Stillen nach Bedarf, das dauernde Tragen und das Schlafen im Elternbett machten das Leben irgendwie einfach. Das Baby war immer bei mir. Ich wußte immer, wie es ihm geht. Sie war ein sehr zufriedenes und freundliches Baby und schon nach acht oder neun Wochen schlief sie mehr als acht Stunden in der Nacht. Das hörte nach acht Monaten, als ich eine schwerkranke Mutter und eine beruflich angespannte Phase hatte, wieder auf.
Überhaupt konnte man am Kind immer meine seelische Verfassung ablesen. Ich sah das Baby und schaute, was meine Stimmung anging, wie in einen Spiegel. Das Baby ging mit zu Einladungen bei Freunden, ins Kino, zu Elternabenden in die Schule, zu beruflichen Sitzungen und Konferenzen. Wir haben nie aus Rücksicht aufs Kind einen Termin nicht wahrgenommen. Theresa war noch nie wirklich krank. Sie ist ein sehr willensstarkes, in sich ruhendes Kind. Sie ist sehr mutig und traut sich viel. Sie `klammert´ nicht, sondern untersucht gerne ihre Umwelt. Seit sie sich fortbewegen kann, geht sie in den Garten und zu den Nachbarn. Inzwischen bleibt sie für Stunden fort. Wir trauen ihr viel zu und machen uns wenig Sorgen darum, ob sie etwas schafft. Sie klettert auf jede hohe Mauer und kann

das auch. Und wie selbstverständlich schneidet sie Gemüse mit einem scharfen Messer. Wir können streiten, wie die Kesselflicker. Hinterher vertragen wir uns und es gibt eigentlich keinen Sieger. Jeder hat die Möglichkeit seinen Standpunkt zu vertreten. Sie kann sich furchtbar aufregen und toben, wenn etwas nicht nach ihrer Nase läuft. Aber sie kriegt sich bald wieder ein. So eine Szene dauert nie lange. Wenn uns Theresas Verhalten mal überhaupt nicht paßt, dann `schmeißen wir sie raus´. Das heißt, sie muss den Raum, meistens den, in dem wir gerade alle gemeinsam essen, verlassen. Das ist für sie die schlimmste Strafe, weil sie es gewohnt ist, immer mit der Familie zusammen zu sein.

Natürlich haben Kinder unterschiedliche Temperamente. Ich sehe aber mehr hinter dem Temperament. In Theresa ist so viel Ruhe, Zuversicht, Mut, Zufriedenheit, Kraft. Die Brust war und ist für sie nicht nur Nahrung, sondern vor allen Dingen eine Quelle an der sie ihre Batterien auflädt. Das war nicht immer einfach für mich. Ich hatte oft die Nase voll vom Stillen rund um die Uhr, aber das Feed Back, das ich vom Kind bekam, zeigte mir, daß der Aufwand sich lohnt, daß es keine Alternative gibt, daß das was wir tun genau das Richtige für diesen kleinen Menschen ist.
Nach unserem Umzug in die Nähe von Düsseldorf finde ich mit Hilfe der Djalalis endlich auch andere Frauen, die ihre Kinder haptonomisch begleiten. Das Treffen, Reden, Erfahrungen austauschen hilft mir sehr und gibt mir Kraft, nicht aufzugeben.

Drittes Kind?

Ich bin wieder schwanger. Das Stillen und die häufige Nähe zu Theresa sind mir unangenehm. Ich rede mit ihr und sie willigt ein, daß sie nur noch morgens und mittags an die Brust darf. Wow, so einfach hatte ich mir das nicht vorgestellt! Es dauert wenige Tage und sie fängt an zu knatschen und zu jammern. Sie ist schlecht gelaunt und bringt mich mit ihrer quengeligen Art auf die Palme. Sie streitet oft mit Anna. Nachts sucht sie permanent meine Nähe und liegt mehr auf statt neben mir. Ich bin genervt. Nach drei Wochen gebe ich auf. Theresa bekommt ihre Brust wieder und schon haben wir das zufriedenste und ausgeglichenste Kleinkind. Ich lerne von meinem Kind und alle sind zufrieden."

Wibke:
"Was unterscheidet Hapto-Kinder und Hapto-Eltern von anderen? Wie soll man das Beschreiben... Es sind Dinge die sich nicht messen lassen, alles sehr unkonkret. Dr. Djalali hat uns gesagt, Hapto-Eltern lieben ihre Kinder mehr, was ich auch sehr zweifelhaft finde. Sie lieben glaube ich anders, bedingungsloser, und vielleicht auch hingebungsvoller.

Geschrieben klingt das alles ziemlich hochtrabend. Aber durch diese Akzeptanz und Präsenz schon im Mutterleib hat man ein ganz anderes Verhältnis zum Kind als die meisten anderen werdenden Eltern. Das strahlen die Kinder dann auch aus. Die ganze Tragerei, das lange Stillen, schlafen in einem Bett gehört auch dazu. Wer sein Kind den ganzen Tag mit sich am Körper trägt geht anders mit ihm um als jemand der es aus dem Bettchen nimmt, wickelt, füttert, auf die Krabbeldecke legt, kurz bespielt, ... füttert, wickelt, ins Bettchen legt, füttert, wickelt, im Kinderwagen spazieren fährt...

Es ist erschreckend mit wie wenig Körperkontakt mancher Säugling zurecht kommen muss. Und die Mutter sagt auch, ihr Kind über alles zu lieben.

Wie soll man da auch die Größe der Liebe vergleichen, jeder so viel er kann und möchte. Wie soll man da auch die Vorzüge der Kinder vergleichen. Dieses Ruhen in sich selbst meiner Dreijährigen ist auch nur solange gegeben, bis wir wenn sie müde ist vor einem Regal mit Chipstüten im Supermarkt stehen. Da kann sie auch heulen und betteln, meistens lässt sie sich aber auch dann sehr schnell wieder beruhigen.

Die Alternative vieler Bekannter hier in meinem Umfeld ist, dass sie nicht mit ihren Kindern einkaufen gehen. Wir haben oben beschriebene Erlebnisse sehr selten und meine Töchter gehen ganz gerne einkaufen.

Kann man an diesem Beispiel enge Verbundenheit deutlich machen? Es sind nur diese kleinen Dinge zwischen den Zeilen an denen man selbst Unterschiede der eigenen Kinder zu den Kindern in nicht-haptonomischer Umgebung feststellen kann, und die dann auch noch zu beschreiben ist sehr schwer.

Konkret dagegen ist der weiche Bauch in der Schwangerschaft. Wir haben unsere Geburtsvorbereitung bei Dr. Djalali gemacht.
Die erste Tochter haben wir zu Hause ganz alleine bekommen. Das war nicht so geplant, hat sich aber so ergeben. Wir hatten viele Begebenheiten mit ihm durchgespielt, was wir während seiner Abwesenheit machen könnten. Dann hatten wir so eine wunderbare Geburtsnacht, ganz ohne Angst. Wir waren wunderbar auf die Geburt vorbereitet. Alles lief ganz nach Plan. Ich wusste in jedem Moment dass es dem Baby gut geht. Dann war sie da und mein Mann hat mir unsere Tochter auf den Bauch gelegt und vorgewärmte Handtücher über sie gelegt. Dann hat er den Notarzt angerufen- Abnabeln hatte man uns nicht beigebracht.
Bei der zweiten Tochter waren wir mittlerweile umgezogen, 120 km von Düsseldorf entfernt. Ich wollte nicht ohne Haptonomie, habe mich aber auch nie getraut den Dr. Djalali zu fragen, ob er eine Hausgeburt mit uns machen würde. Ich habe mir also eine erfahrene Hausgeburtshebamme gesucht. Ich konnte mir damals und kann es mir immer noch nicht vorstellen unter Wehen einmal quer durchs Ruhrgebiet zu fahren. Angeschnallt auf dem Beifahrersitz und die Hände meines Mannes am Lenkrad und nicht mit beim Baby. Wir haben uns sehr gut verstanden mit der Hebamme und ich habe ihr alles erklärt, was ich über Haptonomie weiß. Sie hat selbst auch einiges gelesen, war sehr aufgeschlossen. Es war eine weitere wunderbare Geburt. Sie hat mich an keine Geräte angeschlossen, wir haben uns sehr vertraut - mein Mann und ich sowieso mit dem Baby und auch mit ihr.
Die ganzen Vorsorgen bei ihr gingen nicht vorrangig um Werte sondern um Vertrauen und Beziehungen. Sie hat sich (glaube ich) gefreut, mich unter den vielen normalen Schwangeren zu erleben. Die Schwangerschaft nicht als Belastung zu empfinden bei einem riesigen Bauch und in einem Sommer, in dem es so heiß war. Der weiche Bauch.
Der natürliche Umgang mit dem älteren Kind, das fast immer mit war und dann während der Untersuchungen gepuzzelt hat. (Enge Verbundenheit? Wird mitgenommen, merkt aber, wenn es sich zurücknehmen muss, hat dafür auch Gelegenheit das Baby zu spüren oder der Hebamme die neue Puppe zu zeigen.) Ein Unterschied für mich war es wenn sie mich untersucht hat, oder wenn es Dr. Djalali war. Sie hat auf den Bauch gedrückt um das Kind zu erfühlen, Dr. Djalali hat es eingeladen, das war sehr viel angenehmer.
Wir haben durch die Haptonomie sehr viel im Umgang mit Babys, Kindern und Menschen gelernt. Wie Tine sagt: heute würde ich dafür nach Japan fliegen. Ich bin dadurch keine Übermutter und unsere Töchter sind eigentlich ganz normal, nur ein bisschen anders, aber für dieses bisschen, da lohnt es sich."

2.13. BLÄHUNGEN DER KINDER: EINE UNSICHERHEIT DER ELTERN?

Das Becken der Frau ist zum Gehen und Gebären da, was bei keinem anderen Tier so ist. Aus diesem Grund muss das Kind zu früh geboren werden; Darm, Magen usw. sind erst zehn Monate nach der Geburt ausgereift. Die Peristaltik des Darmes funktioniert auch noch nicht richtig. Ständiges Anlegen half unserem Sohn, sich in der Welt zurecht zu finden und seinem Darm offensichtlich auch.

Eine Freundin empfahl mir, vor dem Stillen einen Teelöffel Kieselerde zu geben. Diese nimmt lediglich die Luft aus dem Darm, was unserem Sohn geholfen hat. Mein Arzt sagte damals, Blähungen der Kinder wären nur die Unsicherheit der Eltern. Ich war böse und habe ihn nicht verstanden. Als unsere Tochter geboren wurde, hatten wir den Gedanken mehr verinnerlicht. Ich sah beim Stillen nicht mehr auf die Uhr, überlegte nicht, ob das Kind Hunger haben dürfte, ob ich etwas falsch machte usw. Unser Mädchen hatte oft einen hart geblähten Bauch, ohne dass ich ihr Kieselerde gab. Ich nahm auch bei meinem Essen auf sie keine Rücksicht. Trotzdem weinte sie nicht. So hatte ich doch den Arzt verstanden, denn Kinder reflektieren eben Unsicherheiten: Je kleiner, desto stärker. Unser Mädchen fühlte sich sicher und getragen und hatte keinen Grund zum Weinen, auch wenn sie starke Blähungen hatte. Alle vier Kinder verhielten sich jedoch anders.

Unserem zweiten Kind Annie versuchte ich zu vertrauen: Wenn sie sich meldete, durfte sie stillen. Fast immer hatte sie Durst. Manchmal musste sie auch aufstoßen oder pupsen und wollte nicht einmal nuckeln. Ich legte sie über meine linke Schulter und schaukelte die Beine, recht grob. Es half ihr, Annie war glücklich und trank weiter. Marvin massierte ich sanft die vordere Fontanelle, dann hat er aufgestoßen. Bei Annie funktionierte das nicht, sie liebte meine linke Schulter und mit ihrem Bauch darauf geschaukelt zu werden. Das dritte Kind Robin wollte senkrecht gehalten werden mit dem Bauch zu mir und konnte dann aufstoßen.

Unser viertes Kind Linus spürte unsere Trauer und Angst um ihn nach Robins Tod und brauchte einen engen Körperkontakt im Tuch oder Bauch an Bauch, dann schlief er meist selig und hatte keine Spur mehr von Blähungen. Auch er konnte senkrecht am besten aufstoßen und tat das auch reichlich. Er trank soviel Luft mit, dass ich ihn in den ersten sechs Wochen auch während der Mahlzeit öfter Mal senkrecht gehalten habe, damit er besser aufstoßen konnte.

Nach sechs Wochen war ich endlich beim Chirotherapeuten (nicht Chiropraxis). Linus hatte Blockierungen in der Halswirbelsäule und später in der Hüfte, das kommt sehr, sehr oft vor. Man sah ihm das nicht an. Anschließend war er zufrieden.
Wirbelsäulenverschiebungen, das Kiss-Syndrom, Cranio-Sakral-Therapie: vielleicht sollte man besser gleich mit einem Baby, was trotz Körperkontakt weint, zu einem Orthopäden mit Osteopathie gehen. Auch durch Allergien (oft Kuhmilch oder Kuhmilchprodukte im Essen der Mutter) können Kinder sehr leiden.

Anja zum Thema Blähungen:
„Auch auf die Gefahr hin, dass ihr das schon alles ausprobiert habt, schreibe ich dir noch einmal meine Weisheiten zum Thema Bauchweh auf:

- Das Kind viel im Tragetuch tragen, während man selbst in Bewegung ist, z. B. bei der Hausarbeit.
- Regelmäßig zusammen auf dem Pezziball[8] hüpfen.
- Kuhmilchprodukte und sämtliche Lebensmittel, in denen Milchzucker (!) also Laktose enthalten ist, meiden. Das ist meist ganz schön schwer, weil es nicht überall deklariert ist...

---

[8] ein ca. 50-60 cm großer mit Luft gefüllter Gummiball

Als stillende Mutter einen guten Stilltee trinken. Das geht so: Fruct. anisi tot. 40 g, Sem. Nigellae sat. to 40 g, Herba majoranae gereb 40 g, Fruct. foeniculi extra 40 g, Fruct. anethi tot. 40 g, Fol. melissae conc. 40 g aus der Apotheke besorgen. Pro Tasse einen Teelöffel Kräuter nehmen, - und jetzt kommt etwas wirklich Wichtiges! - und diese vor dem Aufgießen mit heißem Wasser frisch im Mörser mit dem Stößel anstoßen, damit sich die enthaltenen ätherischen Öle entfalten können. Zugedeckt zehn Min. ziehen lassen, durch ein Sieb abgießen, ggf. süßen, nicht mehr als vier Tassen pro Tag. Schmeckt anfangs gewöhnungsbedürftig, aber nach einiger Zeit schmeckte er mir sogar.

Für das Baby Bauchwickel machen: Aus frisch angestoßenem Fenchel, Anis und Kümmel einen starken Aufguss herstellen, etwas abkühlen lassen, eine dicke Lage Verbandmull damit tränken, dem Baby warm auf den Bauch legen, mit Frischhaltefolie umwickeln und mindestens solange lassen, bis er abgekühlt ist."

2.14. Kinder sollten geboren werden, wie sie es für richtig halten

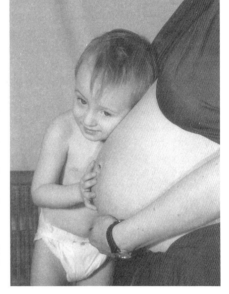

Es wäre optimal, wenn alle Kinder auf die Welt kommen könnten, wie sie wollen, wann sie wollen und so langsam sie wollen. Leider wird meist nachgeholfen, damit es schneller gehen soll, ein Kaiserschnitt wird gemacht aus Vorsicht, Angst vor der Verantwortung oder weil der Operationssaal gerade frei ist, der Patient privat versichert ist oder die Geburt den Kreißsaal schon zu lange blockiert. Ein Krankenhaus ist ein Wirtschaftsunternehmen, das Geld einbringen muss. Eine Operation ist nun einmal besser bezahlt als eine normale oder vielleicht lange Geburt ohne Medikamente. Wenn man sich damit vorher auseinandersetzt, kann man das möglicherweise verhindern. Leider sind 30-oder mehr-Stundengeburten heute sehr selten geworden, weil man sie nicht zulässt.

Unser Baby kam z.B. fast 14 Tage nach dem Termin, das ist völlig normal, weil der Eisprung nicht genau bestimmt werden kann. Normalerweise weiß das die Frau ja nicht. Aber oft wird die Geburt dann künstlich eingeleitet und der Frau Angst gemacht. Ich wollte das nicht, sondern wollte, dass mein Baby selbst entscheiden konnte.

Durch Haptonomie kann ein Kind auch zur Wendung eingeladen werden, was nicht schwer ist. Eine Frau kam mit Beckenendlage zum Doc und wollte eine Wendung. Er jedoch erklärte, sie solle ihre Einstellung ändern. Wenn es für das Kind bequemer und besser sei, so auf die Welt zu kommen, dann solle es das tun dürfen. Nur weil die meisten Ärzte einen Kaiserschnitt bequemer finden, sieht er keinen Grund, das Kind zur Wendung zu bringen. Er macht viele Geburten in Steißlage und sogar Fußlage, wenn er die Mutter vorher kennt. Er ist sicher ein mutiger Arzt, aber mit etwa 7000 Geburten auch nicht leichtsinnig; er hat nur eine andere Einstellung als die meisten Geburtshelfer.

2.15. Veränderungen nach einer schweren Geburt

Die Geburt unseres ersten Kindes war lang und schwer. Trotzdem bin ich froh und dankbar für diese Geburt und sogar für die Schmerzen und Komplikationen; kaum ein Tag vergeht, an dem ich nicht daran denke, was es für mich bedeutet hat. Die Wunden sind verheilt, übrig geblieben ist das Gefühl, es geschafft zu haben; die Prioritäten haben sich verschoben, andere Dinge sind mir nun wichtig, und vieles ist klarer geworden in meinem Leben. Ich lernte Dankbarkeit für die Nichtselbstverständlichkeit des Lebens. Ich bin sicher sanfter als früher, wenn auch nicht viel geduldiger; so schmerzhaft die erste Geburt auch war, habe ich das wohl gebraucht, um mich zu verändern. Ich danke Gott, dass er einen Weg fand, mir diese Entwicklung zu ermöglichen. Viele Dinge wären heute anders. Ohne unseren Doc hätten wir nicht umgedacht und umgelernt.

Ich will sagen: Die Geburt darf der Mutter schmerzvoll in Erinnerung sein, aber nicht in schmerzvoller Erinnerung. Dann war es eine gute Geburt, da alle Gedanken daran gut sind.

2.16. Über Ängste und Kaiserschnitte

Dass die erste Geburt kein Kaiserschnitt wurde, habe ich unserem Arzt Dr. Djalali zu verdanken. Er tat es für unser Baby, und es vergeht kaum ein Tag, an dem ich ihm dafür nicht dankbar bin.

Einen Kaiserschnitt sehe ich nicht für mich so dramatisch, sondern für das Kind. Obwohl es für die Mutter nicht schön und auch nicht ungefährlich ist (Rückbildung, Milchbildung, schlechte mögliche Wundheilung, Gefühl, es nicht geschafft zu haben). Die Bindung zum Kind ist nicht so intensiv oder ihre Entstehung dauert länger. Kommen Depressionen vielleicht auch daher?
Denkt niemand an die Folgen für das Kind? Für das Kind ist es ein brutaler Schock, den ich einfach nicht akzeptiere. Es soll atmen können, wann es will und bereit ist (beim ersten Kind nach langer schwerer Geburt erst nach etwa 20 Minuten, ohne jegliches Schreien am ersten Tag) und nicht: Kind (meist als unnötig verfrühte Geburt) herausgerissen, Nabelschnur durch, und nun atme oder stirb.

Natürlich liegt nicht alles Unbehagen eines Menschen darin, ob er mit Kaiserschnitt auf die Welt kam oder nicht. Entscheidend ist die Angst in der Schwangerschaft, das mentale „Nicht-beim-Kind-Sein" (sondern bei den medizinischen Apparaten), die Einsamkeit und die damit verbundene Angst des Kindes und ebenso die durchlittene Panik und die Behandlung nach der Geburt. Der Mensch hat eine starke, angeborene Angst verlassen zu werden. Aber genau das passiert oft im Krankenhaus: Weg vom Körper mit dem Kind, Kind einsam, Kind unsicher, Kind lernt: Ich bin nicht so wichtig. - das bleibt fürs Leben. Das Schlimmste bei Geburten und Schwangerschaften ist, dass schon hier die Verantwortung des jungen Menschen für sich selber ihm entzogen wird. Ein Baby kann vieles steuern, sogar während der Geburt. Wenn die Mutter eine gute Verbindung zu ihm hat, spürt sie, wann es in Gefahr ist. Das ungute Gefühl von Müttern, die einen Kaiserschnitt hatten, kam daher, dass sie instinktiv wussten, dass keiner notwendig war. Die Verbindung zum Kind funktioniert besser als Apparate. Darüber wird viel zu wenig geredet, den Frauen bleibt nichts anderes übrig, als den Weiß-Kitteln zu vertrauen, die sich fürchten, Unbequemlichkeit, Gefahr, Gerichtsverfahren oder eine Überstunde zu riskieren.

2.16.1. Das Kind in die Welt einladen

Von Renate Bernhard:
„Seit etwa 30 Jahren verspricht die moderne Medizin die schmerzfreie Geburt – was bedeutet, dass die Frauen unter Schmerzmitteln, halbgelähmt oder unter Vollnarkose gebären. Weltweit steigt die Zahl der Kaiserschnitte oder anderer vaginal-operativer Eingriffe. In den USA wird inzwischen ein Viertel aller Kinder per Kaiserschnitt geboren, in Deutschland ein Fünftel.

´Kaiserschnittentbindung ist nach wie vor die gefährlichste Art ein Kind zu bekommen´, kritisiert Dr. Mehdi Djalali, Gynäkologe, Geburtshelfer und Schüler von Frans Veldman, dem Begründer der Haptonomie (Wissenschaft von der Affektivität).

´Aber was noch viel schlimmer ist, bei diesen technischen Entbindungen gibt es keinen Platz für die Gefühle der Eltern. Wie die Eltern aber die Geburt erleben, hat eine immense Wirkung auf ihre Beziehung zueinander und zum Kind.´

Frans Veldman ist Holländer und lebt in Südfrankreich. Seit 45 Jahren entwickelt er ein Menschenbild, das die Beziehung zwischen Arzt/Pfleger und Patient auf die Basis der Mitmenschlichkeit zurückführt und besonders in der psycho-taktilen Schwangerschafts-, Geburts- und Sterbebegleitung angewendet wird. Im Pyrenäen-Ort Oms liegt Veldmans Forschungszentrum für die Haptonomie, in dem Psychologen, Gynäkologen, Geburtshelfer, Hebammen, Psychoanalytiker und Philosophen zusammenarbeiten. Dr. Mehdi Djalali gehört zum Führungsstab und ist der Vertreter für Deutschland. Paare, die ein Kind erwarten, reisen oft aus der ganzen Bundesrepublik in Djalalis Praxis an der Bastionstrasse.

Entspannt liegt die junge Frau auf dem Bett, ihr dreijähriger Sohn hockt zwischen ihren Beinen, die Hände auf dem runden Bauch seiner Mama. Das Kind ist fasziniert. Der Vater steht lächelnd dabei. Nun legt die Frau ihre Hände über die ihres Sohnes und Dr. Djalali die seinen darüber. ´Schau mal, jetzt laden wir das Baby ein´, sagt Djalali zu dem Jungen. Sofort sieht und spürt man Bewegung: das 27 Wochen alte Kind schwimmt zu den freundlichen Händen. ´Und jetzt bitten wir es auf die andere Seite´. Die sechs Hände wandern und das Kind schwimmt nach. ´Es ist eine Haltung des liebevollen Annehmens, ein sanftes Angebot´, erklärt Djalali. ´Wenn Sie so mit Ihrem Kind kommunizieren, können Sie es jederzeit in die Mitte Ihres Bauches einladen. Das entlastet auch die Wirbelsäule. Und jetzt zeige ich Ihnen, wie wir das Kind in den Geburtskanal einladen können.´

Lange bevor er Frans Veldman kennen lernte, war Djalali ein großer Verfechter der natürlichen Geburt. ´Ultraschall und Wehenschreiber, diese ganzen Apparate machen nur eins: sie entfernen die Frau von ihrem Gefühl für ihr Kind. Sie suggerieren eine Sicherheit, die eine Gebärende nur in sich selber finden kann.´

In der Haptonomie wird die emotionale Beziehung und Bindung zwischen Eltern und Kind schon während der Schwangerschaft gepflegt. Oft werden die Frauen unter dem Eindruck der Wehenschmerzen ängstlich und verlieren den Kontakt zu ihrem Baby. Die psycho-taktile Präsenz, die von Partner, Geburtshelfer und Hebamme unterstützt wird, hilft – und lindert die Schmerzen. ´Eine Geburt ist anstrengend, doch wenn der Kontakt zwischen Mutter und Kind gefestigt ist, kann das ganz entspannt gehen. Aber mit Händeauflegen allein ist das nicht getan´, betont Djalali. ´Haptonomie ist wie Liebe. Man muss sie erfahren. Und um die Essenz zu erfassen, braucht es eine jahrelange fundierte Ausbildung und die entsprechende innere Entwicklung und Lebenshaltung´.

´Das Kind seinen Weg finden lassen, egal wie es den macht und wie lang das dauert´: damit meint Djalali eine medizinisch fundierte, aber in erster Linie emotionale Begleitung mit dem absoluten Vertrauen, dass das Kind den besten Weg findet und ein Eingreifen fast immer unnötig ist. So kommt es, dass bei Djalali nur zwei bis drei Prozent der Geburten mit einem Kaiserschnitt beendet werden müssen, während die allgemeine Praxis inzwischen bei fast dreißig Prozent liegt. Wehenfördende oder -hemmende Mittel lehnt Djalali konsequent ab, auch Narkose, Rückenmarksanästhesie und Ultraschall. ´All diese Schwangerschaftsuntersuchungen machen das Kind schon im Mutterleib zum Objekt von Be- und Verurteilung.
So stören sie das grundlegende Angenommen-Werden. Daran krankt unsere ganze Gesellschaft.´

´Das war ganz anders als bei den vorherigen Geburten´, erzählt Verena Kleist-Henke, Mutter dreier Kinder. Das dritte kam von Djalali begleitet zur Welt: ´Ich hatte vorher schon Orte aufgesucht, wo die natürliche Geburt groß geschrieben wird, und es waren keine schlechten Geburten, aber er hat Frieden in unsere Familie gebracht. Mein ältester Sohn war nach der Geburt des zweiten so eifersüchtig, dass wir uns lange überlegt haben, ein drittes Kind zu bekommen. Aber mit der Haptonomie war das ganz anders: unser Jüngster war uns vertraut, bevor er auf die Welt kam.´

Anlässlich des dritten internationalen Haptonomiekongresses hat Djalali 130 seiner haptonomisch begleiteten Geburten statistisch ausgewertet und mit 130 Geburten eines zufällig ausgewählten Kreiskrankenhauses und der Perinatalstatistik von Nordrhein-Westfalen verglichen:

Danach waren unter Djalalis Patientinnen im Vergleich zum Kreiskrankenhaus neunmal so viele Spätgebärende (über 39), was üblicherweise zu mehr Kaiserschnitten und operativen Eingriffen führt. Da Djalali außerdem häufig wegen der Komplikationen der Steißlage aufgesucht wird, waren unter den erfassten Geburten 10% Steißlagen. Im Kreiskrankenhaus waren es halb so viele – und wurden alle mit Kaiserschnitt entbunden.
Bei der haptonomischen Begleitung dagegen keine.

Insgesamt endeten nur drei der 130 haptonomisch betreuten Geburten, also 2,3%, mit einem Kaiserschnitt - im Kreiskrankenhaus waren es 27%. Bei keiner der Geburten benutzte Djalali Saugglocke oder Zange. Laut Perinatalstatistik wurde in 51,1 % der Fälle mit einem Dammschnitt nachgeholfen, bei den haptonomisch begleiteten Geburten nur bei 21,3%.

Fast die Hälfte von Djalalis Patientinnen erlitt keine Verletzung unter der Geburt, im nordrhein-westfälischen Durchschnitt galt das dagegen nur bei einem Viertel der Frauen.
- Interessant ist auch, dass 12,3% der haptonomisch begleiteten Schwangerschaften über die 41. Schwangerschaftswoche hinausgingen: in der Perinatalstatistik waren es lediglich 2%, denn üblicherweise wird in den Krankenhäusern spätestens am siebten Tag nach dem errechneten Termin die Geburt eingeleitet."[9] [10]

---

[9] Veldman, Frans: „Haptonomie, Science de l´Affectivité", Paris, puf (Presses Universitaires de France), 1989.
[10] Décant-Paoli, Dominique: „L´Haptonomie" aus der französischen Reihe: Que sais-je?, puf, 2002.

2.17. Analyse von 130 haptonomischen Geburten

von Dr. med. Mehdi Djalali:
"Jahrtausendelang wurde den Frauen eingeredet, dass sie nur unter starken Schmerzen gebären könnten. Der Schmerz gehörte untrennbar zur Geburt. So gab es kaum Frauen, die über positive Erfahrungen der Geburt berichten konnten.

Die moderne Medizin verspricht seit ca. 30 Jahren eine schmerzfreie Geburt durch den Einsatz von starken Schmerzmitteln und Narkotika. Dabei gebären die Frauen durch Periduralanästhesie[11] aus einem halbgelähmten Körper oder unter Vollnarkose.

Die Anzahl der Kaiserschnitte und anderer vaginal-operativer-Interventionen steigt von Jahr zu Jahr auf der ganzen Welt. In den USA werden erschreckender Weise 25% der Kinder per Kaiserschnitt geboren. Das bedeutet, dass schon jede vierte Frau nicht in der Lage ist, eine normale Geburt zu erleben. Tendenz steigend. In Deutschland werden ebenfalls in über 20% der Fälle Kaiserschnitte durchgeführt. Auch hier: Tendenz steigend.

In vielen Ländern der dritten Welt, in denen die Geburt traditionell ein äußerst natürliches, in der Familie stattfindendes Ereignis war, liegt diese Zahl sogar bereits über 50%! Und in manch anderen Ländern, zum Beispiel Frankreich, ist die Periduralanästhesie inzwischen bei jeder Geburt obligatorisch.

Die Morbiditätsrate nach einem Kaiserschnitt ist gegenüber der Spontangeburt signifikant um mehr als das 2-fache erhöht. Die Mortalität[12] der Mutter ist nach abdominaler Schnittentbindung[13] 2-3-fach höher als nach vaginaler Entbindung. In Deutschland beträgt diese Zahl 0,2 Promille. In den USA beträgt die schwangerschafts-assoziierte mütterliche Mortalität zwischen 2,2 und 10,5/10.000 Kaiserschnitte und die ausschließlich dem Kaiserschnitt zuzuschreibende Todesrate (Sectio-Letalität) bei Schwangerschaften ohne zusätzliche Risiken zwischen 0,6 und 5,9 pro 10.000 Kaiserschnitte. Die Zahl mag zwar klein erscheinen, bedeutet aber immerhin, dass in den USA entsprechend Schätzungen durch jährlich 475.000 unnötig vorgenommene Kaiserschnitte bis zu 100 Frauen sinnlos sterben.[14]

Abgesehen davon, dass eine Kaiserschnittentbindung nach wie vor die gefährlichste Art ist, ein Kind zu gebären, führen diese Umstände dazu, dass den Müttern die Möglichkeit einer positiven Geburtserfahrung fast gänzlich genommen wird. Die Rolle des Vaters wird bei diesen technisch-operativen Entbindungen auf die eines hilflosen Zuschauers reduziert. Trotz aller Bemühungen seitens der Mediziner, die Väter sogar bei einem Kaiserschnitt anwesend zu haben, fühlen sie sich nicht aktiv am Geburtsgeschehen beteiligt. Es gibt keinen Platz für die affektiven Gefühle der Eltern. Doch wie die Eltern die Geburt erleben, hat eine immense, anhaltende Auswirkung auf ihre Beziehung zueinander und zum Kind.

Nach meiner Erfahrung müssen die Frauen weder wie früher mit unerträglichen Schmerzen ihr Kind gebären, noch wie die meisten Frauen heute sich gänzlich der Geburtserfahrung

---

[11] eine rückenmarksnahe Regionalanästhesie (Schmerzausschaltung), die eine Schmerzfreiheit der unteren Körperregion hervorruft. Der Patient ist während der Periduralanästhesie „hellwach".
[12] Auch Letalität, Sterblichkeit, Sterblichkeitsrate
[13] Entbindung durch öffnen der Bauchdecke (Kaiserschnitt)
[14] Feige und Krause – Beckenendlage, München: Urban & Schwarzenberg, 1998, Seiten 76 u.77
[15] etwa die ersten sechs Wochen nach der Geburt des Kindes.

berauben lassen. Durch die von Frans Veldman entwickelte haptonomische Schwangerschafts- bzw. Geburtsbegleitung ist es möglich, fast allen Frauen die Geburtswehen ohne Einsatz jeglicher Medikamente angenehm und erträglich erfahren zu lassen. Außerdem kann die Anzahl der Kaiserschnitte auf ein Minimum reduziert werden.

Die positiven Auswirkungen der Haptonomie auf die Eltern und auf das Kind sowohl im Mutterleib als auch post partum[15] sind so immens und vielfältig, dass nicht alles in dieser Arbeit berücksichtigt werden kann und soll. Dies ist in zahlreichen wissenschaftlichen Beiträgen bereits dargelegt worden, und wird in der nächsten Zeit sicherlich weiter geschehen.
Ich beschränke mich in dieser Arbeit auf den rein medizinisch-geburtshilflichen Ablauf.
Denn durch die haptonomische Schwangerschafts- und Geburtsbegleitung hat man ein großes Benefit zur Erzielung einer natürlichen Geburt.

Im nun folgenden Bericht werden die letzten 130 haptonomisch begleiteten Geburten statistisch ausgewertet und mit 130 Geburten eines zufällig ausgewählten Kreiskrankenhauses im Zeitraum vom 27.07.1999 bis 10.09.1999, sowie mit der Perinatalstatistik 1998 des Landes NRW verglichen.

Zu bemerken ist, dass die Ergebnisse der Perinatalstatistik in NRW kaum von denen anderer Bundesländer abweichen. Somit sind diese Zahlen repräsentativ für ganz Deutschland

Als **erstes** werden Parameter verglichen, die unter der Geburt vermehrt zu operativen Interventionen führen könnten. Dazu gehören:
- Das Alter der Schwangeren
- Die Parität der Mutter
- Vorangegangene Kaiserschnitte oder andere Uterus-Operationen
- Die Lage des Kindes (Schädel-, BE-Lage)

Zweitens wird der Einsatz von Wehen fördernden Mitteln, schmerzlindernden Medikamenten bzw. die Verwendung der Periduralanästhesie unter der Geburt miteinander verglichen.

Abbildung 1: Alter der Schwangeren

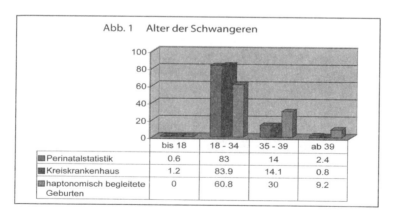

	bis 18	18 - 34	35 - 39	ab 39
Perinatalstatistik	0.6	83	14	2.4
Kreiskrankenhaus	1.2	83.9	14.1	0.8
haptonomisch begleitete Geburten	0	60.8	30	9.2

Das erhöhte Alter der Schwangeren wird als eine der Ursachen vermehrter Komplikationen während der Schwangerschaft und unter der Geburt angesehen und damit für erhöhte

operative Geburtsbeendigung verantwortlich gemacht. Auffallend an dieser ersten Grafik ist, dass der Anteil der Schwangeren in der Altersklasse 35-39 Jahre in meiner Klientel mehr als doppelt so hoch ist wie in den Vergleichsgruppen (30% zu 14% in der Perinatalstatistik und 14,1% des Kreiskrankenhauses).
Der prozentuale Anteil der Schwangeren der Altersklasse über 39 Jahre ist im Gegensatz zu der Vergleichsgruppe sogar vier bzw. neun mal so hoch (9,2% zu 2,4 % in der Perinatalstatistik NRW, und 0,8% des Kreiskrankenhauses).

Diese Tatsache müsste eigentlich dazu führen, dass die Anzahl der operativen Interventionen unter der Geburt in meiner Klientel erheblich größer sein müsste, was aber nicht der Fall ist.

Abbildung 2: Parität der Mutter

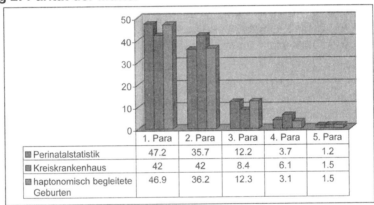

	1. Para	2. Para	3. Para	4. Para	5. Para
Perinatalstatistik	47.2	35.7	12.2	3.7	1.2
Kreiskrankenhaus	42	42	8.4	6.1	1.5
haptonomisch begleitete Geburten	46.9	36.2	12.3	3.1	1.5

In dieser Grafik wird die Anzahl der vorausgegangenen Geburten der Mutter dargestellt. Dabei ist keine erhebliche Diskrepanz zwischen den verglichenen Gruppen zu erkennen. Diese Zahlen bestätigen, dass die Parität der bei mir entbindenden Mütter genau dem Durchschnitt entspricht und von dieser Seite her die gleichen Voraussetzungen für eventuell auftretende Schwierigkeiten bzw. den Einsatz von Medikamenten im Geburtsverlauf gegeben sind.

Abbildung 3: Schwangere mit Zustand nach Sectio[16]

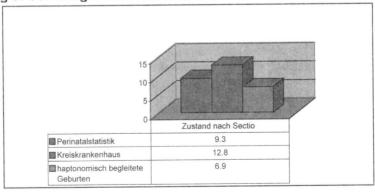

	Zustand nach Sectio
Perinatalstatistik	9.3
Kreiskrankenhaus	12.8
haptonomisch begleitete Geburten	6.9

[16] wörtlich „Schnitt", hier: Kaiserschnitt

Ein vorangegangener Kaiserschnitt oder andere Uterus-Operationen können ebenfalls zu vermehrten Komplikationen unter der Geburt und somit zu erhöhten operativen Beendigungen der Geburt führen (Re-Sectio).

Unter den 130 haptonomisch begleiteten Geburten waren neun Frauen, bei denen Zustand nach Sectio bestand. Bei einer Frau bestand sogar der Zustand nach zwei Sectiones. Dies entspricht 6,9% der Geburten.

Bei den Vergleichsgruppen betragen diese Prozentzahlen 9,3% in der Perinatalstatistik NRW und 12,8% im Kreiskrankenhaus.

Diese höheren Prozentzahlen der Vergleichsgruppen beruhen mit Sicherheit darauf, dass durch die erhöhte Kaiserschnittrate bei der ersten Schwangerschaft in diesen Krankenhäusern automatisch die Anzahl der Frauen bei Zustand nach Sectio für die zweite Schwangerschaft stetig ansteigt. Die meisten Frauen mit einer Kaiserschnittgeburt entschließen sich aus Verunsicherung und Angst wieder zu einem Kaiserschnitt und suchen die gleichen Krankenhäuser auf. Es sind nur wenige Frauen, die sich um eine normale Geburt bemühen.

Von den 6,9 % der Frauen bei Zustand nach Sectio, die bei der zweiten Schwangerschaft und Geburt haptonomisch begleitet wurden, wurden alle Sectiones in anderen Krankenhäusern durchgeführt. Diese Frauen sind erst in der zweiten bzw. dritten Schwangerschaft zu mir gekommen, mit der Hoffnung auf eine normale Geburt. Alle neun Frauen konnten erfolgreich spontan entbinden.

Abbildung 4: Geburtsmodus nach vorangegangener Sectio

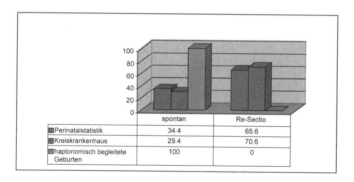

	spontan	Re-Sectio
Perinatalstatistik	34.4	65.6
Kreiskrankenhaus	29.4	70.6
haptonomisch begleitete Geburten	100	0

Diese Abbildung zeigt, dass bei haptonomisch begleiteten Frauen, im Gegensatz zu den Vergleichsgruppen, alle Frauen in der Lage waren, beim zweiten Kind, in einem Fall sogar nach zwei vorausgegangenen Sectiones, eine normale Geburt zu erfahren. Dies entspricht 100 %. Im Gegensatz dazu haben nur 29,4% der Frauen des Kreiskrankenhauses und 34,4 % der Frauen der Perinatalstatisik in der darauf folgenden Schwangerschaft normal entbunden.

Abbildung 5: Gestationsalter17 / Anzahl der Frühgeburten / Übertragungen

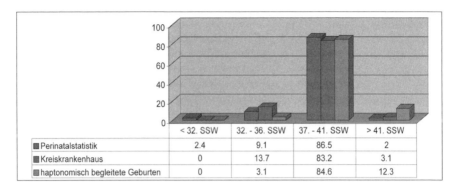

	< 32. SSW	32. - 36. SSW	37. - 41. SSW	> 41. SSW
Perinatalstatistik	2.4	9.1	86.5	2
Kreiskrankenhaus	0	13.7	83.2	3.1
haptonomisch begleitete Geburten	0	3.1	84.6	12.3

Bei dieser Grafik ist auffallend, dass bei meiner Klientel, ebenso wie im Kreiskrankenhaus Geburten vor der 32. Schwangerschaftswoche nicht vorkommen. Grund dafür ist, dass Geburten in einem so frühen Stadium in Krankenhäusern mit Neugeborenen-Intensivstationen statt finden.

Geburten in der 37.-41. Schwangerschaftswoche (=am Termin geboren) kommen im Kreiskrankenhaus in 109 Fällen vor, dies entspricht 83,2%. In der Perinatalstatistik NRW beträgt der prozentuelle Anteil der am Termin geborenen 86,5 %. Bei haptonomisch begleiteten Geburten sind es 110 Fällen, was einem prozentuellen Anteil von 84,6% entspricht.

Auffallend unterschiedlich ist die Anzahl der Schwangerschaften, die über die 41. Schwangerschaftswoche gehen. Im Kreiskrankenhaus sind es vier Geburten das entspricht 3,1%, bei meinem Klientel sind es 16 Geburten das entspricht 12,3%. In der Perinatalstatistik sind es 2%.

Die Ursache für diese große Diskrepanz in den Zahlen ist, dass in den meisten Krankenhäusern spätestens sieben Tage nach dem errechneten Termin die Geburt künstlich eingeleitet und häufig mit einem Kaiserschnitt beendet wird. Außerdem habe ich die Beobachtung gemacht, dass bei haptonomisch begleiteten Müttern wahrscheinlich, durch die positive Erfahrung die die Mutter über den psycho-taktilen Kontakt zu ihrem Baby entwickelt, die Neigung zur Frühgeburtlichkeit von vornherein reduziert ist, weil die Mütter diesen angenehmen Zustand längere Zeit beibehalten möchten. So ließe sich auch die erhöhte Anzahl der Schwangerschaften erklären, die weit über den Termin gehen.

In der Geburtshilfe ist die Terminüberschreitung von mehr als einer Woche ein Risikofaktor und diese Geburten führen sehr häufig - nach vergeblichen Einleitungsversuchen - zu vaginal-operativen Entbindungen bzw. zu Sectiones.

Von 16 haptonomisch begleiteten Schwangerschaften, die weit über den errechneten Termin gingen, konnten bis auf eine alle normal entbunden werden. In einem Fall (Nr.90) war eine Sectio notwendig, wobei die Indikation der Terminüberschreitung keine Rolle spielte, sondern mehrere zusätzliche Risikofaktoren.

---

[17] das kalendarische Alter der Leibesfrucht (bzw. des Neugeborenen) ab erfolgter Befruchtung

Abbildung 6: Prozentueller Anteil der BEL-Schwangerschaften[18]

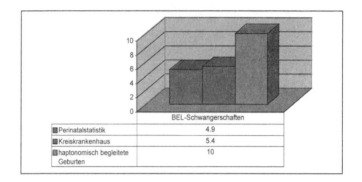

Diese Grafik zeigt den prozentuellen Anteil der BEL-Schwangerschaften. Auffallend an obiger Grafik ist der hohe Anteil von Steißlagen bei meiner Klientel (13 Schwangerschaften, dies entspricht 10%). Im Vergleich zum Kreiskrankenhaus waren es 5,4% und in der Perinatalstatistik 4,9%. Diese signifikant erhöhte Zahl von 10% ist dadurch bedingt, dass viele Schwangere mit der Komplikation Steißlage sich gezielt an mich wenden, um eine normale Geburt zu erleben.

Bei Betrachtung dieser Grafik müsste man eigentlich automatisch schlussfolgern, dass die verhältnismäßig hohe Anzahl von BEL-Schwangerschaften eine ebenso hohe Kaiserschnittrate zur Folge habe. Dass dies nicht der Fall ist, wird in der nächsten Grafik ersichtlich.

Abbildung 7: Sectio-Rate bei BEL

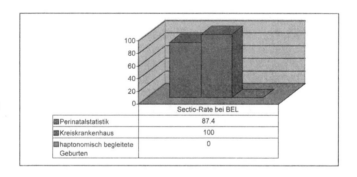

Diese Grafik weist einen drastischen Unterschied zwischen den einzelnen Vergleichsgruppen auf. Schon der prozentuelle Anteil von 87,4% in der Perinatalstatistik NRW ist meiner Meinung nach völlig unberechtigt hoch. Vollkommen indiskutabel erscheint mir jedoch die Sectio-Rate von 100% im Kreiskrankenhaus. Dem gegenüber wurden 13 Beckenendlagen, darunter drei Fußlagen - neun Erstgebärende und vier Zweitgebärende - unter haptonomischer Begleitung spontan entbunden. Zusätzlich zu anderen Kriterien ist es durch haptonomische Vorbereitung und Begleitung möglich, die meisten Beckenendlagen spontan zu entbinden.

---

[18] Beckenendlage, das Becken (also der Po) kommt zuerst. Normal ist es, dass der Kopf zuerst kommt.

Abbildung 8: Wehenmittel unter der Geburt / Geburtseinleitung

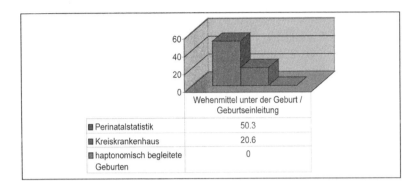

Aus dieser Grafik ist ersichtlich, dass bei der Hälfte (50,3%) der Geburten in Deutschland (Perinatalstatistik NRW / repräsentativ für Deutschland) Einleitungen vorgenommen werden, bzw. wehenfördernde Mittel eingesetzt werden. Das würde bedeuten, dass angeblich die Hälfte der schwangeren Frauen in Deutschland nicht in der Lage sind, eine ausreichende Wehentätigkeit für eine Spontangeburt zu erzeugen.
Die im Vergleich zur Perinatalstatistik (50,3% zu 20,6%) niedrigere Zahl der Geburtseinleitungen des Kreiskrankenhauses ist dadurch bedingt, dass hier im Vergleich zum Durchschnitt der Krankenhäuser in NRW (27% Kreiskrankenhaus zu 20% Perinatalstatistik) noch mehr Sectiones durchgeführt werden.
Bei meinen 130 Geburten wurde in keinem Fall irgendwelche wehenfördernde (oder auch hemmende) Mittel eingesetzt.

Abbildung 9: Geburtsverletzungen (Episiotomien[19] / Dammrisse)

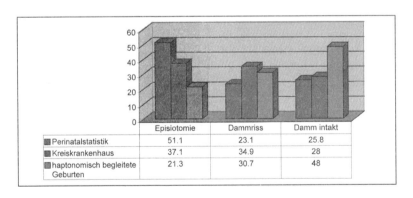

Diese Grafik zeigt, dass durchschnittlich bei jeder zweiten Geburt in Deutschland ein Dammschnitt durchgeführt wird. Bei 23,1% der Geburten kommt es zu kleineren oder größeren Verletzungen des Damm- und Vaginal-Bereiches mit anschließender Naht. Bei nur 25,8% der Geburten bleibt der Damm intakt. Im Kreiskrankenhaus kommt es in 37,1% der Fälle zu einer Episiotomie und in 34,9 % zu Dammrissen. Nur die geringe Zahl von 28% der Frauen tragen keine Verletzungen davon.

[19] Dammschnitt (griech.: Episio = Schamgegend, -tomie = Schnitt, Abschnitt)

Bei den haptonomisch begleiteten Geburten traten bei fast der Hälfte der Frauen (48%) keine Verletzungen auf. In 27 Fällen, das entspricht 21,3% wurde eine Episiotomie durchgeführt, wobei in dieser Gruppe 13 der 27 Episiotomien bei spontaner Beckenendlage-Geburt notwendig waren.

Die Episiotomie bei Beckenendlage stellt aus medizinischer und forensischer Sicht eine absolute Indikation dar. Die hohe Anzahl von Episiotomien bei den Vergleichsgruppen ist fast ausschließlich bei Schädellagen-Geburten entstanden. Es ist ersichtlich, dass es bei haptonomisch optimal begleiteten Schädellagen-Geburten möglich ist, bei nur 11% der Frauen eine Episiotomie durchführen zu müssen.

Abbildung 10: Anzahl der Periduralanästhesien

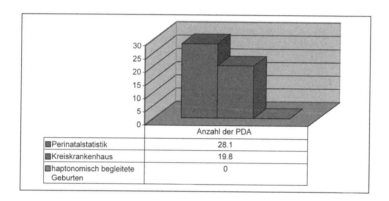

	Anzahl der PDA
■ Perinatalstatistik	28.1
■ Kreiskrankenhaus	19.8
■ haptonomisch begleitete Geburten	0

Wie aus Abbildung zehn zu entnehmen ist wurde bei 28,1% der Geburten landesweit die Periduralanästhesie angewendet. Im Kreiskrankenhaus war dies bei 19,8% der Geburten der Fall. Bei 130 von mir haptonomisch begleiteten Geburten konnte auf den Einsatz der Periduralanästhesie völlig verzichtet werden.

Abbildung 11: Geburtsmodus

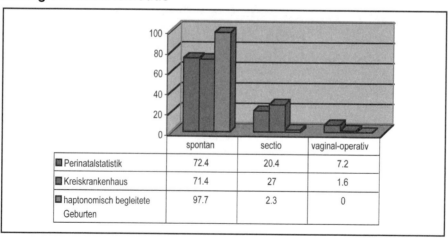

	spontan	sectio	vaginal-operativ
■ Perinatalstatistik	72.4	20.4	7.2
■ Kreiskrankenhaus	71.4	27	1.6
■ haptonomisch begleitete Geburten	97.7	2.3	0

Abbildung 11 vergleicht alle drei Gruppen hinsichtlich des Geburtsmodus. Was die Anzahl der Spontangeburten angeht, unterscheiden sich Perinatalstatistik mit 72,4% und Kreiskrankenhaus mit 71,4% kaum voneinander. Haptonomisch begleitete Geburten liegen mit 97,7% klar an der Spitze. Die höchste Sectio-Rate weist das Kreiskrankenhaus mit 27% auf, gefolgt von der Perinatalstatistik mit 20,4%. Bei haptonomisch begleiteten Geburten war ein Kaiserschnitt nur in 2,3% der Fälle nötig (drei von 130). Vakuum[20]- bzw. Forceps-Geburten waren bei keiner meiner Geburten notwendig. Laut Perinatalstatistik wurden in 7,2% der Geburten diese Maßnahmen angewendet.

Im Kreiskrankenhaus wurden 1,6% der Geburten durch Vakuumexstirpation beendet. Diese im Verhältnis zur Perinatalstatistik niedrige Zahl kommt dadurch zustande, dass in eben diesem Kreiskrankenhaus, wie bereits an anderer Stelle erwähnt[21], eine über dem Durchschnitt liegende Sectio-Rate herrscht.

Die pränatale haptonomische Begleitung, sowie die Begleitung unter der Geburt erfolgte in allen Fällen durch mich (Dr. Djalali). Durchschnittlich wurden sieben haptonomische Sitzungen durchgeführt. Die erste noch vor der 24. Schwangerschaftswoche. Die meisten Geburten (110 Fälle) fanden in einem Belegkankenhaus statt. Die restlichen 20 waren Hausgeburten. 128 Frauen wurden von ihrem Partner, eine von ihrer Schwester und eine von ihrer Freundin in der Schwangerschaft und unter der Geburt haptonomisch begleitet.

Eine entscheidende Veränderung, die die **haptonomische Begleitung** mit sich bringt, ist auch nach meiner Beobachtung, wie Frans Veldman beschreibt, die Entwicklung mütterlicher Gefühle, die durch den psycho-taktilen Kontakt zwischen Mutter und Kind früh entstehen. Dieses Gefühl verstärkt sich im Laufe der Schwangerschaft bis hin zur Geburt in solchem Maße, dass die Mutter schon direkt nach der Geburt eine viel selbstverständlichere, vertrauensvollere Beziehung zu ihrem Kind besitzt. Auch die Bereitschaft, eine liebevolle Verantwortung für das Kind zu übernehmen, hat sich schon früh in der Schwangerschaft entwickelt.

Die Entwicklung dieser Gefühle ist unbedingte Voraussetzung dafür, dass die Mutter nach der Geburt fähig ist, dem Kind einen intensiven Körperkontakt zu geben. Diese Fähigkeit ist die Grundlage für langfristiges intensives Stillen. Denn das Hauptproblem des Stillens ist die Unfähigkeit der Mutter, dem Kind Nähe zu vermitteln. Leider wird beim Auftreten von Stillschwierigkeiten nicht nach den erwähnten grundlegenden Faktoren gesucht, sondern es werden individuelle Unterschiede der mütterlichen Brust dafür verantwortlich gemacht, wie z. B. Größe der Brust und Beschaffenheit der Brustwarze.

Eine zweite sehr wichtige Wirkung der haptonomischen Begleitung unter der Geburt – welches auch immer wieder faszinierend zu beobachten ist – ist die unglaubliche Erhöhung der Schmerztoleranz, welche eine Reduzierung der Schmerzmittel um sogar 100% zur Folge haben kann. Schmerzlosigkeit entsteht hauptsächlich durch den psycho-taktilen Kontakt zwischen Mutter und Kind. Nach meiner Erfahrung kann bei gut vorbereiteten Paaren allein durch den psycho-taktilen Kontakt der Mutter zum Kind 50-60% der Wehenschmerzhaftigkeit genommen werden, vor allem in der Anfangsphase der Geburt.

Durch den zusätzlichen psycho-taktilen Kontakt des Partners unter der Geburt können auch die restlichen 40-50% Schmerzen – insbesondere während der Eröffnungsperiode -

---

[20] Vakuum-Geburt = Saugglockengeburt, Forceps-Geburt = Zangengeburt
[21] s. Abb. 3

beseitigt werden. Bei Situationen, in denen das Paar es nicht schafft, die Wehenschmerzen auf ein erträgliches Maß zu reduzieren, dies ist meistens in der Austreibungsperiode bzw. unter der eigentlichen Geburt der Fall, hat die haptonomisch ausgebildete Hebamme und der Geburtshelfer die Möglichkeit, durch seine Präsenz und durch seinen psycho-taktilen Kontakt die Schmerzen der Gebärenden optimal zu verringern.
Fast alle der so begleiteten Frauen berichten, dass die Geburt zwar teilweise als eine schwere Arbeit empfunden wurde, jedoch nicht als schmerzhaft.

Bei **nicht haptonomisch begleiteten** Frauen ist das Kind leider nur in der Phantasie und Vorstellung der Mutter vorhanden. Die Kinder sind in ihrer gesamten Dimension nicht existent. Erst nach der Geburt erfasst die Mutter - teilweise schockartig - die Gesamtheit des Kindes, da es für sie erst jetzt wortwörtlich fassbar und sichtbar wird. Erst jetzt beginnt sie die Verantwortung zu übernehmen. Deshalb haben diese Mütter eine größere Unsicherheit bei dem Umgang mit ihrem Kind und größere Stillschwierigkeiten.

Zusammenfassung:
Aus dieser Arbeit kann resultiert werden, dass Paare, die in der Schwangerschaft und unter der Geburt haptonomisch begleitet werden – abgesehen von vielen von Frans Veldman beschriebenen wichtigen Vorteilen im Bereich der Entwicklung der affektiven Gefühle zwischen Vater, Mutter und Kind – auch ein großes Benefit im Bezug auf den rein medizinisch-geburtshilflichen Ablauf beziehungsweise den jeweiligen Geburtsmodus haben. Wiederum hat die Art des Geburtsmodus und das Erleben der Eltern unter der Geburt eine immense Bedeutung für die eben erwähnte affektive Beziehung zwischen Eltern und Kind, was unzählige Berichte der Eltern bezeugen.
Auffallend in dieser Analyse ist, dass sich in der haptonomisch begleiteten Gruppe eine deutlich höhere Rate älterer Frauen befindet. Außerdem sind im Vergleich mit der Gruppe des Kreiskrankenhauses und der Perinatalstatistik deutlich mehr Frauen mit Steißlagen-Schwangerschaften. Diese Faktoren müssten eigentlich zu erhöhten Schnittentbindungen führen, jedoch war es möglich, die Anzahl der Kaiserschnitte auf ein Minimum von 2,3% zu reduzieren. Ebenfalls sind die Anzahl von notwendigen Episiotomien, Damm- und Vaginalverletzungen unter der Geburt im Vergleich zu anderen Gruppen auffallend stark reduziert. Auf den Einsatz von Periduralanästhesie und anderen schmerzlindernden Medikamenten, sowie Medikamente zur Weheneinleitung und Unterstützung konnte gänzlich verzichtet werden.

Für die Erzielung dieser Resultate war sicherlich zusätzlich zu der haptonomischen Begleitung entscheidend, dass die Paare, in diesem Falle während der gesamten Schwangerschaft und Geburt, von dem gleichen Team der Geburtshelfer betreut worden sind.
Häufig kann die haptonomische Begleitung für den Geburtshelfer natürlich recht zeitaufwendig sein, doch angesichts der Vorteile und der Bedeutung der Haptonomie ist dies mehr als wert, investiert zu werden.
Diese Arbeit soll die große Bedeutung der Haptonomie in der täglichen praktischen Geburtshilfe verdeutlichen und Hebammen und Geburtshelfer ermutigen, sich intensiv mit der Haptonomie auseinanderzusetzen.

Für die große Unterstützung bei der Erstellung der Statistiken möchte ich mich insbesondere bei der Hebamme Mascha Klemme bedanken."

© Dr. med. M. Djalali, 1999 [22]

---

[22] Literatur: Veldman, Frans (1989): Haptonomie, Science de l'Affectivité. Paris: puf Feige / Krause (1998): Beckenendlage. München: Urban & Schwarzenberg. Projektgeschäftsstelle zur Qualitätssicherung Geburtshilfe / Pädiatrie bei der Ärztekammer Nordrhein, Düsseldorf: Perinatalstatistik 1998

2.18. Das haptonomisch begleitete Kind im Krabbelalter

Unser Sohn hatte mit sieben Monaten bereits neun kg und wurde mir für langes Tragen zu schwer. Wir haben uns, als der Sohn schon sitzen bzw. krabbeln konnte, einen Buggy gekauft. Der musste große Räder haben, gefedert sein (sonst wirkt jeder Impuls auf die kleine Wirbelsäule), und man sollte das Kind hinlegen können, damit es bequemer ist. Als das zweite Kind zum Tragen zu schwer wurde, machte das erste Kind keinen Mittagsschlaf mehr. So brauchten wir nur einen Buggy und gaben unseren Kindern viel vom Besten, das Eltern ihnen geben können: Sicherheit.

Wenn man es schafft, das Kind nur zu tragen, ist es natürlich großartig. Beim zweiten Kind haben wir das ab acht Kilogramm Gewicht schon nicht mehr immer geschafft und zum lange Schlafen eben öfter einen Buggy verwendet.

2.19. Erfahrungsberichte anderer Eltern mit haptonomischer Begleitung und Geburt

Um ein besseres Verständnis der Haptonomie zu bekommen, habe ich Erfahrungsberichte von Eltern gesammelt. Trotzdem muss diese selbst erfahren werden, da es nicht mit Worten erklärbar ist. Es wurde von allen der Versuch unternommen. Dafür danke ich von Herzen.

Weil die Berichte so schön und so authentisch sind, habe ich sie nicht auseinander gerissen und in einzelne Themen unterteilt, sondern sie „haptonomisch" in einem Teil beieinander belassen. Der erste Bericht einer Mutter wurde in Form eines von mir erstellten Fragebogens gegeben.

2.19.1. Haptonomiebericht in Form eines Fragebogens

Ich stellte Fragen an Beate Schmidt-Härlen:

Wenn ihr das erste Kind vielleicht noch nicht und das zweite haptonomisch begleitet habt, seht ihr einen Unterschied? In eurem Verhältnis, beim Kind selbst?
„Ja, ich fühlte mich sicherer, ruhiger, habe klare Anleitungen, wie mit dem Kind umzugehen und wie es zu sehen ist. Meine Gefühle werden bestätigt."

Wieviel Sitzungen mit Haptonomie machtet ihr?
„Acht Sitzungen."

Was für Gefühle entstanden bei der Haptonomie?
„Das Kind ist da, und es hat Sinne, nach denen es schon heute entscheidet, wie es sich verhält. Ich als Frau: Begleitet, behütet, gewogen, bewegt und aufgehoben, nicht allein sein, intensive Zuwendung, Aufmerksamkeit und Berührung durch den Partner, Zusammenfühlen mit dem Partner."

Welche Gefühle und Gedanken entstanden durch die Haptonomie?
„Gefühle intensiven nahen Zusammenseins sind möglich (Berührung, ohne erotische oder sexuelle Komponente). Gedanken, dass es eine existentielle Wertschätzung der Menschen gibt. Zeit zu haben für Menschen."

Was hat sich für den Vater durch die Haptonomie verändert?
„Ich denke, er hat sich zum ersten Mal gleichberechtigt angesprochen und einbezogen gefühlt. (Dr. Djalali ist ein Mann, und er hat seine Gefühle als Mann verstanden). Er hatte die wichtige Funktion, Mutter und Kind Entspannung und Vertrauen in der Schwangerschaft, vor und während der Geburt zu vermitteln. Er hätte das Kind herausholen, mit seinen Händen als erster in Empfang nehmen sollen (wozu es aufgrund einer Behinderung des Kindes leider nicht gekommen ist)."

Was hat sich für die Mutter durch die Haptonomie verändert?
„Sich auf die Geburt einlassen zu können; das Selbstbewusstsein, die Schwangerschaft und Geburt ohne Medikation und Hilfsmittel (fast sogar ohne Hilfspersonen) bewältigen und leiten zu können. Selbstbestimmtheit in der Geburt wirkt sich so aus, dass ich fühle, mich in allen Lebenssituationen selbstbestimmter verhalten zu können. Die Partner sind sich einander sicherer. Man hat großes Vertrauen in den Geburtsprozess und in das Kind; daraus folgt große Skepsis, wie mit Kindern, Müttern und Vätern bei Geburten umgegangen wird."

Ist das Verhältnis zum Kind durch Haptonomie bei euch anders als vermutlich ohne?
„Ich denke, sehr. Ich habe Vertrauen in dieses vitale Kind, das die Geburt ohne Hilfe geschafft hat. Dies hat besondere Bedeutung, da dieses Kind mit einem Syndrom zur Welt kam, das zuvor nicht erkannt wurde. Bei den normalerweise üblichen Ultraschallkontrollen wäre dies aber sicher erkannt worden, was meine Schwangerschaft gefühlsmäßig belastet und man das Kind sicher `vorsichtshalber´ per Kaiserschnitt geholt hätte, was mir und dem Kind Vertrauen genommen hätte."

War die Haptonomie bei der Geburt hilfreich?
„Ja. Zur Wahl des richtigen Zeitpunkts, in der Eröffnungsphase auf jeden Fall; bei der Pressphase bin ich der Aufforderung, zum Kind zu atmen, gefolgt und habe gut veratmet."

Hat sich bei euch selber etwas durch die Haptonomie verändert?
„Ich glaube ich habe eine ruhigere Grundeinstellung zu diesem Kind und zu allen Kindern. Ich bin ruhiger in mir selbst."

Kamen andere durch Eure Empfehlungen auch zur Haptonomie?
„Ich habe öfter von `Haptonomie´ als kontaktorientierter Geburtsvorbereitung gesprochen, mir meine Gefühle dabei aber nicht so bewusst gemacht und sie daher auch nicht weitergegeben."

2.19.2. Wir haben das Baby eingeladen

Sonja:

„Mein Mann und ich hatten uns sehr gefreut, als wir merkten, dass ich schwanger war. Über Dritte erfuhr ich während der Schwangerschaft von Dr. Djalali. In der 26. Schwangerschaftswoche sind wir zu ihm gewechselt. Die vorherigen Ultraschalluntersuchungen empfand ich als unangenehm und störend für mich und das Kind. Da wir uns auch schon für das Familienbett entschieden hatten, gab es gleich beim ersten Gespräch mit Dr. Djalali viel Übereinstimmung. Wir konnten noch am selben Tag die Haptonomie kennen lernen. Insgesamt hatten wir sechs Haptonomiestunden bei ihm. Zu Hause haben wir uns fast jeden Abend Zeit zu dritt genommen. Dabei haben wir das Baby eingeladen: Nach rechts und links, oben und unten,.... Meine Freunde kannten mich nur noch mit einer Hand am Bauch; so hatte ich Kontakt mit meinem Baby.

Die Haptonomie hat uns sehr verbunden. Auch mein Mann hatte aktiven Kontakt mit dem Kind. Besonders gefreut haben wir uns immer auf die Stunden mit Dr. Djalali. Sie waren besonders entspannend und intensiv. Ich habe mich richtig gut aufgehoben gefühlt.
Die ganze Schwangerschaft über hatte ich keine Rückenprobleme und schreibe mein positives und sicheres Gefühl auch der Haptonomie zu. (Besonders, da ich in den ersten Schwangerschaftsmonaten viel mit Übelkeit und niedrigem Blutdruck zu kämpfen hatte. Letzterer blieb zwar weiterhin niedriger, ich fühlte mich aber gut und nicht als ´Problemfall`, der medikamentös behandelt werden musste!)

Ich wusste, dass es mir und dem Kind gut geht; es war sicher zu spüren, wenn es dem Kind schlecht gehen sollte. Uns wurde klar, dass das Kind schon im Mutterleib eine eigene Persönlichkeit ist. Es entscheidet selbst, wann und wie es auf die Welt kommt – folglich auch, wie lange die Geburt dauert. Durch Dr. Djalali bekamen wir viele interessante Gedankenimpulse wie z.B.: Kinderwagen, Schnuller, Babybett – nötig oder störend?

Besonders eindrucksvoll und hilfreich war die Haptonomie bei der Geburt. Es ist ein Unterschied wie Tag und Nacht, ob ein Kind mit oder ohne Haptonomie zur Welt kommt.

Die ersten Stunden Wehen waren gut vorbeigegangen, indem ich mit meinen Händen durch die Bauchdecke Kontakt zum Kind hielt. Als wir bei der Hebamme Frau Platen ankamen, sagte sie, dass der Muttermund nur einen Zentimeter offen ist und es sich auch um Vorwehen handeln könnte. Das löste für mich einen Tiefpunkt aus, ich hatte keine Lust mehr; aber von ganz von vorne anfangen wollte ich auch nicht. Nachdem ich diesen Punkt überwunden hatte, habe ich mich ganz in Ruhe nur noch auf das Kind konzentriert. Ich bin herumgegangen und habe bei jeder Wehe das Baby mit meinen Händen fest nach innen genommen, so dass es senkrecht über den Geburtskanal kam. Gedanklich habe ich es nach unten ins Becken eingeladen. Mein Körper und das Kind arbeiteten angestrengt, aber ich empfand die Wehen nicht als schmerzhaft.

Auf der Fahrt ins Krankenhaus begannen die ´Presswehen´. Diese empfand ich angenehmer, da produktiver. Erstaunlich, zu welchen Muskelkräften der eigene Körper fähig ist. Durch den haptonomischen Kontakt zum Kind war mein Körper auch nicht verkrampft. Ich habe keinen Vergleich mit einer ´normalen´ Geburt, aber so, wie ich meine Bekannten reden höre, scheint es oft ein Kampf zu sein. Es gab für mich absolut keinen Grund zum Wimmern oder Schreien. Ich weiß noch, wie ich in den Wehenpausen um mich herum alles mitbekommen habe, durch die Gegend schaute und dachte: ´Meine Güte, wie langweilig, jetzt musst du warten, bis die nächste Wehe kommt.´ (Die Wehen kamen jede Minute.)

Ich habe nicht gepresst, sondern nach der Haptonomischen Methode die Beine angezogen, während Dr. Djalali bzw. die Hebamme und mein Mann an meinen Knien Gegendruck ausübten. Die Fruchtblase war noch intakt, und Dr. Djalali öffnete sie. Schon war der Kopf da, nach der nächsten Wehe hatte ich mein Kind auf meinem Bauch. Wir wurden erst einmal allein gelassen, um uns zu begrüßen: Papa, Mama und Baby. Dies war der schönste Moment in meinem Leben.

Nach einer Weile fragte mein Mann mich: ´Und, hast du schon gesehen, was es ist?´ - Nein, fand ich auch erst einmal völlig unwichtig. Natürlich haben wir dann doch einmal geguckt: Wie schön – unser Sohn!

Wir sind froh und dankbar, dass wir eine so tolle Geburt erleben durften. Ohne Haptonomie wäre das anders gewesen. Mein Mann schnitt dann die Nabelschnur durch. Nachdem der Mutterkuchen da war, wurden noch ein kleiner Dammriss und ein etwas längerer Riss im Geburtskanal genäht – ohne Betäubung. Es war nicht schmerzhaft. Kein Vergleich mit Zahnarzt oder Wespenstich. Tja, vielleicht wäre mit einem haptonomischen Umgang beim Zahnarzt auch keine Spritze vor dem Bohren nötig?

Schön war es auch, dass meine Freundin und ihr Mann interessiert an unseren Erlebnissen in Schwangerschaft und Geburt teilgenommen haben. Später, als sie selber schwanger wurden, haben sie den gleichen Weg eingeschlagen.

Durch die Haptonomie ist die Beziehung zum Kind schon vor der Geburt existent und geht einfach weiter. Ich habe dadurch auch mehr Vertrauen in mein Kind; es weiß, wann es die Brust will, wann es etwas dazu essen will usw.

Für mich ist die Haptonomie der Grundstein, auf dem sich vieles aufbaut. Unsere Beziehung ist eine sehr stabile, voller Vertrauen in die Fähigkeiten des Kindes."

2.19.3. Unsere „Geschichte" zur Haptonomie

Susanne Große-Venhaus:

„Als wir zu Dr. Djalali kamen, waren wir nach einer anderthalb Jahre zurückliegenden Fehlgeburt nicht wieder schwanger geworden und dachten über medizinische Maßnahmen nach. Dr. Djalali erzählte uns, dass seiner Meinung nach die Kinder sich die Eltern aussuchen würden und dies nur wenig mit körperlichen oder medizinischen Ursachen zusammenhinge.

Er habe Patientinnen, bei denen alles `kaputt´ sei, die medizinisch gesehen nicht schwanger werden könnten, und es trotzdem würden und andere, bei denen alles perfekt sei, aber die kinderlos blieben. Er meinte, alles, was wir tun könnten, sei, ein Kind einzuladen. Wir sollten offen sein, wenn es käme, uns aber auch mit dem Gedanken anfreunden, dass es vielleicht nicht kommen würde. Etwa ein Jahr danach wurde ich schwanger.

Leider blieb dieses Kind nur ca. fünf Monate bei uns. Unsere Tochter wurde in der 22. Schwangerschaftswoche nach einem Blasensprung geboren und starb wenige Minuten nach der Geburt. Eine körperliche Ursache ließ sich nicht finden; Dr. Djalali sagte uns, dass

seiner Meinung nach dieses Kind sich wohl gegen das Leben entschieden habe, und dass jeder Mensch etwas auf der Erde hinterlässt, egal, wie kurz er gelebt hat, auch dieses Kind. Nach langen Gesprächen mit ihm wurde uns klar: Wir wissen alle nicht, wie lange ein Leben dauert. Es fängt an und hört auf, und erfüllt sich dazwischen. Wer sagt denn, dass ein 100-jähriges Leben erfüllter ist als das eines Kindes, das nur wenige Wochen dauert?

Später stieß ich auf ein Gedicht von Khalil Gibran:

`Eure Kinder sind nicht eure Kinder. Sie sind die Söhne und Töchter der Sehnsucht des Lebens nach sich selber. Sie kommen durch euch, aber nicht von euch.
Und obwohl sie mit euch sind, gehören sie euch doch nicht. ..... Ihr seid die Bogen, von denen eure Kinder als lebende Pfeile ausgeschickt werden.´

Der Pfeil unserer Tochter ist nicht weit geflogen. Das Leben hat sie uns für kurze Zeit geschenkt, aber sie gehörte uns nicht, und so mussten wir ihren Wunsch zu gehen auch akzeptieren.

Kinder suchen sich die Eltern aus und bleiben so lange, wie sie wollen...Was das mit Haptonomie zu tun hat? Alles und nichts. Mit den Ansichten und Methoden der Haptonomie zum Körperkontakt sicher nichts, aber mit der Einstellung zum (un)geborenen Leben:

ALLES. An den Gesprächsabenden bei Dr. Djalali wird immer wieder das Thema Vertrauen diskutiert. Die haptonomische Kontaktaufnahme mit dem Kind gelingt wohl dann am besten, wenn es einem gelingt, großes Vertrauen zum Kind im Bauch aufzubauen und auf medizinisch-technische Überwachung weitestgehend zu verzichten. Zu diesem Vertrauen gehört auch der Respekt vor dem selbstständig denkenden und handelnden Wesen, das sehr wohl in der Lage ist, wichtige Entscheidungen für sein Leben selbst zu treffen und seine Geburt zu `organisieren´. Als ich das nächste Mal schwanger wurde, hat mir diese Erkenntnis geholfen, mit meinen Ängsten zurechtzukommen."

Die haptonomische Geburtsvorbereitung bei uns

Der Doktor empfiehlt acht haptonomische Sitzungen zur Geburtsvorbereitung; Etwa so viele haben wir gemacht. Die erste Sitzung war sehr theoretisch: Er erklärte uns, wie wichtig Körperkontakt sei und dass ein Kind im Mutterleib mit 100% seiner Körperfläche rund um die Uhr Kontakt zur Mutter hat. Diesen Kontakt kann man noch verstärken, wenn man mit den Händen über die Bauchdecke mit dem Kind kommuniziert. Ich denke, es ist nahezu unmöglich, genau zu erklären, mit welcher `Technik´ man das macht und welche Gefühle dabei entstehen. Auf jeden Fall ist unglaublich, zu sehen, dass es funktioniert. Man kann das Kind im Mutterleib von rechts nach links, von oben nach unten, ja sogar von außen nach innen `einladen´. Insbesondere die Einladung nach oben `funktionierte´ bei uns gut: Es war, als ob ich mein Herz öffnete und das Kind dorthin einlud. Ich konnte dies sogar unterwegs (z.B. mitten im Supermarkt) machen, wenn mein Baby einmal wieder die Blase als Spielball benutzte. Ein kurzes Handauflegen, eine emotional ausgesprochene Einladung - schon kam das Baby nach oben und die Blase war wieder frei.

Die sicher bei jeder Mutter vorhandene emotionale Bindung zum Kind wird durch die Haptonomie noch verstärkt. Das Vertrauen zum Kind wird größer; man kann aktiv mit dem Kind kommunizieren und bekommt sogar eine Antwort. Das ist faszinierend - auch für den Vater - und gerade für uns war das wichtig.

Unsere haptonomische Geburt

Der so `gelernte´ und immer weiter verstärkte innere Kontakt zum Kind half uns bei der Geburt. Immer, wenn ich unter den Wehen das Gefühl hatte, dass die Schmerzen mich überwältigten, ermahnten mein Mann und die Hebamme mich: `Bleib bei deinem Kind´. Das funktionierte: Man darf sich nicht auf den Schmerz konzentrieren, sondern nur auf das Kind. Dieses leistet die meiste Geburtsarbeit und braucht dabei unsere volle emotionale Unterstützung. Die Schmerzen lassen augenblicklich nach, wenn es einem gelingt, diese emotionale Verbindung wieder aufzubauen.

Was für mich auch angenehm war, war die ruhige Atmosphäre im Kreißsaal: Nur unsere kleine Familie und die Geburtshelfer. Keine technischen Geräte, keine Infusionen oder sonstigen Medikamente zwischen uns und unserem Kind.

Es war einfach wunderschön. Die Geburt war kein Spaziergang und nicht schmerzfrei, aber die Schmerzen verloren ihre Bedeutung, ich fühlte mich eher erschöpft, wie nach einem Marathonlauf...

Haptonomie in unserem Leben nach der Geburt

Wenn man sein Kind bis zur Geburt begleitet hat, ergibt sich nach der Geburt fast zwangsläufig ein anderer Umgang. Die Sache mit dem 100%igen, 24stündigen Körperkontakt im Mutterleib etwa hat uns so nachhaltig beeindruckt, dass es für uns selbstverständlich geworden ist, das Kind niemals allein zu lassen. Es schläft mit uns im Bett und wird von uns getragen. Ein Kinderzimmer mit Stubenwagen etc. brauchen wir nicht. Nicht nur der körperliche Umgang ist anders als gewöhnlich; auch innerlich habe ich eine andere Beziehung zu meinem Sohn, als ich das wohl ohne die Haptonomie hätte. Ja, er ist ein Baby, vermeintlich hilflos und dumm. Aber ich weiß, dass er auf einer anderen Ebene durchaus `erwachsen´ und sehr gut in der Lage ist, sich um seine Bedürfnisse zu kümmern. Auch wenn ich z.B. nicht immer verstehe, warum er weint, weiß ich doch, dass er es niemals grundlos tun würde. Und wenn ich den mir unbekannten Grund nicht beseitigen kann, so kann ich ihm in seinem Schmerz doch beistehen. Ich könnte nie behaupten, mein Kind `terrorisiere mich´ und `tanze mir auf dem Kopf rum´, wie man es häufig von anderen Eltern hört, die ihr schreiendes Kind, nachdem sie Hunger und volle Windeln beseitigt haben, als hysterisch abtun und sich allein im Bettchen in den Schlaf weinen lassen."

2.19.4. Haptonomietagebuch 29. Schwangerschaftswoche bis Geburt

Katrin L.:

29. Schwangerschaftswoche:

„Wir haben jeden Abend mit dem Baby `gespielt´, wie wir unsere haptonomischen Übungen nennen: Das Baby reagiert mittlerweile schon darauf, dass mein Mann seine Hände auf meinen Bauch legt. Wenn er fragt `bist du wach´, wird sofort gestrampelt. Es bewegt sich auf die Seite des Bauches, die wir ihm anzeigen. Was mich seit zwei oder drei Tagen etwas verwirrt, ist die Tatsache, dass ich nicht mehr genau einordnen kann, wie das Baby liegt. Das ist komisch, da es mir vorher klar war und wir auch durch die Haptonomie ganz genau wussten, wo der Rücken und der Kopf ist etc. Im Moment fühlen wir das nicht. Seltsam. Aber vielleicht kommt das daher, dass das Baby gewachsen ist und nicht mehr so viel Platz ist. Bisher lag das Baby mit dem Kopf nach unten, ich hoffe, es liegt weiterhin so. Ich kann über der Symphyse[23] etwas Hartes, Rundes spüren und gehe davon aus, dass es der Kopf ist. Ansonsten ändert es bei den Übungen die Kopflage nicht; zumindest nicht bei denen, welche wir bisher machen. Bisher `wandert´ es mit seinem Körper von rechts nach links und zurück."

30. Schwangerschaftswoche:

„Ich kann mich nicht von der Angst `Beckenendlage´ losmachen... aber wir haben ja noch etwas Zeit... möchte doch so gerne zu Hause entbinden. Ich würde auch eine Beckenendlagegeburt machen, aber das ginge dann ja nicht zu Hause... Kann den Kopf einfach nicht richtig ausschalten! Wir haben in weiteren Sitzungen gelernt, das Baby nach oben und unten einzuladen, am Schluss immer in die Mitte zu bringen und auch zur Wirbelsäule zu bringen, weil es bei mir so weit draußen ist.

Heute haben wir gelernt, das Baby zu `schaukeln´, damit der Bauch ganz weich wird und man besser `spielen´ kann. Das hat mein Mann auf Anhieb hinbekommen und ich freue mich über diese neue Fertigkeit. Das hilft mir bestimmt bei meinen Vorwehen. Leider kann ich meinen Mann tagsüber nicht zum `Schaukeln´ her dirigieren - was optimal wäre. Unser Baby ist ansonsten echt super kommunikationsbedürftig. Echt irre, wie es reagiert! Und es liegt wohl oft quer oder aber im Moment mit dem Kopf nach oben. Scheint sich aber ständig zu drehen."

32. Schwangerschaftswoche:

„Wir hatten gestern Termin und es war wieder gut. In der vergangenen Woche haben wir

[23] Schambein

es zu Hause nicht so gut hinbekommen, aber mit der Hebamme an unserer Seite klappt es super. Unser Problem ist auch, dass wir uns nicht so gut auf das `Fühlen´ verlassen können. Wir wollen irgendwie immer `überprüfen´, wo das Baby liegt, und gucken und tasten etc. Schon dumm, wenn man den Kopf so schlecht ausschalten kann... Aber wir machen weiter...

Unsere Hebamme meint, dass es zwar gut wäre, wenn der Mann bei den Übungen steht, aber wenn es nicht geht, dann sollen wir bzw. mein Mann es eben auf den Knien machen. Hauptsache ist, dass wir den Kontakt zum Baby aufbauen können und uns darauf einlassen. Das ist viel wichtiger, als die Art und Weise, wie man steht. Dem kann ich eigentlich nur zustimmen, denn wenn wir uns einlassen können, klappt es wunderbar - auf den Knien oder sogar, wenn mein Mann auf dem Bauch liegt dabei."

40. Schwangerschaftswoche:

„Wir machen die haptonomischen Übungen nicht mehr so regelmäßig. Es hat uns gut getan, aber einiges haben wir nicht hinbekommen und wollten uns damit nicht unter Druck setzen. Was auf jeden Fall gut ist, dass mein Mann einen super Kontakt zum Baby hat, der viel intensiver als bei Pepe ist. Inwieweit wir etwas von dem Erlernten bei der Geburt einsetzen können, wird sich zeigen."

Nach der Geburt, nun mit Pepe und Titus:

„Wir hatten eine tolle Hebamme, die uns die Sache mit der Haptonomie nahe gebracht hat. Sie hat das toll vermitteln können; unter ihrer Anleitung hat es gut geklappt. Zu Hause war es etwas schwieriger: Titus ist zwar kommunikativ gewesen, wenn es darum ging, von links nach rechts zu `schwimmen´ und sich zu melden; auch das `Schaukeln´, das vor der Kontaktaufnahme mit dem Baby den Bauch weich werden lassen und mich entspannen soll, war gut. Manchmal hat es sogar bei meinen vorzeitigen schwächeren Wehen geholfen. Mit allen anderen Übungen haben wir uns schwer getan: Titus nach unten oder zu meinem Herzen hoch zu schicken, war schwierig. Das liegt zum Teil wohl daran, dass es mir schwer fällt, die Kontrolle abzugeben. Ich bin bei solchen Dingen etwas verkopft, was den `Erfolg´ zu hemmen scheint. Hinzu kommt, dass wir nicht so regelmäßig zum Üben gekommen sind bzw. uns nicht immer die Zeit genommen haben.

Es ist aber auf jeden Fall so, dass wir einen weitaus größeren Kontakt zu unserem Baby aufbauen konnten als damals bei Pepe. Es hat viel Spaß gemacht, mit ihm zu `spielen´; wir waren erstaunt, wie sehr er reagiert hat. Vor allem für meinen Mann, der die Kindsbewegungen ja selten mitbekommt, waren das `Spielen´ mit Titus und die Reaktionen, die er erzeugen konnte, wichtig. Bei der ersten Schwangerschaft mit Pepe war das anders: Pepe war meist ganz ruhig, wenn der Papa fühlen wollte. Mein Mann sagt, dass er ihn damals vielleicht zwei- oder dreimal richtig gespürt habe, während er zu Titus guten Kontakt hatte. Wir beide hatten ziemlichen Spaß daran, wie Titus in seinem warmen Nest hin- und her geschwommen ist und Beulen in meinen Bauch strampelte. Ich selber hatte auch das Gefühl einer besseren Verbindung als zu Pepe.

Die Übungen, die wir für die Geburt gezeigt bekamen, haben wir nicht gut umsetzen können. Bei einer sollte ich auf dem Schoß meines Mannes sitzen; das ging nicht, da er übergewichtig ist und ich nicht entspannt auf seinem Schoß sitzen konnte. Eine Übung im Stehen haben wir ganz gut hinbekommen, aber während der Geburt nicht eingesetzt.

Ich kann nicht sagen, ob uns die Haptonomie während der Geburt geholfen hat. Es kann sein - bewusst auf jeden Fall nicht, da wir keine Übung eingesetzt haben. Dafür ging es mit vier Stunden wohl auch zu schnell. Vielleicht habe ich etwas besser gelernt, `loszulassen´ und die Kontrolle aufzugeben, was ja für das Voranschreiten des Geburtsprozesses auch von Bedeutung ist.

Jetzt, wo Titus auf der Welt ist, stelle ich immer wieder fest, dass er sich durch Handauflegen sehr gut beruhigen lässt; das ging bei Pepe auch, aber nicht so gut und schnell. Vielleicht hat das auch etwas mit der Haptonomie zu tun.

Sollte ich noch einmal schwanger werden, werde ich es auf jeden Fall wieder mit Haptonomie versuchen."

2.19.5. Haptonomietagebuch in der Schwangerschaft

Andrea und Dirk berichten abwechselnd:

„Meine Frau liest `durch Zufall´ das Buch `Geburt ohne Gewalt´. Einige Tage später steht in der Zeitung ein Artikel über Haptonomie. Zwei Tage später hatten wir einen Termin für eine haptonomische Sitzung. Ich, Dirk, total beeindruckt, meine Frau Andrea total verwirrt. Der Hintergrund dabei war zunächst, dass verantwortungsvolle Schwangerschaft und ein aktives Gebären nur möglich sind, wenn vorher eine entsprechende Belastung da war, man aber nicht nur im Bett gelegen hat und keine Kraft mehr für die Geburt hat. Auf jeden Fall einleuchtend.

Beim Kind-Spüren habe ich deutlich alles gefühlt - Andrea war vielleicht noch zu verkrampft. Auf der Rückfahrt habe ich nicht gedacht, dass wir uns um diese Thematik weiter kümmern, obwohl ich von Beginn an und auch gerade nach dem Docbesuch überzeugt davon war, dass es gut ist. Zwei Tage später nahmen wir beide Kontakt mit unserem kleinen Otto auf. Es hat auf Anhieb funktioniert; wir waren beide begeistert. Andrea hat das Kind zum ersten Mal bewusst hin und her bewegt, - es ist unseren Handflächen gefolgt. Ich war total gerührt, dass es funktioniert hat und dass Andrea es auch gespürt hat. Nun hat sie täglich Kontakt, und wir versuchen, uns eine halbe Stunde am Tag Zeit dafür zu nehmen. Wir arbeiten daran..."

33. Schwangerschaftswoche:

Uns geht es gut, es ist noch alles haptonomisch.
Zu deiner Frage `Macht Ihr weiter´ kann ich dir heute mit `Ja` antworten. Letzte Woche hätte ich dir noch ein `Vielleicht´ geantwortet. Wir waren bis jetzt insgesamt drei Mal beim Doc, nach den beiden ersten Sitzungen bin ich total verwirrt zurückgefahren; mir war fast zum Weinen zumute. Mir fällt es schwer, dieses absolute Vertrauen in das Kind zu setzen; der Doc antwortet auf meine Fragen meistens mit krassen Gegenfragen, auf die mir nicht viel einfällt. Ich hatte das Gefühl, dass ich ihm meine Unsicherheit nicht genau erklären konnte.

Für mich ist es schwierig, diese Angst, die man von außen aufgezwungen bekommt, restlos abzuschütteln. Es bleiben immer noch Fragen übrig:

- Was passiert, wenn in der Geburt doch etwas schief läuft?
- Was passiert, wenn ich nicht durchhalte und nicht bei meinem Kind bleiben kann; wenn die Schmerzen mir doch zu viel werden?
- Ist das Kind bis zum Schluss gut versorgt?
- Was ist, wenn ich von selbst keine Wehen bekommen sollte? (Meine Mutter ist bei vier Kindern eingeleitet worden) usw., usw.!

Auf solche Fragen antwortet der Doc z.B., dass ein Kind lebend zur Welt kommt, wenn es dies möchte, - oder auch stirbt -, und wir mit den modernsten Geräten wenig Einfluss darauf haben[24] Dieser Gedanke ist für mich theoretisch nachvollziehbar, aber praktisch ist dies doch wohl etwas schwieriger.

Eine andere Sache ist das Babyschaukeln. Die Übungen praktisch durchzuführen, biete keine Schwierigkeit. Für mich ist das Problem, dass ich der Meinung war, dass ich es spüren müsste, wenn das Kind von der einen auf die andere Seite rutscht. Doch ich habe nichts gespürt. Der Doc erklärte mir bei unserem dritten Besuch, dass ich dies auch nicht so spüren (da es sich immer nur um zwei bis drei cm handelt), sondern nur mit der Hand ertasten könne. So sind meine Gedanken immer hin- und hergewandert, bis ich irgendwann nicht mehr wusste, was richtig und was falsch ist.

34. Schwangerschaftswoche:

Der Doc hatte uns beim ersten Besuch erklärt, dass man als Frau und als Elternpaar mehr Verantwortung für sich übernehmen müsse und mehr Vertrauen in das Kind haben solle. Gleichzeitig hatte er gesagt, dass wir, wenn wir uns für die Haptonomie entscheiden sollten, keinen Geburtsvorbereitungskurs besuchen sollen. Für mich persönlich lag zu diesem Zeitpunkt hier noch ein Widerspruch vor: Wenn ich auf ihn höre und keinen Kurs besuche, begebe ich mich in eine andere Abhängigkeit und kann keine Selbstverantwortung übernehmen. In der 32. Schwangerschaftswoche gingen wir zur ersten Stunde eines Vorbereitungskurses. Das war ausschlaggebend für unsere Entscheidung für die Haptonomie.
Im Kurs saßen wir mit sechs anderen Paaren; im Prinzip haben wir uns kennen gelernt und die Bauchatmung geübt. Doch Dirk und ich haben gemerkt, dass wir dort nicht mehr hineinpassen. Die Frauen waren nur mit sich beschäftigt, keine hatte Kontakt zum Kind (Hand auf dem Bauch), alle Fragen drehten sich um Ausnahmesituationen. Keines der Paare hat aus der Sicht des Kindes an die Geburt gedacht. Ich möchte das nicht verurteilen; ich wäre nicht anders gewesen, wenn ich nicht durch Zufall auf die Haptonomie gestoßen wäre. Doch im Kurs ist uns klar geworden, dass wir uns schon längst für die Haptonomie entschieden hatten.

Am nächsten Tag hatten wir unsere dritte Sitzung beim Doc, in der er mir das `Babyschaukeln´ noch einmal erläuterte. Erstmalig bin ich mit einem sicheren und zufriedenen Gefühl Heim gegangen. In Abständen habe ich immer noch `Angst vor der eigenen Courage´ und hoffe, dass ich das auch durchhalte. Aber das ist wahrscheinlich normal. Ich rede hier überwiegend von mir, weil die Sache für Dirk eigentlich von Anfang an ziemlich klar war. Doch er hat immer gesagt, dass natürlich ich die ausschlaggebende Entscheidung treffen müsse.

Wir hatten einen Termin mit der Hebamme Mascha Klemme in Willich im Krankenhaus. Wir sind mit einem guten Gefühl nach Hause gefahren.
Ich bin jetzt in der 34. Woche. Wir machen regelmäßig unsere Übungen (ab und zu muss ich Dirk dazu auffordern; er hat zu viel Stress in der Firma) und lassen alles Übrige auf uns zukommen.

39. Schwangerschaftswoche:
Andrea wird ungeduldig und wünscht sich, dass unser Baby auf die Welt kommt; ich auch.

---

[24] Anmerkung der Autorin: das bedeutet nicht, dass der Arzt es grundsätzlich nicht versucht, sondern dass wir Menschen nicht die Herren über Leben und Tod sind – wie wahr.

Letzten Freitag hatten wir unsere letzte vorgeburtliche Haptonomiesitzung. Wir stehen nun voll hinter dieser Auffassung, es ist spannend, sich so ausführlich damit auseinanderzusetzen, um dem Kind und uns einen guten Start zu ermöglichen. Die Praxis haben wir zwar noch nicht, aber das wird sich in Kürze einstellen. Der Verzicht auf Kinderwagen ist theoretisch nachvollziehbar, aber da warten wir auch erst auf die Praxis. Wie die Tragetechnik funktioniert, wie mit dem Säugling umgegangen wird, haben wir mittlerweile auch gelernt. Andreas Mutter hat uns durch `Zufall´ auf diesen Weg gebracht. Als eifrige Kirchgängerin hat sie heute bewusst auf die Mutter Gottes geachtet, die ihr Kind auf dem Handteller im Steißbereich hält.

Vor einigen Tagen waren der Doc und Mascha für einige Tage in der Schweiz zu einem Vortrag. Wir sind froh, dass unser Kind nicht in dieser Zeit geboren wurde, sonst wären wir ihnen in die Schweiz nachgefahren. So haben wir den Luxus von nur ca. 30 Minuten Fahrzeit bis Willich.

Neben der Haptonomie haben wir uns mit den ersten Büchern zur Erziehung auseinandergesetzt; derzeit beschäftigen wir uns mit Montessori. Bis dato waren wir der Meinung, dass Kinder bestimmte Grenzen brauchen, Erziehung mit logischen Konsequenzen.
Da scheint der Doc anderer Meinung zu sein. Wir sind offen.

Eine wichtige Erfahrung ist auch, dass der größere Teil unseres Umfeldes Erklärungen zur Haptonomie eher skeptisch gegenüber steht, besonders, wenn eigene Kinder da sind. Das hat mehrere Gründe: Zum einen ist es die Angst vor Neuem, zum anderen auch die Ichbezogenheit einiger Menschen, die so etwas als Angriff auffassen."

2.19.6.   Unser Wunder – über eine haptonomisch begleitete Schwangerschaft und Geburt

Denise:

„Im Frühling des vergangenen Jahres wurde ich zum ersten Mal schwanger. Mein Mann und ich wussten das intuitiv einen Tag, nachdem die Regel ausgeblieben war. Wir wussten ebenso sicher, dass es ein Sohn ist, der sich zu uns auf den Weg gemacht hat. Ich war mir sicher, dass dieses Kind bleiben würde und hatte ein wundervolles, warmes Gefühl in meinem Inneren. Ruhe, Gelassenheit und das sichere Wissen, dass alles in Ordnung ist. Das Baby war von uns erbeten und in unsere Familie eingeladen. Was folgte, war `das Übliche´ - Schwangerschaftstest, Termin beim Gynäkologen (der auch nur bestätigte, was wir schon wussten). Abstrich, zu Hause einsetzende Blutung. Angst und seelische Gelähmtheit erfassten mich, bis die Blutung nach ein paar Tagen wieder aufhörte. Da schwor ich mir, dass ich bei der nächsten Schwangerschaft erst viel später einen Frauenarzt aufsuchen würde. Trotzdem trabten mein Mann, ich, unser Baby und die Videokamera brav alle paar Wochen zum Kontrolltermin. Einerseits freuten wir uns darauf, unser Baby wieder sehen zu können, andererseits war auch immer etwas Besorgnis dabei: Ob auch wirklich alles in Ordnung ist? Gott sei dank war immer alles in Ordnung und wir zogen mit einem schönen Video wieder ab. Allerdings mischten sich in unsere Freude über das `Angucken´ Zweifel.

Das Baby drehte sich oft weg, nahm mit seinen kleinen Armen eine Schutzhaltung ein und einmal hat es sogar heftig gegen den Schallkopf getreten. Es war offensichtlich – das Baby hasste den Ultraschall. Und so begannen wir, nachzudenken. Wir waren unzufrieden, aber ohne Alternative. Bei aller Liebe und Freude störte mich manchmal das Baby, wenn

es sich abends so stark bewegte und ich prägte den Satz: `Es fühlt sich an, als würde eine Elefantenherde in meinem Bauch auf- und abrennen´. Heute schäme ich mich dafür, dass ich so gedacht habe. Im ersten Drittel der Schwangerschaft habe ich viele Bücher gelesen. Ich mache das immer so – bei jedem neuen `Projekt´. In einem der Bücher war ein Bericht über eine Haptonomiesitzung und der Erklärung, dass dadurch ein intensiver Kontakt zwischen Mutter, Vater und Kind entstehen kann. Das fand ich ungewöhnlich und deshalb total spannend – ich habe immer wieder einmal daran gedacht, einmal mit Dr. Djalali (Repräsentant für Deutschland) telefoniert, aber nichts Konkretes unternommen.
Denn Dr. Djalali in Düsseldorf erschien mir soooo weit weg. Im Oktober (siebenter Monat) lag Düsseldorf auf der Rückreise von einem Wochenendausflug direkt am Weg und aus lauter Neugier machten wir einen Termin zu einer Haptonomiesitzung. Es war alles etwas nebulös, was Dr. Djalali von mir erwartete. So z. B. `Sei ganz bei deinem Baby´ Wie sollte ich das denn anstellen, beim Baby sein??? Ich gab mir redlich Mühe, meine Gedanken und Gefühle, meine gesamte Präsenz auf das kleine Wesen in meinem Bauch auszurichten.

Die haptonomischen Übungen, die Dr. Djalali mir und meinem Mann zeigte, waren für mich sehr angenehm. Hier erfuhr ich zum ersten Mal, wie gut es sich anfühlt, an seiner Basis gehalten und bestärkt zu werden. Mein schwangerer Bauch wurde weicher und wir konnten das Baby erstaunlich gut durch die Bauchdecke fühlen. Dr. Djalalis Ausführungen zur Haptonomie waren für uns absolut eingängig und passten in unser Weltbild, auch wenn wir zuvor noch nie in dieser Weise über Schwangerschaft und Geburt nachgedacht hatten. Was das Wiegen und `beim Baby sein´ allerdings bringen sollte, war uns nach wie vor schleierhaft.
Was bewog uns nun, in wöchentlichem Abstand immer wieder nach Düsseldorf zu fahren und Zu Hause (fast) jeden Abend die haptonomischen Übungen zu machen? Es war das warme, ehrliche Gefühl von Richtigkeit bei dieser ersten Begegnung. Insgesamt machten wir acht Sitzungen und parallel dazu immer noch unsere kühlen ´Vorsorgeuntersuchungen` in der vorgesehenen Entbindungsklinik. Dies wurde aber zunehmend schwieriger, da wir hin- und her gerissen waren und einige Wochen zwischen den Welten pendelten. Und es stellte sich tatsächlich ein unbeschreiblicher Kontakt zu unserem Baby her, wir drei fühlten uns so wohl miteinander (nie mehr sprach ich von Elefantenherden in meinem Bauch!).
Beim Ultraschall wurde uns immer unbehaglicher zumute und ich strebte Verkürzung dieser Untersuchungen an. Trotzdem haben wir leider immer weiter gemacht damit, sogar bis kurz vor der Geburt, obwohl uns diese Kontrollversuche keine Sicherheit gebracht haben.
Eher im Gegenteil. Oft habe ich mir gewünscht, von Beginn der Schwangerschaft eine so enge Verbindung zum Baby gehabt zu haben. Wir hatten erst spät mit der Haptonomie begonnen. Andererseits wurde mir der Unterschied, mit und ohne haptonomischer Begleitung schwanger zu sein, bewusst und ich weiß es zu schätzen, was die Haptonomie bei uns dreien bewirkt hat.

Oh, die Geburt. Es war schwer für mich, mein monatelang toll vorbereitetes Geburtsgeschehen in Frage zu stellen. Ich fühlte stark, dass der von mir ausgewählte Ort - eine Klinik mit leider nur vordergründig alternativem Angebot - nicht (mehr) richtig für uns war. Ich hatte große Angst, mich neu zu orientieren und eine andere Entscheidung zu treffen; deshalb redete ich mir ein, wir könnten die Haptonomie auch alleine praktizieren und so den anderen zeigen, dass es auch anders geht. In langen Gesprächen mit dem Doktor, der Hebamme und einer anderen Hebamme (welche mir wertvolle Einblicke in die Klinikwelt bot) wuchs in mir jedoch die Gewissheit, dass ich das vergessen kann. Und so weigerte ich mich zeitweise, über die Geburt nachzudenken; eines Tages fragte mich Dr. Djalalis Arzthelferin, ob ich bei Dr. Djalali entbinden wolle. Das war ungefähr fünf Wochen vor dem errechneten Termin. Ich konnte mich nicht entscheiden und schickte ein Stoßgebet in den Himmel um ein eindeutiges Zeichen. Und es kam. Als ich zum zweiten Mal ans CTG angeschlossen wurde, waren drei

Zacken in der Herztonkurve am Anfang und am Ende der obligatorischen 30 Minuten. Ich hatte einen stressigen Morgen hinter mir, nichts getrunken und nichts gegessen und das sichere Gefühl, dass es dem Baby gut geht. Die Dienst habende Hebamme wollte mich nach einer Flasche Wasser noch einmal 30 Minuten ans CTG hängen; das wollte ich nicht, denn es handelt sich um eine Ultraschalltechnik, von der ich fühlte, dass sie für mein Baby unbehaglich war. Als ich mich weigerte, wurden mein Mann und ich unter Druck gesetzt und es wurde uns Angst gemacht. Die Worte der Hebamme möchte ich hier nicht wiederholen, damit sie nicht neue Kraft bekommen. Wir wehrten uns nach Kräften, waren verunsichert und aufgebracht. Aber ich bin dieser Hebamme im Nachhinein dankbar, denn ich glaube, der Himmel hat sie mir geschickt, damit ich endlich erkenne ...

Als wir uns beruhigt hatten, war auch für mich klar: Wir wollen bei Dr. Djalali und der Hebamme Mascha entbinden. Inzwischen wussten wir, dass unser Wunsch, dass das Kind so auf die Welt kommen solle, wie es das für richtig hält, dort erfüllt werden würde. Und die haptonomische Begleitung gab mir zusätzlich Zuversicht, dass ich es ohne alle Hilfsmittel schaffen würde. Meinem Mann war das schon viel, viel früher klar.

Nun gehöre ich zu den besonders schmerzempfindlichen Menschen, ich mag keine Spritzen. Deshalb wollte ich vor und während der Geburt nicht gestochen werden, und mein Baby sollte das auch nicht. In einem normalen Krankenhaus war das nicht zu machen – oder nur nach langen Diskussionen und Unterschriften für Übernahme der Verantwortung. Damit hatten wir uns für die `Düsseldorfer Version´ entschieden. Ich bekam zwischendurch kalte Füße, wenn ich daran dachte, dass ich dort auf keinen Fall gepiekt würde und deshalb auch keinerlei Schmerzverminderung/ausschaltung stattfinden würde. Durch Haptonomie und Gespräche wuchs bei mir das Vertrauen zum Baby enorm; ich war nicht mehr auf externe Instanzen angewiesen, die mich über Wohl und Wehe meines Kindes aufklären wollten. Es tat mir gut, ganz auf diese intuitive Ebene zu gehen, da ich normalerweise sehr ´verkopft` bin.

Ich sprach immer wieder mit dem Baby, dass es die Geburt so gestalten solle, dass wir nach Düsseldorf fahren können – wenn es dort zur Welt kommen möchte. Und so kam der 24. Dezember 2001. Seit zwei Tagen schneite es heftig draußen. Ich saß in der Badewanne und wartete auf meinen Mann; aufgebracht und ungeduldig, weil er länger weg blieb, als zu erwarten gewesen war. Beruhigen konnte ich mich nicht, erreichen konnte ich ihn nicht, denn sein Handy klingelte fröhlich in der Küche. Als er nach zwei Stunden vom Weihnachtsbaumkauf nach Hause kam, war ich in hellem Aufruhr, weinte und war ganz zittrig – ohne einen ersichtlichen Grund. Ich stieg aus der Badewanne, zog mich an und hatte auf einmal ein nasses Gefühl in meinem Slip: Blasensprung! Ohne Wehen. Ich hatte noch nie Wehen gehabt. Wir ließen alles stehen und liegen, stiegen ins seit Wochen voll gepackte Auto und fuhren durch das Schneegestöber nach Düsseldorf. Ich war so froh, als wir im Krankenhaus waren; jetzt fühlte ich mich sicher. Ich war in der Nähe der Menschen, die ich mir als Geburtshelfer gewünscht hatte. Bis zum Abend kamen keine Wehen. Die ganze Nacht nicht. Den nächsten Tag nicht, den nächsten Abend nicht. Muttermund fest geschlossen. Ich hatte innere Gewissheit, dass das Warten in Ordnung war und es meinem Baby gut ging. Dies kam teils durch die Haptonomie, teils durch die liebe- und vertrauensvolle Begleitung durch die Hebamme und den Doktor. Aber die Zeit zog sich...
Manchmal wurde ich ungeduldig, aber mein Mann hat mich immer beruhigt. Das Baby sollte kommen, wann es wollte. In der Nacht bemerkte ich beim Toilettengang Blut in der Vorlage; die Hebamme beruhigte mich, schlaf´ einfach weiter. Periodenartiges Ziehen, Zustand im Dunkeln zwischen Schlafen und Wachen. Ein, zwei Stunden vergehen, bis ich merke, dass das Ziehen kommt und geht und einem Rhythmus zu folgen scheint. Dann die Erkenntnis: Mann, das sind Wehen!!! Ich `wehe´ noch ein wenig allein weiter, Hände

am Bauch, laufe, liege, lasse meinen Mann schlafen, bin ganz beim Baby. Irgendwann am frühen Morgen brauche ich Hilfe, wecke meinen Schatz, wir rufen die Hebamme an und `wehen´ gemeinsam weiter. Ich empfinde die Wehen schon als ziemlich heftig und wir heben das Baby haptonomisch in den Bauch hinein. Das hilft mir eine Weile ganz gut, mit dem Schmerz zurechtzukommen. Doch irgendwann fange ich an, hektischer zu atmen, zu stöhnen, gerate aus dem Rhythmus. Gott sei dank ist Mascha endlich da – ich lege mich aufs Bett, und sie hilft mit – bei jeder Wehe jetzt sechs Hände an meinem Bauch. Wohltat! Es ist unglaublich, wie wichtig mir jede Hand an meinem Bauch während der Wehen war, besonders die meines Mannes. Ich konnte es nicht ertragen, wenn er einmal ganz kurz wegging, z. B. um die Kamera einzurichten. Er war so nah bei mir und bei dem Baby, so selbstverständlich und hilfreich.

Die Haltung, bei der ich je einen Fuß in der Seite meines Mannes und des Doktors hatte und während der Wehen die Knie anzog, habe ich als sehr effektiv empfunden: Ich konnte das Vorwärtskommen des Köpfchens fühlen, das nur mit Wehenkraft und meinen hochgezogenen Knien stattfand. Das hat mir richtig gefallen! Ich merkte, wie es voranging, ohne dass irgendjemand es eilig hatte.

Wir haben eine besondere Beziehung zu unserem Baby, was wir auf die haptonomische Begleitung zurückführen. Obwohl es unser erstes Kind ist, gibt es keine Unsicherheiten, wie man es oft von jungen Eltern hört; wir wissen immer, wie sich Felix fühlt, ob es ihm gut geht oder nicht. Besonders vom Vater ist das außergewöhnlich - denn welcher Papa wacht schon ein paar Minuten vor dem Baby auf, wenn er nachts gebraucht wird? Das war bei Felix erstem Schnupfen so, dass mein Mann fast zeitgleich mit dem ersten Weinen an unserem Bett stand (mein Mann und ich schlafen in getrennten Zimmern), obwohl er sich sonst eines gesegneten Schlafes erfreut. Er hat nach eigener Aussage ein viel besseres Gefühl für mich, meinen Körper und den Körper des Kindes bekommen. Er hat oft Vorahnungen, was das Baby als nächstes `vorhat´, wie es sich verhalten wird, und beschreibt es als `Verstehen ohne Worte.´

Was hat sich bei uns, den Eltern, durch die Haptonomie verändert?

Wir sehen Schwangerschaft und Geburt jetzt mit anderen Augen. Tief in uns muss aber schon diese Sichtweise vorhanden gewesen sein, denn sonst hätten wir uns durch den üblichen Umgang mit der Schwangerschaft durch die normale Medizin nicht so gestört gefühlt und andere Möglichkeiten gesucht.
Die Haptonomie hat unsere Weltsicht – Respekt vor der Natur und tiefes Vertrauen in den Gang der Dinge - auf einen anderen Lebensbereich ausgedehnt. Andererseits haben wir Menschen gesehen, die dieselben Dinge gehört, gesehen und gefühlt haben, aber davon nicht angesprochen und verändert wurden. Unserer Meinung nach müssen im Bewusstsein einige Voraussetzungen vorhanden sein, sonst tut man sich mit dem Verständnis schwer.

Wenn z. B. jemand völlig davon überzeugt ist, dass zehn Ultraschalluntersuchungen in der Schwangerschaft wichtig, wertvoll und notwendig sind, wird er sich wahrscheinlich nicht darauf einlassen können, dem Baby den gesamten Ablauf der Schwangerschaft einschließlich Geburt zu überlassen. Ich hatte völliges Vertrauen, dass mein Baby weiß, was richtig ist. Ich bin meinem Kind heute dankbar, dass es mir eine so schöne Schwangerschaft und Geburt geschenkt hat.

Wenn man das Vertrauen zum Baby aufbringen kann und unabhängig sein will von der maschinellen Pränataldiagnostik, dann schafft die Haptonomie eine Verbindung zwischen Eltern und Kind, die diesen Umgang miteinander ermöglicht. Vielleicht gibt es Menschen, die dies von Natur aus haben. Bei uns war es nicht so, doch wir wollten es versuchen. Das ist das Größte, was die Haptonomie bei uns bewirkt hat!

Was sich als wertvoll erwiesen hat, ist der Umgang mit dem Kind aus haptonomischer Sicht. Das tägliche Halten und Tragen in `Fahrtrichtung´ ließ uns schon nach ein paar Wochen feststellen, dass Felix anders aus seinen Augen schaut als andere Babys, die oft weit weg zu sein scheinen. Außerdem ist er fast immer glücklich und zufrieden und weint nur selten kurz.

Wir wissen, dass wir mit der haptonomischen Schwangerschaftsbegleitung und Geburt, dem `Ins-Leben-Tragen´, dem Stillen nach Bedarf, dem Schlafen im elterlichen Bett und dem sofortigen Reagieren auf seine Äußerungen für Felix eine liebevolle und bestätigende Grundlage schaffen, die ihm für sein ganzes Leben als sichere Basis dient!"

2.19.7. Wir begannen mit der Haptonomie in der 14. Schwangerschaftswoche

Astrid und Stephan mit Maxi:

„Wir begannen mit der Haptonomie in der 14. Schwangerschaftswoche und hatten ca. acht Sitzungen. Wir lernten, unser Baby im Mutterleib mit den Händen ´einzuladen`, bei ihm zu sein und dadurch Schritt für Schritt eine emotionale Beziehung zu ihm aufzubauen.
Während der Haptonomiesitzungen fühlte ich mich als Mutter entspannt, sicher und geborgen. Der Vater war von Anfang an intensiv mit einbezogen. Wichtig war das absolute Vertrauensverhältnis, das wir zu Dr. Djalali aufbauen konnten, und über das wir lernten, auch zu uns selbst und unserem Kind Vertrauen zu fassen. Nach den Sitzungen waren wir immer aufgewühlt und führten lange Gespräche über das, was wir erfahren und erlebt hatten; auf die Geburt hatte das positiven Einfluss.

Die Geburt war ein Erlebnis, das unbeschreiblich schön war, nahezu schmerzfrei und ungestört von technischen Apparaten bzw. fremden Personen. Wir mussten `einfach nur beim Baby bleiben´, d.h. in intensivem emotionalen Kontakt, so wie wir es gelernt hatten. Das Verhältnis zu unserem Kind war von Anfang an eng. Das Kind gibt auch uns Eltern viel. Der Aufbau einer solchen Beziehung wäre ohne die haptonomische Schwangerschafts-, Geburts- und Eltern-Kind-Begleitung sicher nicht möglich gewesen.

Leider besteht eine geringe Offenheit für diesen anderen Weg der Geburtsvorbereitung. Bleibt zu hoffen, dass über dieses Buch mehr Menschen den Zugang zu dem in Worten schwer zu vermittelnden Thema Haptonomie finden werden."

2.19.8. Haptonomie im Appenzeller Hinterland

Claudia Joller:

"Wenn man, so wie wir, im Appenzeller Hinterland wohnt, ist es gar nicht so einfach, jemanden für eine haptonomische Begleitung zu finden. So hatten wir auch nur zwei Sitzungen bei zwei verschiedenen Hebammen, eine in der 16. Schwangerschaftswoche und eine etwa einen Monat vor der Geburt.

Schon bevor ich schwanger wurde, hatten wir Kontakt zu Menschen, die haptonomisch begleitet haben und ganz begeistert davon waren. Was Haptonomie genau ist, wusste ich allerdings nicht.

So fuhren wir also in der zwölften Schwangerschaftswoche viele Stunden Richtung Westen und trafen dort eine Hebamme, die uns zeigte, wie wir mit unserem ʹBubuʹ spielen konnten. (Schon vorher haben wir jeden Morgen und jeden Abend mit ihm gesungen.) So lag ich also gemütlich auf dem Sofa und die Hebamme bewunderte erst einmal meinen schönen, kleinen Bauch. Dann schaukelte sie ihn und lud das Kind ein. Unglaublich: Ich spürte, wie das Kind sich in ihre Hand schmiegte. Das gleiche machte sie nachher mit den Händen meines Mannes. Es war einfach toll! ʹBubuʹ reagierte und schwamm von einer Hand in die andere. Endlich konnte auch mein Mann unser Kind spüren. Begeistert fuhren wir nach Hause und spielten von nun an jeden Abend miteinander. In dieser Zeit wurden wir wirklich eine Familie. Am Anfang der Schwangerschaft war ich so erfüllt, genügte mir selbst mit dem Kind, so dass ich meinen Mann (unbewusst) etwas ausschloss. Nun gehörte er auch körperlich, ʹgreifbarʹ dazu. Für mich war es wunderschön, wenn er mit seiner ganzen Aufmerksamkeit und Liebe bei unserem Kind war. Ich badete richtig darin, Liebe fürs Kind, für mich, für uns... In dieser Zeit ist bei mir viel Heilung passiert. Wie wahrscheinlich fast alle Menschen meiner Generation und meines Kulturkreises hatte ich selber eine ʹnormaleʹ Schwangerschaft, eine ʹnormaleʹ Geburt und eine ʹnormaleʹ Babyzeit erlebt. Das heißt: Wenig Nähe, Medikamente, Trennung von der Mutter, einsame Ewigkeiten im Gitterbett, schreien, aufgeben... Jetzt eine so bewusste, liebevoll getragene Schwangerschaft erleben zu dürfen, war einfach toll. Natürlich gab es auch schwierige Zeiten (ʹBubuʹ reagierte nicht, mir tat der Rücken weh...), doch jetzt, ein Jahr nach der Geburt, ist das völlig verblasst.

Ein- oder zweimal hatten Werner und ich auch Streit. Das Schöne dabei war, dass wir uns bis zum Schlafen gehen wieder so weit versöhnt haben ʹmusstenʹ, dass wir mit ʹBubuʹ spielen konnten. Das ist uns auch gelungen.

Für unsere zweite haptonomische Sitzung fuhren wir nach Deutschland. Die Hebamme zeigte uns, wie wir mit einem so großen ʹBubuʹ spielen konnten und gab einige Tipps für die Geburt. Vor allem hat sie uns versichert, dass wir alles ganz toll machen und alles in Ordnung ist. Wir waren glücklich.

Zur Geburt fuhren wir ins Geburtshaus, indem es damals noch keine haptonomisch ausgebildete Hebamme gab. Ich fühlte mich blendend, zuversichtlich. Etwas erstaunt war ich, dass Wehen so weh machen. Während Amerika von einem furchtbaren Attentat überrascht wurde und die Welt draußen in Flammen stand, lag ich bei Kerzenlicht in der Badewanne. Alles war gut, bis nach etwa neun Stunden die Hebamme sagte, der Muttermund sei geschwollen, das Kind drücke zu sehr darauf, vielleicht müsse ich doch in die Klinik. Ich war fassungslos, konnte es nicht glauben. Ein einziger Gedanke: Tut mit mir, was ihr wollt, doch ich gehe nicht in die Klinik. Zu groß erschien mir das Risiko, betäubt und kreuzweise aufgeschnitten zu werden. Ich wollte eine natürliche Geburt für mein Kind. Und doch: Die Angst hatte sich erbarmungslos bei mir eingenistet. Ich verlor den Kontakt zum Kind, zu mir, wollte einfach alles tun, was die Hebamme sagte, nur nicht weg. Nach zwanzig Stunden kam Miriam im Geburtshaus zur Welt, mit 'Hilfe' von künstlichem Blasensprung, Wehentropf und Dammschnitt. Mit dem Dammschnitt hatte ich nie Probleme. Das war meine Verletzung, und sie heilte ganz toll und schnell. Doch was der künstliche Blasensprung, der Wehentropf und meine Angst, mein Stress für das Kind bedeutet hatten, machte mir arg zu schaffen. Gerade am Anfang habe ich diese Geburt immer beschönigt. Ich hätte es nicht ausgehalten, mir einzugestehen, dass etwas für dieses wunderschöne Wesen, das ich so liebte, wie ich nie zuvor geliebt habe, hätte traumatisch sein können. Dann hatte ich eine Phase, in der ich nur noch das Schlechte sah und mich schuldig fühlte. Heute, genau ein Jahr später, weiß ich, dass ich mein Bestes gegeben habe und bin auch etwas stolz darauf. Ich weiß aber auch, dass meine Intuition, dass während der Geburt alles in Ordnung war, richtig war. Mit Ermutigung und Vertrauen und vielleicht noch zehn Stunden mehr, wäre Miriam ganz ohne 'Hilfe' auf die Welt gekommen. Ich will den Hebammen überhaupt keinen Vorwurf machen. Das ist unser System. Sie können sich keine 'Komplikationen' leisten und haben ihr Bestes gegeben. Und in der Klinik wäre ich mit größter Wahrscheinlichkeit wirklich unters Messer gekommen - Appenzeller Hinterland hin oder her!"

2.19.9. Haptonomische Begleitung bei Beckenendlage

Anke M.:

„Haptonomie? Davon hatte ich noch nie etwas gehört, bevor ich in der 19. Schwangerschaftswoche zu Frau Platen, meiner Hebamme, kam. Dementsprechend war Haptonomie nicht ausschlaggebend für die Wahl der Hebamme. Nachdem meine Mutter gestorben war, wollte ich gerne eine ältere 'mütterliche' Hebamme haben; Frau Platens Hinweis am Telefon, sie sei schon älter, freute mich geradezu.
Frau Platen erklärte mir, was Haptonomie ist; ich war davon angetan, da ich darin den Umgang mit dem Kind, wie ich ihn mir wünschte und für richtig halte, sah. Mein Mann und ich haben es als positiv empfunden, dass wir beide in die Geburtsvorbereitung einbezogen wurden und die Schwangerschaft zu dritt erfahren konnten. Den Schilderungen der Geburtsvorbereitung und Geburt vieler Paare haben wir entnommen, dass der Mann meistens außen vor blieb und, wenn überhaupt, nur eine Handlangerrolle innehatte.

Unsere intensive emotionale Bindung zu unserer Tochter führen wir auf den engen Kontakt während der Schwangerschaft zurück. Bei vielen nicht haptonomisch betreuten Paaren wundere ich mich noch jetzt über den Umgang mit ihrem Kind.

Frau Platen hat zu dem Zeitpunkt meiner Schwangerschaft mit Dr. Mehdi Djalali zusammengearbeitet; als Belegarzt und Beleghebamme betreuten sie Geburten in einem kleinen Krankenhaus in der Nähe von Düsseldorf. Ihre Vorstellungen von einer sanften Geburt wollte ich für meine Familie und mich. Trotzdem war es kein schnell gefasster Entschluss, zumal sich in Gesprächen mit Müttern zeigte, dass es für die meisten unvorstellbar war, eine Geburt ohne PDA und sonstige Medizin durchzuhalten; trotzdem war ich mir irgendwann sicher.

In der 33. Woche wurde festgestellt, dass unsere Tochter sich in so genannter Beckenendlage befand... oje. Indische Brücke und sonstige Verrenkungen halfen nicht, unser Kind in die `richtige´ Lage zu bewegen. Wir sind zu der Überzeugung gekommen, dass unser Kind schon weiß, warum es aus dieser Lage auf die Welt kommen will, und haben sämtliche Wendeversuche eingestellt.

Die Reaktionen auf die Beckenendlage waren in unserem Verwandten- und Freundeskreis meist ängstlich-besorgter Natur. Ein Kaiserschnitt wurde nicht in Zweifel gestellt, man bedauerte mich nur ein bisschen, weil man ja meinen Wunsch nach sanfter, natürlicher Entbindung kannte.

Und wir? Kaiserschnitt erschien mir als das absolute Grauen. Ich wollte bei der Geburt dabei sein, ich wollte unser Kind zur Welt bringen, ich wollte es nicht einfach holen lassen. Mein Mann und ich haben viel miteinander geredet und beratschlagt. Verunsichert durch die Reaktionen unseres Umfeldes haben wir die Entscheidung als schwierig erfahren, dass wir unser Kind auch in Beckenendlage spontan entbinden wollen. In dieser Phase der großen

Verunsicherung waren es vor allem Dr. Djalali und Frau Platen, die uns in Gesprächen Sicherheit und Hilfe gegeben haben - so viel Sicherheit, dass ich bei der Geburt vergaß, dass es ja eine schwierige Geburt sein sollte.

Nachdem wir unsere Entscheidung getroffen hatten, haben wir niemandem mehr mitgeteilt, dass sich unser Kind in vermeintlich `schwieriger´ bzw. `falscher´ Lage befindet. Durch die Haptonomie hatte ich Kontakt zu unserer Tochter und stets das sichere Gefühl, ihr geht es gut.
Vierzehn Tage vor dem errechneten Geburtstermin wurde ich in der Nacht durch Übelkeit und leichte Bauchkrämpfe wach. Zunächst dachte ich, dass ich mir den Magen verdorben hätte; als die Krämpfe regelmäßig kamen, war mir klar, dass es heute losgehen würde. Gegen Morgen weckte ich meinen Mann; er wollte sofort Frau Platen informieren, aber ich hatte noch nicht das Gefühl, dass es dringend war - wir konnten noch in aller Ruhe gemütlich im Bett frühstücken. Ich empfand die Situation als besonders und habe es genossen.

Anschließend telefonierten wir mit Frau Platen, die uns zur Untersuchung ins Krankenhaus bestellte; diese ergab, dass es wohl noch etwas dauern würde. Kaum zu Hause angekommen, platzte meine Fruchtblase: das Wasser ergoss sich in den Hausflur, und schlagartig spürte ich, was Wehen sind. Sie folgten ab jetzt schnell aufeinander und für mein Empfinden recht heftig. Viele Telefonate zwischen meinem Mann, Frau Platen im Auto (auf dem Weg nach Bonn zu ihrer Familie) und Dr. Djalali in seiner Praxis folgten. Wir verabredeten, in die Klinik zu fahren; dort würde uns Mascha Klemme, eine weitere Hebamme, die mit Dr. Djalali zusammen arbeitet, erwarten.

Um zwölf Uhr war ich im Kreißsaal. Bald kam auch Frau Platen, die ihren Ausflug abgesagt hatte. Ich fragte meine Hebammen - später kam noch eine dritte hinzu, die noch nie bei einer natürlichen Entbindung einer Steißlage dabei war –, wie lange es denn noch dauern würde. Um 15.44 Uhr war Ida da. Es war wunderschön.

Mir ist keine Sekunde der Gedanke an ein Medikament gekommen, geschweige denn, dass es eine komplizierte, schwierige Geburt sein könnte. Natürlich habe ich Schmerzen gehabt, aber ich habe sie in keiner Weise derart traumatisch empfunden, wie manchmal prophezeit wurde. Trotz Beckenendlage war ein Dammschnitt nicht nötig, der Damm war nicht einmal eingerissen.

Meiner Meinung nach war die Geburt auch wegen meiner entspannten Haltung so unkompliziert und schön. Diese Haltung wurde wiederum - dessen bin ich mir sicher - durch die Haptonomie und die Tatsache, von vertrauten Personen umgeben zu sein, begünstigt.

Wenn man mich fragt, was Haptonomie eigentlich ist, dann finde ich es jedes Mal aufs Neue schwierig, sie zu beschreiben. Ich glaube, es war Dr. Djalali, der mal geschrieben hat, dass Haptonomie wie die Liebe ist: man kann sie nicht beschreiben, man muss sie erfahren ...

Dennoch haben meine Schilderungen von der Schwangerschaft und der Geburt bereits zwei Bekannte dazu `verführt´, ihre Schwangerschaft haptonomisch begleiten zu lassen.

Unsere Tochter ist ein ausgesprochen fröhliches, zufriedenes und ausgeglichenes Kind. Auch wenn man es nicht beweisen kann, sind wir uns sicher, dass die Haptonomie diese Eigenschaften unterstützt hat. Haptonomischer Umgang mit dem Kind bleibt bei uns allerdings nicht auf die vorgeburtliche Zeit beschränkt, sondern ist unserer Ansicht nach auch eine Haltung dem Menschen gegenüber. Ich bin froh, auf Frau Platen und Dr. Djalali, vor allem aber auf die Haptonomie gestoßen zu sein. Es hat unser Leben verändert und unsere Tochter geprägt. Unser zweites Kind ist unterwegs und wir freuen uns darauf. Die ersten haptonomischen Sitzungen stehen bald an ..."

2.19.10. Wie die Haptonomie und unser Sohn unser Leben bereichert haben

Silke Spetsmann:

„Zur Haptonomie kamen mein Mann Hartwig und ich über `unsere´ Hebamme Mascha Klemme. Von dem Zeitpunkt an, als wir von der Schwangerschaft wussten, war uns klar gewesen, dass wir unser Baby so geborgen wie möglich willkommen heißen wollten.
Aus diesem Grund interessierten wir uns für eine Geburt bei uns zu Hause oder in einem Geburtshaus. Eine übliche Klinikentbindung kam für uns keinesfalls in Frage. Ebenso wenig

war der Besuch einer der üblichen Geburtsvorbereitungskurse für uns diskutabel. Was auch immer wir schon darüber gehört hatten, war nicht überzeugend. Es war meinem Mann und mir auch wichtig, mit unserem Baby schnell wieder nach Hause zu gehen. Nur unser Zu Hause war der geeignete Ort, die ersten Momente mit unserem Kind zu genießen.

Deshalb machten wir uns auf die Suche nach einer erfahrenen Hebamme, die uns sowohl bei der Geburt als auch nach der Entbindung zu Hause betreuen sollte. Wir erwarteten auch, dass `unsere´ Hebamme dies intensiver und kenntnisreicher tun würde, als uns nur das Wickeln und Baden zu zeigen. Der Aufbau einer persönlichen Beziehung zu `unserer´ Hebamme vor der Geburt erschien uns wichtig.

Über unsere Krankenkasse erhielten wir eine Übersicht über Hebammen in der Nähe. Zusätzlich fragten wir auch beim Bund deutscher Hebammen nach und schilderten unsere speziellen Wünsche. In beiden Fällen kam sofort der Name Mascha Klemme zur Sprache. Wir vereinbarten einen Termin in der folgenden Woche. Ich sah Frau Klemme und wusste sofort: `Das ist sie!´ Hartwig versicherte mir später, dass er ebenso gedacht hatte. Wir unterhielten uns nett und stellten fest, dass Frau Klemme nur zwei Straßen von uns entfernt wohnt. Zum Schluss des Gesprächs bat ich sie, uns doch zu zeigen, wie unser Baby im Bauch lag. Mein Mann und ich konnten uns nicht einigen, wo das Köpfchen und wo denn der kleine Popo zu fühlen waren. Sie war erstaunt über meine Bitte, forderte mich aber auf, mich auf das Sofa zu legen und zeigte uns einfühlsam, wie wir die genau Lage unseres Babys fühlen konnten. Mein Mann und ich waren berührt von diesem Erlebnis, denn seit wir von der Schwangerschaft wussten, hatten wir immerzu instinktiv meinen Bauch gestreichelt und mit unserem Baby `gesprochen´, um ihm so nah wie möglich zu sein.

Frau Klemme merkte dies und fragte uns, ob wir schon einmal von Haptonomie und Dr. Djalali aus Düsseldorf gehört hätten. Wir waren sofort interessiert und vereinbarten einen Termin für unsere erste Haptonomiesitzung bei Dr. Djalali. Am Nachmittag musste ich geschäftlich nach München. Ich erinnere mich noch gut, wie glücklich ich im Flugzeug saß – mit meinen Händen in der Art auf meinem Bäuchlein, wie Frau Klemme es uns gezeigt hatte und stille Gespräche mit unserem Baby führend!

Vor unserer Schwangerschaft war ich lange Jahre Patientin bei einer anderen Frauenärztin gewesen, mit der ich auch bis dahin zufrieden gewesen war. Doch seit unserer Schwangerschaft hatte sich mein Verhältnis zu ihr sehr geändert. Mich störte, dass Frau Doktor so geschäftsmäßig, ja so völlig ohne Gefühl mit unserer Schwangerschaft umging und sich außer für irgendwelche Werte und Normen wie Größe und Gewicht für nichts interessierte. Wir erwarteten unser erstes Kind, waren so glücklich, und sie sprach nur von Zahlen und Messdaten! Noch nicht einmal gratuliert hatte sie uns! Ein einziges Mal hatte ich einer CTG-Aufzeichnung zugestimmt, um dies nie wieder zu tun. Es war ein fürchterliches Erlebnis für mich! Es sei hinzugefügt, dass mein Mann die beiden Male, die ich im schwangeren Zustand bei der Ärztin war, dabei war. Ohne dass Hartwig einen Vergleich hatte (es waren seine ersten Besuche in einer Frauenarztpraxis), empfand er die Atmosphäre dort eher unangenehm. Es war offensichtlich, dass Männer bzw. werdende Väter irgendwie störten oder zumindest in die Behandlung nicht selbstverständlich miteinbezogen wurden.

Nachdem Frau Doktor einen kurzen Blick auf die CTG-Aufzeichnung geworfen hatte, teilte sie mir in sachlichem Ton mit, dass ich Vorwehen hätte und mich unbedingt schonen müsse, denn `schließlich wollen Sie doch kein Frühchen, oder?´ (ich war zu diesem Zeitpunkt in der 30. SSW). Sie murmelte noch irgendetwas von Beckenendlage und Drehen des Kindes (`das können wir aber auch noch später machen´), hielt aber irgendwelche aufmunternden oder gar erklärenden Worte für unnötig. Schließlich schrieb sie mich bis zum Beginn meines Urlaubs und des Mutterschutzes krank. Hartwig und ich fühlten uns etwas ratlos und überfahren. Ich entschied spontan, dass wir den Frauenarzt wechseln würden.

Den gelben Schein habe ich weggeworfener. Es sei nur nebenbei bemerkt, dass ich mich trotz intensiver Reisetätigkeit (USA, Russland, Europa) und viel Aufregung und Hektik im Beruf während der gesamten Schwangerschaft großartig gefühlt hatte, ja es war mir so gut wie immer gegangen, so dass ich lange von der Schwangerschaft gar nichts gemerkt hatte.

Wie anders war dagegen unsere erste Zusammenkunft mit Dr. Djalali! Die Atmosphäre und der nette Empfang bei Dr. Djalalis Sprechstundenhilfe waren wohltuend anders; viel persönlicher und entspannter! Dr. Djalali sprach über eine Stunde lang nur von Gefühlen, Zuneigung, Liebe, Bestärken der Eltern-Kind-Beziehung und führte uns einfühlsam in die Haptonomie ein. Ich erinnere mich noch genau, wieviel intensiver ich unser Kind in mir fühlen konnte dank der Übungen, die Dr. Djalali uns zeigte.

Hartwig und ich wussten sofort `Das ist es! Nur eine haptonomisch begleitete Geburt ist die richtige für uns und unser Kind!´. Wir waren begeistert! Die Entscheidung, bei Dr. Djalali zu bleiben fiel noch auf dem Rückweg nach Hause.
Hartwig versicherte mir auch, dass er dieses `Sich-fehl-am-Platz-fühlen´, das er in der Praxis von Frau Doktor gespürt hatte, bei Dr. Djalali nicht empfunden hatte.
Im Gegenteil, er hatte sich als werdender Vater verstanden und integriert gefühlt.
Auch unsere zweite Haptonomiesitzung war sehr schön, sollte aber leider unsere letzte sein. Im Anschluss an diese zweite Sitzung mit Dr. Djalali fand ein Elternabend in seiner Praxis statt, bei dem werdende und bereits gewordene Eltern sich austauschen und einem interessanten Vortrag von Dr. Djalali folgen konnten. Sämtliche Elternberichte über haptonomisch begleitete Geburten, die wir an diesem Abend hörten, gefielen uns und bestärkten uns in unserer Entscheidung. Unsere nächste Haptonomiestunde war für den 19. Juni festgelegt. Dann würden wir Dr. Djalali auch mitteilen, dass wir gerne bei ihm und Frau Klemme entbinden wollten.

Am Freitag davor feierte ich im Büro meinen letzten Arbeitstag in der Firma. Mein Mann und ich schmiedeten Pläne für die verbleibenden Wochen bis zur Geburt unseres Kindes. Sieben herrliche Wochen lagen noch vor uns! Am Sonntag fühlte sich mein Bauch zwar so sonderbar prall an, als wenn ich mehr Fruchtwasser hätte als sonst, aber ich maß dem keine Bedeutung bei. Auch dass ich Sonntagabend einen regelrechten Nestbautrieb entwickelte und noch unbedingt eine große Pflanze umtopfen musste, machte uns nicht skeptisch. Sonntagabend beendete ich die Lektüre des Buches `GeburtsTage´ und ging zu Bett.

Am Montag, den 19. Juni, um 2.00 Uhr platzte die Fruchtblase! Hartwig und ich waren sprachlos. Sollte sich unser Baby denn schon auf den Weg gemacht haben? Wir hatten aber noch sieben Wochen Zeit! Was tun? Gegen 2.30 Uhr riefen wir Frau Klemme an.
Leider hatten wir mit ihr noch nicht über unsere Einstellung zur Haptonomie, zur Geburt und zum Elternsein gesprochen (dies wollten wir ja erst in ein paar Wochen tun) und so war sie sich nicht sicher, ob wir bei Dr. Djalali entbinden wollten. Sie schlug deshalb vor, wir könnten ja in einem Krankenhaus in Düsseldorf anrufen und uns anmelden. Ich verstand gar nichts mehr! Was sollten wir denn in einem anderen Krankenhaus?? Wir wollten doch bei Dr. Djalali und bei ihr bleiben.
Inzwischen hatten die Wehen eingesetzt, die von Anfang an in Abständen von fünf Minuten mit schnell zunehmender Heftigkeit kamen. Keine Frage, unser Baby wollte zur Welt kommen! So war ich etwas abgelenkt, sah aber noch, wie Hartwig, der sich nun mit Frau Klemme unterhielt, den Namen `Frau Platen´ und eine Telefonnummer notierte. Er fragte

mich, ob ich erst in dem anderen Krankenhaus oder bei Frau Platen anrufen wollte. Frau Platen kannte ich aus dem Buch `GeburtsTage´ und war mir deshalb sicher, dass wir nur bei ihr anrufen sollten. Frau Platen war überrascht, meinte aber, dass wir sicher noch etwas Zeit hätten und morgens noch mal bei ihr anrufen sollten. Für sie war es offenbar völlig normal, sich nachts mit unbekannten werdenden Eltern am Telefon über die bevorstehende Geburt zu unterhalten!

Ich weigerte mich, in dem anderen Krankenhaus auch nur anzurufen und legte mich kurz entschlossen in die trockene Betthälfte meines Mannes, der kurz darauf nachkam. Seit 2.00 Uhr hatten wir ununterbrochen meinen Bauch gestrichelt. Noch heute erinnern wir uns gerne an die vier schönen Stunden bis zum nächsten Telefonat mit Frau Platen. Der Morgen begann mit einem wunderschönen Sonnenaufgang, die Vögel fingen an zu zwitschern, und wir waren glücklich! Unser Baby hatte sich einen wirklich schönen Tag für seine Geburt ausgesucht! Dass wir erst in der 33. SSW waren sowie das Baby in Beckenendlage lag und die Geburt deshalb zumindest aus gängiger schulmedizinischer Sicht als höchst gefährlich einzustufen war, war uns weder wichtig noch bewusst. Hartwig und ich verspürten nur wunderbare Ruhe und Frieden, an welche wir in den kommenden schlimmen Monaten noch oft zurückdenken sollten.

Gegen 5.30 Uhr hielt ich es im Bett nicht mehr aus. Leider war nach den Telefonaten mit Frau Klemme und Frau Platen klar geworden, dass aus unserer Idee mit der Hausgeburt nichts werden würde. Hartwig und ich begannen also, eine Tasche zu packen, uns zu duschen und anzuziehen. Gegen 6.30 Uhr riefen wir wieder bei Frau Platen an, die nur ganz ruhig vorschlug, wir könnten uns ja gegen 7.00 Uhr in Willich im Krankenhaus treffen.

Die Wehen kamen nun alle vier Minuten und waren heftiger geworden. Ich hatte jegliches Zeitgefühl verloren und dachte nur noch an unser Baby und was es denn jetzt gerade so in mir tat. Obwohl wir nur einen Ort weiter wohnen als Willich und uns dort auch auskennen, verfuhren wir uns und konnten das Krankenhaus nicht gleich finden. Nach 15 Minuten Fahrt kamen wir in Willich am Krankenhaus an. Auf dem Weg vom Auto zum Kreißsaal musste ich mich mindestens fünf Mal hinhocken, wenn die Wehen kamen.

Im Kreißsaal sah Frau Platen uns nur kurz prüfend an, fühlte einmal meinen Bauch und fragte uns, ob wir wüssten, dass unser Baby eine Steißlage sei. Was um Himmels willen war eine Steißlage? Sie erklärte uns dies, meinte aber es sei nicht schlimm und bestätigte uns, dass die Geburt nicht mehr lange dauern konnte. Auf unseren Hinweis, dass wir erst Anfang der 33. Woche seien, meinte sie, das könnte sie sehen. Dann kam eine weitere Wehe, ich hockte mich hin und fühlte plötzlich, wie Frau Platen mit ihrer Hand auf meinen unteren Rückenbereich drückte und mir die Wehe dadurch erleichterte. Danach ging sie hinaus, um mit Dr. Djalali zu telefonieren. Es war inzwischen 7.30 Uhr.

Sie kam lange nicht wieder und fragte uns dann, ob denn Dr. Djalali wüsste, wer wir seien und dass wir hier wären. Wir verneinten, teilten ihr aber mit, dass wir eigentlich für den Abend desselben Tages unsere dritte Haptonomiesitzung vereinbart hätten, während derer wir Dr. Djalali unseren Wunsch, bei ihm zu entbinden, mitteilen wollten. Inzwischen kamen die Wehen alle zwei Minuten. Unser Baby hatte es nun wirklich eilig und wollte hinaus. Wir fragten Frau Platen, was wir haptonomisch denn noch tun könnten. Frau Platen zeigte uns, wie wir die Wehen haptonomisch `wegrollen´ konnten. Ich freute mich, wenigstens noch irgendwas haptonomisch bei der Geburt tun zu können. Es ging auf einmal alles so schnell. Die ganze Zeit über hatten Hartwig und ich unsere Hände auf meinem Bauch. Ich war in Gedanken nur bei unserem Kind und versuchte mir vorzustellen, was es wohl empfand auf dem Weg nach draußen.

Frau Platen ging erneut hinaus, um zu telefonieren. Ich konnte inzwischen nicht mehr gehen und suchte nach einem Platz, um mich hinzusetzen. In dem Moment kam Frau Platen zurück, sah mich kurz an und bat mich dann, auf dem Entbindungsstuhl Platz zu nehmen. Hartwig stellte sich links neben mich, Frau Platen an die andere Seite. Die Wehen kamen nun ununterbrochen. Es ist schwer das Gefühl zu beschreiben, das die Wehen in mir auslösten. Ich kam mit den Wehen wirklich gut zurecht, obwohl sie heftig, aber nicht wirklich schmerzhaft waren. Sie fühlten sich eher an wie eine große Woge von Kraft, die über mich hinwegfegte und sich in meinem Unterleib konzentrierten. Mein Körper gehörte während der Wehen irgendwie nicht mir, sondern wurde auf eine wundersame Weise fremd gesteuert.
Dies war aber ganz und gar nicht unangenehm, sondern gab mir ein unwahrscheinliches Gefühl von Stärke. Die Wehen verursachten in mir auch eine völlig andere Wahrnehmung der Umwelt – alles war irgendwie weiter weg und sonderbar entrückt. Andererseits nahm mir ihre Wucht den Atem, und da ich doch inzwischen aufgeregt war, fing ich an, so schnell zu atmen, dass ich eigentlich nicht mehr richtig Luft holte. Ich schloss die Augen, um mich ganz auf die Wehen zu konzentrieren, doch irgendwie wurde das Luftholen dadurch nicht einfacher. Frau Platen sprach ruhig auf mich ein.

Inzwischen schauten schon die beiden kleinen blau-gefärbten Füßchen heraus. Da ging die Tür auf und Dr. Djalali war da. Er forderte mich sofort auf, die Augen zu öffnen und ganz beim Kind zu sein. Er legte seine Hand zu Hartwigs und meiner Hand auf den Bauch und sprach beruhigend auf mich ein. Dr. Djalali nahm eine meiner Hände von meinem Bauch und führte sie zwischen meine Beine. Wie klein und zart diese Füßchen sich anfühlten!!! Auf einmal sah ich, dass auch Frau Klemme gekommen war.

Unser Baby musste sich, da es ja in der Hocke raus kam, irgendwie um das Schambein herumzwängen. Dies tat weh und ich sagte laut `Das tut weh! Was machst du da, mein Kind?´ Daraufhin meinte Dr. Djalali, dass ich das nicht fragen sollte, da unser Kind schon wüsste, was es täte. Ich sagte dann zu unserem Kind `Du machst das ganz prima´. Dr. Djalali erwiderte: `Das ist die richtige Einstellung!´ Kurz darauf fragte er mich, ob er einen Dammschnitt machen und mir dafür eine örtliche Betäubung setzen dürfe. Ich fragte noch `Wieso?´, doch dann kam schon die erste Presswehe, Dr. Djalali setzte schnell eine Spritze, machte einen Schnitt, Beinchen und Rumpf wurden sichtbar, noch eine Presswehe und schon glitt unser Sohn aus mir heraus! Es war 9.10 Uhr. Jannick hatte die Nabelschnur zweieinhalb Mal um seinen kleinen Hals geschlungen...

Dr. Djalali und Frau Platen legten Jannick sofort auf meinen Bauch und deckten uns mit einem Handtuch zu. Jannick kuschelte sich an mich, blieb ganz ruhig liegen und ließ sich von Hartwig und mir streicheln. Dieses Gefühl, zum ersten Mal diesen kleinen, warmen, weichen Körper zu fühlen ist unbeschreiblich!! Hartwig und ich schauten uns an und waren die glücklichsten Menschen auf der Welt. Unser Sohn war so klein und winzig und doch so perfekt! Ich wunderte mich zwar, warum Jannick so gar kein Interesse an meiner Brust zeigte, doch ich maß dem in diesem Moment keine Bedeutung zu. Zu kostbar waren die Empfindungen dieser ersten Minuten, als dass ich so weit hätte denken können. Ich fragte Frau Platen, wieso denn die Füßchen und der kleine Popo so blau waren und sie erklärte mir, dies läge daran, dass Jannick gehockt auf die Welt gekommen war und Füßchen und Popo den Weg für den Rest des Körpers hätten bahnen müssen. Diese Arbeit würde normalerweise durch den härteren Kopf erledigt. Die bläuliche Verfärbung würde aber nach ein paar Tagen verschwunden sein.

Auch wenn wir nicht auf die Geburt vorbereitet waren und schon gar nicht ausreichende

Kenntnisse über die haptonomische Begleitung einer Geburt hatten sammeln können (die zwei Sitzungen mit Dr. Djalali hatten uns ja gerade mal in die Thematik eingeführt!), so verlief die Geburt doch harmonisch und ruhig. Ich leide zwar heute noch, wenn ich an den Dammschnitt denke, doch konnte mir Dr. Djalali während der vielen Gespräche, die wir nach der Geburt mit ihm geführt haben, versichern, dass er hart mit sich ins Gericht gegangen war, um die Entscheidung so zu fällen. Die ausschlaggebenden Gründe waren die enorme Frühgeburtlichkeit unseres Kindes und die gleichzeitig aufgetretene Beckenendlage. Er hatte den kleinen Kopf so gut wie möglich schonen wollen und sich dann entschlossen, den Dammschnitt durchzuführen.

Als kein Pulsieren in der Nabelschnur mehr fühlbar war, reichte Dr. Djalali Hartwig eine Schere. Der machte einen Schnitt und damit waren Jannick und ich `entbunden´. Ich fühlte mich fit und wollte schon vom Bett steigen, als ich merkte, dass Dr. Djalali, Frau Platen und Frau Klemme irgendwie angespannt wirkten und so aussahen, als warteten sie auf etwas Wichtiges. Dr. Djalali versuchte erst sanft, dann immer stärker, an der Nabelschnur zu ziehen, um die Plazenta zu lösen. Dies war enorm schmerzhaft. Die Plazenta ließ aber auf sich warten.

Die einzig wirklichen Schmerzen während der Geburt waren durch die Spritze und den Dammschnitt sowie durch das Ziehen an der Nabelschnur zwecks Rausziehen der Plazenta entstanden. Zunächst mal gab es diese Komplikation mit der Plazenta, die sich einfach nicht lösen wollte (Plazenta Increta) und es erforderlich machte, dass Frau Klemme, Dr. Djalali mit mir (ich hatte mich nach 20 Minuten noch lange nicht an unserem kleinen Sohn satt gesehen) in den OP fuhr, um sie operativ zu entfernen. Wie Frau Klemme mir hinterher erzählte, war es auch während der über einstündigen Operation enorm schwierig gewesen, die Plazenta herauszubekommen. Es konnten nur nach und nach kleine Stückchen entfernt werden.
Dr. Djalali erzählte mir später, dass er sich sogar schon mit dem Gedanken getragen hatte, eine Totaloperation vorzunehmen, weil heftige Blutungen eingetreten waren, die sich nur schwer stillen ließen und aufgrund derer die Operation abgebrochen werden musste. Nur der enormen Professionalität und Berufserfahrung von Dr. Djalali habe ich es zu verdanken, dass keine Totaloperation gemacht werden musste. Wir verdanken ihm wirklich viel.

Als ich aus der Narkose erwachte, hatte ich Jannick schon wieder im Arm und sah Hartwig, Frau Klemme und Frau Platen um mein Bett stehen. Frau Platen und Frau Klemme versuchten immer wieder, Jannick zum Saugen an der Brust zu bewegen, doch er zeigte überhaupt kein Interesse. Jannick war so leicht und warm auf meinem Körper! Es war so wunderbar, ihn auf mir zu fühlen und überall streicheln zu können. Ich fühlte mich zwar noch benommen, doch kam mir auf einmal so ein komisches Gefühl, dass etwas mit unserem Kleinen nicht stimmte. Irgendwann sah ich, dass er im Gesichtchen blau angelaufen war und bat die anderen, nach ihm zu sehen. Frau Platen nahm Jannick und legte ihn vor eine Sauerstoffmaske. Er erholte sich schnell und kam zu mir zurück in den Arm. Immer noch wollte er von meiner Brust nichts wissen. Irgendwann kam eine Kinderärztin, um nach Jannick zu sehen. Sie meinte, dass er zwar enorm fit und gesund aussähe, was für seine Frühgeburtlichkeit wirklich erstaunlich sei, doch schlug sie vor, ihn nur zur Beobachtung eine Nacht in eine Kinderklinik in der Nachbarstadt zu bringen.

---

[25] Neonatologie = Kenntnis des menschlichen Neugeborenen, Teilgebiet der Kinderheilkunde, seit 1994 anerkannt. Gegenstand sind vor allem Probleme der Anpassung des Kindes an das Leben außerhalb der Gebärmutter

[26] Speiseröhrenfehlbildung

In diesem Moment wusste ich sicher, dass mit unserem Sohn etwas nicht stimmte. Warum wohl hatte Jannick sich entschieden, so früh zur Welt zu kommen? Gegen 15 Uhr kamen ein Intensivneonatologe[25] und eine Kinderkrankenschwester, um ihn abzuholen und in eine nahe gelegene Kinderklinik zu bringen. Hartwig fuhr sofort mit, um bei Jannick zu sein und blieb bis weit nach Mitternacht bei ihm. Die ganze Zeit über hat er ihn gestreichelt und ruhig auf ihn eingeredet.

Als Hartwig am nächsten Morgen wieder zu Jannick kam, traf er schon eine ganze Schar von Ärzten und Schwestern an Jannicks Bett an, die ihm mitteilten, dass unser Sohn mit einer Anomalie der Speiseröhre geboren war. Jannick hatte eine Oesophagusatresie[26] Typ III b. Dies bedeutete, dass seine Speiseröhre zwischen Schlund und Magen auf einer Strecke von 2 cm unterbrochen war und zusätzlich noch eine Verbindung zwischen Luft- und Speiseröhre bestand (eine so genannte Fistel[27]). Ohne umgehende Operation würde unser Sohn nur zwei bis drei Tage überleben. Jannick hatte seit der Geburt vor fast 24 Stunden noch nichts getrunken!

Nun folgten fast fünf Monate ununterbrochener Aufenthalt auf der neonatologischen Intensivstation, viele weitere Krankenhausaufenthalte, sechs Operationen innerhalb von acht Monaten, einige Situationen, in denen es um das Leben unseres Kindes schlecht aussah, fünf Lungenentzündungen in den ersten zwei Lebensjahren aufgrund missglückter Trinkversuche und viele, viele schlimme Begebenheiten mehr. Im November holten wir unser Kind auf eigene Verantwortung direkt von der Intensivstation nach Hause, um es besser betreuen zu können. Jannick kann bis heute nicht selbst essen und muss künstlich ernährt werden. Die Oesophagusatresie ist eine schwere chronische Krankheit, die viele Begleiterscheinungen hat und deren langwierige Heilung unendlich viel Kraft und Geduld erfordert.

Wir suchten und fanden Hilfe und Unterstützung bei Dr. Djalali, Frau Platen und Frau Klemme und der Haptonomie. Frau Platen fuhr am Abend nach der ersten Operation mit meinem Mann und mir in die Kinderklinik, weil ich unbedingt meinen kleinen Sohn sehen musste, obwohl ich nach meiner eigenen Operation einen Tag zuvor eigentlich noch nicht transportabel war. Sie sprach uns Mut zu, als wir völlig entsetzt waren von dem Bild, das sich uns bot. Unser kleiner süßer Junge lag so winzig und schutzlos unter einem Wust von Schläuchen und Kabeln, angeschlossen an eine Beatmungsmaschine und viele andere Geräte, die flimmerten und immerzu piepten.

Das Schlimmste war, dass wir unseren Kleinen nicht in den Arm nehmen konnten. Dr. Djalali zeigte uns, wie wir unser Kind trotz der ganzen Kabel, Sonden und Schläuche haptonomisch berühren konnten, um ihm körperlich nahe zu sein, ohne ihn auf dem Arm zu haben. Es sollten vier lange Wochen vergehen, bis ich Jannick nach der Geburt wieder im Arm hatte! Insbesondere Frau Platen bestärkte mich in meiner Entscheidung, Milch abzupumpen (ich tat dies über sechs Monate), obwohl ich, durch den Stress und die Sorge um unseren Jungen, nur wenig Milch hatte, die schließlich ganz versiegte.

Bei den Nachuntersuchungen für mich in seiner Praxis nahm sich Dr. Djalali extra viel Zeit für Hartwig und mich und führte viele Gespräche mit uns, die uns halfen, über den Schock hinwegzukommen. Auch während Jannick noch im Krankenhaus war, hatten wir Haptonomiesitzungen mit Dr. Djalali, um unsere Kenntnisse über die Haptonomie zu

---

[27] abnormer, röhrenförmiger Gang, der von einem Hohlorgan oder einem (evtl. krankhaft bedingten) Hohlraum ausgeht und an der Körperoberfläche ausmündet

vertiefen.

So erfuhren wir, dass nicht nur die Geburt haptonomisch begleitet werden kann, sondern dass es auch danach noch eine Fülle von Möglichkeiten gibt, sein Kind haptonomisch zu begleiten. Wir sprachen auch intensiv mit ihm darüber, wie wir unser Kind in unserer speziellen Situation nach seiner Entlassung haptonomisch begleiten konnten. Dank Dr. Djalali schläft Jannick zwischen uns in unserem Bett und wird ausschließlich haptonomisch getragen (wir besitzen überhaupt keinen Kinderwagen oder ein Kinderbettchen). Dr. Djalali erklärte uns, warum die mütterliche Brust für ein Kind so wichtig ist und sprach mir viel Mut zu, um nach seiner Entlassung Jannick zum Nuckeln an der Brust zu bewegen, obwohl ich keine Milch mehr hatte und Jannick auch noch nicht trinken konnte! Dies war wohl die mit Abstand wichtigste Lehre der Haptonomie für mich. Jannick und ich genießen bis heute das Nuckeln an der Brust, ohne dass wir je richtig gestillt haben.

Dr. Djalali erklärte uns auch, warum Jannick über ein Jahr keinen Blickkontakt zu uns aufnahm und dass Jannick sich der Welt erst öffnen würde, wenn er sich in seinem eigenen Körper wohl fühlt. Insbesondere das Thema Essen ist aufgrund von Jannicks Krankheit schwierig bei uns. Dennoch war Dr. Djalali viele Male ein kompetenter Gesprächspartner, der uns die haptonomische Sichtweise hierzu näher brachte und uns in vielen Situationen half, die richtige Entscheidung zu treffen. So haben wir nicht einmal versucht, Jannick mit einem Löffel zu füttern, sondern möchten ihm auch nach zwei Jahren, in denen er künstlich ernährt wird, die Chance geben, selber mit dem Essen zu beginnen (und dies wider den dringlichen Empfehlungen sämtlicher Kinderärzte und Therapeuten!).

Frau Klemme besuchte Hartwig und mich während der ersten fünf Monate öfter bei uns zu Hause und sprach uns Mut und Trost zu. Wie oft hatte sie später auch um 23 Uhr nachts noch eine warme Suppe und ein offenes Ohr für mich, wenn ich nach über 16 Stunden aus der Klinik kam und völlig erschöpft war. Wie oft haben wir uns SMS-Botschaften per Handy geschickt und uns über Jannicks Genesung ausgetauscht. Immer wieder sprachen wir über Haptonomie, die Bedeutung des Ganzen und warum wohl alles so sein sollte, wie es nun einmal bei uns war. Als es nach fünf Monaten endlich möglich war, Jannick an die Brust zu legen, kam sie extra in der Klinik vorbei, um bei diesem wichtigen Moment dabei zu sein. Wie stolz war ich, als ich nach so langer Zeit zum ersten Mal Jannicks Nuckeln an der Brust verspürte!

Mehrfach kamen Dr. Djalali, Frau Platen und Frau Klemme Jannick auf der Intensivstation besuchen. Einmal kamen Frau Klemme und Dr. Djalali sogar noch gegen Abend zu Jannick, obwohl sie selber fast zwei Tage lang ununterbrochen im Kreißsaal gewesen waren!

Wie anders wäre unsere Geschichte verlaufen, wenn wir von der Haptonomie nie erfahren hätten! Nach wie vor sind wir der festen Überzeugung, dass die Haptonomie und die dadurch erfahrene Bestärkung und Bestätigung insbesondere nach seiner Geburt Jannick geholfen haben, in seiner Rekonvaleszenz[28] so weit zu kommen, wie er heute trotz aller Schwierigkeiten bereits ist.

Immer wieder werden wir in der Öffentlichkeit darauf angesprochen, wie ruhig und zufrieden Jannick ist, wie ausnehmend gut er sich beim Spielen konzentrieren kann und wie selbstsicher und in sich ruhend er trotz seines schweren Starts ins Leben wirkt! Jannick gibt uns nach wie vor die Antworten auf viele Fragen. Unser Verhältnis zu ihm ist trotz der Belastungen, die seine Krankheit nun einmal mit sich bringt, eng – viel enger und vor allem

---

[28] die Zeit der Genesung, das Akutstadium einer Krankheit ist überwunden

von bedeutend mehr Vertrauen in ihn und seine Fähigkeiten geprägt, als wir es bei anderen Eltern mit ihren Kindern in unserer Umgebung beobachten können.

Der Haptonomie verdanken wir eine tiefe Einsicht in die wirklichen Bedürfnisse von Kindern vor, während und nach ihrer Geburt sowie während ihrer Kinderzeit. Der haptonomischen Einstellung zu Geburt sowie der enormen Berufs- und Lebenserfahrung von Dr. Djalali verdanken wir neben meiner Gesundheit, dass Jannick trotz Frühgeburtlichkeit und Beckenendlage ohne Kaiserschnitt zur Welt gekommen ist sowie viele Einsichten in Bezug auf Elterndasein, das Leben und die Welt. Frau Platen sind wir für ihr Mutmachen und Trostspenden in schlimmen und schlimmsten Momenten sehr dankbar. Mit Frau Klemme verbindet uns, dass sie uns auf die Haptonomie aufmerksam machte und sich uns so eine völlig neue Erfahrungswelt erschloss. Außerdem werden wir ihr nie vergessen, wieviel sie für Hartwig und mich und insbesondere für unseren Jannick getan hat."

2.19.11. Unsere Erfahrung mit Haptonomie

Von Petra und Wolfgang für unseren Sohn Tristan:

„Es ist schwer, etwas niederzuschreiben, was man fühlt, für das man aber nicht die rechten Worte findet. Ich schreibe jetzt als Mama von Tristan.
Unsere Schwangerschaft war für mich etwas Besonderes. Auf einmal war ich schwanger - ein Zustand, den ich lange vermieden habe, weil es nie der richtige Zeitpunkt war. Auf den richtigen Zeitpunkt hatte unser Kind nur gewartet: bei der erstmöglichen Gelegenheit kündigte es sich an.

Schon in der Zeit vor der Haptonomie fühlte ich mich schon immer zu zweit - auch wenn ich alleine war. Das fühlte sich sehr geborgen an.

Schon vor der Schwangerschaft beschloss ich, bei einer Hebamme zu entbinden, die mich während der Schwangerschaft begleitet und die während der gesamten Geburt bei mir bleibt. So machte ich mich auf die Suche und entdeckte das Geburtshaus `Oase´: Die Hebammen, die dieses Geburtshaus leiten, waren gleichzeitig auch Beleghebammen in dem Krankenhaus, in dem ich im Notfall entbinden würde.

Bei unserem ersten Gespräch in der 24. Schwangerschaftswoche zeigte uns Gundula, Geburtshaushebamme, die Möglichkeit der Haptonomie auf. Erst konnten mein Mann Wolfgang und ich uns darunter nicht so viel vorstellen, vereinbarten aber eine Probestunde. In der Zwischenzeit informierte ich mich etwas näher und erwartete die erste Stunde ungeduldig.

Gundula und Wolfgang kamen von Anfang an ausgesprochen gut mit unserem Kind in Kontakt; so entschieden wir, unsere Schwangerschaft mit der intimeren Haptonomie zu begleiten. Insgesamt sechs Sitzungen hatten wir bis zum Ende der Schwangerschaft.

Die Gefühle, die durch die Haptonomie entstanden, waren eine Verfestigung aller Gefühle, die schon vorher bestanden; es war, als würden wir uns schon lange kennen. Eine unbeschreibliche Einheit und Harmonie mit unserem Kind entwickelte sich, als wäre es ein fehlendes Glied, auf das wir gewartet hätten.

Ob sich für Wolfgang oder mich durch die Haptonomie etwas verändert hat, können wir nicht direkt sagen: Wolfgang meinte, für ihn selbst hätte sich emotional eher wenig geändert; seine Bindung zu Tristan wäre für ihn wohl auch ohne Haptonomie vorhanden.

Für mich kann ich sagen, dass die Haptonomie mir die unbeschreibliche Gelegenheit gegeben hat, vor der Geburt etwas über unser Kind zu erfahren; ich glaube, so wurde er noch mehr zu einem Teil von mir. Denn er antwortete mir, wenn ich ihn morgens nach dem Weckerklingeln begrüßte, und er spielte mit mir, wenn ich mich abends ins Bett gelegt hatte.

Tristan wurde übrigens ein 24-Stunden-Baby und dann ein 24-Stunden-Kind. Alles in allem war es eine überaus anstrengende, aber auch wunderschöne Zeit. Möglicherweise hat uns die Haptonomie dabei geholfen, dass wir so gerne bereit dazu sind, auf unser Kind einzugehen und ihm zu helfen.

Bei der Geburt war die Haptonomie hilfreich: die Übungen waren ausgesprochen gut einzusetzen. Wolfgang erwies sich als der wahre Geburtshelfer; ohne seine Mithilfe, die auch für ihn körperlich anstrengend war, wäre die Geburt niemals so glimpflich verlaufen. Maria (unsere zweite Geburtshaushebamme, die die Vorsorgeuntersuchungen durchführte und mich in den letzten zehn Wochen meiner Schwangerschaft wunderbar aufmuntern konnte), und Wolfgang haben mir unheimlich geholfen. Dank der Haptonomie konnte ich auch auf eine PDA oder sonstige Schmerzlinderung verzichten.

Ob sich bei uns selber durch die Haptonomie etwas geändert hat? Wer weiß, vielleicht hätten wir instinktiv genau das gemacht, was wir gemacht haben. Ich vermute es. Ob wir es allerdings auch so gut gemacht hätten, weiß ich nicht.

In den letzten zehn Wochen der Schwangerschaft traten Frühgeburtsbestrebungen und eine Präeklampsie[29] auf. Wir hielten unser Kind mit unseren Händen einfach fest, lockten es ganz nach oben – wo es auch blieb. Es war für mich tröstlich, dass es immer wieder `anklopfte´ in der schweren Zeit, denn so wusste ich, dass es ihm gut ging.

Vermisst habe ich eine `nachgeburtliche Sitzung´. Soviel ich weiß, gibt es diese – bei uns leider nicht.

Während der Schwangerschaft haben wir begeistert von der Haptonomie erzählt und tun es immer noch. Diese Form der Kontaktaufnahme ist zwar für die meisten Leute Firlefanz, jedoch genießen wir mit anderen haptonomieerfahrenen Eltern unsere Erinnerungen, die keiner von uns jemals missen möchte.

Immer wieder denke ich auch an Maria und Gundula, die uns diese wunderschönen Erfahrungen ermöglicht haben. Vielen Dank."

---

[29] Blutdruck in der Schwangerschaft, bei der die Betroffene über ihren Harn zu viel Eiweiß ausscheidet

2.20. Was sagt die Umwelt zu Haptonomie und dem Umgang mit den Kindern?

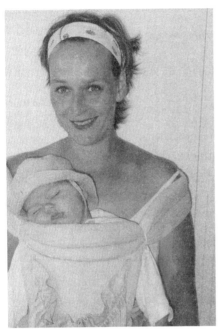

Die Umwelt (Eltern/Schwiegereltern/Freunde) reagieren meist befremdet, wollen sich einmischen (weil man ja keinen Kinderwagen hat) oder sind manchmal sogar feindselig.
Das kann man um der kleinen Kinderseele wegen schon aushalten.

Man muss aufpassen, nicht zu sehr von seinen Vorhaben zu sprechen und wie gut das für ein Kind ist, denn viele Menschen fühlen sich angegriffen und denken, dass sie schlechtere Eltern wären; deshalb sind sie dagegen. Wir wissen eben mehr, machen es anders und lassen die kleine Kinderseele nicht leiden, erfüllen bedingungslos alle Bedürfnisse in den ersten Monaten und haben ein Kind, das Selbstwertgefühl hat und weiß, dass es wichtig ist.

Das wirkt sich natürlich auf das ganze spätere Leben aus, denn wie es im Lied heißt:

> ... Sind so kleine Seelen, offen und ganz frei.
> Darf man niemals quälen, gehn kaputt dabei.
> Is so`n kleines Rückgrat, sieht man fast noch nicht.
> Darf man niemals beugen, weil es sonst zerbricht.
> Gerade klare Menschen, sind ein schönes Ziel.
> Leute ohne Rückgrat hab`n wir schon zu viel."
> (Bettina Wegner)

2.21. Geschwister bei der Geburt dabei?

Unser Doc riet uns, wenn möglich, den Erstgeborenen zur Geburt des zweiten Kindes mitzunehmen. Wenn das Kind erlebt, wo und wie ein Kind zu uns kommt, nimmt es das Baby als dazugehörig hin. Bringt man ein Baby aus dem Krankenhaus mit und präsentiert den Konkurrenten auf einem Silbertablett, ist es viel schwieriger für das erste Kind.

Marvin hat die Nabelschnur durchgeschnitten und war stolz wie ein Schneekönig und liebkoste seine Schwester. Die Wehen spielte er am folgenden Tag nach und stöhnte dabei. Angst hatte er nicht, da wir auch keine hatten. Bei der Geburt des dritten Kindes waren beide Geschwister anwesend; eine Hausgeburt, die leider mit einer Fahrt ins Krankenhaus endete, weil das Baby nicht richtig atmete. Aber auch das war gut, denn auch das gehört zum Leben dazu, und Kinder vor allen Gefühlen zu beschützen, heißt, dass sie später mit Schwierigkeiten auch nicht klar kommen können. Wir würden es wieder tun. Bei der vierten

Geburt schliefen die Kinder in zusammengestellten Krankenhausbetten. Der Vater holte die Kinder und unsere Tochter Annie durfte die Nabelschnur diesmal durchschneiden, wie sie es sich gewünscht hatte.

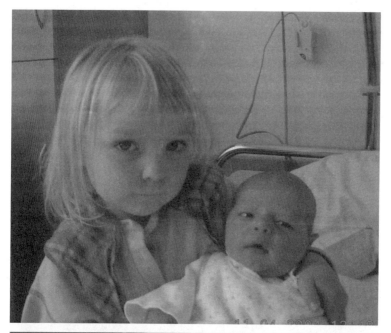

[30] Frau, die einer anderen bei der Geburt beisteht und anwesend ist, die selbst bereits geboren hat

Auch andere Mütter haben mit der Anwesenheit der Geschwister bei der Geburt gute Erfahrungen gemacht:

Daniela (39 Jahre), Fredy (35 Jahre), Jasmin (sechs Jahre), Melanie (drei Jahre) und der neue Star: (weil immer alle gleich losrennen, wenn er einen Mucks macht) Oliver:

„Im April ist unser Oliver Simon zur Welt gekommen; eine wunderschöne Hausgeburt! Wir waren beim Nachtessen, als die Fruchtblase platzte. Wir riefen die Hebamme und die Doula[30] an, da wir vom letzten Mal wussten, dass es schnell gehen kann. Mein Mann fing an, den Pool zu füllen, ich ging langsam ins `Geburtszimmer´, wo alles bereit war, zündete die Kerzen und die Duftlampe an und kniete für die erste Wehe nieder. Um 19.45 kamen die beiden Frauen; es war genug Wasser im Pool, dass ich hinein steigen konnte. Die Kinder küssten und streichelten mich während der Wehen, was mich überhaupt nicht störte. Meine beiden größeren Kinder waren bei der Geburt dabei. Ich würde es wieder genau so machen!
Es war eine ganz tolle Erfahrung für alle. Die Kinder sind fünfeinhalb und knapp drei und wir hatten eine separate Betreuungsperson für die Kinder nebst der Hebamme. Die Kinder stellten auch Fragen während der Geburt, die u. a. von der Hebamme beantwortet wurden. Ich habe die Kinder so gut wie möglich auf die Geburt `vorbereitet´, wir haben Bücher angeschaut mit Bildern von richtigen Geburten, das Bilderbuch `Runas Geburt´ musste ich auf Wunsch der beiden immer wieder erzählen; ich habe erzählt, dass es mir fest wehtun würde, sie aber keine Angst haben müssten usw.

Als ich lauter wurde, gingen die Kinder manchmal aus dem Zimmer und kamen wieder schauen. Als nach nur einer Stunde mit zwei Presswehen unser neues Familienmitglied ins Wasser rutschte, schauten alle gebannt hinein. Ich hob das Baby aus dem Wasser - es war unbeschreiblich! Melanie zeigte zwischen die Beine und rief `ein Schnäbeli´, Jasmin schnitt die auspulsierte Nabelschnur durch, nachdem die Hebamme ihr versichert hatte, dass das nicht weh tut. Der kleine Kerl sah recht groß aus, aber dass er 4680g schwer war, hätte keiner gedacht. Nun fließt meine Milch schon in rauen Mengen. Melanie möchte auch die ganze Zeit trinken, wartet aber ganz artig, bis ihr kleiner Bruder fertig ist, oder dockt einfach an der freien Brust an, und bis jetzt stört mich das nicht. Nun müssen wir uns zuerst einmal alle aneinander gewöhnen, lassen uns von unserer Haushaltshilfe zwei Wochen lang verwöhnen und schirmen für die erste Woche jeglichen Besuch ab, da wir das letzte Mal so die besten Erfahrungen gemacht haben."

Katrin L.:

„Titus ist endlich da! Es war wirklich eine tolle Geburt, und ich bin glücklich, dass wir die Hausgeburt für uns gewählt haben. Es ist ein schönes Gefühl unter den Wehen nicht noch irgendwohin fahren zu müssen und in den eigenen vier Wänden bleiben zu können. Ich fand die Eröffnungswehen waren viel besser auszuhalten als beim letzten Mal. Irgendwann war natürlich auch zu Hause der Punkt erreicht, an dem ich dachte, dass ich das nicht mehr aushalten könnte, aber an diesen Punkt kommen ja fast alle Frauen, und mit dem Wissen im Kopf, dass es ab diesem Punkt in der Regel nicht mehr lange dauert, war auch das o.k.. Als die Wehen losgingen, sind wir erst mal ins Bett gegangen, weil ich mir nicht 100%ig sicher war, dass es wirklich losging. Die Wehen kamen nicht sooft und so dachte ich erst, dass es vielleicht doch nur Vorwehen oder falscher Alarm sein könnte. Ich bin dann aber schnell wieder aufgestanden, da die Wehen recht heftig waren. Meinem Mann habe ich erst mal die Anweisung gegeben, sich noch auszuruhen, und ich habe ein Bad genommen. Da waren die Wehen dann so gut auszuhalten, dass ich dort über eine Stunde verbracht habe. Die Wehen waren stark und heftig, aber trotzdem ganz gut zu veratmen. Kurz danach stieg die Frequenz allerdings an, und eine Wehe jagte die nächste - quasi ohne Pause. Nun war es wirklich an der Zeit, unser Bett abzudecken, noch ein paar Kerzen und die Duftlampe anzuzünden und unsere Hebamme anzurufen. Bald waren dann Hebamme und Oma für die Pepebetreuung da - da war ich dann schon kurz vorm Pressen, und nach kurzer Untersuchung und einem kurzen Abhören der Herztöne konnte ich dann schon langsam mitpressen. Nachdem dann die Fruchtblase geplatzt ist, war klar, dass Titus nicht mehr lange brauchen würde. Die Oma ist zu Pepe gegangen, um ihn zu wecken, denn er wollte ja auf jeden Fall dabei sein, wenn sein Bruder geboren wird. Die beiden kamen gerade noch rechtzeitig, um die letzten zwei Presswehen mitzubekommen und dann war Titus auch schon da (Originalton Pepe: `Flutsch, zack, zack, nun isser da!´). Seit dem gewöhnen wir uns so langsam an das Leben zu viert."

Sandra F.:

„Meine Tochter (elf Jahre) war bei der Geburt zu Hause dabei. Mein Sohn (drei Jahre) hätte auch dabei sein können. Er ist allerdings so müde gewesen, dass ich versucht habe, ihn ins Bett zu bringen. Dabei hatte ich mir ein bestimmtes Zeitlimit gesetzt (eine halbe Stunde), in dem er eingeschlafen sein sollte. Hätte er das nicht getan, wäre er halt aufgeblieben. Aber er war so kaputt, dass er innerhalb einer Viertelstunde komplett weg war. Und eine anderthalbe Stunde später war unsere Kleine dann schon auf der Welt."

Claudia Joller mit Miriam (fast drei Jahre) und Neugeborenem:
„Laraina ist jetzt schon über eine Woche alt. Sie ist so lieb und sehr zufrieden. Sie schläft noch sehr viel. Laraina wurde hier im Wohnzimmer in einem Kinderplanschbecken geboren. Werner war auch drin, hatte die ganze Zeit eine Hand auf meinem Bauch und eine in meinem Kreuz. Das war toll. Er war so in Kontakt mit dem Kind, dass ich mich daran festhalten konnte und die Wehen viel weniger schmerzhaft empfand als das letzte Mal. Es war eh ganz anders. Morgens um halb sieben ging es los. Um 12.30 Uhr war Laraina geboren. Miriam war toll. Bei den Wehen hat sie mich immer massiert und sich riesig gefreut, dass sie mir so sehr helfen konnte. (Nach kurzer Zeit war die Wehe nämlich vorüber. Am Mittag hat unsere Große dann mit Freundinnen bei uns im Garten gegessen. Das war auch schön, eine gewisse Zeit mit Werner und der Hebamme. Als wir merkten, dass das Baby kommt, haben wir sie gerufen. Sie hat geschaut und gesagt: `Ich habe noch Hunger´, ging nach draußen und kam zum Nabelschnur durchschneiden wieder."

2.22. WAS KANN ICH TUN, WENN ICH OHNE PARTNER ODER ÜBER DER 29. WOHE SCHWANGER BIN?

Oft werde ich auch gefragt, ob man auch als allein stehende Mutter Haptonomie machen kann. Darauf antwortet Carola, weil ich damit keinerlei Erfahrung habe.

Carola mit Cäcilia zweieinhalb Jahre und Jeremy drei Monate:
„Schlecht! Ich musste mal alleine zu einer `Sitzung´, weil mein Mann kurzfristig verhindert war. Die ganzen Übungen sind doch für das Eltern-Kind-Paar ... Trotzdem habe ich es alleine versucht, so gut es ging. Kontakt habe ich eigentlich immer aufgenommen/gehalten, wenn mich meine Grosse gelassen hatte, auch mit dem Baby gespielt. Schön war es übrigens, wenn meine Grosse `mitgemacht´ hat (Hände auf den Bauch legen etc.). Das Baby hat auch sofort drauf reagiert! Interessant war auch, dass sie das ebenfalls

gemacht hat, als ich Wehen hatte und Jason die Kliniksachen gepackt hat. Das hat - auch wenn sie mich nicht ermahnt hat, bei dem Kleinen zu bleiben - mir unheimlich geholfen! Alle Paarübungen gingen aber nicht - wie auch?"

Nach der 29. Schwangerschaftswoche kann nicht mehr mit der Haptonomie begonnen werden. Das Baby ist zu groß und die Eltern fühlen die Bewegungen nicht mehr stark genug. Schlimmer wiegt aber der Grund, dass die Zeitspanne bis zur Geburt zu gering ist; den Eltern bleibt nicht mehr genug Zeit.

Eine Geburt kann trotzdem haptonomisch begleitet werden von einer darin ausgebildeten Hebamme oder einem Geburtshelfer. Aber mit der Haptonomie und der Begleitung in der Schwangerschaft sollte nicht mehr begonnen werden. Manche Hebammen tun es dennoch.

Was kannst du also tun, wenn du nicht mehr mit der Haptonomie beginnen kannst? Sei liebevoll bei deinem Baby. Sei mit deinen Gefühlen beim Kind. Sei mit deinen eigenen Möglichkeiten beim Baby.

2.23. Haptonomische Zukunftswünsche

Wir wünschen vielen Kindern, Vätern und Müttern die unglaubliche Erfahrung der Haptonomie und das Umdenken zum Continuum-Leben (siehe www.continuum-concept.de). Beides ergänzt sich gut und widerspricht sich in keiner Weise. Um mehr glückliche Menschen mit Rückgrat zu haben, ist es wichtig, dass beides zusammen in dieser Welt mehr Verbreitung findet. Bitte hilf mit. Jeder kennt Schwangere oder jemanden, der eine Schwangere kennt oder jemanden, der schwanger werden will. Jede Mutter will nur das Beste für ihr Kind, aber Sie und ich wissen, das dies in der westlichen Welt bisher nur ein „Mangelhaft" als Beurteilung verdient und keine Menschen hervorbringt, die sich richtig fühlen. Genau das will auch die Haptonomie: Affektive Seinsbestärkung.

3 STILLAUSWIRKUNGEN

3.1. EIN ARGUMENT ZUM STILLEN FÜR ALLE FÄLLE, WENN KEINE ANDEREN HELFEN

Obwohl Stillen soviel mehr ist und nicht auf medizinische oder Kostengründe reduziert werden darf, ist vieles medizinische noch positiver als ich mir vorgestellt habe. Dies hat mich derartig begeistert, dass ich in diesem Kapitel alles positive über Muttermilch für dich zusammengestellt habe. Damit bekommst du viel überzeugendes Material für die Schwiegermutter oder dich selbst: Eine schlechte Wirkung fand ich nirgends.

In der Broschüre „Damit können Sie rechnen - so viel kostet das erste Kind" vom Beratungsdienst der Sparkassen (1997) wird aufgeführt, dass bei einer reinen Flaschenmilchernährung über zwölf Monate damals 1495,- DM aufgewendet wurden. Allein das Zufüttern vom sechsten bis zum zwölften Monat kostete schon damals 725,- DM. Auch wenn das alte Zahlen sind und die künstliche Nahrung inzwischen sicher teurer ist, sind das doch stattliche Beträge.
Wir haben keine Flaschen gekauft, keine Flaschenbürsten, keine Nuckel, keine Ersatzsauger, keine Flaschenwärmer und kein Milchpulver. Stattdessen sind wir mit gestillten glücklichen Kindern in den Urlaub gefahren. Um Frauen zum Stillen zu motivieren, ist mir - im Namen ihres Kindes - ja fast jedes Mittel recht.

3.2. STILLAUSWIRKUNGEN

„Mein Kind wurde mit der Flasche gefüttert und es ist auch groß geworden." Diesen Satz hört man oft. Oder: „Mein Vater war starker Raucher und ist 95 Jahre alt geworden." Aber als Nichtraucher wäre er vielleicht 110 Jahre alt geworden, und so soll dies als Vergleich dienen.

Stillen ist gesund für Mutter und Kind, für Geist, Körper und Seele. Es schafft eine grundlegende Bindung und erfüllt ein starkes Bedürfnis, wie es keine Flasche kann. Mit einer Krücke kann man laufen, springen nicht. So kann auch die Flasche nur eine Krücke, ein Ersatz für etwas Echtes bleiben.

In ihrer Zusammensetzung ist die Muttermilch unerreicht und unnachahmlich. So viele wichtige Stoffe sind darin enthalten, sie passt sich jeglichen Bedürfnissen jeden Kindes an. Es gibt kaum einen Grund, nicht zu stillen.
Hat eine Mutter mit der körperlichen Nähe und der damit verbundenen Unersetzlichkeit ihrer Person Probleme, wird die Auseinandersetzung mit diesen ihre eigene Entwicklung fördern. Im Verhältnis zur gesamten Lebenszeit dauert die Stillperiode nur kurze Zeit; dies ist auch der Fall, wenn die Kinder sich von selbst abstillen. Jedes Kind hört irgendwann von selbst auf.

Stillen bedeutet bares Geld. Vielleicht hilft Ihnen oder dem Vater dieses Argument: keine finanzielle Zusatzbelastung, kein aufwendige Zubereitung, kein Müll, kein Strom, keine Tierquälerei, Lagerkosten, Transportabgase etc.
Ich habe einmal gelesen, dass lang gestillte Kinder ein schöneres Gesicht ausbilden. Ich

suchte die Erklärung: Langzeitstillen bildet andere Muskeln im Backenknochenbereich aus, was das Gesicht modelliert und wohlgeformter aussehen lässt. Stillen hat auch in diesem Bereich medizinischen Nutzen. In der Reform-Rundschau 11/2000 habe ich Folgendes sehr Interessantes gefunden: „Die Muskelkette der Hals- und Kaumuskulatur wird ungenügend entwickelt, wenn die Anstrengung des Saugens als Entwicklungsreiz beim Kleinkind fehlt. Das Saugen ist nicht nur zur normalen Entwicklung des Kauorgans erforderlich, sondern auch zur Aufrichtung einer zu stark gekrümmten Halswirbelsäule."

Man kann also zusammenfassend sagen, dass das Stillen gut für den Rücken ist und Schäden am übrigen Skelettsystem und Folgeerkrankungen vorgebeugt wird.

3.3. STILLMOTIVATION

Ulrike Schmidleithner:
"In Wirklichkeit bedarf es keiner wissenschaftlichen Belege, um zu verstehen, dass der homo sapiens mit der angeborenen Erwartung auf die Welt kommt, jahrelang gestillt zu werden. Finden Sie es logisch, dass ein sechs/sieben/acht Monate altes Baby Flaschenmilch bekommt, die eine grobe Nachahmung des Originals ist? Warum sollte die Kopie besser sein, als das Original? Unsere Kinder sind keine Kälber, sie brauchen nicht die Milch einer Kuh, sondern die Milch der eigenen Mutter! Wenn das Stillen nach sechs Monaten keinen Sinn mehr hätte dann bräuchten alle sechsmonatigen Babys keinerlei Art von Milch - auch keine Flaschen- oder Kuhmilch. Sie könnten sich dann direkt mit Steak ernähren. Versuchen Sie einmal probeweise einem Kinderarzt zu sagen, sie gäben ihrem Sechsmonatigen keine Milch mehr. Er wird sie wahrscheinlich unverantwortlich nennen und Ihnen erklären, dass ihr Baby auf jeden Fall noch Milch braucht.
Der Sauginstinkt bleibt dem Kind jahrelang erhalten. Warum wohl? Um ihn an einem Schnuller zu befriedigen? Hat die Natur das im Auge gehabt? Jeder findet es normal, ein Baby, das älter als sechs Monate ist, ja auch ein Drei- oder Vierjähriges, mit einem Schnuller im Mund zu sehen. Wenn es stimmen würde, dass die Natur für den Menschen eine Stilldauer von vier bis sechs Monaten vorgesehen hat, dann würde sie es so eingerichtet haben, dass nach dieser Zeit die Milch versiegt und der Sauginstinkt verschwindet. Die Natur ist nämlich sehr ökonomisch, da wird nichts verschwendet. Die Milchproduktion richtet sich jedoch exakt (sowohl in der Menge als auch in der Zusammensetzung) nach den Bedürfnissen des bestimmten Babys/Kindes und es ist das Kind, das durch sein Saugverhalten diese Milchproduktion steuert. Da alle Kinder verschieden sind, gibt es jene, die nach einem Jahr genug haben, und dann gibt es wieder andere, die jahrelang gestillt werden möchten. Die Brust ist flexibel (fast könnte man sagen `fürsorglich´) und richtet sich danach.

Nun das wichtigste Argument: das Vertrauen in den Mutterinstinkt. Der Großteil der Mütter stillt ihr Kind länger als vier bis sechs Monate, wenn sie von Erfahrungen anderer länger stillender Mütter hören. Ihr insgeheimes Bedauern über das frühe Ende der Stillzeit und ihre Erleichterung, ihrem Instinkt vertrauen zu dürfen, wird immer wieder deutlich. Meiner Ansicht nach sollten viele der so genannten ´Experten´ auf die Mütter, die wirklichen Experten, hören; denn diese haben die wichtigste Rolle des Lebens seit Millionen Jahren erfolgreich gemeistert."

Die Natur sieht vor, dass Kinder (nicht Babynahrungsfirmen etc.) den Zeitpunkt des Abstillens selbst bestimmen; dies hat große seelische und körperliche Auswirkungen auf ihr ganzes Leben. Ich werde mein Kind so lange stillen, wie es will. So übernimmt es die

grundlegende Verantwortung für sein Leben, wie es das auch später tun muss. Eine so wichtige Sache enthalte ich ihm nicht vor.
Manchmal sagen Leute zu mir: „Ich verstehe nicht, dass du noch immer stillst." Einige Momente später: „Ich weiß nicht, was du tust, dass dein Kind immer so zufrieden und fröhlich ist". Das sagt alles.

Stillen ist eine Beziehung von Geben und Nehmen – von beiden Seiten. Die Eltern bekommen vom Kind Zufriedenheit und Liebesbezeugungen, die sie bestätigen und ermutigen.
In versteckter und offener Werbung, mit der jeder aufwächst, wird suggeriert, dass Stillen nur bis zu einem gewissen Zeitpunkt normal sei; danach gibt die strahlende Mutter ihrem Baby die Flasche. Denn die Stillzeit sei nun vorbei.

Wir sollen denken, dass Impfen gut und wichtig ist, Fleisch ein Stück Lebenskraft gibt und Flaschenmilch mindestens genau so gut wie Muttermilch ist und langes Stillen nicht normal. Flaschenmilch ist nicht normal oder schön, sondern ein Ersatz, den man annehmen muss, wenn es keine andere Möglichkeit gibt. Normal und schön ist nur eine lange und unbehinderte Stillzeit. Das Kind wird dabei auf die Erwartungen der Mutter eingehen und die Mutter in die Stillzeit hineinwachsen, denn das Kind ist nicht sofort sechs Monate alt, sondern wird jeden Tag ein kleines Stückchen größer.
Zu meinen Kindern habe ich eine tiefe Beziehung aufgebaut; es wäre gegen mein Gefühl, sie absichtlich und eigentlich grundlos abzustillen. Deshalb stille ich weiter und wir alle fühlen uns gut dabei.

3.4. Medizinische Vorteile des Stillens

Die Muttermilch ist auf den Bedarf des Säuglings abgestimmt und ändert laufend ihre Zusammensetzung. Sie enthält mehr als 200 essentielle Nähr- und Abwehrstoffe. Ihre

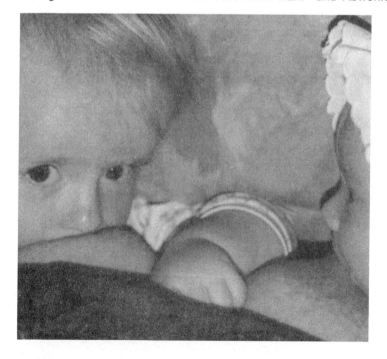

Konsistenz ist vom Alter des Kindes, der Tageszeit und der jeweiligen Mahlzeit abhängig und kann sich sogar innerhalb einer Mahlzeit ändern. Darüber hinaus genügt sie allen hygienischen Anforderungen.
Zu Beginn einer Mahlzeit ist die Milch eher wässrig – die „Vormilch". Nach dem Auslösen des Milchspendereflexes wird sie fetthaltiger – die „Hintermilch". Erstere dient mehr dem Durstlöschen, letztere der Sättigung.

Ich vermute, dass das Kind diesen Vorgang etwas steuern kann: meine Tochter wechselte am Anfang stets die Seiten, als ob sie Suppe, Hauptgericht und Nachspeise beider Seiten zusammen einnehmen wollte. Mit steigendem Alter wechselte sie während einer Mahlzeit dreimal die Seiten und stimulierte dadurch sicherlich den Milchfluss.

3.4.1. Stillen und erhöhter IQ

„Mehr Muttermilch macht schlauer" aus http://zeitung.hebammen.at:
Aus der Forschung - Aus der Presse - 5/01:
„Norwegische Wissenschaftler haben herausgefunden, dass sich die Dauer der Stillzeit unmittelbar auf die Höhe des Intelligenzquotienten des Babys auswirkt. Die intellektuellen und motorischen Fähigkeiten von 345 Kindern zwischen 13 Monaten und fünf Jahren wurden in einer Langzeitstudie untersucht. Knapp zwei Drittel dieser Kinder war sechs Monate oder länger gestillt worden, 17 Prozent weniger als drei Monate. Die motorischen Fertigkeiten entwickelten sich bei allen Babys gleich gut. Im Alter von 13 Monaten und auch bei den Fünfjährigen war die geistige Auffassungsgabe der nur kurz gestillten Kinder im Durchschnitt geringer ausgeprägt als bei den länger gestillten. Die Unterschiede blieben auch dann bestehen, wenn die Forscher weitere Entwicklungsfaktoren einbezogen, wie Alter und Bildungsgrad der Mutter oder ob sie Raucherin war. Neben der Ernährung, so die Forscher, spiele auch die Nähe zur Mutter eine wesentliche Rolle."

Gestillte Kinder haben statistisch nachgewiesen einen höheren IQ, was eine frühe Sprachentwicklung bedeuten kann.

Stillberaterin und Mutter Gunde sagt dazu:
„Ich glaube, dass die Stillkinder so gut sprechen, weil ihnen nicht ständig der Mund zugestopft wird. Der Schnuller ist wirklich ein Sprachhindernis, in jeder Beziehung. Die Sprachentwicklung beginnt ja nicht erst im Kleinkindalter, sondern beim Üben von Lauten in der frühsten Säuglingszeit. Ich kenne kaum ein Schnuller-Kind, das nicht beim Sprechen mit der Zunge anstößt."

In „Stillen – immer noch das Beste?!" schreibt Denise Both in „Laktation und Stillen"[31] 4/2002:
„Das Stillen stimuliert die Sinne für Sehen, Spüren, Hören, Riechen und Schmecken."

Medaustria 27.9.1999, American Journal of Clinical Nutrition 1999; S. 70:
„Möglicherweise führt Stillen bei Kindern zu einem höheren IQ. 20 bereits publizierte Studien über den Effekt des Stillens auf den IQ der Kinder wurden von Dr. James W. Anderson, Professor der Medizin und Ernährung der Universität von Kentucky und anderen ausgewertet.
Gestillte Babys weisen einen um drei bis fünf Punkte höheren IQ auf als mit Flaschenmilch

---

[31] Laktation = Milchproduktion u. -ausschüttung durch die weibliche Brustdrüse

aufgezogene Babys. Je länger sie gestillt werden, desto größer ist auch der Benefit, bezogen auf die Intelligenz. Die höheren IQ-Level scheinen auf Docosahexaenosäuren (DHA) und Arachidonsäuren (AA) - langkettige ungesättigte Fettsäuren - zurückzugehen, die die Hirnentwicklung fördern. Diese Nährstoffe sind nicht in Flaschenmilch. Vertiefte Mutterbindung der gestillten Kinder könnte ebenfalls eine Rolle in der Intelligenzentwicklung spielen. Besonders wichtig ist das Stillen für untergewichtige Babys."

3.4.2. Muttermilch als „Impfstoff"

In den ersten Lebenstagen des Kindes wird das „Kolostrum"[32] produziert. Dies ist eine gelbliche, dickflüssige Milch, welche weniger fett ist und mehr Proteine und Mineralien enthält; der Anteil an Immunschutzstoffen (Immunglobulinen), Leukozyten und entzündungshemmenden Faktoren ist hoch. Die Darmwand des Kindes wird mit diesen Antikörpern ausgekleidet und schützt vor Infektionen. Nach zehn bis fünfzehn Tagen beginnt der langsame Übergang zu reifer Muttermilch.
In einer Studie mittels Ecographie wurde die Auswirkung des Stillens, Teilstillens und Nichtstillens auf die Größe der Thymusdrüse bei 75 Säuglingen gleich nach der Geburt und dann nach vier Monaten ermittelt. Bei der zweiten Kontrolle wurde festgestellt, dass der Thymuswert (größter sagittaler[33] Durchmesser mal größter Querschnitt) bei voll gestillten Kindern im Durchschnitt 38,3, bei nicht voll gestillten 27,3 und bei Kindern, die mit Flaschenmilch ernährt wurden, 18,3 war. Bei den gestillten Kindern blieb der Thymus groß, solange sie gestillt wurden, und verkleinerte sich nach dem Abstillen allmählich.
Man nimmt an, dass dieser positive Effekt der Muttermilch auf die immunmodulierenden Faktoren zurückzuführen ist, die in der Muttermilch enthalten sind.[34]

Zur Erklärung:
Der Thymus ist eine Drüse, die sich hinter dem Brustbein über dem Herzen befindet und die eine wichtige Rolle in unserem Immunsystem hat. Sie verwandelt die Lymphozyten in T-Lymphozyten, die wichtig bei der Bekämpfung von Viren und anderen infektiösen Mikroorganismen sind.

Die Muttermilch enthält im zweiten Jahr des Stillens ein höheres Maß an bestimmten Antikörpern, sie erreichen teilweise eine ähnlich hohe Konzentration wie das Kolostrum.
Zum Beispiel das Lysozym, das die Zellwand der Bakterien zerstört, ist in größerer Menge in der Milch der Mutter eines 18 Monate alten Kleinkindes zu finden als in der Milch der Mutter eines Sechsmonatigen. Die Mutter produziert weiterhin Antikörper gegen die Krankheitserreger, mit denen sie konfrontiert wird, und schützt dadurch ihr Kind indirekt über die Milch, solange sie stillt. Kinder, die jahrelang gestillt werden, sind bedeutend weniger häufig krank, und die Mütter berichten meist, dass ihre Kinder noch nie eine Antibiotikabehandlung brauchten.

Aus der Internetseite vom 23.1.2001: Toronto (ple)
„Kanadische Immunologen haben im Kolostrum und in der Milch von Müttern ein Eiweißmolekül entdeckt, das Antikörper-produzierende B-Lymphozyten stimulieren kann.

---

[32] Vormilch, sie enthält diverse Stoffe, die das Baby vor Krankheiten und Infektionen schützen.

[33] Die sagittale Achse verläuft waagerecht (parallel) zur ebenen Bodenfläche von vorne nach hinten

[34] Hasselbach H, Jeppsen DL, Engelmann MDM et al: Decreased thymus size in formula-fed infants compared with beastfed infants, Acta Paediat 85, 1029, 1996

[35] 2 – 8 % der weißen Blutkörperchen (Leukozyten), sie zerlegen („fressen") Bakterien und Gewebetrümmer

Wie die vor Infektionen schützenden Antikörper und Wachstumsfaktoren ist dieser Faktor ein weiteres Argument für das Stillen. Das jetzt entdeckte Protein, das auf der Zellhülle von Monozyten[35] sitzt, wird unter bestimmten Bedingungen von der Zelle abgespalten und taucht im Urin, aber auch in der Milch auf (PNAS 98, 2001, 603) Die Arbeitsgruppe um Dr. Michael Julius von der Universität in Toronto hat bei neun Frauen festgestellt, dass der mit sCD14 bezeichnete Faktor in der Milch in bis zu 1000fach höherer Konzentration als im Serum vorkommt. Diese Mengen waren noch 400 Tage nach der Geburt nachweisbar."

In einer Studie (Koopman 1985) erschienen im „American Journal of Health", heißt es:
„Das Risiko einer akuten Magen-Darm-Infektion war bei den Kindern, die künstliche Nahrung erhielten, sechsmal größer als bei gestillten Kindern. Auch entwickelt das Kind durch die Immunglobuline der Muttermilch selber in seinem Magen-Darm-Trakt Immunglobuline. Diese frühe Stimulation hat sicher einen weitreichenden Einfluss auf die Gesundheit im späteren Leben."

Stillende Mutter Elke Vogt von www.ich-stille.de schreibt dazu:
„Die Immunglobulinmengen steigen im Alter von sechs Monaten an, da die Kinder aktiv werden und mit vielen Keimen in Berührung kommen. Auch meine Tochter Anke war in diesem Alter stets auf Krabbeltour und brauchte viel Schutz, den ich ihr über die Muttermilch erfolgreich bieten konnte. Bis zu einem Alter von 25 Monaten steigt der unspezifische antimikrobielle Faktor Lysozym an (mit einem Jahr ist er vergleichbar hoch wie im Kolostrum = Neugeborenenmilch) und fällt dann erst allmählich ab. In 1 ml Muttermilch sind ca. 4000 lebende Zellen wie Lymphozyten und Makrophagen, die das Wachstum von Viren, Bakterien, Parasiten und Pilzen hemmen."

(Sogar nach Impfungen haben gestillte Kinder ein bedeutend höheres Maß an Antikörpern entwickelt, als eine Vergleichsgruppe von ungestillten Kindern.)

Nicht ein Faktor oder Stoff alleine macht Muttermilch so wertvoll. Das Zusammenspiel unzähliger Komponenten und auch der Körperkontakt macht es aus. Welche Stoffe speziell was bewirken, konnte bis heute nicht entschlüsselt werden. Wissenschaftler finden immer wieder unbekannte Substanzen in der Muttermilch. Gestillte Kinder leiden seltener an Erkrankungen des Verdauungstraktes und des Atemsystems und haben seltener Mittelohrentzündung, Magen-Darm-Infektionen, Neurodermitis oder Erkrankungen des kindlichen Immunsystems; das Risiko des plötzlichen Kindstods ist verringert. Ebenso ist das Risiko in Bezug auf Allergien und auf Erkrankungen im späteren Leben wie z.B. Brustkrebs, Osteoporose, Diabetes, Bluthochdruck, Darmgeschwüren und Morbus Crohn weniger hoch.

An Durchfällen erkranken 35 Kinder, die mit der Flasche ernährt wurden, und zehn Stillkinder.

Gunde:
„Die Stillempfehlung zwei Jahre nur Muttermilch zu geben hat den Hintergrund, dass - bis auf unsere westliche Welt - die meisten Menschen keinen Zugang zu Trinkwasser haben. Mütter haben Immunerfahrung und können mit pathogenen Keimen viel besser umgehen als Kleinkinder. Sie fungieren als Filter für ihre Kinder, wenn diese nur Muttermilch trinken. Diarrhöe ist die Haupttodesursache für kleine Kinder in unterentwickelten Ländern. Die Keime stammen aus dem Brackwasser, das die Kinder bei Durst trinken. Durch Stillen kann die Kindersterblichkeit erheblich gesenkt werden (es gibt verschiedene Zahlen, alle sind hoch: 70%, das 25-fache etc.). Leider ist diese Empfehlung in den meisten Übersetzungen unter den Tisch gefallen, dabei gilt sie weltweit. Für uns wird sie vielleicht als nicht relevant empfunden, weil unsere Kindersterblichkeit nicht hoch ist und durch

Umsetzung dieser Empfehlung nicht signifikant verbessert werden kann. Bei uns empfehlen Kinderärzte Stillkindern bei Durchfallerkrankungen Elektrolytlösungen und Heilnahrungen, die eigentlich nur von künstlich ernährten Kindern benötigt werden. Bestimmt wird man auch hier propagieren, dass längere Stillzeiten die Gesundheit von Müttern und Kindern positiv beeinflussen. Die Heraufsetzung der Vollstillempfehlung von vier auf sechs Monate im Jahr 2001 und die Empfehlung, trotz Schadstoffbelastung uneingeschränkt zu stillen, sind Schritte dorthin."

An Mittelohrentzündungen erkranken 95 Kinder, die mit der Flasche ernährt wurden, und zehn Stillkinder. An Atemwegserkrankungen leiden 23 Kinder, die mit der Flasche ernährt wurden, zu zehn Stillkindern.[36]

Eine schwedische Studie[37] hat ergeben, dass für gestillte Kinder ein signifikant geringeres Risiko bestand, an Hib[38] zu erkranken, wobei jede Woche ausschließlicher Muttermilchgabe das Risiko weiter verringerte. Dieser Effekt hielt auch nach dem Beenden des Stillens bis in das zehnte Lebensjahr an."

Dies stand auch in Aegis Nr. 8, 4. Quartal 2001, S. 8:
„[...] das bei Kindern, die mindestens sechs Monate voll gestillt werden, eine Hib-Erkrankung unwahrscheinlich ist. Diese Schutzstoffe, die das Kind durch die mütterliche Milch erhält - ohne dass die Mutter die Krankheit durchgemacht hat - halten bis in das zehnte Lebensjahr an."

Die Muttermilch schont die noch unreifen Nieren des Babys, da sie wenig Protein enthält. Das enthaltene Eiweiß löst beim Kind keine Allergien aus.

Dr. Eva-Maria Kraske, „Säuren-Basen-Balance":
„Die Nieren eines Säuglings können den Mineralstoff- und Säure-Basenhaushalt noch nicht regulieren. Die Muttermilch hat deshalb einen Säuregrad, der den Stoffwechsel nicht belastet. Was daran deutlich sichtbar wird, dass der pH-Wert des Urins bei gestillten Kindern bei 8,0 - 8,5, also weit im basischen Bereich, liegt."

3.4.3. Muttermilch schützt vor Übergewicht

(Aegis Impuls, Nr. 3/2000 - Ein Forum für Impfproblematik, und neue Wege in Gesundheit, Medizin und Gesellschaft):
„Die Muttermilch liefert Ihrem Baby alle Nahrung, die es zumindest in den ersten sechs Lebensmonaten benötigt. Die Kalorienaufnahme nimmt nicht zu, wenn sie zusätzlich feste Kost bekommen, sondern bleibt ungefähr 20% unter den empfohlenen Werten. Sie passt sich von selber an, um den tatsächlichen Bedürfnissen zu entsprechen."

In einer Studie, die vor wenigen Jahren in Bayern gemacht wurde, stellte man fest, dass das Risiko, dass Kinder übergewichtig werden, geringer wird, je länger sie gestillt wurden.[39] Bayrische Kinderärzte untersuchten 9206 Kinder in der ersten Klasse und fanden heraus:

---

[36] Quelle: Studie von Cunningham, Kanada

[37] Silfverdal, S.A. Int J Epidemiol, 1997, 26(2): 443-450: Protective effect of breastfeeding on invasive Hämophilus influenzar infection: a case-control study in Swedish preschool children.

[38] Haemophilus influenzae type b

[39] Breast feeding and obesity: Cross sectional study Rudiger von Kries, Berthold Koletzko, Thorsten Sauerwald, Erika von Mutius, Dietmar Barnert, Veit Grunert, and Hubertus von Voss

Muttermilch schützt vor späterem Übergewicht. Bei einer Stillzeit ab zwölf Monaten war die Wirkung am stärksten. Gestillte Kinder sind aber nicht nur schlanker, sondern auch klüger, weil die langkettigen Fettsäuren in der Muttermilch die Entwicklung positiv beeinflussen. Bei einer Untersuchung zeigte sich: Von den Kindern, die als Baby nur die Flasche bekommen hatten, waren im Schulalter 4,5% stark übergewichtig, bei jenen, die zwei Monate lang gestillt worden waren, sank der Prozentsatz der „Pummelchen" auf 3,8 %. Von den Kindern, die ein Jahr oder länger an Mamas Brust trinken durften, schleppten nur 0,4% überflüssige Fettpölsterchen mit sich herum. Bei Kindern, die mindestens ein halbes Jahr gestillt wurden, nahm das Risiko für Übergewicht um mindestens 30%, für Fettleibigkeit sogar über 40% ab, da Muttermilch Wirkstoffe enthält, die eine Ausdifferenzierung von Fettzellen hemmt. Das ist motivierend.

Zusammenfassung des Ergebnisses der Studie:

Die Wahrscheinlichkeit, später übergewichtig zu werden, ist:
- bei Kindern, die nie gestillt wurden: 4,5%
- bei Kindern, die zwei Monate lang voll gestillt wurden: 3,8%
- bei Kindern, die drei bis fünf Monate lang gestillt wurden: 2,3%
- bei Kindern, die sechs bis zwölf Monate lang gestillt wurden: 1,7%
- bei Kindern, die länger als zwölf Monate gestillt wurden: 0,8%[40].

Viele Kinder sind keine guten Esser. Bei der internationalen LLL-Konferenz[41] in Nottingham, England, berichtete ein spanischer Arzt, dass Kinder etwa 70 kcal pro 100ml Muttermilch zu sich nehmen. Dies ist beruhigend: Denke ich an die Zeit, bei denen wir auf die Kcal-Angabe auf den Gläschen sahen und nach viel Mühe 83 kcal im Kinderbauch hatten. Leider kannte ich diese Angabe damals nicht, denn sie hätte mich beruhigt; Gemüse kommt da nicht mit. Mit wenig Aufwand viel Kalorien: für ein schlecht essendes Kleinkind genau das Richtige, denn wahrscheinlich müsste es mehr feste und gesunde Nahrung zu sich nehmen, um auf dieselbe Kalorienanzahl zu kommen, von den Nährstoffen einmal ganz abgesehen.
Ich habe mir nach dieser Information nie wieder Sorgen gemacht, wenn ein Kind schlecht gegessen hat, solange es ausreichend gestillt war. Muttermilch enthält Fett, das zu 90% aufgenommen werden kann.

100 Gramm Muttermilch enthalten: 1,1 g Eiweiß, 4 g Fett, 7g Milchzucker, 200 mg Mineralstoffe und 68 kcal. Diese kostbare Mischung gibt den Kindern eine Widerstandskraft, die auf keinem anderen Weg erreicht werden kann.

3.4.4. Stillen reduziert kindliches Leukämierisiko

Durch eine nur einmonatige Stillzeit kann das kindliche Leukämierisiko um 20% reduziert werden. Dr. Les Robinson und Kollegen von der University of Minnesota in Minneapolis interviewten Mütter von über 2.200 Kindern mit akuter lymphatischer Leukämie (ALL) oder akuter myeloischer Leukämie (AML) im Alter zwischen einem und 17 Jahren. Die ‚Fütterungsanamnese' jedes Kindes wurde mit jener von 2.400 gesunden Kontrollsubjekten verglichen. Die Resultate zeigen, dass Stillen das kindliche Leukämierisiko um 21% reduzieren kann. Bei sechsmonatiger Stillzeit sinkt es im Vergleich zu Kindern, die ausschließlich Flaschenmilch erhalten, um fast 30%.[42]

---

[40] Hasselbach H, Jeppsen DL, Engelmann MDM et al: Decreased thymus size in formula-fed infants compared with beastfed infants, Acta Paediat 85, 1029, 1996.

[41] La Leche Liga

[42] Medaustria 22.10.1999, Quelle: JNCI (Journal of the National Cancer Inst), 1999, 91, 1765-72. Medaustria 27.9.1999, aus BMJ (British Medical Journal), 1999, 319, 815-19

3.4.5. Stillen reduziert kindliches Asthma-Risiko

Durch ausschließliches Stillen in den ersten vier Lebensmonaten wird das kindliche Asthmarisiko bis zu einem Alter von sechs Jahren deutlich gesenkt. Dr. Wendy Oddy und Kollegen von der University of Western Australia, West Perth, haben anhand medizinischer Daten von 2.187 Kindern bis sechs Jahren nachgewiesen, dass ausschließliches Stillen in den ersten vier Lebensmonaten einen Schutzfaktor bezüglich der Entwicklung von Asthma und einer allergischen Reaktion darstellt. Bei Kindern, die vor dem vierten Lebensmonat andere Milch getrunken haben, liegt die „odds ratio" (etwa: relatives Risiko) der Asthma-Entwicklung bei 1,25 (im Vergleich zu den gestillten Kindern). Die odds ratio von drei oder mehr Keuchanfällen bis zum Alter von zwölf Monaten liegt bei 1,41 und die für Schlafunterbrechungen aufgrund eines Keuchanfalls bei 1,42. Die Wahrscheinlichkeit eines positiven Hauttests auf zumindest einen häufigen Allergie auslösenden Luftschadstoff liegt bei Kindern, die bis zum vierten Lebensmonat mit „normaler" Milch gefüttert werden, im Vergleich zu jenen, die ausschließlich gestillt wurden, bei 1,30.[43]

Stillende Mutter und Stillberaterin Gunde:
„Es gibt wohl Statistiken über die Krankenhausaufenthalte bei Kleinstkindern. Stillkinder sind seltener im Krankenhaus. Krank sind sie eigentlich genau so oft, bzw. sie setzen sich mit Erregern auseinander. Durch die immunologische Unterstützung bekommt meine Tochter nur ganz selten dabei einen richtigen Infekt. Sie lernt genau so viele Viren und Bakterien kennen wie Kinder, die ständig mit einer Rotznase herumlaufen. Sie profitiert von meiner Immunkompetenz bei jedem Kontakt mit Krankheiten. Die Antikörper nehmen übrigens nach sechs Monaten in der Muttermilch stark zu und erreichen nach zwei Jahren in etwa die Konzentration wie im Kolostrum. Selbst morgens und abends ein kleiner Schluck Mumi wirken daher Wunder, aber gerade Zweijährige trinken manchmal mehr als Neugeborene.

Auffällig ist auch, dass Stillkinder seltener an Mittelohrentzündung leiden. Schon der Gebrauch eines Schnullers kann Bakterien in den Mundraum lassen; Muttermilch kleidet die Mund- und Rachenschleimhaut bis ins Ohr und die Nebenhöhlen hinein mit Lysozym und Immunglobulin A aus. Da haben Krankheitserreger wenig Chancen. Stillkinder, die erkranken, werden schneller wieder gesund. Ein wichtiger Grund, weshalb Stillen unabhängig macht.
Nichts bindet eine Mutter mehr an das Haus als ein fiebriges, kränkliches Kind."

3.4.6. Muttermilch schützt Kinderherzen

Die Standard.at, Wissenschaft 14.5.01:
„Zwei Studien aus England und Schottland zufolge wirkt sich Stillen mindernd auf das Risiko auf eine Herz-Kreislauf-Erkrankung aus. Wissenschafter in Dundee stellten bei einer Untersuchung von Teenagern im Alter zwischen elf und dreizehn Jahren fest, dass Kinder, die vor der 15. Lebenswoche auf Muttermilch verzichten mussten, einen schlechteren Blutfluss in den Arterien haben. 20 Prozent der Kinder wiesen erhöhte Cholesterin- und Blutzuckerwerte auf. Ähnliche Ergebnisse erzielten auch die Forscher in London: 216 Babys erhielten nach dem Zufallsprinzip entweder Muttermilch, einen Standard-Milchersatz oder

---

[43] Quelle: British Medical Journal 1999;319: S. 815-819.

einen speziellen Milchersatz für Frühgeborene. 15 Jahre später ergaben die Untersuchungen, dass die mit Muttermilch ernährten Kinder einen deutlich niedrigeren mittleren Blutdruck aufwiesen als jene, die mit Milchersatz gefüttert worden waren. Die Ernährung in den ersten Lebensmonaten hat einen noch größeren Einfluss auf den späteren Gesundheitszustand als bisher angenommen."

3.4.7. Ist die Vitamin D-Versorgung über Muttermilch beim Stillen ausreichend?

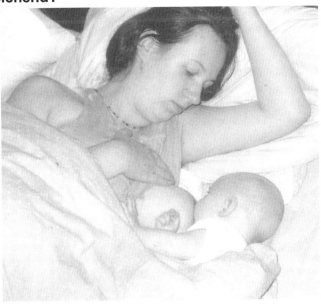

Aus „Laktation und Stillen" 3/99, S. 88 und 89, Infact Canada, Winter 1998:

„Die Empfehlungen zu einer routinemäßigen Gabe von Vitamin D bei gestillten Kindern variieren:

* Deutsche Gesellschaft für Kinderheilkunde:
    400 IE (Internationale Einheiten) Vitamin D täglich

* American Ass. of Pediatrics:
    Vitamin D vor dem sechsten Monat bei Kindern von Müttern, die über zu wenig Vitamin D-Speicher verfügen oder Kindern, die zu wenig Sonnenlicht ausgesetzt sind."

Gefährdet sind besonders dunkelhäutige Kinder (z.B. Immigranten aus Tropengebieten), da durch den höheren Melaninspiegel mehr Sonnenlicht benötigt wird, um dieselbe Menge Vitamin D zu produzieren. Wenn die Mutter keine Vitamin D-reiche Nahrung (Milch, Butter, Eigelb) zu sich nimmt, steigt das Risiko eines Vitamin D-Mangels. Bei hellhäutigen Kindern kann durch Sonnenschutzcremes mit hohem Lichtschutzfaktor die Gewinnung von Vitamin D geblockt werden. Ausschließlich gestillte Kinder bei ausreichender Calciumversorgung durch die Mutter erreichen eine ausreichende Versorgung mit Hydroxyvitamin D bei einem Kontakt mit Sonnenlicht von 30 min/Woche im Sommer ausschließlich mit einer Windel bekleidet, und zwei Stunden/Woche in den Wintermonaten ohne Kopfbedeckung. Die Autoren befürchten Langzeitrisiken durch zu hohe Vitamin D Gaben bei der Mehrzahl der

Kinder, bei denen keine Risikofaktoren vorliegen.
Chemische Vitamine haben im Körper eine andere Wirkung. Bei meinem dritten Kind nahm ich auch im Sommer Vitamin D in Form von Lebertrankapseln zu mir. Unser Sohn wurde mit dem Down Syndrom geboren. Die Kinderärztin fand, dass die körperliche Entwicklung von Kindern mit Trichterbrust[44] bei Einnahme von Lebertran durch die Mütter besser verläuft.

3.4.8. Stillen und Brustkrebs

Nicht zuletzt hat das Stillen auch für die Mütter einen erheblichen gesundheitlichen Vorteil. Lies selbst:

DIE HEBAMME, Heft 3/2003; 16: 187-188, Fragen aus der Praxis,
Mamakarzinom und Stillen, Prof. Dr. Ulrich Retzke, Flensburg:
„Mamakarzinom ist die häufigste Krebserkrankung der Frau. Jede zwölfte Frau muss damit rechnen bis zum Alter von 74 Jahren an Brustkrebs zu erkranken. Bei Frauen zwischen 35 und 55 Jahren ist das Mamakarzinom die häufigste Todesursache. Je länger eine Frau stillt, desto besser ist sie vor einem Mamakarzinom geschützt. Würden die Frauen in den Industrienationen im Mittel 2,5 Kinder gebaren und jedes Kind sechs Monate länger stillen als derzeit üblich, käme es zur Verhinderung von 25.000 Mamakarzinomen (5%) pro Jahr. Würde jedes Kind gar zwölf Monate länger (als bisher üblich) gestillt, ließen sich 50.000 Mamakarzinome (11%) pro Jahr vermeiden."

Anne R.:
„Ich habe zum Thema Brustkrebs und Stillen gelesen: es gibt/gab (?) in Japan Fischerinnen, die ihre Kinder immer nur einseitig stillen. Man beobachtete, dass sie in der nicht stillenden Brust häufiger Brustkrebs bekamen. Gleichmäßiges Stillen beider Seiten hat also Vorteile. Das war der Anlass, zu untersuchen, inwiefern Stillen vor Brustkrebs schützt."

Am 2.12.1989 wurde von Elisabeth Hormann (IBCLC[45]) in Aachen anlässlich des „Trainingsprogramms zur Stillförderung" der Aktionsgruppe Babynahrung in Zusammenarbeit mit der Kommission der Europäischen Gemeinschaften (der VELB[46] arbeitet an diesem Projekt mit) ein Vortrag gehalten. Ich zitiere:

„Gemäß Forschungsberichten aus den USA ist das Brustkrebsrisiko 43 % geringer bei Frauen, die insgesamt zwei Jahre gestillt haben, und nach chinesischen Berichten um 60 % vermindert, wenn Frauen sechs Jahre gestillt haben - gegenüber Frauen, die nicht stillten."

Stillen bietet allerdings noch weitere Vorteile, die sicher einmal als Argumente bei stillfeindlichen Schwiegermüttern dienen können.

3.5. KRANKE KINDER UND DIE NÄHRSTOFFE DER MUTTERMILCH

Bis zum Alter von etwa drei Jahren wollte unser Sohn, wenn er krank war, wenig essen und

---

[44] Fehlbildung des Brustkorbes, die durch eine Trichterbildung im mittleren und unteren Brustbeinbereich gekennzeichnet ist. Sie entsteht bei Vitamin D Mangel
[45] International Board Certified Lactation Consultants (www.iblce.org)
[46] Verband Europäischer Laktationsberaterinnen (www.stillen.org)

trinken. Wenn überhaupt, dann Muttermilch. Bis zum Alter von zweieinhalb Jahren tat unsere Tochter dasselbe. Muttermilch gibt keine leeren Kalorien: unsere Ärztin fand es immer erheiternd, unseren schon recht großen Sohn stets stillend in ihrem Behandlungszimmer vorzufinden. Da ich ja zwei Kinder stillte, schätzte sie eine Muttermilchmenge von etwa zweieinviertel Litern täglich.

Zum Stillen und zu den Vorteilen ihrer Nährstoffe gibt es eine interessante Web-Seite im Internet: www.kidnet.at/docs/fibel/kap13.html von Laura von Welck. Dort steht zum Beispiel:

„Das Eiweiß in der Muttermilch ist verantwortlich für ein gutes Heranwachsen des Kindes und für seine Gehirnentwicklung und wird besonders gut resorbiert. Ein gestilltes Kleinkind deckt im ersten Lebensjahr seinen Eiweißbedarf über die Muttermilch zu 38%."

Andrea Schöbel-Beerli mit Joanna:
„Meines Erachtens ist es nicht besonders sinnvoll, überhaupt mit dem Stillen aufzuhören, bevor das Kind dies nicht selber tut. Mit ungefähr anderthalb bis zwei Jahren ist die Mumi z.B. noch einmal so wertvoll wie die allererste Vormilch nach der Geburt. Da ist sie wieder randvoll mit Antikörpern und allem, was ein Kind braucht, das sich aufmacht, die Welt alleine zu erobern. Lang gestillte Kinder sind viel weniger krank, haben viel weniger Allergien und das alles mit der kostenlos zur Verfügung stehenden Muttermilch. Warum abstillen? Ich hoffe, dass ich noch ganz ganz lange Lust habe, Joanna zu stillen, und sie auch."

3.5.1. Stillen von Frühgeborenen und Kindern mit Lippen-Kiefer-Gaumenspalte und Down-Syndrom

Es gibt hilfreiche Broschüren zum Thema Stillen und Down-Syndrom sowie Stillen von Kindern mit Lippen-Kiefer-Gaumenspalte. Sie sind am Ende des Buches zu finden. Unser Kind wurde mit dem Down-Syndrom geboren; es wird oft berichtet, dass diese Kinder nicht stillen können. An Robins drittem Lebenstag auf der Intensivstation fragte ICH den Arzt, ob ich ihn nicht stillen dürfte. Dieser sagte: „Oh, eine gute Idee." Und unser Sohn trank beim ersten Mal, als hätte er nie etwas anderes getan. Für den Milchfluss war es hilfreich, dass seine Schwester Annie noch oft stillte[47], denn er hatte wenig Kraft.

Martine, Mutter eines Kindes mit Down-Syndrom:
„Ich habe Catalina bis zu ihrem zweiten Lebensjahr gestillt; sie hat sich selber abgestillt. Sie wollte einfach nicht mehr. Gut, dass ich vorher wusste, dass Kinder das machen: ich kam mir so `abgewiesen´ vor."

Michaela, Mutter eines Kindes mit Down-Syndrom:
„Natalie hat hysterische Anfälle bekommen, wenn sie an meine Brust sollte; auch das Trinken aus der Flasche war bis zur Operation schwer. Ich glaube, dass es für herzkranke Kinder extrem anstrengend

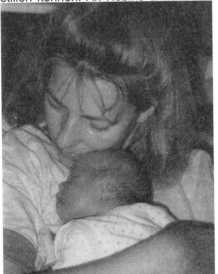

Tine und Robin, zwei Tage

[47] Zum Thema 'Stillen' oder 'gestillt werden' s. Abschnitt 7.13 'Ich stille oder das Kind stillt'

ist, zu trinken. Wenn das mit dem Trinken nicht besser wird, würde ich in jedem Fall noch mal das Herz untersuchen lassen; mangelnde Trinkbereitschaft ist häufig ein Zeichen für eine Verschlechterung des Zustands bei herzkranken Kindern. Übrigens:
Nach der Operation hat sie völlig problemlos getrunken."

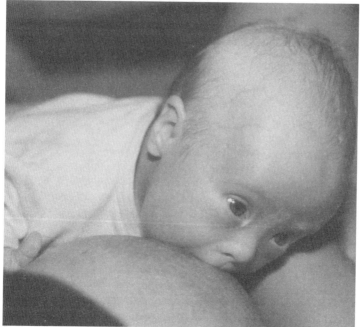

Robin stillte jeden Tag ein bißchen kräftiger

Es gibt richtig mutige Mütter, die für ihre Kinder kämpfen. Nun kommt die Mutter Natalie zu Wort, deren Ambar in der 34. Schwangerschaftswoche zur Welt kam.

Natalie, Mutter einer Frühgeborenen:
„Nach einem vorzeitigen Blasensprung bekam ich Wehenhemmer, damit man Zeit gewann um die Lungenreifungsspritzen zu verabreichen. Nach Abschluss besagter Spritzen wurden die Wehenhemmer gestoppt und ziemlich schnell setzten nun natürliche Wehen ein und die Nebenwirkungen dieser Medikamente waren belastend.
Nach der Geburt wurden mein kleines Baby und ich sofort getrennt. Das war das allerschlimmste. (Mein erstes Kind gebar ich ambulant, wir wurden nie getrennt und er schlief bis fünf Jahre bei mir im Bett und wurde knapp vier Jahre gestillt.)
Es war tragisch für meine kleine Ambar und auch für mich. Sie kam auf die Frühchenstation und dort wurde sie per Magensonde mit meiner Milch ernährt. Sie hatte eine Infusion mit einem Gips am Köpfchen befestigt. Dazu kam das es schwierig war ihr Blut abzunehmen. Ich wusste, dass es meiner Tochter körperlich gut ging und dass sie einfach nicht bei mir trinken konnte weil wir nicht genug Ruhe zusammen hatten und getrennt voneinander schliefen. Ich musste sie also nach Hause nehmen!!! Ich fing an mit den Krankenschwestern, Ärzten und zum Schluss mit dem Oberarzt zu diskutieren und versuchte zu erklären, dass meine Tochter schon trinken würde bei mir, wenn wir zusammen sein könnten. Es gab ein Drama im Spital. Sie erklärten mir, sie würde sterben wenn ich sie mit nach Hause nehmen würde, weil sie absolut keine Nahrung zu sich nahm außer der, die sie per Magensonde verabreicht bekam. Ich musste also einen Anwalt einschalten. Es gab eine Riesensache und interessanterweise spalteten sich die Krankenschwestern in zwei Gruppen und plötzlich

bekam ich ein Kompromissangebot. Man würde die kleine Tochter aus der Frühchenstation zu mir in ein Einzelzimmer bringen und ich müsste somit den Beweis erbringen, dass meine Tochter ohne die Magensonde ernährt werden könne bzw. bei mir zu trinken anfangen würde. Sie brachten sie mir und innerhalb von Minuten als wir alleine waren fing sie bei mir an zu trinken!!! Ehrlich gesagt war ich selber ein bisschen überrascht. Nach vier Tagen durften wir mit dem Segen der Ärzte nach Hause. Sie entwickelte sich gut zu Hause war aber viel unruhiger und sensibler als ich mir das von meinem ersten Kind gewöhnt war. Ich trug sie bis sie alleine sitzen konnte ständig mit mir herum. (wirklich immer! Ich ging nicht einmal alleine auf die Toilette und wir waren nie getrennt.) So konnte ich sie ein bisschen `nachtragen´. Sie schläft auch heute noch neben mir im Bett. Das Familienbett, das Tragen (bis zwei Jahre brauchten wir nie einen Kinderwagen), und das Stillen konnten ihr viel Halt geben und das Meiste aus ihrer traumatischen Erfahrung auch wieder heilen."

3.6. Kann man ein krankes Kind wieder voll stillen?

Kranke Menschen tun meist das instinktiv Richtige und fasten, um ihren Körper zu entlasten. Bei Kindern löst dies verständliche Sorgen aus. Auch unsere Kinder stillten viel, und oft

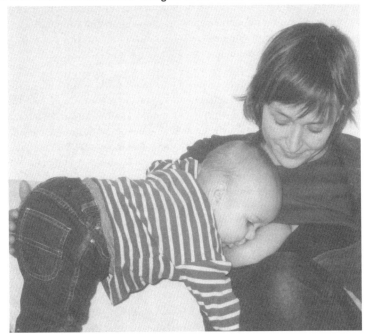

wieder voll, wenn sie krank waren.

Katja:
„Zacharias hat sich eine starke spastische Bronchitis eingefangen, es scheint, als ob er nichts essen möchte, nur Mumi und Saftschorle trinken. Er hat sich auch gar nicht für den Keks interessiert, den ich gegessen habe, und das will schon was heißen.
Kann ich einfach einen kranken Zweijährigen voll stillen? Vor einem Jahr hätte ich diese Frage nicht gestellt, aber heute?"

Gunde:
„Liebe Katja, klar kannst du ein zweijähriges krankes Kind voll stillen. Höre einfach auf dein Kind. Wenn es alles außer Mumi verweigert, dann ist es genau richtig so. Er ist ja kein hilfloses Baby mehr, sondern kann klar äußern, wenn er wieder Hunger oder Durst auf Wasser hat. Bei Krankheit ziehen sich auch ältere Stillkinder noch oft ganz auf die Brust zurück, auch, wenn sie eigentlich nur noch zum Einschlafen gestillt wurden. Nach der Krankheit hast du eventuell für einige Tage einen leichten Milchüberschuss... Gute Besserung für Zacharias."

Anja mit Benja (18 Monate):
„Ja, du kannst voll stillen, mit zusätzlichem Angebot an Wasser und Saftschorle. Lass ihn nur so oft nuckeln, wie er mag, es kann ein paar Tage dauern, bis die Milchproduktion wieder angekurbelt ist. Benja habe ich vor zwei Wochen auch wieder voll gestillt, als wir die Magen-Darm-Grippe hatten, sie hat sogar wieder Muttermilchstuhl produziert!"

Cordula mit Stella (dreieinhalb Jahre) und Angela (Baby):
„Muttermilch plus Saftschorle und nur ein Stillkind ist doch wunderbar... wir hatten gerade nämlich eine ähnliche Situation, war aber leider etwas schwieriger: Stella hatte letzte Woche einen komischen bakteriellen Infekt mit Fieber und vor allem mit extrem starkem Krankheitsgefühl. Ihr tat alles weh und sie wollte dauernd dringend zum Arzt. Sie war auch total apathisch und lag viel im Bett, am Freitag ist sie keinen Schritt gegangen, ich musste sie aufs Klo tragen und im Liegen anziehen und ins Auto tragen, um zum Arzt zu fahren. Und wenn sie schlief, hatte sie die schlimmsten Alpträume. Huh...

Sie hat auch vier Tage nichts gegessen - DAS war nicht so schlimm (Zitat Arzt, allerdings am ersten Tag: `Essen ist egal - Trinken ist wichtig´). Aber sie wollte außer MuMi auch fast nichts trinken, nicht mal zu Eis oder Fanta ließ sie sich überreden. Und sooo schnell hatte ich nicht genug Milch, zumal ich ja auch noch was für Angela brauchte. Sie fing schon an auszutrocknen, im Urin war zu viel Aceton und sie war auch extrem schläfrig. Es drohte schon die Infusion. Ich wusste gar nicht, wer meine Milch nun am dringendsten brauchte: das kleine Baby oder das große kranke Kind? Zum ersten Mal überhaupt hatte ich nicht genug Milch, das Gefühl kannte ich vorher gar nicht. Beide Kinder stillten sich dauernd, jammerten, weil nicht genug kam, einmal haben wir Angela sogar Wasser aus der Flasche gegeben. Nun, ohne Stillen hätte sich die Infusion für Stella wohl kaum vermeiden lassen, so haben wir es gerade noch geschafft. Sie brauchte dann leider doch ein Antibiotikum - zum ersten Mal war ich froh darüber, denn einen Tag später fing sie wieder an zu trinken und das Schlimmste war vorbei. Lieber Antibiotikum als Infusion. Sie hatte dann noch Kopf- und Nackenschmerzen, aber auch das ist jetzt vorbei, sie ist nur noch etwas schlaff. Tja, und vorgestern Nacht hatte Angela dann urplötzlich 39,7 Fieber! Aber sie hatte es besser, inzwischen war ja reichlich Milch da, zumal Stella nicht mehr sooo viel brauchte. So hatte Angela genau einen Tag lang Fieber und kaum sonstige Probleme, und es ging einfach so wieder weg. Heute hatte ich soviel Milch, dass ich 100 ml abgepumpt habe."

Heidi:
„Ich habe Lily in den Tagen nach ihrer Operation auch fast ausschließlich gestillt - und die Ärztin und die Schwestern haben sich gefreut! (Lily war fast zwei Jahre alt.) Sie fanden allerdings wichtig, ihr immer wieder Wasser, Zwieback oder Joghurt anzubieten - sie trank dann bald wieder Wasser und aß am zweiten Tag etwas Joghurt. Ich glaube, die Kinder wissen ganz gut, was ihnen bekommt. Falls du mit deiner Frage meintest, ob deine

Milch ausreicht: Klar, wie immer regelt die Nachfrage das Angebot! Und Steigerung der Milchmenge geht oft schneller als Verminderung. Ich war damals auch schon mit Maja schwanger."

Petra:
"Ja, Katja, du kannst voll stillen oder andersherum gefragt, wieso solltest du nicht können? Bevor er sonst gar nix isst oder nur Saftschorle trinkt, ist es doch ernährungsgemäß immer noch besser, wenn er voll gestillt wird. Meine Tochter Ilona hatte im Winter eine Mittelohrentzündung. Sie hat eine ganze Woche wieder nur voll gestillt. Sie war zu dem Zeitpunkt knapp zweieinhalb Jahre und hat alles andere zu essen verweigert, sogar Schokolade und anderen leckeren Kram. Sie hatte auch viel Fieber, aber wir haben es ohne Antibiotika und mit naturheilkundlichen Mitteln gut in den Griff gekriegt. Wegen des Fiebers hat sie wesentlich mehr Flüssigkeit getrunken als sonst, Wasser und Saftschorle, auch nachts (macht sie sonst nie), aber Essen hat sie eine Woche lang komplett verweigert, und ein paar Tage davor und danach jeweils nur in winzigen Mengen. Insgesamt waren das also etwa zwei Wochen, in denen sie mehr oder weniger nur von der Brust gelebt hat. Der Unterschied zu dir ist aber vielleicht, das du evtl. etwas länger brauchst, bis du deine Milchmenge wieder so gesteigert hast. Ich habe zu dem Zeitpunkt vorher wesentlich öfter als drei Mal am Tag gestillt, und Ilona war eigentlich noch nie eine sooo große Esserin oder Trinkerin, so dass ich vermute, dass sie noch viele Kalorien aus meiner Milch nimmt. Von der Milchmenge her fand ich es jedenfalls kein Problem, wieder auf ausschließliches Stillen hochzufahren. Sie war eh nur lethargisch, wollte nicht spielen, hat nur entweder gestillt oder geschlafen, sodass wir die fast ganze Zeit entweder auf dem Sofa oder im Bett liegend unter Decken kuschelnd verbracht haben. Und durch ihr Dauerstillen wurde die Brust ja optimal angeregt. Ich fand das aber auch nicht belastend oder nervig, im Gegenteil, ich war froh, dass sie wenigstens an der Brust etwas relaxt war, sodass ich die paar Tage lang nix anderes gemacht habe.
Da deine ältere Tochter Marielle nicht da ist, kannst du dir das vielleicht so einrichten, dass du dich nur um Zacharias und ums Stillen kümmerst? Kommt vielleicht auch darauf an, ob er trotz der Bronchitis aktiv ist, herumrennen und spielen will oder ob er eher in ruhiger Kuschellaune ist und sich gerne mit dir ins Bett legen würde. Bei Ilona war es das erste Mal, als sie dieses typische Krankheitsverhalten hatte, das ich auch von mir kenne: Fasten und schlafen, damit sich der Körper voll auf die Heilung konzentrieren kann.
Als Ilona wieder fit war, hat sich ihre Stillfrequenz übrigens wieder auf das normale Maß eingependelt. Sie hat wieder gut gegessen und normal oft gestillt. Das habe ich gemerkt, weil sich seit langem meine Brust richtig milchgefüllt anfühlte, wie in der Anfangsvollstillzeit. Es dauerte ein paar Tage, bis sich das auf die verringerte Nachfrage eingespielt hatte."

Sandra F.:
"Die meisten Kinder stillen sich ab, bevor sie ein für manche wohl utopisches Alter erreicht haben. Und die paar, die solange gestillt werden möchten, haben sicher ihre Gründe dafür. Als ich mit meinem dritten Kind schwanger war, stillte mein dreijähriger Sohn noch viel, obwohl er den Milchflussreflex nicht mehr richtig auslösen konnte. Am Stuhlgang war zu erkennen, dass es jetzt mehr `Vormilch´ ist. Meine sieben Jahre alte (damals noch gestillte) Tochter hatte eine schwere Lebensmittelvergiftung. Sie ist ohnehin schon untergewichtig und nahm (innerhalb kürzester Zeit) ein paar Kilo ab; sie war komplett ausgetrocknet und sah fürchterlich aus. Ich hatte, aus Angst vor einer Fehlgeburt, unsere täglichen Stillzeiten etwas eingegrenzt. Sie konnte einfach keine Nahrung mehr bei sich behalten. Alles, was wir ihr anboten, kam wieder. Zuletzt stand nur noch eine künstliche Ernährung, per Infusion, zur Auswahl. Ich fragte sie, voller Verzweiflung, WAS ich ihr denn geben solle. Sie sagte

ganz nüchtern, dass sie bloß meine Milch bräuchte. SIE wusste genau, was sie brauchte. So klar wie sie es sagte, konnte das nicht anders sein. Ich habe alle Warnungen über Bord geworfen und sie einfach gestillt. Eine Woche lang nahm sie nichts anderes zu sich. Sie war zu diesem Zeitpunkt sieben Jahre alt. Schon allein aus dieser Erfahrung heraus, würde ich keine Prognose darüber abgeben, wie viel ein Kind eines bestimmten Alters noch an Muttermilch trinkt. Danach war sie wieder völlig genesen. Es hatte wohl seinen Sinn, dass sie eben noch gestillt wurde. Wer weiß, was uns erwartet hätte, wenn nicht.
Und ich habe bisher bei einem Infekt immer die paar Tropfen ausgestrichen, um die Nasenschleimhaut feucht zu halten. Beim letzten Mal war die Milch regelrecht zähflüssig. Aber meinem Sohn schmeckt es und bekommt es. Also ist es auch egal, wieviel es ist. Er holt sich schon, was er braucht"

3.7. Kann das Kind zu viel nuckeln oder braucht es einen Nuckel?

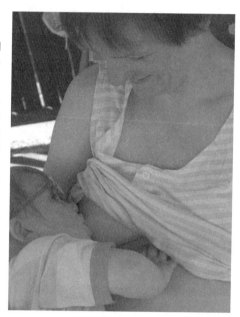

Wenn man das Baby einmal zu viel nuckeln lässt, schadet es ihm nicht. Manchmal tut ihm auch nuckeln gut, da es die Peristaltik des Darmes anregt und weil das Baby ein großes Bedürfnis danach hat.

Stillen schafft nicht nur Nahrung, sondern befriedigt fast alle anderen Bedürfnisse des Babys. Kinder wollen ihr Saug-, Kuschel-, Trost-, Nähe- und Nahrungsbedürfnis bei der Mutter ausreichend stillen können. Das Bedürfnis dazu ist etwa so groß wie das nach Nahrung. Darum ist es schade, dass viele Kinder mit einem Ersatz - einem künstlichen Nuckel - leben müssen.

Im LLL-Infobrief Österreich 2001 wird Gudrun von der Ohe, (Ärztin) zitiert:
„Betrachtet man sich nun den motorischen Homunkulus, so wird deutlich, dass auch im motorischen Bereich die Mundregion in der Großhirnrinde stark repräsentiert ist. Durch die monotonen Reize des Schnullers wird die Wachsamkeit des Zentralnervensystems herabgesetzt. Das ist zwar mit dem Gebrauch des Schnullers erwünscht, hat aber auch unbeabsichtigte Folgen: Lernerfahrungen finden nicht statt. Eine Stimulation der Großhirnrinde, die zur Entwicklung des unreifen Gehirns notwendig ist, unterbleibt. Der Schnuller leistet einen ersten Beitrag zur Verödung unserer aktiven Sinne. Er macht mundtot."

Das Kind hat einen kostbaren, lebendigen Schnuller, den es sicher auch mal ohne Hunger in Ruhe nuckeln darf. Es braucht keinen Nuckel aus Gummi. Dieser kann zudem die Muttermilchmenge verringern, wenn das Nuckelbedürfnis am Gumminuckel befriedigt wird.

Norma Jane Bumgarner „Wir stillen noch", 1. Auflage, 1996, La Leche Liga International:
„Das Saugen erfüllt eine wichtige ausgleichende Funktion im Leben der schnell wachsenden kleinen Menschen. Deshalb suchen die meisten Kinder, die nicht gestillt werden, zwangsläufig nach einem Ersatz, wie z.B. Fläschchen, Schnuller, Daumen, Finger, Haare, Kissenecken usw. Sie zeigen uns durch die Beharrlichkeit ihres Tuns, dass kleine Kinder

die besänftigende und beruhigende Wirkung des Saugens ebenso brauchen wie manche Erwachsene unter uns ihre `Beruhigungsmittel´, ja mehr als sie. Denn Kinder sind so jung, so unreif, so welterfahren, dabei erleben sie ein enormes Wachstum und Veränderungen, die ihnen unverständlich sind."

Im gleichen Buch wird der Forscher des psychiatrischen Bindungsverhaltens von kleinen Kindern John Bowlby zitiert:
„*Bei den Primaten haben das Lutschen an den Brustwarzen und das Saugen zwei getrennte Funktionen. Das eine dient der Ernährung, das andere der Bindung. Jede dieser Funktionen ist für sich genommen wichtig. Es wäre ein Fehler anzunehmen, dass die Ernährung von primärer und die Bindung von sekundärer Bedeutung sei. Vielmehr ist das nicht ernährungsbedingte Saugen an der Brust weit häufiger, als das Trinken zur Nahrungsaufnahme."*

3.8. Körperliche Veränderungen: Wird die Brust vom Stillen hängen?

Frage: „Es geht um die Brüste: Ich habe nahezu panische Angst, dass ich Hängebrüste bekomme! Was könnt Ihr zu diesem Thema berichten - nach mehrjähriger Stillerfahrung?"

Kirsten:
„*Ich stille ja erst zweieinhalb Jahre. Mein Busen war nie besonders straff und „hing" irgendwie schon immer (außer, wenn ich friere), obwohl er klein war/ist (Still-BH in 75A? Gibt es so etwas?). Und das ist immer noch so. Nach langer Stillzeit wird manchmal Brustfett etwas `weggestillt´, so dass die Brüste evtl. etwas kleiner sein können als vorher. Aber ansonsten ist die Regel: `Man kann einer Brust nicht ansehen, ob die Mutter gestillt hat, wohl aber, ob sie Kinder bekommen hat.´ Soll heißen: Wenn die Brust irgendwie anders ist, dann liegt es nicht am Stillen an sich, sondern am Muttersein."*

Anke D.:
„*Meine Brüste sehen nach anderthalb Jahren Stillen noch aus wie vorher; zwischendurch waren sie größer, jetzt haben sie fast ihre alte Größe (Kleinheit) wieder, evtl. eine halbe Nummer mehr (ich hatte 75 A, jetzt kann ich 75 B tragen aber nach dem Stillen sitzt der BH locker).*
Meine Schwester hat vier Kinder, davon keines länger als vier Wochen gestillt, und hat echte Hängebrüste - vorher waren sie mit meinen identisch). Meine Mutter hatte drei Kinder, davon zwei je über ein halbes Jahr gestillt und hat heute mit über 66 Jahren noch sehr schöne - nicht hängende - Brüste. Die Hängehaltung der Brüste hängt von verschiedenen Faktoren ab:
1) *Veranlagung,*
2) *Schwangerschaften (unabhängig vom Stillen),*
3) *Pflege (ich creme nicht und mache nie Übungen, aber entgegen meiner früheren Praxis trage ich jetzt immer einen BH und achte auf guten Sitz, ebenso tat es meine Mutter, meine Schwester hat dies nicht getan, weshalb ich vermute, dass es daran gelegen hat, dass ihre Brüste nun die Form verloren haben)."*

Gunde:
„Deine Brust hat sich durch die Schwangerschaft verändert. Du machst gerade das Beste, was du gegen `Hängebusen´ machen kannst, indem du ganz langsam abstillst und Kolya das Tempo überlässt. Mütter, die nur wenige Wochen stillen und dann innerhalb weniger Tage völlig abstillen, oder die nach der Schwangerschaft gar nicht stillen, laufen Gefahr, ihre Brust zu ruinieren. Deine Brust hat dagegen alle Zeit der Welt, wieder Fettgewebe einzulagern - eindeutig auch ein Vorteil einer jahrelangen Stillbeziehung! Ich finde es gar nicht peinlich, darüber zu reden. Wir sind ja keine Muttertiere, sondern Frauen. Und Stillen macht hübsch, das sollten alle wissen!

Das Gefühl, plötzlich einen Atombusen zu haben, dass der Milcheinschuss das Gewebe irreparabel überdehnt hat, hatte ich auch nach Tianas Geburt. Nach einer längeren Stillzeit fand ich meinen Busen - so wie du auch - `schlaff´. Jetzt stille ich das zwölfte Jahr und irgendwie ist es wieder alles genau so, wie es sein soll, obwohl Bennet keine hohe Stillfrequenz mehr hat und eigentlich die `schlappe´ Zeit gekommen ist. Ob das objektiv so stimmt, weiß ich nicht, aber ich bin jetzt zufrieden.

Ich möchte noch ergänzen: Während der Schwangerschaft verdrängt das Drüsengewebe teilweise das Fettgewebe, und die Brust wird etwas größer oder zumindest schwerer.
Beim natürlichen Abstillen, also über viele Monate oder mehrere Jahre hinweg, wird das Drüsengewebe wieder nach und nach durch Fetteinlagerungen ersetzt. Das schafft der Körper nicht beim plötzlichen Abstillen innerhalb weniger Wochen oder sogar Tage. Die hängende Brust richtet sich nicht wieder auf. Ansonsten hat Anne natürlich recht, dass das Bindegewebe sich durch die Schwangerschaft (nicht durchs Stillen) und durchs Älterwerden verändert und die Brust auf jeden Fall weicher wird."

Petra mit Ilona:
„Wegen Hängebrüsten... nun, ich denke nicht, dass die Gesamtlänge der Stilldauer da einen so maßgeblichen Einfluss hat. Als erstes hat jede Frau eine bestimmte genetische Disposition vererbt bekommen, was das Bindegewebe betrifft. Man kann zwar in gewissem Rahmen etwas gegen Hängebrüste machen (Ernährung, Sport), aber manche bleiben halt einfach knackiger und besser in Form als andere. Die Brüste verändern sich schon in der Schwangerschaft und dann kurz nach der Geburt beim Milcheinschuss. Ich denke, wenn bis dahin nichts bei dir passiert ist, was in Richtung Hängebrüste deutet, ist es egal, ob du später ein Jahr oder zwei oder drei gestillt hast. Risse oder Dehnungsstreifen kriegt man am Anfang (wenn man sie kriegt), außerdem kommt es ja noch auf einige andere Faktoren an. Ich persönlich finde nach zweieinhalb Jahren, dass sich meine Brüste nach den Kindern nicht wirklich verändert haben. Richtig beurteilen werde ich das aber erst können, wenn ich irgendwann mal nicht mehr stille und meine Brüste nicht mehr `aktiv´ sind.
Aber mal ehrlich: woher kommt die große Angst davor? Wenn man ein Kind gekriegt hat, verändert sich halt der Körper, weil er etwas Großartiges geleistet hat. Ob man dadurch Schwangerschaftsstreifen, einen Wabbelbauch, ein breiteres Becken oder sonst was kriegt, das kann man vorher nicht wissen. Die einzige `Alternative´, um seinen tollen jugendlich-straffen Körper zu erhalten, ist doch, gar kein Kind zu bekommen. Und selbst dann macht sich im Lauf der Jahre die Schwerkraft bemerkbar. Ich bin stolz auf meine Brüste, weil sie meinem Kind soviel geben können, egal, wie sie aussehen, und mein Kind liebt meine Brüste, egal wie sie aussehen. Und ich bin kopfmäßig auch weggerückt von diesem allgemein gültigen Schönheitsideal, das mir halbverhungerte Sechzehnjährige als etwas verkaufen will, das ich ohnehin nie erreichen konnte/kann. Wieso soll ich mich dann selbst belügen und diesem Trugbild hinterher hecheln? Diese Schönheitsideale ändern sich im Laufe der Zeit (denk z.B. an die - für unsere Begriffe - total fetten Rubensfrauen), aber das

Stillen bleibt immer.
Lass dich von den doofen Kommentaren nicht unterkriegen. Du machst das Beste für dein Kind, und das allein ist wichtig."

3.9. ÖKOLOGISCHE STILLBILANZ

Nachfolgendes wurde auf der Internetseite www.breastfeeding.com gefunden:
„Muttermilch wird für den Konsumenten geliefert ohne Verschmutzung, unnötige Verpackung oder Müll. Der meiste Fokus bei der Betrachtung der Umweltaspekte bei Babys wird auf die Debatte zwischen Stoff- oder Einmalwindeln gelegt, aber die Konsequenzen für die Umwelt durch die Flaschennahrung sind viel größer. Es würde 135 Millionen milchgebende Kühe, die 43% der Fläche Indiens bedecken würden, benötigen, um die Muttermilchmenge der stillenden Mütter in Indien zu ersetzen. Wenn jedes Kind in Amerika durch künstliche Nahrung ernährt würde, brauchte man mindestens 86.000 Tonnen Blech, um die 550 Millionen Dosen für die Flaschennahrung zu erzeugen. Große Mengen Wasser, Treibstoff, Papier, Glas, Plastik und Gummi werden in der Produktion benötigt, im Transport und der Zubereitung der Flaschennahrung. Zusätzlich erzeugt die Flaschennahrung signifikante Mengen an Müll. Kuhmilch als Ersatz für Muttermilch ist kostspielig, erzeugt Müll und benutzt wertvolle Ressourcen.

Frauen, die uneingeschränktes Stillen praktizieren, haben durchschnittlich 14 Monate keine Menstruation. Wenn Sie dies mit den jährlichen vier Millionen Geburten in den USA multiplizieren, sehen Sie, dass man eine Milliarde Binden/Tampons jährlich von den Müllkippen und Anlagen fernhalten könnte. Um das Szenario zu ergänzen: weil Muttermilch von Babys besser verarbeitet wird, erzeugen gestillte Babys weniger Exkremente und müssen seltener gewickelt werden als Flaschenbabys. Die zusätzlichen Windeln, Binden und Tampons zu produzieren bedingt einen großen Bedarf an Fasern, Bleichmitteln und anderen chemischen Prozessen, Verpackungsmaterial und Treibstoff."

3.10. STILLEN UND ÄRZTE

Ärzte können noch so impfkritisch, modern oder nett sein; die meisten sind mitteleuropäisch erzogen und oft gegen langes Stillen. Wollen Sie Nerven und unnütze Diskussionen sparen, bringen Sie das Thema „Stillen" nicht zur Sprache, es sei denn, es geht um Medikamente. Es gibt auch stillfreundliche Ärzte: Über eine praktische Ärztin, die von meinem Dreijährigen, der im Behandlungszimmer stillte, begeistert war, war ich erstaunt. Die Kinderärztin wollte mir einreden, dass es mit sechs Monaten Zeit wäre, Fleisch zu füttern. Die Gynäkologin behauptete, dass Stillen in der Schwangerschaft schlecht für das Ungeborene sei; ob ich mich nicht lösen könnte, weil mein Kind schon 18 Monate alt wäre. Ich war monatelang wütend und schickte ihr Infos. Als ich das nächste Mal bei dieser Ärztin war, brachte ich das Thema zur Sprache. Plötzlich war sie anderer Meinung. Ich beschloss, das Thema vor Ärzten und anderen Leuten nicht mehr anzuschneiden; vielen anderen Müttern ging es ebenso. Die meisten beschließen, mit einigen Leuten über langes Stillen einfach nicht mehr zu sprechen.

Silke:
„Während des Medizinstudiums befassen sich die werdenden Ärzte ungefähr eine Vorlesung lang mit dem Thema Stillen und Säuglingsernährung. Was dabei über das Stillen über den

Zeitraum von sechs Monaten hinweg doziert wird, ist (zumindest an der Kieler Uni) veraltet (siebziger/achtziger Jahre) und nicht ausreichend, um die werdenden Ärzte umfangreich zu informieren. Wenn ein Arzt nicht gerade eine Fachausbildung absolviert oder sich selber mit der Materie befasst, hat er den gleichen Wissensstand übers Stillen wie meine Oma. Also sollte man einem Allgemeinmediziner so wie jedem anderen Menschen begegnen, dem man von seiner Stillerfahrung berichtet (man muss leider mit unqualifizierten Kommentaren rechnen).

Vor ein paar Monaten trafen wir uns mit zwei befreundeten Ärzten im Praktikum und stießen auf das Thema `Flasche bei Kleinkindern´. Dabei mussten sie mit Entsetzen feststellen, dass mein Sohn die Flasche nicht kennt.

`Das ist ja brutal, was hat denn der Kleine all die Zeit getrunken?´, `Na, Muttermilch!´, `Was, Buttermilch?´, `Nein, er wird gestillt!´ ... `Das kann doch nicht sein, woher kommt denn die Milch noch? Das ist doch viel zu wenig, er ist doch ein Junge.´ So ähnlich verlief das Gespräch, bei dem ich herzlich lachen musste, obwohl es traurig ist, dass Mediziner über die `beste Versorgungsmöglichkeit´ eines Kleinkindes so wenig Bescheid wissen.

Einige Tage später trank mein Sohn in der Gegenwart eines o.g. Freundes. Er schmatzte dabei und genoss seine Mahlzeit sichtlich. Anschließend sagte er (wie immer): `Danke Mama, hat gut smeckt´ und machte ein Bäuerchen."

Kirsten Meikies, Schlagsdorf:
„Unsere Kinderärztin kann nicht so ganz glauben, dass Ria noch an der Brust trinkt, obwohl sie mich während der Schwangerschaft darin bestärkt hat. Mein Frauenarzt grübelt, ob ich ihm die Wahrheit erzähle, obwohl auch er wusste, dass Ria während der Schwangerschaft weitergestillt hat (er hat wahrscheinlich schon damals grübelt, ob ich nicht schwindele)."

Gunde (36 Jahre, Hotelfachfrau) mit Tiana und Bennet:
„Ärzte sind komisch. Ein Kinderarzt wurde knallrot, als ich ihm meine fünfjährige Tochter vorstellte und er auf die Frage nach dem Zeitpunkt des Abstillens ein `nie´ zur Antwort bekam. Es ist toll, gestandene Leute aus der Fassung zu bringen. Meistens reagieren Ärzte aber negativ oder ignorant."

Barbara:
„Ich bin mittlerweile vorsichtig geworden, wem ich vom Tandemstillen erzähle. Mein Mann hat es akzeptiert. Ich wüsste auch nicht, wie ich die Belastung Ablehnung seinerseits bewältigen könnte. In der Verwandtschaft bin ich vorsichtig geworden: unser Sohn wird teilweise von den Großeltern dafür getadelt, dass er noch stillt, was ich ihm gern ersparen möchte. Deshalb stille ich nicht im Beisein Dritter, sondern gehe lieber mit den Kindern in ein anderes Zimmer und versuche dadurch zu signalisieren `Ich möchte nicht darüber diskutieren´. Bei Freunden wähle ich ebenfalls genau aus, wem ich davon erzähle.

Schulmedizinern erzähle ich, wenn es nicht zur Diagnosefindung notwendig ist, überhaupt nichts davon. Als ich jedoch mit einem Ekzem zur Hautärztin ging (unser Sohn war zwei Jahre alt) und sie um ein stillfreundliches Medikament bat, bin ich zu meinem Überraschen auf Verständnis gestoßen, ebenso wie neulich, als ich bei einem Anästhesisten um eine stillverträgliche Narkose bat (es war allerdings auch ein WHO-zertifiziertes `Stillfreundliches Krankenhaus´). Mein Gynäkologe hat jedoch überhaupt kein Verständnis dafür.

Loben muss ich unsere homöopathische Ärztin. Sie hält es zwar für eine ziemliche Belastung, weiß aber den Wert für die Mutter-Kind-Bindung zu schätzen. Auch die Stillberaterin und die Nachsorge-Hebamme sind positiv zum Tandemstillen eingestellt. Die Nachsorge-Hebamme war besorgt, als nach der zweiten Geburt die Brust zu prall war, und als ich ihr erklärte, ich hätte einen Sohn, der liebend gerne die Brust leer trinken würde, war sie begeistert."

Gunde:
„Ärzte empfehlen z.B. Fluoretten (Tabletten mit Fluor), weil zu den Ärzten Pharma-Vertreter kommen und sie mit Kalendern, Büchern, netten Geschenken und `Informationen´ eindecken. Aber es kommt nie jemand und erklärt wortreich, dass ein Medikament nicht mehr empfohlen wird, oder warum Muttermilch für Kleinkinder so gesund ist. Daran wird kein Geld verdient, also gibt es keine `Infos´. Ich war einmal mit einem Still-Stand auf dem Kinderärztekongress. Neben den Ständen der Säuglingsnahrungsindustrie und der Pharmazeuten (Impfungen etc.) kamen wir uns richtig schäbig vor. Die Ärzte wurden mit kompletten Menüs bedient, manchmal auch Kaffee und Kuchen; sie erhielten Bücher mit Studien geschenkt, die die Wichtigkeit der umworbenen Produkte unterstrichen, und viele Warenproben. Bei uns konnte man kleine Faltblättchen für das Stillen kaufen.

Es war mir nie so deutlich, welche Macht hinter dem Geld steckt und wie Kinderärzte davon beeinflusst werden."

Andrea Schwaiger:
„Als meine Mutter 1968 das erste Kind bekam, wurde es die zehn Tage, die sie im Krankenhaus verbrachte, von ihr getrennt und nur zum Stillen gebracht. Mit Mundschutz und desinfizierter Brust wurde gestillt, wobei der Kleine aber nie gescheit trank, weil er im Säuglingszimmer gefüttert wurde. Um dem Wundwerden der Brustwarzen vorzubeugen, bekam meine Mama eine Salbe. Trotzdem hatte sie bald offene entzündete Brustwarzen, Milchstau, Brustentzündung... und stillte ab.
Beim zweiten und dritten Kind genau dasselbe Spiel - abgestillt.
 Das vierte Kind 1975 (das war ich) stillte sie drei Monate - warum es besser lief, weiß sie heute nicht mehr. Beim fünften Kind war alles wie zuvor.
Als sie 1983 eine Nachzüglerin bekam, war es wieder so schlimm: Ich sehe das Bild noch genau vor mir (damals war ich acht Jahre alt - aber das werde ich nie vergessen): Meine Mama saß mit vierzig Grad Fieber auf der Couch, eine Milchpumpe in der Hand und weinte vor Verzweiflung, weil sie solche Schmerzen hatte. Nie zuvor hatte ich meine Mutter weinen sehen.
Mit 43 Jahren gebar sie ihr siebtes Kind, das sie am Tag nach der Geburt bei sich auf dem Zimmer haben durfte. Dennoch war das Stillen ein Desaster. Entzündete Brustwarzen, Milchstau etc.. Vergeblich cremte sie die Warzen ein - nichts half. Ein zur Hilfe gerufener Arzt (noch im Krankenhaus), der noch in der Ausbildung war, brachte ihr Erlösung: `Vielleicht reagieren Sie auf die Creme allergisch.´ Und genau das war der springende Punkt: die Salbe, die sie jedes Mal verwendet hatte (wohl gemerkt: auf Anraten der Ärzte, den Salbennamen habe ich vergessen).
So entwickelte sich eine lang andauernde innige Stillbeziehung, die fast sieben Jahre andauerte. Als meine Mutter knapp 50 Jahre alt war und Eva die zweite Stufe der Grundschule besuchte, endete die Stillbeziehung. Noch heute schläft Eva bei meinen Eltern im Schlafzimmer (sowie die anderen sechs Kinder vor ihr) und schlüpft mit ihren elf Jahren gerne noch zur Mama ins Bett.
Von ihrem Frauenarzt (der zwei Jahre später in Pension ging) wurde sie ob des langen Stillens immer gelobt und aufgemuntert.
"

Xandra mit zweieinhalbjähriger Tochter:
„Glückwunsch zu deiner Mama. Da hat sie beim letzten Kind alles nachgeholt. Ich bin so froh, dass wir jetzt und nicht 20-30 Jahre früher leben. Es wäre uns nicht anders ergangen als unseren Müttern. Sie wurden doch von den Halbgöttern in Weiß bevormundet, wo es nur ging.

Wenn ich solche Geschichten höre, könnte mir die Hutschnur hochgehen. Ich selbst wurde auch mit zwei Wochen nach einer Brustentzündung meiner Mama abgestillt. Ich wurde im Vierstundentakt gestillt; mein Bruder hatte das Stillvergnügen zwei Monate. Sie wundert sich immer wieder, dass ich noch Milch habe. Meine Cousine hatte zu wenig Gewicht und wurde mit Babynahrung im Krankenhaus aufgepäppelt. Meine Tante durfte sie nur durch eine Glasscheibe sehen, wenn die Schwestern Zeit hatten. Nach zwei Wochen war die Milch natürlich weg. Und so könnte ich fortfahren. Bleibt zu hoffen, dass unsere Töchter ihre innere Stimme hören; meine ist noch ziemlich leise. Ich lasse mich noch viel zu sehr von anderen beeinflussen, auch von Ärzten, aber ich arbeite daran."

3.10.1. Stillen im Sultanat Oman

Die Milch des Lebens
„Es war neun Uhr abends, als mich die Krankenschwester zu meinem Bett zurückfuhr, einem von sechs Betten im Omani-Hospital. Nach einem vollen Tag Wehen dachte ich, ich könnte mich mit meinem schlafenden Neugeborenen hinlegen und einige Ruhe erhalten. Die ersten wenigen Schreie vom Baby im benachbarten Bett regten mich nicht besonders auf: die Mutter reagierte schnell, und ich war in der Lage wieder einzunicken. Als es immer wieder weinte, ließ die Mutter ein hörbares Ssssch hören, bevor sie dazu überging, ihren Sohn aufzunehmen. Ihre Nerven begannen brüchig zu werden. Um drei Uhr morgens lagen meine und die Nerven der anderen vier Frauen ebenfalls blank. Je später es wurde, desto länger dauerte es, bis die Frau ihren Sohn aufnahm. Die Schwester kam, um mit ihr zu sprechen. „Er möchte gestillt werden", sagte sie. „Ich füttere ihn die ganze Zeit, aber es ist keine Milch da". Die Frau erhob ihre Stimme, und ein starker Akzent färbte ihre Stimme. Sie war den Tränen nahe. „Da muss nicht unbedingt Milch sein, er braucht einfach Sie." „Ich bin müde, ich kann ihn nicht davon abhalten, gestillt werden zu wollen, bitte können Sie ihm eine Flasche geben?" „Nein." Die Antwort war klar. „Beim Stillen geht es nicht nur um Milch. Ihre Brust ist alles, was das Baby kennt. Es braucht das Kolostrum, das es dort jetzt gibt; auch wenn Sie es nicht fühlen, es ist da." Die Mutter maulte und fiel zurück auf ihr Bett. „Ich kann das nicht länger aushalten!" Sie tat mir leid. Wir alle taten mir leid. Ihr Baby hielt mich und alle Neugeborenen vom Schlaf ab. Ich konnte mir vorstellen, dass ihre Brustwarzen vielleicht wund waren und ihre Geduld am Ende war, wenn ihr Baby wieder an ihr saugen wollte. Der Doktor kam: „Was ist los, Mutter? Will dein Baby nicht gestillt werden?" „Doch, das ist das Problem, das ist alles, was er tun möchte. Er will nicht schlafen, weil er keine Milch bekommt. Bitte Doktor, sagen Sie der Schwester, das sie ihm eine Flasche gibt." Der Doktor schüttelte den Kopf. „Ich kann das nicht tun. Dein Baby ist krank, es hat Fieber. Das ist der Grund, warum es nicht schlafen will. Er braucht nur das, was aus deiner Brust kommt. Es ist die einzige Medizin, die wir für ihn haben."

3.10.2. Warum Kleinkinder stillen

Dr. Dettwyler, Katherine, „Why Nurse Toddlers", PhD[48], Departement of Anthropology, Texas A&M University, Übersetzung von Ulrike Schmidleithner, gekürzt von Claudia Joller:
„Das `natürliche´ Abstillalter läge zwischen zweieinhalb und sieben Jahren, hätten wir nicht verschiedene kulturelle Vorstellungen darüber. Ich habe viele Faktoren untersucht und kam auf eine absolute Mindeststilldauer von zweieinhalb Jahren. Alle bisherigen Studien,

---

[48] im englischen Sprachraum: Doktor der Philosophie

ergeben, dass sowohl Gesundheitszustand als auch IQ umso besser sind, je länger ein Kind gestillt wird. Über Kinder, die länger als zwei Jahre gestillt wurden, gibt es keine Studien; nichtsdestoweniger ist es schwer vorstellbar, dass nach dem zweiten Geburtstag alle Stoffe, die dafür verantwortlich sind, plötzlich verschwinden. Also, wenn du magst, erzähl deiner Schwiegermutter, wenn du sie das nächste Mal besuchst, dass eine `wissenschaftliche Untersuchung einer Professorin der A und M - Universität Texas´ ergeben hat, dass die natürliche Stilldauer zweieinhalb bis sieben Jahre beträgt. Ich habe herausgefunden, dass kritische Freunde und Verwandte es schwer finden, gegen so eine Aussage etwas einzuwenden. Vielleicht ist es unfair, dass wir nicht einfach antworten können: `Ich erziehe mein Kind, wie es sich für mich richtig anfühlt´ und darin auch respektiert werden, aber leider respektieren die meisten Menschen Ärzte und `wissenschaftliche Untersuchungen´ eher. Es macht es auch etwas weniger persönlich und rückt es in den Bereich dessen, was, wissenschaftlich gesehen, `das Beste´ ist. Ich kenne Mütter, die Freunden und Verwandten erzählen, der Kinderarzt habe ihnen gesagt, das Kind brauche das Stillen noch. Dito hier: der Kinderarzt ist nicht da, um zu diskutieren, und die meisten Leute respektieren die Entscheidung einer Mutter, dem Rat des Kinderarztes zu folgen.

Einen andern Satz, den ich oft benutze, wenn Leute fragen – ich stille einen fast Vierjährigen - ist: `Weißt du, er wird ja nur Tag um Tag älter, und weil er das Stillen gestern brauchte, nehme ich an, dass er es auch heute noch braucht.´ Humor hilft.

Wenn ich von Ärzten höre, die Müttern abzustillen raten, damit die Kinder mehr feste Nahrung zu sich nehmen, möchte ich sie (die Ärzte) immer fragen, welche Nahrungsmittel sie für besser als Muttermilch erachten ... Hotdogs vielleicht?
Ich hatte immer die volle Unterstützung meiner Familie (eine wunderbare Schwiegermutter eingeschlossen, die in den 40er und 50er Jahren vier Kinder stillte, als es überhaupt nicht `in´ war.) Mein Herz ist bei euch, wenn ihr diese Unterstützung nicht habt. Hoffentlich helfen euch meine Vorschläge ein wenig."

3.11. „GUTE" RATSCHLÄGE VON ANDEREN

Allzeit beliebt sind ungebetene Ratschläge von Freunden, Omas, Tanten und Schwiegermüttern. Bei Menschen, die einem nahe stehen, ist es einem wichtig, dass man ihren Segen bekommt. Dies ist jedoch beim Stillen, wie in vielen anderen Fällen auch, fast unmöglich: wenn eine Frau ältere bereits abgestillte Kinder hat, wird sie die Ansichten, die sie damals vertreten und durchgezogen hat, in der Regel verteidigen. Sonst müsste sie wenigstens innerlich zugeben, etwas falsch gemacht zu haben. Es ist nicht leicht, mit diesen Ratschlägen umzugehen, aber man kann es schaffen. Im folgenden Bericht geht es um eine Mutter, der geraten wurde, zuzufüttern, weil sie doch nicht genug Milch für das Baby habe.

Sandra F.:
„Bei Stillproblemen sollte sie sich schnellstmöglich eine Stillberaterin suchen, die auch mal schauen kann, ob sie die richtige Anlegetechnik hat. Und außerdem mal `nach Bedarf´ stillen. Ich unterstelle einmal, dass das Baby sicherlich NICHT alle Stunde gestillt wird.
Es ist durchaus nicht so selten, dass Mütter wirklich nicht genug Milch haben. Und es wundert mich noch nicht einmal - bei den `Stillinformationen´ die so allgemein kursieren. Mindestabstände (zwei Stunden sind schon `kurz´), begrenzte Trinkzeiten (15 Minuten pro Seite höchstens, sonst gibt es wunde Warzen), Schnuller für das Saugbedürfnis (könnte abhängig machen, dass Kind ausschließlich an der Brust zu lassen), oder Tee zwischendurch (`du trinkst doch auch keine Milch, wenn du Durst hast, oder?´). Das sind die geläufigsten Argumente, die mir einfallen. Ich wundere mich nicht, dass viele Frauen verunsichert sind.
In den Krankenhäusern fängt es an. Wer ist denn in der Lage, sich kurz nach der Geburt der Krankenhaus-Routine zu widersetzen? Und wo bekomme ich `kompetente Beratung´? Hierzulande arbeiten noch einige Krankenhäuser enorm gegen die Stillgruppen. Ich habe erlebt, dass die geburtsvorbereitende Hebamme die Stillgruppen (auf Nachfrage) pauschal als `stark verunsichernden Faktor´ beschrieben hat. Nicht empfehlenswert, diese bereits während der Schwangerschaft aufzusuchen.

Wo soll es herkommen? Welche Mutter hat schon die Zeit, die Nerven, die Einsicht(?) nachzufragen, WAS sie genau falsch macht? Und eines wissen wir doch alle: dass, was wir mit unseren Kindern machen, ist sowieso FALSCH. Diese Information bekommt man gratis, ob gewünscht oder nicht.
<u>Stillen nach Bedarf:</u> `Wo gibt es denn sowas? Das haben wir früher aber ganz anders gemacht.
Ich kann doch nicht den ganzen Tag nur stillen oder tragen´, `das schadet aber doch auf jeden Fall dem Rücken. Du wirst doch das Kind nicht so verwöhnen. Das kriegst du nie wieder los.´, etc..
<u>Familienbett:</u> `Um Gottes Willen. Da habe ich doch keine ruhige Minute mehr. Wenigstens in meinem Bett muss ich allein sein. Ein Kind gehört ins eigene Bett. Das kriegt ihr NIE

wieder raus, aus eurem Bett´, etc..
Kein Nuckel: `Du machst das Kind völlig abhängig, mit deiner Stillerei. Nicht mal alleine nuckeln darf es.´.
Keine Flasche (gar nicht erst gekauft): `Was ist, wenn mal was Schlimmes passiert? Dann kann dieses arme Kind nicht trinken, weil es keine Flasche gewöhnt ist. Dann ist es nur auf dich angewiesen´.

Das ist nur eine kleine Auswahl, nur aus den Sprüchen, die ICH ungefragt zu hören bekommen habe, als mein Sohn geboren wurde. Ich schätze, es geht oder ging jeder von uns manchmal so. Die unerbetenen Ratschläge sind oft die verkehrten, jedoch leider die, die am besten `haften bleiben´. Denn sie werden von Leuten erteilt, die `es ja schließlich wissen müssen´."

Annette Heidkamp:
„Andere denken vielleicht daran, mit ihren Kindern zusammen zu schlafen, `trauen´ sich aber nicht, weil es sich `nicht gehört´. Oder sie müssen sich Sprüche anhören wie `den kriegst du nie mehr aus dem Bett´, oder `soll die noch mit 18 bei dir schlafen?´ Mit meinem Tipp zum Zusammenschlafen wollte ich Eltern dazu ermuntern, das zu tun, nur auf sich zu hören und nicht auf unbeteiligte Dritte.
Anette mit Tobias (Down-Syndrom, dreieinhalb Jahre, schläft im eigenen Bett direkt neben mir), Markus (sechs Jahre, schläft alleine, aber auch gerne mal bei seiner Schwester), Hanna (neun Jahre, schläft alleine, nimmt ihren Bruder aber öfter auf) und Sebastian (elf Jahre, schläft alleine und macht auch schon mal am Wochenende ein Schlaflager mit seinen Geschwistern)."

IBCLC[49] und WHO- bzw. UNICEF-Gutachterin schreibt in ihrem 1998 erschienenen Buch „Stillen":
„Stillen Sie, solange Sie und ihr Kind Spaß daran haben. Lassen Sie sich nicht von anderen beeinflussen, die meinen, durch langes Stillen `verwöhne´ man die Kinder, oder die das Stillen von älteren Babys und Kleinkindern peinlich finden. Achten Sie auf Ihr eigenes Gefühl und auf die Signale Ihres Kindes."

3.12. STILLEN AM ARBEITSPLATZ

Jeder berufstätigen Mutter mit einem Baby steht eine (gesetzlich vorgeschriebene) Zeit zum Stillen oder Abpumpen zu. Leider ist es nicht möglich nach Bedarf zu stillen, wenn die Mutter nicht in der Nähe ist. Das machte uns ratlos.

Zwei Tage bevor ich nach acht Wochen Mutterschutzfrist wieder drei Mal in der Woche sechs Stunden arbeiten gehen durfte, wussten wir immer noch nicht, was wir mit unserem Baby und dem Stillen machen sollten. Mein Mann war teilweise selbstständig, arbeitete meist abends oder konnte sich die Arbeitszeit auf die Tage verlegen, an denen ich frei hatte.

---

[49] International Board Certified Lactation Consultants (www.iblce.org)

Nach einem Gespräch unterstützte ihn sein Chef dabei. Marvin stillte alle zwei Stunden und ließ keine Milch übrig, sodass das Abpumpen von mir nur einmal zaghaft versucht wurde. Ich wusste damals noch nicht, dass man das Abpumpen erst lernen muss.

So kam es, dass mein lieber Mann mit in die Praxis kam, das Kind betreute, auf dem Arm hatte, etwas schrieb oder las, spazieren ging und mir Marvin immer zum Stillen brachte, wenn er unruhig wurde. Das war eine großartige Lösung.

Auch mein Arbeitgeber hat dadurch einige Vorteile:
- mein Stillkind trinkt insgesamt kaum länger, als gesetzlich vorgeschrieben (sobald es etwa älter als acht Wochen ist),
- ich bin weder abgehetzt noch von Schuldgefühlen beladen
- das Baby ist weniger oder sogar gar nicht krank,
- ich musste mich wegen des Babys nie krankschreiben lassen und
- ich konnte meinen Arbeitsplatz in der Elternzeit weiter ausfüllen.

Beim zweiten Kind Annie waren die Stillabstände zwar größer, aber sie war leicht abzulenken, sodass wir sie nicht mit einem Gummisauger in eine Saugverwirrung stürzen wollten. So kam das ältere Kind in den Kindergarten und mein Mann mit dem zweiten Baby wieder mit zur Arbeit.

Unser drittes Kind Robin Ben David wurde mit dem Down-Syndrom geboren. Er hätte eine Flasche sicher akzeptiert; abpumpen konnte ich auch. Aber da bei Kindern mit Down-Syndrom Ausbildung und Training der Mundmuskulatur besonders wichtig sind, meinte mein Mann, dass wir uns bei ihm keine Saugverwirrung leisten könnten, und kam wieder zur Betreuung mit.

Unser viertes Kind Linus Benjamin brauchte viel Körperkontakt, war unruhig, trank und spuckte viel und so fuhren wir wieder gemeinsam zur Arbeit. Die Lösung ist aufwendig, aber perfekt; schade, dass dies nicht jeder Familie möglich ist. Wir wissen unser Glück sehr wohl zu schätzen.

Christina H.:
„Ich schreibe einfach, wie es mir so mit dem Stillen und der Arbeit geht.
Als ich im Januar anfing zu arbeiten (Lisa war damals eineinhalb Jahre alt), habe ich mich gefragt: `Normalerweise habe ich einen Anspruch auf Stillpausen, aber akzeptiert das einer bei einem Kind in diesem Alter?´ Den Anspruch habe ich nicht geltend gemacht, weil ich zunächst nur sechs Stunden arbeitete und ich Lisa nicht zwischendurch aus dem Kindergarten herausholen wollte. Sie hatte zu dem Zeitpunkt ihre Stillzeiten beim Aufwachen, gegen elf Uhr, dann wieder 14-14.30 Uhr, abends zweimal und nachts öfter.

Ich hätte sie für die `11-Uhr-Zeit´ vor dem Mittagessen holen und zurückbringen müssen. Ich muss zugeben, dass ich hauptsächlich keinen Wert darauf legte, dass die Kollegen und die Erzieherin mitbekommen, dass ich noch stille. Einfach, um mir unverständige und eventuell beleidigende Bemerkungen zu ersparen. Heute holt Lisa mich manchmal ab und ich stille sie in meinem Büro, aber keiner bekommt das mit, weil die meisten dann schon nach Hause gegangen sind. Dann geht die Tür auf, Lisa rennt mir freudestrahlend in die Arme und ruft `amaam Mama´ und lässt sich in dem Moment durch nichts in der Welt vom Stillen abbringen."

Anke D. mit Jacob (anderthalb Jahre):
„Franziska hatte vor einigen Tagen nach arbeitenden stillenden Müttern für einen koreanischen Dokumentationsfilm zur Förderung der Stillbereitschaft in Korea gefragt.
Ich hatte mich gemeldet; heute war tatsächlich der Produzent da. Ich arbeite bei einer Unternehmensberatung und war im Büro in der Firma. Erst wurde das Büro von außen gefilmt, dann Jacob, wie er stillt, während ich am Notebook arbeitete, dann, wie er im Hintergrund auf der Erde Papier voll malte, schließlich gab es ein längeres Interview. Es war sogar eine PR-Frau meiner Firma angereist, um dabei zu sein.
Beim Interview kamen Fragen zu meiner Person, warum ich überhaupt stille, ob ich einmal vollgestillt habe, wie alt Jacob jetzt ist und wie oft ich ihn immer noch stille, ob ich noch Bekannte / Freundinnen habe, die mindestens sechs Monate gestillt haben, ob es die Regel sei, dass man in Deutschland am Arbeitsplatz stille (leider nein), warum mein Arbeitgeber

das macht (er will gute Frauen mit Berufserfahrung nicht verlieren, Babypause verkürzen, gesetzliche Vorschrift, etc.). Gefragt wurde auch, was ich mir an Verbesserungen bei Firmen und Gesellschaft wünschen würde, um da Stillen zu fördern. Jacob hat sich von seiner schönsten Seite gezeigt und nach dem ausgiebigen Stillen ein Käsebrot, einen Apfel und Gurkenstücke verzehrt, `Lampe, Lampe´ gestaunt, wegen der Beleuchtung durch die Hilfskräfte, und in die Kamera gegrinst. Zum Schluss hat sich der Produzent noch herzlich bedankt, mir einen koreanischen Fächer geschenkt und versprochen, mir das Tape zu schicken. Ausstrahlung ist im Januar beim größten Privatsender Koreas geplant.
Im Büro bin ich jetzt seltener, da ich zu Hause arbeite. Jetzt geht mein Sohn in eine Kita. Früher kam eine Tagesmutter zu uns. Ich saß arbeitend in der Küche am Arbeitsplatz, und sie war mit Jacob im Wohnzimmer. Wenn er stillen wollte, brachte sie ihn, und ich habe ihn am Notebook sitzend gestillt.
Wenn ich früher im Office war, als Jacob kleiner war, lag er im Kinderwagen und schlief oder spielte vor sich hin oder war auf einer Krabbeldecke neben mir und spielte dort.
Jetzt nehme ich ihn nur bei kürzeren Terminen mit, wenn es nicht anders geht. Bisher war der Arbeitgeber immer sehr tolerant, so oft kommt es nicht vor, dass ich im Büro bin. Als Jacob vier Monate alt war, da habe ich ihn auf viele große Veranstaltungen und Meetings mitgenommen, denn entweder war er an der Brust oder schlief oder kuschelte friedlich im Arm. Er hat nie gestört.
Im Interview habe ich aber auch gesagt, dass ich bei der Arbeit üblicherweise allein bin und er nur zum Stillen gebracht wird - mit Ausnahmen."

Anja H.:
„Ich gehe wieder arbeiten, seit Timo ca. ein Jahr alt ist. Ich bin normalerweise ein bis zwei Mal pro Woche vier Stunden weg; dann passen meine Mutter oder Timos Vater auf ihn auf. Timo liebt seine Oma heiß - wenn sie da ist, bin sogar ich uninteressant. Die kurze Zeit, die ich nicht da bin, schafft Timo auch ohne Stillen (obwohl er sonst manchmal alle zwei Stunden stillt); ich habe zwar am Anfang ein paar Mal meine Milch ausgestrichen, aber die hat er verweigert. Manchmal isst Timo ein bisschen was, wenn ich nicht da bin, manchmal `hungert´ er auch und wartet, bis ich wieder da bin. Dann muss es allerdings schnell gehen; er `stürzt´ sich richtig auf meine Brust. Als EDV-Trainerin und –Kundenbetreuerin kommt es vor, dass ich eine ganztägige Schulung halten muss. Bis jetzt hat es jedes Mal geklappt, dass mir Timo zum Stillen gebracht wurde. Ich habe ihn zu Mittag gestillt, und er ist dann wieder mit Oma oder Papa nach Hause gefahren. Obwohl die Organisation mit einem Stillkind manchmal etwas schwieriger ist, habe ich das Gefühl, dass Timo durch das Stillen wieder `Mama auftankt´. Er stillt nach einem Tag Abwesenheit seiner Mama öfter und länger - und holt so seine Nähe und Streicheleinheiten wieder nach. Auch ich genieße nach einem halben oder ganzen Tag Arbeit das enge Zusammensein mit meinem Kind."

4 MEDIZINISCHES, INTERESSANTES, PROBLEME UND LÖSUNGEN

4.1. Stillängste

Wenn du dein erstes Kind erwartest oder Angst vor dem Stillen hast, wird Sie dieses Kapitel besonders interessieren.

An der Brust war ich schon immer sehr empfindlich und so konnte ich mir nicht vorstellen, so etwas Intensives wie ein saugendes Baby aushalten zu können.

Stillen wollte ich unbedingt, ich wusste aber nicht, wie, weil mir allein schon der Gedanke fast körperlich wehtat. Dann wurde ich schwanger, fragte jeden um Rat, las viele Bücher und alles, was ich finden konnte. Broschüren, die in Arztpraxen herumlagen, machten mir weiter Angst. Denn da standen Dinge wie: „... man sollte die Brustwarzen mit einer Babybürste abhärten". Schon der Gedanke daran war zum Davonlaufen und Babyflaschenkaufen, denn an solche Rosskuren mochte ich nicht einmal denken. Auch Hebammen wussten außer Rotöleinreibungen oder Schwarzteepackungen keinen rechten Rat; möglicherweise konnte Mentaltraining helfen. Doch keine Frau schien mein Problem derartig empfindlicher Brustwarzen zu haben, denn es wurde in Medien oder Büchern kaum behandelt.

Irgendwann fand ich einen Vermerk über die Stillvereinigung La Leche Liga. Ich schrieb einen Brief, in dem ich meine Angst und mein Dilemma schilderte. Und es passierte etwas Wunderbares: normalerweise bekommt man auf solche Anfragen keine oder nur spät Antwort. Ich erhielt bald einen langen und lieben Brief und eine Adressenliste von Stillberaterinnen.

Ich war so glücklich, dass es in dieser kalten Welt noch Menschen gab, denen ein einzelnes Schicksal wichtig war und das auch noch ehrenamtlich, wie ich erst später erfuhr. Ich bestellte mir ein Stillbuch bei der La Leche Liga „Handbuch für die stillende Mutter".

Nun hatte ich mehr als einen Ratschlag; es gab später vier Dinge, mit denen ich mich anfreunden konnte und die mir geholfen haben, das Stillen zu schaffen und mich auch ohne Bürste abhärteten.

4.2. Vier Tipps für überempfindliche Brustwarzen

Tipp einer Stillberaterin von La Leche Liga:
Kaltes Wasser. Morgens und abends beugte ich mich über die Badewanne oder unter den Wasserhahn und spülte die Brustwarzen so lange mit kaltem Wasser ab, bis es unangenehm wurde. Vielleicht sollten sich die Nerven zurückziehen, und irgendwie taten sie das auch. Allerdings blieb ich konsequent und machte dies stets zwei Mal am Tag.

Tipp einer Hebamme:
Ich kaufte mir in der Apotheke Rotöl und ölte mit einem Wattebausch jeden Morgen und Abend die Brustwarzen ein. Dadurch musste ich mich sanft damit beschäftigen.

Tipp aus dem Stillhandbuch:
Ich nahm im siebten Schwangerschaftsmonat, als ich schon zwei Monate mit kaltem Wasser und Rotöl hinter mir hatte, einen älteren BH und kaufte mir einen preiswerten, gut sitzenden zweiten in meiner neuen Schwangerschaftsbüstengröße. Ich markierte mit einem Stift den Warzenhof und schnitt ein Loch hinein. Ich trug diese BH's am Anfang, solange ich den Stoff der Oberbekleidung auf nackten Brustwarzen aushielt, und immer länger.
Ich war überglücklich. Es ließ sich also doch etwas tun, um empfindliche Brustwarzen ein wenig zu bändigen. So wartete ich, weiter kalt spülend und gezielt duschend ab, was weiter geschehen würde.

Und noch ein Tipp:
Mein Mann hatte auch seine Freude, denn ich bat ihn darum, mit mir Stillen zu üben, und er musste einmal ein zart stillendes Baby spielen. So gewann ich die Sicherheit, dass ich das schaffen konnte und alles gut gehen würde.

4.3. Meine Erfahrungen mit wunden Brustwarzen

Im Krankenhaus, in dem ich entbunden habe, bekam ich keinerlei Stillhilfen. Ich hatte starke Schmerzen von Geburtsverletzungen und konnte mich kaum bewegen. So legte ich das Kind immer nur so an, wie ich konnte, was meist nicht richtig war. Die Stillposition kann verändert werden, man muss das Kind nicht bei jedem Stillen gleich halten (siehe Kapitel Stilltechnik).
In der Homöopathie gibt es etliche Mittel, die Linderung bringen können (s. Kapitel Stillprobleme lösen durch Homöopathie, Bio Chemie und Natur).
Hätte ich die Kraft gehabt, dies in meinem Stillbuch auf dem Nachttisch nachzulesen, wäre mir vieles erspart geblieben. So konnte ich nur die Zähne zusammenbeißen. Als ich tiefe Schrunden hatte und es kaum aushalten konnte, versuchte ich Stillhütchen, doch mein Baby mochte sie nicht und wollte nicht trinken.

Da gab mir eine Schwester den Tipp, doch die Nuckel der Erstlingswegwerffläschchen des Krankenhauses als Stillhütchen zu nehmen; es funktionierte großartig. Mein Baby nahm sie an, und mir war geholfen. Ich benutzte sie aber nur, bis das Schlimmste abgeheilt war, um den Milchfluss nicht zu drosseln und das Kind nicht zu sehr daran zu gewöhnen. Auch eine Saugverwirrung (wenn ein Baby nicht mehr an der Brust trinken will) blieb uns erspart. Die Schwester betonte, dass sei bei diesen Flaschensaugern immer gut gegangen. Der Versuch war sicher besser, als abzustillen.

Die Brustwarzen müssen möglichst trocken gehalten werden: soviel frische Luft wie möglich oder nach dem Stillen trocken fönen. Salben machen manchmal zusätzlich weich.
Im Allgemeinen wird davon abgeraten Brustwarzen einzucremen. Bei sehr trockener Haut kannst du hoch gereinigtes Lanolin sparsam verwenden. Fast immer entstehen wunde Brustwarzen durch falsches Anlegen oder Ansaugen.

Nimm dir möglichst aus dem Krankenhaus (wenn du im Krankenhaus entbindest, lass dir welche geben) einen Einmalnuckel für Einmalfläschchen mit. Es sollte im Notfall helfen.

Wenn ein Kind an der Brust nuckelt, dann gehen die Brustwarzen nicht gleich kaputt. Es ist unglaublich, was das Gewebe aushält. Beim zweiten Kind war ich nur die ersten 14 Tage nach der Geburt leicht wund. Auch bei meiner Schwester gab es beim zweiten Kind viel weniger Probleme mit dem Wundsein.

4.4. DER WEG ZUM MILCHFLUSS

Zitat einer stillenden Mutter:
„Man hört so oft, dass die Milch nicht reicht. Ich frage mich, wie die Menschheit überhaupt dieses Bevölkerungsniveau erreicht hat, wenn bei so vielen Frauen die Milch nicht reicht. Ersatznahrung steht noch nicht sooo lange (vielleicht 100 Jahre?) zur Verfügung."

Die Geburt unseres ersten Kindes im Hochsommer war gut, lang, schwer und komplikationsreich. Ich verlor sehr viel Liter Blut, und mein kräftiges Kind hatte Durst.
Ich wusste, dass ein normalgewichtiges Kind nach der Geburt 10% seines Geburtsgewichtes verlieren darf. Mein Sohn wog 4500g, und die Kinderärztin machte Druck, dass ich zufüttern müsse, weil er 500g abnahm. Die Milch wollte auch am dritten Tag noch nicht so richtig fließen; ich wusste jedoch, dass jedes Zufüttern, auch Wasser oder Tee, das Kind beim Saugen verwirren konnte und das saugen (und damit den Milchfluss) verringern würde.

So legte ich meinen Sohn immer wieder an. Am dritten Tag hatte ich einen großen Blutfleck in meinem Krankenhausbett. Mein Sohn schlief darin Tag und Nacht neben mir.
Wir hatten nur den Nachttisch neben das Bett geschoben, damit er nicht herausfallen konnte. Wir mussten uns gegen die Schwestern zur Wehr setzen, die meinen Sohn mit in das Babyaufbewahrungszimmer nehmen wollten. Mein Mann hatte ihnen angedroht, sie wegen Kindesentführung anzuzeigen. Das half!

Mich erfasste Panik beim Anblick des Blutes neben dem Kopf meines Kindes, denn ich dachte, dass mein Sohn vielleicht sterben müsse, und klingelte nach den Schwestern. Die erklärten mir, dass ich nun nicht mehr weiter stillen, sondern abpumpen müsse, weil das Kind durch den Milchkanal Blut ziehe. Es war wohl inwendig ein Äderchen geplatzt. Sie brachten mir eine Pumpe und überließen mich meinem Schicksal.

Ich danke Gott dafür, dass mein Doktor morgens vor seinem verdienten Urlaub noch eine Visite machte. Er war als Belegarzt neu in diesem Krankenhaus; mein Sohn war seine erste Geburt dort. So rief er alle Schwestern zusammen, die Dienst hatten, schimpfte wie ein Rohrspatz, dass sie jetzt alle hören sollten, was er zu dem Thema zu sagen hätte. Das Kind hätte Blut gesaugt, das im Magen gerinnt und vom Kind wieder ausgespuckt wurde. Es handle sich dabei um meine Zellen; und wenn die Brust eitern und das Kind diesen Eiter trinken würde; wäre es auch von mir und nicht schlimm für das Baby. Aber nicht gestillt zu werden, wäre verheerend für das Bedürfnis des Babys und auch den Milchfluss.

Dann empfahl er mir, wenn ich lange und richtig stillen möchte, das Baby immer anzulegen. Egal, wie oft sich das Baby melden würde und egal, wie schmerzhaft es wäre, dies ginge vorbei. Ich befolgte seinen Rat, litt eine Weile; schlussendlich kam alles in Ordnung.
Hätten wir zugefüttert oder einen Nuckel benutzt, wäre die Milch nach dem Blutverlust und der anstrengenden und Kräfte zehrenden Geburt sicher nicht ausreichend gewesen.

Susanne:
„Mir ist noch was eingefallen, was ich anderen raten würde: Sich mehr Zeit nehmen. Ich habe mich nach langem Stillen und nach intensiven, theoretischen Auseinandersetzen mit dem Thema für eine Expertin auf dem Gebiet gehalten. Dabei habe ich übersehen, dass jede

Stillbeziehung Zeit zum Wachsen und Reifen braucht. Man braucht Zeit, sich aneinander zu gewöhnen, aufeinander einzustellen und kennen zu lernen. Das rät man jeder Mutter, die nach wenigen Tagen das Stillen nicht so toll findet: Lasst euch acht Wochen Zeit. Nur habe ich selber das nicht berücksichtigt und hatte die Erwartung, dass alles gleich wunderbar klappt. Das ging schief. Jetzt bin ich geduldiger und merke, dass sich alles von Tag zu Tag besser einspielt. Diese acht Wochen sollte man sich auf jeden Fall geben und abwarten, wie es wird."

4.5. STILLTECHNIK

Das Baby sollte zur Brust gebracht werden. Nicht die Brust zum Baby, obwohl dies nachts sehr viel praktischer wäre (deshalb hab ich mich darum auch nachts nicht gekümmert). Das Kitzeln des Kindermundes mit der Brustwarze lässt das Baby diesen weit öffnen. Die Brustwarze wird in der Mitte des Kindermundes platziert und das Kind nahe herangezogen, sodass Kinn und Nasenspitze die Brust berühren. Es kann dabei problemlos atmen. Es ist darauf zu achten, dass auch der Warzenhof vom Mund des Kindes fest umschlossen ist, damit die Brustwarze beim Saugen nicht verletzt wird. Sehen konnte ich das bei meinen Kindern nie; ich war beim ersten Kind auch sehr wund, da sein Körper viel zu weit von mir weg gelegen hat.

Das Baby soll nicht nur die Brustwarze, sondern auch etwas vom Warzenhof in den Mund nehmen. Das Kind soll zur Brust und nicht die Brust zum Kind kommen. Das Baby soll auch mit den Beinen nah der Mutter sein. Der Kindskörper muss nah bei ihr liegen.

4.6. STILLEN ALLE ZWEI STUNDEN?

Kennst du die Behauptung, dass Spinat besonders eisenreich sei? Dieses Missverständnis entstand durch einen Kommafehler. Trotzdem setzte eine ausgebildete Ernährungsfachfrau im Krankenhaus ihn aus diesem Grund auf meinen Speisezettel. Bis heute taucht der eisenreiche Spinat immer wieder in den Medien auf. Vielleicht dauert es weitere 30 Jahre, bis es sich herumgesprochen hat, dass diese Aussage schlichtweg falsch ist.
Die Empfehlung, höchstens alle zwei Stunden zu stillen ist ebenso falsch. Tue dir und deinem Kind etwas Gutes - vergiss sie. Dein Kind weiß genau, wann es gestillt werden will; im Hochsommer, bei Wachstumsphasen oder Entwicklungsschüben kann das sehr oft sein. Du kannst dem Kind getrost vertrauen, denn es weiß beim Stillen genau, was es tut und was gut für es ist.

Uli:
„Leider habe ich sogar in meinem alternativen Geburtshaus, wo Siri zur Welt gekommen ist, den Rat bekommen, höchstens alle zwei Stunden anzulegen. Wenn ein Baby vor Ablauf der zwei Stunden schreien würde, wäre es garantiert kein Hunger.....leider (!) wusste ich es damals nicht besser, und habe mich die ersten Monate daran gehalten. Es tut mir immer noch leid, wenn ich daran zurück denke. Sie hatte bestimmt oft Sehnsucht nach Mumi, und ich habe sie ihr nicht gegeben. Ich war falsch informiert und dachte, dass alle zwei Stunden anzulegen revolutionär wäre im Vergleich zu dem empfohlenen Vier-Stunden-Rhythmus. Erst eine Stillberaterin, die ich nach ca. vier Monaten zur Hilfe holte, befreite mich regelrecht von diesem unsinnigen und schädigenden Stillen nach der Uhr. Sie riet mir, mein Kind

immer anzulegen, wenn es schreit. Mit der Begründung: Ein Kind lässt sich nicht zum Stillen zwingen, wenn es nicht will. Wenn dein Kind schreit, und du kannst es mit der Brust beruhigen, dann war es genau das, was es wollte. Deshalb immer erst mit Stillen versuchen; wenn das scheitert, auf andere Art der Zuwendung zurückgreifen. Seit diesem Zeitpunkt konnte ich einen viel besseren Draht zu meiner Tochter entwickeln. Ich schaute nun sie an - nicht mehr die Uhr."

Gudrun:
„Meine Kinderärztin war entsetzt, als ich sagte, dass ich ca. alle zwei Stunden stille (dass ich manchmal auch jede Stunde anlegte, erzählte ich dann gar nicht mehr, denn ich hatte zur Genüge über angeblich daraus resultierende Verdauungs- und Blähungsprobleme gehört). Weil Sarah mit zwei bis drei Monaten dann auch noch ziemlich dick war, empfahl sie mir, zwischendurch Tee zu füttern, um sie zu `überlisten´. Das klappte nicht. Ich habe bald eingesehen, dass dieser Vorschlag nur zu Verschlimmerung führte.
Ich fände es toll, wenn mehr frischgebackene Mütter diesen Tipp bekommen würden mit dem selbst bestimmten Anlegen. Sie müssten dann nicht soviel Angst haben, beim Füttern etwas falsch zu machen, und könnten entspannter an die Situation herangehen."

Anja:
„Genau so machen es auch die !Kung in Afrika: Sie legen ihre Kinder mehrmals pro Stunde an die Brust. Meine Benja hat immer mehrmals die Stunde getrunken. Wie kann man etwas ´Stillen nach Bedarf´ nennen, wenn man auf die Uhr gucken muss, um festzustellen, ob schon zwei Stunden um sind? Als ich dann in meiner Ausbildung noch gelernt habe, dass auch die zwei Stunden ein Ammenmärchen sind - da haben wir dann noch hemmungsloser gestillt!"

4.6.1. Wie häufig stillen Säugetiere?

Dr. Katherine A. Dettwyler ist Professorin für Anthropologie und Ernährungswissenschaft an der A&M - Universität, Texas. Übersetzung von Ulrike Schmidleithner, gekürzt von Claudia Joller, und durch einen Abschnitt aus dem Artikel „Sleeping through the night" derselben Autorin ergänzt.

Dettwyler, Katherine: "How often do other species nurse?"
„Hinweise dafür, wie oft ein Baby `eigentlich´ gestillt werden möchte, finden wir, wenn wir die Stillhäufigkeit bei unseren nächsten Verwandten (Gorillas und Schimpansen) und die Zusammensetzung der Milch der menschlichen Frau untersuchen.

Allgemein kann man sagen, dass Säugetiere, die ihre Jungen, `verlassen´ (stundenlang allein lassen, zum Beispiel Reh oder Wolf), eine protein- und fettreiche, aber kohlenhydratarme Milch haben. Die Jungen werden wenige Male pro Tag reichlich gesäugt: durch den hohen

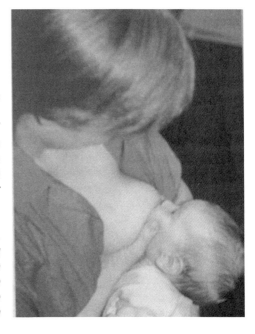

Protein- und Fettgehalt ist die Milch langsam verdaulich und sättigt für Stunden.

Daneben gibt es die Gruppe des Dauerkontakts: entweder sind die Jungen bei der Geburt in der Entwicklung weit fortgeschritten und können der Mutter überall hin folgen (fast alle behuften Tiere), oder sie werden ständig am Körper der Mutter getragen (Beuteltiere, die meisten Primaten, der Mensch). Schimpansen, Gorillas, Orang-Utans und der Mensch gehören zur Kategorie der Traglinge. (Nebenbei gesagt, müssen Schimpansen- und Gorillamütter ihre Jungen mehrere Monate lang aktiv stützen, denn die Kleinen können sich zwar anklammern, sind aber anfangs nicht stark genug, um sich alleine am Körper der Mutter zu halten.)

Die Tiergattungen der Dauerkontakt-Kategorie erzeugen eine protein- und fettarme, aber kohlenhydratreiche Milch. Die Jungen saugen gewöhnlich sehr häufig und jeweils kleine Mengen. Der niedrige Eiweiss- und Fettgehalt macht die Milch leicht und rasch verdaulich, und das Baby wird schnell wieder hungrig; die Mutter ist jedoch immer in Reichweite.

Schimpansen- und Gorillababys saugen tagsüber mehrmals stündlich und schlafen nachts bei ihrer Mutter.

Die Erwartung, sehr oft gestillt zu werden, ist Babys angeboren.
Hinweise dafür sind:

- Die Zusammensetzung der Muttermilch.
- Die Tatsache, dass bei allen höheren Primaten (Affen und Menschenaffen) die Mütter ihre Jungen viele Jahre lang im Arm oder auf dem Rücken tragen.
- Die Größe des Magens eines Säuglings.
- Die Schnelligkeit, mit der Muttermilch verdaut wird.
- Die Notwendigkeit einer fast ununterbrochenen Nahrungszufuhr für das Wachstum des großen menschlichen Gehirns. usw.
  `Sehr oft´ bedeutet drei- bis viermal pro Stunde, jedes Mal für wenige Minuten.
- Die Milch der menschlichen Frau verlässt den Magen des Säuglings nach ca. 20 Minuten.

Eine Studie bei den !Kung in Botswana und Namibia (Melvin Konner und Carol Worthman) hat ergeben, dass die betreffenden Frauen ihre Babys mehrmals pro Stunde wenige Minuten stillen. Die !Kung leben in einem heißen und trockenen Gebiet; häufiges Stillen erhöht mehr den Fett- als den Wassergehalt der Milch. Somit ist nicht klar, ob häufiges Stillen auch der Vorbeugung der Dehydrierung dient.

Eine Studie über die Gainj in Papua-Neuguinea hat gezeigt, dass auch deren Kinder mehrmals pro Stunde rund um die Uhr gestillt werden; auch dort herrscht heißes und feuchtes Klima.
Interessanterweise werden ältere Kinder nicht weniger oft gestillt; die Stillhäufigkeit bleibt bis ins dritte Lebensjahr mehr oder weniger unverändert.

Einige Babys trinken sehr effizient und leeren die Brust in wenigen Minuten, andere trinken weniger `gut´, sind weniger hungrig oder haben einen anderen Saugstil und brauchen zwischen 20 und 60 Minuten, um ihren Hunger zu stillen. Einigen Babys gelingt es gut, die fetthaltige Hintermilch aus der Brust zu bekommen, da sie an der fast `leeren´ Brust stark weitersaugen, so dass sie nicht so schnell wie andere Babys wieder hungrig werden.

Die Art, in der einige Babys unserer Kultur gestillt werden (drei bis Vier-Stunden-Rhythmus, mit Stillmahlzeiten, die jeweils 15-20 Minuten dauern), läuft gegen unsere Natur. Menschen sind anpassungsfähig; einige Mütter schaffen es, mit diesen weit auseinander liegenden Bruststimulationen und –entleerungen genug Milch zu bilden, einigen Babys gelingt es, mit so wenigen Mahlzeiten zurechtzukommen. Leider können jedoch einige Mütter mit so seltenem Stillen nicht genug Milch bilden, und einige Babys passen sich diesem Rhythmus nicht an, werden unruhig, schreien viel, möchten `vor der Zeit` gestillt werden und wachsen und gedeihen nicht. Es wird dann meistens der Körper der Mutter angeklagt. `Sie haben nicht genug Milch!` Die Mutter beginnt, mit Flaschenmilch zuzufüttern, was zu einer stetig abwärts führenden Spirale bis hin zum gänzlichen Abstillen führt.

Man sollte sich vor Augen halten, dass Babys aus vielen Gründen gestillt werden möchten, nicht nur zur Aufnahme von Nahrung:

Ein Grund, warum ein Kind nach der Muttermilch verlangt, mag sein, dass seine Darmflora nicht in Ordnung ist (was sich beim Baby durch Bauchschmerzen bemerkbar macht), und die Milch diese wieder normalisiert. Ein anderes Mal möchte ein Baby gestillt werden, weil es mit irgendeinem Krankheitserreger in Berührung gekommen ist und die Antikörper der Milch braucht – auch wenn noch keine Symptome erkennbar sind.

Stillen reguliert Herzschlag und Atemrhythmus des Kindes und senkt seinen Blutdruck.

Zusammenfassend kann gesagt werden, dass verschiedene Babys in verschiedenen Situationen verschiedene Bedürfnisse haben, diese jedoch durch Schreien vom ersten Lebenstag an mitteilen können.

Kurz gesagt: `HÖRE AUF DEIN BABY UND ERFÜLLE SEINE BEDÜRFNISSE´."

4.7. Nach sechs Wochen war die Milch weg

Ungefähr mit sechs Wochen gibt es eine Hormonumstellung: die Milch hält bei manchen Frauen einen Tag lang fast an, bei den einen mehr, bei den anderen weniger. Wir kämpften einen Nachmittag, an dem das Kind fast immer trank. Ich hatte richtig Angst, das Stillen nicht zu schaffen. Aber keine Panik: noch öfter anlegen, man übersteht das und muss nicht zufüttern. Das kann mehrere Male passieren. Beim zweiten Kind trank das erste Kind mit; ein Kleinkind ist die beste Milchanregemaschine, die man sich denken kann, wodurch ich diese Hormonumstellung beim zweiten Kind nicht bemerkt habe.

Schläft man oft auf der einen Seite, stellt die Brust, auf der man liegt, weniger Milch her als die andere und ist auch kleiner. Das ist nicht schlimm.
Man kann die Milch zusätzlich anregen, indem man das Kind an beiden Seiten trinken lässt und mehrmals hin- und her wechselt. Bei zu viel Milch, kann nur immer eine Seite stillen. Wärme erzeugt Milchfluss (z.B. Duschen, Wärmflasche, langes Fahrradfahren usw.), Kälte friert sie ein. Warm anfönen vor dem Stillen lässt auch die Milch leichter fließen, steigert aber die Menge nicht sofort.

Am Anfang denken alle, dass das Baby nicht hungrig sei, weil es oft nicht gleich los trinkt; die Brust braucht Zeit, bis die Milch zu fließen beginnt.

4.8. Stilltief am Nachmittag?

Nachmittags haben viele Frauen ein Milchtief. Auch bei mir war und ist es deutlich so. Vormittags und nachts hatte ich am meisten Milch. Nachmittags bekam Annie später einfach zusätzlich „Marvins Seite", wenn es ihr zu wenig war. Das konnte ich beim ersten Kind Marvin noch nicht ausnutzen. Marvin war eine gute Pumpe und regte den Milchfluss hervorragend an. So hatte ich immer genug Milch. Bei mir schlagen sich auch Sorgen, Schlafmangel und zu wenig Essen gleich auf die Milchmenge. Durch die Kleinkindpumpe achtete ich nicht mehr darauf. Ich verstehe den Milchfluss endlich richtig. Bei Marvin dachte ich oft: er schluckt nicht, also hat er keinen Hunger. Aber er versuchte den Milchflussreflex auszulösen; ich gab ihm nicht genug Zeit oder wusste nicht, dass dies mehrfach möglich ist und dachte, er will nur nuckeln. So hat er die ersten acht Wochen jeden Nachmittag geschrieen. Ich habe ihm nicht vertraut und habe uns beiden damit Kummer bereitet.

Unserem zweiten Kind Annie versuchte ich zu vertrauen: Wenn sie sich meldete, durfte sie stillen. Fast immer hatte sie Durst. Auch das dritte Kind Robin durfte stillen, wenn es einen Mucks machte. Es war gut so und ich freute mich, wenn andere staunten, wie ruhig und pflegeleicht unsere Kinder waren.
Der Milcheinschuss beim vierten Kind Linus war gewaltig, weil das Brustgewebe durch das Tandemstillen schon gelernt hatte viel Milch zu produzieren, wie mir die Hebamme erklärte. Ich trank anfänglich zur Reduzierung der Milchmenge öfter sogar Pfefferminztee.
Auch bei Linus nahm die Milchmenge nachmittags etwas ab, meist reichte es ihm sogar nur eine Seite zu trinken. So ist es eben sogar bei derselben Frau bei jedem Kind ein wenig anders.

4.9. Wie kann die Milchmenge gesteigert werden?

Es ist nicht einfach am Anfang, Vertrauen in den eigenen Körper und in das Kind zu haben, dass es sich holt, was es braucht, und selber den Bedarf an Milch steigern kann. Manchmal hat eine Frau Kummer, großen Stress oder nicht genug Schlaf.

Die gleichzeitige Stimulation beider Brüste steigert die Hormonproduktion von Prolaktin: der Körper der Frau denkt, dass er Zwillinge ernähren muss und produziert mehr Milch. Tandemstillen ist also ein gutes Mittel zur Steigerung der Milchmenge.

Mein Lieblingsmittel zur Milchbildung aus der Apotheke - und als Geheimwaffe überall immer dabei - ist Urticalcin (homöopathische Tabletten, mit Brennnessel) zum Lutschen.

Ein Baby kann die Milchmenge steigern, wenn man es sooft anlegt, wie es sich meldet. Am besten geschieht eine Steigerung durch häufiges Wechseln der Seiten, - mehr als einmal pro Stillen - und ein bisschen Geduld. Gleichgültig, wie oft das Baby am Anfang stillt, es spielt sich ein. Die Steigerung der Milchmenge ist nur sehr selten nicht möglich.
Ich lernte eine Mutter kennen, deren Tochter und sie selbst keine Milchdrüsen sondern nur Fettgewebe gebildet hatten; so konnte keine Milch fließen. Auch nach Operationen an der Brust kommt es manchmal vor, dass nicht vollgestillt werden kann.

Oft muss die Milch erst „angefordert" werden: sie kommt nach etwa einer Minute oder auch zwanzig Minuten, wenn es so lange dauert, einen neuen Milchflussreflex auszulösen.

An etwas Fließendes denken, half mir dabei, den Reflex auslösen zu lassen; oder ich stellte mir auch das Meer vor.

Bei meinem ersten Kind dachte ich immer: „Ich lege ihn an, und wenn er nicht gleich losschluckt, will er nur nuckeln." Das wollte ich nicht ständig, ich vertraute ihm nicht. Er schrie so manchen Abend bzw. Nachmittag viel; jetzt weiß ich, dass er Hunger hatte.
Es ist so: Das Kind (manchmal auch die Gedanken der Mutter, manchmal gibt es auch gar keine Ursache) löst den Milchflussreflex aus. Dann schießt die Milch aus den Milchbläschen in den „Milchvorratssee"; diesen kann das Kind ausmelken. Sobald die Brust fast leer ist (völlig leer ist sie nie, Tröpfchen gibt es immer), kann das Kind einen erneuten Milchreflex auslösen, wenn es weiter saugen (das nenne ich „Ziehen: Saugen ohne ständiges Schlucken") darf. Das kann ein paar Mal passieren. Das Kind gibt „seine Bestellung", die Brust liefert. Dauert die Lieferung lange, und der Reflex wird nicht gleich ausgelöst, schreit das Kind, wenn es die Mutter von der Brust löst. Ist es ärgerlich über die Störung, dauert es einen Moment, bis das Kind weint und das Weinen klingt nicht so entrüstet.

Manche Kinder trinken recht lange, manche sind schnell fertig: Annie trank am Anfang 20 Minuten, später acht bis zehn. Man kann nachhelfen, indem man sich vorstellt, dass Milch fließen soll und wie es ist, wenn sie fließt.
Annie wollte sich nur mittags in den Schlaf nuckeln, abends kuschelte sie lieber. Immer wenn ich dachte, dass sie abends mit der Brust einschlafen wollte, wurde ich eines besseren belehrt. Sie nuckelte einfach so lange, bis sie einen neuen Milchflussreflex auslösen konnte, dann trank sie gierig und schlief anschließend ohne Stillen friedlich ein.
So erlebte ich immer wieder eindrücklich, wie „die Bestellung" funktioniert, wie Stillkinder die Milch, die sie brauchen zum Fließen bringen können. Die ersten Wochen (der Sohn sogar während des ersten Jahres) schliefen alle drei Kinder immer während des Stillens ein. Unser viertes Kind Linus weigerte sich anfangs oft beim Trinken einzuschlafen und wollte tagsüber zum schlafen lieber fest ins Tuch.
Das „Nicht-genug-Milch-haben" ist in den meisten Fällen ein Ammenmärchen! Der Begriff „Ammenmärchen" stammt vielleicht daher?

Sonja Abel:
„Eine Freundin hatte laut Hebamme zu wenig Milch und hat gleich zur Flasche gegriffen, woraufhin ihre Milch natürlich noch mehr zurückging. Ich gab ihr den Rat, immer weniger in die Flasche zu geben, damit ihr Sohn sich früher meldet und so die Milchproduktion wieder anregt."

Es ist wichtig, mehr zu schlafen: zu wenig Schlaf und Stress schaden bei vielen Müttern gerade in den ersten Wochen der Milchmenge. Malzbier, ein Glas Sekt nach dem Stillen, Milchbildungstee oder Buttermilch vergrößern die Menge. Die stillende Frau sollte selbst ausreichend trinken und möglichst oft ruhen oder schlafen, wenn das Baby schläft, dies ist wichtiger als der Haushalt.
Milchbildungstee aus dem Kräuterhaus, ist nicht nur gut für die Menge der Milch, sondern auch für die Qualität der Milch und das Gewebe. Auch Malzbier, alkoholfreies Bier, Schlehenelexier, Mandelmilch, schwarzer Johannesbeersaft, Fenchel, Bockshornkleesamen, Fenchel oder Fenchelsamen, Koriander, Anis, Kreuzkümmel, Karottensamen, Nährhefe als Saucenzusatz oder in Joghurt und vieles andere gelten als Milch bildend.

Salbei und Pfefferminz verringern die Milchmenge deutlich.

---

[50] Verabreichungsform, kleine Kügelchen aus Milchzucker, 1-2 mm Durchmesser, die mit dem Wirkstoff besprüht wurden.

Homöopathische Mittel mit kleiner Wunderwirkung sind:
Bryonia D6 begünstigt den Start des Milchflusses, das Loslaufen der Milch. Das Baby muss nicht so ziehen und die Brustwarze wird nicht so wund. Morgens und abends eine Gabe von fünf Globuli[50] auf der Zunge zergehen lassen, es reichen zwei Tage fünf Globuli.

Ich habe selber auch großartige Erfahrung mit Urticalcin gemacht. Sie wirkten in etwa 30 Minuten.

Anke:
„Ich habe gelernt, dass Stilltee nicht die Milchmenge erhöht. Das einzige Kräutlein, welches das bewirkt, ist der Boxhornkleesamen. Den gibt es rezeptfrei in der Apotheke als Kapsel; er kann die unangenehme Nebenwirkung haben, dass man stark schwitzt."

Gunde:
„Wenn im Stilltee Brennnessel enthalten ist, ist er nicht förderlich für die Milchmenge: Brennnessel entwässert. Das ist nur im Wochenbett gut. Vielleicht hilft es dir, bewusst mehr zu trinken, das ist nur für deinen Kopf wichtig. Milch hast du auch ohne besondere Maßnahmen genug."

4.10. STILLBEDEUTUNG UND -VERWEIGERUNG

Oft wird das Stillen nur als Nahrungsaufnahme gesehen. Das ist nicht alles. Es ist so viel mehr; sicher kommt daher sein Name. Bedürfnisse - nicht nur Hunger - werden allumfassend gestillt. Deshalb gibt es Stillprobleme, die nicht nur körperlicher Natur sein müssen. Sie können auch viele andere Ursachen haben.

Gunde:
*„Als Tiana dreieinhalb Jahre alt war, war sie mit ihrem Papa fünf Tage im Harz; hinterher schmeckte die Milch wie eingeschlafene Füße. Sie hat sie regelrecht hingespuckt. Tiana schlug mir vor, die schlechte Milch erst einmal abzupumpen, damit frische nach fließt.
Es funktionierte, ich durfte sie weitere dreieinhalb Jahre stillen. Offensichtlich konzentriert sich die Milch in den Milchseen, wenn sie ein paar Tage nicht abgetrunken wird. Sie wird irgendwie salzig und schmeckt überhaupt nicht gut. Vielleicht sollte man bei einer Trennung gelegentlich pumpen oder abdrücken. In der Literatur habe ich noch gefunden: `Kleinere Kinder können sich nicht beklagen und stillen einfach ab, bei älteren ist eine Trennung vielleicht ein willkommener Anlass zum Abstillen.´"*

Jirina Prekop und Christel Schweizer beschreiben in: „Kinder sind Gäste, die nach dem Weg fragen", erschienen im Kösel-Verlag, einen besonders interessanten Gesichtspunkt:
„Das Kind ist ein soziales Wesen und ist zum Mitmenschen veranlagt. Zum Urbild der Nahrungsaufnahme gehört die Gemeinsamkeit. Das fängt mit der Aufnahme der Muttermilch an. Das deutsche Wort `stillen´ beschreibt dieses Urerlebnis besonders schön. Stillen ist wirklich viel mehr als Nahrungsaufnahme und Sättigung. Stillen ist miteinander-schwingen, still werden, friedlich werden. Stillen bedeutet Nähe aushalten, ruhigen Blickkontakt miteinander aufnehmen, Schmatzen nachahmen. Stillen ist der Auftakt für die Art und Weise, wie wir später Nahrung aufnehmen. Wir essen wirklich nicht nur, um satt zu werden, sondern auch aus sozialen Gründen. Miteinander zu Tisch sitzen bedeutet Bindung untereinander aufnehmen, und bei vielen Naturvölkern auch Abbinden von Aggressionen.

Die Kopfjäger Neuguineas konnten beispielsweise von niemandem mehr den Kopf jagen, mit dem sie einmal zusammen gegessen hatten. Gemeinsame Nahrungsaufnahme und ein friedlicher Mitmensch werden also eine tief im Menschen verankerte Beziehung. Wenn ich nach Italien komme, trinke ich nicht deutschen Kaffee, sondern bestelle Cappuccino, um zu erfahren, was dem Italiener gut tut. Wenn der in Deutschland lebende Grieche nur Gyros essen kann und bayrische Knödel oder schwäbische Spätzle konsequent verweigert, so ist er noch weit entfernt von echter Integration. Wenn das Kind das gemeinsame Erlebnis der Nahrungsaufnahme verweigert, dann ist es auch noch nicht (nicht mehr?) in seine Zusammenhänge integriert. Es ist noch durch irgendein Überbleibsel seines magischen Erlebens gefangen. Seine Mutter liegt durchaus richtig, wenn sie ihm Blicke zu der verloren gegangenen Gemeinschaft seiner Lieben zu bauen versucht, indem sie ihm einen Löffel für den Papa, einen für den Opa, einen für die Oma, einen für Tante Mina anbietet. Das kann sie aber nur bei einem ein- oder zweijährigen Kind tun, das die Beziehung zu diesen Personen schon angenommen hat. Wenn das Kind die mütterliche Brust verweigert, verweigert es auch die Mutter. Es fehlt ihm noch mehr, als die verweigerte Nahrungsaufnahme vorgibt. Es ist aus seiner ganzen Welt heraus gefallen. Es hat die Bindung an die Mutter noch nicht angenommen oder hat sie eingebüßt. Es ist wie noch nicht geboren und hat demzufolge noch die Grundbedürfnisse wie in der Zeit, die es im Mutterleib verbrachte. Bei unserer Beratung hat sich bewährt, das Kind, das die Nahrungsaufnahme verweigert, erst in seinen Grundbedürfnissen satt zu machen, bevor wir es an die Nahrungsaufnahme heranführen. Bei dem die Mutterbrust verweigernden Kind bedeutet das, dass es den Kontakt zur Mutter zunächst einmal über seinen Körper erfährt, besonders dann, wenn es sich nicht gut fühlt. Es muss zunächst Trost vermittelnden Kontakt erfahren, denn erst wenn die Beziehung zur Mutter stimmig ist, kann die Nahrungsaufnahme glücken."

4.11. STILLPROBLEME LÖSEN DURCH HOMÖOPATHIE, BIO CHEMIE UND NATUR

Wichtig ist: Wenn bei einer Brustentzündung nach 24 Stunden keinerlei Besserung eingetreten ist, nimm unbedingt professionelle Hilfe. Doktere nicht unendlich lange selber herum, bis es gefährlich wird.
Homöopathie KANN eine Möglichkeit sein, schnell und nebenwirkungsfrei zu helfen. Es gibt jedoch viele Mittel, von denen das Richtige erst gefunden werden muss. Das ist schwer und für einen Laien oft Glückssache. Deshalb wende dich bitte an darin ausgebildete Menschen.

Wenn du noch keinerlei Erfahrungen mit Homöopathie hast, ist es besser, wenn du dich an eine Hebamme, die mit Homöopathie Erfahrung hat, eine Stillberaterin oder einen Heilpraktiker wendest. Oft kann auch mit Quarkwickeln oder trinken von Salbeitee (reduziert die Milchmenge) Wunder gewirkt werden.
Wenn du dich sehr müde und ausgelaugt fühlst, könnte dir das Mittel China sehr hilfreich sein. Siehe: www.verlag-medizinischesforum.de/archiv/He14/14CHIN1.htm.

Wenn du oft unter Brustentzündungen oder Milchstaus leidest, versuche die Ursache zu finden und möglichst zu vermeiden.
Es gibt viele Gründe für eine Brustentzündung oder einen Milchstau: ich hatte einmal einen Milchstau, weil eine Stelle der Brust stark gedrückt wurde.

---

[51] Kellenberger, Richard/Kopsche, Friedrich: Mineralsstoffe nach Dr. Schüssler, Ein Tor zu körperlicher und seelischer Gesundheit, Augsburg: Lizenzausgabe Weltbild GmbH, 2001

Es könnte auch sein, dass die Mutter kalt geworden ist, dass plötzlich eines oder beide Kinder krank sind und weniger Appetit haben, so dass der Milchbedarf nicht schnell genug reduziert wurde. Das funktioniert in beiden Richtungen mit Verzögerung.

Über die Anwendung von Schüssler Salzen (Bio-Chemie von DHU oder Bombastus in der Apotheke in der Potenz D6) habe ich im Buch Mineralstoffe nach Dr. Schüssler[51] gefunden:

Abstillen: Natrium Sulfiricum (Nr.10)

Heiße Brust: Ferrum phosphoricum (Nr. 3)

Rissige Brustwarzen: Calcium fluoratum (Nr.1)

Claudia Joller:
„Quittenschleim ist ein wahres Wundermittel bei wunden und rissigen Brustwarzen. Er hat schon vielen Frauen geholfen und wird z. B. im Geburtshaus Stans (CH) mit viel Erfolg angewendet.
Man nimmt dafür ca. zehn Quittenkerne und einen halben Deziliter Wasser. Das lässt man ca. acht Stunden bei Zimmertemperatur stehen, einfach bis ein Schleim entsteht (nicht ganz so zäh wie der von Leinsamen, aber ähnlich). Diesen Schleim kann man nun absieben und ca. eine Woche im Kühlschrank aufbewahren.
Am besten ist es, wenn man immer eine Portion davon in eine Tasse abgießt und den Quittenschleim von dort auf den Finger nimmt und auf die Brustwarze aufträgt, damit der Schleim im Kühlschrank möglichst rein bleibt. Immer nach dem Stillen die Brustwarzen damit betupfen und dann eintrocknen lassen - es hilft bestimmt!"

Knoten, Stauungen: Kalium chloratum (Nr.4)und Magnesium phosphoricum (Nr.7)

Milch, salzig: Natrium chloratum (Nr.8)

Milch, wässrig, blau: Natrium chloratum (Nr.8)

Milchbildung fördern: Calcium phosphoricum (Nr.2) + Kalium chloratum (Nr.4) + Natrium chloratum (Nr.8)

Milchüberschuss: Natrium sulfuricum (Nr.10)

Da mir kleine weiße Kügelchen sehr geholfen haben, die sich als homöopathische Globuli herausstellten, habe ich mit Genehmigung der Verlage[52] alles über das Stillen zusammengetragen, was ich finden konnte. Möge es auch dir hilfreich sein:
- Brüste hart und geschwollen: Bryonia C30 viermal täglich fünf Globuli, maximal drei Tage. Das Hauptmittel bei Brustentzündungen.
- Brüste hart, Verdacht auf Brustabszess oder Mastitis: Bryonia C30 stündlich fünf Globuli bis max. zehn Dosen. Dasselbe mit roten Streifen und wenn die Entzündung

---

[52] aus den Büchern von Ravi Roy „Selbstheilung durch Homöopathie" (München 1998, Knaur Verlag) und aus Dr. Lockie / Dr. Geddes „Homöopathie für Frauen" (Lizenzausgabe Bechtermünzverlag, Augsburg 2000, nun erhältlich unter Dr. Lockie / Dr. Geddes: „Frauenhandbuch der Homöopathie", Zabert Sandmann Taschenbuch, 2001)

sehr schnell eingesetzt hat: Belladonna C30. Wenn beide Mittel nicht helfen: Calcium carbonicum C30.

- Wenn Brustwarzen wund oder aufgesprungen sind:
Nach dem Stillen jedes Mal die Brustwarzen mit Arnika-Tinktur (zehn Tropfen Reintinktur auf ¼ Liter abgekochtes kühl gestelltes Wasser) spülen, sorgfältig abtrocknen und sparsam mit Calendula-Creme salben; zu viel Salbe macht die Brustwarzen weich und verschlimmert das Wundsein.
- Wenn sich die Brustwarze bei Kleidungsdruck wund anfühlt; bei Gefühlen, als würde mit einer Schnur an der Brustwarze gezogen. Oder bei schmerzhaften Stichen in den Brustkörper bis zum Rücken/Schulterblatt, wenn das Kind anfängt, zu saugen:
Croton Tiglium drei Globuli C200 bei jedem schmerzhaften Stillen.
- Wenn unerträgliche Schmerzen eher nach dem Stillen auftreten, in den Milchgängen, die bis zum nächsten Stillen anhalten können: Phellandrium drei Globuli C200 bei jedem schmerzhaften Stillen.
- Wenn während des Stillens hin- und her wandernde Schmerzen in der Brust und im Brustkörper auftreten, die Mutter sich traurig fühlt und weinen muss, sie das Weinen beim Stillen nicht versteht, weil sie ihr Kind liebt und die Schmerzhaftigkeit für normal hält und nicht mitteilen mag: Pulsatilla C200; fünf Globuli bei jedem schmerzhaften Stillen.
- Wenn die Brustwarzen entzündet und sehr berührungsempfindlich sind: Chamomilla C6, sechs mal alle vier Stunden.
- Wenn die Brustwarzen nach Trauer wund sind: Ignatia C6, sechsmal alle vier Stunden.
- Wenn die Brustwarzen wund sind, mit Neigung zu Schüchternheit und Tränenausbrüchen der Mutter: Pulsatilla C6, sechsmal, alle vier Stunden.
- Wenn sich das Wundgefühl und die Schmerzen durch Kälte verschlimmern: Aconitum C6, sechsmal alle vier Stunden.
- Wenn die Brustwarzen aufgesprungen sind und einen stechenden, brennenden Schmerz verursachen: Sulfur C6, sechsmal alle vier Stunden.
- Wenn die Brustwarzen wund, aufgesprungen und mit Bläschen bedeckt sind:
Graphites C6, sechsmal, alle vier Stunden.
- Bei schweren Brüsten und durch starke Milchproduktion aufgesprungene Brustwarzen; die Milch hat keine gute Qualität und wird vom Baby nicht gerne getrunken: Calcium carbonicum C6, sechsmal, alle vier Stunden.
- Bei Geschwüren an den Brustwarzen: Silicea C6, sechsmal, alle vier Stunden.
- Bei rissigen, wunden, auch ungepflegten, fast zerfetzt aussehenden Brustwarzen, die meist noch von einem roten Hof umgeben sind.
- Bei Anschwellen und Empfindlichkeit, Kleiderberührung scheint unerträglich und innerliches Jucken: Castor Equi drei Globuli D6 nach jedem Stillen.
- Wenn sehr schmerzhafte Risse eine honigartige Flüssigkeit absondern und der Zustand dazu neigt, sich ekzemartig zu entwickeln: Graphites drei Globuli C200 bei jedem Stillen.
- Wenn die Drüsen um die Brustwarzen schmerzhaft angeschwollen sind, die Risse bluten und beim Stillen heftig schmerzen, auch bei heftigen Schmerzen ohne Risse, und die Zunge gelb-weiß belegt ist: Mercurius Corrosivus drei Globuli C200 bei jedem Stillen.
- Wenn sich die Schmerzen beim Stillen (mit oder ohne Risse) in den ganzen Körper erstrecken: Phytolacca drei Globuli C200 bei jedem schmerzhaften Stillen.
- Wenn beim Stillen stechende oder schneidende Schmerzen in der Brust auftreten, oft kann es in der Gebärmutter ziehen und Blutungen auftreten, auch Risse in der Brustwarze: Silicea drei Globuli C200 bei jedem schmerzhaften Stillen.
- Wenn die Brustwarze weh tut und sehr brennt, sowie das Baby loslässt und aufhört

zu saugen, mit und ohne Risse, die leicht bluten können: Sulfur drei Globuli C200 bei jedem schmerzhaften Stillen.
- Wenn aufgrund emotionaler Belastung zu wenig Milch fließt: Ignatia C30, zwei Tabletten dreimal täglich. Wenn emotionaler Stress kein starker Faktor ist: Calcarea phosphorica in gleicher Dosierung.
- Ich habe selber auch großartige Erfahrung mit Urticalcin gemacht. Sie wirkten in etwa 30 Minuten. Siehe auch „Wie ich die Milchmenge steigern kann".

Noch einmal: wenn bei einer Brustentzündung nach Bettruhe nach 24 Stunden keinerlei Besserung eingetreten ist, wende dich unbedingt an professionelle Hilfe.

4.12. Milchstau

Ich hatte mehrmals einen Milchstau. Einmal hatte ich im Autositz gestillt und mir die andere Brust gedrückt; ein anderes Mal hatte ich einen zu kleinen BH an, bevor ich mir nach der Geburt schnell die nächste Größe kaufte; das dritte Mal war mein Baby krank und wollte sechs Stunden nicht trinken. Als es anfing weh zu tun, habe ich die Milchpumpe geholt, aber zu lange gewartet. Ich hätte vorher schon Milch ausstreichen müssen, hatte aber nicht mit einer so langen Stillpause gerechnet. Ich hatte auch einmal einen Milchstau wegen eines starken punktförmigen Druckes (ein Kinderfuß kletterte auf mir).

Eine empfindliche, gerötete Stelle ist aller Wahrscheinlichkeit nach ein verstopfter Milchkanal. Dieser wird im Allgemeinen durch ungenügende Leerung, aber auch Druck und/ oder Quetschungen ausgelöst. Häufiges Stillen hilft meistens bald. Ich habe auch öfter die betroffene Stelle beim Stillen geknetet. Vor oder beim Stillen kann man eine Wärmepackung auflegen; wenn Wärme nicht angenehm ist, kann man es mit Kühlung versuchen.

Barbara:
„Ich tat weißen Kohl drauf, kühlte nach dem Stillen und wärmte vor dem Stillen. Bei einer Brustentzündung: Bettruhe einen Tag, den zweiten Tag ganz langsam angehen. Am dritten Tag noch etwas Ruhe halten. Weiße Kohlblätter sind der Tipp Nummer eins der Stillberaterinnen bei Milchstau oder Brustentzündung und so wird es gemacht:

Kohl im Kühlschrank lagern, so dass er schön kalt ist, einige Kohlblätter wegmachen, mit dem Nudelholz drüber rollen, so dass die Äderchen aufplatzen und die Wirkstoffe frei werden. Den Kohl auf die Brust legen, aber nicht auf die Brustwarzen! So lange drauf lassen, wie es gut tut. Kohl wirkt nicht nur kühlend, sondern auch entzündungshemmend."

Claudia:
„Was mir geholfen hat, war Stillen im Vierfüßlerstand.
Ich habe Miriam auf den Rücken in die Mitte des Bettes gelegt und mich im Vierfüßlerstand über sie gebeugt - so, dass sie mit ihrem Unterkiefer genau bei der gestauten Stelle war. (Bei mir war das immer oben an der Brust, so dass sie ihre Füße zu meinem Kopf streckte und ich manchmal ihre Zehen im Mund hatte.)
Manchmal genügte ein einziges Mal, auf diese Art zu stillen, um den Stau zu lösen. In den Stillpausen habe ich Quarkwickel gemacht."

4.13. Brustentzündung

Noch ein Mal zur Wiederholung: Wenn bei einer Brustentzündung nach 24 Stunden und nach Bettruhe keinerlei Besserung eingetreten ist, wende dich unbedingt an professionelle Hilfe. Dies betone ich hier vorsichtshalber noch einmal. Doktere nicht selber herum, bis es gefährlich wird. Bitte lies dazu auch den Beginn des Kapitels Stillprobleme lösen und das vorherige über Milchstau.

Eine Brustentzündung kann unter anderem auch durch Überhitzung beim Baden oder Duschen verursacht werden. Die stillende Brust kann auch gegen Kälte empfindlich sein.

Schröpfgläser können auch eine nebenwirkungsfreie Hilfe sein. Wenn eine Brustentzündung droht, dann wird das Stillen durch Schmerzen immer schwieriger. Ich habe es nicht ausprobiert, aber in einem Buch fand ich die Empfehlung, dass Schröpfgläser auf den Rücken (sitzend oder in Seitenlage) die Schmerzen fast völlig wegnehmen sollen, so dass die Brust wieder leer getrunken werden kann. Das Schröpfen könnte dann mehrmals täglich notwendig sein. Auch die nächste Milchmahlzeit soll sich dadurch erhöhen.[53]

Eine Gabe von fünf Globuli Phytolacca decandra C30 wird empfohlen. Ich hatte dieses Mittel nicht und nahm deshalb Bryonia C30, alle zwei Stunden fünf Globuli. Es ist das Hauptmittel bei Brustentzündungen und half mir zuverlässig. Es ist dann angezeigt, wenn sich die Brüste schwer und gespannt anfühlen; sie können rot und hart geschwollen sein, Bewegungen und Erschütterungen sind unangenehm und schmerzhaft.

Jana:
„Zum Thema Brustentzündung muss ich einfach mal wieder meinen genialen Ratschlag loswerden: Versuch es mal mit Quarkwickeln! (Ca. drei bis vier Mal täglich, jeweils ca. 15 Minuten. Quark direkt auf die Brust schmieren, Waschlappen darauf, Plastiktüte darüber, einwirken lassen, fertig!). Bei meinen zwei Entzündungen zu Beginn des Stillens hatte ich vergeblich alles versucht, bis mir meine Frauenärztin diesen genialen Tipp gab. Schon am nächsten Tag gab es eine superdeutliche Besserung!!"

Kirsten Meikies, Schlagsdorf:
„Eine leichte Brustentzündung hatte ich auch schon. Ria hat tagsüber immer viel getrunken, nachts jedoch gar nicht. Und auch Annik schlief nachts wunderbar gut. Ich selbst wollte endlich mal wieder auf dem Bauch schlafen, und so hatte ich ganz fix einen Milchstau. Der folgende Tag war dann stressig, und ich merkte schon, dass es mir gar nicht gut ging. Abends war die ganze Brust heiß und rot."

Ich habe folgende Empfehlungen gefunden:

- Bei geröteten Brüsten, die sich schwer und gespannt anfühlen, bei Schmerzen bei Erschütterung, und evtl. leichtem Fieber: Bryonia drei Globuli C200 alle zwei Stunden.
- Wenn eine hochgradige Entzündung sehr schnell einsetzt, die dunklere Rötung in Streifen oder Strichen verläuft und Erschütterung sehr schmerzhaft ist: Belladonna drei Globuli C200 alle zwei Stunden.
- Wenn die stillende Frau nach draußen möchte, fast keinen Durst hat und sich in einer weinerlichen Stimmung befindet, aber gut zu trösten ist: Pulsatilla drei Globuli C200 alle zwei Stunden.

[53] Pressel, Simeon, Bewegung ist Heilung, Der Bewegungsorganismus und seine Behandlung, Praxis Anthroposophie Band 59, München; Verlag Freies Geistleben, Ausgabe: 4., erw. Aufl. 1998, Seite 93/94.

- Wenn Bryonia, Belladonna und Pulsatilla die Brustentzündung weitgehend geheilt haben, aber ein Rest übrig bleibt: Sulfur C200, täglich drei Globuli.

Ich kann es nicht oft genug betonen: wenn bei einer Brustentzündung nach 24 Stunden und nach Bettruhe **keinerlei** Besserung eingetreten ist, wende dich unbedingt an professionelle Hilfe.

4.14. Der richtige BH

Ich hatte mich in meiner ersten Schwangerschaft schon in den USA mit etlichen Still-BHs eingedeckt, weil es dort sehr schöne gab, deren Verschluss mir gefiel. Ich hatte bis dahin Körbchengröße 85B und kaufte bis Größe E; mehr konnte ich mir wirklich nicht vorstellen. Nach dem Milcheinschuss hatte ich ein Körbchen D und borgte den E-Körbchen-BH, den mein Mann „das Zelt" nannte, meiner Schwester. Vor der Geburt des zweiten Kindes hatte ich nicht aufgehört zu stillen, und dachte nicht, dass sich eine Veränderung ergeben würde. Doch welche Überraschung: es gab aber jetzt wieder einen Milcheinschuss, und auf einmal passte mir der E-BH.

Ich hatte allerdings nur einen BH dieser Größe; als ich einen kleineren BH anzog, bekam ich gleich einen Milchstau; Milchgänge sind empfindlich und kleben bei Druck leicht zusammen. Es ist deshalb wichtig, dass der BH gut passt, nicht zu klein ist und nicht das kleinste bisschen einschneidet. Auch BHs mit Bügeln sind auf Dauer aus diesem Grund nicht zu empfehlen.

Der BH half, dass die Milch fast nie auslief, wenn ich es nicht wollte, höchstens, wenn das letzte Stillen schon ungewöhnlich lange her war und die Brust Druck bekam.

Ich brauchte nie Stilleinlagen, trug den BH allerdings auch nachts. Das gilt natürlich nicht für alle Frauen. Meine Schwester brauchte Stilleinlagen. Für mich bot der BH genau soviel Druck, dass die Brust nicht auslief. Anscheinend kann das Auslaufen auch homöopathisch verhindert werden.

Gelesen habe ich öfter, dass eine Milch bildende Brust immer warm gehalten werden sollte (ist wohl umstritten), auch deshalb war mir ein BH angenehm, weil er eine zusätzliche Stoffschicht bot.

Eine besonders gute Auswahl an Still-BH`s, auch in großen Größen, fand ich unter www.be-mom.com.

4.15. Stillen und die geeignete Oberbekleidung

Beim Stillen meines ersten Babys dachte ich immer, ich brauche etwas Weites zum Anziehen, das sich aufknöpfen lässt. Mein Kleiderschrank war übervoll, und doch war es schwierig, geeignete Kleidung zu finden.

Irgendwann sah ich eine Bekannte stillen; sie schob einfach die Bluse hoch. Da gingen lauter Lampen in meinem Kopf an: ich muss nicht aufknöpfen, ich muss hochschieben können. Alle Probleme waren gelöst.

Und es hat einen anderen Vorteil. Wenn ein Pullover oder eine Bluse hochgeschoben werden und das Kind liegt und trinkt, sieht man kaum nackte Haut. Deshalb denken die meisten, dass mein größeres Kind schläft oder sich ausruht, wenn es trinkend auf meinen Oberschenkeln liegt.

Durchdachte und designte Stillkleidung, die man teilweise schon in der Schwangerschaft tragen kann, fand ich bei www.out2lunch.de. Besondere BHs und Still-Bikinis bei www.be-mom.com.

4.16. WAS IST HEXENMILCH?

Haben Sie schon einmal über die Bedeutung des Begriffes „Hexenmilch" gegrübelt?

Sonja Abel:
„Im vierten Monat verändert sich der Geschmack der Milch. Man nennt die Muttermilch dann `Hexenmilch´. Ich bin gespannt, wie Samuel darauf reagiert. Ich hoffe nicht, dass er sich deshalb abstillt."

Petra mit Ilona:
„Ich dachte, `Hexenmilch´ sei die Milch, die bei manchen Babys aus der Brust kommt, weil sie als Neugeborene die Milch bildenden Hormone durch die Muttermilch mitbekommen und ihre eigene Brustdrüsen dadurch kurz laktieren. Und weil man früher noch nichts von Hormonumstellungen nach der Geburt wusste, dachte man, diese Kinder seien verhext, und nannte das Phänomen `Hexenmilch´."

Man nennt tatsächlich Milch, die beim Kind austritt Hexenmilch, nicht die Milch der Schwangeren.

4.17. MEDIKAMENTE, ALKOHOL UND RAUCHEN

4.17.1.   Stillen und Medikamente

Es ist in den allermeisten Fällen möglich, auf Medikamente zurückzugreifen, mit denen ein Weiterstillen möglich ist.

<u>Bitte deinen Arzt darum, sich zu bemühen; ist er nicht kooperativ, wechsele ihn.</u>

Beatrice:
„Konkrete und kompetente Auskunft über Medikamente in der Muttermilch erhältst du übrigens über die AFS[54] bei der Apothekerin Ingrid Hecht-Hatzis, Tel.: 07195/3224 oder online unter „www.ichstille. de" oder auch bei der Embryonaltoxikologie in Berlin unter der Nummer 030/30686734!"

Anja mit Benja:
„Es gibt ein prima Buch für Ärzte und Apotheker: `Arzneimittel in Schwangerschaft und Stillzeit´ von Kleinebrecht, Franz und Windorfer."

Beim Zahnarzt sind die meisten Eingriffe trotz Stillen möglich. Eine Anästhesie macht die

---

[54] Arbeitsgemeinschaft Freier Stillgruppen, Adresse im Anhang

wenigsten Probleme, aber man kann mit dem Zahnarzt sprechen, da es verschiedene Mittel gibt.

Andrea aus Hannover:
"Ich möchte meine Tochter noch lange stillen, wenn sie möchte. Bei mir stehen demnächst auch die Amalgam-Füllungen auf dem Programm, die sind so etwa 15 Jahre alt und gehen nach und nach kaputt bzw. die Zahnreste fangen an zu bröseln. Wenn da nichts gemacht wird, gehen die Zahnreste immer mehr kaputt und eine Krone ist dann irgendwann nicht mehr möglich. Deshalb habe ich mir jetzt eine naturheilkundlichen Zahnarzt gesucht, der das Amalgam-Problem ernst nimmt und alles nur mögliche versucht, damit die Belastung beim Rausbohren möglichst gering ist. Neben Kofferdam[55] und doppeltem Absaugen ist sogar Bohren unter Sauerstoff-Unterdruck möglich, um die Dämpfe aufzufangen. Parallel werde ich homöopathisch begleitet. Meine Homöopathin meinte, wenn es nicht so dringend wäre, würde sie es lieber nicht tun. Aber wenn es sein muss, geht es."

Petra mit Ilona:
"Ich habe zu einem Zahnarzt gewechselt, der auch Heilpraktiker ist. Er meinte, eine allgemeine homöopathische Ausleitung[56] des Quecksilbers würde er erst nach der Stillzeit machen. Wenn es im Körper gespeichert ist und keine großen Probleme macht, dann kann es da auch noch eine Weile bleiben (ich habe die Amalgamfüllungen schon vor etwa zehn Jahren entfernen lassen, damals aber nichts ausleiten lassen, weder medikamentös noch homöopathisch). Der andere Weg, das Ausleiten zum jetzigen Zeitpunkt, wäre für das Stillkind nicht vertretbar. Aber nach der Stillzeit ginge das immer noch, und er hat auch nicht mal doof geguckt, als ich meinte, das würde aber noch eine ganze Zeitlang dauern und wäre nicht primär von mir abhängig."

Wenn Sie nicht gerade eine Chemotherapie bekommen, sollten Sie darum kämpfen weiterzustillen. Die meisten Ärzte gehen mit dem Abstillen leichtfertig um und raten oft schon bei einer Brustentzündung dazu. Ärzte sind keine Fachmänner für das Stillen. Sie erfahren darüber fast nichts im Studium, aber das Abstillen (chemisch/theoretisch) lernen sie.

4.17.2. Stillen und Alkohol

Ulrike Schmidleithner:
*"Bei meinen Recherchen fand ich noch einige interessante Daten. Ich glaube, man kann als stillende Mutter getrost und ohne schlechtes Gewissen ab und zu mal zum Essen **ein** Glas Wein oder Bier trinken. Der Prozentsatz des Alkoholgehalts im Blut und der Milch der Mutter sind identisch. Der Alkohol wird nicht in der Milch gespeichert, also ist der Ratschlag, den man manchmal hört, die Milch abzupumpen und wegzuschütten, uninteressant. Der Organismus der Mutter baut den Alkohol rasch ab und im gleichen Maße, wie das Blut vom Alkohol gereinigt wird, verliert auch die Milch ihren Alkoholgehalt. Wenn man auf Nummer Sicher gehen möchte, kann man zwei bis drei Stunden warten, nachdem man Alkohol getrunken hat (ich spreche hier von einem Glas Wein oder Bier); bis dahin sind*

---

[55] Kofferdam wird in der Zahnmedizin zum Schutz des Patienten vor Einatmen oder Verschlucken kleiner Teile oder Spüllösungen eingesetzt. Zusätzlich hilft er ein trockenes, keimarmes Arbeitsfeld zu schaffen

[56] Hier: die Entfernung des bereits im Körper abgelagerten Quecksilbers. Der Begriff Ausleitung entstammt der Säftelehre des ausgehenden Mittelalters. Danach entstanden Krankheiten durch schlechte Körpersäfte und die ausleitende Behandlung sollte den Organismus gründlich reinigen.

Blut und Milch wieder so gut wie alkoholfrei (das ist natürlich individuell verschieden). Die Alkoholmenge, die das Baby erhält, wenn man solche vernünftigen Mengen trinkt, ist sehr niedrig. Ich fand dieses Beispiel: Wenn eine Mutter so viel getrunken hat, das sie 0,1% Alkohol im Blut hat, ist auch in der Milch 0,1% Alkohol enthalten. Nehmen wir an, sie stillt das Baby, und es trinkt 300ml:

1 l Milch .... 0,001 l Alkohol
0,300 l ....0,0003 l Alkohol

Es erhält also bei dieser Mahlzeit 0,0003 l Alkohol, oder 0,3 ml, was einem kleinen bis mittleren (Anmerkung der Autorin: ich denke eher zwei „normale") Tropfen entspricht.

In Italien und Frankreich gehört es zur Tischkultur, immer etwas Alkohol zum Essen zu trinken. Man kann sich den gar nicht wegdenken. Niemand sieht ein Problem, wenn eine stillende Mutter **etwas** Wein oder Bier zum Essen trinkt. Wenn so eine winzige Menge den Kindern schaden würde, dann wären viele italienische Kinder alkoholgeschädigt. Italiener können mit Alkohol gut umgehen. Sie trinken ihn nur zum Essen, und ansonsten trinken sie Wasser. Betrunkene sieht man hier nie. Schon den kleinen Kindern wird das Alkoholtrinken als etwas Kulturelles gelehrt. Sie sehen, wie ihre Eltern mit dem Alkohol umgehen, auch kleinen Kindern werden beim Essen ab und zu einige Tropfen Wein ins Wasser geschüttet, damit sich das Wasser leicht färbt und sich die Kinder erwachsen vorkommen. Lorenzo darf auch mal beim Bier schlecken. Auch für Alkohol gilt: `Die Menge macht das Gift´. Etwas Alkohol ist gesund, zu viel davon ist sehr schädlich. Selbst in der Bibel rät ein Apostel, bei Magenschmerzen etwas Rotwein zu trinken.

Der Alkoholgenuss während der Schwangerschaft hat nichts zu tun mit dem Alkoholgenuss während des Stillens. Während der Schwangerschaft ist es sehr wohl gefährlich, wenn man Alkohol trinkt, da das Ungeborene durch die Nabelschnur diesem direkt ausgesetzt ist. Das ergibt dann etwa die gleichen Alkoholwerte im Blut des Ungeborenen wie bei der Mutter. Beim Stillen hingegen trinkt es die Milch, die, wie ich geschrieben habe, eine extrem winzige Menge von Alkohol enthält, diese winzige Menge gelangt in seinen Magen und nicht direkt in seinen Blutkreislauf."[57]

4.17.3. Stillen, Rauchen und vom Aufhören können

Wenn eine stillende Mutter raucht, steigt der Nikotinspiegel im Blut zuerst an und sinkt im Laufe des Tages wieder ab. Bei einer Zigarette beträgt die Halbwertzeit des Nikotins[58] anderthalb Stunden. Auch besteht sehr wohl ein Zusammenhang zwischen plötzlichem Kindstod und passivem Rauchen von Kindern. Rauchen der Mutter kann ihre Milchmenge gering halten, weil es den Spiegel des Hormons Prolaktin im Körper senkt. Raucherinnen haben einen höheren Stoffwechsel: es könnte sein, dass sie mehr essen müssen, wenn sie sehr schlank sind, da ihre Energiereserven sonst für die Milchbildung nicht ausreichen. Bei starkem Rauchen kann das Baby mit Übelkeit, Erbrechen, Bauchkrämpfen und Durchfall reagieren. Es gibt einen Ratgeber zur Raucherentwöhnung für werdende und stillende Mütter und Väter beim Institut für Präventivmedizin und Sozialmedizin, 28359 Bremen.

In der Schule fand ich es interessant, wie der Körper funktioniert. Später interessierte ich mich auch dafür, was im menschlichen Körper vor sich geht, wenn man Dinge in ihn

---

[57] Quelle mit freundlicher Genehmigung: ullisch@tin.it, www.allattiamo.it, www.uebersstillen.org
[58] das ist die Zeit in der 50% des Nikotins wieder ausgeschieden sind

einfüllt, einspritzt und etwas einatmet. So fand ich die folgende Empfehlung: Mütter sollten möglichst zwei Jahre vor einer Schwangerschaft aufhören zu rauchen, damit das Baby nichts mehr davon abbekommt (und Väter ein Jahr).

Als wir ein Kind wollten, hörte ich mit dem Rauchen auf, obwohl es schwer war. Das Rauchen fehlt mir heute noch. Den Gedanken, nie wieder zu rauchen, ertrug ich nicht. Deshalb fing ich leider wieder an. Doch ich wollte meinem Kind eine rauchfreie Mutter sein und es beim zweiten Mal schaffen.

Ich setzte einen Tag zum Aufhören fest, ging zur Akupunktur, kaufte Nikorettenkaugummis, und wir fuhren vier Tage auf eine Insel. Verboten war: Alleine Einkaufen, alleine bei Rauchern zu Besuch sein und Kleingeld in der Tasche. Nach 14 schlimmen Tagen wurde es jeden Tag leichter. Es geht vorbei, ganz sicher. Man fühlt sich frei und jeden Tag besser; auch nach Jahren hält dieses Gefühl an. Für mein Unterbewusstsein habe ich folgenden funktionierenden Trick erfunden:

Ich darf soviel rauchen, wie ich will und sooft ich will; nur eine einzige Zigarette darf ich nicht rauchen. Auf eine einzige kann man doch verzichten, oder? Und diese eine ist die erste. Wenn der letzte Satz erst unlogisch erscheint, bitte noch einmal lesen. Für das Unterbewusstsein ist es logisch.

Meinem Unterbewusstsein gefällt das viel besser, denn eine einzige nicht zu rauchen, ist zu schaffen.

4.18. STILLEN UND ZAHNGESUNDHEIT

Heutzutage ist es bekannt, dass gesüßte Tees und andere Nahrungsmittel bei zugefütterten Kindern Karies verursachen. Stillenden Müttern begegnet jedoch ebenso öfter das Argument, dass langes Stillen Karies verursachen würde.

Elke Vogt www.ich-stille.de:
„In der Spielgruppe wurde mir als langzeitstillende Mutter vorgehalten, dass Anke vermutlich schlechte Zähne haben wird. Das Gegenteil ist der Fall. Die anderen Mütter vermuten, dass, vergleichbar mit einem Beruhigungsfläschchen, das das Kind in den Händen hält, das `Bottlemouth-Syndrom´ eintreten könnte; bei der Flasche ist es so, dass sie stets im Mund des Kindes tropft und sich das Getränk um Zähne und Gaumen sammelt. Der Trinkprozess an der Brust ist ein anderer; die Brust gibt nur dann die Milch an das Kleinkind ab, wenn es aktiv saugt. Die Brustwarze liegt viel weiter hinten im Mund des gestillten Kindes, nicht an den Zahnleisten."

Petra:
„Im Linguistikstudium habe ich beim Thema `Spracherwerb´ gelernt, dass man beim Sprechen bestimmte Muskelpartien braucht, von denen viele bei den Saugbewegungen während des Stillens (nicht aber während des Flaschetrinkens) besonders trainiert werden. Das ist der Grund für die geringere Wahrscheinlichkeit der Stillkinder, Ohrentzündungen zu bekommen: Die gesamte untere Kopfhälfte ist durch das Saugen einfach kräftiger, bessere Muskeln, bessere Durchblutung, bessere Koordinierung etc."

Am Ende der siebziger Jahre wurde behauptet, dass Stillen die Entstehung von Karies bei Kindern fördere, wenn Babys länger gestillt würden oder wenn sie während des Stillens eingeschlafen seien. Dr. Otto Schaefer, Leiter der Northern Medical Research Unit des kanadischen Gesundheitsministeriums, widersprach solchen Berichten: „Das steht nicht nur in völligem Gegensatz zu meinen eigenen Erfahrungen mit mehreren tausend Eskimokindern, die traditionsgemäß länger als zwei Jahre und manchmal bis zu dreieinhalb Jahren gestillt werden, es steht dem auch die Erfahrung der Hälfte der gesamten Weltbevölkerung und bis zur Jahrhundertwende sogar die der gesamten Menschheit entgegen. Bis dahin wurde länger als ein Jahr gestillt, ohne dass der Zahnzerfall bei Kindern überhand nahm."

Anke D.:
„Der Autor Brian Palmer, berichtet auf seiner Website www.brianpalmerdds.com/caries. htm: (...) Er hat viele Jahre zum Thema Karies geforscht und weißt anhand empirischer und historischer Daten schlüssig nach, wieso die so genannte `Stillkaries´ eine Erfindung ist. Es gibt praktisch niemals Karies bei nurgestillten Kindern und bei Kindern, die auch Beikost bekommen kann man die Karies auf die Beikosteinflüsse in Verbindung mit Veranlagung zurückführen. Bei keinem urmenschlichen Kindgebiss, das erhalten ist, konnten kariöse Schädigungen nachgewiesen werden, eine lange Stillzeit ist für die Urmenschen jedoch extrem wahrscheinlich. Es gab keine Karies, da es auch keine Kariesverursachende Ernährung gab. Er gibt auch andere Begründungen auf seiner Website an. Sie ist wirklich zu empfehlen. (...) Hier einige schnelle Fakten aus seiner Übersicht:

- *Karies entwickelte sich vor ca. 8.000-10.000 Jahren, ca. 92.000 Jahre wurden Menschenbabies kariesfrei lange gestillt*

- *es gibt 4.640 verschiedene Säugetierarten - aber nur beim Menschen kommt Karies bei Milchzähnen vor*

- *strept mutans - ein Karieserreger - ist empfindlich für die Bakterien hemmende Wirkung des Laktoferrins, einem Stoff, der für das Bakterium wichtiges Eisen bindet und in der Muttermilch vorkommt*

- *IgA und IgG Antikörper können Kariesbakterien in der Vermehrung behindern, beide sind in Muttermilch enthalten*

- *Kariesbakterien können die Energie von Laktose (Muttermilchzucker) nicht so leicht verwerten wie Sacrose (deutsch wohl Sacharose, typischer sonstiger Zucker)*

- *eine amerikanische Studie aus dem Jahre 1998 wies nach, dass auch verlängertes nach Bedarf Stillen nicht zu einer höheren Kariesrate führte*

- *Kalzium und Phosphor werden aus der Muttermilch in den Zahnschmelz eingelagert und machen ihn dadurch widerstandsfähiger, im Reagenzglas konnte KEINERLEI kariogene Wirkung von Muttermilch nachgewiesen werden (also Zahn in Muttermilch gelegt - passierte nichts - im Gegensatz zu anderen Flüssigkeiten)*

- *Muttermilch ist kein Schutz gegen Karies (auch nicht bei alleinigem Stillen) aber ein gewisser Schutz und auf keinen Fall ein Verursacher. Karies entsteht durch Zucker (Häufigkeit ist schlimmer als die Menge), Ansteckung mit dem Bakterium streptokokus mutans (Zeitpunkt und Menge der Bakterien entscheidet - je später die Erstinfektion, umso weniger Karies). Viel Spucke und wenig Mundatmung (Nase freihalten!) spülen Bakterien weg, Zahnhygiene bei Kind UND Eltern (wegen Ansteckung durch Eltern) ist superwichtig"*

Weil ich Zahnarzthelferin bin, werde ich oft gefragt, wie ich mit dem Zähne putzen umgehe. Deshalb möchte ich das an dieser Stelle kurz schildern. Zähne putzen ist das einzige, was ich bei meinen Kindern immer konsequent durchgeführt habe - täglich ohne Ausnahme - und zwar sobald die ersten Zähnchen weit genug draußen waren. Ich habe ihnen gesagt, dass auch ich die Zähne putzen muss, und ich das auch bei ihnen tun werde.

Wichtig schien mir die Regelmäßigkeit und dass sie genau verstehen: es wird gemacht, egal, was kommt. Sie spürten meine Entschlossenheit, das ist wichtig.

Durch meinen Beruf weiß ich, wie schlimm kariöse Zähne werden können, und musste genug Kinder auf dem Zahnarztstuhl gewaltsam halten. Wir ernähren uns nun mal nicht von rohen Wurzeln und darum ist Zähne putzen ohne wenn und aber notwendig.

Nach einer Weile reden ging es meistens; wenn nicht, hab ich den Kinderkopf geschnappt, auf der Seite einen Finger hinter den Mundwinkel und in den Kiefer geschoben, damit er etwas auf geht und hab ganz wild Krokodile gesucht, die weggeputzt werden mussten oder Zähne gesucht oder gezählt, eben Quatsch gemacht.

Völlig ohne Überredung konnte ich dieses Problem - sonst ganz Montessorifan- nicht immer lösen. Meine Kinder hatten die Wahl einfach so mitzumachen oder mit Spaß, indem ich eben Krokodilo suchte und wegputzte.

Für Zähne und die Kariesvorbeugung konnte mir meine Hebamme die Körpersalze nach Dr. Schüssler und gutes Buch darüber empfehlen: „Mineralsalze nach Dr. Schüssler" (siehe Literaturempfehlungen). Ich gab meinen Kindern Calcium phosphoricum D6 (Selicea D12 für die Haare) und Calcium fluoratum D12, jeweils als Schüssler-Salze, als Kur jeweils zwei Tabletten morgens und zwei abends (später die Mittel immer 6 Wochen abwechselnd geben), sowie Weleda Aufbaukalk. Meine Hebamme empfahl mir: während der Schwangerschaft soll die werdende Mutter diese Mittel regelmäßig nehmen (seitdem habe ich endlich gesunde, viel dickere Haare). Aber bitte keine Zahnpasta mit Fluor (= Nervengift, suche mal im Internet, du wirst staunen), keine Fluortabletten und später kein fluodieren.

5 STILLEN UND SCHLAFEN

5.1. STILLEN UND EINSCHLAFEN

Ein Baby wird nicht verwöhnt, wenn es an der Brust einschläft. Alle Babys wissen, dass sie ohne ihre Mutter oder einen Mutterersatz sterben müssen. Es ist deshalb völlig natürlich, dass sie in der Nähe der Mutter sein möchten, am besten mit Körperkontakt. Das sich nur langsam entwickelnde Menschenbaby ist genau darauf programmiert. Alleine einschlafen zu müssen, ist grausam und nicht artgerecht.

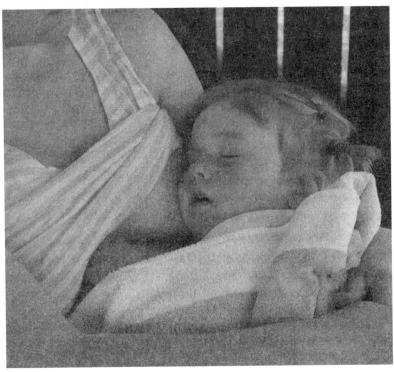

Es gibt eine Untersuchung, in der nackte gewindelte Babys auf nackte Haut gelegt wurden: Schreiminuten pro Stunde: 0!! Je mehr Kontakt du hast und je öfter und eher du stillst, desto zufriedener ist dein Kind.

Die Frage nach dem Stillen und Einschlafen oder Durchschlafen wird oft gestellt. Mein Sohn schlief bis etwa 15 Monate immer an der Brust ein. Er wurde förmlich ohnmächtig und war beim Hinlegen nie wach. Dies tiefe Einschlafen beim Trinken ließ dann nach, ich nahm ihm die Brust aus dem Mund, lag neben ihm, wir schauten uns an, und er schlief dann ein. Trotzdem wollte er Tag und Nacht alle zwei Stunden gestillt werden. Tagsüber aß er bald mehr, nachts erwachte er stets alle zwei Stunden und schlief nach einer ordentlichen Stillmahlzeit weiter. Er trank richtig. Es könnte doch sein, dass die Kinder den Milchfluss auch mit dem nächtlichen Stillen steuern. Vielleicht wäre die Milchmenge zurückgegangen, wenn er nicht auch nachts so getrunken hätte.

Marvin wurde mit zwei Jahren zweimal die Nacht wach; ich machte mir ernsthaft Sorgen, weil ich schwanger war und nicht wusste, wie ich das durchstehen sollte. Doch mit zweieinviertel Jahren schlief er plötzlich durch. Die Milch hatte ihm die ganze Schwangerschaft über geschmeckt; die Muttermilch ist so ein Wunderwerk der Natur, dass es mich nicht wundern würde, wenn etwas drin wäre, was dem Kind anzeigt, dass es durchschlafen soll, weil die Mutter ein Baby bekommt. So konnte ich mich in den letzten drei Schwangerschaftsmonaten richtig ausschlafen. Nach der Geburt seiner Schwester brauchte mein Sohn neun Monate, bis er wieder besser ein- und durchschlief. Da das Durchschlafen in beiden Fällen ganz von alleine und ohne Gewalt passierte, bin ich froh, nicht eingegriffen zu haben, und möchte allen Müttern Mut machen für diese kurze und anstrengende Zeit.

Schweres Einschlafen und häufiges Erwachen kann bedeuten, dass das Kind zahnt oder krank wird. Homöopathisch lässt sich das Zahnen erleichtern. Auch Impfungen können Unruhe hervorrufen. Wer übers Impfen mehr wissen will, dem kann ich nur die „impfkritischemamis Mailingliste" bei Yahoo empfehlen. Dort habe ich viel gelernt.

Beim Zahnen fühlen sich Kinder generell unwohl, und es drückt ziemlich. Es geht vorbei, je besser du es akzeptierst, desto leichter und besser wird es dir fallen, die Bedürfnisse zu erfüllen.

Anstrengend ist das abendliche Stillen, aber es dauert nicht ein Leben lang. Der Körper produziert ein Durchhaltehormon; je mehr du stillst, desto höher wird der Hormonspiegel.

Wegen des Dabeibleibens zum Einschlafen befolgte ich einen Tipp: bei Marvin funktionierte er mit zweieinviertel Jahren sofort, bei Annie nicht. Bei Annie wiederholte ich den Vorgang aber mit zweieinhalb und hatte ebenso Erfolg. Die Kinder hatten in diesem Alter verstanden, dass ich zur Milchbildung auch trinken muss. Abends machte ich mir immer einen großen Tee. Ich brachte sie ins Bett, stillte sie und teilte ihnen mit, dass ich jetzt Tee trinken ginge. Sie willigten ein, und schliefen seitdem nach dem Stillen alleine ein.

Als ich meinen Kindern sagte, dass die Mama jetzt auch Durst hat und sich einen Tee machen muss, habe ich ihnen einen Kuss gegeben, gute Nacht gesagt, bin gegangen, machte die Tür zu und dachte dabei konzentriert:
„Ich erwarte, dass du schläfst, ich erwarte, dass du schläfst", immer weiter und ganz intensiv, bis ich raus und weiter weg war. Das habe ich sieben Tage lang gemacht, danach nur noch gute Nacht gesagt. Beide Kinder haben es akzeptiert und gehen gerne und klaglos schlafen. Ich konnte es kaum fassen. Noch an kaum einem einzigen Tag gab es Theater, der Große ist nun acht.

Vorher bin ich jeden Tag bei ihnen geblieben, bis sie schliefen, aber je besser ich das akzeptiert habe, desto schneller schliefen sie ein. Nun beneiden mich die anderen Mütter, die ihre Kinder dressiert haben und weinen ließen; die stehen wieder auf, kommen heraus und machen Theater vor dem Schlafengehen. Beim Linus werde ich es wieder so machen, nur diesmal ohne ihn erziehen zu wollen. Bei jedem Schlaftraining lernen die Kinder nur eines: das sie selbst falsch sind mit ihren Bedürfnissen, die doch so echt sind.

5.2. Wo soll das neue Baby schlafen?

Wo es will, Platz hat, es bequem hat, bei der Mutter, dem Vater oder zwischen den Eltern. Dazu gibt es inzwischen einige Literatur.

Babys sollten nicht überhitzt werden und zu warm zugedeckt werden. Babys, die bei der Mutter oder zwischen den Eltern schlafen dürfen, sterben seltener an plötzlichem Kindstod. Das ist nicht der einzige Grund, warum kleine Kinder unbedingt neben der Mutter schlafen sollten.

Viele Eltern haben Angst, das Baby im Schlaf zu erdrücken. Wenn du jedoch nicht drogensüchtig oder volltrunken bist, bist du auch im Schlaf Herr deiner Sinne: Deine Blase läuft nicht aus, du rollst nicht aus dem Bett. Genau so weiß dein Unterbewusstsein sehr wohl, dass neben dir ein Baby liegt, und du wirst dich nicht auf das Kind legen. Wir haben am Anfang Kissen als Sperre zwischen uns und das Kind gelegt, bis wir uns nach ein paar Tagen sicher fühlten. Obwohl ein Erdrücken eines Kindes in der Bibel vorkam (1. Könige 3,16-27, wobei nicht beschrieben wird, ob die Mutter im Vollbesitz ihrer geistigen Kräfte war) wurde im Mittelalter extra das Ammenmärchen vom Ersticken im Bett der Eltern geboren, weil Kinder absichtlich erstickt wurden, wenn man sie nicht ernähren konnte oder sie ungewollt waren. Leider weiß ich nicht mehr, wo ich das las. Damals wurde das Schlafen der Kinder im Elternbett aus diesem Grunde gesetzlich verboten. Du wirst das Kind nicht ersticken. Wenn du dich davor fürchtest, kannst du dir ja auch in der ersten Zeit eine Kissenbarriere bauen. Babys liegen in den ersten Monaten meist so ruhig, dass sie einen durch Körperbewegungen kaum am Schlafen hindern.

Andrea aus Hannover:
„Joanna ist unser erstes Kind. In ihrem Stubenwagen lag sie genau anderthalb Nächte; zur Zeit haben wir einen `Babybalkon´ (ein angestelltes Kinderbett), in dem sie den ersten Teil der Nacht verbringt.
Schon vor der Geburt habe ich das Buch ‚Auf der Suche nach dem verlorenen Glück' geschenkt bekommen. Dadurch, und auch durch eine Mailing-Liste, bin ich mit Tragen, Familienbett, Stillen und ähnlichem bekannt und vertraut geworden. Zum Glück! Es geht uns gut damit, und ich habe immer das gute Gefühl im Bauch: `Es ist richtig, was wir tun.´
Joanna hat mit ca. sieben Monaten angefangen, etwas zu essen. Da ich aber nie eine Mahlzeit ersetzt habe bzw. sie eigentlich immer noch nach Bedarf stille, ist ihre Beikostmenge in meinen Augen eher gering. Ich schätze, dass sie noch 70-80% - an manchen Tagen sehr

viel mehr - ihres Nahrungsbedarfs aus der Mumi deckt. Trinken tut sie ca. alle drei Stunden, aber ich kann auch mal vier bis fünf Stunden weg sein, ohne dass es ihr etwas ausmacht. Mit Kartoffeln, Nudeln oder Brot ist sie immer satt zu kriegen.

Nachts stillt sie öfter; es hängt von ihrer Verfassung/ Zähnen/Erkältung ab. Für mich ist immer wieder erstaunlich, dass ich tagsüber nicht müde bin. Ich werde nicht mal richtig wach und kann nicht sagen, wie oft sie getrunken hat. Da muss doch was dran sein, dass sich der Schlafrhythmus des Kindes und der Mutter anpassen, wenn sie nebeneinander schlafen!

Zur Zeit isst sie mal wieder extrem wenig, gut zu wissen, dass die Mumi auf jeden Fall alles hat, was sie braucht."

Es hat viele Vorteile, wenn das Kind unmittelbar neben der Mutter schläft. Nach wenigen Tagen (bei manchen Frauen vielleicht auch länger) sind Mutter und Kind so eingespielt, dass die Mutter wach wird, wenn das Baby unruhig wird und gestillt werden möchte. Sie rollt sich zum Baby herum, das Baby trinkt mit geschlossenen Augen. Beide schlafen gleich weiter, und der Vater wird meist auch nicht gestört, weil das Kind nicht schreit.

Weinen ist ein sehr spätes Zeichen für Hunger.

Dies war für uns ein so wichtiger Satz.

Ich habe nach einem Vergleich gesucht, um verständlich zu machen, was ich meine: Stellen Sie sich vor, Nähe kann man anfassen, und jedes Kind hat einen Tank, und sein Ziel ist es, diesen Tank voller Nähe zu füllen. Wenn das Baby in der Nacht neben der Mutter im Bett liegen darf, bekommt es eine Menge Stunden Nähe in seinen Tank und wird somit glücklicher sein, als Babys, die allein schlafen. Die Mutter schläft besser, tiefer und hat ein gutes und richtiges Gefühl dabei.

5.2.1. Stillen und das Familienbett aus anthropologischer Sicht

Dr. Dettwyler, Katherine, "Breastfeeding and co-sleeping in anthropological perspective", PhD, Texas A&M University, Übersetzung von Ulrike Schmidleithner, gekürzt von Claudia Joller:
„Ein Menschenbaby wird mit der Erwartung geboren, in den ersten Monaten getragen zu werden, konstant in körperlichem Kontakt mit der Mutter zu sein, weit über die ersten Jahre hinaus bei der Mutter zu schlafen und Tag und Nacht nach Bedarf gestillt zu werden. Das gilt für jede Kultur, jede Epoche und jeden Ort, egal wie die mütterliche Einstellung zum Stillen nach Bedarf, zum Familienbett oder zum Tragen ist: grundlegende Fakten ändern sich nicht. Auch die Zusammensetzung der Muttermilch und ihre einschläfernde Wirkung auf das Baby weisen auf die Erwartung hin, zum Einschlafen gestillt und geschaukelt zu werden, hin. Es ist normal, dass sie aufgeregt sind, wenn sie aufwachen und niemand da ist. Es existieren KEINE `natürlichen´ Umstände, unter denen man von einem Baby erwarten könnte, sich selbst zu trösten oder alleine weiterzuschlafen.

Wir können viele Tricks ausprobieren, um Babys dazu zu bringen, ihre Eltern nachts nicht zu brauchen; einige Babys sind anpassungsfähig und scheinen dadurch nicht zu sehr traumatisiert zu werden. Ich gebe zu, dass einige Babys „scheinbar ohne Probleme alleine schlafen" (ich hatte eines dieser Kinder, meinen Sohn mit Down-Syndrom). Wir können die normalen Bedürfnisse der Kinder als schlechte `Angewohnheiten´ oder `Manipulation´ etikettieren, und wir können unser Verhalten gegenüber den Kindern mit allen möglichen, sorgfältig durchdachten, kulturellen Überzeugungen rechtfertigen. Doch nichts davon verändert die essentiellen biologischen, physiologischen und emotionellen Bedürfnisse der Kinder.

Schweine im Familienbett

Viele Kinder wachen im Alter zwischen sechs und 24 Monaten auf, weil sie zahnen. Es macht Eltern weniger aus, in der Nacht geweckt zu werden, wenn sie erkennen, dass ihr Kind Schmerzen hat. Oft genügt eine kleine Information, um eine ´Verhaltensänderung´ der Eltern auszulösen. Aus `du kleiner Balg willst mich doch nur manipulieren und mich um meinen Schlaf bringen - dir werde ich schon helfen!´ wird `Armes Kleines, du hast

Zahnschmerzen, gell? Komm zur Mama und lass dich trösten (und stillen, wenn möglich).´ Wenn es nicht an den Zähnen liegt, könnte es sein, dass das Baby neue Fortschritte in der Entwicklung gemacht hat - Sitzen, Krabbeln oder Gehen etc. -, oder dass es während des Tages zu sehr abgelenkt war, um ans Stillen zu denken.

Ich ermutige Eltern, das Familienbett so lange wie möglich zu genießen, da diese Zeit sehr kurz ist, verglichen mit der Lebensdauer.

Wenn Eltern die unrealistische Vorstellung aufgegeben haben, dass ihre Kinder ab einem bestimmten Alter durchschlafen müssen, ist ihnen oft schon geholfen. Aufwachen in der Nacht ist keine `schlechte Angewohnheit´. Anstatt zu versuchen, die essentielle Natur der Kinder zu ändern (was unmöglich ist), müssen wir daran arbeiten, die kulturellen Überzeugungen zu verändern."

5.3. Wenn das Bett zu eng wird

Ein Neugeborenes bewegt sich wenig; ein älteres Kind mehr, es nimmt mehr Platz ein und hat auch eine größere „Spannweite". Wenn das Kind größer wird, kann man ein Kinderbett an das Ehebett stellen und das anliegende Gitter abmontieren. So hat man einen Bettbalkon. Das Kind kann zur Mutter, die Mutter zum Kind, und Vater und Mutter haben mehr Platz. Man kann die Höhe der Betten auch unter dem Bett mit Brettern oder anderem justieren.
An unserem Ehebett stehen an beiden Seiten Kinderbetten, so ist zum Gehen zwar kaum bzw. kein Platz, aber die Liegefläche hat sich sehr vergrößert. In fremden Betten haben wir mitnehmbare Bettgitter unter die Matratze geschoben, damit die Kinder nicht herausfallen. Stühle sind bei leichten Babys in fremden Betten ebenfalls effektiv.

Da man etwa ein Drittel seiner Lebenszeit schlafend verbringt und das Bedürfnis nach Nähe im Menschen stark ausgeprägt ist, scheint dies die einzig vernünftige Lösung zu sein. Und sie fühlt sich gut und richtig an. Notfalls wären wir sonst umgezogen, hätten Zimmer getauscht, Schränke umgestellt oder auf Matratzen geschlafen.
Auch wenn eine Mutter nach einem Kaiserschnitt z.B. den berühmten Mutterinstinkt nicht so stark wahrnehmen kann, könnte es trotzdem sein, dass die gemeinsame Nähe dabei helfen könnte, eine tiefe Beziehung zum Kind aufzubauen. Weil sich das einfach richtiger anfühlt, als das Kind alleine in einem Zimmer in seinem einsamen Bettchen liegen und sich ängstigen zu lassen. Das tut auch der Mutter gut, weil man den Instinkt zwar ignorieren, aber nicht ändern kann.

5.4. Schlafen trotz Stillen

Oft holte ich morgens Schlaf nach, weil dann mein Mann die Kinder betreute. Das kleine Kind brachte er mir dann, wenn es quengelig wurde. So konnte ich kleine Schlafkuren machen, was mir sehr half. Trotzdem reichte das oft nicht. Aber das ist nicht so schlimm. Das Hormon Prolaktin, das beim Stillen ausgeschüttet wird, gab mir Durchhaltevermögen und mehr Ruhe als normalerweise.
Ich wollte unbedingt, dass sich unsere Kinder selber abstillen durften. Ich weiß, dass viele Kinder das nicht dürfen, aber ich wünschte es ihnen sehr, weil ich die Verletzung in mir selber spürte. Die Babys mussten früher alle lernen, dass es keinen Sinn hat, nachts nach

der Mama zu rufen, weil sie doch nicht stillen, höchstens nur schauen kommt. So haben sie schnell resigniert und schrieen eben nicht mehr. Früher ließ man die Babys grundsätzlich schreien, hat nur höchstens sechs Monate gestillt und nachts meist gar nicht. Diese schreckliche Sicht hat sich in manchen Büchern und Köpfen wacker gehalten.

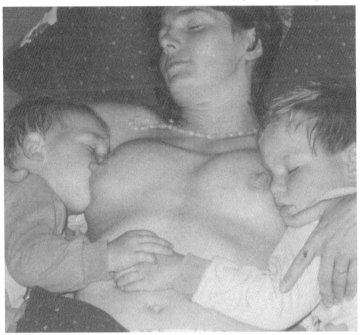

Meist genieße ich auch die Nähe, nur nachts war es mir manchmal zu viel. Wie gesagt: weinen ist ein sehr spätes Zeichen von Hunger. Da ich vor dem richtigen Weinen wach wurde und stillte, tranken meine Kinder stets ihre Milch und schliefen ruhig weiter. Meine Konzentrationsfähigkeit und mein Gedächtnis funktionierten beim nächtlichen Zwei-Stunden-Abstand-Stillen des ersten Kindes nicht so gut, aber ich habe das überlebt. Ich heile auf die Art auch manche Wunde meines eigenen inneren Kindes. Auf diese Art tut es auch mir gut.

Ich danke meinem Mann für die oft morgendlichen „Schlafkuren". Mir ist bewusst, dass dies leider nicht jeder Mutter zuteil werden kann. Aber vielleicht mal sonntags?

Oft gleichen sich der Schlafrhythmus der Mutter und des Kindes einander an, zum Teil auch dem der Geschwisterkinder. Früher konnte ich immer schlecht einschlafen. Durch das ständige Wecken alle zwei Stunden, hat sich das schnell geändert. Heute kann ich stets gut einschlafen, wenn nicht aktuelle Gedanken über ein zu lösendes Problem mein Gehirn zermartern.

5.5. Nächtliches Abstillen?

Mit Wasser oder Tee wären meine Kinder nachts nicht zufrieden. Trotzdem nehme ich bei den älteren Kindern bei Fieber ein Wasserfläschchen mit; manchmal mochten sie es auch, wenn sie nach dem Stillen noch Durst hatten. Sie machten die Augen nicht auf, tranken nur alle vorhandene Muttermilch und schliefen weiter.

Ich weiß nicht, ob sie abgepumpte Milch getrunken hätten, denn eine Flasche haben sie nie bekommen, und zum Abpumpen hat mein erstes Kind nie etwas übrig gelassen.

Als mein Sohn noch kleiner war, ließ er sich manchmal auf meinem Bauch in den Schlaf schuckeln. Später wachte er nicht mehr nur vom Hunger auf, sondern wollte mich nur umarmen und schlief wieder. Auch abgestillte, kranke oder zahnende Kinder werden oft wach; nur nicht Gestillte weinen die halbe oder die ganze Nacht. Gestillte Kinder und ihre Mütter schlafen weiter.

Ich finde, drei bis vier Minuten Weinen sind zu viel; du wirst es bereuen. Als ich begriffen hatte, dass meine Kinder weinten, weil sie Angst hatten, verlassen zu werden, und sie wussten, dass sie dann verloren waren, habe ich es akzeptiert und bin bei ihnen geblieben, bis sie mich beim Einschlafen nicht mehr brauchten.

Ramani:
*"Wir praktizieren auch das Familienbett; ich musste nur selten aufstehen und das Kind herum tragen. Fast immer reichte Körperkontakt, die Brust geben oder einfach nur Händchenhalten. Auch unser Benjamin (Down-Syndrom, 16 Monate) war noch vor kurzem ein schlechter Schläfer (teilweise jede halbe Stunde wach); auch das war für mich nicht so schlimm, weil ich nicht aufstehen musste, ich habe ihn immer bei mir beruhigt und einfach weitergeschlafen. Jetzt schläft er direkt an meiner Bettseite im Kinderbett ohne Gitter, er rollt sich nachts selber zu mir und kuschelt sich an, wenn er wach wird, oder sucht meine Hand – und ich kann weiterschlafen. Auch unser Großer (fast vier Jahre), der noch bei uns schläft, kuschelt sich manchmal an mich und flüstert: `Mama, ich habe was geträumt und habe Angst, ich muss zu dir´. Ohne das Weinen oder Schreien aus dem anderen Zimmer, das andere Eltern kennen, die vom Kind getrennt schlafen. Ich kann meine Art zu schlafen sehr empfehlen, weil sie für Mutter und Kinder viel schonender und stressfreier ist.
Noch etwas: Benjamin hat vor vier Wochen sein homöopathisches Konstitutionsmittel bekommen und schläft seitdem praktisch durch – von 22 bis 4, manchmal bis 5 Uhr; dann*

stille ich ihn und er schläft weiter bis 7 oder 8. Vorher hat er nie durchgeschlafen."
Eine andere Mutter schrieb mir dazu folgendes:
„Zum Thema Schlafen kann ich dich beruhigen: Ich kenne genügend Flaschenkinder, die nachts genau so wenig durchschlafen wie unsere Stillkinder. Eine Bekannte von mir musste mehrere Monate lang nachts bis zu 20 Mal aufstehen und war froh, wenn es manchmal nur sechs Mal wurden. Ich kenne andere ähnliche Beispiele.

Umgekehrt kenne ich aus meiner Stillgruppe diverse Vollstillkinder, die bereits mit drei, vier Monaten durchgeschlafen haben (ca. 12-13 Stunden). Schlafen hat meines Erachtens also nichts mit Stillen zu tun.

Meine Tochter will seit einem halben Jahr abends nicht einschlafen; es dauert bis zu amderthalb Stunden, bis sie endlich im Träumerland ist, und ich weiß mir keinen Rat mehr. Aber ich denke, das hat nichts mit dem Stillen zu tun, sondern mit den vielen Eindrücken, die sie aufnehmen und verarbeiten muss. Vielleicht haben Kinder Angst davor, einzuschlafen, weil sie etwas verpassen könnten.

Gleichgültig, ob Stillkinder oder Flaschen-/Beikostkinder - ich habe festgestellt, dass alle ihre Phasen haben, wo sie ab und an schlechter als sonst schlafen... und das geschieht hauptsächlich zu den Zeitpunkten, in denen der nächste Entwicklungssprung fällig ist."

5.5.1. Abstillgefühle

Claudia Joller:
„Sätze wie: `Eine liebevoll gegebene Flasche ist besser als die Brust mit Widerwillen´ oder: `Wenn eine Frau schlechte Gefühle beim Stillen hat, ist es wahrscheinlich an der Zeit, abzustillen´ können mich auf die Palme bringen.
Ich habe sie immer wieder, diese Gefühle - vor allem in der Nacht, wenn Miriam stundenlang (wie es mir scheint) an meiner Brust hängt und ich nicht weiterschlafen kann. Da werde ich mit Wut, Widerwillen, Ungeduld und Schuldgefühlen konfrontiert – und überlege ich manchmal, abzustillen.

Die Frage ist doch: `Wie gehe ich mit solchen Gefühlen um?´ Ich habe die Erfahrung gemacht, dass in diesen Situationen einfach alte Wunden und Verletzungen ans Tageslicht kommen.
Das Stillen ist nur der Auslöser dafür, es zeigt mir: `Da ist eine Wunde in dir, die geheilt werden möchte!´. Es ist nicht einfach, einem Kind die Nähe und Geborgenheit zu geben, die man selber nie bekommen hat. Doch als erwachsener Mensch kann ich mich entscheiden: Will ich meine Grenzen ausdehnen, mich mit diesem Schmerz auseinandersetzen (und dabei ein Stück heiler und gesünder werden), oder will ich den Schmerz `auslöschen´ - mein Kind in meine Grenzen zwängen, ihm den gleichen Schmerz zufügen, der mir selber zugefügt wurde, und im Sumpf stecken bleiben?"

Wir Mütter sind nicht die schwachen Wesen, die negativen Gefühlen hilflos ausgeliefert sind, und unsere Kinder nicht die robusten Tyrannen, denen man ruhig ein paar Schreistunden zumuten kann, wie man uns oft weismachen will. Wir haben die besseren Werkzeuge als sie, um mit Schmerz und Wut zurechtzukommen.
Bei mir war es immer nur wenig, was ich brauchte, um wieder mit Freude zu stillen und die nächtliche Geborgenheit zu genießen: mich bei einer Freundin ausheulen, mein Sofa mit dem Teppichklopfer bearbeiten, am Morgen eine halbe Stunde ganz alleine im Bett liegen,

ausgiebig mit meinem Mann kuscheln...

Ich finde es wichtig, dass wir uns gegen den Anspruch wehren, den man(n) an uns stellt, immer in vollkommener Harmonie zu stillen. Das weckt nur Schuldgefühle. Es sagt ja auch niemand, wir sollten aufhören, unser Kind zu wickeln, nur weil wir gerade keine Lust haben, die Windeln zu wechseln."

5.6. Nächtliches Stillen mit einem Jahr und mehr

In unseren Landen gibt es Dinge, die wie Statussymbole behandelt werden: Wann zahnt das Kind? Wann läuft das Kind? Schläft es durch? Wann wurde oder wird es sauber?

Wie unwichtig! In 20 Jahren interessiert das niemanden. Ich möchte die Bedürfnisse meiner Kinder so erfüllt haben, dass sie sich gut mit sich fühlen und drogenfrei und froh dem Leben entgegengehen. Dazu gehört bei meinen Kindern ganz offensichtlich auch das nächtliche Stillen, und wie es scheint, ist es nicht nur bei uns so:

Gunde mit Tiana (elf Jahre) und Bennet (vier Jahre):

„Liebe Katja, du hast zum Glück ein ganz normales Kind! Ganz viele Kinder schlafen nach wenigen Wochen durch und ändern das nach ca. sechs Monaten wieder. Angeblich können sie dann träumen, und dazu gehört dann auch, sich nachts trösten zu lassen. Um den ersten Geburtstag sind ganz viele Kinder Katastrophenschläfer. Viele wecken ihre Mütter stündlich und sind dann ganz früh morgens richtig wach.
Du machst das genau richtig, indem du dir Entlastung suchst. Ein Mittagsschläfchen würde dir bestimmt auch gut tun. Vielleicht schläft dein Kind mit dir zusammen mittags länger als eine Stunde. Warum gerade in dem Alter die Kinder nachts so anstrengend sind, liegt vielleicht an dem enormen Mobilitätsfortschritt genau in der Zeit, die sie nachts rotieren lässt.

Meine Kinder waren beide nach dem ersten Geburtstag genau so, und ich dachte bei meiner Tochter, es läge an der Kopplung des Stillens mit dem Schlafen. Ihre Tagesmutter belehrte mich eines Besseren: Ihr Sohn war mit sechs Monaten komplett abgestillt und hat um seinen ersten Geburtstag herum genau so schlecht geschlafen wie Tiana. Oft wurde sie alle halbe Stunde geweckt, es war für sie die anstrengenste Zeit mit ihrem Sohn.

Mein Sohn Bennet hat davon profitiert. Ich habe nicht mehr die Schuld bei mir oder dem Stillen gesucht, sondern ihn einfach so genommen, wie er war. Ich habe meinen Schlaf für heilig erklärt. Irgendwie war dadurch die Situation weniger angespannt als bei Tiana, sodass Bennet zwar auch oft stündlich oder öfter kam, aber ich mich nicht so ausgebrannt fühlte.

Mein Nachbarkind wurde nie gestillt, schläft in eigenem Zimmer und Bett allein und ist genau so alt wie dein Sohn, etwa zwei Jahre. Durch die geöffneten Fenster im Sommer bekomme ich nachts oft mit, dass er nach seinen Eltern weint (oft vergeblich, trotzdem gibt der tapfere Kerl nicht auf). Das erste Mal schreit er, wenn seine Eltern gerade im Bett liegen und es ruhig wird im Haus. Dann geht es in etwa im Stundentakt weiter, bis er um halb sechs endgültig wach ist.

Letzte Woche war eine Frau mit ihrem fast voll gestillten Sohn, auch fast zwei Jahre alt, in Hamburg bei der Mütterberatung zur Schlafberatung (auch er weckt sie mindestens siebenmal pro Nacht). Dort wurde ihr gesagt, dass ihr Kind ganz normal und es lediglich für die Eltern hart sei. Ungewöhnlich sei es eher, wenn sich Kinder in dem Alter nachts nicht oder nur wenig melden würden. Vom `Jedes-Kind-kann-Schlafen-Lernen-Programm´ wurde ihr abgeraten, es passe nicht zu ihr und sei nur eine schlechte Notlösung bei völliger Entgleisung der ganzen Familiensituation.

Meine Kinder haben langsam aber stetig besser geschlafen; ich kann dir keinen Zeitpunkt nennen. Ich weiß nur, dass es nie wieder so anstrengend war wie um den ersten Geburtstag. Die Mühe und Kraft waren Investitionen, die sich jetzt auszahlen. Ich habe stabile Kinder, auf die ich mich wirklich verlassen kann.

Vielleicht tröstet es dich, wenn du nachts an die vielen anderen Mütter denkst, die im gleichen Augenblick genau in der gleichen Situation wie du sind, oder du denkst an etwas wirklich Schönes, um dich nicht selber zu frustrieren. Zum nächtlichen Stillen können fast alle Frauen ein Lied singen. Mit einem Zwei-Stunden-Rhythmus bist du eigentlich ganz gut bedient, ganz sicher machst du nichts falsch. Meine Kinder sind beide lange gestillt und inzwischen elf und vier Jahre alt."

Anne:
„Jonas hat unverändert ein ständiges Stillbedürfnis und ich bin auch zunehmend genervt. Ich sehne mich so nach ruhigen Nächten, ich würde schon `juhu´ schreien, wenn ich wenigstens regelmäßig drei Stunden am Stück schlafen könnte."

Annette H.:
„Meine Johanna wird bald vier Jahre alt und stillt noch mit großer Begeisterung.
Wir hatten zwar vor einigen Wochen eine Phase, wo ich Tendenzen mit Saft oder Wasser anbieten zum Abstillen sah, aber sie hat es sich überlegt, und stillt zur Zeit ein bis zweimal pro Tag. Als ich schon dachte, dass das Nachtstillen `nie´ aufhören würde, wollte sie nicht mehr. Sie schläft - so sie nicht im Auto einratzt - auf meinem Arm stillenderweise - ein, und ich lege sie dann auf ihre Matratze in ihrem Zimmer.
Heute Mittag im Kindergarten war z.B. Elterncafé, und Hanna war müde, als ich in den Kindergarten kam. Sie wollte kuscheln und Mämi (was jeder als Wunsch nach allgemeiner mütterlicher Nähe interpretiert), also fragte ich die Erzieherin nach einem stillen Örtchen, um sie `zu kuscheln´. Nach etwa fünf Minuten Nuckeln war sie auf meinem Arm eingeschlafen, und ich konnte mich mit schlafendem Kind im Arm zu den anderen Frauen zum ungestörten Klönen setzen; es lebe das Stillen, denn ohne hätte ich wegen einem knatschenden Kindlein auf diese `Schwätz-Stunde´ verzichten müssen!"

Judith:
„Simon hat sich bis zur Schwangerschaft standhaft geweigert, nachts mal auf das Stillen zu verzichten. Als mit der Schwangerschaft die empfindlichen Brustwarzen kamen, habe ich ihm nachts einfach ein Glas Wasser angeboten. Er hat es angenommen und innerhalb weniger Tage nachts durchgeschlafen, und zwar ohne Weinen. Inzwischen schläft er bis fünf Uhr und meldet sich dann. Ich lasse ihn dann auch an der Brust trinken, aber das erstreckt sich meistens nur über maximal dreimal Nuckeln. Entweder Simon war einfach bereit für das Durchschlafen und es hätte auch ohne Schwangerschaft geklappt, oder die Veränderung hat ihm den letzten Kick gegeben..."

Gudrun Anasat mit Sarah (fünf Jahre):
„Sarah hat die ersten zweieinhalb Jahre so gut wie nie durchgeschlafen. Zwei bis drei mal

pro Nacht war lange normal, bzw. anfangs alle zwei Stunden. Jetzt kommt es hin und wieder vor, dass sie eine Stunde nach dem Einschlafen noch einmal hochschreckt, vor allem, wenn sie zu früh und unvermittelt eingeschlafen ist, aber seit sie etwas über drei Jahre alt ist, schläft sie ansonsten sehr gut. Gestern waren wir schwimmen, und da ist sie dann kurz nach 18 Uhr eingeschlafen ! - Kommt aber selten vor."

5.6.1. Durchschlafen?

Dr. Dettwyler, Katherine, „Sleeping through the night?", Universität A&M, Texas, Übersetzung von Ulrike Schmidleithner, gekürzt von Claudia Joller:
„Ich weiß aus eigener Erfahrung, dass Elternsein manchmal hart ist; besonders dann, wenn die Erwartungen nicht mit der Realität übereinstimmen, wenn uns unsere Kultur gelehrt hat, dass Kinder bestimmte Bedürfnisse und Verhaltensweisen haben, und unsere Kinder in dieses Schema nicht hineinzupassen scheinen. Es kann für Eltern schwierig sein, diese Diskrepanz zwischen Erwartung und Realität zu akzeptieren und damit fertig zu werden.
Manche Kinder können dazu aufgemuntert, gezwungen oder davon überzeugt werden, sich den kulturellen Erwartungen anzupassen, und sie werden problemlos damit fertig. Bei anderen hingegen, auch wenn sie sich letztendlich anpassen, geschieht das zum Schaden ihrer Persönlichkeit, ihrer Selbstsicherheit, ihrer Fähigkeit, die Welt als einen sicheren und Vertrauen einflößenden Ort zu betrachten, und manchmal zieht es gesundheitliche oder sogar lebensbedrohliche Folgen nach sich. Wahrscheinlich besteht nirgends eine so große Diskrepanz zwischen kulturellen Erwartungen und den physiologischen Bedürfnissen der Kinder, wie in den beiden Bereichen Stillen und Schlafverhalten.

Kinder kommen mit der Erwartung auf die Welt, dicht neben ihren Eltern zu schlafen.

Der Tastsinn ist bei Primaten (z.B. Schimpansen und Gorillas) zusammen mit dem Sehsinn der wichtigste Sinn. Junge Primaten werden jahrelang auf dem Körper der Mutter getragen und schlafen neben ihr, sogar wenn sie schon abgestillt sind.

Normale, gesunde, gestillte Kinder, die neben ihrer Mutter schlafen, schlafen nicht durch bis sie drei, vier Jahre alt sind.

Dr. McKennas Schlafstudie zeigt deutlich die Gefahr, der ein einsam schlafendes Kind ausgesetzt ist. Es gleitet in einen unnatürlichen Tiefschlaf, aus dem es nur schwer wieder aufwachen kann, wenn es zu einer Atemstillstandsphase kommt. Wenn die Mutter neben ihrem Baby schläft, lenkt sie unbewusst den Schlaf des Babys und seinen Atemrhythmus. Wenn das Baby eine Atemstillstandsphase durchmacht, erinnert die Mutter es mit ihren Bewegungen und Berührungen daran, wieder zu atmen. Man glaubt, dass das der Hauptgrund dafür ist, dass das Zusammenschlafen des Babys mit der Mutter vor S.I.D.S. (plötzlichem Kindstod) schützt.

In anderen Worten: Von vielen Fällen von S.I.D.S. glaubt man, dass den Kindern in einem zarten Alter beigebracht wurde, lange Strecken am Stück zu schlafen und dass, wenn sie sich während einer Atemstillstandsphase im Tiefschlaf befinden, niemand neben ihnen ist, der es bemerk, und sie ans Atmen erinnert, und sie nehmen es ganz einfach nie wieder auf. Das Nebeneinanderschlafen erlaubt der Mutter auch, die Körpertemperatur ihres Kindes während der Nacht zu kontrollieren, da zu sein, wenn es Milch erbricht und zu husten beginnt, und ihm ganz einfach die normale, sichere Umgebung zu bieten, die sich das Baby instinktiv erwartet.
Es besteht kein Zweifel: Die Kluft zwischen dem, was uns unsere Kultur gelehrt hat, vom Schlafverhalten unserer Kinder zu erwarten, und der Realität klafft weit auseinander.

Der erste Schritt, um sich mit der Tatsache abzufinden, dass ein Baby nicht die Nacht durchschläft und nicht ohne die Mutter schlafen möchte, ist, sich folgender Punkte bewusst zu werden:
- *Dass Kinder bis zum Alter von drei bis vier Jahren nicht durchschlafen, ist ein normales und gesundes Verhalten.*
- *Kleine Kinder sind nicht `schwirig´, und sie wollen nicht `manipulieren´. Sie sind normal und gesund und benehmen sich artgerecht.*

Sobald man diese einfachen Wahrheiten akzeptiert hat, wird die nächtliche Betreuung des Kindes viel einfacher. Wenn man die Idee aufgibt, dass man acht Stunden ununterbrochenen Schlaf pro Nacht braucht, und die nächtlichen Interaktionen mit dem Kind als wertvoll und vorübergehend betrachtet, gewöhnt man sich schnell daran.
Ich kann das Buch von Dr. Sears empfehlen `Schlafen und Wachen` (bei der `La Leche Liga` zu beziehen)."

Marvin schlief mit zwei Jahren durch, dann wurde seine Schwester geboren und brachte sein Schlafen und seine Bedürfnisse erst einmal durcheinander. Endgültig und stabil schlief er dann deshalb mit drei Jahren durch. Unser zweites Kind Annie schlief etwa mit vier richtig stabil die ganze Nacht. Sie stillte auch vorher nicht mehr jedes Mal nachts, aber sie träumte viel, wollte ein Streicheln, oder nur ein Wort und schlief dann weiter. Ich habe gelernt und gelesen, dass nächtliches Stillen mit dem Einschlafen oder Durchschlafen gar nichts zu tun hat und viele Flaschenkinder genauso oft wach sein können und manche Stillkinder bald durchschlafen. Jedes Kind ist anders.

6 STILLEN IN DER SCHWANGERSCHAFT

6.1. STILLEN UND FRUCHTBARKEIT

Viele Menschen denken, dass Stillen eine Schwangerschaft verhütet. Aber das ist nicht so einfach. Solange ein Kind voll gestillt wird, ohne Nuckel, nach Bedarf und auch nachts regelmäßig gestillt wird, ist der Hormonstand normalerweise so hoch, dass ein Eisprung verhindert wird. Es ist aber so, dass der Hormonstand bei jeder Frau verschieden ist. Es gibt Frauen, die stillen nur einmal täglich und das genügt, dass sie keinen Eisprung haben; es gibt Frauen, deren Prolaktinspiegel trotz vollen Stillens nicht hoch genug ist, um einen Eisprung zu verhindern. Man darf sich nie darauf verlassen. Es gibt Frauen, die nach vier Wochen, trotz vollem Stillen, wieder schwanger wurden.

Sandra F.:
„Ich habe meine Regel das erste Mal nach zweieinviertel Jahren wieder bekommen. Von da an in einem regelmäßigen 28-Tage-Rhythmus, mit einigen Anzeichen auf einen 12. Zyklustag-Eisprung. Zu diesem Zeitpunkt hat mein Sohn noch fast ausschließlich Muttermilch getrunken, um seinen Energiebedarf zu decken. Wenn er einmal am Tag ´richtig gegessen` hat, war das viel und hat dann wieder ewig lange gereicht. Die Stillabstände lagen ganz zuverlässig bei mehrmals pro Stunde tagsüber und mindestens alle zwei, maximal drei Stunden in der Nacht, etwa sieben Monate lang. Dann folgte ein Monat sogar mit 32. Zyklustagen. Einen Schwangerschafts-Test hatte ich bereits gemacht, in der Hoffnung, mir wäre vielleicht doch ein Rechenfehler unterlaufen. Dieser war aber negativ. Naja, und im nächsten Zyklus hatte ich dann meinen Mann und meinen Körper davon überzeugt, dass unbedingt noch ein Baby zur `Komplettierung unserer Familie´ notwendig ist. Das alles bei unveränderter Stillfrequenz. Es gibt also tatsächlich kein Patentrezept, wie es sein muss. Genau so, wie manche Frauen keinen Eisprung haben, die gar nicht stillen."

Claudia:
„Es ist kaum zu glauben, wie hartnäckig sich gewisse Mythen halten. So auch der Mythos, dass frau während der Stillzeit nicht schwanger werden kann: Das stimmt nicht. Bei mir hat sich der Zyklus nach etwas mehr als einem Jahr wieder eingependelt, und ich stille immer noch oft. Ich kenne aber auch Frauen, bei denen es viel schneller ging. Und wer kennt nicht mindestens eine Frau, die während der Stillzeit schwanger wurde? Wenn das nicht so wäre, könnte sich Tine ein Kapitel über `Stillen während der Schwangerschaft´ echt sparen. Das ist wirklich eine Sache des gesunden Menschenverstandes! Stillen KANN die Eireifung lange unterdrücken - doch für wie lange und ob gerade bei mir, kann nicht pauschal beurteilt werden."

6.1.1. Natürliche Empfängnisregelung

Kati Gabathuler, Rorschach:
„Unser viertes Kind, Mariann, war geboren. Aus Erfahrung wusste ich, dass mein Zyklus bei intensivem Stillen lange auf sich warten ließ. Wie sollte ich vorgehen, um nicht überraschend schnell wieder schwanger zu werden?

Die Antwort erhielt ich in Form eines kleinen Handbuches, das ich unerwartet entdeckte:

Prof. Dr. Josef Rötzer: `Natürliche Empfängnisregelung – Der partnerschaftliche Weg´. Der Arzt gibt Schritt für Schritt genaue Anleitung zur Zyklusbeobachtung; das Buch ist geeignet zum Selbstunterricht.

Wie erfreut war ich, dass sogar Regeln aufgestellt waren für die Stillzeit, in der ja bekanntlich der Zyklus noch gar nicht in Gang gekommen ist, und man nie weiß, wann die Fruchtbarkeit wieder einsetzt. Ich war erstaunt, da ich nicht ein einziges Mal – auch nicht während meiner Ausbildung zur Krankenschwester – etwas darüber gehört hatte.

Meine Neugier war geweckt; auch mein Mann war bereit, sich auf dieses `Abenteuer´ einzulassen. Wir lernten, dass auch in der Stillzeit unfruchtbare und fruchtbare Tage gefunden werden können.

Je länger und intensiver der Saugreiz an der Brust gesetzt wird, desto länger bleiben die Eierstöcke ruhig gestellt. Nach den im Rötzerbuch beschriebenen Regeln zum vollen Stillen, sind die ersten 12 Wochen nach der Geburt unfruchtbar. Ich hatte also genügend Zeit, um in Ruhe mit den Beobachtungen zu beginnen. Wichtig ist der Zervixschleim, der aus dem Gebärmutterhals (Zervix) nach außen abfließt, und rein äußerlich beobachtet werden soll. Dieser zeigt die fruchtbaren Tage direkt an. Dazu kommt das Messen der Aufwachtemperatur, welche angibt, ob eine Blutung wirklich als Menstruation zu werten ist, oder ob es sich um eine Zwischenblutung handelt. Diese Unterscheidung ist wichtig, damit wir uns richtig verhalten konnten.

Die hohe Verlässlichkeit dieser sympto-thermalen Vorgangsweise ist gegeben, weil die Temperatur in Abhängigkeit vom Verlauf der Schleimphase ausgewertet wird.

So konnte ich immer wieder möglicherweise fruchtbare und sicher unfruchtbare Tage unterscheiden und dann auch erleben, wie mein Zyklus nach einem ganzen Jahr wieder in Gang kam.

Spannend war das Aufzeichnen meiner Zyklen, was anhand der `roten Seiten´ im Buch einfach war. Dank den entsprechenden Erklärungen zur Beobachtung, der Eintragung in die Tabellen und der Regeln zur Auswertung, konnte ich mich Tag für Tag durch den Zyklus `arbeiten´ und mich mit `meinen´ Zyklen vertraut machen.

Wir hatten die perfekte Methode – besser noch – einen neuen Lebensstil gefunden, der zu uns passte und uns die gewünschte Ruhe und Sicherheit gab. Das Vertrauen zueinander konnte wachsen – die Liebe vertiefte sich – wir kamen uns als Paar noch näher.

In den vier langen Stillzeiten erlebte ich das Wunder der Natur hautnah, was uns jedes Mal mit Freude und Dankbarkeit erfüllte. Jetzt, da wir gelernt hatten, mit unserer Fruchtbarkeit umzugehen und damit zu leben – auch in Zeiten ohne Kinderwunsch – erfuhren wir ganz bewusst die Liebe unseres Schöpfers!

Unsere Begeisterung war so groß, dass wir uns ausgebildet haben, um unser Wissen weiter zu geben - seit mehr als 23 Jahren.

Der Begriff: `Natürliche Empfängnisregelung´ weist auf einen Aspekt, der mir persönlich wichtig ist: dass mit dem gleichen Wissen eine Schwangerschaft vermieden oder angestrebt werden kann.

Die genaue Zyklusbeobachtung kann eine große Hilfe für Paare mit Kinderwunsch sein. Die Schleimbeobachtung hilft ihnen, ihre hochfruchtbaren Tage zu finden. Sie können selber erkennen, ob die Temperaturhochlagen lang genug sind, damit sich ein befruchtetes Ei in der Gebärmutterschleimhaut einnisten kann. Der Arzt kann (könnte) wichtige Fakten direkt aus den Aufzeichnungen ablesen; somit könnten manchem Paar teure Untersuchungen erspart bleiben. Da die Zahl der ungewollt kinderlosen Paare im Steigen begriffen ist, nimmt auch die Zahl der Frauen zu, die Anleitung zum Beobachten des Zyklus suchen. Gegenüber der alleinigen Temperaturmessung verspricht die sympto-thermale Methode echte Vorteile; es sollte vermehrt darauf hingewiesen werden.

Bei unerfülltem Kinderwunsch ist es hilfreich, die Tage mit der besten Schleimqualität abzuwarten und erst dann zusammenzukommen. Die Spermienkonzentration ist dann höher, es sind möglichst viele gut ausgereifte Samen vorhanden. Im Durchschnitt dauert es drei Zyklen, um schwanger zu werden.

Erzwingen lässt sich eine Schwangerschaft nicht mit der sympto-thermalen Methode, aber ganz sicher vermeiden.

`Stillmappen´ zum leichteren Einstieg nach einer Geburt sind erhältlich bei den INER – Landesstellen; auch Vermittlung von Kontaktadressen für persönliche Beratung, Auskunft über Kurse:

- INER Deutschland:
Karin Türck, Göserweg 28, D-88400 Biberach, E-Mail: tuerck-iner@t-online.de

- INER Österreich:
Prof. Dr. med. Josef Rötzer und Elisabeth Rötzer, Vorstadt 6, A-4840 Vöcklabruck,
E-Mail: josef.roetzer@asak.at

- INER Schweiz:
Kati und Walter Gabathuler, Mühletobelstrasse 63a, CH-9400 Rorschach,
E-Mail: walter@gabathuler.ch, www.iner.org.

Grundlage für das praktische Erlernen der Natürlichen Empfängnisregelung ist das Buch von Prof. Dr. med. Josef Rötzer: `Natürliche Empfängnisregelung – Der Partnerschaftliche Weg´ 144 Seiten, ISBN 3-451-23983-3. Die umfassendste Einführung in die Sympto-thermale Methode. Leicht verständliche Anleitung für die Praxis.

Zur Vertiefung des Wissens:

Prof. Dr. med. Josef Rötzer: `Der persönliche Zyklus der Frau – Von der Vorpubertät bis in die Wechseljahre´, 256 Seiten, ISBN 3-451-26885-X. Der normale Zyklus, der Zyklus bei Mädchen und jungen Frauen, Vorgehen bei Kinderwunsch, nach der Geburt eines Kindes, der Zyklus in den Wechseljahren, unregelmäßiger Zyklus, nach Absetzen der `Pille´ – alles was Frauen wissen müssen, um ihren individuellen Zyklus genau kennen zu lernen."

6.2. STILLEN IN DER SCHWANGERSCHAFT

Das Stillen in der Schwangerschaft ist deshalb ein Problem, weil viele Hebammen, Schwiegermütter, Mütter und Ärzte unbedingt zum Abstillen raten. Dies ist nur in den allerseltensten Fällen wirklich notwendig.

Wenn du mit einem Arzt konfrontiert werden solltest, der aufgrund einer Schwangerschaft zum Abstillen rät, dann könntest du folgendermaßen argumentieren: „Wie viele Schwangere mit Stillkind haben Sie schon in der Praxis gehabt? Gab es Fehlgeburten? Wenn Sie daraus ein Risiko für das ungeborene Kind ableiten - haben Sie auch sommersprossige Schwangere mit Fehlgeburten? Ja? Daraus folgern Sie ebenso, dass Sommersprossen ein Indikator für eine erhöhte Bereitschaft zu Fehlgeburten sind?"

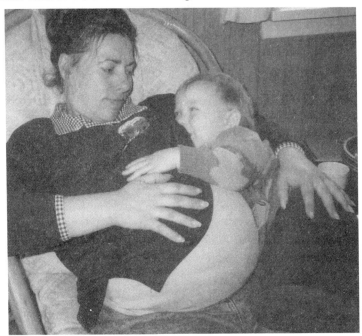

Zu diesem Thema ist es ganz besonders wichtig, dass auch andere Mütter zu Wort kommen:

Cordula mit Stella (drei Jahre) und schwanger:
„Wenn dein Sohn noch so oft und gerne stillt, glaube ich es nicht, dass er sich wegen der Milchmenge oder dem veränderten Geschmack in der Schwangerschaft abstillt. Ich habe mal gelesen: 'Mein Kind würde weiter stillen, selbst wenn Motoröl aus meiner Brust käme.' Unsere Stella ist jedenfalls so ein Typ. Sie hat sich zwar irgendwann mal wegen der Milchmenge beschwert (wir erwarten bald unser zweites Kind), aber das hat sie durchaus nicht vom Stillen abgehalten. Im Gegenteil, sie musste doch gucken, ob fünf Minuten später vielleicht wieder mehr da war. Und so ein bisschen gilt auch in der Schwangerschaft Angebot und Nachfrage. Vom Geschmack her fand sie die Milch schon mal 'anders', aber immer 'lecker'.

Kirsten Meikies, Schlagsdorf:
„Zu Beginn der Schwangerschaft hatte ich empfindliche Brustwarzen. Das Stillen schmerzte, und ich war oft kurz davor, abzustillen. Dazu kam noch meine ständige Übelkeit, die mir

ebenfalls das Stillen verübelte. Dann jedoch wurde mir wieder bewusst, dass ich dieses Abstillen wahrscheinlich nicht rückgängig machen kann und dass mir das Stillen fehlen würde.
Ich war hin und her gerissen. Ria gab das Stillen wegen der fehlenden Milch irgendwann selbst auf, und ich war erleichtert, aber auch unendlich traurig. Immer wieder bot ich Ria die Brust an (morgens beim Kuscheln, abends zum Einschlafen), Ria wollte nicht (baha). Ich nahm ihr `Nichtwollen´ schließlich hin. Dann plötzlich (nach ein paar Tagen) bekam Ria ihre Backenzähne, und nichts konnte die Schmerzen lindern. Ria suchte nach der Brust und stillte sich die ganze Nacht hindurch. Ich war irgendwie erleichtert und habe mich darüber gefreut.
Komischerweise waren meine Brustwarzen nun nicht mehr so empfindlich, und ich konnte das Stillen wieder richtig genießen. Ria stillte seitdem wieder öfter, etwa zwei- bis dreimal am Tag.
Zum Ende der Schwangerschaft wurde mir das Stillen unangenehm, wenn es zu lange dauerte. Ich bekam dann auch leichte Wehen. Ria erklärte ich jedes Mal, dass es erst einmal genug sei, was sie auch akzeptierte.
Ich dachte, dass durch das Stillen vielleicht die Geburt etwas angeschubst werden könnte, was jedoch nicht der Fall war. Annik wurde (ebenso wie Ria) 16 Tage nach dem errechneten Geburtstermin geboren."

Katrin L., in 31. Schwangerschaftswoche:
„Ich komme gerade von einem Schwangerentreffen, wo ich mich schrecklich aufgeregt habe, weil wir darüber gesprochen haben, dass Kinder oft `Rückschritte´ machen, wenn das Baby kommt. Da ging es um das Schlafen im Elternbett, was negativ gesehen wurde, niemand konnte verstehen, warum wir unser Bett vergrößern. Dann meinte eine Frau:
`Stellt euch vor, sie will wieder an die Brust – um Gottes willen – nee, das wäre ja das Schlimmste!`
Tja, ich selber rechne damit, dass Pepe wieder stillen möchte, wenn unser Baby da ist und habe mich über diese Reaktion ziemlich geärgert....

Aber nun zu deiner Freundin, deren erstes Kind in der Schwangerschaft wieder stillen möchte:

Ich denke, zuerst sollte sie sich selber fragen, ob es für sie o.k. wäre. Viele Frauen finden es gut so, aber manchen wird es zu viel. Ich würde in mich hineinhorchen – kann ich mir das Tandemstillen vorstellen? Wenn ja, dann würde ich Moritz stillen lassen, wenn nein, würde ich versuchen ihm deutlich zu machen, dass die Milch für das Baby ist.
Angst vor Frühwehen braucht sie wohl nicht unbedingt zu haben – zumindest nicht, wenn sie bisher in keiner der Schwangerschaften die Veranlagung dafür hatte. Außerdem wird sie es schnell merken, sollte das Nuckeln diese Wehen auslösen. Und so schnell passiert dann auch nichts: Bis die Wehen `wirksam´ werden und den Muttermund öffnen, muss in der Regel schon einiges passieren. Ich habe jetzt z.B. schon seit mehreren Wochen heftige vorzeitige Wehen, und der Muttermund ist noch fast geschlossen – und ich habe noch neun Wochen bis zum Termin. Also: Wenn sie Moritz wieder stillen möchte – los!

Mein Sohn Pepe erzählt mir auch ab und zu etwas von meiner Brust und der Milch darin, wenn er sich mit dem Thema `Baby´ beschäftigt. Ich gehe davon aus, dass er früher oder später wieder probieren möchte, und werde ihn lassen, auch deshalb, weil er sich gut an seine Stillzeit erinnert und ich nicht möchte, dass er auf das Baby eifersüchtig wird....
Außerdem denke ich, dass er nicht ständig trinken wollen wird, da er schon lange nicht an der Brust getrunken hat."

Judith mit Simon (anderthalb Jahre) und schwanger (35. Woche):
„Ich hätte es nicht gedacht, aber Stillen in der Schwangerschaft stellt ja doch ganz andere Anforderungen. Mich macht es manchmal regelrecht nervös und hippelig, wenn Simon trinkt. deshalb habe ich das Trinken nicht nur auf zweimal täglich reduziert, sondern auch zeitlich eingeschränkt. Ich habe mich auch oft gefragt, ob bei mir noch nennenswerte Milchmengen kommen. Ich denke, dass in den letzten Monaten nicht mehr viel kam und er hauptsächlich genuckelt hat. Seit wenigen Wochen wache ich morgens mit ausgelaufener Brust auf, und seitdem habe ich auch das Gefühl, dass Simon wieder ´richtig` trinkt. In Simons Alter ist es natürlich viel einfacher, Erklärungen zu geben, auch wenn sie nicht immer akzeptiert werden. Das Stillen von Kleinkindern ist insofern entspannter, da man mit den Kleinen auch mal Absprachen treffen kann. Manchmal denke ich mit leichtem Horror daran, dass so ein neugeborener Säugling fast andauernd wieder an meiner Brust ´hängt`.
Da bin ich inzwischen doch etwas ´verwöhnt´. Aber wenn das Kleine da ist, stillt man/ich wahrscheinlich auch wieder gerne."

Kirsten mit Ria (fast zwei Jahre) und Annik (elf Monate):
„Ich glaube, während der Schwangerschaft stillen sich nur die Kinder ab, die es ohnehin getan hätten (außer, wenn sie einen Schnuller bekommen etc.). Für ein Kind, das die Brust noch braucht, ist eine Schwangerschaft kein Hindernis."

Manche Frauen verlieren beim Stillen auch mehr Gewicht, als sie wollen.

Katja mit Marielle (vier Jahre) und Zacharias (zweieinhalb Jahre):
„Ich habe während der ersten Monate stark abgenommen, aber nur bis zu meinem Vorschwangerschaftsgewicht. Allerdings wiege ich sowieso recht wenig; um die 58kg auf 1,78 m.
Die Mutter, die Angst hat zu viel Gewicht zu verlieren, wird es sicherlich überstehen. Das Essen kann sie mit Mandelmus und Sahne anreichern, auch Nüsse sind gut. Ansonsten sich auch mal ein Stück Kuchen oder Schoki mehr gönnen. Bis auf Mandelmus habe ich alles ausprobiert, und mein Gewicht wurde nicht mehr, und ich stille Zacharias schon über zwei Jahre und bin seit etwas über vier Jahren entweder schwanger oder stille oder beides zusammen."

Feldman, Sora, „Stillen während der Schwangerschaft" ("Nursing Through Pregnancy"), Victoria BC, Canada, aus: *New Beginnings, Vol. 17 No.4, July-August 2000, S. 116-118, 145.*
Mit viel Liebe ehrenamtlich für dieses Buch aus dem Englischen übersetzt von Cordula Kolarik:
„Geneviève litt in ihrer ersten Schwangerschaft an einer Komplikation, die wahrscheinlich wieder auftreten wird. Sie und ihr Mann möchten gerne ein zweites Kind haben, aber sie will ihr Kleinkind nicht abstillen. Kann sie während einer Schwangerschaft weiter stillen, bei der die Einnahme von Medikamenten und möglicherweise auch ein Krankenhausaufenthalt nötig sein werden?

Lucy hat gerade eine Fehlgeburt erlitten; sie hatte sich schon so auf das Baby gefreut. Während der Schwangerschaft hatte sie ihre zehn Monate alte Tochter gestillt und fragt sich nun, ob das Stillen die Fehlgeburt ausgelöst haben könnte.

Frans Sohn ist erst fünf Monate alt, und sie hat soeben erfahren, dass sie schon wieder schwanger ist. Wird sie weiterhin in der Lage sein, ihn mit ihrer Muttermilch ausgewogen zu ernähren?

Frauen, die zu Treffen der LLL kommen, stillen meist länger als der Durchschnitt, daher ist die Wahrscheinlichkeit auch größer, dass sie während der Stillzeit wieder schwanger werden oder eine neue Schwangerschaft in Betracht ziehen. Als LLL-Beraterin, die sowohl während einer Schwangerschaft gestillt als auch tandemgestillt hat, habe ich schon viele Fragen von Frauen wie Geneviève, Lucy und Fran beantwortet. Aufgrund meines speziellen Interesses habe ich auch mit Frauen korrespondiert, die unter den verschiedensten Umständen während der Schwangerschaft gestillt haben. Ich weiß von Frauen, die drei aufeinander folgende Geschwister gemeinsam gestillt haben, und von etlichen, die während einer Zwillingsschwangerschaft gestillt und dann die Zwillinge mit dem älteren Geschwisterkind zusammen gestillt haben. Ich habe von Frauen gehört, die während einer Schwangerschaft gestillt haben, bei der sie unter Placenta Praevia, Schilddrüsenproblemen, drohenden vorzeitigen Wehen oder schwerer Übelkeit und Erbrechen litten. Ihre Erfahrungen (und die vorliegenden Forschungsergebnisse) deuten darauf hin, dass es in manchen speziellen Situationen ratsam sein mag, wegen der Schwangerschaft abzustillen. Doch bei den meisten Schwangerschaften ist der Entschluss, ob und wie lange die Mutter weiterstillt, eine Frage der Erziehung und eine persönliche Entscheidung – keine medizinische.

Ärzte und andere medizinische Betreuer raten einer Mutter oft, ihr Baby bzw. ihr Kleinkind abzustillen, sobald ihre neue Schwangerschaft bestätigt ist. Sie fürchten vielleicht, das Weiterstillen während der Schwangerschaft könnte das Wachstum des sich entwickelnden Fötus beeinträchtigen oder zu einer Fehlgeburt oder vorzeitigen Wehen führen. Auch nach manchen kulturellen Überlieferungen sollte eine Schwangere abstillen. Ruth Lawrence schreibt: `In manchen Gesellschaften glaubt man, ein saugendes Baby nehme dem neu empfangenen Fötus die Kraft weg; daher wird von der Frau erwartet, dass sie abstillt, wenn die Schwangerschaft bestätigt ist.´ Jedoch fallen viele der vorhandenen schriftlichen Informationen eher in die Kategorie `kenntnisreiche Vermutung´ oder gar `bloße Mutmaßung´, als dass sie als Wissenschaft zu bezeichnen wären.

Einer der Gründe, weshalb Ärzte zum Abstillen raten mögen, ist die Wirkung des Hormons Oxytocin auf die Gebärmutter. In Studien konnte gezeigt werden, dass fortgesetzte Stimulation der Brustwarzen mittels einer Milchpumpe um den Zeitpunkt des errechneten Geburtstermins Wehen auslösen kann. Direkt nach der Geburt zu stillen, trägt dazu bei, dass sich die Gebärmutter zusammenzieht und in den Zustand zurückkehrt, in dem sie sich vor der Schwangerschaft befand. Beides ist eine Folge der Tatsache, dass Brustwarzenstimulation zur Ausschüttung des Hormons Oxytocin führt, das sowohl den Milchflussreflex als auch Kontraktionen des Uterus auslöst. Jedoch gibt es mehrere Gründe, warum eine Fortsetzung des Stillens in einer normal verlaufenden Schwangerschaft unproblematisch sein dürfte.

In der Frühschwangerschaft ist der Uterus anders als zum Zeitpunkt der Geburt oder unmittelbar danach. Er enthält viel weniger Oxytocinrezeptoren – Stellen, an denen Oxytocin aufgenommen werden kann. Im dritten Schwangerschaftsdrittel ist die Anzahl dieser Rezeptoren zwölf Mal größer als im ersten (und vor Wehenbeginn verdoppelt oder verdreifacht sie sich nochmals). Die geringere Fähigkeit des Uterus in der Frühschwangerschaft, Oxytocin aufzunehmen, lässt darauf schließen, dass Oxytocin zu diesem Zeitpunkt keine wirksamen Kontraktionen auslöst. Dies mag ein Grund sein, warum eine Weheneinleitung mittels intravenöser Verabreichung von Oxytocin manchmal scheitert: Die Gebärmutter ist nicht bereit.

Während des Großteils der Schwangerschaft ist Progesteron das vorherrschende Hormon. Gegen Ende der Schwangerschaft, wenn der Körper sich auf die Wehen vorbereitet, wird der Östrogenspiegel im Blut höher als der Progesteronspiegel. Progesteron entspannt glatte Muskelzellen. Da die Wände des Magen-Darm-Trakts und der Adern eine glatte Muskelschicht haben, kann diese Wirkung des Progesterons zu Schwangerschaftsbeschwerden wie

Sodbrennen, Krampfadern und Empfindlichkeit für Harnwegsinfektionen führen. Gleichzeitig hält der hohe Progesteronspiegel in der Schwangerschaft die glatten Muskelschichten der Gebärmutter höchst wirkungsvoll ruhig, bis es Zeit für den Beginn der Wehen ist.

In den ersten Tagen nach der Geburt, wenn die Milchproduktion gerade einsetzt, hat der hohe Hormonspiegel in Verbindung mit der Milchproduktion eine starke Wirkung auf den Uterus. Im Lauf der Zeit, wenn sich der Körper der Mutter an die Stimulation des saugenden Kindes gewöhnt, sind geringere Hormonmengen nötig, um die Milchproduktion aufrechtzuerhalten. Sobald sich die Milchbildung eingespielt hat, ist der Hormonspiegel im Blut nicht sehr hoch. Also ist der Oxytocingehalt zu einem Zeitpunkt, wo die Aufnahmebereitschaft des Uterus für Oxytocin ohnehin gering ist, niedrig. Um zum Zeitpunkt des errechneten Geburtstermins erfolgreich Wehen einzuleiten, hat man die Brustwarzen mittels einer Krankenhauspumpe für eine lange Zeitspanne stimuliert. Selbst das enthusiastischste stillende Kleinkind wird sich kaum so lange stillen.

Wie sieht es mit vorzeitigen Wehen aus? Hier ist die Situation weniger eindeutig als im ersten Schwangerschaftsdrittel hinsichtlich des Risikos einer Fehlgeburt, und es scheint viel wahrscheinlicher, dass eine Mutter, die unter vorzeitigen Wehen leidet, möglicherweise von einem zumindest vorläufigen Abstillen profitieren könnte. Die Schwangerschaft um ein paar Tage oder auch nur Stunden zu verlängern, kann für die Gesundheit und Lebensfähigkeit eines frühgeborenen Babys von entscheidender Bedeutung sein. In einigen Fällen, wenn eine Frau an vorzeitigen Wehen leidet, kann Abstillen empfehlenswert sein. In ´Mothering Multiples´ (erhältlich bei der LLL) wird Abstillen empfohlen, wenn eine Zwillings- oder Mehrlingsschwangerschaft vorliegt. Doch für die große Mehrzahl der Frauen, bei denen kein besonderes Frühgeburtsrisiko besteht, ist Abstillen unnötig.

Braxton-Hicks-Kontraktionen[59] treten von der siebten Schwangerschaftswoche an auf. Vor allem in der zweiten Schwangerschaft und den darauf folgenden Schwangerschaften kann es schwierig sein, Braxton-Hicks-Kontraktionen von Wehen zu unterscheiden. Durch das Stillen können Braxton-Hicks-Kontraktionen ausgelöst werden. Wenn die Kontraktionen aufhören, weil Sie das Stillen unterbrechen, die Füße hochlegen und ein paar Gläser Wasser trinken (Dehydrierung kann zu vorzeitigen Wehen beitragen), dann sind es keine Wehen.
Braxton-Hicks-Kontraktionen können erstaunlich stark und regelmäßig sein, und daher ist es manchmal schwer zu sagen, wann die `echten´ Wehen anfangen.

Ein Überlappen von Stillen und Schwangerschaft mag bis vor wenigen Generationen recht häufig vorgekommen sein, und in einigen Kulturen, in denen längeres Stillen die Norm ist, ist es noch immer verbreitet. Die wenigen anthropologischen Studien, die sich dem Thema widmen, deuten auf ein Überlappen von Stillen und Schwangerschaft in 12 bis 50 Prozent der Schwangerschaften in Ländern wie Bangladesch (12 %), Senegal (30 %), Java (40 %) und Guatemala (50 %) (Lawrence 1994). Viele dieser Mütter stillen auch im zweiten Schwangerschaftsdrittel und später. In einem Artikel zu dem Thema erklärt Ruth Lufkin: `Die große Anzahl von Frauen, die sich über viele Jahre hinweg an die LLL gewandt haben, stellt eine große, informelle Studienpopulation dar. Wenn die Praxis des Weiterstillens während der Schwangerschaft zu einem deutlichen Anstieg von Schwangerschaftsproblemen führen würde, wäre dies gewiss in unserer LLL-Population zu beobachten gewesen´ (Lufkin 1995).

---

[59] Kontraktionen der Gebärmutter (etwa in der Mitte der Schwangerschaft, für ca. 30 bis 60 Sek, nicht schmerzhaft). John Braxton Hicks, ein englischer Mediziner, beschrieb diese Kontraktionen erstmals im Jahre 1872, s. a. www.babycenter.com/refcap/pregnancy/childbirth

In geschätzten 16 bis 30 Prozent aller Schwangerschaften kommt es zu einer Fehlgeburt, also wird dies auch manchmal passieren, wenn eine Mutter stillt – ohne dass ein Zusammenhang bestünde. Wenn Familienangehörige oder medizinische Betreuer andeuten, das Stillen habe zu der Fehlgeburt geführt, kann dies das Schuldgefühl, unter dem die Mutter vielleicht leidet, noch verstärken. Eine Mutter, deren Arzt ihr beim ersten Anzeichen einer drohenden Fehlgeburt zum Abstillen riet, hatte das Gefühl, sich zwischen zwei Babys entscheiden zu müssen. Ein Baby zu verlieren, ist immer schmerzlich, doch wenn der Arzt einem sagt, man sei schuld an einer Fehlgeburt, kann das vernichtend sein.

Gefühle

Wie wird sich eine Schwangerschaft auf Ihre Stillbeziehung auswirken? Keine zwei Frauen erleben dies auf gleiche Weise. Das Alter Ihres Kindes, seine Persönlichkeit und seine gegenwärtigen Stillgewohnheiten spielen ebenso eine Rolle wie Ihre physische und psychische Reaktion auf die Schwangerschaft und Ihre Gefühle hinsichtlich des Weiterstillens (die sich oft nicht vorhersagen lassen). Überlegen Sie, ob sich Ihr Kind vor allem aus Hunger oder aus dem Bedürfnis nach Nähe stillt und wie es auf einen Ersatz des Stillens bei manchen oder allen dieser Bedürfnisse reagieren würde. Nur Sie können eine Lösung finden, die für Sie richtig ist. Während einer Schwangerschaft weiterzustillen, kann intensive Gefühle sowohl bei Ihnen als auch bei Ihrem Kind zur Folge haben.

Empfindliche Brustwarzen

Die meisten, jedoch keineswegs alle Frauen empfinden Schmerzen oder ein unangenehmes Gefühl in den Brüsten oder Brustwarzen oder ein emotionales Unbehagen darüber, dass sie schwanger sind und noch stillen. In einer Studie wurden Schmerzen als die häufigste Ursache des Abstillens in der Schwangerschaft genannt, gefolgt von Erschöpfung und Reizbarkeit (Bumgarner 1996).

Eine Mutter sagte: `Ich musste ihn nachts abstillen. Ich konnte es einfach nicht mehr ertragen. Ich war schon so weit, dass ich lieber zwei Stunden mit ihm durch die Wohnung lief, als ihn noch einmal meine Brüste anfassen zu lassen.´

Hormonspiegel sind so individuell wie Fingerabdrücke, wie man an der großen Bandbreite von `normalen´ Menstruationszyklen sehen kann. Das Ausmaß, inwieweit Sie kurz vor Ihrer Periode unter empfindlichen Brüsten und Brustwarzen leiden und das Stillen als unangenehm empfinden, kann als Anhaltspunkt dafür dienen, wie stark sich diese Symptome in der Schwangerschaft bei Ihnen bemerkbar machen werden, da sie durch Östrogen und Progesteron ausgelöst werden. Jedoch empfinden auch manche Frauen, denen das Stillen vor der Menstruation keine Probleme bereitet, Unbehagen beim Stillen während der Schwangerschaft.

Nachlassen der Milchproduktion

Bei den meisten Frauen nimmt die Milchproduktion in der Schwangerschaft ab. Da viele der wissenschaftlichen Studien zum Stillen während der Schwangerschaft erst nach der Geburt durchgeführt wurden, vermitteln Berichte über ein Nachlassen der Milchproduktion uns vielleicht kein genaues Bild darüber, wann und in welchem Ausmaß die Muttermilch infolge der Schwangerschaft verändert wird. In `Wir stillen noch´ schreibt Norma Jane Bumgarner über eine Studie, in der die Milch dreier schwangerer Mütter über mehrere Monate hinweg untersucht wurde. `About the second month of pregnancy....(die Stelle fehlt in der dt. Übersetzung): Um den zweiten Schwangerschaftsmonat herum setzten bei der Milch ähnliche Veränderungen ein, wie sie im Verlauf des Abstillens zu beobachten sind. Die Konzentration von Natrium und Protein nahm allmählich zu, während die Menge der Milch ebenso wie der Anteil an Glukose, Laktose und Kalium allmählich abnahm. Beim Abstillen

sind diese Veränderungen eine Folge davon, dass das Kind nicht mehr so viel saugt, doch bei Schwangeren traten diese Veränderungen auch ein, wenn sie ihre Kinder noch genau so viel oder sogar mehr als vor der Schwangerschaft stillten.´ In dem Handbuch Breastfeeding: A Guide for the Medical Profession erläutert Ruth Lawrence, dass es meist nicht möglich ist, die Milchproduktion während der Schwangerschaft zu steigern, doch gegen Ende der Schwangerschaft wird die Milch gewöhnlich wieder mehr, und bei der Entbindung kehrt sie vollständig zurück. Manche Frauen haben jedoch festgestellt, dass sich eine ausreichende Milchproduktion in der Schwangerschaft eher aufrechterhalten ließ, wenn sie besonders sorgfältig auf ihre Ernährung achteten oder Vitamin- oder Kräuterzusätze einnahmen. Erwiesenermaßen hemmen hohe Östrogen- und Progesteronspiegel die Milchproduktion. Ab einem gewissen Zeitpunkt in der Schwangerschaft, wahrscheinlich im zweiten Drittel, wird Ihre Milch zu Kolostrum werden. (In manchen Kulturen glaubt man, Kolostrum sei unrein, was zu Tabus gegen das Stillen in der Schwangerschaft beitragen kann.) Auch wenn manche Frauen reichlich Kolostrum produzieren, wird die Milchmenge nach diesem Wandel viel geringer sein. Darüber hinaus verändern sich der Geschmack und die Zusammensetzung dramatisch. Manche Babys und Kleinkinder stillen sich zu diesem Zeitpunkt selbst ab.
Andere stören sich nicht an der Veränderung der Milch. Ein zweijähriges Stillkind sagte zu Beginn des zweiten Schwangerschaftsdrittels zu seiner Mutter: `Die Milch schmeckt nach Sahne und Erdbeeren!´ Der Wechsel von Muttermilch zu Kolostrum ist hormonell bedingt und lässt sich nicht dadurch hinauszögern oder beeinflussen, was oder wieviel Sie essen oder trinken.

Wenn Ihr Stillbaby bei der Empfängnis jünger als sechs Monate und abhängig von Muttermilch ist, wird Ihre Hauptsorge vielleicht der Frage gelten, wie Sie es während der Schwangerschaft ernähren können. Es empfiehlt sich, genau auf Gesundheit, Wachstum und Gewichtszunahme zu achten. Möglicherweise wird auch zusätzliche Nahrung nötig sein. Ältere Babys und Kleinkinder, die schon eine Vielzahl anderer Lebensmittel essen, werden einen größeren Appetit dafür an den Tag legen, wenn Ihre Milchmenge abnimmt.

Gut und ausgewogen zu essen, trägt dazu bei, dass Ihre eigenen Ernährungsreserven nicht erschöpft werden. Jedoch werden Ihrem ungeborenen Baby durch eine Fortsetzung des Stillens keine Nährstoffe weggenommen. Vielleicht werden Sie einen Bärenhunger haben, wenn Sie schwanger sind und stillen. Es ist wichtig, dass Sie immer, wenn Sie hungrig sind, etwas Gesundes, Vollwertiges essen und so viel trinken, wie Sie wollen. In manchen Quellen wird dazu geraten, dass eine Schwangere, die stillt, `wie bei einer Zwillingsschwangerschaft´ essen sollte.

Wie kommt es, dass manche Kinder das Interesse an der Brust verlieren und sich selbst abstillen, wenn sich die Milch verändert oder weniger wird, während andere noch mehr am Stillen zu hängen scheinen, wenn ihre Mütter schwanger sind? Eine Mutter sagte: `Während der Schwangerschaft zu stillen, setzt ein Kind voraus, das viel mehr als nur Milch braucht. Meine dreijährige Tochter Elizabeth zeigte ein großes Bedürfnis nach oraler Befriedigung, Körperkontakt, kontinuierlicher Zuneigung durch die Mutter und ständiger Bestätigung, dass wir sie nicht verlassen würden.´ Kinder unterscheiden sich darin, inwieweit sie bereit und in der Lage sind, ihre Bedürfnisse auf andere Weise als durch Stillen zu befriedigen: Das wirkliche und gegenwärtige Bedürfnis des Kindes in ihren Armen motiviert manche Mütter, trotz ihrer Zweifel und ihres Unbehagens während der Schwangerschaft weiterzustillen.

Norma Jane Bumgarner schreibt: `Wir sind dazu erzogen worden, das Stillen als schlechte Gewohnheit anzusehen, die immer weiter bestehen wird, wenn wir nicht irgendwie Gelegenheiten fürs Stillen übergehen, und das Kind dazu bringen, das Ganze zu vergessen.

Aber das Stillen ist keine raffinierte List, mit der die kleinen Menschen die Erwachsenen beherrschen. Es ist eher ein Zeichen von kindlichen Bedürfnissen in dem größer werdenden Kind. Wenn sich die Kinder von alleine abstillen, dann nicht deshalb, weil sie es vergessen haben, sondern weil sie diesem Bedürfnis entwachsen sind.´

Zugleich sollten Frauen ihre eigenen Gefühle nicht unberücksichtigt lassen. Negative Gefühle beim Stillen während der Schwangerschaft sind recht häufig, und das körperliche Unbehagen kann beträchtlich sein. Es ist möglich, dass diese negativen Gefühle die Mutter auf natürliche Weise auffordern sollen, sich auf das ungeborene Baby zu konzentrieren, das schutzbedürftiger ist als das ältere Kind.

Wenn Stillen und Schwangerschaft sich überlappen, sind die entscheidenden Faktoren, die es beim Entscheidungsprozess zu bedenken gilt, die Gefühle und die Beziehungen. Nur die Mutter kann entscheiden, wie sie am besten vorgeht, indem sie ihre eigenen Bedürfnisse und Gefühle und die ihrer Kinder berücksichtigt. Mütter, die schwanger werden, solange sie noch stillen, sollten wissen, dass die meisten Einwände gegenüber dem Stillen in der Schwangerschaft unbegründet sind. In einer Kultur, in der längeres Stillen ungewöhnlich ist, wird die Entscheidung, während der Schwangerschaft weiterzustillen, zwangsläufig in Frage gestellt und kritisiert werden. Es ist wichtig, die Mythen und Ängste zu begraben, mit denen die Entscheidungsfreiheit einer Mutter auf dem richtigen Weg für sich und ihr Kind beschränkt wird."

Sora Feldman ist LLL-Beraterin und hat ausgiebig mit Müttern korrespondiert, die während der Schwangerschaft gestillt haben. Sie ist Vollzeit-Ehefrau und Mutter und Teilzeit-Hebammenschülerin lebt mit ihrem Mann Matt und ihren Kindern Talia, fünf und Aedan, drei Jahre in New York.

6.2.1. Fragen zum Stillen in der Schwangerschaft

Auf ihrer Homepage www.kellymom.com/nursingpregnant.html schreibt Kelly Bonyata ihren Bericht „Stillen während der Schwangerschaft und Tandemstillen".
Die Übersetzung von Andreas Müller-Mettnau und überarbeitet von Cordula Kolarik werde ich ihn in einzelnen Teilen in verschiedenen Kapiteln zitieren:

Ist Stillen während der Schwangerschaft die Mühe wert?

„Für mich war es das. Ich bereue es nicht, dass ich meine Tochter während der Schwangerschaft und danach weitergestillt habe. Mehr Schwierigkeiten hätte ich wohl gehabt, wenn ich versucht hätte sie abzustillen, bevor sie bereit dazu war. Abgesehen von üblichen Problemen wie wunden Brustwarzen waren meine Probleme zwar etwas störend, aber auszuhalten.

Jede Mutter hat unterschiedliche Erfahrungen

und Reaktionen in der Schwangerschaft; für einige Mütter ist Stillen während der Schwangerschaft unerträglich. Folge einfach dem, was dein Körper dir sagt. Meine Tochter stillte sich in der Schwangerschaft herunter bis auf ein- bis dreimal am Tag (als Trost und beim Einschlafen und Aufwachen). Sich irgendwo hinlegen und stillen zu können, kann eine wirkliche Hilfe sein - besonders während des ersten Schwangerschaftsdrittels, wenn du dazu tendierst, sehr müde zu sein. Besonders in den ersten Wochen war Tandemstillen anstrengend, aber ich habe den Eindruck, dass es sich gelohnt hat. Meine Tochter seufzte ganz erleichtert auf, als ich sie ein paar Stunden nach der Geburt ihres Bruders fragte, ob sie gestillt werden wollte, obwohl wir darüber schon seit Monaten gesprochen hatten. Das werde ich nie vergessen. So weit haben wir bisher keine große Geschwisterrivalität erlebt; die große Schwester hat viel Spaß mit ihrem kleinen Bruder, der nun fünf Monate alt ist. Die Zeit fliegt.

6.2.2. Entzieht Stillen in der Schwangerschaft meinem Baby notwendige Nährstoffe?

Frage den Arzt nach Beweisen und Studien, die seine Aussage untermauern. Ich habe viele diesbezügliche Studien gelesen - nirgends ein Hinweis auf eine Beeinflussung des Ungeborenen, sofern es keine weiteren Risikofaktoren gibt. Eine Anzahl von Studien belegen dies; einige sind nachfolgend aufgeführt.

Die mir vorliegenden Informationen besagen, dass der Körper die vorhandenen Nährstoffe primär dem Ungeborenen vorbehält, an zweiter Stelle steht das stillende Kleinkind und an dritter Stelle die Mutter. Was meine persönliche Erfahrung (ganz unwissenschaftlich) betrifft:
Ich habe ohne Probleme während meiner zweiten Schwangerschaft gestillt und stille jetzt beide Kinder; mein Sohn ist gesund und wog bei der Geburt mehr als meine Tochter, in deren Schwangerschaft ich nicht gestillt hatte. Er hat sicherlich keinen Nährstoffmangel erlitten. Er hat auch nach der Geburt kein Gewicht verloren, wie es die meisten Babys tun.

Ich kenne mindestens vier Mütter, die während der Schwangerschaft gestillt haben und dann zum Tandemstillen übergegangen sind, sowie drei oder vier Mütter, die stillen und schwanger sind. Keine Mutter, kein Baby hat dadurch Probleme gehabt."

Kirsten mit Ria (fast zwei Jahre) und Annik (elf Monate):
„Ich höre immer wieder, dass man, wenn man schwanger ist, sofort abstillen müsste, weil es sonst zu Lasten des Ungeborenen geht... Das ist Blödsinn. Zuallererst wird das Ungeborene versorgt, dann das gestillte Kind, zum Schluss die Mutter. D.h. wenn Mangelerscheinungen auftreten, dann zuerst bei der Mutter. Ignoriert sie diese, dann kann es sein, dass die Muttermilch für das gestillte Kind nicht optimal ist. Bis das Ungeborene nicht ausreichend versorgt ist, muss schon etwas mehr passieren. Das wird genau so gut versorgt wie das Ungeborene einer nicht stillenden Frau."

6.2.3. Wie ist das mit Vitaminversorgung und Kalorieneinnahme?

Weiter im Bericht von Kelly Bonyata:
„Die Literatur bestätigt, dass der Körper der Mutter, wenn sie sich vernünftig ernährt, sämtliche Bedürfnisse decken kann; die des Babys, des Kleinkinds und ihre eigenen. Dies

gilt besonders, wenn das gestillte Kleinkind älter als ein Jahr ist. In einigen Fällen empfehlen die Ärzte die Einnahme von Nahrungsmittelergänzungen sowie zusätzliche Kalorienzufuhr. Mir wurde gesagt, dass eine stillende Schwangere mindestens 80-100 g Protein zu sich nehmen sollte. Die meisten Mütter können ihren Kalorienbedarf decken und den Milchfluss aufrechterhalten, indem sie einfach ihrem gesteigerten Hungergefühl folgen.

Wenn du dich hungrig fühlst, musst du essen, unabhängig davon, wie groß die Menge ist. Du solltest genau so viel zunehmen, als wenn du nicht stillen würdest. Schwangerschaft und Stillzeit sind normale Zustände für den weiblichen Körper.

6.2.4. Wie kann ich die Milchproduktion aufrechterhalten, wenn ich schwanger bin?

Die Produktion der Muttermilch hängt von Angebot und Nachfrage, nicht von einer Schwangerschaft ab. Je mehr das Baby trinkt, umso mehr Milch wird produziert. Biete die Brust an, wann immer dein Baby interessiert ist, lass es trinken, solange es will, und biete dann die andere Seite an. Wenn deine Milch weniger wird, wird das Kind dies in der Regel ausgleichen, indem es mehr feste Nahrung zu sich nimmt. Du kannst das unterstützen, aber behalte in Erinnerung, dass Muttermilch im ersten Lebensjahr die primäre Nahrung sein sollte. Solange das Baby angemessen zunimmt und mindestens drei- bis viermal täglich gestillt wird, braucht es höchstwahrscheinlich keine zusätzliche Milch.

Manche Mütter haben die Erfahrung gemacht, dass sich ihre Milchproduktion besser aufrechterhalten lässt, wenn sie einmal täglich Haferbrei essen.

Es gibt auch bestimmte Kräuter, die helfen, die Milchbildung zu steigern. Einige, z.B. Bockshornklee, werden während der Schwangerschaft llerdings nicht empfohlen.

6.2.5. Stillen während der Wehen?

Stillen erhöht auf natürliche Weise die Oxytocinmenge und kann die Geburt beschleunigen, wenn die Wehen begonnen haben.
Die Stimulation der Brustwarzen wird als eine natürliche Alternative zu Wehen fördernden Mitteln oft empfohlen und stellt eine weitere Möglichkeit dar. Ich habe von einigen Müttern gehört, die während der ersten Wehenphase stillten (aber meist, weil das Kind - nicht die Mutter - stillen wollte). Die meisten Mütter fanden, dass das Stillen während der aktiven Wehenphase stören und ablenken würde. Ich persönlich habe nicht während der Wehen gestillt. Meine Tochter bat nicht darum, und ich war zu beschäftigt mit den Wehen."

6.3. DIE ANGST VOR EINER FEHLGEBURT

Weit verbreitet ist die Angst vor einer Fehlgeburt durch das Weiterstillen des ersten Kindes. Deshalb habe ich entsprechende Fragen, Antworten und Aussagen von anderen Müttern gesammelt. Ich selber hatte nie die kleinste Wehe beim Stillen, und da ich daran glaube, dass das Kind die Geburtseinleitung bestimmt oder zumindest mitbestimmt, hatte ich nie vor einer Fehlgeburt durch Stillen Angst. Nicht jedes Zusammenziehen ist gleich eine geburtswirksame Wehe. Allerdings reagieren Frauen und deren Körper sehr unterschiedlich. Kelly Bonyata schreibt dazu weiter in ihrem Bericht:

Ist es sicher, in der Schwangerschaft zu stillen?

„*Ja, in den meisten Fällen. Stillen ist dann eventuell kontraindiziert, wenn die Mutter Gebärmutterschmerzen oder Blutungen hat, wenn sie mehrere Fehlgeburten hinter sich hat oder während der Schwangerschaft kontinuierlich an Gewicht verliert. Stillen an sich verursacht keine Fehlgeburten; Gebärmutterkontraktionen während des Stillens sind ein normaler Bestandteil der Schwangerschaft. Sie treten auch oft auch beim Geschlechtsverkehr in der Schwangerschaft auf. Faustregel: Wenn es sicher für eine Frau ist, Geschlechtsverkehr zu haben, der Kontraktionen hervorruft, ist es auch sicher für sie, zu stillen. (Bitte beachte die nachfolgenden Links im Internet für weitere Infos.)*

Was tun, wenn ich früher eine Fehlgeburt hatte?

Eine Folge von Fehlgeburten könnte ein Grund sein abzustillen. Nur eine Fehlgeburt bedeutet für zukünftige Schwangerschaften wirklich nichts. Als ich Alex erwartete, hatte ich beim Stillen meiner Tochter – selten, aber wenn, viele - Braxton-Hicks-Kontraktionen. Einige Mütter, die ich kenne, haben mehr Kontraktionen beim Stillen bemerkt, aber nicht genug, um sich darüber Sorgen zu machen. Ich habe meine Hebamme gefragt, ob sie Frauen hatte, die während der Schwangerschaft abstillen mussten. Aus persönlicher Erfahrung war ihr nur eine einzige bekannt, die wegen vorzeitiger Wehen ins Krankenhaus überwiesen wurde."

Susanne:
„*Ich hatte trotz häufigem Stillen keinerlei Vorwehen (wirklich keine einzige). Und dann wie beim ersten Kind auch einen Blasensprung ohne Wehen. Wir waren schon wieder kurz davor ins Krankenhaus zu gehen zur Einleitung, aber meine Hebammen haben dann mit vereinten Kräften und allen Alternativmitteln doch noch Wehen hinbekommen. Der Muttermund war da noch komplett zu und die Geburt recht lange. Laut meiner Hebamme sogar lange für eine zweite. Nun ja, ich fand sie trotzdem gut, aber das Stillen hat bei mir gar nichts gebracht.*
Hat auch keine einleitende Wirkung gehabt, obwohl ich das gehofft hatte."

Andrea Hemmelmayer, Krankenschwester, Still- und Laktationsberaterin in freier Praxis:
„Obwohl ich zwei Kinder gestillt habe, habe ich in drei Schwangerschaften zumindest einige Zeit gestillt. Vorausschicken möchte ich, dass ich alle vier Frühschwangerschaften als schwierig, anstrengend und auslaugend empfand, da ich in den ersten Wochen kaum etwas bei mir behalten konnte und bei jeder Schwangerschaft zuerst einmal 7 kg abnahm. Der Kreislauf war am Boden, sodass ich kaum den Weg in die Toilette schaffte. Während der dritten und vierten Schwangerschaft erhielt ich dann Infusionstherapien (allerdings auch erst, als ich deutliche Austrocknungszeichen hatte).
Als Tobias (mein Ältester) 17 Monate alt war, war ich zwölf Wochen schwanger. Stillen half mir, diese anstrengende Zeit zu überstehen. Die Nachwehen nach Abortus und Ausschabung und der darauf folgenden Methergingabe waren vor allem beim Stillen gewaltig!
Als Tobias etwa zweieinhalb Jahre alt war, bat ich ihn, für die Zeit der Schwangerschaft das Stillen einzustellen (ich war bereits krankenhausreif), er dürfe nach der Geburt wieder probieren.
Dreieinhalb Jahre später bat ich Oskar wiederum, das Stillen zu beenden, ich war etwa in der zehnten Schwangerschaftswoche. Leider kam unser Max unabhängig davon in der 18. Woche, also viel zu früh, zur Welt.
Eigentlich war das Stillen in Zeiten von Schwangerschaft oder Krankheit immer erleichternd - die Kinder konnten so einfacher betreut werden. Sie kuschelten sich gerne zu mir ins Bett. Allerdings hatte ich in den letzten beiden Schwangerschaften irgendwann einen Punkt, an dem ich den Eindruck hatte, jetzt brauche ich alles für mich und das Kleine. Das Abstillen war völlig problemlos – ich hatte den Eindruck, dass auch die Kinder verstanden, dass es jetzt einfach nicht mehr geht.
Vermutlich kann man das, was wir drei, also ich, Tobias und Oskar machen, kaum als Tandemstillen bezeichnen. Es ist vielmehr so, dass ich Tobias den Zugang zum `Didi´ nicht verweigere. Er nutzt diese Möglichkeit selten, und dann meist nur für ein ganz kurzes Küsschen (kurzer Saugschluss, ohne richtiges Saugen), oder – ganz selten für kurzes Nuckeln. Ich glaube kaum, dass er an der Milch interessiert ist. Wichtig schien mir, dass nicht Oskar etwas hat oder kann, was Tobias nicht darf, obwohl es für uns (damit ist die ganze Familie einschließlich Papa gemeint) kein Problem ist, ihm diese Möglichkeit zu bieten.
Zu meinen Fehlgeburten möchte ich vielleicht noch anfügen: Ich bin überzeugt, dass alles im Leben einen Sinn hat. Die erste Fehlgeburt und deren Sinn habe ich erst bei der zweiten verstanden. Beide sind Erfahrungen, die zu mir und meiner Familie gehören. Ich habe unter anderem viel über die spirituelle Welt meiner Kinder erfahren.
Dafür ein Beispiel: Ein Gespräch einige Monate nach dem Abortus auf dem Rücksitz meines Autos - ich nur stumme Zuhörerin.
Oskar (drei Jahre): `Unser Max ist jetzt ein Engerl - Engerl haben Flügel´.
Tobias (sechs Jahre): `Oskar, weißt, wenn ein Mensch stirbt, lebt der Geist weiter, und der kommt dann in den Himmel zum lieben Gott, aber Geister haben keine Flügel!´
Oskar: `Doch, der Max hat Flügerl, ich war ja gestern bei ihm!´
Bis heute weiß ich nicht, ob Max nun ein Engerl oder ein Geist ist, und ob er tatsächlich Flügerl hat oder doch nicht. Oskar hat häufig von Besuchen bei Max gesprochen. Ein vergessener Schnuller (aus einer Stillgruppe) erweckte bei den Kindern die Sorge, dass Max ihn vergessen haben könnte, da er ja kein Titti zum Nuckeln habe (beide Kinder haben nie einen Schnuller benutzt)."

Kirsten:
„Ich hatte auch trotz Stillen keine Vorwehen etc.. Und auch Annik wollte erst am 16. Tag nach Termin kommen. Meinen Einweisungsschein für die Klinik zwecks Einleitung hatte ich schon. Die Geburt dauerte nur halb so lange wie die erste, aber immer noch 21 Stunden.

Und dass es so `schnell´ ging, möchte ich nicht dem Stillen, sondern meinem Geburtstee, den Geburtsölen, der Homöopathie, der Badewanne und überhaupt der Hausgeburt zuschreiben."

Sabine (35), Patricia (viereinviertel Jahre), Vincent (eindreiviertel Jahre) und (schwanger):
„Bei meinem zweiten Kind hatte ich während der Schwangerschaft häufig Wehen beim Stillen. Habe ich jetzt auch schon wieder und bin erst in der vierzehnten Woche. Aber das empfinde ich halb so schlimm, da ich meist im Liegen stille und dabei schön entspannen kann. Jedenfalls war der Muttermund bereits neun cm offen, als ich die Hebamme holte; zwei Stunden später war mein zweites Kind auf der Welt. Einfach super! Keine Kreislaufprobleme usw. Ich jedenfalls glaube, dass das Stillen während der Schwangerschaft auch die Geburt positiv beeinflussen kann."

Daniela Foletti Stofer, Winterthur, Schweiz:
„Es gibt auch andere Gründe für vorzeitige Wehen, nicht nur das Stillen. Die wenigsten Frauen stillen in der Schwangerschaft und es gibt immens viele Schwangerschaften, die in den ersten zwölf Wochen leider wieder enden. Das Argument wegen einer Schwangerschaft abzustillen, finde ich fehl am Platz! Ich glaube, eine Frau merkt, wenn vorzeitige Wehen (nicht die üblichen Kontraktionen der Gebärmutter) bei jedem Stillen stark auftreten würden. Bei mir gibt es auch beim Stillen Kontraktionen, aber auch, wenn ich z.B. putze wie eine Wilde, zwei Treppen hinauf laufe oder auch wenn mein Mann und ich zärtlich beisammen sind."

Elke Vogt www.ich-stille.de:
„Ich stille und bin nun wieder schwanger. Aus diesem Grund, denke ich, sollte ich aufhören zu stillen. Kann mein Stillen eine Fehlgeburt auslösen? Was tue ich, damit die Milch zurückgeht? Es ist immer noch reichlich da. Kann das Abstillen dem Baby in meinem Bauch schaden (ca. sechste Schwangerschaftswoche)?

Wenn Sie sich für das Abstillen in der Schwangerschaft entscheiden, schadet es dem Ungeborenen nicht, Sie sollten dann aber ohne Medikamente abstillen. Genießen Sie weiterhin das Stillen, wenn Sie möchten. Sie können mit beiden Kindern ein so genanntes Tandem-Stillen praktizieren. In Deutschland ist es fast unbekannt, aber in anderen Kulturkreisen wird es von vielen Frauen so gehandhabt, indem Geschwisterkinder (die keine Zwillinge sind) gleichzeitig gestillt werden.

Aber es kann auch geschehen, dass Ihr älteres Kind während der Schwangerschaft sich selbst abstillt, da sich die Muttermilch im Geschmack verändert und sich auch von der Menge her reduziert. Es ist auch möglich, dass Sie selbst unbewusst die Muttermilchmenge reduzieren, denn durch die hormonellen Veränderungen in ihrem Körper wird Ihre Brust wieder empfindlicher.

Entscheiden Sie sich fürs Tandemstillen, ist es wichtig, dass Sie sich gut ernähren, denn es ist anstrengend. In der Literatur finden sich meines Wissens nach keine Hinweise, dass aufgrund des Tandemstillens Fehlgeburten oder Frühgeburten ausgelöst wurden.
Möglich sind aber Kontraktionen des Uterus während des Stillens, wie sie auch beim Geschlechtsverkehr während der Schwangerschaft vorkommen können.

Nach der Geburt des zweiten Kindes ist der weitere Milcheinschuss meistens problemlos, sodass Ihr älteres Kind sich auch noch satt trinken kann, wenn das kleine Geschwisterchen schon fertig ist. Sehr wichtig ist, dass Sie darauf achten, dass die Vormilch, das so genannte Kolostrum, für das neugeborene Geschwisterchen bleibt, da es einen wichtigen erweiterten

Nestschutz gegen Krankheiten fürs Kind bietet. (Eine Stillberaterin in der Nähe kann Sie aber auch noch zusätzlich unterstützen und beraten.) Einige Zeit nach der Geburt spielt sich auch die Milchmenge ein, die den Bedarf beider Kinder deckt."

6.3.1 „Muss ich meiner Frauenärztin sagen, dass ich noch stille?"

Monika:
„Du musst deiner Ärztin gar nichts sagen, was du ihr nicht sagen willst, auch nicht, wenn sie fragt! Wenn du dich wohl fühlst und das Stillen keine Wehen bei dir auslöst, sehe ich keinen Grund zum Abstillen. Aber wichtig ist, dass du gut auf deinen Körper hörst."

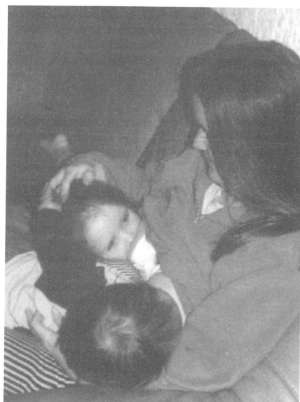

Cordula:
„Du merkst ja, ob du während des Stillens Wehen bekommst, und wenn ja, wie stark.
Wenn sie so schwach sind, dass du sie nicht merkst, würde ich mir keine großen Gedanken machen. Oft hilft es auch, einfach die Stillzeiten zu verkürzen, dann hören evtl. Wehen auch wieder auf. Ich habe beim Stillen Kontraktionen gespürt, aber die Untersuchung mit dem CTG[60] zeigte immer ganz flache Wehen. In der ersten Schwangerschaft hatte es dagegen Wehen angezeigt, komisch. Bei richtig starken Wehen sollte man wohl abstillen... aber mach dich deswegen jetzt doch nicht verrückt."

6.4. EMPFINDLICHE BRUSTWARZEN, MILCHMENGE UND MILCHGESCHMACK

Eine Mutter hatte ein Anliegen an mich: „Manchmal, wenn Samuel trinkt, schmerzen die Brustwarzen. Ich denke, darauf solltest du im Stillbuch eingehen. Nicht, dass Mütter deshalb abstillen, weil es manchmal schon ziemlich unangenehme Gefühle sein können."

So große Probleme hatte ich in der ersten Schwangerschaft nicht, nur das Ansaugen war etwas unangenehmer. Bei der zweiten Schwangerschaft, in der ich ja auch stillte, war es deutlich unangenehmer; erst im sechsten Schwangerschaftsmonat wurde es besser. Auch war die Milch deutlich zurückgegangen.

---

[60] cardiotokograph = Herzton-Wehen-Schreiber

Unser Sohn Marvin wollte vor der Geburt seiner Schwester immer seltener gestillt werden, was etwa im dritten Schwangerschaftsmonat anfing. Die Milch schmeckte ihm weiter großartig. Er verlängerte auch seine nächtlichen Schlafphasen und wurde tagsüber gestillt, wann er wollte.

Unsere Tochter Annie beeindruckte die Schwangerschaft wenig, auch sie verlängerte ihre Schlafphasen nachts etwa im fünften Schwangerschaftsmonat und beschwerte sich, dass sie von der Muttermilch mit drei Jahren nachts nicht mehr satt wurde. Sie ärgerte sich, dass sie morgens vor Hunger irgendwann aufstehen wollte, weil die Milch einfach zum Sattwerden nicht reichte. Aber irritiert hat sie der Geschmack vor dem achten Schwangerschaftsmonat mit Robin nicht, und abgehalten hat sie die Menge vorher auch nicht. In der Schwangerschaft mit Linus schimpfte sie allerdings über den Geschmack und stillte sich im sechsten Monat ab. So verschieden kann es auch bei derselben Mutter in verschiedenen Schwangerschaften sein. Ich möchte nun am Bericht von Kelly Bonyata weiter teilhaben lassen:

Meine Brustwarzen sind so wund, was kann ich tun?

„Ich hatte dieses Problem während der gesamten Schwangerschaft, wenn auch die Schmerzempfindlichkeit nach dem ersten Drittel der Schwangerschaft kam und ging.
Viele stillende Mütter leiden in der Schwangerschaft unter wunden Brustwarzen, was hauptsächlich durch hormonelle Veränderungen bedingt ist; teilweise berichten sie von Gefühlen der Unruhe und Gereiztheit beim Stillen. Bei einigen Müttern verschwindet die Wundheit nach dem ersten Drittel vollständig.
Aufgrund der hormonellen Ursache sind die üblichen Methoden gegen Wundsein wenig hilfreich. Manchmal hilft Sorgfalt beim Andocken und/oder eine andere Stillhaltung; darauf verwenden wir normalerweise wenig Aufmerksamkeit, wenn das Kind älter ist. Mir persönlich hat es geholfen, mich zum Stillen hinzulegen und sicherzustellen, dass meine Tochter den Mund weit öffnete. Einige Mütter haben herausgefunden, dass verstärkte Flüssigkeitszufuhr hilfreich sein kann. Es kann sinnvoll sein, das Baby abzulenken, das Stillen etwas hinauszuschieben. Ebenso ist es oft hilfreich, sich selbst beim Stillen abzulenken, indem man ein Buch liest oder fernsieht, um nicht an die schmerzenden Brustwarzen zu denken.

Werden sich Geschmack oder Zusammensetzung meiner Milch verändern?

Eine Studie testet die Milch von drei schwangeren Müttern über mehrere Monate; um den zweiten Monat der Schwangerschaft beginnt sich die Milch ähnlich zu verändern, wie sie es während des Abstillprozesses tut: Der Gehalt an Natrium und Protein steigt, während sich der Anteil von Glukose, Laktose und Kalium verringert. Diese Veränderungen (die beim Abstillen eine Folge des reduzierten Stillens sind) treten auch ein, wenn die Stillkinder genau so viel oder mehr als vor dem Eintreten der Schwangerschaft gestillt werden. Einige sprechende Kleinkinder haben gesagt, dass der Geschmack der Milch sich verändert; manche mögen den Geschmack nicht und stillen sich ab, andere nehmen davon keine Notiz.

Was ist mit dem Kolostrum?

Die Mutter fängt üblicherweise zwischen dem vierten und achten Schwangerschaftsmonat an, Kolostrum zu produzieren; einige Mütter haben festgestellt, dass ihre Muttermilch im neunten Monat ausschließlich Kolostrum enthält. Manche Stillkinder mögen das Kolostrum nicht und stillen sich deshalb und wegen der reduzierten Milchproduktion ab. In der zweiten Hälfte der Schwangerschaft wird weiter Kolostrum produziert, sodass das älteres Kind es nicht ´aufbrauchen´ kann. Sobald das Baby geboren ist, ist die Kolostrumproduktion beschränkt, weil die reife Milch innerhalb weniger Tage einschießen wird. Während der ersten Tage nach der Geburt solltest du sicherstellen, dass dein Neugeborenes ausreichend Kolostrum erhält. Wenn dein älteres Kind nur gelegentlich gestillt wird, musst du deshalb keine besonderen Vorkehrungen treffen; wird das ältere Kind oft gestillt, solltest du sicherstellen, dass das Neugeborene zuerst gestillt wird. Das Ältere wird in der Zeit, in der es Kolostrum bekommt, eventuell einen weicheren Stuhl haben; dieser wird sich normalisieren, sobald das Kolostrum gänzlich durch die reife Milch ersetzt ist."

Cordula mit Stella (dreieinhalb Jahre) und Angela (sechs Wochen):
„Mein Kind hat ungefähr zu dem Zeitpunkt angefangen, `besser´ zu essen, als mein Milchspendereflex aufgrund der Schwangerschaft nicht mehr zuverlässig funktionierte. Getrunken hat sie (und tut es nach wie vor) genau so oft. Es kam halt etwas weniger."

Sonja Abel:
„Samuel hat sich auf Grund der Schwangerschaft abgestillt. Eines Morgens wachte er auf und wollte trinken, da sagte er `alla´. Das wiederholte sich vier, fünf Mal und es wurde immer weniger und nun isst er richtig. Es ist toll, ich konnte ihm das Stillen so lange lassen, und er hat es sich ohne Geschrei und Gewalt abgewöhnt. Es war wirklich so, dass die Milch weggeblieben ist. Inzwischen bin ich schon in der 28. Woche. Es geht mir gut."

Sandra F.:
„Ich bin schwanger und stille weiterhin (sogar trotz Risikoschwangerschaft). Deshalb interessierte mich der `vierte Monat´ nämlich auch so. Bei mir war es definitiv so, dass sich alles, was sich so verändern kann, bereits ganz am Anfang `geändert´ hat. Ich war noch nicht mal `ganz schwanger´ (also etwa am 25. Zyklustag, bei einem 32-Tage-Zyklus) da spürte ich bereits, dass meine Brustwarzen total empfindlich wurden. Auch hatte mein Sohn große Mühe, unter seinen `normalen Umständen´ (also ständig in Bewegung sein, turnen an der Brust, etc.) den Milchspendereflex auszulösen. Er war dadurch ziemlich irritiert. Hat sich das aber erklären lassen und entsprechend langsamer getrunken. Dafür aber halt viiiiiiel öfter, was sonst???? Natürlich habe ich ihn auch gefragt, ob es noch schmeckt. `Es geht´, meinte er. `Aber irgendwie anders´, kam dann einige Zeit später noch. Nun habe ich ja noch eine recht `stillwillige´ Tochter zur Verfügung. Die war selbstverständlich sofort bereit, sich als `Proband´ sozusagen zur Verfügung zu stellen. Da ihr letzter Mumigenuss noch nicht allzu lange her war, allerdings außerhalb der Schwangerschaft lag, kostete sie. Sie meinte, dass die Milch doch einen anderen `Beigeschmack´ hätte. Ich meinte das auch, nachdem ich selbst gekostet hatte. Es ist wohl weniger von der Zeit abhängig, wann und wie sich die Milch verändert. Das kann unterschiedlich sein. Ich hatte am Anfang meiner Schwangerschaft große Angst, dass sich mein Sohn abstillen könnte. Wo ich doch sooooo gerne auch mal zwei kleinere Kinder tandemstillen wollte. Nach meinen (und denen anderer tandemstillender Mütter) Erfahrungen denke ich, dass es von der prinzipiellen Einstellung der Mutter abhängt, ob sich das große Kind während der Schwangerschaft wirklich abstillt. Mein Sohn hatte auch Zeiten, wo er weniger oder weniger intensiv getrunken hat. Aber im Großen und Ganzen stillt er auch jetzt noch unverdrossen. Ich denke, unsere ganze `positive Einstellung´, sorgt mit dafür. Also, wenn du zwei Kinder stillen willst, wird das auch klappen.
Da bin ich ganz sicher."

Daniela P.:
„Bei mir ist die Milch so ca. zwischen der achten und zwölften Schwangerschaftswoche stark zurückgegangen, was aber die Kinder jeweils nicht gehindert hat, weiterzustillen. Während der zweiten Schwangerschaft hat sich Jasmin im fünften Monat doch noch abgestillt, und nun ist die dritte Schwangerschaft beinahe zu Ende, und Melanie stillt immer

noch mit großer Freude. Ich bin jetzt in der 39. Schwangerschaftswoche und es kommt wieder mehr Milch als in den letzten Monaten. Melanie hat auch schon die `Verteilung´ der Milch vorgenommen und sie erklärt immer wieder, dass die größere Brust ihre sei, und die kleinere gehöre dem neuen Baby, na, wir werden sehen, bin ja schon ganz schön gespannt! Ich erinnere mich, dass ich in den ersten drei Monaten überaus empfindliche Brustwarzen hatte, dass dies aber nachher wieder nachließ."

Frage: „Muss ich nun während einer Schwangerschaft die ganze Zeit nur um die Stillbeziehung zu meinem ersten Kind bibbern?"

„Das kann man nicht wissen... möglich ist schließlich auch, dass sich deine Einstellung zum Stillen in der Schwangerschaft verändert. Ehrlich gesagt, geht mir das Stillen momentan oft auf die Nerven, liegt sicher an den Hormonen. Mir wäre ein Päuschen bis nach der Geburt ganz recht, kommt aber für Stella absolut nicht in Frage."

6.5. Soll man nicht doch in der Schwangerschaft abstillen?

Auch ich hatte öfter den Gedanken, dass ich nicht mehr stillen möchte. Wenn mir ein krankes oder hungriges Kind ewig an der Brust hing, mochte ich so manches Mal nicht mehr. Aber es ging immer vorbei und gehört sicher auch dazu, denn die Mütter wollen manchmal einfach in Ruhe gelassen werden. Ernsthaft hatte ich das Abstillen nie vor, denn ich sah immer gleich in Gedanken den Schmerz, den ich mir und dem Kind damit zufügen würde, und hatte es stets schnell wieder verworfen.

Die eigene Erziehung holt einen gerade bei diesem Thema schnell ein, denn Nahrung hat etwas mit Kontrolle zu tun. Es ist sehr schwer, etwas an seine Kinder weiterzugeben, das man in den meisten Fällen selber nicht erfahren durfte.

Im Buch „Leben mit einem Neugeborenen" von Barbara Sichtermann fand ich folgende Sätze, die mich wegen ihrer Logik und des mir bis dahin fremden Gedankengutes schwer beeindruckt haben:
„Die Muttermilch nimmt ihren Weg aus dem Körper der Frau in den des Säuglings, ohne nach außen in Erscheinung zu treten, abgesehen von dem, was vorbei fließt, oder was das Kind ausspeit. Die Milch bleibt ähnlich verborgen wie die Empfängnis: Ereignisse in den Tiefen von Körperhöhlen, von unseren Augen und Köpfen nur ex post und indirekt erkennbar.
Hier haben wir einen echten `zivilisationsbedingten´ Grund für mangelnde Stillbereitschaft und zurückgehende Milchmengen: Die Mutter möchte genau wissen, was und wieviel das Kind trinkt. Zwar gibt es die Möglichkeit der Stillprobe (Wiegen des Kindes vor und nach dem Stillen). Aber sie bietet nicht das, was die Flasche bietet: Dass die Frau (oder der Mann) sehen kann, wieviel und was das Kind trinkt, und zwar unmittelbar während es trinkt. Ich glaube, dass dieses Bedürfnis, zu wissen und zu sehen, was das Kind trinkt und damit auch: Die Nahrung selbst bereitet zu haben, ein früher Versuch ist, das Kind zu beherrschen oder milder, ziviler ausgedrückt: Zu kontrollieren, was mit ihm geschieht, und es damit wissentlich, `verantwortlich´ zu erziehen. Die Dinge, die es betreffen, in die Hand zu nehmen, buchstäblich. Das Stillen bietet eine solche nutzbare Kenntnis nicht, es ist blind und anarchisch, und überlässt die Initiative ganz dem Kind. Es ist deshalb ein gutes Erziehungsmittel für die Eltern: Dass sie lernen, die Dinge geschehen und das Kind machen zu lassen."

Kelly Bonyata berichtet weiter:

Soll mein Kind den Zeitpunkt des Abstillens selbst bestimmen?

„Bedingt durch das Nachlassen des Muttermilchangebotes in der zweiten Hälfte der Schwangerschaft oder aufgrund des veränderten Geschmacks werden sich manche Kinder von selbst abstillen; andere stillen weiter.

Zwei Studien über Stillen in der Schwangerschaft zeigen, dass sich 57 bis 69% der gestillten Kinder vor der Geburt des Geschwisterchens abstillen. Das könnte durch die Veränderung der Muttermilch bedingt sein; weitere Gründe könnten wunde Brustwarzen sein, oder das Kind war unabhängig von der Schwangerschaft bereit, sich abzustillen. Diese Studien haben nicht berücksichtigt, ob die Mutter selbst abstillen wollte. Die Prozentzahlen der Mütter, die nicht abstillen wollten, falls es nicht der Wunsch des Kindes war, kenne ich nicht genau; der Grund dafür ist, dass viele mir bekannte Mütter das ältere Kind aktiv abstillen wollen, bevor das neue Baby kommt.

Laut dem von der Vereinigung der stillenden Mütter von Australien herausgegebenen Buch `Breastfeeding Through Pregnancy and Beyond´ wird sich das Kind nur während der Schwangerschaft abstillen, wenn es ohnehin dazu bereit ist. Die Mehrzahl der Mütter in meinem Bekanntenkreis, die das Kind über den Zeitpunkt des Abstillens entscheiden lassen wollten, haben die älteren Kinder nach der Geburt weitergestillt."

Fast alle Mütter können stillen. Eine Babyersatznahrung ist eben nur eine Ersatznahrung und auch das Kuschel- und Geborgenheitsbedürfnis des Kindes an einem Gummisauger ganz sicher nicht so intensiv und tief greifend befriedigt werden kann wie beim Stillen an der warmen, menschlichen Haut mit Nähe der Mutter. Ich hoffe, das Buch macht dir Mut dazu, vielleicht in einer Schwangerschaft, vielleicht zwischen zwei Kindern. Es fühlt sich gut an, sein erstes Kind nicht abstillen zu müssen, nur weil man ein zweites bekommt.

6.6. STIMMUNGSSCHWANKUNGEN UND VERGESSLICHKEIT

Meinen Mann habe ich bewundert, wie er meinen Stimmungsschwankungen standhielt. Und meine Vergesslichkeit in der Schwangerschaft und den ersten Vollstillmonaten war schon sprichwörtlich. Sicher hat es die Natur dabei gut gemeint; eine Frau soll sich wohl auf ihr Baby konzentrieren. Es gibt für die Vergesslichkeit sogar ein Fremdwort: Die Stilldemenz.

Anke J.:
„Ich habe meine Hebamme jetzt sofort nach der Stilldemenz gefragt. Also: Bereits in der Schwangerschaft schwillt die für das Gefühlsleben `zuständige´ Hypophyse, ein stammesgeschichtlich sehr alter Teil des Gehirns, unter dem Einfluss von Oxytocin bzw. später auch Prolaktin enorm an. Dort sammeln sich die Hormone. Oxytocin ist das als `Glückshormon´ bekannte Hormon, welches die Endorphinausschüttung auslöst - daher die Glücksgefühle, Stimmungsschwankungen und das überhaupt Gefühlsbetonte in Schwangerschaft und Stillzeit. Übrigens werden Stresshormone nur über Tränen aus dem Körper entfernt. Man nimmt heute längst an, dass das Nahe-am-Wasser-gebaut-haben schwangerer und stillender Mütter einen Schutz für Mutter und Kind darstellt. Natürlich kann

der nur funktionieren, wenn die Hypophyse aktiv ist. Es können aber der verstandesmäßig/ intellektuell orientierte Neocortex und die Hypophyse nicht beide gleichzeitig so aktiv sein; daher die Vergesslichkeit, Konzentrationsschwächen und Erinnerungslücken. Da ich das ab und zu zu haben scheine, habe ich gefragt, wie lange das anhalten kann. Bis nach der Stillzeit; oft betrifft das Frauen, die wegen des hohen Prolaktinspiegels lange nicht schwanger werden konnten. Wenn ich mich zurückerinnere, war ich nach den einzelnen Kindern auch nicht gleich vergesslich. Bei manchen war es schlimmer, bei manchen weniger. Ich bin ja auch einmal in der Stillzeit schwanger geworden, ohne es zu wissen. Da war ich im Kopf erstaunlich fit. Diesmal dagegen... Und der Kleine (18 Monate) trinkt ab und zu, so einmal in der Woche, immer noch mal gern an der Brust."

Ann:
„Vielen Dank für die Erklärung! Ich bin so froh, dass es für das alles tatsächlich eine wissenschaftliche Erklärung gibt. Es ist gut zu wissen, dass ich mir das nicht nur einbilde. Das lässt doch hoffen, dass wieder alles besser wird! Langsam nervt es mich schon etwas, immer wieder verloren in einem Raum unserer Wohnung zu stehen und nicht mehr zu wissen, was ich da wollte. Auch ist es gut zu wissen, dass dieses Gefühlsbetonte in der Stillzeit auch normal ist. Ich habe mich schon gewundert, warum ich immer noch bei jedem Mist im Fernsehen mitheulen kann. Das kenne ich von mir normalerweise nicht.
Hat deine Hebamme eigentlich auch gesagt, warum das Oxytocin bzw. später auch Prolaktin in der Schwangerschaft und Stillzeit so ansteigt? Außer dem Schnell-Weinen-Können gibt es doch bestimmt noch andere Gründe."

Anke J.:
„Oxytocin und Prolaktin erhalten die Schwangerschaft und die Milchbildung! Sie spielen bei allen möglichen Details vom Eisprung über das Einnisten des Eis bis zur Geburtseinleitung, Rückbildung und Milchbildung eine Rolle; ich glaube, auch für die Ausbildung der primären Geschlechtsmerkmale und anderes beim Kind. Wenn die Hebamme nachher kommt, frage ich sie vielleicht mal, aber ich fürchte, es würde ein langes Gespräch."

Dolores:
„Diese Hormone sorgen auch noch für die Rückbildung der Gebärmutter, den Milcheinschuss, dieses Glücksgefühl nach der Geburt, für das Abstoßen der Plazenta und für bestimmt noch einiges mehr."

Dagmar:
„Habe zumindest eine Teilantwort: das Oxytocin ist zuständig für die Wehen bei der Geburt, den Milchflussreflex und die Rückbildung der Gebärmutter. Ich schätze mal, dass es überhaupt für die Rückbildung vieler schwangerschaftsbedingter Veränderungen (leider nicht für die Schwangerschaftsstreifen) verantwortlich ist."

6.7. MÜTTER BERICHTEN

Sandra F.:
„Ja, ich habe einen `positiven Erfahrungsbericht´, jedenfalls bisher. Ich bin nun in der 19. Schwangerschaftswoche, und mein Sohn (drei Jahre) stillt sich nach wie vor häufig.
Inzwischen haben wir so ziemlich alle `Phasen´ des Stillens während der Schwangerschaft durchlebt. Angefangen von starken Schmerzen durch extrem wunde Brustwarzen, über Geschmacksveränderung, bis zum fast völligen Rückgang der Milch. Da ich keine Anstalten gemacht habe, ihm die Brust zu verweigern, scheint er diese Phasen ganz gut verkraftet zu

haben. Es gibt Zeiten, da stillt er tagsüber äußerst selten, holt dies aber nachts nach. Ich dränge ihm die Brust auch nicht auf. Ich frage ihn allerdings manchmal, ob er sie möchte. Fällt es ihm dann ein, bekommt er sie. Hat er kein Interesse, so sagt er mir das auch. Was ich noch mache, ist, unsere ganz privaten Kuschelzeiten mit dem Stillen zu koppeln. Zum Einschlafen zum Beispiel, oder wenn er sich verletzt hat. Das haben wir aber eigentlich schon immer so gehandhabt, deshalb sehe ich es nicht als `besondere Maßnahme´. Ich konnte mich schon immer am Allerbesten beim Stillen entspannen. Das hilft mir natürlich jetzt in der Schwangerschaft besonders gut."

Cordula:
„Meine Tochter Stella, geboren im Januar 1998, hat schon immer gerne gestillt und nie Anzeichen gezeigt, sich abzustillen. Daher habe ich es, als ich drei Jahre später wieder schwanger wurde, für gut möglich gehalten, dass ich tandemstillen würde. Und so kam es auch. Stella beschwerte sich in der zweiten Schwangerschaftshälfte zwar darüber, dass die Milch weniger geworden sei, und bemerkte auch, es sei etwas darin, was anders schmecke als früher, aber für sie war das durchaus kein Grund, weniger zu stillen.
Allerdings aß sie in dieser Zeit mehr als sonst, wahrscheinlich, weil sie doch nicht mehr so viel Muttermilch bekam. Vorübergehend waren meine Brustwarzen in der Schwangerschaft ziemlich empfindlich, aber es war gut auszuhalten. Mehr zu schaffen machte mir ein Gefühl der Gereiztheit beim Stillen, das ich auch heute noch oft habe, wenn ich Stella stille. So bemühte ich mich – mal mehr, mal weniger erfolgreich -, die Stillzeiten auf wenige Minuten zu beschränken."

Ellen:
„Ich bin ca. in der 30. Woche und stille noch morgens, mittags und abends. Um die 20. Schwangerschaftswoche war es problematisch, sonst hatte ich keine Probleme (mit dem Stillen), außer dass die Milch wohl am Anfang der Schwangerschaft nicht schmackhaft war, zwischenzeitlich hin und wieder nicht viel vorhanden war, sich dies aber schon seit langem wieder gelegt hat. Ab der 20. Woche hatte ich über ca. drei Wochen eine schlimme Abneigung gegen das Stillen, es war schrecklich—die Brustwarzen haben sich verhärtet— fast hätte ich abgestillt ... glücklicherweise haben wir diese entsetzliche Phase überstanden, meinen Kleinen schmeckt es wieder gut. Mein Mann unterstützt mich, das ist wichtig."

Daniela Foletti Stofer (Winterthur, Schweiz):
„Jasmin habe ich zweieinhalb Jahre lang gestillt, also bis zum fünften Schwangerschaftsmonat. Von einem Tag auf den andern erklärte sie mir, dass sie nun keine Brust mehr brauche, und das blieb auch so. Etwa ab dem dritten Schwangerschaftsmonat war die Milch stark zurückgegangen, und meine Brustwarzen wurden extrem empfindlich. Es waren wahrscheinlich auch meine `gedanklichen Schwingungen´, die dazu beigetragen haben, dass Jasmin sich abgestillt hatte. Ich stillte ja nicht mehr mit derselben Freude wie vorher. Meine zweite Tochter, Melanie, kam zu Hause auf die Welt, und ich legte sie gleich nach der rasanten Geburt an. Sie saugte, als ob sie noch nie etwas anderes getan hätte - es war (ist immer noch) sooo schön! Nun ist Melanie zweieinhalb Jahre alt, und ich bin in der 23. Woche schwanger. Wir stillen noch mit großer Freude. Die Brustwarzen wurden auch nach dem dritten Monat wieder empfindlich, das hat jetzt aber ein wenig nachgelassen."

Sandra F.:
„Du solltest das ganz einfach auf dich zukommen lassen. Wie es wird, so wird es. Du kannst nur bedingt etwas daran ändern. Dennoch meine ich, dass ein `gutes Gefühl´ in Bezug auf das bevorstehende Tandemstillen dem noch gestillten Kind ein gewisses Quantum an Sicherheit gibt, dass sein Stillen `gut´ ist. So zumindest habe ich das bisher empfunden. Ich habe bereits in der Schwangerschaft mit meinem Sohn mein großes Kind weitergestillt.

Mit wesentlich anderen Gefühlen allerdings. Da meine Tochter zu diesem Zeitpunkt jedoch schon älter war, konnte sie mir gut wiedergeben, was für sie eine Rolle gespielt hat, an Reaktionen auf ihr Stillen meinerseits."

Claudia Salmann:
„Mein damals anderthalbjähriger Sohn Jonas wurde neben üblicher Beikost noch nach Bedarf gestillt, als ich im ersten Monat nach Entfernen der Spirale wieder schwanger wurde. Schon die Frühschwangerschaft brachte in Sachen Stillen große Veränderungen mit sich. Zunächst waren meine Brüste sehr empfindlich und mein `Großer´ war beim Trinken nicht gerade zimperlich. Als das Stillen für einige Tage schmerzhaft war, wollte ich es reduzieren und dachte: `Zum Einschlafen o.k., aber sonst muss es nicht mehr sein.´ Mein Sohn erwies sich aber damals als der Stärkere. Er war es nicht gewohnt, dass ihm die Brust verweigert wurde, und wälzte sich verzweifelt schreiend auf dem Boden, bis ich ihn – ebenfalls in Tränen aufgelöst – endlich an die Brust nahm, wo er dann völlig erschöpft einschlief. Im Nachhinein bin ich der Überzeugung, dass Jonas merkte, dass etwas `im Busch´ war und er deshalb des Trostes besonders bedurfte. Zum Glück ließ die Empfindlichkeit der Brust bald nach, und ich konnte das Stillen wieder lockerer angehen. Ich konnte es aber schon im ersten Schwangerschaftsdrittel nicht mehr ertragen, dass Jonas mit mir in einem Bett schlief, da ich dabei starke Rückenschmerzen bekam. Wir legten ihm dann eine Matratze in unser Schlafzimmer und ich legte mich nur zum Stillen zu ihm, was zwei bis dreimal in der Nacht der Fall war. Das klappte zunächst ganz gut, allerdings wurde Jonas, der damals fast ausschließlich an der Brust einschlief, immer angespannter. Er wehrte sich häufiger gegen den notwendigen Mittagsschlaf und war daraufhin unerträglich. Wenn er aber einschlief, verkrampfte seine Kiefermuskulatur, was mir verständlicherweise große Schmerzen bereitete. Nach homöopathischer Behandlung entspannte er sich zusehends. Nachdem er mich einmalig kräftig in die Brustwarze gebissen hatte, begann er ohne Brust einzuschlafen und schlief mit 20 Monaten - ich war in der 14. Schwangerschaftswoche - das erste Mal in seinem Leben durch. Von diesem Zeitpunkt an schlief er auch meist in seinem eigenen Zimmer. Wir hatten uns schließlich beide mit der neuen Situation arrangiert.

An die Folgezeit habe ich eigentlich nur positive Erinnerungen bezüglich des Stillens in der Schwangerschaft. Es kam sogar zu einigen lustigen Begebenheiten. Jonas bemerkte ausgerechnet während eines Still- und Laktationskongresses, dass die Milch weniger wurde.

Ich war in der 18. Woche, als ich ihn zu einem der drei Kongresstage mitnehmen musste, da mein Mann arbeitete. Es waren etwa 150 Laktationsberaterinnen im Saal und ich hatte Jonas gerade angelegt, als er losließ und laut in den Raum rief: `Keine Milch da, alle alle!´. Diese Worte begleiteten uns dann für einige Zeit. Es kam auch vor, dass Jonas nach dem Stillen zum Kühlschrank ging und sagte: `Kuhmilch haben!´ Um ehrlich zu sein, wäre ich nicht traurig gewesen, wenn Jonas sich in dieser Zeit abgestillt hätte, aber er genoss und brauchte das Stillen und so ließ ich ihn gewähren, zumal ich während des Stillens auch ausruhen und entspannen konnte. Jonas wusste, dass bei Mama ein Baby im Bauch war; in den letzten vier Schwangerschaftswochen erzählten wir ihm ab und zu, dass das Baby bald aus dem Bauch herauskommt. Er war auch bereit, Mamas Brust zu teilen, obwohl er sicherlich keine konkrete Vorstellung davon haben konnte, was auf ihn zukam. Auf die Frage, wer denn noch an Mamas Brust trinken dürfte sagte er immer: `Das Baby´.

Meist ergab es sich, dass ich Jonas zu Hause stillte, aber kurz vor dem Entbindungstermin war ich mit ihm im Restaurant eines Kaufhauses, als er sich so in einen Wutanfall steigerte, dass er sich ohne Brust nicht beruhigt hätte. An einem Nachbartisch saßen einige ältere Damen, die die Szene beobachteten. Eine meinte erstaunt: `Der kriegt ja noch die Brust!´ Später, als Jonas bester Laune durch das Restaurant lief, sagte sie zu ihm: `Du bist ja schon so groß!´ Negative Reaktionen erlebte ich eigentlich nie, meist war man - wie hier - eher erstaunt. Im Hospital war die Ärztin bei der Voruntersuchung vier Wochen vor dem

Entbindungstermin sogar positiv überrascht, als ich erzählte, dass Jonas noch gestillt wird. Als bei mir nachts die Wehen einsetzten und ich mit meinem Mann ins Geburtshaus fuhr, übernahm mein Schwiegervater Jonas` Betreuung. Doch bevor Jonas morgens wach wurde, waren wir unverrichteter Dinge, aber mit Wehen, wieder zu Hause. Zum Glück war Jonas zu erstaunt, früh am Morgen seinen Opa zu sehen, um an meine Brust zu denken. Mein Schwiegervater nahm ihn dann mit, damit mein Mann und ich noch etwas schlafen konnten.

Den ganzen Tag hatte ich Wehen. Trotzdem besuchten wir nachmittags noch einmal meine Schwiegereltern. Jonas interessierte sich bei diesem Besuch überhaupt nicht für mich, und das war gut so, denn die Wehen machten mir auch ohne zusätzliches Stillen schon genug zu schaffen. Morgens wurde unsere Tochter Hannah völlig problemlos geboren. Alles in allem war das Stillen in der Schwangerschaft zwar recht anstrengend, aber nach anfänglichen Schwierigkeiten eine schöne Erfahrung. Zum Glück hatte ich nie vorzeitige Wehen, die zwar durch das Stillen nicht verursacht, aber, falls aus irgendeinem Grund vorhanden, verstärkt werden können. In diesem Fall hätte ich plötzlich abstillen müssen, was sicherlich nicht nur bei Jonas mit vielen Tränen verbunden gewesen wäre."

6.8. STILLEN WÄHREND DER SCHWANGERSCHAFT UND TANDEMSTILLEN

Publikation der LaLecheLiga, Bulletin 1993 „Ja, ich stille noch" mit freundlicher Genehmigung:
„Wenn eine Mutter schwanger wird, während sie noch stillt, kann sie gemischte Gefühle

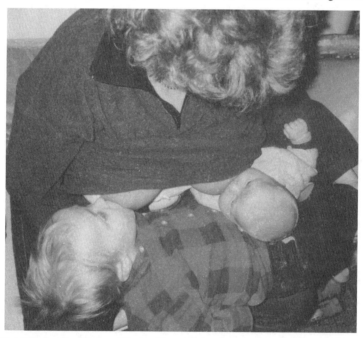

haben. Ein Kleinkind oder älteres Kind während der Schwangerschaft und nach der Geburt des neuen Babys zu stillen, ist nicht etwas, was die meisten Mütter planen, und in vielen Gesellschaften wird es als etwas Ungewöhnliches betrachtet. Vielleicht setzen andere die Mutter unter Druck, abzustillen, oder sie fühlt sich unter Druck gesetzt, weiterzustillen. Wenn sie über ihre Situation spricht, hilft es ihr, ihre eigenen Gefühle von den Ansichten und Ratschlägen anderer zu trennen und auch ihre Lebensumstände und die Bedürfnisse ihres

Kindes zu berücksichtigen. Vielleicht fragt sich die Mutter, ob das Weiterstillen ihres Kindes ein Bedürfnis oder eine Angewohnheit ist. Dies ist auch vom Alter des Kindes abhängig (nur selten ist ein Kind unter einem Jahr bereit, sich selbst abzustillen). Bei einem älteren Kind kann die Mutter versuchen, Stillen durch andere Arten mütterlicher Zuwendung zu ersetzen.

Lässt sich das Kind gar nicht ablenken, dann ist Stillen wohl noch ein echtes Bedürfnis.

Viele Kinder verlieren das Interesse am Stillen, wenn im fünften oder sechsten Monat der Schwangerschaft die Milchbildung stark zurückgeht und/oder der Geschmack der Milch sich verändert.

Viele Mütter finden, dass Weiterstillen in der Schwangerschaft ihnen hilft, den emotionalen Bedürfnissen ihres Kindes in einer ohnehin anstrengenden Zeit besser gerecht zu werden. Die Mutter kommt durch die Stillzeiten öfter zur Ruhe, wenn sie sich mit ihrem Kind hinsetzt oder hinlegt.

Stillen während der Schwangerschaft nimmt dem Ungeborenen keine Nährstoffe weg, vorausgesetzt, die Mutter ernährt sich ausgewogen, achtet auf angemessene Gewichtszunahme und genügend Ruhe.

In einer normalen Schwangerschaft stellen die Gebärmutterkontraktionen, die durch Stillen ausgelöst werden können (Stimulation der Brustwarzen setzt das Hormon Oxytocin frei, das zu Kontraktionen der Gebärmutter führen kann), keine Gefahr für das Ungeborene dar und erhöhen nicht das Risiko einer Frühgeburt. Mütter haben nach Fehl- oder Frühgeburten während späterer Schwangerschaften gestillt und voll ausgetragene Babys zur Welt gebracht.

Schwangerschaftshormone gehen in geringen Mengen in die Muttermilch über, stellen aber keine Gefahr für das Stillkind dar. Das ungeborene Baby im Mutterleib ist diesen Hormonen in viel stärkerem Masse ausgesetzt als das Stillkind.

Viele Mütter haben beim Stillen während der Schwangerschaft wunde Brustwarzen, ihre Milchbildung nimmt ab, und ihre Gefühle bezüglich der Entscheidung weiterzustillen, gehen auf und ab. Andere Mütter dagegen erleben nichts von dem. Müdigkeit ist ein normaler Bestandteil der Schwangerschaft, Stillen an sich `zehrt´ nicht.

Der wachsende Bauch der Mutter kann die Stillposition zu einem Problem werden lassen, Experimentieren mit verschiedenen Stillpositionen kann helfen, z.B. auf der Seite liegen. Ein Kleinkind, das gestillt werden will, findet oft erstaunliche Positionen dafür.

Durch die hormonellen Veränderungen in der Schwangerschaft können die Brustwarzen empfindlich werden. Einige Mütter machen diese Erfahrung gar nicht, andere während der ganzen Schwangerschaft, wieder andere gegen Ende der Schwangerschaft. Diese Empfindlichkeit verschwindet unmittelbar nach der Geburt. Gegen die empfindlichen Brustwarzen helfen die üblichen Ratschläge gegen wunde Brustwarzen nicht. Folgende Ratschläge können Erleichterung bringen:

- *Atemtechniken aus der Geburtsvorbereitung nutzen*
- *die Stillpositionen wechseln*
- *ein älteres Kind bitten, besonders sanft und/oder kurz zu nuckeln*
- *mit der Hand Milch auszustreichen (bevor das Kind nuckelt), bis die Milch fließt.*

Manchmal führt eine verminderte Milchbildung zu empfindlichen Brustwarzen.

Manche Mütter fühlen sich beim Stillen während der Schwangerschaft gelegentlich unwohl oder irritiert. Wenn dieses Gefühl auftritt, kann es der Mutter helfen, sich abzulenken; sie kann z.B. ein Buch lesen, Musik hören oder fernsehen.

Die Schwangerschaftshormone können zu einer verminderten Milchbildung führen, vorwiegend in den letzten vier Monaten der Schwangerschaft. In dieser Zeit ändert sich auch der Geschmack der Muttermilch, aus der Milch wird Kolostrum. Eine Mutter braucht sich keine Sorgen zu machen, dass das ältere Stillkind das ganze Kolostrum `verbraucht´.

Egal wie viel es vorher trinkt, bei der Geburt wird genügend Kolostrum für das Neugeborene vorhanden sein.

Newton-Studie von 1979:
In einer Studie wurden 503 LLL-Mütter erfasst, die während der Stillzeit schwanger wurden. 69% haben zu irgendeinem Zeitpunkt der Schwangerschaft abgestillt. (Es ist unmöglich festzustellen, wie viele dieser Kinder sich auch abgestillt hätten, ohne dass die Mutter schwanger geworden wäre; 44% der Kinder waren zwei Jahre oder älter). 74% bekamen mehr oder weniger empfindliche oder wunde Brustwarzen. 65% bemerkten ein Zurückgehen der Milchbildung. 57% fühlten sich mehr oder weniger unwohl oder irritiert beim Stillen. Von den Frauen, die während der Schwangerschaft weiterstillten und nach der Geburt beide Kinder stillten, sagten 77%, sie würden es wieder tun. Nur 6% würden nicht wieder während einer Schwangerschaft stillen.

Wenn das Stillkind jünger ist als ein Jahr, sollte die Mutter seine Gewichtszunahme kontrollieren, um sicher zu sein, dass das Kind trotz zurückgehender Milchbildung genug zu sich nimmt und wenn nötig mehr zusätzliche Nahrungsmittel anbieten.

Einige Stillkinder stillen sich bei zurückgehender Milchbildung oder wegen des veränderten Geschmacks der Milch selbst ab. Andere trinken trotz der Änderungen der Menge und des Geschmack weiter. Es ist möglich, dass ein Kind, das sich in der Schwangerschaft abgestillt hat, nach der Geburt des Babys wieder gestillt werden will."

7 LANGZEITSTILLEN

7.1. Weltgesundheitsorganisation, Studien, Empfehlungen von Experten

Die Weltgesundheitsorganisation WHO und Unicef (Kinderhilfswerk der Vereinigten Nationen) haben 1990 in ihrer gemeinsamen Empfehlung der `Innocenti Declaration´ empfohlen, das Stillen mit entsprechender Beikost ab dem vierten oder sechsten Monat hinaus bis zu einem Alter von zwei Jahren und länger fortzusetzen. Diese Erklärung gilt nicht nur für Entwicklungsländer, sondern auch für Industrieländer.

Christa Reisenbichler, Präsidentin der La Leche Liga Österreich:
„Ich kann mich gut daran erinnern, als ich vor vielen Jahren das erste Mal einer Gruppe von LaLecheLiga-Stillberaterinnen eingeladen wurde. Da saß doch eine Mutter und stillte ihr fast dreijähriges Kind! Meine erste Empfindung war ungläubiges Staunen. Wie kann man nur!

Ein `Danke schön´ an alle Frauen, die ich seither beobachten, begleiten und beraten durfte. Denn nur durch sie habe ich einen anderen Bezug zum längeren Stillen erhalten. Sie lehrten mich, dass man liebevoll den eigenen Rhythmus des Kindes respektieren kann. `Danke´ auch deshalb, weil meine eigenen Kinder dadurch in den Genuss des längeren Stillens kommen konnten. Und weil ich viele Kinder habe, kann ich sicher beurteilen, dass es für alle Beteiligten etwas Wundervolles ist. Genau so, wie ich weiß, dass sich jedes Kind trotz oft gegenteiliger Prognosen irgendwann von sich selbst abstillt. Durch Stillen zu mutterabhängig - von wegen! Selbstbewusstere Persönchen als die lang gestillten gibt es kaum."

In der Zeitschrift: Pediatric Clinics of North Amerika erschien 2/2001 eine wissenschaftliche Studie mit dem Titel `Breastfeeding beyond twelf month - Stillen über zwölf Monate hinaus´. Frau Piovanette schreibt darin:
„Zum Stillen in das zweite Lebensjahr hinein sollte aus zahlreichen Gründen ermutigt werden. Das Abstillalter sollte sich im 21. Jahrhundert über die ersten zwölf Monate hinaus verschieben!"

Eine wunderbare Zusammenfassung von Ulrike Schmidleithner, mit freundlicher Genehmigung von ihrer Homepage www.uebersstillen.org/laengerd.htm:
„Es ist wissenschaftlich erwiesen, dass es in den ersten sechs Monaten keine bessere Nahrung für das Baby gibt als Muttermilch. Aber überwiegen denn eindeutig die Vorteile?

Ich zähle Ihnen einige Punkte auf, die Sie bestimmt interessant finden werden. Die folgende Liste ist bei weitem nicht vollständig, da es dann auch noch die gesundheitlichen Vorteile für die Mutter gibt (z. B. mit steigender Stilldauer sinkende Brustkrebsgefahr und ein geringeres Risiko, später im Leben an Osteoporose zu leiden):
Die Empfehlung, vier bis sechs Monate ausschließlich zu stillen (nicht, wie leider oft falsch wiedergegeben, vier bis sechs Monate zu stillen), stammt von der OMS/UNICEF, und sie wurde in deren wichtigem Dokument vom Jahr 1990 festgelegt, das in Florenz nach einem mehrtägigen Kongress der größten Experten der Welt verfasst und unterschrieben wurde. Diese Empfehlungen gelten nicht nur für die Entwicklungsländer, sondern für die ganze Weltbevölkerung. Die Empfehlung wurde mittlerweile auf ausschließliches Stillen von mindestens sechs Monaten erweitert. Weiter heißt es in der `Innocenti Declaration´, dass

nach diesen vier bis sechs Monaten neben einer ausreichenden und geeigneten Beikost bis zum Alter von zwei Jahren weitergestillt werden sollte, und danach, solange Mutter und Kind es wünschen.

Die Deutsche Nationale Stillkommission schließt sich dieser Empfehlung an:

Die Nationale Stillkommission schließt sich der Erklärung von WHO und UNICEF an (Innocenti-Declaration, 1990), Bedingungen zu schaffen, die das Stillen fördern und die es stillwilligen Müttern ermöglichen, ihre Säuglinge vier bis sechs Monate ausschließlich zu stillen. Bei geeigneter und ausreichender Beikost kann so lange weiter gestillt werden, wie Mutter und Kind es wünschen. Da es in der Gesellschaft und in den Familien kaum noch eine Stilltradition gibt, übernimmt das medizinische Fachpersonal eine führende Rolle beim Wiederaufbau einer `Stillkultur´.

In einem Artikel von Katherine Dettwyler können Sie einige wissenschaftliche Erklärungen mit Literaturangabe finden. Die American Academy of Pediatrics schreibt in ihrem offiziellen Dokument, das als Richtlinie für alle amerikanischen Kinderärzte gilt:
`Human milk is the prefered feeding for all infants, including premature and sick newborns... It is recommended that breastfeeding continues for at least the first 12 months, and thereafter for as long as mutually desired.´
Übersetzt: Muttermilch ist die beste Ernährung für alle Babys, inkl. Frühgeborene und kranke Neugeborene. Es wird empfohlen, mindestens zwölf Monate zu stillen und danach, so lange es Mutter und Kind wünschen."

Hier noch ein guter Artikel: Dr. Jack Newman - einem der größten Stillexperten der Welt, UNICEF:
„Studien aus vielen Ländern machen deutlich, dass die Menge der täglich produzierten Muttermilch zwischen dem sechsten und 24. Lebensmonat des Kindes zwar abnimmt, doch rund 500 ml beträgt und nach Bedarf erhöht werden kann. Kinder im zweiten Lebensjahr decken ihren Energiebedarf zu 31% durch Muttermilch. Stillkinder im Alter von 13-18 Monaten erhalten bei gleicher Nahrungsmenge 25% mehr Energie als nicht gestillte. Ältere Kinder erhalten 17% mehr. Weiter decken Kinder im zweiten Lebensjahr aus der Muttermilch ihren Eiweißbedarf zu 38%, außerdem ihren Vitamin- und Mineralienbedarf anteilig folgendermaßen:

- Vit. A zu 100%
- Vit. C zu 95%
- Niacin zu 41%
- Riboflavin zu 21%
- Folsäure zu 26%
- Kalium zu 44%
- Eisen zu 50%

Die Vitamin C-Konzentration der Muttermilch für ein Kind gegen Ende des ersten Lebensjahres ist 3,3 Mal höher als im Blutplasma seiner Mutter. Selbst wenn die Mutter erniedrigte Vitamin C-Werte hat, wird es in der Milch sechs- bis zwölffach angereichert. Stillkinder erhalten so höhere Konzentrationen an Vitamin C als Kinder, die mit Vitamin C-angereicherter künstlicher Babynahrung, Gemüse und Früchten ernährt werden.

Eisen wird zu 70% aus der Muttermilch absorbiert. Im Vergleich: In Kuhmilch ist nur 10% Eisen enthalten; somit ist ein Stillkind oft zuverlässiger mit Eisen versorgt als ein nicht gestilltes Kind."

7.2. Reicht denn die Muttermilch?

Wale, Gorillas und Elefanten werden gestillt und wachsen, bis sie selber fressen. Nur beim Menschen soll das anders sein? Sandra macht sich nachfolgend einen Spaß daraus.

Sandra F.:
„Klar kommen Kommentare zur Milchmenge. Schließlich könnte die Milch unmöglich `reichen´. Da kontert mein Sohn für mich; erklärt den Leuten, dass da immer etwas rauskommt. Manchmal `zeigt´ er es auch, seit er gelernt hat, `seine Brust´ auszustreichen. Ich genieße die Gesichter immer wieder."

Gunde:
„Ich weiß von einer Frau, der eine Brustwarze durch einen Biss vom Pferd abgetrennt wurde. Sie konnte nur einseitig stillen und die Milch der geschlossenen Brust bildete sich zurück. Aber eine Seite reicht absolut für ein Kind! Durchschnittlich kann eine Frau zwei bis drei Liter Milch pro Tag bilden. Wenn du nur einseitig stillen könntest, was ja bei dir gar nicht der Fall ist, hättest du immer noch mehr als genug Milch für ein Kind plus älterem mittrinkendem Geschwister."

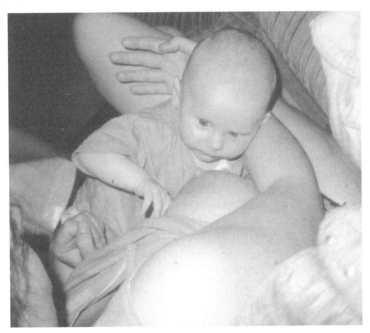

Annette A.:
„Irgendwo habe ich einmal den Satz gehört: `Jedes Baby hat ein Recht auf Muttermilch´. Vielleicht sollte es die ganze künstliche Säuglingsmilch samt Flaschen und Sauger nur auf Rezept geben. Ich hatte in den ersten zwei, drei Monaten auch mehrmals zu wenig Milch. Neben Wachstumsschüben gab es da auch andere Ursachen: Ich denke heute, dass ich so gestresst war, dass die Milchbildung dadurch gehemmt wurde. Ich habe rund um die Uhr dauergestillt, aber ein bis zweimal am Tag gab es ca. 80 ml HA1 aus der Flasche. (Heute würde ich einen Becher nehmen, aber die Saugverwirrung hatten wir ja schon im Krankenhaus samt Stillstreik gehabt.) Einmal habe ich auch überhaupt nicht zugefüttert, da

hat Elisabeth dann so kraftlos und jämmerlich vor Hunger geweint, dass ich mich heute noch vor mir selbst schäme. Sie hat richtig geächzt, so sehr hat sie versucht, jeden Tropfen aus meiner Brust herauszukriegen. Na ja, bei uns war beim `Stillmanagement´ im Krankenhaus einiges schief gelaufen. Aber ich hatte den eisernen Willen, es zu schaffen, nachdem ich schon das Gefühl hatte, bei der Geburt versagt zu haben (leider ungeplante Sectio). Aber irgendwie sind wir auch belohnt worden fürs Durchhalten, es ist einfach immer noch ein wunderschönes Gefühl, Elisabeth (zweieinhalb Jahre) zu stillen. Warum können das nicht alle Mamis und Babys (von Anfang an) haben?"

Gunde:
„Das Gefühl, dass die Milch nicht reicht, kenne ich. Das erste Mal hatte ich es bei beiden Kindern nach vier Monaten und dann immer wieder. Tatsächlich hat dieses leere Gefühl nichts mit der Milchmenge zu tun, es hat mich aber immer verunsichert. Ich dachte, dass ich nach vier Jahren Stillzeit garantiert keine Milch mehr hätte, weil ich auch keine Schluckgeräusche mehr hören konnte. Dann wollte eine Ärztin eine Mumi-Probe für eine Untersuchung und sagte: `Klar können Sie Milch abdrücken.´ Und es ging tatsächlich: Die Milch versiegt nicht, solange dein Kind trinkt. Kurzfristig (wenige Stunden oder Tage) kann der Milchspendereflex, den du wahrscheinlich längst nicht mehr spürst, durch Adrenalin gehemmt werden, aber nicht wochenlang. Selbst wenn du plötzlich abstillst, dauert es lange Zeit, bis der Körper beginnt, Milch bildendes Gewebe in der Brust zu reduzieren.
Eine Mutter erzählte mir, dass sie noch zwei Jahre nach dem Abstillen beim Duschen Milch ausdrücken könne; normalerweise dauert es etwa neun Monate, bis der Körper mit der Reduzierung anfängt. In dieser Zeit könnte das abgestillte Kind innerhalb kurzer Zeit die Stillbeziehung wieder aufnehmen. Das ergibt Sinn, weil Kinder ja Monate nach dem Abstillen erkranken könnten."

Denise:
„Mein Sohn Felix ist fast 16 Monate alt und stillt voll. Er probiert gerne von unserem Essen, aber nur winzige Mengen. Es gibt aber auch Zeiten, da will er nur Mumi – z.B., wenn er zahnt. Gib ihm etwas von eurem Essen zum Grapschen: Wenn er kurz vor dem Verhungern sein sollte, wird es ratzfatz im Mund landen. Ich würde aber Wetten abschließen, dass eher dein Teppich oder der Kinderkopf mit dem Essen gesegnet sein wird. Ich glaube, man überlässt das am besten dem Kind. Dieses `Interesse´ mit etwa einem halben Jahr wird viel zu häufig als Hungerzeichen und Grund zum Zufüttern interpretiert. Wir haben das schon mit drei Monaten erlebt; man kann getrost davon ausgehen, dass es nur Neugier ist und sich wieder legt. Das war auch bei uns der Fall."

7.3. „WANN SOLL ICH ZUFÜTTERN, HERR DOKTOR?"

Annie war 16 Monate alt, und ich stillte sie so gut wie voll. Meinen Doc habe ich einmal gefragt, wann ich zufüttern soll; er hat mich entsetzt angesehen und gesagt: „Wieso zufüttern? Man füttert Tiere, keine Menschen. Ich habe keines meiner vier Kinder jemals irgendwie gefüttert." Mit diesem Satz gingen wir nach Hause und hatten lange etwas zum Nachdenken. Wir fragten später weiter nach.

Der Doc sagte: „Stillen, wann immer das Kind sich meldet."

Unsere Kinder sind auch im Alter von 20 Monaten biologisch gesehen noch Babys.
Die meisten Lauftiere kommen mit dem Entwicklungsstand eines etwa einjährigen

Menschenkindes auf die Welt. Nur Menschen werden zu früh geboren, weil das Becken zum Laufen und Gebären da ist, wie bei keinem anderen Säugetier. Deshalb müssen Menschenkinder so früh geboren werden, weil sie sonst nicht mehr hindurchpassen. Das ist der Grund dafür, warum sie andere Nahrung als Muttermilch natürlicherweise erst viel später zu sich nehmen.

Beim Zufüttern geht viel kaputt; die Verantwortung für die Dinge, die ein Kind in den Mund steckt. Die Kinder fangen selber an zu essen, sobald sie soweit sind. Alles andere kommt von der Babynahrungsindustrie; die Leute machen es alle so nach. Als wenn die Natur es nicht besser wüsste.

Wenn man ein Kind so früh füttert, nimmt man ihm die Verantwortung dafür ab, was es in den Mund steckt. Das hat verheerende Folgen. Nicht nur, dass der Darm so früh noch nicht auf feste Nahrung eingestellt ist, aber gefütterte Babys nehmen alles in den Mund und können es hinunterschlucken. Unsere vollgestillten Kinder waren sehr vorsichtig mit Dingen, die sie in den Mund nahmen: Sie ließen Dinge zum Probieren vorne auf der Zungenspitze und tasteten sie ab. Und die Kinder kamen gut mit allem zurecht, was sie wieder ausspucken wollten. Wir mussten nie Angst haben. Wenn Kinder sich später schnell abstillen, entsprechen sie sicher auch meist den Erwartungen der Umgebung, die meist unbewusst sind; schon aus diesem Grunde gibt es so wenig gestillte Kleinkinder oder Kinder. Meine Schwester hat einen schönen Satz gegen Pulvermilch gesagt: <u>„Warum soll ich gute Nahrung gegen schlechtere eintauschen?"</u>

Anne:
„Beikost hat NICHTS mit Abstillen zu tun. Diese Nahrung wird beigegeben, sie ersetzt nicht das Stillen im ersten Jahr, sondern ergänzt es. Und es sind anfangs oft kaum erwähnenswerte Mengen, die gegessen werden, wenn gleichzeitig nach wie vor nach Bedarf gestillt wird. Vergiss diese Ernährungspläne, wann welches Breichen einzuführen ist, lass deinem Kind seinen eigenen Rhythmus, wann und wieviel gegessen wird und auch, was es essen möchte. Lass es an einem Stück Banane oder ähnlichem herummatschen, auch wenn es davon nur ein winziges Bröckchen wirklich isst und der Rest überall klebt. Rummatschen macht Spaß (das oft notwendige Baden danach auch) und reizt alle Sinne. Essen testen bedeutet auch (wörtlich) be-greifen, Erfahrung sammeln und lernen und hat in dem Alter noch nicht zwingend etwas mit Ernährung im Sinne von `Nährstoffe zuführen´ zu tun."

Nicola:
„Das mit dem langen vollen Stillen kam von alleine. Wir wollten den Bedürfnissen unserer Tochter entsprechen und darauf achten, wann sie Bereitschaft zum Essen zeigt. Die andere Voraussetzung war, dass wir der Meinung waren und sind, Beikost habe nichts mit `Ersetzen von Muttermilchmahlzeiten´ zu tun. Magdalena begann mit knapp neun Monaten, Interesse für unser Essen zu zeigen. So probierte sie mikroskopische Mengen Obst, manchmal auch andere Nahrung, die wir aßen. In der Regel spuckte sie probierte Stückchen wieder aus, nur Obst schluckte sie von Zeit zu Zeit hinunter. Das Probieren hatte etwas mit dem Kennenlernen der Beschaffung und Konsistenz, des Geschmacks, der Temperatur etc. des Essens zu tun, Herummatschen war wesentlich interessanter als In-Den-Mund-Stecken, und In-Den-Mund-Stecken war interessanter als hinunterschlucken. Ganz allmählich probierte sie mehr (erkennbar an der allmählichen Veränderung der Stuhlbeschaffenheit). Aber den Begriff `Essen´ kann ich erst seit ein paar Tagen verwenden. Mit `Sattessen´ hat aber auch das noch nicht viel zu tun; Magdalena bekam nie Brei und wurde auch sonst nie gefüttert. Sie besteht darauf, selber mit ihren Händen und/oder einer Gabel zu essen und zwar das, was auch wir zu uns nehmen. Übrigens hatte sie - seit sie neuneinhalb Monate alt war - großen Spaß, aus der Tasse etwas Wasser und Tee zu trinken. Vielleicht ist es noch

wichtig zu betonen, dass sie in Größe und Gewicht durchschnittlich bis kräftig ist und dazu kerngesund. Im Moment ist sie wieder zur Wenigesserin geworden."

Sandrin mit Tristan (ein Jahr und neun Monate):
„Unser kleiner Marius ist 15 Monate alt und stillt voll. Meine Umgebung liegt mir seit seinem sechsten Lebensmonat in den Ohren, dass er was Festes `bräuchte´. Ich wurde schon gefragt, wann ich dem armen Kind denn mal was `Richtiges´ zu essen gebe: Marius hat einfach beschlossen, zu stillen. Ende, Punkt. Wir haben beschlossen, nicht mehr zu diskutieren. Wenn jemand nett fragt, bekommt er eine nette Antwort – bei blöden Sprüchen gibt es blöde Sprüche. Komischerweise kriegt selbst mein Mann blöde Sachen zu hören. Er kann aber gut kontern und findet es lustig, dass die Babys der Arbeitskollegen schon oft krank waren und Tristan erst zweimal Schnupfen hatte."

Sandra F.:
„Mein Sohn wurde 18 Monate ausschließlich und ein weiteres Jahr mit nicht nennenswerten Mengen an Beikost gestillt. `Richtig´ isst er, seit ich wieder schwanger bin und die Milch nicht mehr so reichlich fließt. Das hat er aber, seit es wieder `besser läuft´, vorerst auf `Eis´ gelegt und ernährt sich wieder hauptsächlich von Mumi, was gut am Stuhlgang zu erkennen ist."

Tanja:
„Mit sechs Monaten begann ich, `wie es sich gehört´ bei Joelina mit dem Zufüttern. Sie hat es am Anfang ganz gut mitgemacht und war nach ca. zwei Monaten so weit, dass sie ein ganzes Gläschen gegessen hat. Da man mir sagte, man dürfte danach nicht mehr stillen, weil sie ja satt werden sollte, wandte ich mich an die LaLecheLiga. `Alles Blödsinn´, wurde mir da gesagt: Wenn meine Tochter stillen möchte, ist das in Ordnung. Jedenfalls: Am nächsten Tag wollte sie nicht mehr; Essen hätte ich nur noch unter Zwang hinein bekommen. Also hörte ich auf meine Tochter, und das Gläschen wurde wieder abgeschafft. Bisher macht sie keine Anstalten, viel zu essen. Zwischendurch gibt es immer etwas Banane, Apfel, Erbsen, Möhren auf die Hand zum Probieren; das meiste landet daneben."

Andrea Schwaiger:
„Ich finde es schade, dass man Babys bei so einer wichtigen Sache wie der Nahrungsaufnahme nicht selber entscheiden lässt. Jedes Kind ist einzigartig. Dennoch sollten alle unbedingt mit spätestens sechs Monaten Beikost bekommen - kann denn das sein? Sind Kinder im Tun und Aussehen Individuen, aber wenn es darum geht, wieviel sie wovon und wann zu essen benötigen? Warum vertraut man nicht auch in diesem Punkt auf den angeborenen Instinkt der Kinder, so, wie man darauf vertraut, dass es zu greifen und zu gehen lernt? Ein Kind weiß am besten, was, wieviel und wann es etwas braucht, und wird das zum richtigen Zeitpunkt auch zum Ausdruck bringen. Sei es nun die Nähe der Mutter oder feste Nahrung - es wird einen Weg finden, sein Bedürfnis zum Ausdruck zu bringen. Alles, was wir tun müssen, ist, für es da zu sein, wenn es uns braucht, und ihm das zu geben, nach dem es verlangt."

Andrea mit Emilia:
„Ich wünschte im Nachhinein, ich hätte Emilia nicht mit sechs Monaten dazu gedrängt, Beikost zu sich zu nehmen. Länger voll zu stillen, hätte allen gut getan; aber sie war immer an der unteren Grenze vom Wachstum her. Hör auf dich selbst, egal wie viele andere es anders machen und für richtig halten."

Zum Glück redete mir bei Marvins Essen niemand dazwischen. Die Menschen spürten vielleicht auch meine Entschlossenheit. Ich empfand es so, als würde jeden Moment ein

Kommentar kommen, weil er bis zum 20. Monat eben Tag und Nacht alle zwei Stunden trinken wollte und es ausgiebig tat.

Unsere Tochter war ein wenig schneller als Marvin. Mit etwa neun Monaten fing Annie an, beim Essen auf unsere Ebene hinauf zu wollen. Es war ihr egal, womit sie im Hochstuhl spielte: Wir steckten ihr aber nie etwas in den Mund. Laut unserem Doc fängt ein Kind vor dem neunten Monat nie an, richtig zu essen; vorher spielen oder erforschen sie. Das wird dann als Essenswunsch ausgelegt.

Mit zehn Monaten wollte sie erkunden, was wir da machen, und spielte mit Essen.

Mit elf Monaten hat sie am Essen geleckt oder gerochen.

Mit zwölf Monaten hat sie etwas geknabbert.

Bis zum 15. Monat hat Annie nur kleine Mengen gegessen; die im Mund tolerierte Stückchengröße vergrößerte sich. Man kann also sagen, dass sie bis 15 Monate nicht mehr als einen Teelöffel an einem Tag genascht hat, ich keine Mahlzeit ersetzte und somit eigentlich voll gestillt habe.

Mit 16 Monaten aß unsere Tochter wenige klein geschnittene Erdbeeren, Brotstückchen mit Butter und Fruchtaufstrich, Apfel. Sie wollte das, was sie isst, meist selber essen – mit Besteck – was kaum klappte. Wenn ich unterwegs war, nahm ich dann etwas Kleingeschnittenes mit; größere Stückchen spuckte sie noch aus. Kartoffelpüree mochte sie auch gerne.

Mit 17 Monaten fing sie an, manchmal Essen zu verlangen, auch wenn sie keines sah. Sie aß gerne weiße Bohnen und manchmal mehrere gleichzeitig. Sie begann vom Brot abzubeißen und ließ sich tagsüber vom Stillen noch leichter ablenken.

Im 19. Monat fing Annie an, neben dem Stillen Essen zu verlangen. Marvin hat erst ab etwa 18 Monaten mehr gegessen; das hing sicher auch mit dem Wachsen der Backenzähne im zweiten Kiefer zusammen, vorher lässt sich ja schwer beißen.

Bei Marvin ließ ich mich noch irritieren von den vielen Berichten in Heften und Zeitschriften, wie man seine Kinder zu füttern hat und wie unrecht die Natur hat, und dass Kinder spätestens im sechsten Monat Beikost zur Muttermilch benötigen. Allergiegefährdete Kinder dürfen komischerweise zwölf Monate voll gestillt werden. Verhungern die da nicht?

Ende des elften Monats habe ich angefangen meinen Sohn mit Obstbrei zu füttern. Er aß drei Löffel und jeden Tag mehr, aber ich kann nicht sagen, dass er nur darauf gewartet hat. Im Tagebuch habe ich nachgelesen, dass er mit 14 Monaten immer noch nicht besonders gerne aß.

Früher wurde zugefüttert; eine bestimmte Menge, zu einer bestimmten Uhrzeit. Wenn das Baby mit dem Erbrechen fertig war, wurde weitergefüttert. Oft wurden Hände und Arme festgehalten, damit die Kinder das Essen nicht `begreifen´ konnten. Einige dieser Überlieferungen sind heute noch gültig: Beobachtet man, wie ein kleines Kind weint, oder versucht den Kopf wegzudrehen, wenn der Löffel Brei zugefüttert werden soll, kann man erkennen, dass dies ohne Einverständnis des Babys geschieht. In der Regel wollen vier, fünf Monate alte Babys nicht essen, sondern trinken. Diese Erfahrung machten alle Eltern, von denen ich erfahren konnte.

Sybille mit Felix (fünfeinhalb Jahre), Allegra (drei Jahre) und Gabriel (drei Monate):
„Ich bin auch Vertreterin der „Fingerfood"-Beifütterung! Ich habe damit wesentlich bessere Erfahrung bei meiner Tochter gemacht, als damals bei meinem Sohn, bei dem ich noch meinte, er müsse doch Gemüsebrei zu sich nehmen. Meine Tochter hat sich dann monatelang von Reiskeksen ernährt. Das hat ihr völlig gereicht. Ihre Neugier war befriedigt und sie konnte wieder bei uns am Tisch sitzen, ohne neidvoll jedem Bissen hinterher zu gucken. Ich hätte ihr auch Brot oder Käse gegeben, aber das wollte sie gar nicht. Obst nahm sie irgendwann auch gerne, aber nur das, was sie auch selber halten konnte! Brei hat sie niemals gegessen!! Brauchen Kinder denn Brei? Ich denke nicht... Versuch doch mal, ihn einfach vom Tisch nehmen zu lassen, was er so heiß begehrt und sieh' was er eigentlich damit macht!"

Stillberaterin Petra mit Ilona:
„Beikost heißt Beikost, weil sie beigegeben wird. Also: Erst die Brust und dann die Beikost. Stillen könnt ihr weiterhin, solange ihr wollt. Eskimokinder sind teilweise 14 Jahre alt, bevor sie sich endgültig von der Brust verabschieden. Man sollte sich immer vor Augen halten, dass Muttermilch für Menschenkinder ist, Kuhmilch dagegen für Kälber (viel Masse, wenig Gehirn)."

7.3.1. Wie lange stillen? Blick in andere Kulturen

LLL Österreich, Infobrief: „Länger als sechs Monate stillen"
„Das Stillen über die ersten sechs Monate hinaus bis ins zweite Lebensjahr hinein und, wenn gewünscht, noch darüber hinaus, hat trotz vieler gegenteiliger Behauptungen viele ernährungsphysiologische und immunologische Vorteile. In unserer Kultur ist es üblich, früh – viel zu früh – abzustillen und feste Nahrung zu geben. Wenn die Mutter und ihr Kind in beiderseitigem Einvernehmen aufhören zu stillen, ist das ideal.

In Kulturen, in denen Stillen auch als enge Beziehung zwischen Mutter und Kind angesehen wird – als ein Vorgang, der dem Kind beim Erkunden seiner Umwelt immer wieder Sicherheit und Geborgenheit gibt – sind zwei- oder auch dreijährige Stillkinder nichts Ungewöhnliches."

Schon im 18. Jahrhundert kritisierte der britische Arzt Cadogan die Trennung zwischen Müttern und Kindern und sprach sich gegen die frühe Einführung von fester Nahrung aus und gegen alle Ernährungsgewohnheiten, die einen erfolgreichen Stillverlauf behindern.

Die Flaschennahrung begann ihren Triumphzug; erst 1950 empfahlen Kinderärzte die Einführung von Gemüse als Beikost im vierten Monat. Beides führte zum Abfall der Stillrate im 20. Jahrhundert. Die anthropologische Literatur beinhaltet Hinweise für verlängertes Stillen bis zur Erreichung des vierfachen Geburtsgewichtes, was den Zeitraum von zwei bis fünf Jahren umfasst.

Michaela Kyllönen führt die Daten im Bulletin „Stillen solange es uns gefällt!", Nr. 4, August 2002 auf Seite 9 den Anthropologischen Blick in Hinsicht auf die Stilldauer von Kleinkindern auf:

- „Koran: zwei Jahre
- Australische Aborigines und Mesopotamien: zwei bis drei Jahre
- Ägypten: drei Jahre
- Waldviertel (Österreich): drei Karfreitage
- Siniono (Bolivien): drei bis fünf Jahre
- Grönländer: drei bis vier Jahre
- !Kung: vier bis sechs Jahre
- Hawaiianer: fünf Jahre
- Inuit: ca. sieben Jahre

Die 1997 von der American Academy of Pediatrics veröffentlichte Empfehlung, dass alle Kinder in den ersten Monaten ausschließlich und neben der Beikost über das erste Lebensjahr hinaus gestillt werden sollten bis zum natürlichen Abstillen, ist ein Schritt in die richtige Richtung".

7.3.2. Stillen und zusätzliche Trinkmenge

Oft wird schon bei kleinen Babys gesagt, dass sie unbedingt noch zusätzlich Tee bekommen müssten, weil die Muttermilch den Flüssigkeitsbedarf nicht decken würde. Dies ist in der Regel nicht einmal im Hochsommer der Fall, wenn man die Kinder so oft stillen lässt, wie sie wollen.

Gunde:
„Stillkinder trinken fast immer erstaunlich wenig. Für die ganze Windelzeit brauchen sie weniger Windeln als Flaschenkinder. Gesunde Kinder trinken, wenn man ihnen etwas anbietet. Meine Kinder haben im Kleinkindalter nur Miniportionen getrunken. Die Safttrompeten abgestillter Kinder sind kein Maß."

7.3.3. Mein Kind will nicht essen

Im LLL Infobrief Österreich erschienen Auszüge eines Vortrages des spanischen Kinderarztes Carlos Gonzales, geschrieben von Herlinde Füßl, nach Unterlagen von Nadja Schmidt und Angelika Quell. Daraus möchte ich mit freundlicher Genehmigung der LLL zitieren:

„Mein Kind will nicht essen´ - dieser Satz ist wohl der, den ein Kinderarzt in seiner Praxis am häufigsten zu hören bekommt. Denn in unzähligen Familien gibt es den täglichen Kampf ums Essen...

Ihr Kind möchte Sie nicht manipulieren. Versuchen Sie, Ihr Kind zu manipulieren?

Warum weigern sich gestillte Kinder, feste Nahrung zu sich zu nehmen? Warum hören Kinder normalerweise um ihren ersten Geburtstag herum zu essen auf und essen mehrere

Jahre lang nichts? Warum schließen sie ihren Mund? Was kann eine Mutter tun? Bitte tun Sie gar nichts!
Es gibt nach der Meinung von Herrn Gonzales drei Gründe, warum ein Kind nicht isst:
- Es gibt kein Essen (dritte Welt)
- Das Kind hat keinen Hunger (das trifft meistens bei uns zu)
- Das Kind ist krank und fühlt sich nicht wohl. `Du musst essen, damit du wächst´ stimmt so nicht. Es ist vielmehr so, dass das Kind isst, wenn es wächst.

Viele Kinder von neun bis zwölf Monaten essen plötzlich weniger als vorher - für viele Eltern eine Sorge mehr. Grund dafür ist, dass das Kind nach der extremen Phase des Wachsens im ersten Lebenshalbjahr weniger Nahrung benötigt, während es ab ca. vier bis fünf Jahren wieder mehr braucht. Die Nahrungsmenge ist abhängig von Körpergröße, körperliche Aktivität und Wachstum. Oft wird überschätzt, welche Menge das Baby essen soll: Wenn man erwartet, dass ein acht Kilo schweres Kind eine ganze Banane essen soll, müsste z.B. seine 8x8 kg schwere Mutter acht ganze Bananen auf einmal essen. In Wirklichkeit essen Mütter kaum das Doppelte.

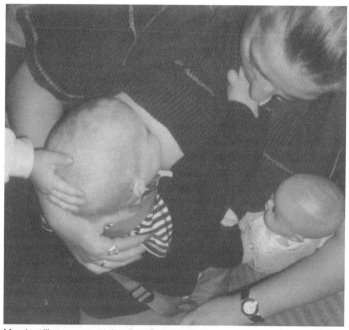

Marvin will zusammen mit seiner Puppe stillen

Viele gestillte Kinder zwischen sechs und zwölf Monaten wollen noch keine feste Nahrung zu sich nehmen; alles, was die Mutter isst, geht geschmacklich in die Muttermilch über. Wenn die Mutter dem Baby etwas vorsetzt, was sie selber in der Form nie isst, wird das Kind es evtl. verweigern, weil ihm der unbekannte Geschmack signalisiert: Nicht essbar.

Babys trinken pro Mahlzeit unterschiedlich viel, max. 150 ml. An Nährstoffen werden pro Tag benötigt:
- 9,6 g Protein   enthalten in 910 ml Muttermilch
- 350 µg Vitamin A   enthalten in 700 ml Muttermilch
- 0,4 µg Vitamin B12 enthalten in 412 ml Muttermilch
- 25 mg Vitamin C   enthalten in 625 ml Muttermilch

Ein Kind trinkt pro Tag ca. 800 ml Muttermilch und erhält alle Nährstoffe in der benötigten Menge. Babys brauchen, wie Gonzales anführt, vielleicht weniger Eisen als von der Nahrungsmittelindustrie empfohlen. Bestünde ein echter Mangel, würde es vermutlich feste Nahrung essen. Die meisten Kinder essen instinktiv das Richtige. Die Anteile von Kalorien, Proteinen und Laktose[61] in der Muttermilch ändern sich durch die Ernährung der Mutter nicht. Vitamine ändern sich durch den mütterlichen Stoffwechsel. Der Fettgehalt ist abhängig von der Art und Qualität der mütterlichen Ernährung.

- 100 g gekochte Kartoffeln 65 kcal
- 100 g Apfel 52 kcal
- 100 g gekochte Karotten 27 kcal
- 100 g Gemüse und Fleisch (hausgemacht) 50 kcal
- 100 g Muttermilch 70 kcal

Babys essen nicht gerne Nahrungsmittel, die weniger Kalorien als Muttermilch enthalten. Da der Magen eines Babys klein ist, kann es keine adäquaten Mengen weniger kalorienreicher Nahrungsmittel aufnehmen. Dies ist auch der Hauptgrund für Unterernährung bei nicht gestillten Säuglingen (vor allem in den Entwicklungsländern), da nichts so kalorienreich ist wie Muttermilch. Babys brauchen am Anfang ihres Lebens hochkalorische Kost, aber wenige Ballaststoffe. Beginnt das Zufüttern erst mit einem Jahr, gibt es weniger Probleme.

Fazit: Nötige NIE ein Kind zum Essen. Es soll essen dürfen und nicht essen müssen, was es nicht will."

Gunde:
„Stillkinder passen nicht in die Wachstumskurve auf den U-Heften: Sie wachsen entweder viel schneller oder viel langsamer. Auf der Wachstumslinie (künstlich ernährter Kinder), liegen nur wenige Stillkinder. Meine Kinder lagen beide immer deutlich über dem oberen Perzentil des U-Heftes, aber ich kenne aus meinen Stillgruppen viele zarte Stillkinder.
Bei Flaschenkindern muss man aufpassen, weil die Zarten leicht mit Mikronährstoffen unterversorgt werden können, und die schweren Kinder oft durch das viele Natrium in der Nahrung überlastete Nieren haben. Diese Probleme gibt es bei Stillkindern nicht; zarte und schwere Kinder sind ganz normal und gleich gesund."

Sandra F.:
„Mit 15 Monaten hat mein Sohn noch nicht im Traum daran gedacht, feste Nahrung zu sich zu nehmen; erst mit 18 Monaten hat er LANGSAM begonnen, sich dafür zu interessieren. Danach hat es noch fast ein Jahr gedauert, ehe man von `essen´ reden konnte. Als ich erneut schwanger wurde (er war drei Jahre alt), ging die Milch rapide zurück. Er hatte Mühe, etwas zu bekommen und hat entdeckt, dass neben Mumi auch noch anderes für Sättigung sorgen kann. Das hat nur angehalten, bis wieder Milch da war (etwa im zweiten Drittel der Schwangerschaft); dann hat er wieder mehr getrunken als gegessen."

Julia:
„Ich habe mir selber beim zweiten Kind eine Menge Argumente für das Stillen ausgedacht, die ich für viel stichhaltiger halte als die allgemein gängigen der Beikostbefürworter.

Vor dem Einzug künstlicher Babynahrung: In fast allen Kulturen der Welt gibt es eine mindestens einjährige volle Stillzeit.

---

[61] Milchzucker, Disaccharid aus D-Glucose u. D-Galaktose

Erst gegen Ende des ersten Jahres haben meine Kinder nutzbare Zähne bekommen. Das klingt unlogisch: Warum mit fester Nahrung anfangen, wenn kein Kauwerkzeug da ist? Übrigens: Mit dem Durchbruch der ersten Zähnchen hat meine Tochter eine enorme Kauwut entwickelt. Sie kaut gerne an Brotkanten, Möhren etc.

Essen will gelernt sein. Anders als der Saugreflex, der angeboren ist, müssen sich die Kleinen die nötigen Techniken zur Aufnahme fester Nahrung aneignen. Es ist kaum vorstellbar, dass ein Kind in den ersten Wochen nach Einführung fester Nahrung sofort eine volle Mahlzeit zu sich nimmt. Das ist die `Experimentierphase´, in der leider wohlmeinende Mütter ihren Kindern immer noch mehr füttern wollen, als diese über ihre Experimentierfreude hinaus zu sich nehmen wollen. In dieser Phase wird übrigens häufig der Grundstein für einen lange währenden Machtkampf zwischen Mutter und Kind ums Essen gelegt.

Das vierte Argument betrifft das Phänomen, dass sich Flaschenkinder scheinbar problemloser frühzeitig auf feste Nahrung umstellen lassen. Muttermilch ist hochwertiger als Kuhmilch, sie passt sich den Bedürfnissen des gestillten Kindes an, d.h. die Zusammensetzung der Muttermilch ändert sich mit dem Alter des Kindes. Nun wird die dem Kinde nicht angepasste Kuhmilch diesem schon recht früh nicht mehr die notwendigen Wachstumsstoffe liefern. Hierbei meine ich nicht nur Kalorien, sondern ganz bestimmte Substanzen wie z.B. einige Fettsäuren, die sich nur in der Muttermilch finden lassen und die vor allem für die Gehirnentwicklung wichtig sind. Flaschenkinder sind unbewusst um ihr Wohl bemüht und nehmen freiwillig andere Nahrungsmittel zu sich, die ihnen die fehlenden Substanzen liefern sollen. Brustkinder greifen nicht freiwillig zu einer schlechteren Alternative."

Denise mit Felix:
„Mach dir keine Gedanken, wenn dein Kind lange stillt. Du brauchst keine Verrenkungen zu machen mit dem Zufüttern (was für ein würdeloses Wort für menschliche Wesen!). Man kann die Kinder stillen, bis sie in die Schule kommen. Ist ganz ernst gemeint. Drei Jahre voll stillen ist kein Problem, denke ich. Nur wird man die Kleinen mit zweieinhalb kaum noch davon abhalten können, zu probieren, was die Großen essen. Dann wird der Schritt natürlich und mit Respekt vor dem individuellen Zeitpunkt des Kindes vollzogen, ohne Überredungskünste und Schmackhaft-Machen. Lass deine Kleine einfach nach Herzenslust an der Brust trinken, alles andere wird sich von ganz alleine ergeben. Du brauchst die Flaschenkinder und -mütter nicht zu beneiden, wenn die Kleinen so `vorbildlich´ essen. Sie können einem nur leid tun, wenn sie zu so früher Zeit schon die ganzen anderen Sachen in den Mund gesteckt bekommen – statt Muttermilch, die sie biologisch gesehen noch dringend bräuchten, die mehr als ausreichen und sie gesünder erhalten würde!"

7.4. DER ZUSAMMENHANG DES FÜTTERNS UND KLEINE DINGE VERSCHLUCKENS

Auf ganz vielen Verpackungen wird von den Herstellern die Warnung: „Nicht unter drei Jahren" aufgedruckt. Gefütterte Kinder schlucken auch andere Dinge als Muttermilch; der Doc meinte, die Eltern passen zu Recht auf, denn die früh gefütterten Kinder würden ganze Schlüsselbunde verschlucken. Bei einem nicht gefütterten Kind bleibt die Vorsicht, die Verantwortung, beim Kind. Ich würde allerdings für fremde Kinder nicht haften wollen. Wir haben jedoch nie erlebt, dass irgendetwas verschluckt werden sollte. Manchmal fingen sie ein bisschen an zu würgen wegen einer Apfelschale u. ä., kamen damit aber stets selber klar. In den Mund gesteckt haben sie einiges, aber immer sehr vorsichtig und normalerweise nur auf die Zunge gelegt.

Wenn doch einmal etwas ganz in den Mund gesteckt wurde, dann konnten wir beobachten, dass Marvin, als er älter wurde, das Stück im Fallen aus dem Mund nahm. Glasscherben hätte ich sicher weggenommen, aber sonst achteten wir fast nie darauf, was unsere Kinder in den Mund steckten. Marvin ärgerte sich über Fusseln, die manchmal irgendwo dran sind, und irgendwann hatte eines einmal Sand im Mund.

Nur ein Stück von einem Fensterbild hatte sich einmal in Marvins Gaumen verklebt. Er würgte ohne Luftnot und hätte es sicher auch selber geschafft, aber ich holte ihm das Stück aus dem hinteren Gaumen; das war das Einzige, was in den Jahren passierte. Und ich fühle mich sicherer dabei, dass unsere Kinder auf sich selber aufpassen, denn die meisten Unfälle geschehen, wenn die Eltern dabei sind: Man kann nicht überall sein. Unsere Kinder stecken in den Mund, schlucken aber nicht. Auch keine Murmeln oder sonst was.

7.5. Vorteile des Stillens über sechs Monate hinaus

Es gibt viele Vorteile, Kinder länger als sechs Monate zu stillen – nicht nur finanzielle.

Dettwyler, Katherine „Stillen von Kleinkindern: Vorteile des Stillens länger als sechs Monate", Übersetzung von Ulrike Schmidleithner:
„Die meisten Studien definieren die Ernährungsart des Kindes als entweder flaschengefüttert oder gestillt. Einige Studien teilen die gestillten Kinder in verschiedene Gruppen ein und untersuchen den Gesundheitszustand von „nicht gestillten", „0-6 Monate", „6-12", „12-18" und „18-24 Monate und länger gestillten" Kindern. In allen Studien wurde festgestellt: Je länger ein Kind gestillt wurde, desto besser war sein Gesundheitszustand. Die Kinder, die 18-24 Monate und länger gestillt wurden, litten am seltensten an der gerade untersuchten Krankheit. Diese Resultate gelten für Kieferfehlstellung[62], Magen- und Darmkrankheiten[63], SIDS[64], Mittelohrentzündung[65], bestimmte Krebsarten, die in der Kindheit vorkommen[66], und Insulinabhängige Diabetes[67].

---

[62] Labbok MH and Hendershot GE: Does breastfeeding protect against malocclusion? An analysis of the 1981 child health supplement to the National Health Interview Survey, American Journal of Preventive Medicine 1987, 3(4), S. 227-32.

[63] Howie PW, Forsyth JS, Ogston SA, Clark A, Florey C du V: Protective effect of breast feeding against infection. BMJ (British Medical Journal) 1990, 300, S. 11-16.

[64] SIDS = Sudden Infant Death Syndrome (plötzlicher Kindstod). Fredrickson DD, Sorenson JR, Biddle AK, Kotelchuck M: Relationship between sudden infant death syndrome and breastfeeding intensity and duration, American Journal of Diseases in Children 1993, 147, S. 460; Mitchell EA, Scragg R, Stewart AW, Becroft DMO, Taylor BJ, Ford RPK, Hassall IB, Barry DMJ, Allen EM, Roberts AP: Results from the first year of the New Zealand cot death study. New Zealand Medical Journal 1991, 104, S. 71-76.

[65] Duncan B, Ey J, Holberg CJ, Wright AL, Martinez FD, and Taussig LM: Exclusive breast-feeding for at least 4 months protects against otitis media, Pediatrics 1993, 91(5), S. 867-72.

[66] Davis MK, Savitz DA, Graubard BI: Infant feeding and childhood cancer, Lancet 1998, 2(8607): S. 365-68; Golding J, Paterson M, Kinlen L: Factors Associated with Childhood Cancer in a National Cohort Study, British Journal of Cancer 1990, 62, S. 304-08.

[67] Cavallo MG, Fava D, Monetini L, Barone F, Pozzilli P: Cell-mediated immune response to beta casein in recent-onset insulin-dependent diabetes: implications for disease pathogenesis, Lancet 1996, 348, S. 926-928.; Dahl-Jorgensen K, Joner G, Hanssen KF: Relationship between cows' milk consumption and incidence of IDDM in childhood. Diabetes Care 1991, 14, S. 1081-83; Mayer EJ, Hamman RF, Gay EC, Lezotte DC, Savitz DA, Klingensmith J: Reduced risk of IDDM among breastfed children, Diabetes 1988, 37, S. 1625-32; Virtanen SM, Rasanen L, Aro A, Lindstrom J, Sippola H, Lounamaa R, Toivanen L, Tuomilehto J, Akerblom HK: Infant feeding in Finnish children less than 7 year of age with newly diagnosed IDDM. Childhood Diabetes in Finland Study Group, Diabetes Care 1991, 14, S. 415-17.

Zu ähnlichen Ergebnissen kam man bei Untersuchungen der Sinnesentwicklung (Intelligenzquotient, Schulerfolg): am besten schnitten die Kinder ab, die am längsten gestillt wurden, oder anders betrachtet: Je kürzer die Stilldauer, desto öfter wurden Probleme bei der Sinnesentwicklung festgestellt.
Jüngste Studien lassen darauf schließen, dass viele Gesundheitsprobleme von Erwachsenen darauf zurückzuführen sind, dass sie als Babys nicht oder nur kurz gestillt wurden, und dass flaschengefütterte Kinder zwar überleben, jedoch größeren Risiken ausgesetzt sind.

Vorzeitiges Abstillen wurde als Risikofaktor bei folgenden Krankheiten erkannt: Darminfektion[68], Morbus Crohn[69], Sprue[70] (eine Art allergische Reaktion des Darmes auf bestimmte Proteine, die z. B. im Weizen vorkommen), Schoenlein-Henoch-purpura[71], Brustkrebs[72], Multiple Sklerose[73], Allergien[74] und Herzkranzgefäßerkrankung[75].

Bis zum heutigen Tag gibt es keine wissenschaftlichen Studien, die den Gesundheitszustand von länger als zwei Jahre gestillten Kindern mit weniger lang gestillten vergleicht. Sämtliche Studien hörten bei der Gruppe „24 und mehr Monate" auf. Niemand hat den Unterschied des Gesundheitszustandes zwischen Kindern untersucht, die drei, vier oder fünf Jahre lang gestillt wurden; es ist also unmöglich, eindeutig zu sagen, ob Stillen, das länger als zwei Jahre dauert, bedeutende Vorteile für die Gesundheit des Kindes hat. Gleichzeitig ist es auch unmöglich zu behaupten, dass Stillen für länger als zwei Jahre keine bedeutenden Vorteile für die Gesundheit des Kindes hat. Der zusätzliche Nutzen für ein Kind der Industrieländer mag gering sein - oder aber hoch, und womöglich erst im mittleren Alter oder noch später zum Vorschein kommen. Zur Zeit existieren solche Daten ganz einfach nicht.

Das Gesundheitspersonal hat keine Grundlagen, um sagen zu können, dass die Gesundheitsvorteile des Stillens jemals enden oder bedeutungslos werden. Alle existierenden Studien lassen eindeutig erkennen, dass der Gesundheitszustand desto besser ist, je länger ein Kind gestillt wird - bis zum derzeitigen Studienlimit von zwei Jahren. Wenn Mutter und Kind weiter stillen möchten, gibt es keinen Grund, ihnen davon abzuraten oder die Motivation der Mutter, die das Beste für ihr Kind will, in Frage zu stellen.

Zukünftige Studien werden vielleicht bestätigen, dass Stillen für die gesamte Zeitspanne,

---

[68] Acheson ED, Truelove SC: Early weaning in the aetiology of ulcerative colitis: a study of feeding in infancy in cases and controls, BMJ (British Medical Journal) 1961, 2, S. 929-33.

[69] Koletzko S, Sherman P, Corey M, Griffiths A, Smith C: Role of infant feeding practices in development of Crohn's disease in childhood, BMJ 1989, 298, S. 1617-18.

[70] Greco L, Auricchio S, Mayer M, Grimaldi M: Case control study on nutritional risk factors in celiac disease, Journal of Pediatric Gastroenterology and Nutrition 1988, 7, S. 395-98.

[71] Pisacane, Buffolano, Grillo und Gaudiosi, 1992.

[72] Freudenheim JL, Marshall JR, Graham S, Laughlin R, Vena JE, Bandera E, Muti P, Swanson M, Nemoto T: Exposure to breastmilk in infancy and the risk of breast cancer, International Journal of Epidemiology 1994, 5(3), S. 324-31.

[73] Pisacane A, Impagliazzo N, Russo M, Valiani R, Mandarini A, Florio C, Vivo P: Breastfeeding and multiple sclerosis, BMJ 1994, 308, S. 1411-12; dto, Authors reply: BMJ 1994, 309, S. 610-11.

[74] Viele Studien, siehe: Cunningham, 1995

[75] Fall CHD, Barker DJP, Osmond C, Winter PD, Clark PMS, Hales CN: The relation of infant feeding to adult serum cholesterol and death from ischaemic heart disease, BMJ 1992, 304, S. 801-05; Kato H, Inoue O, Kawasaki T, Fujiwara M, Watanabe T, Toshima H: Adult coronary artery disease probably due to childhood Kawasaki disease, Lancet 1992, 340, S. 1127-29; Kawasaki T, Kosaki F, Okawa S, Shigematsu I, Yanagawa
H: A new infantile acute febrile mucocutaneous lymph node syndrome (MLNS) prevailing in Japan, Pediatrics 1974, 54, S. 271-76; Marmot MG, Page CM, Atkins E, Douglas JW: Effect of breast-feeding on plasma cholesterol and weight in young adults, Journal of Epidemiology and Community Health 1980, 34, S. 164-67.

die für unsere Spezies normal ist, Vorteile für die physische Gesundheit, die geistige Entwicklung und die emotionale Stabilität bringt - im Vergleich zu vorzeitig abgestillten Kindern."

Sandra Holzgräfe:
„Für mich ist langes Stillen normal und praktisch, wenn wir z.B. samstags in den Urlaub fahren und ich nichts mitnehmen muss. Natürlich trägt Cara-Linneas Allergie gegen Milchprodukte und Zitrusfrüchte dazu bei, dass sie seit 18 Monaten voll gestillt wird. Ganz ohne Nahrung stillte sie zwölf Monate; bis ca.18 Monate aß sie nur mal einen Keks, ein Stück Banane,

eine Erdbeere. An manchen Tagen nimmt sie ausschließlich Mumi zu sich, vor allem jetzt, wo wieder so viel da ist. Cara-Linnea trinkt oft und ist eine ganz schlechte Esserin; sie selbst hat sich den Spitznamen Mumi-Maus gegeben, was voll zutrifft.

Inzwischen ist sie zweieinhalb Jahre alt; die hauptsächliche Nahrung ist immer noch Mumi.

Ihre kleine Schwester ist dreieinhalb Monate alt; beide stillen tandem und sind gut genährt.

Durch das Stillen habe ich bei Cara-Linnea so gut wie kein Trotzen, da sie sich den Trost sucht, den sie braucht; Eifersucht gibt es zwischen Cara-Linnea und Layana auch nicht.

Stillen ist praktisch; gerade im Urlaub, in anderen Ländern ist immer saubere Nahrung dabei. Mit Muttermilch ist das Kind ausreichend und gut versorgt; das Einzige, was ich ergänze, ist Eisen – als roter Saft mit Eisen zugesetzt oder als Schüsslersalz (Tabletten). In der Zeit der Maul- und Klauenseuche sind wir nach Dänemark gefahren, wo zu dieser Zeit weder Essen noch Babynahrung mitgeführt werden durfte – wir hatten gute und günstige Mumi dabei."

Stillen - einfach etwas Schönes ....

Sonja Abel, 74653 Künzelsau:
„Meine Söhne Samuel und André erblickten in geplanter Hausgeburt das Licht der Welt. Samuel stillte sich während der Schwangerschaft ca. fünf Monate, nachdem die Milch weg blieb, ab. Ich hatte immer vor, beide Kinder zu stillen. Eines Morgens wollte Samuel trinken und er sagte: `Alla´ (leer). Er probierte noch vier, fünfmal, an der Brust zu trinken, nachdem keine Milch mehr kam, stillte er sich ab. Es war etwas völlig Normales. Samuel akzeptierte einfach den gegebenen Zustand. Ich wurde zur Langzeitstillerin, da Samuel ein schlechter Schläfer und Esser war; er wollte nie ohne seine Mumi sein, die war ihm am liebsten. Mich hat es nie gestört, da ich der Meinung bin, dass es das Schönste für ein Kind ist, wenn es gestillt wird.

An dem Tag, als Samuels Bruder zur Welt kam, war Samuel bis kurz vor der Geburt anwesend. Er kam zwei Minuten nach der Geburt ins Zimmer und sah seinen Bruder und freute sich. Samuel ist nicht eifersüchtig und total lieb zu seinem Bruder. Auch beim Stillen schaut er zu. Samuel hat noch nicht gefragt, ob er auch trinken darf. Ich würde Samuel jederzeit trinken lassen, aber wenn er nicht danach fragt, werde ich es ihm nicht anbieten. Samuel hat übrigens das Wort `Kicki´ für Stillen benutzt (wahrscheinlich eine Ableitung von Trinken).

Ich bin froh, dass ich Samuel so lange gestillt habe, da stillen für mich einfach war. André hat so schnell Muttermilch bekommen. Ich kann sagen, dass ich nie meine Kinder zum Abstillen drängen würde. Sie werden so lange gestillt, wie sie es möchten.

Auf die lange Stillbeziehung reagierte meine Umwelt unterschiedlich: Mein Partner hat die lange Stillbeziehung akzeptiert, weil er gesehen hat, dass sie unserem Sohn gut tat.
Er könnte nicht verstehen, warum man ein kleines Kind unter Zwang und Weinen zum Abstillen zwingen sollte. Bekannte vom Pekip[76], könnten sich nicht vorstellen, ihre Kinder so lange zu stillen.
Man drängte mich nicht zum Abstillen; nur meine Mutter hat immer gesagt, dass es nicht gut für ein Kind ist, weil es nicht selbstständig wird. Dieses Argument kann ich leicht widerlegen. Mein Sohn ist im Verhältnis zu anderen sehr selbstständig.

Um blöden Kommentaren zu entgegnen habe ich immer gesagt, dass es kein Kind gibt, das mit zehn Jahren noch Muttermilch trinkt. Erfahrungsaustausch und moralische Unterstützung bekam ich durchs Internet; es gibt dort eine Langzeitstillmailingliste. Außerdem habe ich das Buch `Schlafen und Wachen´ gelesen, da Samuel oft nachts wach wurde. Da dies anstrengend für mich war, habe ich mir über die La Leche Liga eine Telefonnummer von einer Stillberaterin in meiner näheren Umgebung geben lassen. Wenn jemand direkten Kontakt zu mir möchte: sonja.abel@gmx.de, Telefonnr.: 07940/51938."

7.5.1. Stillen eines Kleinkindes

Jack Newman ist Kinderarzt (hat 1970 an der Universität von Toronto promoviert). 1984 gründete er seine erste Stillklinik im „Hospital for Sick Children" von Toronto, Kanada und später weitere Stillkliniken in der gleichen Stadt. Er war Konsulent der UNICEF für die

---

[76] Prager-Eltern-Kind-Programm e.V. (www.pekip.de)

Initiative „Babyfreundliches Krankenhaus" in Afrika und veröffentliche Artikel übers Stillen in der Zeitschrift „Scientific American" und in verschiedenen Ärztezeitschriften. Dr. Newman arbeitete als Arzt in Kanada, Neuseeland und in Südafrika und ist Mitglied des Königlichen Ärztekollegs von Kanada (FRCPC). Der wurde mit freundlicher Genehmigung der Autoren veröffentlicht. Weitere schöne Artikel findet ihr unter: www.uebersstillen.org/newmand.htm.

Newman, Dr. Jack MD FRCPC[77]**, „Nursing a toddler - why on earth!", Übersetzung von Ulrike Schmidleithner, gekürzt von Claudia Joller:**
„Muttermilch soll nach sechs Monaten keinen Wert mehr haben. Ja, das wird gesagt, aber es stimmt nicht. Dass jemand so etwas behaupten kann, beweist nur, wie unwissend viele Leute unserer Gesellschaft sind, was das Stillen betrifft. Muttermilch ist schließlich Milch. Selbst nach sechs Monaten enthält sie noch Proteine, Fett und andere für die Ernährung wichtige Inhaltsstoffe, die Babys und Kleinkinder brauchen. Muttermilch enthält weiterhin Immunfaktoren, die das Baby schützen. Tatsächlich enthält Muttermilch im zweiten Lebensjahr des Kindes eine größere Anzahl an bestimmten Immunfaktoren, die es vor Infektionen schützt, als im ersten Lebensjahr. Das ist so, weil Kinder im zweiten Lebensjahr normalerweise häufiger mit Krankheitserregern in Berührung kommen. Muttermilch enthält weiterhin Faktoren, die bei der Reifung und Entwicklung des Immunsystems, Gehirns, Darms und anderer Organe eine wichtige Rolle spielen. Es ist erwiesen, dass Kindergartenkinder, die noch gestillt werden, weit seltener und weniger ernsthaft an Infektionskrankheiten leiden als die, die nicht gestillt werden. Eine Mutter, die ihr Kind weiter stillt, verliert dadurch weniger Arbeitstage, wenn sie wieder ihre Tätigkeit außer Haus aufnimmt."

Es ist etwas Besonderes, ein etwas älteres Kind zu stillen. Das äußert sich in vielen Dingen, manchmal auch in Worten oder Taten der Kinder, wie der folgende Bericht erklärt:

Waltraud und Amira:
„Amira ist mit zwei sicher nicht das älteste stillende Kind. Es ist lustig, sich mit dem Kind übers Stillen zu unterhalten: Momentan versuche ich, ihr zu erklären, dass die Brust nicht sprechen kann. Sie begrüßt sie nach dem Auspacken immer mit `Hallo Milch´ und verlangt dann, dass die Milch `Hallo Amira´ sagen soll. Beim Trinken probiert sie beide Seiten und entscheidet sich dann mit `die schmeckt besser´ für eine Seite.

Jetzt weiß ich, dass Deo oder Parfum Stillkinder stört. Steigt ihr morgens etwas davon in die Nase, wird das gleich mit `iiiih, stinkt´ kommentiert. Dumme Kommentare höre ich kaum noch. Sollte es einmal der Fall sein, bin ich erstaunt, schließlich ist langes Stillen doch in den meisten Teilen der Welt völlig normal."

7.6. Fragen und Antworten zum Essensbeginn

Zufüttern und Essensbeginn stellen einen besonderen Lebensabschnitt im Bereich des Kindes und der Eltern-Kind-Beziehung dar. Aus diesem Grunde gibt es gerade dazu viele Fragen:

> „Meine Tochter greift dem Essen hinterher, das wir in den Mund stecken. Was nun?"

---

[77] MD = Doctor of Medicine (University of Toronto), FRCPC = Fellow of the Royal College of Physicians of Canada

Sicher greift sie. Essen will sie doch untersuchen. Sie wird davon nicht gleich einen Teller voll essen.

„Was muss ich beachten, bevor ich meiner Tochter etwas zu essen in die Hand gebe?"

Wieso geben? Lass sie es sich selber nehmen, das ist der feine Unterschied. Gibt man was, drückt man seine Erwartung aus, dass das Kind mit dem, was man ihm in die Hand drückt, etwas tun soll. Erwartungen funktionieren bei Kindern gut, (leider) auch unbewusste; das habe ich aus den Rundbriefen von Liedloff (siehe www.continuum-concept.de) gelernt und ausprobiert.

„Mir geht es nur darum, meine Tochter beim Essen nicht auszuschließen."

Musst du auch nicht. Lass sie einfach dabei sein.

„Sie kann doch ruhig mit Essen spielen und daran lecken, oder?"

Sie kann tun, was sie möchte. Wir haben, auch wegen unserer Kinder, aufgehört Fleisch zu essen, weil wir viel darüber gelesen haben (Buchtipp: „10 Gründe, kein Fleisch mehr zu essen", Volker Elis Pilgrim, 2001 Verlag, Frankfurt) und nicht mehr wollten, dass so etwas in den Körper unserer Kinder kommt. Wir verwenden keinen Zucker und fast nie Weißmehl, wenn wir mit ihnen essen. Deshalb dürfen sie tun, was sie wollen.

„Wenn sie noch nicht essen will, wird sie es dann ja auch nicht tun, oder?"

Nein. Aber Essen, Testen, Lutschen, Spielen, Probieren, was das ist, mit dem Mund erfahren, sind verschiedene Dinge und bedeuten nicht alle, dass zugefüttert oder abgestillt werden muss. Kinder sind auf Neugierde programmiert, deshalb lernen sie ja auch soviel und so schnell.

Vertrau ihr einfach, sie weiß, was sie tut. Wenn es keine Glasscherben, Rasierklingen oder

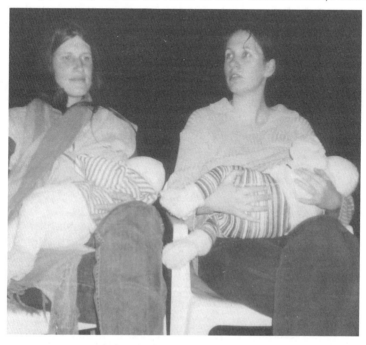

ähnlich gefährliche Dinge sind, kann sie gut auf sich selber aufpassen und wird es sicher öfter ausspucken, weil sie es sich anders überlegt hat.

Als Annie 21 Monate alt wurde, kam sie in die Phase, wo sie es (wie unser damals Vierjähriger auch oft, wenn er müde war) nicht mehr schaffte, so viel in den Mund zu bekommen, wie sie im Bauch haben möchte. Sie signalisierte das ganz gut und wollte dann gefüttert werden.

„Was ist, wenn das Kind Interesse am Essen anmeldet?"
Hier muss man umdenken: Vergiss die herkömmlichen Elternzeitschriften usw. Interesse am Essen bedeutet nicht, essen zu wollen, sondern am Anfang nur dabei sein. Bei uns bedeutete es, dass die Kinder auf einer Ebene mit uns sein wollten und nicht mehr auf Erde, Couch etc. bleiben wollten, während wir aßen. Erst viel später kam das Interesse am Essen selber: Was ist das, was wir da machen, wo stopfen die Erwachsenen das ständig wechselnde Zeug hin und wieso? Oder was stopfen die da eigentlich, wie fühlt sich das an, kann man das zerquetschen, runterschmeißen, auf dem Teller herumschmieren oder werfen? Dann das Interesse, wie sich das Essen im Mund anfühlt; dabei ist es fast egal ist, ob man einen Baustein erforscht oder eine Kartoffel. Welche Konsistenz, welche Temperatur hat es? Winzige Stückchen abbeißen, manchmal herausspucken, manchmal drin behalten. Das alles hat nichts mit „Essen" im Sinne von Sattwerden zu tun.

„Wie soll ich wissen, was mein Kind essen möchte, wenn es noch keine Zähne hat?"
Der Gaumen ist härter, als du denkst. Einen Apfel kann es nicht knacken, aber Gurke lutschen oder gekochte Kartoffeln nagen kann es schon.

„Und wenn das Kind schon selber mit dem Löffel essen könnte?"
Das klappt erst recht spät. Vorher fällt das meiste daneben: Die Hände sind den Kleinen sicherere Werkzeuge, um etwas in den Mund zu stopfen.

„Es kriegt doch dann noch nichts Festes runter?"
Vertraue deinem Kind. Es isst, wofür es bereit ist, und spuckt aus, was es nicht mag, solange du nicht aktiv fütternd eingreifst.

„Oder kann man da schon eine gekochte Kartoffel in die Hand geben?"
Alles, was du willst. Ich wäre bei manchen Sachen zurückhaltend gewesen. Zucker, Weißmehl, Fleisch und Kuhmilchprodukte sind kritisch. Je kleiner ein Mensch, desto schädlicher sind natürlich verschiedene Dinge. Gegen Milchprodukte gibt es genug Bücher oder Broschüren (Dr. Bruker etc.).

„Ansonsten bleiben nicht viele Möglichkeiten, höchstens Brot oder weiches Obst?"
Ich habe sie greifen lassen, was wir hatten und an was Interesse bestand, einfach immer einen kleinen Teller mit etwas Essen dazugestellt, so konnten sie manschen und experimentieren. Essen muss ja auch wortwörtlich BEGRIFFEN werden.

„Und wie unterscheiden Kinder zwischen Essen und Nicht-herunterschlucken?"
Das lernen sie wie junge Affen auch. Die Kinder sehen uns zu, lernen und merken sich viel mehr, als man denkt und können das dann einfach.
Es ist schwierig, umzudenken und seinem Kind zu vertrauen und zu erwarten, dass es etwas lernt und können wird. Das ist ein Prozess.

„Wie ist das mit Breikindern? Sollen die immer erst eine Sorte bekommen wegen Feststellung von Unverträglichkeiten?"

Es kann sein. Überall steht, dass man immer nur ein Lebensmittel auf einmal einführen soll. Vielleicht ist das sinnvoll, sicher kann man gut Allergien finden. Wir behandeln unsere Kinder inzwischen ausschließlich homöopathisch, und schon deshalb war es mir egal. Wenn ich meinem Kind den Instinkt nicht zerstöre, kann es auf sich selber besser aufpassen als ich. Wenn Reaktionen kommen sollten (wie bei Mandarinen), werde ich im Akutzustand möglichst zur Ärztin gehen, damit sie dem Kind homöopathisch helfen und dem Problem ein Ende setzen kann, statt das Lebensmittel zu meiden.

„Ist dieses Vorgehen bei den paar Tröpfchen Herausgelutschtem hinfällig?"

Vielleicht, da kenne ich mich nicht so aus. Mein Mann und ich haben beide alle möglichen Allergien, allerdings keine lebensgefährlichen. Beide Kinder mochten vor dem elften, zwölften Monat nichts richtig essen, und das war wohl gut so.

„Meine Tochter hat nun den ersten Zahn und kriegt vom Obst schon größere Brocken ab. So hat sie sich an Stückchen von Apfel und kernlosen Weintrauben schon mächtig verschluckt. Was soll ich tun?"

Sie kam doch damit gut zurecht, oder? Annie würgte auch öfter, besonders bei Apfelschalen hatte sie Schwierigkeiten. Aber beide Kinder konnten erfolgreich stets wieder auswürgen, was sie im Hals gekitzelt hat.

„Was, wenn sie ein Riesenstück verschluckt und würgt?"

Wenn sie fertig ist mit dem Ausspucken, hat sie vielleicht einen Fleck auf dem Pulli oder dem Fußboden. Ist in der Regel nicht schlimm. Annie hat öfter gewürgt; es sieht schlimmer aus, als es ist. Außerdem lässt man die Kinder nicht alleine im Haus. Es ist wichtig, dass die Kinder sich durch das Würgen selber davon befreien können und die Verantwortung dafür haben, wenn etwas in ihren Mund kommt. Sie kommen damit klar, auch wenn meine Schwiegermutter fast stirbt, wenn unsere Tochter einmal etwas auswürgt. Hingesehen haben wir natürlich, haben aber nie eingreifen müssen.

„Andererseits kriegen auch die Breikinder im Alter von sechs Monaten Apfel in die Hand gedrückt...Ab wann ungefähr kann man damit rechnen, dass sie schlucksicherer werden?"

Ich weiß nicht mehr so genau. Bis etwa zum 20. Monat hatte Annie nur erbsengroße Brotstücke ohne Würgen im Mund toleriert. Alles Größere (bis auf Bohnen) verursachte einen leichten Würgereiz im hinteren Teil des Mundes. Erst später konnte sie auch einmal den Mund ganz voll nehmen. Auch Essen will gelernt sein; dazu gehört auch der Würgereiz und das Empfinden dafür, wieviel oder wie weit man es in den Mund stecken kann.

Wie viele Eltern sind eben einmal gerade im Nachbarzimmer, wenn das Kind etwas verschluckt und ein ersticktes Kind ist ein Albtraum. Das passiert uns nicht, denn sie konnten an Apfelschale genug üben und schlucken sowieso nichts Fremdes. Und außerdem sind sie beide Meister im Würgen, wenn sie es brauchen.

„Wie kann ich meinem Stillkind homöopathische Mittel geben?"

Man kann homöopathische Globuli in die Wangentasche stopfen, damit das Kleine nicht würgen muss, weil es etwas Festes ist; außerdem sind sie klein und süß. Mir waren Globuli lieber, weil sie kleiner sind, aber die homöopathischen Tabletten lösen sich auch gut auf.

Wenn es Tropfen sein müssen, empfehle ich eine Pipette in den Mundwinkel. Ich wollte Tropfen nicht so gerne, weil sie in der Regel Alkohol enthalten.

Stillen: Kalorien für den Körper, Nahrung für die Seele.

„Gebt ihr euren Kindern eigentlich zusätzlich Kuhmilch? Joghurtdrinks oder sowas, zwecks Kalorien?"

Wozu sollte ich meinem Kind denn einen Ersatz vom Tier geben, wenn ich doch das optimale „Original" in Form meiner eigenen Milch zur Verfügung habe? Außerdem kann der menschliche Körper die Kalorien aus der Muttermilch wesentlich rückstandsloser verwerten als jedes andere Produkt. Muttermilch bietet, mit ca. 66 kcal/100ml die höchste für den kindlichen Organismus verwertbare Form der Energieversorgung.

Auszug aus „Wir stillen noch" von N. J. Bumgarner, Übersetzung Irmgard Ruppert mit freundlicher Genehmigung:

„Wenn Kinder größer werden, können einige ihre Gründe fürs Stillen in Worte fassen. Ihre Gründe sind dabei weder manipulierbar noch verwerflich - wie manche Leute denken mögen. Mit zweieinhalb Jahren sagte eines meiner Kinder: `Ich nuckel, wenn ich mich wie ein Baby fühle.´

Ein Vater dazu: `Sie tankt nicht mehr - jetzt lädt sie ihre Batterien auf.´

Andererseits wollen Kinder gestillt werden, weil sie die Milch mögen. `Ich habe richtig Durst auf Mamamilch´, sagte ein Dreijähriger zu seiner Mutter. `Köstlich´, sagte eine Zweijährige, als sie fertig getrunken hatte. `Das ist mein Lieblingsgetränk´, sagte ein anderer in der Art eines jungen Gourmets, der dem Küchenchef Komplimente macht.

Was die Mütter anzubieten haben, ist so gut, dass die Kleinen ihre Puppen und Teddys oftmals daran teilhaben lassen wollen - manchmal sogar ihre Spielkameraden, die aber ausnahmslos ablehnen. Ein kleiner Kerl bat sogar seine Mutter, seinen neuen Laster aufzutanken. Er wollte nur das Beste für sein Lieblingsspielzeug.

Kinder wissen auch, dass Stillen nicht nur sättigt, sondern auch tröstet, und sprechen manchmal über dieses nicht der Ernährung dienende Saugen. Eine Zweijährige bot an, ihre Mutter, die sich nicht wohl fühlte, zu stillen. `Es wird dir gleich wieder besser gegen, Mami´, versprach sie. Ein Vierjährige, die auch über die tröstende Wirkung des Stillens nachdachte, änderte das Lied `Jack und Jill´ so ab, dass es für sie eher den Sinn ergab: `Jack fiel hin und zerbrach sich den Kopf, daraufging er nach Hause zum Nuckeln.´

Ein redegewandter Fünfjähriger hatte sich die Sache mit seiner langen Stillzeit gründlich durch den Kopf gehen lassen und sagte dann seiner Mutter: `Ich denke, Fünfjährige sollten an der Brust trinken können, wenn sie es wollen. Ich denke auch, dass Fünfjährige das Stillen genießen sollten. Stillen ist wie aus der Flasche trinken, aber angenehmer. Es fühlt sich gut an, und ich bin nah bei Mami.´

Obwohl wenige Kinder ihre Gedanken zum Stillen so klar zum Ausdruck bringen wie dieser junge Mann, können wir sicher sein, dass unsere Kinder über das Stillen nachdenken und ihre Gedanken und Beweggründe in die gleiche Richtung gehen. Wenn Kinder übers Stillen sprechen, verbinden sie es mit etwas Warmen, das einzigartig für sie ist. Stillen ist ihre

`Nahrung für die Seele´. Sie wollen an der Brust trinken, weil es gut schmeckt, weil es sich gut anfühlt und weil das Stillen sie glücklich macht."

7.6.1. Das nicht-ernährungsbedingte Saugen

Dr. Dettwyler, Katherine, „Non-nutritive sucking", Übersetzung von Ulrike Schmidleithner:
„Mir gefällt diese Bezeichnung nicht, weil man sie automatisch mit der Funktion des `ernährungsbedingten´ Saugens definiert, wobei angedeutet wird, dass es sich nur bei letztgenannter, um echtes Saugen handelt. Sie lässt auch die Schlussfolgerung zu, dass Hauptgrund und einzige Aufgabe des Stillens die Übermittlung von Nährstoffen ist. Das ist das, was uns die Flaschenmilchindustrie seit langer Zeit weismachen möchte: Stillen sei NUR eine Methode, sein Baby zu füttern, und hier ist eine Alternative, die besser/gleich gut/ fast gleich gut ist.

Ich glaube nicht, dass Stillen `nur´ der Fütterung des Babys dient, so wie der Sex nicht `nur´ für die Fortpflanzung da ist. Stillen versorgt das Baby mit Nahrung, Flüssigkeit, es übermittelt ihm Immunfaktoren, die mit ein Grund sein mögen, warum ein Baby nach der Brust verlangt und Kinder so oft gestillt werden wollen, wenn sie krank sind. Der Stillprozess selbst reguliert die Temperatur und den Herzschlag des Neugeborenen, senkt seinen Blutdruck und bringt es zum Schlafen. Dazu kommen die wichtigen sozialen und emotionalen Faktoren, die während des Stillens stattfinden.

Dr. Blackburns Studie über die Evolution der Brustdrüsen geht von der Voraussetzung aus, dass der ursprüngliche Zweck der Milchsekretion war, die Keime im Darmtrakt des Nachwuchses zu töten, diesen vor Infektionen zu schützen; die Ernährungskomponenten der Muttermilch hätten sich erst später entwickelt.

Solange das Stillen nur oder hauptsächlich als Fütterungsmethode angesehen wird, wird das Flaschenfüttern als gleichwertig oder gut genug gelten. Wir müssen versuchen, von dem Gedanken wegzukommen, dass Saugen, wenn es nicht-ernährungsbedingt ist, eine Option ist, die mit einem Schnuller befriedigt werden kann. Viele Leute denken, dass das Baby nicht `schon wieder´ das Bedürfnis zum Saugen haben sollte und wundern sich, dass es schon wieder hungrig sein kann. Es ist möglich, dass es nach der Brust verlangt, weil es friert, sich alleine oder aufgeregt/schläfrig/kränklich fühlt. All diese Bedürfnisse sind gleichberechtigt. Es stimmt, dass Mütter imstande sein sollen zu erkennen, wann das Baby saugt, ohne Milch zu erhalten und dass sie ihre Babys beobachten sollen; sie brauchen jemanden, der kontrolliert, ob das Baby richtig angelegt ist, sie müssen sein Gewicht regelmäßig kontrollieren usw. Ich kritisierte einige Anthropologen, die mit einer `Stoppuhr´ Studien über die Zeit, die Babys an der Brust verbringen, machen, ohne zu beachten, ob und wieviel Milch das Baby trinkt.

Es handelt sich zweifelsohne manchmal um ein nicht-ernährungsbedingtes Saugen, aber verliert es dadurch an Wichtigkeit?

Beginnen wir, den Leuten zu erklären, dass Stillen ein Multifaktor ist, eine komplexe Interaktion zwischen zwei Personen, die der Ernährung des Kindes dient, bei der Abwehr von Krankheiten eine Rolle spielt und für eine physiologische, emotionale und kognitive Entwicklung wichtig ist. Ich finde, die Bezeichnung `nicht-ernährungsbedingt´ hört sich an wie `nicht wichtig´, `nicht echt´, auch wenn es nicht so gemeint ist."

7.7. Stillen um das erste Lebensjahr

Das Stillen um das erste Lebensjahr ist oft besonders intensiv. Die Kinder machen große Entwicklungsschritte; die meisten essen in dieser Zeit nicht gern. Meine Kinder haben vor 15 Monaten keine nennenswerten Nahrungsmengen außer Muttermilch zu sich genommen, sie wurden im ersten Lebensjahr schnell schwer und wuchsen zwischen dem ersten und dem zweiten Lebensjahr nur, fast ohne eine nennenswerte Gewichtszunahme. Unser erstes Kind wog zehn kg mit elf Monaten und mit 23 Monaten. Andere Eltern stellen Ähnliches fest. Wie alles ist dies jedoch individuell verschieden und kann auch andere Ursachen haben.

Gabs:
„Mach dir wegen des Gewichtes von deinem Kleinen nicht so viele Gedanken. Es ist vollkommen normal, dass sie um die Ein-Jahres-Grenze wieder mehr stillen. Morian hat mit ca. neun Monaten noch drei x täglich und nachts gestillt. Nun sind wir bei ungefähr 15 x am Tag. Sie werden so mobil, haben Wachstums- und Entwicklungsschübe und versichern sich über die Muttermilch, dass noch alles `beim Alten´ ist. Diese Rückversicherung gebe ich ihm gerne. Schließlich trinkt er nur relativ kurz, was sich gut aushalten lässt."

7.8. Langzeitstillen in der Öffentlichkeit

Das Stillen eines älteren Kindes in der Öffentlichkeit ist manchmal eine heikle Sache, mit der Frau und Mann aber gut fertig werden können. Es gibt verschiedene Möglichkeiten, damit umzugehen.

Andrea aus Hannover:
„Langsam geht es los, dass ich komische Blicke und Kommentare ernte, wenn ich sage, ich stille noch und werde es noch lange tun. Schön, dass ich nicht allein bin."

Stillberaterin Petra mit Ilona (zweieinhalb Jahre):
„Ich rede nicht mehr viel vom Stillen, sondern tue es einfach. Wer das nicht akzeptiert, hat ein Problem - ich nicht. Wenn man die ganze Sache global sieht, und wir Nordamerika und Europa weglassen, sind einjährige Stillkinder die Regel, nicht die Ausnahme, dessen bin ich sicher. Mich beruhigt diese Sicht ungemein. Im Zuge der Globalisierung sollte man sich ruhig solche Denkstrukturen aneignen. ICH bin normal, die um mich herum sind es nicht (was das Stillen betrifft). Wenn du das so siehst, relativieren sich die komischen Blicke und Kommentare. Lächle in solchen Momenten einfach in dich hinein und sage dir: `Ich weiß, was ich tue, und in 20 Jahren wisst ihr es vielleicht auch und staunt, dass ich es jetzt schon wusste.´"

Susanne:
„Da fällt mir ein, ich hab auch mal anders gedacht... Vor einigen Jahren saß ich im Wartezimmer und außer mir eine junge Familie mit einem etwa anderthalbjährigen Kind, das dort herumrannte und spielt. Die Frau war so eine Design-Mama, bildschön, perfekt gestillt, tolle Figur, modisch gekleidet. So eine von der ich geglaubt hätte, die stillt gar nicht, weil sie ihren tollen Busen nicht ruinieren will.

Plötzlich sagt sie zu ihrem Kind: `Hast du Durst? Möchtest du was trinken?´ Ich rechne damit, dass sie nun den Trinkbecher auspackt... ihr ahnt es sicher schon, kein Trinkbecher, nein der perfekte Busen wird ausgepackt, ich glaub ich hab geguckt wie ein Auto. Das hat mit so beeindruckt, dass ich es eine zeitlang jedem erzählen musste, der es wissen oder nicht wissen wollte. Meine Aussage war immer, dass ich das total befremdlich fand... Naja, und nun bin ich selbst diejenige, die ständig mit entblößten Brüsten ihr Riesenbaby stillt... und finde das das normalste von der Welt...so können sich die Meinungen ändern."

Denise:
„Es sollte einem nie peinlich sein, in der eigenen Wohnung zu stillen, stimmt's? Als Scott geboren wurde, wollte William immer gleichzeitig mit ihm stillen. ich hatte - zum Glück - ein Hausmädchen, das mir im Haushalt half, doch ich schämte mich, dass ich dauernd zwei kleine Ferkelchen an den Brüsten hatte und das Mädchen mich tandemstillen sah. Daher bat ich sie einmal, William abzulenken, damit er nicht so oft stillen wollte. Sie sollte ihn mit anderen Dingen locken: Spielen, Leckereien usw. Nichts.
Daraufhin fragte ich sie, ob sie irgendwelche Ideen hätte, wie ich ihn abstillen könne.
Ihre Antwort war eine ziemliche Überraschung: `Ich habe an der Brust getrunken, bis ich sechs war.´ Von ihr waren also keine Abstilltipps zu erwarten - doch ich konnte jetzt locker lassen."

Susanne:
„Was bei uns noch recht praktisch war/ist, das ist das diskrete öffentliche Stillen. Ich habe meiner Tochter, als sie mit etwa einem halben Jahr begann, zusehends unkonzentriert an der Brust zu werden (alles ist interessanter, Kind ist superneugierig, bleibt nicht gescheit an der Brust trotz Hunger), begonnen, ihr mein T-Shirt so halb über den Kopf zu ziehen, damit sie nichts mehr sieht und sich nur dem Stillen zuwendet. Es gibt ja nicht überall reizarme Umkleidekabinen und Schlafzimmer. Daraus hat es sich entwickelt, dass sie von sich aus am liebsten beim Stillen unter mein T-Shirt kriecht; mit Kopf und Oberkörper schlüpft sie darunter, nestelt am BH herum, trinkt und kommt dann wieder hervor. Für Fremde sieht das nur so aus, als würde sich das Kind einmal kurz bei der Mutter verstecken; kaum einer kommt auf den Gedanken, dass da gestillt wird. So kann man problemlos in der Kassenschlange beim Einkaufen stillen: Kind maunzt, weil Mutter vergessen hat, etwas zu trinken mitzunehmen, Kind schlüpft unter den Pulli, (wenn Kind in Kindersitzchen vom Einkaufswagen sitzt geht das ideal) Kind trinkt und kommt gut gelaunt wieder zum Vorschein. Die Leute denken, dass mein Kind ängstlich war und sich versteckt hat, und alle sind zufrieden. Aber das war bei uns Zufall. Ich bin sicherlich nicht prüde und habe kein Problem mit öffentlichem Stillen; es ist das Problem anderer Leute, ob sie hin- oder weggucken. Im privaten Kreis, Familie, Freunde wird, auch einmal offenherzig gestillt. Um keine Außenseiterin zu haben, hat eine Bekannte mit ihrer fast fünfjährigen Tochter ausgemacht, dass sie im Kindergarten nicht über das Stillen spricht; es sind ohnehin eher die Erwachsenen, die zum Hänseln aufwiegeln. Ich kann das nachvollziehen, obwohl es andererseits bedauerlich ist, das Stillen verstecken und tabuisieren zu müssen.

Ich denke, die Art, wie sich die Stillbeziehung entwickeln wird, ist stark abhängig vom Charakter des Kindes und dem der Mutter. Um Extreme aufzuzeigen: Es gibt Kinder, die nur zur reinen Nahrungsaufnahme an die Brust gehen, also `saugen, um zu essen´, und andere genießen stundenlanges gemütliches Kuschel-Nuckeln. Das bleibt auch so, wenn sie Größer werden. Es gibt Mütter, die auf keinen Fall in der Öffentlichkeit stillen möchten, besonders, wenn das Kind schon älter ist. Man bemerkt nicht, dass sie noch stillen, weil es nur noch als abendliches Einschlafritual zelebriert wird. Und es gibt Mütter, denen es gleichgültig ist, wo sie stillen, die sich denken: `Mein Kind hat JETZT das dringende Bedürfnis zu stillen, sollen die anderen weggucken, wenn es sie stört.´"

7.8.1. Positives beim Stillen in der Öffentlichkeit

Andrea mit Emilia:
„Gestern war ich in einem Café, als mir Emilia (16 Monate) deutlich zu verstehen gab, dass sie NUN gestillt werden möchte. Ich versuche das Stillen in der Öffentlichkeit zu vermeiden, aber nicht um jeden Preis. Neben mir eine ältere Dame, die immer wieder zu uns sah. Ich dachte mir, die hält mich jetzt für unmöglich, und wappnete mich gegen mögliche blöde Sprüche. Sie im Gehen: `Jaja, so ein Durst, da muss man etwas trinken. Es ist ja so gesund für die Kleinen!´ Ich war etwas verdutzt und murmelte etwas von `leider etwas unmodern heutzutage´. Hinter mir war eine junge Mutter mit Neugeborenem, die ihm eine Milchflasche in die kleine Schnute steckte - an manchen Tagen empfinde ich das fast als Körperverletzung (daneben noch qualmende Oma und Freundin). Antwortet mir die Dame in eindringlichem Ton: `Warum hätte der Herrgott uns sonst Brüste wachsen lassen?´

Manchmal habe ich den Eindruck, unsere Großmuttergeneration unterstützt das Stillen mehr als die unserer Mütter. Auch die Oma meines Freundes ist große Langzeitstillfreundin. Sie erzählt gerne, wie ihre Mutter sie und ihre sieben Geschwister lange gestillt hat. `Ich weiß noch, wie die Christa sich das Schemele geholt hat, und dann hat sie getrunken, da war sie vier. Und als die Älteste ein eigenes Kind hatte, stillte die Mutter dieses bei Bedarf mit.´"

Waltraud:
„Mir ist es ziemlich egal, was andere Leute von mir denken. Allerdings sind wir auch noch nie angesprochen worden. Neulich saßen wir im Kaufhof auf einer Bank gegenüber den Aufzügen, das war die einzige Sitzgelegenheit und jede Menge Trubel.

Einige Leute haben geguckt (Amira hatte dicke Winterstiefel an und muss beim Seitenwechsel umgedreht werden, was ziemlich auffällig ist), aber ich hatte eher das Gefühl, dass die Leute mehr verwundert als abwertend reagiert haben. Im Herbst hatten wir sogar eine positive Reaktion einer Gruppe Punks in der Straßenbahn, die fanden das `cool´ und waren auch von Amiras Namen und ihren Lederschläppchen begeistert. Ich bin auch kein Oben-Ohne-Typ, aber beim Stillen sieht man durch das T-Shirt und Pullover-Gewurstel nichts von der Brust. Also keine Panik, du bist nicht allein."

Kirsten mit Ria (drei Jahre) und Annik (ein Jahr):
„Normalerweise will Ria unterwegs nicht stillen. Nur manchmal, wenn wir schon seit frühmorgens unterwegs sind, dann möchte sie. Jedenfalls will Ria an solchen Tagen häufig stillen, ihr gewohntes Essen gibt's unterwegs schließlich auch nicht. I, habe noch keine negative Bemerkung zu hören bekommen. ganz im Gegenteil: Die Frau bei der Anzeigenannahme z.B. berichtete von ihrer Schwägerin, die ihre dreijährige Tochter noch stillt. Eine Oma erzählte mir, dass sie ihren Sohn mit 18 Monaten abgestillt hat, weil sie immer mehr abnahm und schon körperliche Beschwerden hatte."

Janette Kowalewicz:
„Heute hatte ich einmal ein echt positives Erlebnis. Ich traf zufällig eine alte Schulfreundin mit ihrer dreijährigen Tochter; meine Schwester hatte ihr wohl erzählt, dass ich Niklas (anderthalb Jahre) `noch´ stille, und sie meinte zu mir: `Das finde ich ja toll, dass Niklas noch gestillt wird. Ich habe meine Tochter auch anderthalb Jahre gestillt, und es hat mir und ihr so viel gegeben.´ Ich bin also keine Außerirdische, das Gefühl hatte ich schon öfter."

Anke D.:
„Ich stille Jacob (19 Monate) immer noch überall, wo er Hunger auf Mumi hat. Aber im Freien würde ich es nicht machen, weil ich mich aus dem Mantel pellen und schrecklich dabei frieren müsste, wenn es kalt ist. Aber draußen verlangt er eigentlich auch nicht danach. In Restaurants stille ich sogar manchmal ohne Aufforderung von Jacob, wenn er gerade eine Nervensäge ist und ich ihn beruhigen möchte - das klappt immer. Sogar sein Vater fragt dann manchmal - auch in vornehmeren Restaurants -: `Willst du ihn nicht stillen?´; da bin sogar ich überrascht.

Dumm angeredet hat mich noch nie einer. Aber verwundert, neugierig oder sogar anerkennend geschaut. In der U-Bahn hat mich ein arabisches Pärchen besonders wohlwollend betrachtet und mir extra zugenickt und von Ohr zu Ohr gelächelt. Das war toll. Die halbe U-Bahn hat das mit gesehen.

Ich gebe zu, auch missionarische Gedanken zu haben. Ich stille besonders gern, wenn Mütter mit kleinen Babys in der Nähe sind (auch stillend z.B.), damit sie sehen, dass man länger stillen kann und Kind und Mutter normal aussehen. Gern gebe ich Jacob davor oder danach auch etwas zu essen, damit auch sichtbar ist, dass langzeitgestillte Kinder sich auch normal ernähren. Ich mache das aber nicht nach Programm oder reinem Vorsatz, meistens will Jacob es ja sowieso, gerade im Restaurant, wenn er seine Nudeln und danach als Dessert Mumi isst. Das Kinderarztwartezimmer ist auch ein beliebter Ort. Ich finde, dass die Öffentlichkeit es mehr wahrnehmen muss, weil es sonst abnormal bleibt. Aber Mütter, die mit dem öffentlichen Stillen nicht klar kommen, sollten das einfach heimlich machen. Jede, wie sie will."

Karen und Leonie, seit 17 Monaten stillend und kein Ende in Sicht:
„Gestern hatte ich ein nettes Langzeitstillerlebnis in einem meiner Lieblingsrestaurants, davon möchte ich berichten. Wir waren eingekehrt und Leonie hatte natürlich auch Hunger. Die Bedienung war supernett und lächelte ganz lieb, während ich gerade stillte und sagte: `Na, den Salat kann man ja auch gut kalt essen, ich kenne das noch gut!´. Als wir gingen, kam sie auf mich zu und sagte: `Darf ich Ihnen einmal etwas sagen? Ich finde es gaaanz toll, dass Sie noch stillen. Ich habe beruflich viel mit dem Thema Stillen zu tun, ich leite Geburtsvorbereitungskurse, und oft werde ich beim Thema Stillen gefragt: ‚Geht das denn auch länger als ein paar Monate‚?´ Dann erzähle ich gern von Frauen wie Ihnen! Es ist so schön, so etwas zu sehen!´ Obwohl ich noch nie eine negative Reaktion auf das Stillen in der Öffentlichkeit erlebt habe - so eine ausgesprochen positive Reaktion hatte ich zum ersten Mal. Das war richtig schön! Am besten war das stolze Grinsen meines Mannes, das ihn den ganzen Tag nicht verlassen hat."

7.8.2. Kritik und Verunsicherung durch die Umwelt

Silke J.:
„Jannes (zwei Jahre) hat sich im Dezember abgestillt und kostet nun nur noch alle paar Tage von seiner selbsternannten `Jomi´. Als er vor ein paar Wochen zum ersten Mal in seinem Leben einen längeren grippalen Infekt hatte, ließ ich ihn trinken, nachdem ich mich angesteckt hatte, - und er wurde prompt gesund. Als ich noch in Kiel wohnte, schloss ich mich mit mehreren Müttern zusammen, um eine Langzeitstillgruppe wieder zu beleben.
Es gab eine Zeit (zwischen Jannes erstem und zweitem Geburtstag), in der ich mich oft verunsichert fühlte und eine rückenstärkende Gruppe gebraucht hätte. Je älter Jannes wurde, umso unkomplizierter gestaltete sich unsere Stillbeziehung. Hätte ich das damals

gewusst, hätte ich meine Überzeugung, Jannes selber abstillen zu lassen, nach außen hin stärker vertreten können. Die Worte `er wird in der Schule noch an der Brust hängen´ schwirrten damals leider oft in meinem Kopf umher. Zu Unrecht - wie ich heute weiß.

Leider fühlte ich mich auch von gleich gesinnten `mitstillenden´ Müttern (die nicht die Stillgruppe besuchten) teilweise unter Druck gesetzt. Einige waren der Ansicht, dass man zu dem, was man tut, uneingeschränkt stehen müsse, also jederzeit in der Öffentlichkeit stillen, über diskriminierenden Blicken und Sprüchen stehen solle usw., wozu ich anfangs nicht in der Lage war. Ich habe einen langen Prozess durchlaufen müssen, um für meine und Jannes´ Bedürfnisse voll einzustehen, auch wenn diese gesellschaftlich weitgehend verpönt sind. Aber es hat sich gelohnt. Es war ein wunderschöner und befriedigender Lebensabschnitt..."

I. Haase:
„Meine Tochter wird bald zwei Jahre alt, mein Sohn ist vier Monate alt. Er stillt voll, sie stillt, wann sie Lust dazu hat. Oft trinken auch beide zusammen. Ich mache mir keinen Stress. Meine Mutter findet das wundervoll und bereut bitter, viel zu früh abgestillt zu haben.
Meine Schwiegereltern finden das unnormal, aber `wir machen ja alles anders´, so sagen sie nichts mehr. Wenn jemand mit Interesse fragt, warum wir noch stillen, bekommt er/sie eine Antwort. Wenn mir jemand dumm kommt, diskutiere ich nicht. Leuten meine Meinung aufzuzwingen, war noch nie meine Sache. Genau so halte ich es übrigens auch mit der `Rumschlepperei´ und der `Verantwortungslosigkeit des Nicht-Impfens´. Meine Tochter hat übrigens aufgehört, in der Öffentlichkeit zu stillen. Das ist mir nicht unrecht, denn so kommt es nicht zu lästigen Auseinandersetzungen."

Katja:
„Marielle habe ich `nur´ elf Monate gestillt und da sie nicht so oft gestillt werden wollte, hatten wir selten Gelegenheit, in der Öffentlichkeit zu stillen. Zacharias habe ich unterwegs gestillt, bis er so ca. 16/18 Monate alt war. Es ging teilweise auch nicht anders; er hat deutlich klar gemacht, was er wollte, und ließ sich nicht immer ablenken (man kann auch mit der Reiswaffel in der Hand stillen). Kommentare habe ich nie gehört, viel eher ist mir anerkennend zugenickt worden. Seit fast einem halben Jahr nun stillt sich Zacharias nur zu Hause oder bei Oma und Opa (immer seltener), oder lässt sich ablenken. Häufig kommt es vor, dass er sagt, er möchte stillen (mit seinem Codewort), aber eigentlich etwas trinken oder essen will. Dumme Kommentare gab/gibt es nur aus der Verwandtschaft, und nur selten. Auf die Frage, wie lange ich ihn noch stillen möchte, gebe ich meist die Antwort: `Bis er heiratet, dann kann er sich noch vor dem Ja-Wort an meiner Brust beruhigen.´"

7.9. Umweltreaktionen

Gibt es einen Weg, dem ersten Kind nicht weh zu tun und trotzdem von der Umwelt akzeptiert zu werden? Es gibt ihn, wenn das ältere Kind nicht abgestillt wird und du vorsichtig bist, wenn du öffentlich darüber redest.

Viele Mütter und Väter sind beim ersten Kind offen für Neues, beim zweiten weniger. Sie müssten dann zugeben, etwas nicht perfekt gemacht zu haben; da dies niemand will, wird das Neue, Andere oder Bessere angegriffen, um die eigene Handlungsweise zu verteidigen. Ich kann jedem raten, vorsichtig zu sein und auf Fragen zu antworten.

Da ich kontaktfreudig bin, erweitern wir ständig unseren Freundeskreis. Wenn wir neue Bekanntschaften geschlossen haben, habe ich stets bald kurz erwähnt, dass wir unsere Kinder nicht abgestillt haben - bevor sie mich stillen sahen. So gab es keine peinlichen Situationen oder Angriffe etc. Sie hatten Zeit, sich daran zu gewöhnen, weil ich es vorher erwähnt hatte.

Das Schlimmste war der plötzliche Besuch der Mutter bei meiner Freundin Heike, als ich meinen Dreieinhalbjährigen auf dem Schoß stillte. Statt „Guten Tag", sagte sie: „Was, so ein großes Kind wird noch gestillt?" Das ärgerte mich. Mein Mann sagte, ich solle schlagfertiger werden und antworten: „Ja, natürlich, ich stille meine ganze Familie." Es gibt da viele gute Sätze.

7.9.1. Wie kann man Argumente gegen das Stillen entkräften?

Ich finde, dass jedes Kind sein Tempo, sich abzustillen selbst bestimmen können sollte. Das ist mir wichtig. Ich werde meinen Kindern auch in dieser Sache keine Gewalt antun. Ich antworte Leuten, die meinen, mich über das lange Stillen ungebeten belehren wollen: ‚Wenn die Kinder ausziehen, wird das Stillen natürlich schwieriger', dann ist meist Ruhe.

Auch der Satz: `Wozu glauben Sie, sind die Pausen in der Schule da?´ lässt ungebetene Meinungsäußerer sofort verstummen.

Oder: `Bis zur Hochzeit habe ich es mir fest vorgenommen, ob es will oder nicht!´ war hilfreich."

Sabine mit Miriam (zwei Jahre):
„Mein Standardspruch ist: `Na ja - bei der Hochzeit gibt es den letzten Schluck vor dem Jawort´ - dann ist Schluss!"

Yvonne Borgolte:
„Leider versteht aus der Eltern-Generation keiner, dass ich stille, weil Björn und ich es wollen.
Oder das Aufpassen aufs Essen: `Wir hatten ja nichts im Krieg. Wenn ich Bohnensuppe gegessen habe, bekamen die Kinder ein Kernseifenzäpfchen...´ Und dann die Blicke und Bemerkungen hinter mir, wenn ich das Essen sondiere und mit Peter die Inhalte tausche.

Ständig kommen Kommentare: `Gibst du ihm noch keinen Möhrensaft?´, `Wir hatten ja nach dem Krieg nichts und mussten stillen (fragender Blick) - und du?´, `Du musst ihm doch Tee geben!´, `Isst er denn jetzt schon `richtig´?´, `Schläft er schon durch ?´ `Seit 24 Wochen wird er im äußersten Fall alle vier Stunden, normal alle zwei Stunden gestillt. Dass Björn dabei weiterschläft, zählt nicht?´, `Er ist halt verwöhnt, wir haben ja nur alle vier Stunden gestillt´, `Stillen ist ja auch so viel billiger.´, `Na ja, du hast ja auch einige Allergien, da musst du ja stillen´. `Er muss doch einmal etwas anderes trinken und nicht immer einen Milchbelag auf der Zunge haben.´, `Also unsere haben ja von Anfang an eine Flasche bekommen, mit Möhrensaft darin´ - bedeutender Blick, weil das ja `gesünder ist´. Je länger ich stille, desto seltsamer werden manche Fragen oder Bemerkungen."

Kirsten und Yuna (anderthalb Jahre, die noch gar nicht so lange gestillt wird):
„Ich war mit Yuna in der Spielgruppe (die Kinder waren damals zehn oder zwölf Monate alt und Yuna und ihr Freund Jan wurden als einzige noch gestillt) und wurde einmal wieder

gefragt, wie lange ich noch stillen wolle. Meine Standartantwort: `Mal sehen, so lange es uns beiden Spaß macht.´ Eine der anderen Mütter: `Also, ich find das voll eklig - morgens gestillt und mittags dann eine Currywurst.´ Meine Antwort: `Stimmt, Currywurst ist eklig´. Aus der Gruppe sind wir bald verschwunden... Merkwürdigerweise wurde uns vor dem Treffen nicht mehr Bescheid gesagt - muss schon eklig sein, der Anblick eines Stillkindes. Auf die Frage, wann Mami mit dem Stillen aufhören wolle, könnte geantwortet werden: `Nun, wenn mein Sohn eine Freundin hat und die ein Problem damit hat, dann wird er sich wohl eine neue Freundin suchen müssen.´"

Thurgauerin:
„Die WHO empfiehlt eine Stillzeit von zwei bis vier Jahren. Der biblische Mose ist vier Jahre gestillt worden (und es ist etwas aus ihm geworden!), auch dies sind zwei gute Argumente.

> ***Das Weltmittel der Stillzeit beträgt zweidreiviertel Jahre, somit stillen Millionen von Frauen vierjährige Kinder. Ja, es ist sogar so, dass mehr Frauen sprechende und laufende Kinder stillen, als sie es NICHT tun.***

Dies gibt doch Mut, Sicherheit und Kraft gegen eine manchmal stillfeindliche Umwelt."

Kirsten:
„Ich finde es abartig, einem Kind die Brust zu verweigern und ihm irgendeinen Ersatz zu geben. Oder hast du lieber Sex mit einem Vibrator als mit deinem Mann?"

Weitere gesammelte Sätze von Eltern für dich:
- „Was liegt näher als das Kind an der Mutterbrust?"
- „Wissen Sie was Intelligenteres als Stillen?"
- „Es gibt nichts Natürlicheres als Stillen."
- „Die einmalige Chance, deinen Körper nach seiner Bestimmung zu nutzen."
- „Brüste mögen ja für Männer sein, aber gedacht sind sie für Kinder!"
- „Wenn ich Kuhmilch brauchen würde, um groß und stark zu werden, hätte der liebe Gott eine Brust mit Kuhmilch gefüllt!"
- „Weil es Spaß macht und schmeckt?"

Jetzt kannst du mit Argumenten gewappnet völlig entrüstet reagieren, wenn jemand meint, nun sei es aber wirklich Zeit, abzustillen.

7.9.2. Berichte und Umgang mit Kommentaren von Anderen

Kommentare zur Erziehung, zum Essen und anderen Dingen von anderen Menschen können unangebracht und verletzend sein. Besonders gerne mischen sich andere Menschen beim Stillen ein. Dem kann man zu begegnen lernen. Je mehr man sich davor fürchtet, desto mehr bekommt man ab; wenn man sich sicher ist, werden viel weniger Sätze fallen.
Frechheit siegt!

Stillberaterin Petra mit Ilona:
„Zu den nervigen Kommentaren: Höre weg, ignoriere es, lächle freundlich wissend und denke dir deinen Teil. Wenn die Leute beleidigend werden, versuche, möglichst keinen Kontakt mit ihnen zu pflegen, das schont deine Nerven. Gewöhne dir ein paar `coole

Sprüche´ an, die du fest in deinem Sprachschatz haben solltest, damit sie dir in einer akuten Situation einfallen. Es ärgert einen, wenn man in der Situation nichts zu sagen weiß und einem dann hinterher, tausend gute Antworten einfallen.

Eine Antwort auf: `Wie lange willst du denn noch stillen?´ ist bei mir: `Frag Ilona.´ Ganz einfach, weil SIE es ist, die stillt, und die meine Milch bekommt (und weil ich eben irgendwann beschlossen habe, dass sie auch entscheiden soll, wann sie meine Milch nicht mehr braucht). Zu dem `In dem Alter stillt man doch nicht mehr´ würde ich entgegnen: `Ich schon.´ Was MAN macht, ist mir egal, mir geht's darum, was ICH mache, und ICH muss ein gutes Gefühl bei meinem Tun haben und damit leben können. MAN tut so einiges, was ich nicht tue...

Bei der Behauptung, dass lang gestillte Kinder ihre Eltern tyrannisieren, würde ich nach konkreten Fällen fragen. Da kriegst du nämlich (falls derjenige tatsächlich jemanden namentlich benennen kann) heraus, wo du etwaige `verbündete´ Langzeitstillmütter zu suchen hast. Wobei da die Frage bleibt, was `lange gestillt´ bedeutet: Statistisch ist schon ein sechs Monate gestilltes Kind `lang gestillt´, weil es weit länger ist als die deutsche Durchschnittsstilldauer. Traurig, aber Realität.
Falls du in Diskutierlaune bist, frage die Leute nach Beweisen für ihre Aussagen. Frage sie nach objektiven Fakten, seriösen Studien und sonstigen wissenschaftlichen Hintergründen für ihre Behauptungen. Sie werden sie nicht erbringen können. Lass dich nicht mit überspitzten Einzelfallbeispielen abwimmeln. Klar gibt es Viele, die auch trotz Flaschenmilch ganz toll groß geworden und kerngesund sind. Und klar gibt es sehr kranke Stillkinder. Aber es geht um statistische Allgemeinaussagen, die objektiv sind und nicht um Verallgemeinerungen, die auf subjektiven Individualerfahrungen basieren. Man kann nämlich für jedes Beispiel immer auch ein Gegenbeispiel finden, wodurch jede Diskussion schnell substanzlos wird.
Wahrscheinlich wirst du im Lauf der Zeit immer weniger dieser Kommentare hören, wenn du gut konterst und dich nicht auf idiotische Diskussionen einlässt. Wenn du merkst, es führt zu nichts, Leute von deinem Wissen und deiner Haltung zu überzeugen, dann spar dir die Energie. Manche Menschen wollen einfach nichts dazulernen, sind Neuem, Ungewohntem, Fremdem gegenüber nicht offen, da kann man nichts machen. Sich darüber aufzuregen, bringt nichts. Irgendwann bist du halt als Exotin abgestempelt, oder sie denken gar nicht mehr daran, dass du überhaupt noch stillst, weil dein Kind schon so alt ist. Aber du wirst insgeheim das gute Gefühl haben, dass du doch recht hast mit dem, was du tust, und dass in zehn oder 20 Jahren vielleicht eine Stillzeit, so wie du sie heute anstrebst, von allen Fachleuten als etwas Wichtiges und Gesundes gepriesen wird; dann kannst du sagen, das habe ich damals schon gemacht, als noch keiner davon sprach und mich alle mit ihren blöden Sprüchen genervt haben. Nimm's mit Schadenfreude, dass du es jetzt schon besser weißt und dein Kind einmal auf seine `unbelehrbare´ Sturkopf-Mama stolz sein wird."

Gunde:
„Vieles, von dir und deinem Kind kommt mir bekannt vor. Jetzt ist Tiana elf Jahre alt. Die Chance, gleich gesinnte Mütter zu finden, ist heute bestimmt besser, aber schon vor zehn Jahren habe ich mir `meinen´ Kreis aufgebaut, indem ich eine Kleinkindstillgruppe gründete. Durch den Austausch innerhalb dieser Gruppe sank mein Bedürfnis, andere bekehren zu wollen. Als selbst Betroffene fühlte ich mich auch schnell persönlich kritisiert und verletzt, und das tat mir und meiner Tochter nicht gut. Inzwischen stille ich mein zweites Kind im fünften Jahr und glaube, dass ich langsam alle Vorurteile und Ammenmärchen über das Stillen nach dem ersten Geburtstag kenne und entkräften kann. Komischerweise werde ich selber jetzt nicht mehr angegriffen, vielleicht strahle ich inzwischen zu viel Sicherheit aus. Dafür mache ich Stillberatung und kann so anderen Müttern gestillter Kleinkinder den

Rücken stärken."

Katharina mit Kolya:
„Kolya hat bis neun Monate nichts anderes gegessen und dann nur krümchenweise probiert aus Neugier, ein Klecks Kartoffeln mit Mumi verrührt. Mumi blieb bis zu anderthalb Jahren die Hauptnahrung. Er knabberte zwischendurch oft nur ein bisschen am Brötchen, sonst wollte er nur Mumi. Ich rief damals eine Stillberaterin an. Die erzählte mir, dass das bei ihrer Zweieinhalbjährigen überwiegend noch so ist, und sie gedeiht gut. Das hat mich beruhigt. Ich wusste nicht, wie lange Kinder von Muttermilch so ausreichend ernährt werden können. Von einer anderen Beraterin kenne ich ein Kind, das 15 Monate voll gestillt war und kein bisschen dünn war. Ich glaube, dass der Instinkt der Kinder dafür sorgt, was sie wann verlangen."

7.10. CODEWÖRTER FÜRS LANGZEITSTILLEN

Ich hatte Kontakt zu einer Mutter, deren zweijährige Tochter stets quer über die Strasse brüllte: „Mama, ich will Busen, ich will Busen", wenn sie sie abholte. Mir wäre das peinlich gewesen; so beschloss ich bereits beim ersten Kind, dies anders zu handhaben. Ich finde es schön, dass meine Kinder ein Codewort benutzen, von dem nicht einmal die Kindergärtnerin weiß, was es bedeutet. Viele Mütter finden Codewörter fürs Stillen ebenfalls praktisch. Meist suchen es sich die Kinder selber aus; sie übernehmen aber auch ein Wort, das die Eltern benutzen. Wenn die Eltern von Busen oder Mamamilch reden, wird das Kind dies später meist auch nachsprechen. Da die Kinder am Anfang noch nicht perfekt reden konnten, haben wir einfach ihr Wort, was sie am Anfang für Stillen sagten, benutzt und so blieb es.

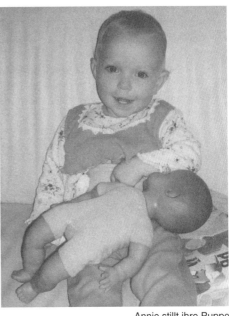
Annie stillt ihre Puppe

Martina:
„Viele sprechen doch immer von `Mumi´ - so fragen wir auch Morian z. B. ob er Mumi trinken will, und er weiß dann ganz genau, was gemeint ist. Haben andere Mütter das nicht so gemacht?"

Annette H.:
„Johanna habe ich von Anfang an gefragt, ob sie Mumi haben will (MUtterMIlch). Daraus wurde dann bei ihr im Laufe der Jahre Mämi... Außenstehende denken, dass sie Mami sagt. Finde ich praktisch, weil ich selbst entscheiden mag, wo und wann ich vor wem (noch) stille, denn da sie mir dabei immer den Bauch streichelt, geht es nur schlecht ohne Haut-Bloßstellung. Mittlerweile lässt sie sich ganz gut vertrösten (wir stillen nun meist nachmittags und abends), und so kommt es nur noch selten vor, dass sie in ungewohnter Umgebung nach ihrer MÄMI fragt. Da sie, seit sie etwa 14 Monate alt ist, nur noch rechts stillt, ist klar, nach welcher Seite sie schielt!"

Anke D.:
„Jacob hat erst `mehmeh´ gesagt, jetzt sagt er immer `mamma´ (klingt etwas anders, als wenn er mich ruft). Ich nehme an, es kommt daher, weil ich immer Mammamilch sage und ihm das ganze Wort zu lang ist. `Milch´ kann er auch sagen, hat sogar schon Milchsuppe gesagt, aber eben zu Kuhmilch, die der Vater trinkt."

Katja:
„Mit ca. 13 Monaten hat er immer `auf´ (sein erstes Wort nach `Mama´) gesagt und am Pullover gezogen. Seit ein paar Monaten sagt er immer `einer´ mit dazugehörigem Pullover-Ziehen (aber nur ganz sanft)."

Thurgauerin:
„Meine Kinder hatten für das Stillen keine Geheimwörter, nur konnten sie sich noch nicht besser ausdrücken als folgend: Nr. eins: `Suufe´ (saufen), Nr. zwei: `Tia´, Nr. drei: `Eia´, Nr. vier: `Mammae´ (war wohl ein Römer in seinem letzten Leben)."

Xandra mit Alex:
„Meine Süße wird drei Jahre alt. Sie stillt immer noch dreimalig, vornehmlich nachts und zum Mittagsschlaf. Die dies wissen, stehen dem Ganzen aufgeschlossen gegenüber. Außenstehende wissen mit `Cola kinken´ Gottseidank nichts anzufangen. Cola zur Mumi finde ich ganz praktisch, man kann gut darauf reagieren und dem Kind Saft oder Wasser anbieten. Das Codewort `Cola´ ist eigentlich durch Zufall entstanden, mein Mann wollte einmal testen und hat gefragt, ob sie lieber Cola trinken will. Wir hatten bis dato kein Wort dafür, ab da war es `Cola´ (Anmerkung der Autorin: wobei Cola für ein Kind eigentlich nicht als erstrebenswert gelten sollte). Ich vermeide es, darüber zu sprechen, obwohl ich gerne auch ein bisschen missionarisch tätig wäre, aber ich fürchte dumme Sprüche und hebe mir das Missionieren für die Zeit nach dem Abstillen auf. Es geht ja auch niemanden etwas an. Zum Glück bringt sie mich auch in keine Verlegenheiten, wo ich mich rechtfertigen oder sonst etwas muss."

Anne R.:
„Sarah benutzt noch kein spezifisches Wort für ihre MuMi bzw. meine Brust. Mich würde interessieren, wann eure Kinder angefangen haben, Brust/Stillen zu benennen und was so am geläufigsten ist. Ich habe von Codewörtern für Brust bzw. stillen gelesen; was genau ist damit gemeint? Selbst anfangen, z.B., die Brust als Nana zu bezeichnen, und das Kind übernimmt es im Laufe der Sprachentwicklung?"

Anne mit Jonas (anderthalb Jahre):
„Ich habe gelesen, dass ein Kind ab ca. einem Jahr beginnt, Wörter für verschiedene Dinge zu lernen. Zuerst werden die bedeutendsten Wörter gelernt; Mama, Papa usw. Es hieß in etwa: `Eine so wichtige Angelegenheit wie das Stillen sollte auch einen Namen bekommen und benannt werden können.´ Wir haben dann das Wort `Nono´ eingeführt, weil es ein `Code´ ist, den Außenstehende erst einmal nicht verstehen und ein Kind, das gerade erst sprechen lernt, gut aussprechen kann. Jonas fand das offenbar auch schön, ein Wort dafür zu haben. Natürlich hätte mich interessiert, wie er es selbst benennt, aber obiges fand ich doch wichtiger."

Nadine:
„Justin sagt immer `mam-mam´ und zieht meist noch an meinem Shirt. Das ganze tut er schon ziemlich lange. Als er angefangen hat zu sprechen, war das eines seiner ersten Worte.

Ich glaube, niemand weiß, was er damit meint, die meisten denken, er meint `Mama´.
Ich bin mir auch nicht sicher, wer in meiner Familie weiß, dass ich noch stille."

Annette H.:
„Unser Codewort ist MÄMI, was für Außenstehende – Nichtwissende - wie Mami klingt. Entstanden ist es dadurch, dass ich schon recht früh `der Sache´ einen (Code)Namen gab, (um zu vermeiden, dass sie zu direkt nach ihrer Brust fragt; ich wollte für mich die Wahlmöglichkeit zu entscheiden haben, wen ich in unsere Stillbeziehung einweihe und wo ich stille. Ich fragte sie also immer, ob sie MUMI will, daraus ist MÄMI geworden..."

Evelyne:
„Ich sagte zu meiner Tochter fürs Stillen immer: `Magst du Mama-Milch´? Sie selbst fand schließlich die Bezeichnung `Memme´ - das ist bis heute so geblieben. Allerdings bedeutet `Memme´ für sie generell die Brust ... also, auch Papa hat eine Memme - wenn auch nur eine kleine .... mittlerweile sagt sie beim Aufwachen: `Mama, Memme"".

Cordula:
„Das ist bei uns ganz genau so. Stella hat etwa mit einem Jahr `Mama´ und etwas wie `Meh-meh´ gesagt, die Unterscheidung war nicht ganz klar. Ich habe `Meh-meh´ als Codewort dann unterstützt. Ist auch wirklich praktisch. Sie kann mich ums Stillen bitten und ich kann ggf. sagen: `Ja, aber später´, und niemand versteht, worum es geht. `Meh-meh´ bedeutet bei uns auch `Brust´, und `Meh-meh-Machen´ ist Stillen. (Natürlich kennt Stella auch das Wort `Stillen´, aber `Meh-meh-Machen´ ist `unser´ Wort.) Ich habe schon einmal mitgehört, wie Stella sich mit einer Kindergartenfreundin darüber unterhalten hat: `Das Fohlen (aus Plastik) hat Durst.´ - `Dann kann es ja Wasser trinken.´ - `Oder es kann auch Meh-meh machen.´ - `Was??´ - `Es kann doch bei seiner Mama Meh-meh machen.´ Stella ist gar nicht bewusst, dass andere Kinder (und Erwachsene) `ihr´ Wort gar nicht kennen. Ihre KiGaFreundin hat es einfach hingenommen. Stella hat ihr auch gezeigt, wo Fohlen Meh-meh-Machen.
Stellas Schwester Angela wird kaum eine Wahl haben - sie wird sich der Familientradition anschließen müssen, was das Codewort betrifft. Für uns ist das Wort längst normal. Auch mein Mann und ich sprechen vom `Meh-meh machen´, selbst wenn es um Angela geht und Stella gar nicht dabei ist."

Tatjana:
„Bei uns heißt es `Massa tinten´ (`tinten´ natürlich für `trinken´) heißt, und `eitateita´ für andere Seite.
Mittlerweile, da er gut spricht, sind es bewusst Codewörter einer Zärtlichkeitssprache (für mich wirklich Code in nicht so privaten Situationen). David spricht sie mit leichter Ironie aus, wenn er schmusen-toben will oder mich dazu bringen will, ihn zu stillen, und ich eigentlich keine Zeit habe.

Wirklich, es ist eine Qualität, mit dem sprechenden Stillkind über das Stillen zu sprechen oder zu verhandeln. Heute kann David in beiden `Sprachen´ sprechen; die Babyworte benutzt er geradezu ironisch, schelmisch, um mich zum Stillen zu bewegen, und, wenn er sich wie ein Baby fühlt, dann sagt er Massa und Eitateita fordernd. Auch ich genieße den Code, da können wir stillen, ohne dass jemand es sofort versteht. Heiligabend in der Kirche: Als er vor mir in der Kirchenbankreihe stand und ich meine Jacke um ihn hielt und er im Stehen stillte, beide Seiten ohne Aufhebens! Hach, schön ist das alles!"

Oda mit Robin (vier Jahre) und Ronas (zehn Monate):
„Robin hat etwa mit anderthalb Jahren sein Codewort `gefunden´. Wenn er mit dem

Trinken an der einen Seite fertig war, wollte er sagen `andere Brust/Seite´, was nicht so gut geklappt hat und zu `anni-anni´ wurde. Dabei ist es geblieben. Ich fand es schön, dass nicht jeder gleich wusste, was gemeint war, wenn er stillen wollte. Inzwischen nenne ich das Stillen Ronas gegenüber (zehn Monate) genau so (`Willst du Anni?´) und ich denke, dass er das Wort übernehmen wird. Vermutlich entwickeln sich so Familientraditionen."

Anja L.:
„Ich habe Benja irgendwann mit zwölf oder 13 Monaten immer wieder gesagt, dass das Mimi ist, wenn sie an die Brust wollte. Seitdem sagt sie immer Mimi zu mir, wenn sie trinken möchte. Sie geht mir nie von allein an die Bluse. Darüber bin ich froh. Ich denke, dass das damit zusammenhängt, dass ich ihren Körper und sie als Person ebenso respektiere, wie ich das von ihr erwarte. Andere Kinder sagen Nana, Jeite (für `andere Seite´), Ham, Bubu, Ninan.... der Phantasie sind keine Grenzen gesetzt. Kinder, die später zu sprechen anfangen, machen eher mit Gesten deutlich, dass sie an die Brust möchten."

Beatriz Bahamondes Fuentes:
„Vor einiger Zeit hatte ich euch nach euren Codewörtern fürs Stillen gefragt. Ich möchte mich herzlich bedanken für eure Erfahrungsberichte! Und euch erzählen, dass Sarah schon eindeutig NaNa zum Stillen bzw. meiner Brust sagt. Sie hat heute vor dem Schlafen zu ihrem Papa auf die Brust gezeigt und NaNa gesagt. Sie entwickelt sich jetzt so schnell, ich komme gar nicht hinterher. MiMi als Codewort hätte mir auch gefallen, aber sie traf die Entscheidung......"

7.11. LANGZEITSTILLMÜTTER BERICHTEN

Weil nicht jede Familie bei uns in unserer Kultur das Beispiel eines Langzeitstillenden vor Augen hat, sollen an deren Stelle Langzeitstillmütter zu Wort kommen.

Petra mit Janina (zwei Jahre und zwei Monate):
„Zum ersten Mal war ich in einer realen Stillgruppe, als Janina eineinhalb Jahre alt war, also in einem Alter, in dem die `normale´ Durchschnittsmutter schon lange nicht mehr stillt, und in dem Stillen auch kein Thema mehr in den Babygruppen ist, die man besucht.
Ich denke, dass die Mütter der jungen Stillkinder durch Janina und eine andere Stillmami, eine ganz andere Perspektive bekommen, was die Dauer der Stillzeit angeht. Es waren einige dabei, die schon am Krabbeln waren, aber durch unsere `Großen´, die sich `selbst bedienen´, gut laufen konnten usw., bekam die Sache eine andere Dimension.

Wenn ich im Internet nicht erfahren hätte, dass man weit länger als ein Jahr stillen kann und dass dann immer noch Milch fließt, hätte ich wahrscheinlich nicht so lange gestillt. Es gab einfach kein Vorbild in meinem Umfeld. Ich hatte vorher noch nie bewusst ein stillendes Baby gesehen, geschweige denn ein stillendes Kleinkind. Ich wusste nur, ein halbes Jahr voll, und dann einmal sehen ... und aus dem Mal-Sehen sind über zwei Jahre geworden. Aber ich muss mir immer vor Augen führen, dass das, was für mich heute normal ist, die Ausnahme ist und dass viele Frauen nicht wissen, dass man so lange stillen `darf´ und kann.

Meist bekommt man dann ja auch ein `wenn ich das gewusst hätte...´ zu hören und traurige Geschichten, wie es die Mutter eigentlich geschmerzt hat, irgendwann im Lauf des ersten halben Jahres oder Jahres abzustillen und auf die Flasche umzusteigen."

Gunde mit Tiana, elf Jahre und Bennet, drei Jahre:
„So spektakulär ist das Stillen von ganz großen Kindern nicht. Es ist nicht mehr das Trost-Stillen bei Unfällen oder das Mittel zum `Herunterfahren´. Mit Hunger und Durst hat es lange nichts mehr zu tun. Es ist mehr wie eine Liebesbeziehung oder eine Art, seinem Kind gute Nacht zu sagen oder es besonders zu liebkosen.

Wahrscheinlich kommen nur recht wenige in den Genuss, Kinder mit einem Altersabstand von sieben Jahren gemeinsam zu stillen. Vielleicht bewirkt aber dieses Extrembeispiel, dass das Stillen von zwei kleineren Kindern in den Bereich des Normalen und Vorstellbaren rutscht.
Eine richtige Tandemstillerin bin ich ja nie geworden, weil das Stillen eines Schulkindes nicht mit dem eines Kleinkindes vergleichbar ist. Die Milch hat sie auch genervt und sogar im Hals gekratzt - beim dreijährigen Kind undenkbar. Auch musste Tiana keinen (Mama-) Ersatz für die Stillerei suchen; sie und ich hatten einfach keine Lust mehr darauf. Ich hoffe, dass deutlich wird, dass sich das von allein ergeben hat und ich nicht nach einem Dogma gehandelt habe. Stillen ist kein Wettbewerb, sondern muss für alle in der Familie gut und richtig sein. Eine kinderliebe und stillpositive Einstellung stellt aber bestimmt gute Weichen, oder? Bei Tiana fängt seit einem Jahr die Brust an zu wachsen: sie bietet sie immer wieder (vergeblich) ihrem Bruder an und hat eine ganz andere Beziehung zu ihrer Brust als ich in der Pubertät. Ich bin wirklich auf ihre erste Schwangerschaft und Stillzeit gespannt, auch wenn das hoffentlich noch einige Zeit dauert.

Seit Tiana vier Jahre alt war, beschwerte sie sich immer wieder über fehlende Milch, was aber anscheinend nicht so wichtig war. Mit fünf Jahren schlief sie oft woanders und war nach dem Kindergarten noch mit anderen Kindern verabredet. Es ist nicht mehr wie bei einem kleinen Stillkind, aber trotzdem schön. Übrigens war sie schon früh fremdbetreut und hat mit einem Jahr woanders Mittagsschlaf gehalten. Sie brauchte keinen Schnuller, Kuscheltier etc., sondern schlief auf einem Bett bei der Tagesmutter ein. Mit drei Jahren übernachtete sie öfter im Kindergarten oder fuhr mit denen für zwei Tage (eine Nacht) auf einen Bauernhof. Sie war das einzige Kind ohne Nuckelflasche, Schnuller, Kuscheltier und Heimweh.

Ich kenne leider keine anderen Kinder, die so lange gestillt wurden. Die meisten Leute wussten das nicht, weil wir mit zunehmendem Alter das Stillen in der Öffentlichkeit eingeschränkt haben.

Bei Tiana war es beim Abstillen so ähnlich wie bei Ria; auch sie mochte die viele Milch nicht im Mund haben. Ich sollte ihr die Muttermilch in die Trinkflasche für die Schule füllen, was ich dumm fand. Wenn ich früher wieder Mutter geworden wäre, hätte sie sich vermutlich auch abgestillt.

Das Eskimos bis 14 Jahre gestillt werden, hat mir eine Frau erzählt, die eine Diplomarbeit über das Langstillen verfassen wollte. Leider zog sie aus Kiel weg und verschwand mit all meinen Büchern. Wer weiß, vielleicht gibt es hier viel mehr ganz lang gestillte Kinder, aber wozu sollte man sich outen? Die üblichen Stillthemen wie Durchschlafen, Beißen, Milchstau etc. sind längst vorbei und man findet nie jemanden, der sich mit einem austauscht. In der Bildzeitung gab es einmal einen Bericht über ein neunjähriges gestilltes Mädchen, das von den Eltern wie ein Tier eingesperrt gehalten wurde. Vor acht Jahren hörte ich von einer Frau in den USA, die wegen sexuellen Missbrauchs viele Monate in Haft genommen wurde, weil sie ihr zweijähriges Kind noch stillte. Auch wenn höchstens die Hälfte davon stimmt, machen so viel Prüderie und Vorurteile nicht gerade Lust, Fremden die eigenen Stillpraktiken auf die Nase zu binden. Es ist auch das erste Mal, dass ich darüber schreibe. Meine Verwandten und Freunde fanden es eigentlich nicht so aufregend, weil es ja nur ein Teil von uns ist. Noch schöner ist, dass mich keiner mehr bei Tianas kleinem Bruder fragt, ob der noch gestillt wird usw. Der hat es echt gut, alles läuft viel selbstverständlicher."

7.11.1. Ich sehe gar nicht so aus

Gisela (31 Jahre, Sekretärin):
„Mein erstes Kind habe ich bis zum fünften Schwangerschaftsmonat des zweiten Kindes gestillt. Bis dahin war das Stillen unproblematisch. Mit 17 Monaten habe ich abgestillt. Zu diesem Zeitpunkt trank er nur noch am Morgen. Ich habe dann versucht, ihn abzulenken, nur noch alle zwei Tage gestillt und langsam ganz aufgehört. Die Initiative ging von mir aus, aber sein Interesse an der Brust war zu dem Zeitpunkt auch gering. Bei der Geburt seines Geschwisterchens war er 22 Monate alt und noch zu jung für Erklärungen. Trotzdem hat er positiv reagiert und war hilfreich (Stilleinlagen gebracht, Spucktuch geholt...), manchmal aber auch gestört, da die alleinige Aufmerksamkeit nicht ihm galt.

Mein Großer hat über einen Zeitraum von fast einem Jahr so getan, als ob er stillen würde, d.h. sich auf den Schoß gelegt und gespielt, dass er trinkt; wirklich trinken wollte er nicht. Er hat es als Spiel betrachtet, ich hatte oft das Gefühl, dass er sich nicht erinnern kann, dass er auch gestillt wurde. Ab und zu gab es Eifersuchtsreaktionen: er machte im Hintergrund Blödsinn, sodass ich das Stillen unterbrechen musste.

Viele Leute waren erstaunt, dass ich so lange stille - wenn auch nicht richtig Tandem - das erste Kind 17 und das zweite Kind 19 Monate. Auffällig oft kam die Aussage: `Du siehst gar nicht aus wie der Typ, der lange stillt´. Offensichtlich wird langes Stillen nur von jemandem erwartet, der der landläufigen Meinung nach ausschaut wie der typische `Öko´ ...

Mein Partner verhielt sich unterstützend und positiv. Die Großeltern waren überrascht, mit vielen Fragen, manchmal auch Zweifeln. Freunde waren ungläubig, oft ablehnend. Der Arzt reagierte positiv, Fremde mit blöden Fragen, ältere Frauen freundlich und positiv (Bsp. Situationen in der Straßenbahn, wo oft nette Gespräche entstanden und mir die Damen erzählten, wie lange sie damals im Krieg stillten). Ich habe gelernt, dass Frechheit und Offenheit zumindest dazu führen, dass ICH mich nicht ärgern lasse.

Leider kannte ich keine Mutter, die auch tandemstillte, sonst hätte ich es vielleicht probiert. Auch Literatur zum Thema fand ich nicht.

Meine Kinder sind nun zwei und vier Jahre alt. Mein zweites Kind hat sich selbst mit 19

Monaten abgestillt, wurde nur noch einmal täglich gestillt und wollte immer öfter nicht mehr, bis es irgendwann vorbei war.

Einer stillenden und schwangeren Frau würde ich raten: Wenn sie abstillen will, soll sie es rechtzeitig tun, bevor das Große es mit dem Baby in Verbindung bringt (spätestens siebenten Schwangerschaftsmonat). Wenn sie Unterstützung hat, sollte sie Tandemstillen versuchen."

Mutter und Tochter stillen

7.11.2. Gibt es wirklich so wenige Tandemmuttis?

Julia:
„Gibt es wirklich so wenige Tandemmuttis? In der Stillgruppe habe ich einmal eine getroffen. Im internationalen Liedloff-Forum, ist es fast die Regel; die Mütter entschuldigen sich fast, wenn sie die Großen `vor der Zeit´ abstillen. Privat schrieb mir eine LLL-Beraterin, dass sie glaubt, sechs Jahre wäre das natürliche Abstillalter, wenn die Mütter nicht vorher das Kind abwimmeln. Bei meiner Großen sieht es in der Tat so aus. Auch meine AFS-Stillberaterin meint, das physiologische Abstillalter liege zwischen zweieinhalb und sieben (!) Jahren (Schock für Papa!). Das haben wir bald erreicht.

Interessant war auch, dass meine Nichte immer am Daumen nuckelte, wenn sie müde wurde oder bei uns einschlafen sollte. Mit sieben Jahren hat sie von allein damit aufgehört, scheint mir, denn den Daumen kann niemand nachts wegnehmen oder verbieten. Also besteht Hoffnung, dass das Nuckelbedürfnis irgendwann von allein weggeht.

Bei mir war viel Durcheinander: Ich hatte das Gefühl, Paula abstillen zu müssen, als ich schwanger wurde (sie war da 22 Monate). Ich wusste aber, dass ich es nur tat, um eine

Frühgeburt zu verhindern, und eigentlich tandemstillen wollte. Mein Uterus schmerzte bei jedem Stillen, bevor ich wusste, dass ich wieder schwanger war. Und ich hatte schon zwei Schwangerschaften mit heftigen Vorwehen in der 26. bzw. 30. Woche gehabt und hatte die Frühgeburten nur knapp verhindern können, einmal davon medikamentös. Das wollte ich nicht noch einmal riskieren. Nach der Geburt zögerte ich etwas, Paula weiterzustillen; ich gab ihr nur ab und zu einen Schluck, oder ließ sie große Milchmengen `abtrinken´.
Nach drei Wochen bekam sie einen Schnupfen, sah kläglich aus und verlangte alle fünf Minuten nach einem Taschentuch. Es nervte. Ich wusste, ich musste meinen positiven Weg wieder finden. Denn bis zur Schwangerschaft bzw. Geburt war Paula das fröhlichste und selbstbewussteste Mädchen gewesen, das ich mir hätte wünschen können. Nachdem ich das internationale Liedloff-Forum gefunden hatte, fand ich meinen Weg wieder und merkte, was los war. Ich ließ Paula wieder nuckeln, so oft sie wollte - da legte sie los. Und bis heute, zwei Jahre später, nuckelt sie, sooft Julius an die Brust will, und gelegentlich mehr. Für mich entscheidend war jedoch, dass sie ihre Wehleidigkeit verlor, wieder `rund´ und glücklich aussah, jede Aggressivität verlor und zu Julius allmählich eine herzliche Freundschaft aufbaute. Krank wurde sie eigentlich nur dann, wenn der Papa einmal wieder vom Abstillen sprach. Natürlich kann ich ihm das nicht verdenken; fünf Jahre ist eine lange Zeit. Mit vier oder fünf Jahren schlief Paula dann, trotz Nuckelangebot durch (nach einer dummen Kindergartenepisode war es damit leider wieder vorbei).

Es gibt noch mehr zu berichten. Die Frage ist, ob sich der Leser das was wir machen positiv oder negativ vorstellt. Für mich ist Tandemstillen okay, wenn auch manchmal lästig. Es passt zu meiner Idee, die Kinder nach ihren Steinzeitbedürfnissen großzuziehen. Ich weiß jedoch, dass das eine riesige Anstrengung ist. Ingrid Bauer schrieb mal, dass sie keinen Beweis für Tandemstillen bei Naturvölkern gefunden hat. Dass es `harte Arbeit´ ist, merke ich auch, seit langem bin ich gezwungen, mich perfekt zu ernähren. Aber das empfinde ich als Bereicherung und werde es nicht rückgängig machen.

Ich weiß auch, dass Paula nicht reif war für ein Geschwisterkind: ihr häufiges Nuckeln hätte es mir zeigen müssen. Durch künstliches Abstillen mit 14 Monaten bekam ich meine Regel wieder. Wenn ich ihr also ein Geschwisterkind aufdrängte, wollte ich sie auch so gut wie möglich weiterversorgen. Und sich aufs Sofa zu legen und die Kinder gleichzeitig zu stillen, ist keine Anstrengung in dem Sinne.

Interessant ist, dass ich heute nicht mehr verstehen kann, wie ich früher denken konnte, dass ein einjähriges Nuckelkind lästig sein kann, oder wieso ein zweijähriges nicht immer und überall seine Brust bekommen sollte. Dieses Stillverhalten kommt mir sehr natürlich vor."

7.11.3. Stillen im Kampf gegen Fertignahrung und Umwelt

Doris Tüchler:
„Angefangen hat unsere Stillbeziehung im sechsten Schwangerschaftsmonat. Meine Brüste produzierten schon in der Schwangerschaft so viel Milch, dass ich mir kleine Handtücher in die Sportoberteile stecken musste. Alessandra wurde mir kurz nach der Geburt angelegt, sie nahm die Brustwarze nur kurz in den Mund und schlief fest ein.
Leider, wie sich herausstellte, denn wegen sehr niedrigem Zuckerwert, dem Nicht-Trinken-Wollen und ihrer Kleinheit, wurde sie mir weggenommen und in der Frühchenstation an eine 24-Stundeninfusion gehängt. Ich hatte - Gott sei Dank - eine tolle Zimmergenossin, die mir Mut gemacht hat, sonst hätte ich die nächsten drei Tage nicht gut überstanden.

Alessandra wurde alle vier Stunden mit einem Fläschchen gefüttert, obwohl mir, nur einen Stock weit entfernt, so viel Milch aus meinen prallen schmerzenden Brüsten rann, dass ich den Spitznamen `Amme´ bekam. Ich wehrte mich gegen die Krankenhausroutine, indem ich, eine halbe Stunde vor den festen Fütterungszeiten dort war. In jeder Schicht gab es andere Schwestern und Probleme. Einmal durfte ich sie nicht einmal selbst halten, ein anderes Mal sollte ich sie stillen; als das nicht auf Anhieb klappte (mein Mädchen schlief fast zwei Tage durch), wurde sie mir aus den Armen, gerissen und die vorbereitete Flasche verabreicht. Erst am Nachmittag des zweiten Tages hatten wir Glück. Die Dienst habende Schwester brachte Geduld und Erfahrung mit, und Alessandra trank ausgiebig. Am Abend waren andere Schwestern da, die ihr Fertignahrung gaben, obwohl ich meine abgepumpte Milch abgegeben hatte. Endlich am dritten Tag bekam ich sie in mein Zimmer und ließ sie auch nicht mehr weg, als sie am Abend ins Säuglingszimmer sollte. Ich musste zwar die halbe Nacht auf dem Gang hin- und hergehen, aber wir waren bis zur Geburt ihrer Schwester (vier Jahre später) keine Nacht mehr getrennt. Alessandra trank in den ersten Monaten anscheinend ständig; meist lagen zwischen den Mahlzeiten nur eine Stunde Zeit, mal zwei Stunden. Nachts war sie oft auf. Leider hatte ich damals noch keinen Kontakt mit der LLL, sondern ging in die Stillgruppe der Hebamme, bei der ich die Geburtsvorbereitung besucht hatte. Allerdings nur zwei Mal, denn ich bekam nur Vorwürfe zu hören. Alessandra litt unter starken Koliken. Von allen wurde mir gesagt, dass ich schuld daran sei, ich äße wahrscheinlich Blähendes und stille sie zu oft, und durch meine Nervosität und Unsicherheit schreit sie so viel und bekommt dadurch mehr Bauchkrämpfe. Ich war oft verzweifelt und versuchte so manchen Trick, aber Alessandra nahm weder eine Flasche mit Kümmeltee oder abgekochtem Wasser, damit sich ein `ordentlicher´ Hunger bilden kann, noch einen Schnuller. Wir trugen sie bäuchlings auf dem Unterarm und sie saugte uns so manchen Bluterguss, wenn wir versuchten, die Stillzeiten hinauszuzögern. Nachdem ich mittels eines Stillplanes herausfand, dass Alessandra keinerlei Rhythmus hatte und ich vor lauter Aufpassen, dass ich nichts Blähendes esse, schon erschreckend abgenommen hatte, tat ich das einzig Richtige. Ich hörte auf, auf die anderen zu hören und nahm mein Kind, wie es `trinkt´. So weit ging alles gut, bis meine Zuckermaus ein dreiviertel Jahr war und jeder sagte, sie müsse jetzt etwas Richtiges essen. Alessandra war nicht dieser Meinung, sie verweigerte gekaufte und selbst gemachte Breie. Mit über einem Jahr aß sie manchmal ein paar Bissen, nahm dann wieder tagelang nur Muttermilch zu sich. Sie hatte sich vom schmächtigen Baby (2870g Geburtsgewicht) zu einem dicken Baby gemausert, so dass ich oft den Vorwurf hörte, ich würde das Kind überfüttern. Manche waren skeptisch, wenn ich (51kg, 163cm) sagte, dass sie nur gestillt wird - allerdings drei bis fünf Mal in der Nacht und fünf bis sieben Mal am Tage. Mit 14 Monaten war sie ein dickliches, aufgewecktes Kind, ich ließ mir von meiner praktischen Ärztin im Mutter-Kind-Paß bestätigen, dass wir beide gesund und munter wären, denn ich hörte oft Vorwürfe, dass das Stillen mich auslaugt und ich später an den Folgen von Vitamin- und Mineralienmangel leiden werde. Auch bekäme das arme Kind nicht mehr genug, nur die Schwermetalle und Umweltgifte, die in der Muttermilch sind. Außerdem klammerte ich zu sehr an meinem Kind, wir hätten eine ungesunde Mutter-Kind Beziehung. Zu allem Übel muss ich wieder arbeiten gehen, wenn Alessandra 18 Monate alt ist. Mein Mann übernahm die Betreuung zu Hause.

Alessandra war fünf Monate alt, als ich eine Frau sah, die einen Buben stillte, der weit über zwei Jahre alt war. Ein Teil von mir war entsetzt ob dieses `perversen´ (auch den Vorwurf hatte ich einige Male gehört) Anblicks, doch die Erleichterung überwog. Es gab also noch ein Kind auf Gottes Erde, das mit über einem Jahr gestillt wurde! Diese Frau war eine LLL-Stillberaterin aus Wien. Eine zweite, die neben meiner Freundin wohnte, nahm sich meiner an. `Ich muss schleunigst abstillen, weil ich in drei Monaten arbeiten gehen muss. Mein Kind weigert sich zu essen, und ich bin verzweifelt, weil alle Versuche fehlschlagen.´ So wandte ich mich an sie. Sie erkannte, dass ich gar nicht abstillen wollte und erklärte mir, dass ich auf uns beide zu viel Druck ausübe. Sie sagte, dass meine Tochter bei ihrem Vater mit großer Wahrscheinlichkeit normal essen würde. Zwei Wochen später hatte nicht nur ich mich beruhigt, sondern Alessandra fing problemlos an zu essen. Nach einem Umzug ins neue Heim meldete ich mich bei der zuständigen Stillberaterin, noch heute nehme ich regelmäßig an den Stilltreffen teil. Inzwischen erlaube ich mir, das Stillen zu genießen. Alessandra ist gesund und klug, körperlich geschickt und redet mir Löcher in den Bauch.

Ich habe fest vor, zu warten, bis sie sich selbst abstillt. Das durchzustehen, ist nicht so leicht, wie es sich anhört, denn so manche Verwandte und Freunde haben damit Probleme. Die Vorwürfe mehrten sich, sodass ich außer bei den Stilltreffen meine inzwischen dreijährige Tochter nicht mehr öffentlich stillte. Doch auch dort hatten so manche, die ihre Winzlinge erfolgreich abstillten, Probleme mit meinem `Riesenbaby´. Besondere Ausmaße nahm das an, als ich wieder schwanger wurde. Sie sorgten sich, dass dem armen Baby in meinem Körper von meiner Großen die wichtigsten Nährstoffe weggetrunken würden. Zumindest sei mein Körper in größter Gefahr, völlig ausgelaugt zu werden. Außerdem löse das Trinken Kontraktionen in der Gebärmutter aus, ich riskiere eine Fehl- bzw. Frühgeburt. Auch die Hebamme, mit der ich wegen der Nachbetreuung eine Art Kennenlerngespräch hatte, überschüttete mich mit Vorwürfen und düsteren Zukunftsprognosen. Mein Gynäkologe wusste nichts davon; da er mir einen besonders guten Zustand meines Körpers bescheinigte und auch mittels sehr genauer Untersuchungen meinem ungeborenen Mädchen ebenfalls, fühlte ich mich sicher. Um mir den Rücken zu stärken, versorgte mich meine Stillberaterin mit Büchern, Broschüren und Artikeln über das Langzeit- und Tandemstillen, das ich seit nunmehr drei Monaten erfolgreich und problemlos praktiziere. Alessandra ist nun über vier Jahre alt und zeigt keinerlei Anstalten, sich abzustillen. Allerdings ist sie groß genug und muss nicht in Gegenwart von Personen gestillt werden, bei denen wir mit negativen Reaktionen rechnen. Seit der Geburt meiner zweiten Tochter sage ich im Bedarfsfalle, dass Alessandra wieder trinkt. Das hat weder die Hebamme, die ich dann tatsächlich zur Nachbetreuung hatte, noch die Kinderärztin noch meinen Frauenarzt gestört.

In der Schwangerschaft las ich, dass sich der Geschmack der Milch ändert und viele Kinder sich deshalb abstillen. Bei uns war auch das anders: Am Anfang der Schwangerschaft wurde die Milch weniger, sodass Alessandra einmal erstaunt zu saugen aufhörte, mich ansah und meinte: `Ich weiß auch nicht, warum in der Brust keine Milch mehr ist´. Daraufhin drückte sie meine Brust fest und ein paar Tropfen kamen heraus. `Schau Mami, die spritzt nicht mehr. Trinke ich halt die andere Seite inzwischen´; sagte sie. Ich erklärte, dass wieder mehr Milch kommen würde, wenn das Baby auf die Welt kommt, weil mein Körper dann weiß, dass zwei Kinder da sind. Das erklärte sie auch jenen freundlichen Großeltern und Freundinnen, die zu ihr sagten, sie müsse jetzt bald zu trinken aufhören, weil sonst dem Baby nichts bliebe. Bei einer Arbeitskollegin, sprachen wir über das Langzeitstillen; als sie meinte, sogar ihr Sechsjähriger frage hier und da, ob er an der Brust trinken dürfe. Daraufhin fragte Alessandra, ob sie trinken dürfe; wie überall sprang die Gastgeberin auf und offerierte meinem durstigen Kind einen Saft, den diese dankend ablehnte. `Weißt Du, ich trinke lieber die gute süße Mamimilch´. Also keine Chance zum Abstillen, weil die Milch in der Schwangerschaft schlecht schmeckt ...

Stillen soll das Kind vor allem gesundheitlich schützen. Alessandra hat in den ganzen vier Jahren nur dreimal eine gröbere Erkältung gehabt.

Auch stimmt das Argument meiner Meinung nach nicht, dass Stillen ab einem Jahr nichts mehr für die Gesundheit bringt. Während einer Darmgrippe weigerte sich Alessandra, Wasser oder Tee zu trinken. Da sie sich öfter übergeben musste, bestand die Gefahr, dass sie austrocknet. Ich musste mir aber keine Sorgen machen, denn von mir trank sie schon, und so bekam sie genug gute Flüssigkeit."

7.12. Stillen und Abhängigkeit

Dass langes Stillen abhängig macht, ist eine Aussage, auf die man immer wieder trifft. Unsere Kinder brauchten und kannten keine Nuckelflasche, Schnuller, Heimweh und spielten ständig wechselnden Kuscheltieren. Ich konnte jedoch überall nur gegenteilige Beispiele finden und habe diese Erfahrung auch selbst gemacht.

Gunde:
„*Stillkinder, die erkranken, sind schneller wieder gesund. Das ist ein ganz wichtiger Grund, weshalb Stillen unabhängig macht. Nichts bindet eine Mutter mehr ans Haus als ein fiebriges, kränkliches Kind, vor allem, wenn man an die Nächte denkt.*"

Evi mit Julian und Tatjana schreiben über das Thema Unabhängigkeit:
„*Das Thema Unabhängigkeit wird immer gern in Zusammenhang mit Stillen gebracht. Wirklich unabhängig ist jedoch keine der Frauen, die immer so darauf pochen, sie lassen sich auf andere Art in Zwänge und Notwendigkeiten pressen. Manchmal denke ich, sie können ihren Kindern und Babys nicht zugestehen, abhängig zu sein, weil sie sich ihre eigene Abhängigkeit nicht eingestehen wollen. Jedenfalls ist Stillen kein Synonym für Abhängigkeit, und Flasche geben kein Synonym für Unabhängigkeit.*"

„*Emanzipation heißt für mich auch, mir die Freiheit zu nehmen, eine eigene und nichtkonforme Meinung zu haben und diese zu vertreten oder zu leben. Und den Ärzten und sonstigen Autoritätspersonen nicht alles zu glauben, der Ersatzmilchindustrie, den Müttern, den Freundinnen, dem Zeitgeist, sondern die eigenen Bedürfnisse und Instinkte*

wieder wahrzunehmen. Und danach handeln."
„David lebt seine altersgemäße Ambivalenz zwischen Erkundungsstolz und Rückversicherung ganz ausbalanciert zwischen Welt und Brust sozusagen!"

Kirsten mit Ria (drei Jahre) und Annik (ein Jahr):
„In Deutschland gilt es tatsächlich als seltsam, so lange zu stillen. Leider! Ich kenne Schulkinder, die morgens ihr Milchfläschchen bekommen und nachts einen Schnuller brauchen, nie ohne Kuscheltier ins Bett gehen und ohne Lieblingspuppe niemals auf den Spielplatz gehen würden. DAS findet kaum jemand ungewöhnlich..

Ich habe mit zehn Jahren noch nachts am Daumen genuckelt, meine Cousine war 14, ehe sie mit dem Nuckeln an den Fingern aufhörte. `Völlig normal!´ Wir leben in einer derart sexuell orientierten Gesellschaft, dass die natürliche Ernährung eines Kindes als abartig dargestellt wird.

Kinder brauchen in den ersten Lebensjahren Milch zum optimalen Gedeihen – und zwar brauchen sie Muttermilch und nicht Tiermilch, die nur für Kälber, Lämmer oder Zicklein geeignet ist. Ich fände es auch ungewöhnlich, wenn ich eine sieben- oder achtjährige stillen sähe; aber doch nur, weil man es nicht gewöhnt ist zu sehen (Halbjährige mit Pommes von Mc. D. sieht man dagegen schon). In anderen Ländern ist es völlig normal, ein Kind stillen zu lassen, Eskimos stillen teilweise mit 14 Jahren noch, dort würde es niemand seltsam oder ungewöhnlich finden.

Ria gibt mir deutlich zu verstehen, wann sie stillen möchte. ICH biete ihr meine Brust NICHT an. Wenn es mir nicht passt, vertröste ich sie. Ansonsten darf sie natürlich stillen. Annik darf (fast) immer stillen.

Meine Kinder wurden und werden nie zum Trost gestillt, sind sehr selbstständig, spielen oft einige Stunden allein miteinander. Sie stoßen sich auch einmal oder fallen einmal hin. Je nachdem, ob sie Trost brauchen oder nicht, bekommen sie ihn oder eben nicht. Das hat mit dem Stillen nichts zu tun!

Selbst wenn einige Mütter ihre Kinder nur stillen, weil sie sich von ihrem Mann vernachlässigt fühlen, so kann man doch kein Kind dazu zwingen! Ich kann mir nicht vorstellen, dass sich ein Kind derart an die Brust gewöhnt, dass es nicht mehr davon loskommt.

Irgendwann wollen und brauchen die Kinder keine Milch mehr. Warum sollte ich sie ihnen früher nehmen? Ich fand es früher auch komisch, wenn jemand von einem Kind erzählt hat, das mit drei Jahren die Brust wollte. Heute finde ich das normal und eher komisch, wenn ich sehe, dass ein Kind die Flasche bekommt oder einen Schnuller im Mund hat. DAS finde ich nicht (mehr) normal."

7.12.1. Will eine Mutter durchs Stillen das Kind an sich binden?

Oft wird das Argument gebracht, die Kinder würden durch das Stillen an die Mutter gebunden und die Mutter würde das Kind nicht loslassen wollen. Ich denke, dass dies Menschen sagen, die sich mit dem Stillen nicht auskennen, denn es ist nicht möglich, ein Kind gegen seinen Willen zu stillen. Sandra schrieb einen treffenden Antwortbrief an eine Person, die dies als Argument zum Abstillen vorbrachte:

Sandra F.:
„Ich muss lachen, weil ich bereits das dritte Kind stille. Meine Jüngste ist sechs Monate alt. Und weißt du was? Wenn sie nicht gestillt werden möchte, stillt sie nicht. Da kann ich sonst was veranstalten; selbst wenn ich genau weiß, dass sie ist total müde ist und es ihr gut täte, an der Brust zur Ruhe zu kommen. Von meinem Vierjährigen ganz zu schweigen.

Ich halte dieses Argument für sinnlos, inkompetent und von Menschen in Umlauf gebracht, die vom Stillen größerer Kinder wenig Ahnung haben. Stillen ist etwas, das von beiden Parteien viel `Aktion´ verlangt. Ein Beispiel: Wenn ein Kind nicht essen mag, kneift es den Mund zu und schiebt das Essen wieder raus. Das Kind, welches partout nicht gestillt werden möchte, saugt einfach nicht oder noch schlimmer, es beißt. (Das soll nicht heißen, dass alle Kinder, die beißen, nicht (mehr) gestillt werden wollen.) Die Mutter zeige man mir, die ein solches Signal zu ignorieren versucht. Wenn ein Kind tatsächlich nicht mehr gestillt werden will, wird es das deutlich zeigen. Dass es Frauen gibt, die von ihrem Partner nicht die Liebe bekommen, die sie sich wünschen, und diese dann durch ein Mehr an Nähe zu ihren Kindern ausgleichen, ist auch eine Tatsache. Doch dass dies mittels Stillen zu machen ist, halte ich persönlich für ausgeschlossen. Eben weil ich weiß, dass gerade Stillen wirklich eine Angelegenheit beider Partner ist.

Vielleicht hast du keine richtige Vorstellung davon, **wie** ein sieben-, acht- etc. Jahre altes Kind gestillt wird: Es unterscheidet sich grundlegend vom Stillen eines ein- oder zweijährigen Kindes, denn die Stillbeziehung verändert sich im Laufe der Zeit. Meine Tochter war durchaus selbstständig. Sie übernachtete (von sich aus) etwa ab dem dritten Lebensjahr regelmäßig bei den Großeltern, ohne gestillt zu werden, obwohl sie zu diesem Zeitpunkt nachts noch regelmäßig Brust bekam, wenn sie zu Hause war. Ich habe auch ab der zweiten Hälfte des dritten Lebensjahres wieder gearbeitet, ohne dass es einen Einfluss auf unsere Stillbeziehung gehabt hätte. Natürlicherweise werden ganz andere Dinge für das Kind wichtig. Freunde, Großeltern, Spiele, etc.. Alles Dinge, die dem Stillen vorgezogen werden, ob Mama will oder nicht."

Evi mit Julian (zweieinhalb Jahre):
„Mir geht es um die Argumente der Mütter gegen das Stillen (`ich habe mit zehn Monaten abgestillt, weil jetzt die Kleinkindzeit anfängt und das ein Zeichen sein soll, dass sie größer und unabhängiger werden´) und darum, dass Nicht-Stillen oder Nicht-mehr-Stillen nicht gleichzusetzen ist mit Unabhängigkeit (bei den Kindern und den Müttern). Und dass gerade viele abgestillte Kinder alles andere als unabhängig sind. Die Kleinen müssen ständig um Aufmerksamkeit und Zuwendung buhlen, dürfen aber nicht abhängig sein.

Natürlich kann Stillen auch anstrengend sein, aufzehren etc...Ich empfinde das oft auch so. Andererseits habe ich mich lange in einer Verteidigungshaltung befunden bzw. mich in diese Haltung hineinzwängen lassen. (´Was, du fütterst noch nicht zu?´ `Also, mir wäre das zu dumm.´ `Was, du warst monatelang abends nicht aus?´ `Was ist denn dann mit Eurer Ehe/Beziehung?´ `Was, das Kind ist schon sieben Monate alt und hat noch nie etwas anderes gegessen? Wenn du es richtig anstellst, dann bleibt die Banane auch drin.´ `Mache ihn doch nicht so abhängig von dir!´ usw.) Ich habe für jede Frau in irgendeiner Situation, die mit Abstillen geendet hat (zu wenig Milch, wunde Warzen, Ausgezehrtsein, nächtliches Durchschlafproblem etc...) Verständnis. Es hat aber niemanden interessiert, warum ich noch stille. Dies gilt nicht für alle Menschen, aber für viele. Es tut mir gut, mich dann wenigstens <u>einmal</u> als bessere Mutter zu fühlen, auch wenn ich nicht den Anspruch

habe, eine zu sein.
Wir sind so wenige, die lange stillen, und haben in unserem Umfeld selten die Gelegenheit, uns auszutauschen."

7.12.2. Stillen und Trösten

Dieses Kapitel gilt nur für ältere Kinder, nicht für Babys. Bei Babys ist Stillen immer und überall der beste und sinnvolle Trost und sollte immer als erstes versucht werden.
Weinen können ist eine wichtige Eigenschaft für Erwachsene. Viele große Menschen versuchen durch massive Ablenkung, Geschenke und Essen das Weinen zu unterbinden und abzustellen, weil sie es nicht aushalten. Natürlich hört ein Kind auf zu weinen, wenn man es nicht beachtet, ablenkt, auslacht, oder was auch immer. Weinen von älteren Kindern ist an sich nichts Negatives, sondern eine natürliche, ursprüngliche Heilungsaktivität des Menschen, die wir schützen müssen. Zum Weinen braucht man eine gewisse Sicherheit.
Wie viele Erwachsene können nicht mehr weinen und laufen völlig verhärtet durch die Welt! Trotzdem kann man bei einem älteren Kind auch Weinerlichkeit auch unterstützen.

Claudia Joller:
„Ich staune immer wieder darüber, wie Menschen mit einem weinenden oder schreienden Kind umgehen. Im Bekanntenkreis erlebe ich oft, dass versucht wird, das Kind möglichst schnell `abzustellen´ - durch Ablenken, Singen, Schnuller in den Mund Schieben - oder Stillen. Hauptsache, es hört auf zu weinen oder zu schreien. Ich gerate manchmal selber in Versuchung, Miriam `abzustellen´, und tue es manchmal auch, vor allem wenn wir Zuschauer haben.

Oft gelingt es mir aber, wirklich auf sie einzugehen und ihren Schmerz auszuhalten. Haben wir nicht alle schon erlebt, wie heilsam es ist, in den Armen einer geliebten Person zu weinen, die nicht weggeht oder versucht, uns unseren Schmerz auszureden? Wie verletzend hingegen sind Bemerkungen wie: `Es wird wohl nicht so schlimm sein´, oder `Jetzt reiß dich doch mal zusammen.´ Wir schlucken die Tränen zwar hinunter, aber Heilung findet nicht statt. Weinen ist ja nicht das Gleiche wie Schmerz; Weinen ist eine Möglichkeit, Schmerz zu verarbeiten. Was Zähne zusammenbeißen und Tränen herunterschlucken mit Tapferkeit zu tun haben soll, verstehe ich ohnehin nicht.

Ich gehe davon aus, dass der Schmerz unserer Kinder genau so real und `wichtig´ ist wie unserer und dass auch sie darin ernst genommen werden wollen. Darum bemühe ich mich, wenn Miriam weint, mit meiner ganzen Aufmerksamkeit bei ihr zu sein, bis sie sich wieder beruhigt hat. Manchmal halte ich ihre Hand, manchmal wirft sie sich in meine Arme und manchmal stehe ich einfach bei ihr. Es kommt vor, dass sie nachher gestillt werden will, aber nicht oft."

Julia:
„Ich persönlich halte es für wichtig, dass man dem älteren Kind Wege aufzeigt, wie das Leben neben dem Stillen noch genossen werden kann. Das ist nicht gleichzusetzen mit Verweigerung, wenn das Kind erkennbar nach der Brust verlangt. Ich will anmerken, dass ich nicht dafür bin, jeden Frust durch Ablenkungsmanöver zu bewältigen. Ich stille meine Tochter grundsätzlich nie zum Trost, wenn sie sich z.B. wehgetan hat, sondern nehme sie stattdessen auf und knuddle sie, manchmal singe ich `heile heile Segen...´ Und ob ihr es glaubt oder nicht, sie beruhigt sich ganz schnell. Dabei spielt noch ein anderer Mechanismus mit; Psychologen nennen das `Konditionierung´: Als meine Tochter ihre ersten Krabbelversuche unternahm, hat sie sich oft irgendwo gestoßen. Jedes Mal, wenn ihr irgendwas Ungewöhnliches passierte, guckte sie sich erst einmal nach mir um. Nun tendiere ich in Gefahrenlagen eher zu sachlicher Zurückhaltung; wenn ich nicht reagierte, krabbelte sie nach ein paar Meckerlauten einfach weiter. Anders mein lieber Ehemann: er reagiert oft mit einem Aufschrei, wenn er sie irgendwo runterkullern sieht; meist ist sie dann so erschreckt, dass sie deshalb weint. Ich glaube, dass durch falsches Verhalten der Eltern ein Kind zur Weinerlichkeit konditioniert wird. Schließlich ist es nicht unangenehm, im Zentrum der Aufmerksamkeit zu stehen. Mein Erstgeborener steht meistens alleine auf und erwartet nicht, dass ich ihn aufhebe. Es ist schön, wenn das Kind genug Zutrauen hat, sich selber wieder aufzurichten.
Was das mit dem Langzeitstillen zu tun hat: Ich meine, man sollte zusehen, dass man das Zutrauen des älteren Kindes in seine eigenen Fähigkeiten fördert. Stillen ist schön, aber das ältere Kind sollte mehrere Möglichkeiten kennen gelernt haben, sich mit Problemen und Frustration auseinanderzusetzen und Liebe auch auf andere Art und Weise zu erfahren. Wenn es dann trotzdem gestillt werden will, in Ordnung. Vor die Wahl gestellt, könnte ich mir vorstellen, werden die wenigsten Kinder bis zum achten Lebensjahr stillen."

Über das Stillen und Trösten schreiben sich Ola und Anke so schön, dass es druckreif ist.

Mutter von Ola:
„Ola mag es nicht für draußen angezogen zu werden, also gab ich ihr vorher (ehe sie ärgerlich werden konnte) drei Reiswaffeln zur Ablenkung. Jetzt erwartet sie die Reiswaffeln schon teilweise ehe es in den Winteranzug geht. Bin ich mit meinem Verhalten schon auf dem Weg ihr ein `ich kompensiere Ärger mit Nahrungsaufnahme´ anzugewöhnen, oder hat Reiswaffel (ist ja nicht Magen füllend) eher einen Ablenkungsspielzeugcharakter? Immer

wenn sie uneasy wird, biete ich ihr die Brust an (nimmt sie auch echt gern). Ich weiß, dass Stillen nicht zur Essstörungen führen kann, nur wie ist das mit Nahrungsmitteln?"

Anke:
*„Sag mal.... ob etwas drastisch oder nicht: Wenn du ungefähr lesen würdest:
`Mein 13jähriger Sohn mag es nicht, wenn er selber essen muss. Also erlaube ich ihm vorher eine halbe Stunde Computerkriegsspiel zur Ablenkung und zum Trost. Jetzt erwartet er das Spiel schon teilweise ehe er an den Esstisch kommt. Bin ich mit meinem Verhalten schon auf dem Weg, ihm ein `ich kompensiere Ärger mit Kriegsspielen´ anzugewöhnen, oder hat Computerspiel (ist ja nicht ausfüllend) eher einen Ablenkungssspielzeugcharakter? Immer wenn er uneasy wird, biete ich ihm Computer an (nimmt er auch echt gern). Ich weiß, dass Spielen nicht zu Verhaltensstörungen führen kann, nur wie ist das mit Computer?´
Der Vergleich hinkt ein wenig, aber ich glaube, jede kann nachvollziehen, worum es (mir) hier geht. Was würdest du denken?*

Ich denke: Natürlich kann auch Stillen zu Essstörungen führen, nämlich dann, wenn es bei <u>älteren</u> Kindern dazu eingesetzt wird, unangenehme Gefühle immer und jederzeit zu überdecken. Dabei ist es vollkommen egal, ob es sich um Fast Food, Vollkornkost oder MuMi handelt; wesentlich ist, dass mit der Nahrungsaufnahme unangenehme Situationen überspielt und kompensiert werden. Das sind dann mit gewisser Wahrscheinlichkeit die Leute, die später nachts an den Kühlschrank gehen, wenn es mit wem auch immer Unstimmigkeiten gab oder sie etwas Unangenehmes erledigen müssen. Auch Spielzeug als Ablenkung gehört dazu. (Hier kann man z.B. an gestörtes Konsumverhalten als Spätfolge denken: immer wenn es `ungemütlich´ wird, wird eingekauft...) Hast du es denn mal konsequent damit versucht, Ola nicht abzulenken, wenn sie etwas für sie Unangenehmes erledigen muss? Dass sie (und anfangs auch du) es aushalten müssen, wenn etwas nicht angenehm ist?"

7.13. Ich stille oder das Kind stillt?

Irgendwann werden die Kinder beim Stillen selbstständiger, wobei sie sich unterschiedlich verhalten. Mein Sohn sagte Bescheid, die Tochter versuchte manchmal die Bluse hochzuschieben oder durch die Bluse Milch zu trinken. Beide akzeptierten aber, dass ich

das nicht gut fand, und sie warten müssen, bis sie von mir grünes Licht und den Zugang zum Stillen erhalten. Ich mag die Vorstellung nicht, dass ich auf einmal in der Öffentlichkeit an einem Ort, der mir vielleicht peinlich ist, mit nacktem Oberkörper dastehe.

Susanne mit Ilona:
„Für mich war es auch eine sprachliche Unterscheidung. Als ganz kleines Baby wurde sie von mir gestillt, d.h. `ich stille das Kind´, da von mir als Mutter die Aktion ausging. Mit zunehmender Mobilität des Kindes wird dann sein aktiver Part größer. Meine Tochter hat herausgefunden, wie sie meinen Still-BH aufkriegt. Wenn ich im Bett lag, kam sie zu mir gekrabbelt, setzte sich zu mir, schob die Kleidung weg, machte den BH auf und trank; das war der Moment, wo bei mir das `das Kind stillt sich´ begann. Inzwischen sehe ich es so, dass der für uns passende Ausdruck `wir stillen´ ist, eine Gemeinschaftshandlung. Meine Tochter ist alt genug, um auch mal warten zu können (z.B. wenn sie nach dem Essen einen Schluck will, ich aber noch am Essen bin), und das Stillen ist nicht mehr eine ausschließlich ernährungsbedingte Notwendigkeit, wie es noch im ersten (fast) vollgestillten Jahr der Fall war. Ich genieße es als Kuscheleinheit, als gemeinsame Ruhepause, die schön und relaxend für beide ist. Doch kann man auch bei einem Vierjährigen sagen: `Ich stille das Kind´, weil es meine Brust ist und weil ich entscheide, ob gestillt wird.
Ich denke im Grunde nicht mehr viel über unsere Stillbeziehung nach, da es etwas Alltägliches geworden ist. Irgendwann habe ich beschlossen, es meiner Tochter zu überlassen, wann unsere Stillzeit endet. Man entwickelt sich gemeinsam mit dem Kind; ich bin neugierig; es ist spannend, mit zunehmender Sprachentwicklung auch zu sehen, wie sie verbal mit der Sache umgeht."

7.14. Wie die Kinder die andere Seite zum Stillen einfordern

Es gibt Kinder, die stillen, wie es kommt, egal an welcher Seite. Andere, wechseln gerne öfter die Seite. Meine Tochter wechselte eine Zeitlang alle paar Sekunden; immer etwa dreimal pro Stillen, als wenn sie Vorsuppe, Hauptmahlzeit und Nachtisch getrennt trinken wollte. Mit fast drei wechselte sie nur noch einmal, sie forderte: `Ande Seite´, wenn sie nicht selber herankam. Ein Kind zu stillen, das zu sprechen beginnt, ist eine neue Erfahrung.

Waltraud:
„Amira wechselt mindestens vier bis fünf Mal die Seite. Oft ist es ziemlich unangenehm, da sie das genau beim Milcheinschuss tut und ich wie eine `Gießkanne´ da stehe."

Anne mit Jonas (anderthalb Jahre):
„Ja, das habe ich jetzt kürzlich bei Jonas auch neu bemerkt. Ich dachte, es hängt damit zusammen, dass ich durch die Schwangerschaft kaum Milch habe; teilweise wollte er aber fünf bis sechs Mal wechseln. Kennt ihr das auch? Oder ist das bei uns speziell?"

Gunde:
„Mir ging es auch so, als Tiana immer schlimmer krank wurde, obwohl angeblich Stillkinder sooo gesund sind. Aber es war nie ein Grund für mich, lange zu stillen. Ich stille lange, weil es schön ist und zu mir und meinen Kindern passt. Dass es dabei gesund ist, finde ich praktisch. Bennet ist schon vier, aber wenn er krank ist, ist er wie ein ganz kleines Baby: Die ganze Nacht weinen und stillen, linke Seite, rechte Seite, linke Seite und morgens bei mir nur Watte im Kopf. Diese Nächte werden immer seltener und hören irgendwann ganz auf; wann das sein wird, weiß ich von meiner älteren Tochter gar nicht mehr."

7.15. Zwicken und Beissen

Beim Stillen haben die Kinder in der Regel eine Hand frei. Sie tun damit verschiedene Dinge; manche machen Müttern keine Freude. Es scheint ein Bedürfnis zu sein, die freie Hand an der Haut der Brust zu platzieren, was wohl der Kontaktaufnahme zwecks Milchflusses dient. Nach manchen Aussagen soll durch das Zwirbeln speziell der freien Brustwarze der Milchreflex schneller ausgelöst werden können. Deshalb gibt es doppelseitige Milchpumpen.

Andrea H:
„Was machen denn eure Kinder mit der freien Hand beim Stillen? Emilia zwickt mich in letzter Zeit ausdauernd, in Brust, Bauch, bohrt ihre kleinen Finger in meine Nase, Auge und Mund. Wenn ich ihr was in die Hand gebe, ist es mit dem Zwicken besser, aber dann steckt sie mir eben diesen Gegenstand ins Gesicht. Es macht mich wahnsinnig! Zum Glück ist sie wenigstens kaum quengelig, wenn sie wach und auf ist. Kennt ihr das? Gibt sich das Zwicken wieder?"

Gabs:
„Hallo Andrea, was hat deine Kleine vorher mit ihrer Hand gemacht? Morian habe ich von Anfang an meine Hand gegeben. Er spielt dann mit meinen Fingern, sodass wir sozusagen unsere freien Hände streicheln. Etwas anderes käme für ihn nicht in Frage."

Carmen mit den zwei Rabauken (12/00) und (2/90):
„Mein Mo wird immer rabiater: Manchmal Zwicken, ein bisschen Kratzen, Bohren besonders in Mamas Mund und noch ein paar Späßchen. Ich versuche immer, seine freie Hand zu streicheln und in angenehme Bahnen zu lenken. Würde ich ihm was zum Spielen geben, wäre es mit entspanntem Stillen vorbei. Ich kann dir nur raten, versuche ihre Hand ein bisschen festzuhalten und zu lenken! Anscheinend gewöhnen sie sich schlechte Angewohnheiten bald an und behalten sie lange bei! Also, rasch handeln!"

Andrea mit Julian:
„Ja, ich kenne das. Julian ist ja ungefähr so alt wie deine Emilia, aber bei ihm hat es sich wieder gegeben. Ich habe (analog zum Beißen, als er Zähne bekam), immer die Hand weg gehalten oder meine Brustwarze zugehalten. Jetzt ist er in den allermeisten Fällen sehr zart und manchmal ist sein Streicheln, vor allem nachts, sehr angenehm."

Anja L.
„Das mit dem Regulieren des MSR[78] stimmt; er kommt zwar auch ohne das Zwirbeln, aber mit dem Zwirbeln deutlich schneller und öfter. Vor allem bei älteren Kindern, die nur selten tagsüber trinken, ist das der Fall. Kneifen und Ähnliches muss nicht sein; die persönliche Grenze musst du dem Kind klarmachen. Am besten reagierst du, indem du ihm in ruhigem, aber bestimmten Ton sagst: `Ich möchte nicht, dass du mich zwickst. Es tut mir weh.´ Wird dennoch weiter gezwickt, kannst du das Stillen kurz unterbrechen. Wichtig ist dabei, keine verbalen Wiederholungen anzuwenden (also dies mehrmals zu sagen) und das Kind nicht persönlich zu kritisieren (Kannst du nicht hören?, Hör endlich damit auf! Du bist nicht lieb zu Mama! etc.) Es ist schwierig, diese Dinge nicht in Machtkämpfe ausarten zu lassen. Man sollte sich fragen, ob - und wenn ja, was - das Kind einem sagen möchte, vielleicht: Mama, schau mich an und erzähle mir etwas beim Stillen! Mama, sei für mich da und sei tatsächlich greifbar, präsent und verfügbar! Ich brauche dich im Moment gerade etwas intensiver? Hintergründe und Auswirkungen hat Jesper Juul in `Das kompetente Kind´ und in `Grenzen,

[78] Milch-Spende-Reflex

Nähe, Respekt´ schön beschrieben. Ich weiß seitdem, was ich von meinem Kind lernen kann und bin jeden Tag ein bisschen ruhiger, fröhlicher und ausgeglichener."

Anne mit Jonas (zwei Jahre) und schwanger:
„Gibt sich das Zwicken wieder? Solche Angewohnheiten sollen sich halten? Lange hat Jonas nicht gezwickt, weil ich mir die andere Brust immer mit dem Unterarm abdrückte, weil sonst ständig Milch mitlief. Erst nach über einem Jahr war das nicht mehr nötig; Jonas entdeckte die andere Brust. Ich habe das Zwicken immer abgelehnt und ihm das gesagt, aber mit der Zeit wurde sein Fummeln und Hampeln immer stärker. Zuletzt war dies mit ein Grund, weshalb ich abstillen wollte. Ich war wieder schwanger und so angeschlagen, dass ich sein Verhalten nicht mehr tolerieren konnte. Ich kann mich dem nur anschließen: Das Zwicken etc. lieber früh und sofort unterbinden, wenn es geht. Es wird nicht besser.

Die Erklärung mit dem Anregen des Milchspendereflexes kann ich nicht nachvollziehen. Er kommt auch ohne Zwirbelei zustande. Außerdem kann es der Mutter die Stillfreude verleiden, was höchst kontraproduktiv wäre. Trotzdem ist das Verhalten ziemlich verbreitet."

Andrea:
„Bei mir wird der Milchspendereflex durch das Kind ausgelöst. Jetzt, wo er nicht mehr zwickt und sanfter ist, ist es natürlich angenehmer."

Andrea mit Emilia:
„Vielen Dank für Verständnis, eigene Erfahrungen und Tips. Erfreulicherweise hat sich das Ganze wieder beruhigt; vielleicht war es nur eine Phase. Ich versuche jetzt, Emilia ruhig, aber bestimmt vom Zwicken abzuhalten und andere Fingerspiele anzubieten."

Andrea aus Hannover:
„Im Moment ist meine Tochter unruhig beim Trinken. Vor allem abends dreht und wendet sie sich so lange, bis sie die Brustwarze nicht mehr drin behalten kann und beim Rausrutschen über ihre Zähne gleiten lässt. Autsch! Patentrezepte wie ‚an die Wange schnipsen' funktionieren nicht, da ihr Gesicht meist auf der Matratze liegt. Außerdem ist der Moment, in dem es weh tut, sehr kurz; ich könnte ihn nicht so genau abpassen, dass sie auch verstehen würde. Habt ihr eine Idee? Normalerweise beißt sie selten; manchmal guckt sie mich an und setzt zum Beißen an. Meist kann ich es verhindern. Wenn sie es geschafft hat, sage ich ihr deutlich, wie Sch... ich das finde und die Mumi wird erst einmal `eingepackt´. Dennoch werde ich sie noch lange stillen, wenn sie möchte."

Meike:
„Mit Max ging es mir nicht ganz so schlimm, aber er hat mich gehörig gebissen. Irgendwer gab mir den Tip, ihn in die Backe zu kneifen! Es widerstrebte mir zwar, aber nach ein, zwei Mal, hat er mich fast nie mehr gebissen!"

Andrea mit Max (anderthalb Jahre):
„Ich kann das nachfühlen. Meinen Maxi konnte ich wegen seiner Beißattacken nach ca. sechs Wochen kaum noch stillen. Er biss beim An- und Abdocken immer wieder zu. Ratschläge, ihm die Brust wegzunehmen, fand ich wenig hilfreich: wer lässt sich beißen, nimmt die Brust weg und bietet sie wieder an? Letzten Endes bekam ich auch Probleme mit dem Milchspendereflex, da ich mich kaum noch entspannen konnte. Erst als ich kurz vor dem Aufgeben war, habe ich ernst mit ihm gesprochen; er hat es wohl verstanden und biss nicht mehr. Selten zieht er nach dem Trinken die Brustwarze aus dem Mund, ohne ihn zu öffnen; dann schimpfe ich mit ihm und erkläre, dass mir dies weh tut.
Für manche Kinder scheint es ein Lustgefühl zu sein, in Fleisch zu beißen. Woher sollen

sie wissen, dass dies nicht in Ordnung ist... Eine Zeitlang biss Max mir in den Nacken oder Arme, wo nackte Haut war; dann biss ich zurück. So konnte ich ihm das Beißen abgewöhnen. Es ist kein Patentrezept, aber die kleinen Racker verstehen mehr, als man ihnen zutraut. Versuch es im Gespräch. Wenn du ihm deinen Standpunkt deutlich (Tonfall) machst, reicht das vielleicht schon."

Wenn Ihr Baby beißt

Barbara Taylor, aus NEW BEGINNINGS, Bd. 16, Nr. 2, März/April 1999, S. 36-39
Deutsch von Daniel Neubronner und Cordula Kolarik:
„In der Vorstellung von werdenden Müttern und ihren Bekannten können die Zähne eines Babys bedrohlich wirken. Wenn eine schwangere Frau mit anderen über das Stillen ihres Kindes spricht, wird sie wahrscheinlich auf jemanden treffen, der vielleicht mit einem Grinsen fragt: `Aber was wirst du tun, wenn es Zähne bekommt?´

Manche Leute denken, es sei an der Zeit abzustillen, wenn ein Baby Zähne bekommt. Sie glauben wahrscheinlich, dass Babyzähne das Stillen für die Mutter schmerzhaft machen. Doch solange ein Baby richtig gestillt wird, tut das Stillen nicht weh, auch wenn es zwei, vier oder einen ganzen Mund voll Zähne hat. Wie bei vielen anderen Herausforderungen des Elternseins auch, ist die Angst vor dem Zahnen oftmals schlimmer als das Zahnen selbst.

Man sollte nicht vergessen, dass ein aktiv saugendes Baby nicht beißen kann. In der richtigen Position ist die Brustwarze weit im Inneren des Babymundes. Die Lippen des Babys sowie das Zahnfleisch umschließen den Warzenvorhof, ungefähr 2,5 cm hinter der Brustwarze. Die Zunge des Babys legt sich über sein Zahnfleisch zwischen seinen unteren Zähnen und der Brust. Die oberen Zähne könnten einen Abdruck auf dem Warzenvorhof hinterlassen, der jedoch harmlos ist. Während das Baby aktiv saugt und schluckt, kann es mit den Kiefern das Brustgewebe umschließen. Schmerz tritt dann auf, wenn die Kiefer des Babys anstelle des Warzenvorhofs die Warze selbst umschließen, unabhängig davon, ob das Baby Zähne hat oder nicht. Als einfache Regel gilt: Wenn ein Baby richtig gestillt wird, beißt es nicht. Wenn ein Baby beißt, passiert es üblicherweise beim Andocken, während einer Pause oder am Ende des Stillens, wenn es nicht aktiv saugt.

Die natürliche Reaktion einer Mutter auf Schmerz hält manches Baby davon ab, sie noch einmal zu beißen. Viele Babys erschrecken beim lauten Aufschrei der Mutter und lassen sofort die Brustwarze los. Einige weinen sogar. Diese negative Erfahrung lässt einige Babys ganz mit dem Beißen aufhören. In `Wir stillen noch´ erläutert Jane Bumgarner: `Die Tatsache, dass die große Mehrzahl der Kinder lernt, nicht so schnell zuzubeißen, lässt sich vermutlich damit erklären, dass wir ausnahmslos sofort und entschlossen reagieren, wenn wir in die Brust gebissen werden. Es gibt vermutlich keine Situation, in der wir unser Verhalten so unmittelbar, entschlossen und konsequent verändern. Darüber hinaus lieben uns unsere Kinder und reagieren auf die nachdrückliche und ehrliche Art und Weise, mit der wir darauf bestehen, dass sie uns nicht beißen sollen.´

Diese prompten und direkten Reaktionen können manchmal dazu führen, dass sensible Babys die Brust komplett ablehnen. Dieses plötzliche Desinteresse am Stillen bzw. die gänzliche Ablehnung der Brust wird als `Stillstreik´ bezeichnet. Ein Stillstreik unterscheidet sich vom tatsächlichen Selbst-Abstillen dadurch, dass er plötzlich auftritt und das Baby unglücklich wirkt.
Es kann mühsam sein, einem `streikenden Baby´ klarzumachen, dass es in Ordnung ist, das Stillen wieder aufzunehmen. Daher ist es ratsam, Ihre Reaktion auf den Schmerz nicht zu übertreiben. Versuchen Sie nicht, Ihr Baby von der Brust wegzuziehen, wenn es die

Brustwarze mit den Kiefern fest umschlossen hält. Dies schadet Ihrer Haut mehr als das Beißen des Kindes. Schieben Sie stattdessen einen Finger zwischen das Zahnfleisch oder die Zähne des Babys, um so das Vakuum zu durchbrechen und lassen Sie die Finger dort, während Sie das Baby von der Brust lösen. Eine andere Möglichkeit ist, das Kind so nah wie möglich an die Brust zu drücken. Dies wird das Baby veranlassen, die Brustwarze loszulassen, denn Babys reagieren empfindlich auf eine Blockade der nasalen Atemwege. Sie können auch versuchen, die Nase Ihres Kindes kurz zuzuhalten, damit es den Mund öffnet und die Brustwarze loslässt.

Hören Sie mit dem Stillen auf, damit das Baby nicht in Versuchung gerät, Sie erneut zum Aufschreien zu bringen. Sobald das Kind beißt oder dies versucht, bieten Sie ihm einen Beißring oder ähnliches an, damit es weiß, wo es seine Zähne benutzen darf. Gleichzeitig erklären Sie ihm: `Darauf kannst du beißen. Beim Stillen musst du ganz sanft sein.´

Einige Mütter möchten vielleicht eine etwas `härtere´ Methode benutzen und setzen das Baby direkt nach dem Beißen auf den Boden. Nach ein paar Minuten können sie es wieder trösten. Auf diese Weise sollte es begreifen, dass Beißen negative Konsequenzen mit sich bringt.

Wenn Sie das Stillen wieder anbieten, achten Sie auf gute Anlegetechnik und loben Sie Ihr Kind, wenn es richtig andockt und die Brust vorsichtig loslässt. Indem Sie `Danke´ und `liebes Baby´ sagen und das Kind anlächeln, es umarmen oder küssen, machen Sie es ihm leichter, die richtige Stilltechnik zu lernen. Eine Mutter machte mit ihrem fünf Monate alten Sohn ein Spiel daraus: `Wir hatten uns zum Stillen hingelegt. Er ließ sanft los und ich lobte ihn. Er lächelte, dockte wieder an, trank fünf Sekunden, ließ wieder los, und ich lobte ihn wieder. Dies ging eine Weile so weiter, bis ich mich entschied, mein Glück nicht weiter herauszufordern. Wir standen auf und taten etwas anderes.´

Auch junge Babys können das korrekte Andocken und eine gute Körperhaltung beim Stillen lernen, wenn die Mütter sie sanft dazu ermutigen.

Faktoren, die zum Beißen beitragen können

Einige Babys sind hartnäckig mit ihren Experimenten mit dem Beißen der Brust. Die Gründe für das Beißen zu erkunden, kann einer Mutter bei der Entscheidung helfen, wie sie reagieren soll.
Häufig vorkommende Faktoren, die zum Beißen beitragen können, sind z.B. das Zahnen, das Anbieten von künstlichen Saugern, eine geringe Milchmenge, ein Baby, das mehr Aufmerksamkeit will, oder ein Kind mit verstopfter Nase. Was auch immer der Grund ist, das Beißen tritt meistens am Ende der Stillmahlzeit auf, wenn der Hunger des Kindes größtenteils gestillt ist und es anfängt, sich für andere Dinge zu interessieren.

Wenn ein Baby zahnt, könnte das Zahnfleisch wund sein. Es sieht vielleicht geschwollen oder rot aus. Wenn Sie mit Ihrem Finger darüber fahren, können Sie oft fühlen, dass ein Zahn kommt. Zähne können manchmal früh kommen, einige Babys werden mit einem Zahn geboren.

Fragen Sie Ihre Mutter, Schwiegermutter oder Großmutter, was sie bei einem zahnenden Baby getan haben. Vielleicht werden Sie überrascht sein, was für kreative und nützliche Vorschläge sie hat, und sie wird sich geschmeichelt fühlen, dass Sie sie gefragt haben. Ein kalter, nasser Waschlappen ist ein gutes Objekt: Die raue Oberfläche und die Kälte wirken beruhigend. Nachdem die Zähne durchgestoßen sind, bevorzugt das Kind vielleicht etwas Weiches zum Kauen.

Beißen kann auftreten, wenn die Nase des Babys verstopft ist. Keinen freien Atemweg zu haben, behindert beim Saugen; das Baby verliert leicht seinen Halt an der Brust. Dabei rutscht die Brustwarze in den vorderen Teil des Babymundes. Wenn sich die Kiefer noch bewegen, um die Brust zusammenzudrücken, könnte es plötzlich auf die Brustwarze beißen. Ein Baby mit verstopfter Nase bewegt manchmal seinen Kopf von einer zur anderen Seite, weil es nicht richtig atmen kann. Auch dies kann dazu führen, dass die Kiefer des Kindes zur Brustwarze hin abrutschen.

Wenn Ihr Baby aufgrund einer Erkältung oder einer verstopften Nase Schwierigkeiten mit dem Stillen hat, können Sie Ihren Arzt um Rat fragen. Den Schleim mit einem Nasensauger zu entfernen, kann für ein kleines Baby, das meistens auf dem Rücken liegt, eine große Erleichterung bedeuten. Auch wenn die Babys dies nicht mögen, geht es ihnen meistens besser. (Anmerkung der Autorin: In der Apotheke kann man ein sehr preiswertes Absaugset für Frühgeborene bestellen, das bei allen Babys gut funktioniert). Ebenfalls hilfreich ist es, das Baby in einer eher aufrechten Haltung zu stillen, da es so besser atmen kann und der Schleim sich auf natürlichem Wege löst.

Manchmal beißen Babys, weil sie die Aufmerksamkeit der Mutter auf sich ziehen wollen. Viele Mütter machen die Erfahrung, dass sie während des Stillens telefonieren, lesen oder fernsehen können, und diese Beschäftigungen sind in Maßen auch akzeptabel. Doch ältere Babys tun manchmal alles Mögliche, um ihre Mutter aufmerksam auf sich zu machen; Beißen ist mit eingeschlossen. Manche Kinder bekommen ein schelmisches Glänzen in den Augen, bevor sie zubeißen. Dies tritt meistens gegen Ende der Stillmahlzeit auf oder wenn das Baby eher weniger Interesse am Stillen gehabt hat.

Das Anbieten von künstlichen Saugern oder Schnullern kann ebenfalls zum Beißen beitragen.
Die Mund- und Zungenbewegungen sind beim Stillen ganz anders als an einem Sauger oder Schnuller: Ein Kind kann dadurch eine Saugverwirrung bekommen und anfangen, an der Brust herumzukauen, statt korrekt anzudocken. Auch wenn diese Probleme meistens in den ersten Wochen auftreten, können auch ältere Babys eine Saugverwirrung bekommen. Manchmal fangen sie auch an, an der Brust herumzukauen, nachdem sie gelernt haben, aus einem Trinklernbecher zu trinken; dies vor allem, wenn sie gerne auf dem Trinkschnabel herumkauen.
Künstliche Sauger können insofern zum Beißen beitragen, als die regelmäßige Gabe von Wasser oder Saft zu einem Rückgang der Milchmenge führen kann. Manch ein Baby beißt frustriert zu, weil seine Mutter nur wenig Milch hat. Zufüttern anderer Kost kann ebenfalls zu einem Rückgang der Milchmenge führen. Stillen Sie in diesem Fall häufiger, um sie zu steigern. Wenn das Beißen um die Mitte des ersten Lebensjahres auftritt und häufigeres Stillen auch nach ein paar Tagen keine Wirkung zeigt, ist es vielleicht an der Zeit, feste Nahrung einzuführen.

Auch eine erneute Schwangerschaft kann einen Einfluss auf die Milchmenge der Mutter haben. Jamie Larson aus Cape Canaveral, Florida, USA, hat in der LLL-Zeitschrift NEW BEGINNINGS (März/April 1997) ihre Erfahrungen geschildert.
Ihre Tochter fing im Alter von acht Monaten an zu beißen. Obwohl Jamie sorgfältig nach möglichen Gründen geforscht und ihre örtlichen LLL-Beraterinnen um Rat gefragt hatte, gelang es ihr nicht, den Grund für Uriels Beißen zu finden. Als Jamie drei Monate später eine Fehlgeburt erlitt, hörte Uriel plötzlich mit dem Beißen auf, und Jamies Milchmenge nahm

dramatisch zu; sie hatte nichts von ihrer Schwangerschaft gewusst und nicht bemerkt, dass ihre Milchmenge so abgenommen hatte. Beim Arzt stellte sich heraus, dass Uriel in diesen Monaten nichts zugenommen hatte. Jamie berichtete, dass Uriel nach der Fehlgeburt knapp zwei Kilo in drei Wochen zunahm.

Sobald der Zyklus wieder einsetzt, stellen manche Mütter fest, dass ihre Milchmenge während der Menstruation etwas geringer ist. Auch können die Brüste während der Menstruation empfindlicher sein, wodurch das Stillen für die Mutter unangenehmer sein kann. Hormonelle Empfängnisverhütungsmethoden können ebenfalls die Milchmenge beeinflussen, vor allem, wenn in den ersten Wochen nach der Geburt mit der Anwendung begonnen wird.
Andere Faktoren sind manche Medikamente und Nahrungsergänzungsmittel: Wenden Sie sich an Ihre örtliche LLL-Beraterin, wenn Sie wissen möchten, ob ein Medikament oder Nahrungsergänzungsmittel Auswirkungen auf Ihre Milchmenge ausüben.
Auch die Persönlichkeit des Babys hat Einfluss: Bei manchen Babys sind die oralen Bedürfnisse stark ausgeprägt; wenn sie anfangen zu krabbeln, stecken sie sich vielleicht jede Fluse, die sie finden, in den Mund. Sie wollen die Welt durch ihren Geschmackssinn erfahren und Strukturen mit ihrer Zunge erkunden.

Körperhaltung von Mutter und Kind

Im Alter von drei oder vier Monaten wächst das Interesse eines Babys an seiner Umwelt sprunghaft. Geräusche wie etwa die eines Geschwisterkindes, das in der Nähe spielt, können es so faszinieren, dass es schnell den Kopf dorthin dreht. Leider vergisst es dabei manchmal, die Brust loszulassen und rutscht auf die Brustwarze. In jedem Alter kann ein Baby, das beim Stillen einschläft, auf das Herausziehen der Brustwarze durch Kieferschluss reagieren. Diese Verhaltensweisen beruhen zu einem gewissen Anteil auf Reflexen, so dass man anders darauf reagieren sollte als auf andere Arten des Beißens.

Ältere Babys und Kleinkinder nehmen beim Stillen manchmal eine Körperhaltung ein, die für die Mutter unangenehm ist; sie stützen sich so auf die Brust der Mutter, dass sie Druck auf die Brustwarze ausüben, auch wenn die Kiefer nicht auf der Warze aufliegen, Kleinkinder drehen sich beim Stillen manchmal hin und her. Wenn der Mund zu viel hin- und herbewegt wird, kann er schmerzhaften Druck ausüben. Durch entschiedenes Lenken können diese Kinder lernen, ihre gymnastischen Triebe in Zaum zu halten und so zu stillen, dass es für beide Teile angenehm ist.

Wie man das Beißen vermeiden kann

Mit Sorgfalt und Aufmerksamkeit kann man verhüten, dass sich das Beißen von einer einmaligen Episode zu einem ständigen Problem entwickelt. Beißen kann man von vornherein vermeiden. Da jede Situation anders ist, müssen Sie vielleicht ein paar Methoden ausprobieren, bis Sie eine finden, die bei Ihnen und Ihrem Baby funktioniert.
Schützen Sie Ihre Brustwarze, wenn Sie Ihr Baby von der Brust lösen, vor allem, wenn es schläft. Stecken Sie Ihren Finger so weit in den Mundwinkel des Babys, dass er zwischen dem Zahnfleisch liegt. legen Sie Ihren Finger um die Brustwarze und lösen Sie das Baby. Wenn das Baby in dem reflexgesteuerten Versuch, weiterzusaugen, die Kiefer zusammenbeißt, beißt es in den Finger statt in die Brustwarze. Frauen, die ihre Brust beim Stillen mit einer Hand stützen, finden es vielleicht praktisch, den Zeigefinger dieser Hand zu benutzen; andere Frauen nehmen lieber den kleinen Finger. Halten Sie den Fingernagel kurz geschnitten, um weder die Brustwarze noch den Mund des Babys zu kratzen.

Wenn Sie den Eindruck haben, dass Ihr Baby Sie beißt, weil es Aufmerksamkeit möchte, widmen Sie ihm diese vom Anfang des Stillens an. Berühren Sie es, sprechen Sie mit ihm, sehen Sie ihm in die Augen. Dadurch merken Sie besser, wann Ihr Baby das Interesse am Stillen verliert.

Sie können erkennen, wann es Zeit ist, eine Stillmahlzeit zu beenden, indem Sie das Saugmuster Ihres Babys beobachten. In der LLLI-Publikation `An Overview of Solutions to Breastfeeding and Sucking Problems´ schreibt Susan Meintz-Maher:

`Wenn die Mutter ihr Baby beim Stillen beobachtet, fällt ihr vielleicht auf, dass sich in seinen Kiefern eine Spannung aufbaut, bevor es tatsächlich zubeißt. Das kann ein Hinweis sein, das Baby zu lösen, bevor es zubeißen kann.´

Ein weiterer Hinweis kann es sein, wenn das Baby die Zunge von der normalen Lage über dem Unterkiefer zurückzieht.

Achten Sie auf eine gute Körperhaltung und korrektes Anlegen, damit Ihr Baby nicht vom Saugen abgelenkt wird und nicht beißt. Stellen Sie sicher, dass der Mund Ihres Babys weit offen ist, bevor Sie es zu sich heranziehen und Ihre Brustwarze weit in seinen Mund hinein lenken. Frauen mit großen Brüsten sollten besonders darauf achten, die Brust mit ihrer freien Hand zu stützen; eventuell müssen Sie das auch während der gesamten Stillmahlzeit tun. Der ganze Körper Ihres Babys sollte dem Ihren zugewandt sein, damit es zum Stillen nicht den Kopf zur Seite drehen muss.

Drängen Sie Ihr Kind nicht zum Stillen, vor allem, wenn es schon älter ist. Viele Mütter nutzen das Stillen als Hilfsmittel, um das Kind zu einem Mittagsschlaf zu bewegen, aber manche Kleinkinder wehren sich dagegen, sobald ihnen der Zusammenhang klar geworden ist. Wenn sich Ihr Baby windet, hin und her dreht oder mit den Armen gegen Sie stemmt, hat es vielleicht keinen Hunger oder will nicht stillen. Wenn Sie den Eindruck haben, dass Ihr Baby zu abgelenkt ist, können Sie sich mit ihm in ein ruhiges Zimmer legen, wo es zur Ruhe kommen und stillen kann. Ein kleines, unzufriedenes Baby kann man auch oft durch Umhertragen oder Schaukeln genug beruhigen, um es stillen zu können.

Wenn Ihre Brustwarze wund ist

Brustwarzen enthalten viele Nervenenden und sind empfindlich. Beißen tut weh. Ein Großteil des Schmerzes rührt oft daher, dass das Baby die Brust loslässt (oder von der Brust gelöst wird), ohne den Unterdruck zu unterbrechen. Wenn Ihre Brustwarze wund ist, kann eine gute Anlegetechnik (die sicherstellt, dass die Brustwarze hinter den Lippen und den Kiefern Ihres Babys liegt) sie vor weiteren Verletzungen schützen, so dass sie schnell heilen kann.

Wenn nur eine Brustwarze wund ist, fangen Sie mit der anderen Seite an, so dass das Baby dort am kräftigsten saugt.

Um die Heilung zu beschleunigen und den Schmerz zu lindern, können Sie ein bisschen Muttermilch ausdrücken, sanft auf die Brustwarze und den Warzenvorhof streichen und eintrocknen lassen. Modifiziertes Lanolin, das von der LLL unter dem Namen Lansinoh für stillende Mütter verkauft wird, ist hypoallergen und unbedenklich für Ihr Baby. Viele Mütter haben die Erfahrung gemacht, dass es den Schmerz bei wunden Brustwarzen lindert und dazu beiträgt, dass Risse in der Haut besser heilen. Tupfen Sie die Haut nach dem Stillen sanft trocken und tragen Sie eine kleine Menge auf den Brustwarzenbereich auf.

Eine Frage der Perspektive

Die Aussicht, von ihrem eigenen Baby gebissen zu werden, kann etwas erschreckend sein. Ein stürmisches Kleinkind kann Ihnen auf den Fuß treten oder mit dem Kopf gegen Ihren Kopf stoßen, wenn es Sie umarmen will, doch ist das kein Grund, es nie mehr zu umarmen. Sie werden sich einfach nur bemühen, Ihre Zehen und Ihren Kopf zu schützen. Dasselbe gilt auch für Ihre Brustwarzen.

Auf die Signale des Babys zu achten, ist der erste Schritt zum Selbstschutz. Jede Mutter wird eine Methode finden, die bei ihr und ihrem Baby funktioniert. In `Breastfeeding Plain and Simple´ schreibt Gwen Gotsch: Was Sie tun, um Ihrem Baby klarzumachen, dass es Sie nicht noch einmal beißen soll, hängt von seinem Alter und Temperament ab. Ein älteres Baby kann vielleicht schon verstehen, dass die Mutter sofort mit dem Stillen aufhört, wenn es beißt, und dass es dann eine Zeitlang nicht mehr gestillt wird – vielleicht zwanzig Minuten oder länger. Für ein besonders sensibles Baby kann diese Reaktion zu schroff sein, vor allem, wenn die Mutter vor Schmerz aufschreit. Ein jüngeres Baby begreift vielleicht noch nicht den Zusammenhang zwischen seinem Tun und den Konsequenzen. Geduld, Durchhaltevermögen, genaue Beobachtung und Sensibilität für die Gefühle des Kindes sind in jedem Alter wichtig für die Mutter. Wenn Ihr Baby eine Beißphase hat, seien Sie gewiss, dass sie von kurzer Dauer sein wird und dass Sie Ihr Kind weiter stillen können, bis es dem Bedürfnis entwachsen ist."

Stillen mit Zähnen

Mutter Christine Autherid:
„Ich habe insgesamt sieben Kinder gestillt, von denen nur drei keine Zähne hatten; nur eine hat mich einmal so gebissen, dass ich blutete. Ich habe sie weggerissen, statt die Nase zuzuhalten; Kinder lernen recht schnell, dass sie das nicht dürfen. Trotzdem würde es mich nicht vom Stillen abhalten. Ich stille zur Zeit schon das dritte Kind. Das Erste mit Zähnen hat sich abgestillt, das Zweite mit Zähnen stille ich noch und das dritte momentane Stillkind wird mich hoffentlich auch nicht beißen."

7.16. Einige Stillgeschichtchen

Es gibt so nette Geschichten um das Stillen herum. Sie sollen hier einfach nur gut tun.

Line:
„Als Bastian 20 Monate alt war hatte er eine ausgeprägte `mein´ Phase. Alles war `meins´ oder `meiner´. Natürlich, war es während des Stillens `meine nana´. Ich war zum Scherzen aufgelegt und erwiderte: `Nein, meine nana´. Das ging ein paar Mal hin und her. Nun war Basti wieder dran. Er hielt kurz inne, lächelte mich an und sagte `unsre nana´. Ich war überrascht und gerührt."

Dagmar:
„Am besten sind die Kinder, wenn man ihnen erklärt, dass Stillen das Beste und Natürlichste sei, und die das weiter tragen: `Das arme Baby darf keinen Busen haben?´"

Denise:
„William (fast fünf Jahre alt!) wollte heute Abend unbedingt einen Film sehen, statt mit mir

zu spielen, also sagte ich ihm, ich würde ins Internet gehen. Dann fiel mir ein, dass ich sonst immer sage: `Ich setze mich an den Computer´, daher fragte ich ihn, ob er wüsste, was `Internet´ bedeutet. `Natürlich, Mama´, antwortete er, `da gehst du doch hin, um Stillen zu lernen´."

Tammy:
„Meine Tochter und ich waren in der Drogerie, um Vitamine für die Schwangerschaft zu besorgen. Sie hatte eine Babypuppe dabei. Sie stand hinten im Einkaufswagen, und ich achtete nicht weiter darauf, was sie tat, bis ich plötzlich merkte, dass sie sich das T-Shirt auszog! Als ich sie fragte, warum sie sich ausziehe, erklärte sie mir – in ihrer lauten Stimme: `das Baby will Ham-ham´ und hielt sich die Puppe an die Brust – so dass es alle sehen konnten! Ich lächelte über beide Ohren und sagte, es sei gut, dass sie ihrem Baby gute Milch gebe. Sie war stolz."

Christa Reisenbichler, Präsidentin La Leche Liga Österreich:
„Oft erzähle ich die Geschichte meines jetzt siebenjährigen Sohnes. Er wollte vor dem ersten Lebensjahr keine andere Nahrung als Muttermilch. Als sein kleiner Bruder zur Welt kam, war er gerade zwanzig Monate alt, verweigerte andere Nahrung und trank die folgenden Monate nur Muttermilch. Er nahm in dieser Zeit drei Kilogramm zu; sein kleiner Bruder gedieh ebenfalls prächtig. Mit drei Jahren besuchte er mit Begeisterung den Kindergarten, nicht weil er musste, sondern weil er wollte. Wenn er nach Hause kam, sagte er immer: `Setz dich hin und gib mir meinen Busa.´ Immer wartete er auf seinen Bruder, erst wenn auch der trank, konnte er richtig genießen.

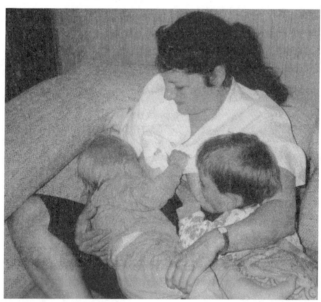

Zum Abendritual gehörte Stillen dazu. Eines Tages, mein Sohn war drei Jahre und sieben Monate alt, fragte ich ihn vor dem Schlafen, ob er noch einmal trinken wollte; da sagte er: `Nein, Mama, gib mir besser ein Buch.´
So leicht kann Abstillen gehen, wenn wir den Kindern Zeit geben. Natürlich weiß ich, dass nicht jede Frau möchte, dass ihr Kind so lange trinkt. Aber ich wünsche mir für viele Frauen die Chance, dass auch sie wie ich dazulernen können."

Katharina und Kolya:
„Kolya und ich hatten das gleiche Gespräch: `Meine Mimi.´ `Nein, meine Mimi´. Ich sagte:

`Es ist meine Brust, aber ich gebe dir gern etwas von meiner Mimi ab.´ Und darauf Kolya strahlend: `Ja, Mama. Du kannst auch etwas von meiner süßen Mimi abhaben. Koste mal, die ist für dich!´, und hielt mir die zweite Brust entgegen, an der er gerade nicht trank.
Ich habe mich gekringelt vor Lachen. Kolya meint, dass vom Himbeereis die Mamamilch noch süßer und besonders lecker wird. Er fragt mich, ob der und der ein Mimikind sei, weil er entdeckt hat, dass es nicht bei allen Kindern so ist wie bei ihm. Und erklärt mir, er wolle immer seine Himbeermimi und nur in den Himbeerkindergarten, nicht in den Zitronenkindergarten. Im Himbeerkindergarten dürfen die Mamas mitspielen, darum ist der so süß. Und der Zitronenkindergarten ist sauer, weil da keine Mamas dabei sein dürfen."

Line:
„Ich habe eine Bekannte mit einer Tochter Mathea (zwei Jahre). Mathea fing an `dieta´ zu sagen, wenn sie stillen wollte. Meine Bekannte wunderte sich zwar, dachte sich aber nichts dabei – bis ein Bekannter sie ansprach, ob Mathea zweisprachig erzogen würde. `Nein, wieso?´ `Dieta sei spanisch und heiße Busen, Brust´... Sind sie nicht herzallerliebst, unsere Stillkleinkinder?"

Dagmar:
„Ellerts Paten erzählen immer so amüsante Geschichten, an die ich mich nicht mehr erinnern kann. Wir waren, als Ellert noch ganz winzig war, in einem Cafe und Ellert muss Hunger gehabt haben; das Fläschchen noch schnell leer, er hatte immer noch Hunger. Da er nicht an die Brust ging, habe ich mein Fläschchen wohl unter die Brust gehalten und Milch reinlaufen lassen. Ellert war glücklich und satt. Ellerts Pate muss das heute noch beschäftigen..."

Cordula mit den zwei Stillkindern Stella (vier Jahre) und Angela (vier Monate):
„Stella ist vier geworden und stillt noch abends, nachts, manchmal morgens und tagsüber. Heute, als ihr Pullover einmal kaum über den Kopf ging, meinte sie, ihr Kopf sei so groß, weil sie so viel stillte. Stillen macht halt schlau..."

Unter dem Titel: „Flotte Mahlzeit" erschien in Nordwest-Zeitung v. 11.08.2003 folgende Meldung:
„RAVENNA / USA – Während sie mit 100 Stundenkilometern über die Autobahn fuhr, hat eine 29-jährige Amerikanerin ihr Kind gestillt. Ein Richter im US-Staat Ohio sprach sie deswegen zwar vom Vorwurf der mutwilligen Gefährdung ihres Kindes frei, befand sie jedoch wegen dreier anderer Delikte für schuldig: Verstoß gegen die Aufsichtspflicht, Fahren ohne Führerschein und Flucht vor der Polizei."

7.17. Sexualität und Stillen

7.17.1. Argument: Stillen und Sexualität

Heidi:
„Falls Maja sich entschließen sollte, besonders lange Stillkind zu bleiben – warum sollte ich sie hindern, wenn es mich nicht stört? Klar, meine Brust ist nicht nur ein Stillorgan, sondern gehört auch zur Sexualität. Zu dieser Frage gibt es einen interessanten Artikel bei www.uebersstillen.org: `Ist die sexuelle Funktion der Brust vorbestimmt?´ oder so ähnlich. (Es gibt dort auch einen guten Artikel: `Ein Kleinkind stillen – warum in aller Welt?´) Ich glaube, dass diese Wahrnehmung stark kulturell bedingt und von der Prägung des Kindes abhängig

ist: Unser Fünfeinhalbjähriger würde dir auf die Frage, wofür die Brust da ist, nur sagen: `Zum Stillen.´ Ich bin überzeugt, dass gar nicht zu stillen wesentlich schädlicher sein kann als lange stillen."

7.17.2. Homosexualität durch Langzeitstillen?

Obwohl mit der weiblichen Brust gestillt wird, kommt die Frage nach Homosexualität durch Langzeitstillen offensichtlich öfter vor.

Marvin tanzt mit einer Bürste

Anke D. mit Jacob (15 Monate):
„Da vor ein paar tausend Jahren alle Kinder länger gestillt wurden, wäre die Menschheit wohl ausgestorben, wenn man davon schwul würde...ich verstehe aber den Gedanken, dass lang gestillte Kinder eine zärtliche Beziehung zu Brüsten entwickeln (kann der/dem zukünftigen Geliebten ja nicht schaden), was zumindest bei kleinen Jungen kaum zu Homosexualität führen dürfte, da Männer keine Brüste haben. Ob die kleinen Mädchen lesbisch werden könnten, da müssen wir scharf nachdenken, tststs... Ich hoffe, dass mein Sohn durch langes Stillen eine zärtlichere Beziehung zu seiner Zukünftigen aufbauen kann. Mir hat in meinen Beziehungen immer etwas gefehlt, wenn Männer sich immer nur auf das Eine konzentrierten. Jacob streichelt so nett über meinen Bauch – das prägt sich ihm bestimmt ein, und macht ihn weniger körperdistanziert, als viele Jungen oft sind. Das hat mit einer normalen Einstellung zum Körper und zu Berührung und Zärtlichkeit zu tun, nicht mit Schwulsein."

7.17.3. Aufklärung

Dies gehört eigentlich nicht ganz zum Thema, aber wegen großer Nachfrage nun doch:

Mit zweieinviertel Jahren war Marvin bei Annies Geburt dabei und schnitt die Nabelschnur durch; insofern gab es keine Frage, wie die Babys herauskommen oder woher. Er bekam ja eine Schwester und wollte natürlich den „Pullerunterschied" wissen. Tamponwechsel: Ei, Nest, kein Baby, raus, neues Ei, aha. Später fragte er, wozu seine Hoden da sind. Da kommt später Samen raus. Er sah eine Schwangere und fragte: „Hat der Papa jetzt den Samen bei der Frau `reingemacht?" Da war er viereinhalb. Annie war drei und wusste, dass sie Eier im Bauch hat, die Babys werden können, wenn Samen dazu kommt.

Wir haben immer nur erklärt, was sie wissen wollten und keinen Satz mehr. Marvin weiß, dass er mit seiner Schwester keine Kinder haben darf, weil sonst die Kinder krank werden können; er wollte es nämlich später versuchen. Und ungefähr wozu ein Kondom da ist, dass es den Samen auffängt, wenn man gerade kein Baby will. Und dass er die nächste Nabelschnur auch wieder durchschneiden will. So war das bei uns; ich staune selber über uns, denn durch die Haptonomie wurden meine Kinder irgendwie ein weiterer Körperteil von uns, und das Thema wurde uns weniger peinlich.

Tatjana:
„Danke für den Bericht – sachlich, mutig – eigentlich normal!"

7.18. HAT ES VORTEILE, DEM KIND SELBER DAS ABSTILLEN ZU ÜBERLASSEN?

In der Gesellschaft sind Zufüttern und Abstillen so verbreitet, dass sich nicht jede Familie Gedanken macht, ob es auch anders geht. Es gibt viele Vorteile, dem Kind das Abstillen selber zu überlassen. Wenn das Kind den Zeitpunkt wählt, wird es wahrscheinlich länger gestillt, als wenn die Mutter den Zeitpunkt bestimmt. Die dadurch längere Stilldauer hat somit zusätzliche Vorteile:
- Ein Kind, das selbst entscheiden darf, wie lange es stillen darf, erlangt eine gute allgemeine Fähigkeit, Entscheidungen treffen zu können.
- Es hat für Beide den Vorteil, dass es sich richtig und natürlich anfühlt und man dem Kind nicht wehtun muss. Man muss seine Instinkte nicht austricksen und leugnen, man kann ihnen folgen. Es fühlte sich einfach richtig an.
- Nur so kann sich das Bedürfnis, gestillt zu werden, im Kind erfüllen.
- Kinder, die ihre Abhängigkeit voll ausleben können, gewinnen viel für ihre Unabhängigkeit.
- Warum soll man gute durch weniger gute Nahrung ersetzen?
- Stillen ist kindgerecht und Abstillen industriegerecht
- Die Mutter hat immer alles dabei, in der richtigen Temperatur und in einer netten Verpackung.
- Das Kind bekommt viel länger die wichtigen Stoffe der Muttermilch.
- Solange eine Mutter stillt, wird sie ziemlich sicher nie durchwachte Nächte haben.
- Die Mutter kann das Kind normalerweise fast immer schlafen legen, auch wenn das Kind gerade nicht so möchte, aber müde ist.
- Die Mutter kann das Kind mit wenig Problemen auch in fremder Umgebung schlafen legen.
- Die Mutter hat stets etwas Wirksames, das kranke Kind zu beruhigen, das verletzte

Kind zu trösten; denn ein schreiendes Kind ist für alle viel anstrengender als ein gestilltes Kind.
- Das Kind wird wahrscheinlich weniger krank sein als die abgestillten Kinder.
- Der Körper des Kindes wird nicht verschleimt durch unverdautes Kasein[79] aus der Tier-Milch, da dem Menschen das Enzym zur Kuhmilchverdauung fehlt, und der Körper den sich dadurch absetzenden Schleim durch Schnupfen usw. wieder loszuwerden versucht.
- Nach Bedarf gestillte Kinder sind zufriedener, ausgeglichener als andere.
- Gestillte Kinder sparen eine Menge Geld, das nicht für Ersatzprodukte ausgegeben werden muss.
- Stillen ist gut für die Umwelt, weil für die Nahrung kein Strom, keine Verpackung und keine Transportwege anfallen.
- Der Prolaktinspiegel (Geduldshormon) der Mutter ist höher als bei nichtstillenden Frauen.
- Es kann angenehm sein, mehr essen zu können, ohne zuzunehmen.
- Die Mutter kann ihrem Kind nie wieder so viel und so etwas Wertvolles geben, und es ist durch teuerste Schulen oder beste Ärzte und tüchtigste Psychologen nie mehr nachholbar.
- Der erste (freiwillige, selbst bestimmte) Ablösungsprozess von den Eltern ist viel sanfter und liebevoller als ein aufgezwungener.

7.18.1. Das natürliche Abstillalter

Dr. Dettwyler, Katherine, "A Natural Age of Weaning", PHD, Departement of Anthropology, Texas A&M - University, Übersetzung von Claudia Joller:
„In meinen Forschungen zum Zeitpunkt des Abstillens habe ich bei nicht menschlichen Primaten die verschiedensten Variablen untersucht; in erster Linie habe ich Gorillas und Schimpansen, die zu 98% die gleichen Gene wie Menschen besitzen, getestet.

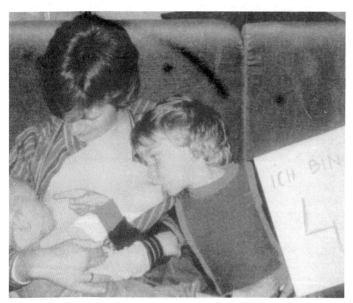

Man hört oft, dass – weltweit betrachtet – das durchschnittliche Abstillalter bei 4,2 Jahren liegt. Statistisch gesehen ist es sinnlos, von einem `durchschnittlichen weltweiten Abstillalter´ zu sprechen: viele Kinder werden nie gestillt, oder die Mütter geben nach wenigen Tagen oder sechs Wochen, wenn sie wieder zu arbeiten anfangen, auf.

---

[79] der Käsestoff als Hauptanteil des Milcheiweißes; ein reichlich Glutaminsäure u. Stickstoff enthaltendes, schwefelhaltiges Glykoprotein mit Phosphatgehalt

Es stimmt: in vielen Kulturen werden Kinder üblicherweise bis zum vierten oder fünften Jahr gestillt; auch in den USA wird dies manchmal praktiziert. In `Langstillgesellschaften´ stillen sich die meisten Kinder ohne Streit oder emotionales Trauma zwischen drei und vier Jahren ab.
Auch (andere) Tiere haben ein naturgegebenes Abstillalter: bei Hunden liegt es bei ungefähr acht Wochen, bei Pferden bei acht bis zwölf Monaten usw. Ich nehme an, dass diese Tiere nicht von kulturellen Vorstellungen geprägt sind, wann sie abstillen sollen.

Einige Resultate:

Holly Smith untersuchte eine Gruppe von 21 Arten nichtmenschlicher Primaten (Affen und Menschenaffen): der Nachwuchs wird abgestillt, sobald die ersten bleibenden Backenzähne durchbrechen. Beim Menschen wäre das mit fünfeinhalb bis sechs Jahren.

Kinderärzte haben oft behauptet, die Stilldauer entspräche bei vielen Arten ungefähr der Schwangerschaftsdauer, was beim Menschen neun Monate ergäbe. Aber es hat sich herausgestellt, dass dieses Verhältnis von der Größe des erwachsenen Tieres beeinflusst wird: Für Schimpansen und Gorillas beträgt dieses Verhältnis sechs zu eins, das heißt, die Stilldauer beträgt sechsmal so lang wie die Schwangerschaftsdauer. Beim Menschen ergäbe dieses Verhältnis viereinhalb Jahre.

Des Weiteren haben Kinderärzte oft behauptet, dass die meisten Säugetiere abstillen, sobald der Nachwuchs sein Geburtsgewicht verdreifacht hat, und ein Abstillalter von einem Jahr für den Menschen berechnet. Auch hier ist dieses Verhältnis vom Körpergewicht des Erwachsenen beeinflusst: Größere Säugetiere stillen ihre Jungen, bis diese ihr Geburtsgewicht vervierfacht haben. Beim Menschen wäre das zwischen 2,5 und 3,5 Jahren.

Eine Studie hat ergeben, dass Primaten abgestillt werden, wenn sie ein Drittel des Erwachsenengewichts erreicht haben. Beim Menschen wäre das mit fünf bis sieben Jahren. Ein Vergleich zwischen Abstillalter und sexueller Reife bei nichtmenschlichen Primaten ließe beim Menschen auf ein natürliches Abstillalter von 6-7 Jahren schließen (ungefähr die halbe Zeit bis zur Reproduktionsfähigkeit).

Studien haben ergeben, dass das kindliche Immunsystem ungefähr bis zum sechsten Lebensjahr nicht ausgereift ist; es ist bekannt, dass Muttermilch die Immunabwehr verbessert.
Und so weiter, und so weiter. Das früheste gefundene natürliche Abstillalter beim Menschen liegt bei zweieinhalb das späteste bei sieben Jahren.

Natürlich kommen Babys in den USA nicht mit den gleichen Krankheiten, Parasiten oder verunreinigtem Wasser in Berührung wie Babys der dritten Welt. Uns steht gutes Essen zum Zufüttern zur Verfügung, das normalerweise kein Gesundheitsrisiko darstellt. Wir können unsere Kinder impfen lassen und ihnen Antibiotika gegen Infektionen geben, wenn es nötig ist. Aber die Tatsache, dass wir das können, macht Muttermilch noch lange nicht unwichtig. Gestillte Kinder sind `besser dran´ als flaschengefütterte – auch in einer blitzblanken Umgebung mit wundervoller medizinischer Versorgung. Sie sind weniger oft krank, sind intelligenter und glücklicher, entwickeln oft enge emotionale Bindungen zu einer Person und müssen nicht an einen Teddybären oder ein Tüchlein gewöhnt werden.
Ich denke, das ergibt eine gute Grundlage für ein am Menschen statt am Materialismus orientiertes Leben. Ich kann mir die Kleinkindjahre, in denen ein Kind so viele (manchmal frustrierende) Entwicklungsschritte durchmacht, nicht ohne diese enge, liebevolle Verbindung vorstellen."

Das Buch "Wir stillen noch" von La Leche Liga ist schön. Es ist spannend und wohltuend. Man tut seinen Kindern weh, wenn man sie gegen ihren Willen abstillt, sicher mehr als nicht gerne zu Stillen. Die Einstellung der Mutter ist wichtig, damit sie nicht leidet. Mit der bewussten Änderung meiner Gedanken wurde es leichter und half auch meinen Kindern.

Ich wollte das Abstillen nicht mit Gewalt durchsetzen.

Die deutsche Gesellschaft für Ernährung empfiehlt über das zweite Lebensjahr hinaus zu stillen, weil es gesundheitliche und psychische Vorteile hat.
Dazu der Psychotherapeut Alexander Lowen: „Zur vollen oralen Befriedigung braucht es eine ungefähr dreijährige Stillzeit."

7.19. Ist langes Stillen ein gesundheitliches Risiko für das Kind?

Dazu habe ich erst einmal einige Expertenmeinungen zusammengefasst.

Die Ernährungskommission der Österreichischen Gesellschaft für Kinder- und Jugendheilkunde schreibt in ihren Stillempfehlungen im Journal für Ernährungsmedizin 2/2001:
„Die gesamte Stilldauer unterliegt keinen medizinisch begründbaren Einschränkungen, Mutter und Kind sollten das Abstillen gemeinsam festlegen. Die WHO empfiehlt das Stillen ins zweite Lebensjahr hinein."

Früher wurde vom langen Stillen abgeraten, weil man glaubte, dass es gesundheitliche Risiken für ihr Kind bedeuten könnte. Noch früher wurde das kostbare Kolostrum, für gefährlich oder giftig gehalten. Auch heute ist die Muttermilch nicht frei von Schadstoffen, aber das ist heute überall unvermeidlich – kein Lebensmittel ist mehr frei von Schadstoffen.
Die normal belastete Muttermilch ist jeder anderen Ernährung eines Babys vorzuziehen. Bei starkem Alkoholkonsum, Drogen oder Ähnlichem sieht es anders aus, obwohl auch dann meist der psychische Wert für Mutter und Kind höher liegt als der physische Schaden.
Die Einschränkung der Stilldauer aufgrund von Schadstoffbelastung wurde schon vor Jahren aufgehoben. Trotzdem geistert diese alte Information weiter herum. Der Schadstoffgehalt der Muttermilch ist seit 1980 drastisch gesunken, sodass individuelle Schadstoffanalysen nicht mehr notwendig sind. In allen Ländern Europas sehen die Schadstoffwerte ähnlich aus – nämlich niedrig.

Heute wird die Muttermilch fast uneingeschränkt empfohlen. Wenn eine Mutter den Verdacht auf eine besonders hohe Belastung (z.B. durch Chemikalien am Arbeitsplatz) hat, kann sie die Milch beim zuständigen Gesundheitsamt testen lassen. Vegetarisch lebende Mütter besitzen gesündere Muttermilch, weil die Nahrungskette von der Pflanze zum Tier zum Menschen um das Tier verkürzt wurde und die fraglichen schädlichen Stoffe der Muttermilch hauptsächlich von tierischen Fetten kommen. Der Schadstoffgehalt ist umso

geringer, je länger die Schwangere sich vor der Schwangerschaft vegetarisch ernährt hat. Auch der Gehalt an mehrfach ungesättigten Fettsäuren, die für leichte Verdauung und Aktivierung der Immunabwehr so wichtig sind, ist bei Vegetarierinnen deutlich höher; sie werden auch für die Entwicklung des Gehirnes gebraucht.
Ein persönlicher Tipp: Einen kleinen Ratgeber mit Rezepten über die vegetarische Ernährung von Schwangeren und Kindern bekommen Sie beim Vegetarierbund (Bestelladresse unter den Literaturempfehlungen am Ende des Buches).

Auch die Nationale Stillkommission der Bundesrepublik Deutschland hat ihre Empfehlung aktualisiert; laut dieser besteht heute kein gesundheitliches Risiko, wenn länger als sechs Monate gestillt wird.

In der Zeit von 1980 bis 1996 wurde in 16.000 Muttermilchproben ein um 70 bis 80% geringerer Gehalt der Pflanzenschutzmittel DDT[80], HCB[81] und Beta-HCH[82] festgestellt. Auch der Gehalt von PCB[83] hat sich in diesem Zeitraum um 50% verringert. Eine Verringerung zeigte sich auch bei Nitromoschussverbindungen, Diedrin, Alpha- und Gamma-HCH, sowie Heptachlorperoxid. Seit 1990 wurde der Dioxingehalt um 30 bis 40% niedriger gemessen.

Bei den Werten, die bei der amerikanischen Bevölkerung festgestellt worden sind, sind keine schädlichen Auswirkungen auf Kinder bekannt geworden. In einer Veröffentlichung von 1999 wurde eine mindestens einjährige Stillzeit empfohlen.

Übrigens: Auch Nicht-Stillen bedeutet ein Risiko, denn es lauern verstärkt Allergien. Auch die Nähe zur Mutter hat positiven Einfluss; der plötzliche Kindstod kommt bei voll oder nach Bedarf gestillten Kindern wesentlich seltener vor.

Meier, Jörg Otto: „Babies machen Mütter stark. Frauen über Schwangerschaft und Geburt, Väter und Kinder", 1. Aufl., Reinbeck: Rowohlt 2000, Seite 139, ich zitiere Mutter Antje:
„Arne ist im Gegensatz zu seiner Schwester ein zufriedenes und fröhliches Kind. Ich stille ihn natürlich, und auch länger als ein paar Monate, weil das die sinnvollste Art der Ernährung ist. Einige sagen zwar, dass die Muttermilch durch die verseuchte Umwelt viel zu belastet sei. Aber man hat festgestellt, dass der Schadstoffgehalt im Fettgewebe des Neugeborenen ohnehin dem der Mutter entspricht. Das heißt, die eigentliche Schadstoffbelastung geschieht schon während der Schwangerschaft. Beim Stillen entgiftet die Mutter dann in den ersten Monaten so stark, dass der Schadstofflevel ihrer Milch anschließend auch für alle weiteren Kinder auf einem niedrigen Niveau bleibt.

Viele Menschen wissen nicht, dass langzeitgestillte Kinder aber trotz dieser anfangs belasteten Milch im Schnitt intelligenter werden, dass sie besser sprechen lernen und gesünder sind. Ein nicht gestilltes Kind geht sechs bis sechzehn Mal häufiger zum Kinderarzt, der die meisten Medikamente im ersten Lebensjahr verschreibt, davon viele Antibiotika.
Dass die Muttermilch am Ende des zweiten Lebensjahres wieder genau so viele Antikörper enthält wie im Wochenbett, weiß auch keiner. Das Kind wird also, wenn es anfängt, mit anderen Kindern zu spielen, automatisch vor Infektionen geschützt."

---

[80] Dichlordiphenyltrichloräthan (= Chlorphenotan), schwer flüchtig, im Tierversuch krebserregend
[81] Hexachlorbenzol, schwer flüchtig, Verwendung: u. a. als Weichmacher in Kunststoffen und als Fungizid
[82] HCH = Hexachlorcyclohexan, auch Lindan, Insektizid, krebserregend
[83] polychlorierte Biphenyle, rufen Organschäden und Fehlbildungen hervor

Stillberaterin Petra mit Ilona berichtet:
„Du `kannst´ solange stillen, wie du willst. Nimm das wörtlich. Die WHO empfiehlt eine Vollstilldauer von sechs Monaten und eine Gesamtstilldauer von mindestens zwei Jahren. Die Erfahrungen, vieler Frauen zeigen aber, dass es viele Babys gibt, die erst mit acht, neun Monaten oder auch noch viel später überhaupt erst anfangen, Interesse an Beikost zu zeigen. Du musst also nicht mit Punkt sechs Monaten `zwanghaft´ zufüttern, nur weil das Kind jetzt so alt ist. Gerade allergiegefährdete Kinder verweigern oft aus instinktivem Selbstschutz heraus lange jede Beikost. Es ist ohne gesundheitliche Bedenken möglich, ein Jahr vollzustillen, es gibt auch keinen Eisenmangel durch längeres Vollstillen (wird ja so oft behauptet, entbehrt aber wissenschaftlicher Grundlagen), das Kind braucht auch kein Fleisch, und es muss auch nicht in einem bestimmten Alter `an den Löffel gewöhnt´ werden. Im Idealfall stillst du es nach Bedarf und lässt es bei Euren Mahlzeiten am Tisch dabeisein.

Wenn es irgendwann anfängt, selbst nach Eurem Essen zu greifen, gib ihm einfach etwas ab.
Ein Stück Gemüse oder Brot in die Hand, möglichst nicht zu scharf gewürzt oder gesalzen, oder etwas Obst, je nachdem, was ihr sonst auch normalerweise esst, bei Allergiegefahr natürlich im ersten Jahr noch keine als allergieauslösend bekannten Dinge. Das Essen muss nicht püriert oder breiig sein, das Kind muss auch keine Zähne haben, um etwas am Stück zu essen. Spar dir diesen Zirkus mit dem Breilöffel, gib ihm Fingerfood.

Beikost hat NICHTS mit abstillen zu tun. diese Nahrung wird beigegeben. Sie ersetzt nicht das Stillen im ersten Jahr, sie ergänzt es. Und es sind am Anfang oft wirklich nicht erwähnenswerte Mengen, die da gegessen werden, wenn gleichzeitig nach wie vor nach Bedarf gestillt wird. Vergiss diese Ernährungspläne, wann welches Breichen einzuführen ist, lass deinem Kind seinen eigenen Rhythmus, wann und wieviel gegessen wird und auch, was es essen möchte. Lass es an einem Stück Banane oder ähnlichem rummatschen, auch wenn es davon nur ein winziges Bröckchen wirklich isst und der Rest überall klebt. Rummatschen macht Spaß (das oft notwendige Baden danach auch) und reizt alle Sinne. Essen testen bedeutet auch (wörtlich) begreifen und Erfahrung sammeln und lernen und hat in dem Alter noch nicht zwingend etwas mit Ernährung im Sinne von Nährstoffen zuführen zu tun.

Mach dir keine Gedanken um den Nährstoffgehalt deiner Muttermilch. Du produzierst immer genau die Milch, die dein Kind im jeweiligen Alter gerade braucht, und du tust dies auch nach einem, zwei, ... Jahren. Der Nährstoffgehalt ist immer optimal. Bevor die Milch `schlecht´ und nicht mehr gehaltvoll werden würde, hätte eher die Mutter unter Mangelerscheinungen zu leiden (und erst bei stark unterernährten Frauen ist auch die Milch nicht mehr so gehaltvoll). Wenn du dich einigermaßen gesund und ausreichend ernährst und genug trinkst (nach Durstgefühl, nicht zu viel und nicht zu wenig), gibt es kein Problem.
Und vergiss diese Warnungen um die Schadstoffgehalte in Muttermilch, das ist Unsinn. Überall in der Umwelt des Kindes sind Schadstoffe (Luft, Lebensmittel etc.), also auch in der Muttermilch, doch die in der Milch enthaltenen positiven Inhaltsstoffe überwiegen gegenüber den in ihr enthaltenen Schadstoffen, egal wie alt das Kind ist (also auch lange nach der vielzitierten, wissenschaftlich nicht begründbaren `Sechsmonatsgrenze´).
Auch in der Stillzeit kannst du in gesundem Masse Gewicht abnehmen, falls du dies willst. Keine Crash- oder Nulldiäten, sondern sinnvolle Ernährungsumstellung plus Sport, etwa zwei kg pro Monat sind in Ordnung und unschädlich fürs Kind (dazu gibt es Untersuchungen). In geringem Ausmaß sind auch Alkohol (keine harten Sachen, eher Bier, Wein etc.) und Nikotin vertretbar, jeweils möglichst direkt nach einer Stillsession konsumiert. Besser ist es natürlich zu verzichten. Aber ein halbes Gläschen Sekt am Abend, wenn das Kind erst

einmal eine Weile schläft, ist kein Problem und schadet nicht.

Inwieweit der Verzicht auf bestimmte Lebensmittel sinnvoll ist, muss man individuell austesten. Allgemeine Ratschläge wie kein Kohl, keine blähenden Speisen, keine scharfen Sachen, keine Zitrusfrüchte, kein Koffein etc. sind unnötig. Manche Kinder reagieren auf etwas, viele nicht, man muss es (immer wieder mal) ausprobieren und das Kind beobachten.

Ich weiß nicht, wie alt dein Kind ist und wie akut deine Zufüttergedanken sind, aber als erste Orientierung empfehle ich dir die Homepage: www.uebersstillen.org. Dort findest du viele spannende Artikel rund ums Stillen, auch was die Gesamtstilldauer betrifft. Ideal wäre es, so lange zu stillen, wie es euch beiden gefällt. Lass dich nicht von dummen Sprüchen aus deinem Umfeld beeindrucken. Meine Tochter wird mit zweieinviertel Jahren noch immer recht häufig am Tag gestillt (und zum Einschlafen und Aufwachen sowieso), isst meistens eher wenig (und wie wir vegetarisch), ist gesund und sieht wohlgenährt aus. Ich habe vor, dass sie den Abstillzeitpunkt selbst entscheiden darf. Weltweit wird im Schnitt etwa zwei bis vier Jahre gestillt, auch eine Stilldauer von bis zu sieben Jahren oder noch länger ist in einigen Regionen üblich. Die hierzulande übliche nur wenige Wochen oder Monate dauernde Stillzeit nutzt nur der Babynahrungsmittelindustrie, sie schadet dem Kind, der Mutter und der Gesellschaft. Wenn man Statistiken liest, dass mit sechs Monaten nur noch vier Prozent der deutschen Kinder vollgestillt werden, so stimmt das mehr als traurig."

7.20. Ein früher langzeitgestillter Erwachsener berichtet

Mustapha Boutgara (geb. in Marokko) zum Thema Langzeitstillen:
„Ich bin der Meinung, Stillen ist Natur. Gott hat der Frau zwei Brüste zum Stillen ihrer Babys gegeben, nicht zum Anfassen für den Mann, wie es heute als `zivilisiert´ gilt, während viele das Stillen `unnormal´ finden.

Was künstliche Nahrung bringt, sieht man bei den Rindern: Wären die Kälbchen natürlich mit Milch, Getreide oder Heu ernährt worden, gäbe es kein BSE. Ein anderes Beispiel: Man kauft zwei Küken und füttert eines mit Körnern, das andere mit Fischmehl und Medikamenten. Das Huhn, das die Körner gefressen hat, ist vielleicht nicht so fett und groß, schmeckt aber viel besser. Auch beim Menschen bringt die künstliche Nahrung Probleme: Viele Leute haben später Allergien, Übergewicht oder andere Krankheiten.

Ich bin fast vier Jahre gestillt worden und kann mich noch gut daran erinnern: Stillen hieß bei uns Kindern `seisei´ (ein Fantasiewort). Meine Mutter hat auch auf ihre Brust gezeigt und uns mit `seisei´ zum Stillen gerufen. Jetzt als Erwachsener bin ich ihr dankbar, dass sie uns Kinder so lange gestillt hat, wie wir wollten. Als Kind war es für mich normal, aber mit meiner heutigen Erfahrung und dem, was ich hier bemerke, weiß ich es erst richtig zu schätzen.

Meine zweitälteste Schwester hat Flaschenkunstmilch bekommen, weil meine Mutter krank war und nicht stillen konnte; sie war als Kind oft und schwer krank, so dass meine Mutter mehrmals Angst hatte, sie könnte sterben. Ich war fast nie krank; auch Allergien konnten nie festgestellt werden.

Von Frauen, die ihre Kinder nicht stillen wollen, habe ich keine gute Meinung. Warum bekommen sie Kinder und wollen ihnen nicht ihre natürliche Nahrung geben? Eine

Nachbarin hat einmal zu mir gesagt: `Ich stille nicht – ich bin doch keine Kuh", worauf ich geantwortet habe, dass meine Frau aber stillt. Das ist eine komische Kultur hier. Die meisten Leute wundern sich oder sind geschockt, wenn ich erzähle, dass unsere Tochter mit 19 Monaten noch gestillt wird. Ich bin mir sicher, dass sie deshalb nie krank und für ihr Alter intelligent ist."

7.21. Unterstützung beim Langzeitstillen

Die meisten Mütter kennen anfangs kaum andere Mütter, die lange stillen. Es ist gut, sich Kontakte zu suchen: Man fühlt sich nicht so alleine, kann sich über kritische Kommentare oder Schwierigkeiten austauschen; es tut einfach gut. Leider gab es keinerlei Stillgruppen in meiner Nähe. Ich habe angefangen über Anzeigen Gleichgesinnte zu suchen, habe aber auch Mütter angesprochen, wenn ich einmal wirklich eine gesehen habe. Es hat sich immer gelohnt. Es hat mir geholfen, mich entlastet und mich nicht als einzige Exotin in der Stadt fühlen lassen.

In den Empfehlungen am Ende des Buches gibt es einige Adressen und Links, die dir dabei hilfreich sein können.

Stillberaterin Petra mit Ilona:
„Wenn du kannst, lies dazu einmal etwas im Internet. Ich würde dringend empfehlen, auch reale Kontakte zu anderen Langzeit-Stillmüttern zu knüpfen. Falls dort keine Gruppe in deiner Nähe aufgelistet ist, frag direkt bei den Stillorganisationen nach:

Schreibe an die Stillvereinigungen der LLL oder die AFS, wo du wohnst und dass du eine Kleinkinderstillgruppe suchst. Deine Anfrage wird an eine für dein Bundesland/Region zuständige Person vermittelt, die versucht, dir Ansprechpartnerinnen zu nennen. Falls du bereits Kontakt zu einer Stillberaterin hattest, rufe sie an. Oder schalte eine Kontaktanzeige in der Zeitung, dass du und dein Kleinkind gerne andere Stillmamis und -kinder kennen lernen wollt. Vielleicht findest du auf diesem Weg reale Unterstützung. Gemeinsam mit Ähnlichdenkenden kann man besser jammern und lästern."

8 TANDEMSTILLEN

Tandemstillen bedeutet, zwei (oder mehr) Kinder verschiedenen Alters zu stillen. Das muss nicht heißen, dass beide gleichzeitig an der Brust sind, obwohl einige Frauen das so praktizieren.

8.1. WARUM TANDEMSTILLEN?

Tandemstillen bietet viele Vorteile – auch gesundheitliche. Der wichtigste ist vielleicht der, dass das ältere Kind sich nicht abgeschoben fühlt und der Mutter nahe bleiben darf, bis es dem Stillalter entwächst.
- Das neue Baby hat gleich jede Menge Milch und muss nicht warten, bis die Produktion anläuft – es gibt keinen Milchstau und keine oder weniger wunde Brustwarzen.
- Hat das Kleine Probleme, Milch herauszubekommen, weil es noch wenig Kraft hat, kann das Große den Milchfluss anregen, sodass die Milch schon läuft.
- Die Geschwisterstillkinder bekommen ein besonders gutes Verhältnis zueinander.

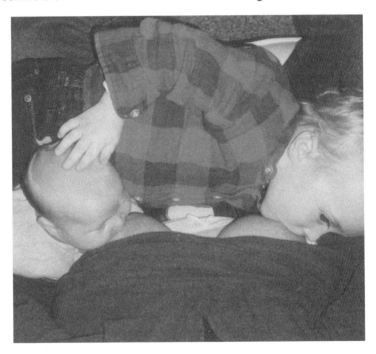

Publikation der LaLecheLiga, Bulletin „Ja, ich stille noch" (1993), Tandemstillen:
„Wenn eine Mutter schwanger wird, bevor ein Kind bereit ist, sich abzustillen, entscheidet sich die Mutter vielleicht, ihr älteres Kind auch nach der Geburt des Babys weiterzustillen. Dieses Tandemstillen kann für die Mutter eine schöne Erfahrung sein, aber auch `stressig´ sein. Schon vor der Geburt haben einige Mütter vor dem Tandemstillen positive Gefühle, andere Mütter zögern eher. Egal, wie ihre Gefühle sind: wenn das Baby geboren ist, ist es am besten, jeden Tag einzeln zu nehmen, ohne sich zu viele Gedanken zu machen, wie es weitergehen wird. Es kann helfen, mit dem älteren Kind schon in der Schwangerschaft über

die Bedürfnisse des erwarteten Babys zu sprechen und bei der Planung der Geburt eine Trennung vom älteren Kind so kurz wie möglich zu halten. Unabhängig davon, ob das ältere Kind noch trinken will oder nicht, möchte die Mutter sicher gehen, dass das Neugeborene nicht zu kurz kommt. Dieses sollte vor dem älteren Kind gestillt werden, um in den vollen Genuss des Kolostrums zu kommen. Vielleicht kann sich in den ersten Wochen der Vater oder eine andere Person dem älteren Kind besonders intensiv zuwenden, sodass es für die Mutter leichter ist, sich dem Neugeborenen zuzuwenden.

Tandemstillen ist nicht das gleiche wie das Stillen von Zwillingen. Durch die Hormonumstellung ist es schwer, immer rational und objektiv zu sein. Die Mutter kann das `instinktive´ Gefühl haben, das Neugeborene beschützen zu wollen, und fühlt sich dem älteren Kind gegenüber gereizt. Dies ist normal und tritt in den ersten Tagen häufig auf.

Oft will ein älteres Kind nach der Geburt des Babys besonders oft gestillt werden, da Stillen auch Nähe und Zuwendung bedeutet. Für das ältere Kind ist es eine Rückversicherung, dass es immer noch geliebt wird und an der Brust der Mutter noch Platz ist. Es spürt die Zuneigung der Mutter zum Baby und will seine eigene Beziehung zur Mutter wiederherstellen, indem es gestillt werden will und auf andere Weise ihre Aufmerksamkeit fordert.

Es ist möglich, dass das ältere Kind in den ersten Wochen nach der Geburt weichere und häufigere Stühle hat, bedingt durch die abführende Wirkung des Kolostrums. Sobald das Kolostrum vollständig durch reife Muttermilch ersetzt wird (ca. zwei Wochen), hört dies auf.

Tandemstillen hilft, das Auftreten von Milchstaus zu verringern, und sorgt für eine üppige Milchbildung. Wenn das Neugeborene am Anfang noch nicht so oft oder nur unregelmäßig trinkt, kann das ältere Kind der Mutter bei einem Milchstau Erleichterung verschaffen und dabei helfen, die Milchbildung aufrechtzuerhalten.

Eine Mutter, die zwei Kinder gleichzeitig stillt, hat einen erhöhten Bedarf an Getränken, gesunden Lebensmitteln und Ruhe. Sie sollte jede Hilfe, die sie für den Haushalt und die älteren Kinder bekommen kann, annehmen.

Sie macht sich vielleicht Gedanken, ob ihr Neugeborenes beim Tandemstillen genug Milch bekommt. Vielleicht hat sie den starken Wunsch, das Stillen des älteren Kindes einzuschränken, auf bestimmte Zeiten zu beschränken oder es nur trinken zu lassen, nachdem das Baby satt ist. Wenn das ältere Kind mit diesen Regelungen einverstanden ist, ist es gut; wenn nicht, hilft es der Mutter sicher, an das Prinzip von Angebot und Nachfrage zu denken: Wenn beide Kinder viel trinken, wird sie auch für beide Kinder viel Milch haben. Das Baby ist auf die Muttermilch unbedingt angewiesen: Daher sollte es als erstes, und auch im Hinblick auf die Förderung der Entwicklung der Augen-Hand-Koordination, an beiden Seiten trinken. Wenn sich die Mutter ernste Sorgen macht, ob ihr Baby genug Milch bekommt, kann sie die nassen Windeln zählen. Mindestens sechs bis acht nasse Stoffwindeln oder fünf bis sechs nasse Wegwerfwindeln zeigen, dass das Baby genug Milch bekommt.

Wie sich das ältere Kind beim Teilen der Brust und eventuellen Einschränkungen beim Stillen fühlt, ist von seinem Alter, Temperament und Saugbedürfnis abhängig. Manche Kinder können mit eingeschränkten Stillzeiten (in Bezug auf Zeit, Ort, Datum) gut umgehen, andere sind nicht in der Lage, einige Minuten zu warten. Flexibilität der Mutter und Experimentieren können den besten Weg zeigen. Vielleicht will die Mutter das Baby und das ältere Kind gemeinsam stillen oder festlegen, wer wann am Tag trinkt, oder das ältere Kind bekommt eine festgesetzte Stillzeit, auf die es sich verlassen kann. Der Vater kann beim Tandemstillen eine große Hilfe sein, wenn er sich mit dem älteren Kind beschäftigt. Die beiden können viele neue Aktivitäten entdecken.

Tandemstillen außerhalb des Zu Hauses kann eine Herausforderung darstellen. Viele ältere Kinder sind außerhalb des Hauses zu beschäftigt, um sich für das Stillen zu interessieren. Fragt ein Kind doch danach, kann die Mutter es bitten, zu warten und sich nach einem geeigneten Platz umsehen, vielleicht eine Umkleidekabine oder das Auto. Wenn die Mutter beim Ausgehen beide Kinder stillt, hilft es, Kleidung anzuziehen, die diskretes Stillen erlaubt. Auch Schal oder Tuch, über eins oder beide Kinder gelegt, können helfen. Beide Kinder vor dem Hinausgehen zu stillen und dem älteren Kind unterwegs etwas zu essen und zu trinken anzubieten, kann auch helfen, das Stillbedürfnis des älteren Kindes zu verringern.

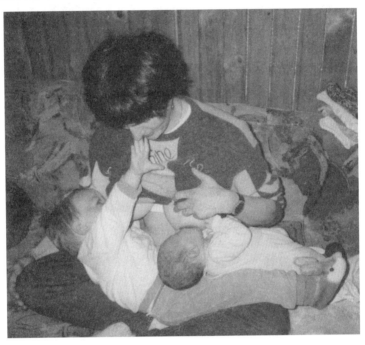

Jede Mutter hat dem Tandemstillen gegenüber unterschiedliche Gefühle. Einige denken positiv darüber, andere nicht. Die Gefühle sind nicht nur bei jeder Mutter anders, sondern verändern sich auch von Tag zu Tag, von Woche zu Woche, von Monat zu Monat. Manche Mütter entscheiden sich in der Schwangerschaft für das Tandemstillen, um weiterhin die Bedürfnisse des älteren Kindes durch Stillen zu befriedigen, sie fühlen sich mit ihrem älteren Kind enger verbunden als mit dem ungeborenen Baby, das noch ein `Fremdes´ ist. Aber nach der Geburt des Babys ändern sich die Gefühle oft in dramatischer Weise.
Die Mutter ist ganz vernarrt in das kleine Wesen in ihren Armen. Das ältere Kind sieht plötzlich so groß aus, und die Mutter reagiert empfindlich, ja ärgerlich, wenn sie es stillt.
Nicht jede Mutter erlebt diese Veränderung der Gefühle. Passiert dies, hat die Mutter vielleicht Schuldgefühle, sich vielleicht wegen der Bedürfnisse des älteren Kindes für das Tandemstillen entschieden zu haben und ärgert sich nun, wenn es stillen will. Diese Gefühle sind normal. Die entgegengesetzten Gefühle – erst das ältere Kind beschützen zu wollen, dann ärgerlich über eine Forderung zu sein – sind häufig, wenn eine Familie ein neues Baby bekommen hat, auch dann, wenn das ältere Kind gar kein Stillkind mehr ist.

Starke Stimmungsschwankungen sind gerade in den ersten Wochen nach der Geburt häufig, und ebenso wie die hormonellen Veränderungen im Wochenbett ein Teil der Neuordnung des Lebens nach der Geburt eines Babys. Auch sie gehen vorüber.

Einige Mütter fühlen sich unruhig oder reizbar, wenn sich das Baby und das ältere Kind gemeinsam stillen. Manche Mütter stört die körperliche Empfindung, die sie spüren, wenn sie das ältere Kind stillen. Mütter, die tandemstillen, beschreiben manchmal, wie sehr sich das Saugen ihres älteren Kindes von dem des Neugeborenen unterscheidet. Wenn sich eine Mutter beim Stillen des älteren Kindes unruhig oder gereizt fühlt, hilft es ihr vielleicht zu wissen, dass solche Gefühle verbreitet sind. Es kann auch helfen, die Stillposition zu verändern und die Stillzeiten des älteren Kindes einzuschränken, es mit anderen Aktivitäten abzulenken oder ihm als Ersatz leckere Zwischenmahlzeiten oder Getränke anzubieten.

Oft fühlt sich eine Mutter `berührungsmüde´, wenn sie den ganzen Tag ihre Kinder getröstet, im Arm gehalten und gestillt hat. Die Kinder brauchen sie, ihr Mann interessiert sich für sie, und sie fragt sich, ob sie ihren Körper je wieder für sich haben wird. Vielleicht hilft es der Mutter, einige Minuten pro Tag für sich selbst zu finden, in dieser Zeit kann sie baden oder duschen oder einen kurzen Spaziergang machen. Oft wirkt das Wunder.

Tandemstillen verlangt nach Kreativität, einer positiven Einstellung und etwas Humor. Kann eine Mutter einen dieser Punkte oder alle drei einmal nicht aufbringen, kann sie sich an eine Person wenden, die zuhört: Ihr Mann, eine Freundin, eine Stillberaterin oder eine andere Mutter, die mit Tandemstillen Erfahrung gemacht hat."

8.1.1. „Tandemstillen – was ist das? Ist es etwas für dich?"

Gamez, Sally:
„Jede Frau, die sich dazu entschließt, zu stillen und ihrem Kind das Abstillen zu überlassen, könnte sich plötzlich in einer Situation wieder finden, mit der sie vorher nie gerechnet hat – Stillen während der Schwangerschaft und danach Tandemstillen.

Zuerst möchte ich einige zentrale Fragen zum Tandemstillen beantworten und dann Gründe für das Tandemstillen aufführen.

Während der Schwangerschaft abstillen?

Viele Frauen glauben, dass sie während einer erneuten Schwangerschaft abstillen müssen. Ist es sicher, während der Schwangerschaft zu stillen? Eine Mutter, die sich gut ernährt, kann die Bedürfnisse zweier Kinder befriedigen, auch wenn das ältere Kind ein Jahr alt oder älter ist. Wenn das Kind jünger ist, sollte die Mutter kontrollieren, dass das Kind genug zunimmt, oder ob es Zusatznahrung braucht. Einige Mütter müssen vielleicht zusätzliche Kalorien oder Vitamine zu sich nehmen. Im Geburtsgewicht zeigen sich keine Unterschiede.

Kann Stillen während der Schwangerschaft eine Frühgeburt auslösen?

Gebärmutterkontraktionen können beim Stillen während der Schwangerschaft vorkommen, und Mütter, die eine Fehl- oder Frühgeburt hatten, erleben das als beängstigend. Doch es gibt keine Anhaltspunkte dafür, dass Stillen während der Schwangerschaft eine Frühgeburt auslöst. Für eine Mutter, die den ärztlichen Rat erhalten hat, während der Schwangerschaft aus medizinischen Gründen keinen Geschlechtsverkehr zu haben, ist wahrscheinlich auch das Abstillen empfehlenswert. Im `Breastfeeding Answerbook´ der La Leche Liga werden auch Gebärmutterschmerzen und starker Gewichtsverlust der Mutter als Gründe fürs Abstillen während der Schwangerschaft genannt. Sonst besteht wenig Gefahr.

Obwohl es in den meisten Fällen sicher ist, weiterzustillen, sollte eine Mutter auf ihr Gefühl hören: Will sie weiter stillen? Einige Punkte, die sie beachten sollte, ist das Alter des Kindes, sein körperliches und emotionales Bedürfnis, gestillt zu werden, ob sie das Stillen wegen der Schwangerschaft als unangenehm empfindet, und die Gefühle des Vaters.

Viele Mütter fühlen sich am besten, wenn sie entscheiden, nicht zu entscheiden. Sie stillen einfach weiter und warten ab, ob sich das Kind von selbst abstillt. Bei dieser Vorgehensweise sollten sie sich im Klaren sein, dass Kleinkinder oft nur noch ganz selten gestillt werden wollen (wahrscheinlich wegen der wenigen Milch), was Müttern das Gefühl gibt, abstillen wäre kein Problem. Aber nach der Geburt trinken manche Kleinkinder wieder oft, manchmal sogar mehr als das Baby. Das ist normal. Wenn man darauf vorbereitet ist, dürfte es kein Problem darstellen.

Warum Tandemstillen?

Ich habe viele Mütter begleitet, die ihre Erfahrungen der Vor- und Nachteile des Tandemstillens mit mir geteilt haben. Also, warum stillen sie zwei? Eine glückliche tandemstillende Mutter sagte mir, sie wolle `dem älteren nicht sein Bedürfnis verweigern, nur weil ein Geschwister geboren wird.´ Oder wie ein verständnisvoller Vater es ausdrückte: `Die Frage ist, wann das Kind bereit ist, sich abzustillen; die Zeichen des Kindes zu verstehen, ist das Wichtigste. Die Tatsache, dass man zwei Kinder hat, ist nebensächlich.´

Einige Leute meinen, dass eine Mutter tandemstillt, um ihre eigenen Bedürfnisse zu befriedigen, vor einer unglücklichen Ehe zu flüchten oder jugendlich zu bleiben, um noch der Babyzeit nachzuhängen, wenn sie keine weiteren Kinder mehr bekommt.

Auf jeden Fall sagen die meisten tandemstillenden Mütter, dass sie es tun, weil das ältere Kind es noch braucht. Es sei daran erinnert, dass man ein Kind nicht zum Stillen zwingen kann; das Kind wird sich abstillen, wenn es dazu bereit ist, nicht, wenn du es bist.

Wie kannst du herausfinden, ob Tandemstillen das Richtige für dich und deine Kinder ist?

Eine der besten Methoden ist es, sich zu informieren. Du musst wissen, was du magst und was nicht. Denke daran, dass, was für eine Mutter ein Vorteil ist, für eine andere ein Nachteil sein kann; erwähnt sei die empfängnisverhütende Wirkung des Stillens. Oder BH- Größen: einige Frauen hätten gern etwas mehr Oberweite, andere finden, sie hätten ohnehin zu viel. Eine Mutter war darüber beunruhigt, dass ihre Kinder sich gegenseitig anstecken könnten, wenn eines erkältet ist und sie nacheinander gestillt werden. Eine andere war davon überzeugt, dass das Stillen das Immunsystem ihres Kleinkindes stärke und so Krankheiten auf ein Minimum reduziere. Wer hat Recht? Wenn es um Empfängnisregelung und BHs geht, sicher beide; was die Ansteckung betrifft, glaube ich, dass es fast unmöglich ist, dass junge Geschwister einander anstecken.

Verhindert Tandemstillen die Eifersucht zwischen Geschwistern?

„Viele Mütter haben beobachtet, dass das wirklich der Fall ist. Tatsächlich ist die enge Beziehung der Geschwister der meistgenannte Vorteil des Tandemstillens.

Mütter machen oft Bemerkungen wie diese: `Baby eins hat eine speziell enge Beziehung zu Baby zwei´, `kein Unwille und keine Rivalität´, `trägt zu einer innigeren Geschwisterbeziehung bei´, `eine einzigartige Beziehung zu ihrem Bruder – ein sanfter Anfang´, `tiefe Verbindung zwischen den beiden´. Eine Mutter, die ihren Sohn mit seinen jüngeren Zwillingsschwestern stillte, bemerkte, dass er ihre Zwillingssprache ungewöhnlich gut verstand. Viele haben beobachtet, dass gemeinsames Stillen die Eifersucht reduziert, weil das ältere Kind die wichtige Gelegenheit bekommt, ein Baby zu sein. Eine Mutter fasste diesen Vorteil zusammen: `Sie bekommen ein berührbares Beispiel, dass ich für sie beide da bin. Sie lernen zu teilen und auf ihren Anteil zu warten, in der Gewissheit, dass sie ihn kriegen werden.´

Vorteile für die Mutter

Die meisten Mütter – wenn auch nicht alle – stellten Vorteile für sich selbst fest. Oft erwähnt wurde, dass Tandemstillen hilft, eine übervolle Brust zu leeren: `Ich habe das Stillen meines Kleinkindes genutzt, um die Geburtsarbeit zu beschleunigen... während der Geburt von drei meiner Kinder.

Tandemstillen kann die stillbedingte Unfruchtbarkeit verlängern, obwohl das manchmal wenig Unterschied bewirkt. Mehr gleichzeitiges Saugen beider Kinder kann sie aber verlängern. Wir wissen, dass eine Milchpumpe, mit der beide Brüste gleichzeitig entleert werden, die Milchproduktion besser anregt als eine einzelne, vielleicht hat das gleichzeitige Saugen einen ähnlichen Effekt auf die Fruchtbarkeit.

Ab und zu habe ich von Müttern gehört, bei denen die Fruchtbarkeit früher zurückkehrte, wenn sie zwei Kinder stillten. Das kann aber auch andere Gründe haben.

Wenn Tandemstillen die Fruchtbarkeit der Mutter verzögert, vermindert es wahrscheinlich auch ihr Risiko, an Brustkrebs zu erkranken. Generell senkt eine Reduktion der Menstruationszyklen – viele Schwangerschaften, spätes Wiedereinsetzen der Regelblutungen – das Brustkrebsrisiko. Nicht gebrauchte oder kaum gebrauchte Brüste sind nicht so gesund, wie solche, die so benutzt werden.

Andere Frauen erwähnten Abnehmen als Vorteil des Tandemstillens. Doch gilt das für alle? Neun von 44 Frauen erwähnten, dass sie durchs Tandemstillen ihr Vorschwangerschaftsgewicht schneller wieder hatten, ein paar eingeschlossen, die beobachteten, dass sie mehr essen konnten. Eine Frau erwähnte, dass man vorsichtig sein muss, wenn die Stillhäufigkeit nachlässt, dass man nicht wieder zunimmt. Zusätzlich zu diesen neun Müttern gab es zwei, die fanden, sie hätten ihr Vorschwangerschaftsgewicht nur wenig schneller wieder gehabt. Wie auch immer: 32 Mütter bemerkten keinen Unterschied und zwei gaben an, dass sie mehr Mühe hatten, abzunehmen. Das Problem ist, dass verschiedene Mechanismen an der Milchproduktion beteiligt sind – Fettpolster, verlangsamter Stoffwechsel, konsumierte Kalorien – von Mutter zu Mutter in unterschiedlicher Ausprägung. Es ist nicht voraussehbar, ob sich der Stoffwechsel einer Mutter verlangsamt oder ob sie ihre Fettpolster verbrennen wird. Keine Mutter sollte tandemstillen, weil sie denkt, dass es sie schlank macht.

Nachteile

Was ist mit den Nachteilen des Tandemstillens? Viele Nachteile haben mehr damit zu tun, dass man zwei Kinder hat. Einige Leute vergessen, dass man irgendetwas tun muss, um der Eifersucht des älteren Kindes zu begegnen, wenn ein Baby geboren wird. Es ist nicht ungewöhnlich, dass sich sein Verhalten verschlechtert; ihm die Gelegenheit zu geben, ein Baby zu sein, kann helfen. Aber es gibt einige wirkliche Nachteile, die erfahrene tandemstillende Mütter beobachtet haben.

Jede Mutter, die Tandemstillen in Betracht zieht, sollte sich klarmachen, über wieviel Unterstützung sie verfügen können wird. Tandemstillen ist nicht immer einfach: mangelnde Unterstützung und Kritik kann sein, wie Öl ins Feuer zu gießen. Familien, die die Mutter in ihrer Entscheidung nicht unterstützt haben, ihr erstes Kind zu stillen, werden die Idee, zwei zu stillen, wahrscheinlich skeptisch aufnehmen. Sie wird vielleicht überall dort Unterstützung erhalten, wo sie für das Stillen des ersten Kindes Unterstützung bekommen hat. Doch sie sollte sich auch auf Kritik vorbereiten. Einige Leute werden vielleicht ihre Fähigkeit, zwei zu stillen, anzweifeln – obwohl eine normale, gesunde Mutter genug Milch für bis zu vier Babys bilden kann. Wenn das zweite ein Kleinkind ist, das nicht mehr so viel trinkt, bemerkt man, dass dieses Problem nicht wirklich existiert.

Die meisten anderen Nachteile betreffen das gleichzeitige Stillen von zwei Kindern. Viele Mütter tun dies lieber nicht und stillen separat. Der größte Nachteil dieser Methode ist wahrscheinlich, dass man dafür viel Zeit benötigt. Wie wir schon früher erwähnt haben, kann es sein, dass das ältere Kind nach der Geburt viel öfter gestillt werden will: Denke daran, dass dies nicht immer so bleiben wird.

Baby und Kleinkind gleichzeitig zu stillen spart Zeit und Energie, doch die doppelte Brustwarzenstimulation ist eine der größten Herausforderungen des Tandemstillens. Deshalb entscheiden sich viele Mütter dagegen und bestehen darauf, dass das ältere Kind wartet, bis das Baby fertig ist.

Eine Mutter meinte, dass simultanes Stillen die Hormone überstimuliert. Sie stimmte mit den Müttern auf dem LLL-Treffen überein, dass Prolaktin beruhigt, bis sie herausfand, dass Tandemstillen bei ihr den gegenteiligen Effekt ausübt. Könnte das ein hormonelles Problem sein? Interessanterweise beobachteten einige Mütter (ich auch), dass sie beim simultanen Stillen nur in der Zeit, in der die Regelblutungen wieder anfingen, Probleme bekamen; sollte dieses Gefühl hormonell bedingt sein, würde es einen Sinn ergeben.

Negative Gefühle zulassen

Einige Mütter fanden, dass ihre negativen Gefühle während der Schwangerschaft begannen. Eine Mutter schrieb: `Durch sein Stillen fühlte ich mich rastlos und irritiert. Ich bekam davon eine richtige Gänsehaut... Ich war im sechsten Monat. Ich dachte, ich müsse nur noch die Schwangerschaft durchstehen, Tandemstillen werde kein Problem sein.´ Unglücklicherweise war das Tandemstillen in ihrem Fall aber tatsächlich ein Problem: `Ich merkte, dass ich noch immer eine starke Abwehr dagegen fühlte, ihn zu stillen. Im Kopf wusste ich, dass es gut ist, aber emotionell irritierte es mich.´ Sie gibt den Ratschlag: `.... Ich wünschte, ich hätte ihn während der Schwangerschaft abgestillt... Ich würde jeder Mutter, die in der Schwangerschaft eine solche Abwehr gegen das Stillen entwickelt, empfehlen, abzustillen, anstatt etwas zu tun, nur weil es ´das Beste fürs Kind´ ist.´

Was lässt in Müttern diese Gefühle entstehen? Wahrscheinlich ist die Empfindlichkeit der Brustwarzen ein Faktor; Mütter, die schlechte Erfahrungen gemacht haben, berichten oft von Wundsein und Empfindlichkeit. Mütter, die während der Schwangerschaft starke negative Gefühle oder schmerzende Brustwarzen hatten, werden wahrscheinlich Abstillen empfehlen, wenn es irgendwie möglich ist. Ein langsames Abstillen während der Schwangerschaft erscheint einfacher für das Kind als ein plötzliches, ärgerliches Abstillen nach der Geburt des neuen Babys.

Ein anderer Punkt, den Frauen nicht gern zur Sprache bringen, ist, dass simultanes Stillen starke sexuelle Erregung bewirken kann. Alle Mütter, mit denen ich darüber gesprochen habe, empfanden das als eine peinliche und irritierende Erfahrung, die sie veranlasste, weniger oder gar nicht mehr simultan zu stillen.

Das sind einige Gründe für oder gegen das Tandemstillen.

Solltest du tandemstillen? Nur weil du ein glückliches tandemstillendes Trio kennst, heißt das nicht, dass es bei dir auch funktionieren wird. Mutterschaft ist kein Wettbewerb. Du musst deine Gefühle ehrlich zugeben; dir muss klar sein, was du dir zutrauen kannst; du solltest flexibel genug sein, deine Meinung zu ändern, wenn es nicht funktioniert. Vielleicht probierst du es und hast negative Gefühle. Eine Mutter schreibt: `Ich ging fast drauf, weil ich mir nicht eingestehen wollte, dass ich das ältere Kind nicht gern stillte. Ich wäre eine glücklichere, bessere Mutter gewesen, wenn ich ihr Stillen von Anfang an eingeschränkt hätte, anstatt sie ärgerlich nach Verlangen zu stillen.´

Vielleicht ist es für dich eine positive, bereichernde Erfahrung. Eine glückliche, tandemstillende Mutter schrieb: `Es ist ein so volles Gefühl, beide Kinder beim Stillen in meinen Armen zu halten.´

Eine weise, erfahrene Mutter ermutigt jede Frau, die Tandemstillen in Betracht zieht, gut darauf zu hören, was ihr Körper sagt. Es ist eine persönliche Entscheidung und sollte nur nach sorgfältigem Nachdenken getroffen werden."

Sally Gamez und ihr Mann Louis gaben während 9 Jahren CCL Kurse in Michigan; Sally war acht Jahre lang Präsidentin der LLL. Aber ihr wichtigster Job ist, Mutter von vier Kindern zu sein. Sie hat acht Jahre lang verschiedene Geschwisterpaare gestillt.

8.2. Sollte eine Mutter wirklich Tandemstillen?

Unser Sohn war zweieinhalb Jahre alt, als seine Schwester geboren wurde. Er verweigerte schlagartig fast völlig Essen und Trinken und wollte etwa sechs Wochen wie seine Schwester voll gestillt werden. Er war begeistert von der gestiegenen Milchmenge; jedes Mal, wenn ich das Baby stillte, wollte er auch gestillt werden und schimpfte weinend, dass ihm das Baby die Milch wegtrinken würde.

Ich hatte einmal gelesen, dass sich Stillgeschwister besonders lieben würden und versuchte, beide gleichzeitig zu stillen. So hatte ich schlagartig viel weniger Stress und Druck, der Große war glücklich, streichelte den Kopf des Babys, und alles war gut.

Nach etwa sechs Wochen hatte sich das vom Thron gestoßene Kind beruhigt und begann langsam wieder mehr zu essen und zu trinken und seinen Platz in der Familie zu finden. Dieses kurzfristige Stillen war sehr wichtig für ihn; die Geschwisterbeziehung wäre sonst sicher anders verlaufen. Auch seine Entwicklung wäre anders gewesen. Nicht zuletzt hätte ich mir selber auch wehgetan.

8.2.1. Tandemstillen fördert die Geschwisterliebe

Julia (37 Jahre, z.Z. Hausfrau):
„Als Julius geboren wurde, war Paula zweieinhalb Jahre alt. Ich fand die Idee des selbstbestimmten Abstillens gut und hatte im Liedloff-Forum und beim Stilltreff davon gehört. Ich neige zu Frühgeburten und stillte Paula deshalb mit 22 Monaten ab, da der Uterus beim Stillen stark schmerzte und ich aus guten Gründen eine Frühgeburt befürchtete. Julius wurde trotzdem fünf Wochen zu früh geboren. Paula nahm dann ab und zu einen Schnuller. Da ich wusste, dass ich tandemstillen wollte, war ich beim `Abschied´ nicht so verzagt. Nach Julius´ Geburt guckte Paula beim Stillen interessiert zu; ich erinnere mich nicht, ob sie probieren wollte oder ob ich gefragt habe. Auf jeden Fall saugte sie stark, als ich sie `ließ´; später war sie eher zurückhaltend. Ich ließ sie nur gelegentlich etwas `abtrinken´.

Drei Wochen nach Julius Geburt entwickelte sie einen lang anhaltenden Schnupfen, bei dem sie wehleidig wurde. Erst als Julius vier Monate alt war, entdeckte ich das internationale

Liedloff-Forum und fand andere, die meinen Weg gingen, und alle lange stillten. Daraufhin ließ ich Paula auch nach Wunsch trinken; sie trank öfter als Julius.

Zuerst war ich froh, zu sehen, wie Paula binnen kürzester Zeit wieder ein fröhliches Kind wurde und aufhörte alle fünf Minuten zu klagen. Nach ein paar Wochen fragte ich mich aber schon, wann sie jemals aufhören würde, soo viel zu trinken, hielt ihr aber zugute, dass sie ja zwölf Monate `aufzuholen´ hatte. Paula blühte regelrecht auf. Nach einer gewissen Zeit war es herrlich, zu sehen, wie die beiden sich über die Brust hinweg anlachten. Eigentlich hätte ich gerne nacheinander gestillt, aber Regeln, wie z.B. nacheinander trinken, führten bei Paula zur Panik. Also stillte ich immer beide gleichzeitig. Jeder bekam `seine´ Seite.

Paula verlangte mit dem Codewort `Nucki´ nach dem Stillen, und alle Welt glaubte, sie würde nach ihrem Schnuller verlangen. Gelegentlich ließ ich sie in dem Glauben. Später erklärte ich Paula, dass ich sie nicht mehr vor anderen Leuten stillen würde. Da sie ja auch nirgends andere größere Kinder stillen sah, konnte sie das akzeptieren. Manchmal hatte ich negative Gefühle, aber ich hoffe, dass das normal ist. Vor allem das beidseitige Stillen reizte mich an manchen Tagen schon. Das waren meist Tage, an denen ich schon aus anderen Gründen gereizt war, denn an anderen Tagen genoss ich unser `Indianerdasein´. Mir war bewusst, dass ich mein fünf Wochen zu früh geborenes Baby beschützen und mit ihm allein sein wollte. Aber Zweifel, das Richtige zu tun, hatte ich nie. Ich weiß, dass bei Nachforschungen über `Steinzeit-Völker´ der Gegenwart kein Tandemstillen gesehen wird. Die Größeren werden grundsätzlich abgestillt, wenn die Mutter schwanger wird. – Aber wir werden früher schwanger, als Frauen bei Naturvölkern; dort sind drei bis vier Jahre zwischen den Schwangerschaften normal, sodass ich fand, nicht mein Kind, sondern ich hätte die zusätzliche Last zu tragen.

Es gab Auf und Abs, keine längeren Phasen. Eines werde ich immer in Erinnerung behalten: Mit neun Monaten fing Julius an, sich über die Brust weg mit Paula anzulachen. Mit ca. zwölf Monaten wurde Julius zum Spielkamerad. Die beiden verstehen sich meist gut und spielen halbe Tage lang zusammen. Julius reagierte nie eifersüchtig auf Paulas Stillen.

Und ein Tipp war auch Gold wert: Ich wurde mir bewusst, dass ich zwei Kinder mit ihren

Bedürfnissen zu versorgen hatte, ob ich wollte oder nicht. Es war nicht Paulas Schuld, dass sie einen Bruder `vor der Zeit´ bekommen hatte. Hätte ich sie nicht unvernünftigerweise mit 14 Monaten bereits nachts abgestillt, wäre ich nie schwanger geworden. Ihr Saugbedürfnis hätte mir eigentlich zeigen müssen, dass sie noch nicht bereit war, mich auf natürliche Weise loszulassen. So dachte ich beim Stillen ganz bewusst daran, dass ich, hätte ich Zwillinge versorgen müssen, sicher beide zugleich gestillt hätte.

Eifersuchtsreaktionen gibt es selten. Paula ist inzwischen bald fünf Jahre, und ich stille sie über einen längeren Zeitraum ab. Julius lasse ich in Ruhe trinken. Nie hätte ich gedacht, dass ich einmal verstehen würde, dass manche Kinder bis sechs oder älter gestillt werden möchten. Das ahnte ich nicht, als ich mich aufs Tandemstillen einließ, und ging von einer Nachholzeit von sechs Monaten aus. Zum Glück bekam ich aus dem Liedloff-Forum, meiner AFS-Stillberaterin und klugen Frauen, z.B. LLL-Beraterinnen aus den USA mit vier bis fünf Kindern, per Internet jede Menge moralische Unterstützung.

Ich kannte das Stillhandbuch von Hannah Lottrop, in dem das Tandemstillen immerhin als nicht so selten erwähnt wurde. Andere Lektüre fand ich nicht.

Meine Oma wurde bis drei Jahre gestillt. Mein Mann fand, dass es nicht nötig gewesen wäre, Paula wieder an die Brust zu lassen, da sie ja so schön abgestillt war. Die Frauen in der Krabbelgruppe taten oft so, als wäre nichts, und fragten gar nicht, ob ich noch stillte. Eine Freundin fand es ziemlich empörend, da ihre eigene Tochter ebenfalls wieder an die Brust wollte, erst neulich (mit fünf Jahren) das letzte Mal. Das war ein Grund dafür, weswegen ich die Große und auch Julius, seit er zwei Jahre alt ist, nicht mehr vor Erwachsenen stillte. Der Arzt sagte: `Ich sehe, dass sie ihn mit 18 Monaten noch stillen´, wusste aber von der Großen nichts. Die Waldorfspielkreisleiterin ist sicher, dass Julius Ablösungsschwierigkeiten aus ihrer Sicht vom Stillen kommen. Dass Paula noch dreimal täglich stillt, weiß sie nicht. Tandemstillen fördert die Geschwisterliebe und nicht die Eifersucht. Einer anderen schwangeren stillenden Mutter würde ich raten: Gehe nach den Bedürfnissen des Kindes. Ist es noch klein und saugt noch oft (unter zweieinhalb Jahren empfinde ich es als klein), dann stille weiter. Beim Tandemstillen achte auf gesunde Nahrung. Ich kann mir bestimmte angebliche `Zivilisationskrankheiten´ `anhexen´ oder `weghexen´, indem ich z.B. Zucker esse oder vermeide; ich bekomme Haarausfall, Zahnfleischprobleme, Krämpfe. Esse ich ca. drei Tage lang völlig gesund (auch kein Fast-Food), ist alles wieder gut. Schade, dass das so wenige Schwangere wissen. Und: Stille so oft wie möglich im Liegen und ruhe dich aus, egal ob mit einem oder zwei Kindern."

8.2.2. Familienstillen

Mutter Christine Autherid:
„Ich betreue zwei Stillkinder, meinen Sohn und meinen Enkel. Meine Tochter und ich haben beide ein Baby. Um etwas mehr Freiheit beim Stillen zu haben, wechseln wir uns mit der Babybetreuung ab. Manchmal klappt es und sie bekommen nacheinander Durst. Manchmal steckt es an, den einen trinken zu sehen, dann giert der andere herüber; dann werden beide angelegt und liegen dann neben uns am Bauch. Es funktioniert, klappt prima, und die Kleinen, fünf und acht Monate, sind zufrieden. Am besten klappt es im Sessel mit den Armlehnen als Stützen, besonders mit Hinleghilfe. Die Hungrigen ´finden´ die Quelle von allein – fast von Anfang an. Übrigens, unser Austauschstillen wurde von einem Doktor mit einem Lächeln quittiert, der meinte: vor allem in den Dörfern würden sich auch viele eine Amme suchen. In unserer Umgebung stoßen wir eher auf negative Reaktionen. Es

erleichtert aber uns und den Babys vieles und macht allen Spaß. Es wäre bestimmt besser für viele Kinder, wenn die Mütter den Mut dazu hätten und sich zusammenschließen würden. Keines dieser Kinder wäre dann allein, und es schadet ihnen nicht. Die Mütter könnten ihre oft eingeschränkte `Freiheit´ besser genießen.

Stillen von Geschwisterkindern ist bestimmt nicht so selten. Ich hatte Sina zwar schon vier Monate vorher abgestillt, als aber Ani geboren wurde, meinte sie: `Das kann ich auch noch´. Sie hat hin und wieder getrunken und kommt auch heute manchmal; lieber wäre es ihr aber, wenn ich abpumpen würde."

Karen Plomp:
„Ja, ich stille mein Baby – und den Zweijährigen, den Dreijährigen und den Vierjährigen! Ich stille vier Geschwister. Es hat sich so ergeben, weil ich meine Kinder nahe beieinander hatte und das Abstillen ihnen überlasse. Vier Kinder zu stillen ist eigentlich keine große Sache – und nicht viel anders, als zwei Kinder zu stillen. Meine älteren Kinder können auch warten, wenn Zeit oder Ort nicht zum Stillen geeignet sind; sie wollen vor allem nach dem Aufwachen und zum Einschlafen gestillt werden. Ich habe den Älteren auch Grenzen gesetzt – als mein Ältester nach der Geburt des Babys wieder wie ein Neugeborenes gestillt werden wollte, habe ich ihn nur noch im Bett gestillt. Wenn er stillen wollte, sagte ich zuerst: „Okay, lass uns ins Bett gehen"; später ging ich zu „Ich wasche noch schnell das Geschirr ab, dann gehen wir ins Bett" über. Noch später sagte ich manchmal: „Nicht jetzt Schatz, ich bin noch nicht im Bett." Es funktionierte.

Einmal kam es zu einem lustigen Erlebnis: Wir waren bei einer Freundin zu Besuch, mein Ältester schaute sich im Haus um. Dann kam er ganz aufgeregt zu mir und sagte: „Sie hat ein Bett, wir können stillen".

8.2.3. Bericht: Stillen in der Schwangerschaft und Tandemstillen

Ein Erfahrungsbericht von Maryam Al-Zahra Frenzel-Hassan, LLL-Stillberaterin, Ritterhude:
„Meine Tochter Souad war 15 Monate alt, als ich wieder schwanger wurde. Sie ernährte sich zu diesem Zeitpunkt noch hauptsächlich von Muttermilch. In dem Maße, in dem nun die Milch schwangerschaftsbedingt zurückging, stieg ihr Interesse an anderen Nahrungsmitteln und Getränken. Es kam mir von Anfang an nicht in den Sinn, sie wegen der Schwangerschaft abzustillen; wir genossen beide unsere Stillbeziehung. Angesichts meiner Vorgeschichte – vorzeitige Wehen bei allen Schwangerschaften, Fehl- und Frühgeburten – war meine Frauenärztin entsetzt und warnte mich, dass das Stillen vorzeitige Wehen auslösen und/oder verstärken würde. Auch die Kinderärztin empfahl sofortiges Abstillen mit der Begründung, dass `Stuten sofort von ihren Fohlen getrennt werden, wenn sie wieder trächtig sind". Ich dachte nur: `Ich bin doch kein Pferd!´ und erwähnte das Stillen fortan nicht mehr.

Schwieriger empfand ich den Umstand, dass auch mein Mann für das Abstillen war. In seinem afrikanischen Heimatland wird ein Kind sofort abgestillt, wenn die Mutter wieder schwanger ist. Die Eltern sind davon überzeugt, dass die Milch einer schwangeren Frau schädlich für das Kind ist. Immer, wenn Souad nun krank war, machten mir mein Mann und seine Verwandten Vorwürfe: `Siehst du, das kommt nur, weil sie noch Muttermilch trinkt.´

Ich hatte die ganze Schwangerschaft hindurch vorzeitige Wehen, konnte aber nicht beobachten, dass sie während des Stillens stärker oder heftiger wurden. Die Brustwarzen wurden im Verlauf der Schwangerschaft empfindlicher, besonders, als im sechsten Monat die Milch ganz versiegte, aber Souad trotzdem weiterhin ausgiebig nuckelte.

Als Souad zwei Jahre alt war, wurde ihr Bruder Ahmad geboren. Vier Wochen zu früh, aber gesund und munter, sodass wir zwei Stunden nach der Geburt wieder zu Hause waren. Ich war froh, dass Souad so begeistert nuckelte, denn ihr Bruder war überaus schläfrig und hatte kaum Interesse an der Brust. So kurbelte Souad die Milchproduktion für ihren Bruder an und ersparte mir das Pumpen. Ich stillte immer beide Kinder gleichzeitig.

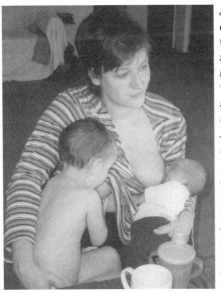

Als er vier Wochen alt war, entdeckten wir, dass eine Kuhmilchallergie Grund für seine Schläfrigkeit war (er hatte sich schon in der Schwangerschaft sensibilisiert). Als ich Kuhmilchprodukte von meinem Speisezettel strich, war seine Schläfrigkeit verschwunden, und er konnte alleine kräftig genug saugen, um den Milchspendereflex auszulösen. Ich sehnte mich danach, mein Baby auch ab und zu `für mich alleine´ zu haben, und hoffte, Souads Interesse am Stillen werde nach den ersten Wochen rasch abnehmen. Es störte mich, dass meine `Große´ so viel mehr saugte als mein Baby.

Nachts wachten die Kinder zu unterschiedlichen Zeiten zum Stillen auf, und ich war so müde! Nach einiger Zeit synchronisierten sich die Schlafzyklen von uns dreien. Souads Interesse am Stillen nahm allmählich ab. Als Ahmad drei Monate alt war, nuckelte sie nur noch zum Einschlafen und wenn sie nachts aufwachte, was aber immer seltener vorkam. Als ihr Brüderchen acht Monate alt war, hatte sie sich ganz abgestillt.

Meine Gefühle in diesen acht Monaten waren wechselhaft; einmal war ich überglücklich, beide Kinder stillend an der Brust zu sehen, händchenhaltend und streichelnd; sie waren so zufrieden und kamen (kommen) so gut miteinander aus; Eifersucht nur minimal. Dann wieder sehnte ich mich nach Zeit mit dem Baby allein und erschrak über die Heftigkeit negativer Gefühle, die manchmal Souad gegenüber aufkeimten. Sie war so fordernd, wie ich mir das von ihrem Bruder wünschte, der nichts lautstark zu fordern schien. Zwar wusste ich, dass ein solches Wechselbad der Gefühle in einer Tandembeziehung vorkommt, aber ich erkannte erst im Laufe der Zeit, dass dieses in meinem Fall dadurch verstärkt wurde, dass Souad und Ahmad so verschieden sind. Bei Ahmads Geburt dachte ich, ich wüsste alles über Babys, und erwartete im Grunde genommen eine Wiederholung der problemlosen Stillbeziehung mit Souad. Sie hatte ich von Geburt an verstanden, bei Ahmad hatte es Monate gedauert, bis ich nicht mehr glaubte, ihn nicht zu verstehen, und bis meine Gefühle ihm gegenüber ebenso intensiv waren wie die zu Souad.

Kurz vor Ahmads erstem Geburtstag wurde ich wieder schwanger, und die Milch ging praktisch vom Tag der Empfängnis an zurück. Ahmad ließ sich nicht entmutigen und stillte die ganze Schwangerschaft hindurch; diesmal blieb ich von vorzeitigen Wehen ebenso verschont wie von empfindlichen Brustwarzen. Im achten Monat erwies sich das Stillen als Lebensretter, als Ahmad und ich an einer Lebensmittelvergiftung schwer erkrankten: er konnte außer Muttermilch nichts bei sich behalten, und ich war froh, ihn mit der Brust trösten zu können – denn zum Spielen, Erzählen, sogar Bewegen war ich nicht in der Lage. (Um Souad kümmerte sich die Oma.) Nach überstandener Erkrankung ging es mir körperlich *so schlecht, dass der Gynäkologe meinte, die geplante Hausgeburt nicht verantworten zu können: eine große Enttäuschung, hatte ich mich doch so darauf gefreut und vorbereitet. Viel später als erwartet kam dann mein Sohn Abdul-Hamid ambulant zur Welt, mit Anzeichen einer Übertragung. Trotzdem ging es uns beiden so gut, dass wir kurz nach der Geburt wieder nach Hause fahren konnten.*

Seit der Geburt seines Bruders schläft Ahmad (der vorher ein- bis zweimal aufwachte) wundersamerweise durch; so habe ich das Baby nachts für mich allein, was ich durch die Ruhe und Stille in der Nacht doppelt genießen kann. Am Tage trinkt Ahmad meistens mit Abdul-Hamid zusammen: sobald er einen Ton vom Baby hört, erinnert er mich: `Baby happ!´. Er kümmert sich um das Baby, schmust mit ihm, will es im Arm halten und zieht seinen Pullover hoch, um das Baby und alle Puppen selber zu stillen – zum Entsetzen seiner großen Schwester, die immer empört sagt: `Männer können nicht stillen!´.

In den ersten Lebenswochen von Abdul-Hamid war Ahmad öfter krank: Um Ansteckungen zu vermeiden, wusch ich die Brust, nachdem er gestillt hatte. Durch das häufige Waschen wurden die Brustwarzen wund; außerdem fragte ich mich, ob Ansteckung so vermieden werden könnte, da die Krankheitserreger schließlich schon da sind – und übertragen werden könnten, bevor ich bei Ahmad erste Anzeichen einer Krankheit entdecken und mit `Waschmaßnahmen´ beginnen würde.

Ich habe entdeckt, dass das Baby die Krankheiten seines Bruders und anderer Familienmitglieder manchmal in ganz leichter Form durchmacht, manchmal ganz verschont bleibt. In wenigen Tagen feiert Ahmad seinen zweiten Geburtstag, und Abdul-Hamid wird dann dreieinhalb Monate alt sein. Ich bin gespannt, wie es in unserer Tandem-Stillbeziehung weitergeht."

8.3. WELCHES KIND BEKOMMT WELCHE MILCH?

Es wird immer wieder die Frage gestellt, ob nach der Geburt reife Muttermilch oder Kolostrum fließt.

Menschenmuttermilch verändert sich mit dem Alter des Kindes. Die Mutterbrust ist ein erstaunliches Wunderwerk der Natur. Die eine Seite merkte sogar, wenn `ihr´ Kind im Kindergarten war, und produzierte in dieser Zeit weniger; so konnte ich mir auch verschiedene Qualitäten vorstellen.

Frage: „Wie ist das nach der Geburt eigentlich mit dem Kolostrum? Denn eigentlich müsste das Zweite (oder Dritte) dann gleich richtig Milch haben? Wie ist es mit der Zusammensetzung? Ich habe gelesen, dass sich die Muttermilch immer am Bedürfnis des Kindes orientiert, an welchem orientiert es sich denn bei zwei oder dreien?"

Antwort von Tandemstillmutter Kirsten mit Ria (drei Jahre) und Annik (ein Jahr):
„Die Mumi orientiert sich immer am letztgeborenen Kind; das ist das Kind, das am meisten auf Muttermilch angewiesen ist. Die älteren Kinder bekommen also wieder Kolostrum."

Eine Freundin wollte es ganz genau wissen: sie stillte in der Schwangerschaft nur noch mit einer Brust. Beide Brüste produzierten nach dem sechsten Schwangerschaftsmonat eine kolostrumähnliche Milch, nach der Geburt gab es auch Kolostrum aus beiden Seiten. Der große Sohn bestätigte das mit den Worten: `Kafferahm da!´ und `Kafferahm weg!´

Frage: „Im Moment interessiert auch mich besonders, wie es nach der Geburt des neuen Babys war. Hat das größere Stillkind auch von der Vormilch (Kolostrum) getrunken?"

Antwort von Tandemstillmutter Cordula:
„Ja. Auch in der Schwangerschaft ca. ab der 20. Woche wird schon Kolostrum gebildet. Stella hat mir gesagt, die Milch schmecke anders; gestört hat es sie nicht. Nach der Geburt habe ich Stella dazu `benutzt´, den Milchfluss richtig in Gang zu bringen, weil Angela als Frühchen Saugschwierigkeiten hatte. Also hat erst einmal Stella zwei Schlucke getrunken, direkt danach Angela. Das war viel angenehmer als die Pumpe, die mir zu dem Zweck empfohlen worden war!"

Kirsten Meikies mit Ria und Annik:
„Ja. Ria hat die ersten Tage eher wenig Mumi getrunken und nicht gemault, dass die Mumi nicht oder anders schmeckt. Aber sie war so kurz nach der Geburt doch sehr aufgeregt. Für Ria war es sicherlich am wichtigsten, nicht einfach ausgeschlossen zu werden. Ich denke, dass das Stillen ihr über diese schwierige Zeit hinweggeholfen hat."

Frage: „Kommt der Milcheinschuss schneller?"

Tandemstillmutter Cordula:
„Sehr viel schneller war's bei mir nicht. Aber Kolostrum hatte ich schon reichlich. Dafür war der Milcheinschuss heftig und unangenehm, weil ich im Krankenhaus lag und Stella deshalb nicht dauernd da war. Was habe ich mich nach ihr gesehnt... "

Weitere Antwort von Tandemstillmutter Kirsten:
„Nein. Der Milcheinschuss bei Ria war früh. Ich war froh, dass Annik die ganze Milch nicht allein austrinken musste. Pünktlich zum Milcheinschuss wollte Ria häufiger stillen, was mir gerade recht kam. Das Problem war, dass Ria nachts nicht stillen wollte und ich endlich einmal wieder auf dem Bauch schlafen wollte. Dann gab es Stress mit meinen Eltern und ich hatte meine einzige Brustentzündung. Jetzt stillt Ria ja auch nachts gerne ..."

Frage: „Wenn Melanie jetzt jeweils stillt, habe ich manchmal noch wenige Tropfen Milch an der Brustwarze. Nun habe ich neulich gesehen, dass diese Milch eher dick und gelblich aussieht. Kennt Ihr das? Hat das nun bereits etwas mit Kolostrum zu tun oder nicht?"

Cordula:
„Ja, siehe oben."

„Die Zusammensetzung der Muttermilch"

WHO: `Die physiologischen Grundlagen der Säuglingsernährung´, S.26/27:
„Reife Muttermilch hat Hunderte uns bekannter Bestandteile. Sie unterscheidet sich in ihrer Zusammensetzung nicht nur von Frau zu Frau; auch bei derselben Frau variiert sie in beiden Brüsten, von Mahlzeit zu Mahlzeit und selbst während eines einzelnen Stillvorgangs sowie im Verlauf der gesamten Laktation. Diese Veränderungen sind wahrscheinlich nicht zufällig, sondern dienen einem Zweck, und man kommt immer mehr zu der Überzeugung, dass der Säugling einen wichtigen Einfluss auf die Veränderungen hat, die mit der Milch

vor sich gehen. Die Muttermilch hat die Fähigkeit, sich auf die individuellen Bedürfnisse des Säuglings einzustellen, wie die Milch anderer Säuger auch (z. B. beim roten Känguru, das zwei ganz unterschiedliche Sorten von Milch aus zwei verschiedenen Zitzen für Junge von unterschiedlichem Alter produziert). Mütter von Zwillingen, von denen jeder beim Stillen beständig eine besondere Brust bevorzugt, stellen manchmal fest, dass ihre Brüste individuell `maßgeschneiderte´ Milch produzieren. Wenn die Laktation zurückgeht und die Brüste sich zurückbilden, ähnelt die Milch dieser Rückbildungsphase dem Kolostrum in ihrem hohen Gehalt an Immunglobulinen, die sowohl das Kind, das abgestillt wird, als auch die Brust selbst schützen."

8.3.1. Blähungen durch Tandemstillen?

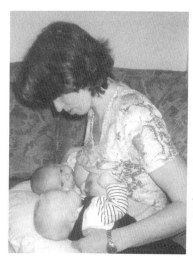

Tandemstillen verursacht keine Blähungen.
Es gibt einige Unverträglichkeiten und heutzutage viele Allergien. Eine Mutter kann herausfinden, wie das Kind auf Nahrung reagiert, die sie zu sich nimmt. Was ich in Büchern nicht gefunden habe (außer Kohl, Kaffee, Zwiebeln, Vollkornbrot, Hülsenfrüchten, Schokolade usw.), ist, dass auch Fisch vielen Kindern Probleme und Blähungen macht und auch Zucker bläht.

Durch das Stillen des älteren Geschwisterkindes bekommt das Baby nicht mehr Blähungen als sonst.

Zum Thema Blähungen siehe auch Kapitel 2.13. Blähungen der Kinder: Eine Unsicherheit der Eltern?

8.4. INTERESSANTE FRAGEN ZUM TANDEMSTILLEN

Ich fragte meinen Lehrherrn, warum die Ohren nicht am Knie sind. Auch beim Tandemstillen kann man sich so manche Frage stellen und auch eine Antwort darauf finden.[84]
Anne R.:
„Folgende Überlegung: Angenommen, man hat zwei Stillkinder mit nur geringem Altersabstand, sodass das Ältere noch relativ oft saugt, wenn das Kleinere zu essen beginnt. Wäre es dann nicht praktisch, wenn jedes der Kinder `seine eigene´ Brust hätte? So wie ich das verstehe, kann eine einzelne Brust spezifische Nahrung produzieren, wenn sich Zwillinge stillen. Wieso sollte das nicht auch bei Kindern unterschiedlichen Alters (also Baby und Kleinkind) funktionieren?
Ich habe mich gefragt, wieso man als Mensch, der in der Regel nur ein Kind pro Geburt bekommt, zwei Brüste braucht, rein von der Biologie her. Von der ästhetischen Symmetrie her finde ich zwei Brüste schon schöner, klar, aber welchen Zweck erfüllen sie? Eine Brust würde ja reichen, wenn man bedenkt, dass man mit zwei Brüsten auch Zwillinge voll stillen kann.
Rein rechnerisch finde ich Tandemstillen `berechtigt´, wenn man die durchschnittliche

[84] Es ist sinnvoll, dass unsere Gleichgewichtsorgane oben am Kopf und auch paarweise sitzen

natürliche Stilldauer eines Kindes einerseits und die natürliche (ohne Verhütung gesteuerte) Schwangerschaftsfolge und Fortpflanzungsrate eines Paares andererseits betrachtet. Da wäre es `normal´, wenn sich etwa alle zwei Jahre ein Kind ankündigt und das einzelne Kind jeweils vier Jahre stillt. Das sind rein fiktive, aber realistische Zahlen, wenn man jeweils ein Jahr abzieht oder hinzuzählt, stimmt es ja statistisch gesehen immer noch. Nicht zuletzt gibt es Kinder, die sich schon relativ früh von selbst einseitig abstillen, während die bevorzugte Brust lange die gesamte Milchproduktion aufrechterhält. Das ist ein Phänomen, das ich biologisch gesehen komisch finde und wobei sich für mich die Frage nach der Notwendigkeit (bzw. Zweckmäßigkeit) der zweiten Brust stellt."

Ich würde denken, dass die zweite Brust auch als Ersatz dienen können soll, wenn eine ausfällt. Wegen einer Symmetrie und gleichmäßigen Belastung der Muskulatur sind zwei Brüste sinnvoll und auch bei Tieren sind die Milchquellen immer paarweise in zwei Reihen angeordnet.

Anne R.:
„Interessante Spekulationen. Mir fällt dazu Folgendes ein, was ich gerade zum Thema Brustkrebs und Stillen gelesen habe; es gibt/gab (?) in Japan Fischerinnen, die ihre Kinder immer nur einseitig stillen. Man beobachtete, dass sie in der nicht stillenden Brust häufiger Brustkrebs bekamen. Gleichmäßiges Stillen beider Seiten hat also Vorteile. Das war der Anlass, zu untersuchen, inwiefern Stillen vor Brustkrebs schützt. Es macht deshalb durchaus Sinn, ein Kind auch an beiden Seiten zu stillen. Die Natur hätte, falls es nur eine Brust geben würde, sie zumindest in der Körpermitte platziert, da es sonst Symmetrieprobleme gibt."

Gunde:
„Ich bin mir sicher, dass die Natur das `Muttermilchversorgungssystem´ idiotensicher eingerichtet hat. Beim Känguru hängt das Kind an der Zitze fest, während Menschenkinder – auch wenn es uns oft nicht so vorkommt – zwischenzeitlich loslassen. Die Brust gibt die Immunantwort auf die Keime, die die Mundschleimhaut des stillenden Kindes besiedeln. Ältere Kinder haben aufgrund ihres größeren Aktionsradius auch mehr Keime, deshalb

steigt der Gehalt in Immunstoffen der Muttermilch ab dem sechsten Lebensmonat bis zum zweiten Geburtstag des Kindes an. Wenn bei Geschwistern jedes seine ganz individuelle Milch bekäme, könnte das kleinere Kind nicht von den Immunstoffen, die das ältere Kind `abgefordert´ hat, profitieren. Da beide Kinder aber in der gleichen Familie eng beieinander leben, braucht es diese spezifischen Immunstoffe genau so. Da es auf jeden Fall natürlich ist, dass zwei Kinder gleichzeitig gestillt werden (das hast du super ausgerechnet mit der Überschneidung des natürlichen Geburtenabstandes und der natürlichen Stilldauer), kann es nicht sein, dass die Mutter in diesem Fall besondere Regeln beachten muss. Ich bin mir sicher, auch wenn die Forschung noch lange nicht so weit ist, dass auch in diesem Fall die Muttermilch für genau diese Familie die optimale Kindermilch ist und nicht lediglich ein Kompromiss zu Lasten eines oder beider Kinder. Egal, ob beide links und rechts, oder beide links und anschließend beide rechts, oder eins ganz oft und eins ganz selten und nur links trinkt, oder, oder, oder. Dabei wären zwei Kinder bei zwei Brüsten theoretisch noch relativ einfach einzuteilen, erst das dritte Stillkind wäre wirklich eine logistische Herausforderung für die Mutter. Viele Mütter sind im Wochenbett so schusselig, dass sie als Gedächtnisstütze eine Schleife am BH als Zeichen für die nächste (Still-)Seite tragen."

Sandra F. beantwortet viele Fragen, die auch ich damals hatte:

„Du machst es also so, dass jeder eine Brust hat?"
„Nein. Nur trinkt halt jeder immer `an seiner Brust´: Beide zusammen in den Mund zu bekommen, ist bisher nicht gelungen, weil ich es verhindert habe. Jedes Kind eine Seite. Und irgendwann meldet (meistens der Größere) an, dass er jetzt die andere kosten muss. Meistens geschieht das zeitgleich mit dem Meckern der Kleinen. Die beiden ergänzen sich fabelhaft."

„Da wird nicht gewechselt?"
„Doch, andauernd. Je nach Lust und Laune. Mal behauptet der Größere, die Milch schmeckt auf der anderen Seite anders. Mal meckert die Kleine, weil sie sich zu sehr anstrengen muss, oder weil zu viel kommt. Ist ganz unterschiedlich."

„Und wie alt ist `der Große´?"
„Er wurde vier Jahre alt."

„Hat er die ganze Zeit durchgestillt?"
„Ja, die gesamte Zeit."

„In der Schwangerschaft war nie Pause?"
„Nein, nicht eine Stunde lang. Er hat sogar sehr häufig gestillt."

„Hattest du immer Milch?"
„Ja, Milch war immer da. Allerdings hat mein Milchspendereflex mit `gelungener´ Befruchtung nicht mehr funktioniert. So musste er sich halt besonders anstrengen, um an seine Milch zu kommen."

8.4.1. Wieviele zusätzliche Kalorien muss ich während des Tandemstillens zu mir nehmen?

Kelly Bonyata:
„Ich habe niemals eine Studie darüber gesehen. Das Subkomitee für die Ernährung in der Stillzeit von 1991 empfiehlt, dass stillende Mütter ungefähr 2700 kcal zu sich nehmen sollten; das sind etwa 500 kcal mehr als eine nicht stillende, nicht schwangere Frau. Viele stillende Mütter nehmen allerdings nur 2200 kcal oder weniger zu sich. Eine weniger aktive Mutter, die aus der Schwangerschaft mehr Fettreserven hat und/oder mehr Lebensmittel mit höherem Nährstoffwert isst, kann mit weniger Kalorien auskommen als eine aktivere Mutter mit weniger Fettspeicher, die mehr verarbeitete Lebensmittel isst. Da die meisten Mütter 200-500 zusätzliche kcal für ein vollgestilltes Baby brauchen, kann man vielleicht davon ausgehen, dass man 300-750 zusätzliche kcal braucht, um ein Baby und ein Kleinkind zu stillen (da das Kleinkind weniger Milch als das Baby trinkt)."

8.5. STILLEN NACH DER GEBURT DES GESCHWISTERCHENS

Das Stillen des älteren Geschwisterchens kann sich nach der Geburt des Babys deutlich verändern, auch drastisch oder kaum bis gar nicht, dies ist von Kind zu Kind unterschiedlich.

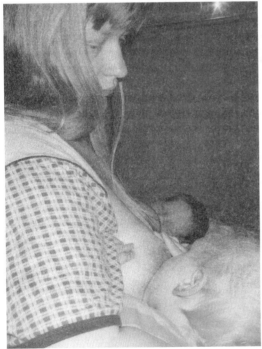

Nach der Geburt seiner Schwester änderte sich das Verhalten unseres Sohnes drastisch.
Die ersten sechs Wochen waren sehr anstrengend für mich, weil ich so müde und manchmal auch genervt war. Marvin wollte plötzlich jede Stunde gestillt werden, Tag und Nacht.
Damit hatte ich nicht gerechnet. Er verweigerte Nahrung und Getränke fast völlig. Nach drei Monaten aß er mit dem Vater wieder ganz gut, stillte (wie als Baby) nachts alle zwei Stunden. Ich rief eine Stillberaterin der La Leche Liga an, die schon zwei Kinder gestillt hatte, sie machte mir Mut und sagte, dass es bei ihr nach etwa drei Monaten besser wurde.
So hatte ich endlich einen Anhaltspunkt, einen Zeithorizont. Das half mir. Sonst kannte ich leider keine Frau, die nach der Geburt ihr älteres Kind weiter stillte. So machte ich weiter.

Bald wurde es besser. Marvin stillte nach einem Vierteljahr nach der Geburt (mit zweieinhalb Jahren) nicht mehr stündlich, sondern meist zweimal nachts. Nach sechs bis neun Monaten, schlief er wieder sicher und stabil durch. Ich nehme an, dass das auch weniger wurde, weil Annie nun beide Brüste ziemlich leer trank und er nicht immer die leckere Fülle vorfand. Am Anfang schaffte sie das gar nicht, während er es als Rückhalt und Versicherung meiner Liebe brauchte. Annie stillte bald nur noch zweimal in der Nacht; oft hatte ich Glück und beide stillten nacheinander, so dass ich nicht viermal aufwachen musste.

Die extreme Zeit mit unserem stillbegeisterten ersten Kind dauerte ein Vierteljahr, dann wurde es ein weiteres Vierteljahr lang weniger, und schließlich wurde das Stillbedürfnis deutlich seltener. Ich kenne nicht viele Kinder, die so sehr am Stillen hingen wie unser Sohn, deshalb könnte es bei anderen Kindern auch ganz anders sein.

Mit 15 Monaten stillte ich Annie noch fast voll, und sie nahm hier und da ein Häppchen vom Tisch. Marvin wollte in der Zeit in der Regel nur noch drei bis viermal täglich gestillt werden. Er war damals schon ungewöhnlich aufgeweckt, war selten krank und wurde sich langsam bewusst, wie wichtig ihm das Stillen war und dass es die meisten anderen Kinder nicht bekommen. Wenn Annie oder ein anderes Kind weinte, sagte er, dass man es doch stillen sollte. Er stillte sein Puppenbaby und will auch ein Papi werden.

Als unser drittes Kind Robin geboren wurde, stillte das zweite Kind, Annie, öfter als vorher. Aber sie war älter als Marvin damals, und es war nicht so extrem. Auch ihr schmeckte die reichliche Milchmenge ausgezeichnet. Nach zehn Wochen fing Marvin (fast sechs Jahre) an, an den Fingern und Gegenständen zu lutschen und ich fragte ihn, ob er auch wieder stillen wolle. Er bejahte erleichtert, versuchte es zweimal ein paar Sekunden lang und war zufrieden.

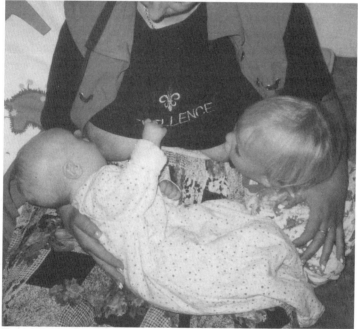

Tine mit Robin und Annie

Es gibt auch negative Gefühle beim Tandem-Stillen dem älteren Kind gegenüber, vor allem wenn das Ältere öfter gestillt werden wollte als das Jüngere. Ich war oft gereizt oder auch einmal wütend. Möglicherweise will die Natur dies sogar, weil eine schlecht ernährte Frau im Busch sonst ihr jüngeres Kind nicht ernähren kann. Aber es geht immer vorbei.

Kirsten Meikies, Schlagsdorf mit Ria (drei Jahre) und Annik (ein Jahr):
„Mir kam Ria plötzlich so groß vor, obwohl sie noch nicht zwei Jahre alt war. Eine Abneigung, sie zu stillen, hatte ich nicht direkt, aber es war ungewohnt. Ria wollte die ersten zwei bis drei Tage nicht mittrinken, sodass ich mich schon an Annik gewöhnen konnte. Pünktlich

zum Milcheinschuss meldete Ria dann auch Bedarf an (was mir recht war). Ich war auch irgendwie erleichtert, dass Ria wieder gestillt hat. Sie war im Moment kein großer Esser, und ich hatte immer etwas Angst, dass sie `verhungert´. Im Moment nimmt sie wirklich gut zu."

Claudia Salmann:
„Unsere Tochter Hannah war sechs Stunden alt, als meine Schwiegereltern unseren `Großen´, den damals zweieinviertel Jahre alten Jonas, zu uns ins Geburtshaus nach Bensberg brachten. Er war alles andere als gut drauf. Vermutlich erwartete er, nach Hause gebracht zu werden anstatt in eine völlig fremde Umgebung, nachdem er das erste Mal in seinem Leben eine Nacht ohne Mama und Papa verbracht und fast zwei Tage nicht an der Brust war. Er übertrug seinen Frust auf die Federwiege, in der Hannah bei seiner Ankunft lag, und noch Wochen später konnte er es nicht ertragen, wenn irgendetwas wackelte (z.B. die Angelschnur beim Angelspiel). Jedenfalls konnten wir Hannahs Körbchen nicht mehr an die Feder hängen, solange wir im Geburtshaus waren. Jonas´ schlechte Laune legte sich bald, nachdem meine Schwiegereltern gegangen waren. Wider Erwarten hatte er nichts dagegen, dass Hannah an meiner Brust trank. Er durfte vorerst weiter an meine Brust, und ich legte beide bei Bedarf gleichzeitig an. Da wir das geliehene Reisebett nicht zusammenbauen konnten, schliefen wir zu viert im Doppelbett, was gut klappte, obwohl Hannah sich mehrmals meldete. Am zweiten Tag nach der Entbindung hatte ich einen Milcheinschuss, der wesentlich stärker war, als ich nach durchstillter Schwangerschaft erwartet hatte. Jonas war irritiert, dass die Brust auf einmal so prall war und dass wieder so viel Milch da war, gewöhnte sich aber schnell daran. Allerdings konnte ich nun nicht mehr beide Kinder gleichzeitig anlegen, da es meine ganze Aufmerksamkeit brauchte, Hannah an die pralle Brust anzulegen, zumal meine linke Brustwarze sehr flach ist. Auch das akzeptierte Jonas ohne Murren. Nach drei Tagen fuhren wir nach Hause, vorerst gab es keine Probleme. Nur meine Nachsorgehebamme, die ich seit Jonas Schwangerschaft kenne, war etwas irritiert, als sie sah, dass ich Jonas noch anlegte, und meinte, es sei doch jetzt wohl an der Zeit, ihn abzustillen. Nachts schlief Hannah im Ehebett und Jonas meistens in seinem eigenen Zimmer. Wenn er jedoch abends den Wunsch äußerte, bei uns zu schlafen, erlaubten wir es ihm. Meist schlief Jonas durch und kam gegen Morgen zu uns ins Bett. Wenn ich Hannah gerade stillte, wurde er wütend und verlangte: `Papa, du sollst die Hannah nehmen!´, da er gewohnt war, nach dem Aufstehen einen guten Schluck zu nehmen. Dann musste er – meist unter lautstarkem Protest – warten, bis Hannah fertig war. Bald merkte ich, dass es für mich zu anstrengend wurde, beide Kinder nach Bedarf zu stillen, sodass ich beschloss, Jonas nur noch morgens nach dem Aufwachen und abends vor dem Schlafengehen zu stillen. Häufig klappte das gut, aber an manchen Tagen brach doch der Frust über sein Geschwisterchen oder andere Dinge durch, was sich in verzweifelten Wutausbrüchen äußerte. Dann hatte er meine Brust bitter nötig und bekam sie. Auch nachts kam es in dieser Phase häufiger zu Zwischenfällen: Jonas wachte schreiend auf und ließ sich nicht beruhigen. Man durfte ihn weder anfassen noch ansprechen. `Geh weg – du sollst hier bleiben´, `Ich will Mama-Milch – Ich will keine Mama-Milch´, so ging es hin und her, bis er erschöpft an der Brust trank, bis er sich so weit beruhigte, dass er einschlafen konnte. Morgens konnte er sich an nichts erinnern. Im Großen und Ganzen war Jonas zu seiner kleinen Schwester sehr lieb, gab Küsschen und brachte sie durch viel Unsinn zum Lachen.

Hannahs Stillmahlzeiten verliefen größtenteils ungestört. Selbst wenn Jonas während des Stillens etwas von mir wollte, brachte er meist die Geduld auf, zu warten. Nur wenn er mittags schlafen sollte und ich Hannah stillte, ließ er uns nicht in Ruhe. Fortan machte Jonas keinen Mittagsschlaf mehr und spielte mehr oder weniger geduldig alleine im Wohnzimmer, wenn ich mich mit Hannah hinlegte. Bis auf seine Wutanfälle, die manchmal auftraten, war die folgende Zeit halbwegs harmonisch, bis auf Jonas zeitweise unsanften Umgang mit Hannah, was unter Geschwistern wohl normal ist. Hannah ist jetzt fast acht Monate alt und wird noch voll gestillt. Zum Glück ist sie ein viel zufriedeneres und geduldigeres Kind als es Jonas war. Jonas feiert bald seinen dritten Geburtstag. Zur Zeit machen wir wieder eine etwas schwierigere Phase durch; er ist leicht aus dem Gleichgewicht zu bringen, möchte ständig auf meinen Arm und isst zur Zeit ausschließlich auf meinem Schoß. Seine Geduld mit Hannah ist begrenzt; wenn er angelegt werden möchte, behauptet er: `Ich bin ein kleines Baby!´. Manchmal möchte er nur mit mir allein sein und verlangt: `Gib der Hannah Milch, damit sie schläft!´ In der letzten Woche hatten beide Kinder gleichzeitig Fieber und Jonas hat einen Tag lang kaum etwas anderes zu sich genommen als Muttermilch. Im Allgemeinen geht Jonas` Verlangen nach der Brust zurück; meist will er nach dem Aufwachen und etwa jeden zweiten Tag abends bei mir trinken. Ich denke, dass seine derzeitige Labilität mit der langsamen Entwöhnung zusammenhängt. Noch ist er nicht so weit, dass er ganz darauf verzichten kann. Meine Mitmenschen reagieren erstaunt, aber meist anerkennend auf das Tandemstillen. Negative Reaktionen sind selten. Ich glaube, dass mein Schwiegervater es nicht gerne hat, dass sein Enkel noch gestillt wird, aber über das Stillen spricht er nicht mit mir.

Trotz meiner selbstbewussten Haltung tut auch mir als Still- und Laktationsberaterin IBCLC Lob ganz gut. So war ich vor einiger Zeit bei einem IBCLC-Stammtisch; jede Anwesende stellte sich und ihren Arbeitsbereich vor. Ich war als letzte an der Reihe und sagte, dass ich außer der Leitung einer Stillgruppe zweimal im Monat und dem Stillen meiner eigenen Kinder im Moment nichts Besonderes mache. Eine Kollegin meinte daraufhin: `Du leistest doch als Vorbild für Mütter mehr als wir anderen alle zusammen!´

Abschließend möchte ich zusammenfassen, dass das Tandemstillen schon anstrengend ist, ich aber keinen Tag missen möchte. Mein Mann und ich wünschen uns für die Zukunft noch ein drittes Kind; ich möchte aber, dass beide Kinder eine Zeitlang abgestillt sind, bevor wir an eine nächste Schwangerschaft denken, damit ich wieder etwas Kraft tanken kann."

Cordula mit Stella (dreieinhalb) und Angela (sechs Wochen):
„Stella ist jetzt gut dreieinhalb. Manchmal geht mir ihr Stillen furchtbar auf die Nerven; sie wird dann umso hartnäckiger, sagt dauernd: `Ich habe aber sooo einen Meh-meh-Durst´ und stillt eher öfter als die kleine Angela."

Susanne:
„Nur gegen Ende wurde ich abends immer kribbliger, wenn Felix stillen wollte, und ich musste es unterbrechen. Sehr lästig beim In-den-Schlaf-Stillen. Oft habe ich gedacht: Nur noch zwei Minuten, aber ich habe es dann irgendwie keine Sekunde mehr ausgehalten und sofort beendet."

Cordula mit Stella (dreieinhalb) und Angela (sechs Wochen) antwortet Susanne:
„Das kommt mir so bekannt vor... (Bis aufs gemeinsame Stillen, das will Stella nicht – ist mir auch recht so.) Manchmal bin ich auch ziemlich aggressiv, ohne dass ich es mir so genau erklären kann. Stella hält seit Angelas Geburt keinen Mittagsschlaf mehr. Sie hat sich sonst nämlich mittags in den Schlaf gestillt. In der Schwangerschaft habe ich das noch gerade ausgehalten, aber nachher fehlten mir irgendwie die Nerven, vor allem, wenn Angela noch daneben herummeckerte. Und da ich ein paar Mal zu wenig Geduld zum mittäglichen In-den-Schlaf-Stillen hatte, hat Stella halt beschlossen, mittags gar nicht mehr zu schlafen."

Susanne:
„Felix wollte mindestens so oft stillen wie Mats."

Cordula:
„Auch das war bei uns so, d.h.: eigentlich wollte Stella am Anfang deutlich öfter stillen als Angela. Sie hat fast nichts mehr gegessen, immer nur einen Bissen und dann: `Ich habe keinen Hunger mehr.´ Durch die MuMi hat sie so viel Flüssigkeit zu sich genommen, dass sie nachts drei- bis viermal aufs Klo musste, in einer Nacht hat sie sogar zweimal ins Bett gepinkelt! (War vorher NIE passiert war.) Ich fand es auch anstrengend. Ein kleiner Trost war es zu wissen, dass es Tine (aus dem Langzeitstillforum) genau so gegangen war: ihr Sohn hatte sechs Wochen lang jede feste Nahrung verweigert. Bei uns herrscht jetzt wieder Normalzustand. Stella stillt morgens und abends und ein-, zweimal nachts. Damit kann ich ganz gut leben. Es besteht also noch Grund zur Hoffnung, auch für dich."

Susanne:
„Ich wurde dabei noch kribbliger als in der Schwangerschaft, es hat mich fast schon aggressiv gemacht. Ich habe das gemeinsame Stillen oft recht rüde für Felix unterbrochen. Oder ihn angemosert, wenn er abends ewig rumgenuckelt hat und trotzdem nicht schlafen wollte. Felix ist zwar manchmal frustriert. Ich habe es ihm öfter erklärt, aber er kann oder will es nicht richtig verstehen. Aber es wird besser und es müssen sich ja alle halbwegs wohl damit fühlen."

Cordula:
„Genau! Stella mag es auch nicht, wenn ich das Stillen abbreche, aber ich muss es manchmal einfach tun. Man darf ruhig auch auf seine eigenen Gefühle hören, denke ich."

Susanne:
„Da ich anfangs nur von diesen netten Tandemstillgeschichten gehört habe, wo sich die beiden Kinder beim einträchtigen Stillen gegenseitig streicheln und von Eifersucht keine Rede ist, war ich wohl mehr frustriert, als es vielleicht bei etwas realistischeren Erwartungen der Fall gewesen wäre. Denn insgeheim hatte ich schon befürchtet, dass Felix eifersüchtig auf das Stillen von Mats sein könnte, ich kenne doch meinen Sohn."

Cordula:
„Es ist schwer zu sagen, ob die Großen aus Eifersucht so viel stillen wollen. Ich glaube das bei Stella eigentlich nicht. Sie hat das Angebot angenommen. Wie Tine einmal schrieb, war sie `im Milchrausch´, weil so viel Milch floss. Oder eine Art Regression, Zurückfallen in die Babyzeit, zum Trost. Aber ganz sicher keine Eifersucht, die sich gegen das kleine Geschwisterchen richtet, und keine Spur von Aggression. Das ist doch viel wert, oder? Ich habe es bei meiner Schwester nämlich ganz anders erlebt: Die konnte ihre beiden die ersten Monate keine Sekunde unbeaufsichtigt zusammenlassen, weil die Große so aggressiv war.

Du wirst sehen, bei euch spielt es sich auch noch ein! Hat bei uns so zwei, drei Monate gedauert."

Christa Reisenbichler (40 Jahre, Hausfrau mit neun Kindern, LLL-Stillberaterin, Präsidentin-LLL-Österreich):
„Als ich mit meinem siebenten Kind schwanger war, hat Felix nur noch wenig getrunken. Für etwa vier Monate hatte ich schmerzhafte Brustwarzen und die Milch wurde weniger, aber er hat dann mit Hingabe genuckelt und war nur selten quengelig. Er musste mit 18 Monaten für zwei Tage ins Krankenhaus. Die Schwester hat dann gemeint, ich müsste doch jetzt unbedingt abstillen, denn sonst würde mein Baby zu früh zur Welt kommen. Zum Glück war ich selbstbewusst genug, ihr zu entgegnen. Moritz kam fünf Tage nach dem Termin zur Welt. Ich habe ambulant entbunden und war drei Stunden später wieder zu Hause. Felix

kam zu mir ins Bett, streichelte das Baby und sagte, weil Moritz gerade die Brust bekam: `Ein Busa meines, eines Baby!´. Und er trank immer, wenn das Baby stillte, das tat er fünf Monate lang, auch nachts. Ohne zusätzliche Nahrung nahm er drei kg zu. Ich hatte nie Probleme damit, sondern habe es genossen. Die Zeit der Zuwendung, hätte ich sie mir sonst für Felix genommen? Ich sicher nicht in dieser Form.

Eine Zeitlang hatten wir doch zu kämpfen: Felix wollte gestillt werden, wenn ich gerade staubsaugte. Aber ich war konsequent genug: erst saugen, dann stillen. Ich weiß, dass ich beide Kinder stillen kann, weil ich selbstbewusst genug geworden bin. Inzwischen bin ich 40 Jahre und habe einiges gelernt. Ob ich früher diese positive Einstellung zum Tandemstillen gehabt hätte, ist fraglich. Manche Menschen nahmen es Stirn runzelnd zur Kenntnis, der Arzt war ungläubig. Zu viele Einmischungen von außen kommen auf Mütter zu. Man braucht Kraft, um diesen teilweisen Anfeindungen standzuhalten. Die Mütter brauchen viel Unterstützung; ich bekam sie bei Stilltreffen oder Regionaltreffen. Die niemanden haben, brauchen viel mehr Motivation.

Die Großeltern versuchten, Felix das Stillen auszureden. Sein Kommentar: `Oma spinnt ein bisserl!´

Als mein gestillter Dreijähriger mit dem Kindergarten begonnen hatte, konnte er zu Mittag beim Stillen zur Ruhe kommen. Felix wollte immer trinken, wenn er müde oder traurig war, Schmerzen hatte usw. Gibt es etwas Schöneres als Stillen, wenn sich ein Kind nicht gut fühlt? Es sind die tollsten Kuschelzeiten. Am Abend schlief er beim Stillen ein. Aber es war der einzige Dreijährige, der im Kindergarten nicht weinte, keinen Schnuller oder kein Schmusetuch brauchte und zur Tante sagte: `Morgen komme ich wieder zu dir´. Moritz trank nur ganz an der Brust, wenn Felix da war. Den ganzen Vormittag über hatte er kein rechtes Bedürfnis danach. Er dachte wohl, zum Stillen gehören drei.
Leider kann ich nicht mehr schreiben, denn für uns ist dieser Zustand normal. Wir stillen aber nicht öffentlich. Aber es gehört zum Alltag, wie das Mittagessen. Eine Frau sollte es dem Kind und ihrem Gefühl überlassen, ob und wann sie abstillen soll."

Ulrike:
„Als ich mit meiner fünften Tochter schwanger wurde, stillte ich Ruth noch mehrmals am Tag. Dass ich nicht abstillen musste, wusste ich. Als ich im vierten Monat war, hatte ich dann einen sog. hohen Blasensprung[85] und musste ins Krankenhaus. Dort stellte sich dann auch eine Muttermundverschlußschwäche heraus. Ruth stillte ich erst einmal ab, da ich sechs Wochen im Krankenhaus bleiben musste. Das gefiel ihr nicht, ich versprach ihr aber, dass sie wieder trinken könne, wenn das Baby da sei. Sie war drei Jahre alt und merkte sich das gut.
Wieder zu Hause, musste ich starke Medikamente nehmen und lange liegen. Ruth war verstört, schien sich aber bald zu beruhigen. Als dann Judith mit einem Kaiserschnitt zur Welt kam, war ich wieder zwei Wochen nicht zu Hause. Am ersten Tag zu Hause forderte Ruth ihre Mimi ein. Sie hatte das korrekte Saugen nicht verlernt!

Seitdem, (über zwei Jahre), stille ich beide Mädchen. Bei Ruth habe ich das Stillen allerdings auf zwei bis drei Mal am Tag begrenzt, was sie akzeptiert.

Vorteile waren: Heilende Nähe für Ruth nach den Trennungen. In den ersten Wochen nach Judiths Geburt war ich durch die Operation und das lange Liegen vorher körperlich

---

[85] besondere Form des Blasensprungs mit nur geringem aber stetigem Fruchtwasserabgang

geschwächt, beim vielen Stillen kam ich zur Ruhe. Auch heute ist das Stillen eine Ruheinsel im Tag. Bei Krankheiten von Judith, wenn sie nicht viel trinken mochte, hat mich Ruth vor Milchstaus bewahrt; wenn ich einen hatte, konnte ich ihr genau sagen, wo und wie sie trinken musste. Sie hat es immer geschafft, ihn aufzulösen.

Im Moment hätte ich nichts dagegen, wenn Ruth sich abstillte. Sie ist manchmal mehrere Tage unterwegs (bei Omi oder mit dem Kinderchor), aber möchte dann wieder stillen. Judith trinkt nach wie vor auch nachts mehrere Male. Stillen ist natürlich, und lange Stillen auch. Wenn das in Deutschland die meisten Menschen nicht wissen, kann ich doch deswegen nicht abstillen!

Wenn wir woanders sind, staunen die meisten Leute über meine friedlichen Kinder, die sich gut selbst beschäftigen können. Da die meisten wissen, dass ich Stillberatung mache, sagt niemand etwas, wenn ich Judith dann dezent, aber öffentlich stille. Ruth stille ich nicht mehr in der Öffentlichkeit; sie kann ihr Bedürfnis gut aufschieben, sie wird bald sechs Jahre alt."

8.5.1. Gibt es notwendige hygienische Maßnahmen, wenn man beide Kinder stillt?

Kelly Bonyata:
„Es sind keine Maßnahmen für die Hygiene und das Teilen der Brüste erforderlich; normales Baden und Duschen reicht. Es gibt keinen Grund, die Brustwarzen zwischen den Kindern zu reinigen. Wenn ein Kind krank wird, gibt es auch keinen Grund dazu: Denn sobald die Symptome auftreten, haben sich die Kinder die Brust ohnehin während der Inkubationszeit geteilt. Der einzige Grund, jedem Kind eine feste Brust zuzuteilen, wäre das Auftreten von Soor."

Cordula:
„Stella war bis zur Geburt von Angela sehr dünn, ich hatte schon Sorge, bei der nächsten Untersuchung würde die Kinderärztin sie für untergewichtig erklären. Jetzt kommt wieder sooo viel Muttermilch, dass sie viel mehr stillt. Mumi bietet mit ca. 66 kcal/100ml die höchste, für den kindlichen Organismus verwertbare Form der Energieversorgung. Stella hat in den letzten zwei Wochen, d.h. seit der Geburt von Angela, anderthalb Kilo zugenommen!
Sie trinkt fast nur Muttermilch. Vorher hatte sie ein Jahr lang gar nicht zugenommen. Sie bekommt natürlich etwas Besonderes, meine gute Frühchenmilch!"

Carmen, Jannes (drei Jahre) und Sonja (drei Monate):
„Als Jannes sich fünf Monate vor der Geburt seiner Schwester abgestillt hat, wollte er wieder damit anfangen, sobald das Baby da wäre und ich wieder viel Milch hätte. Als ich letzte Woche zu Hause war und er sah, wie Sonja gestillt wurde, wollte er auch probieren: er stand mit offenem Mund unter der Brustwarze und wartete, dass etwas passierte. Ich erklärte ihm, dass er die Brust in den Mund nehmen und daran saugen müsse. Das wollte er nicht. Da Sonja an der anderen Seite kräftig trank, tropfte die Milch nun aus `seiner´ Seite: er leckte kurz dran, dann kam das Kompliment an die Köchin: `Bäh, ist das eklig. Das will ich nicht trinken´. Nun werde ich es nicht erfahren, wie es ist, Tandem zu stillen. Jannes hat seinen Weg gefunden, das ist wichtiger."

Publikation der LaLecheLiga, Bulletin „Ja, ich stille noch" (1993), Tandemstillen:
„In den meisten Fällen reicht beim Tandemstillen normale Hygiene völlig aus, d.h. regelmäßiges Baden oder Duschen und saubere Kleidung. Babys sind an die meisten

Keime im eigenen Haushalt gewöhnt, auch an die Geschwister: Bestandteile der Muttermilch unterstützen die Immunität. Wenn eines der Geschwister krank wird, braucht die Mutter nicht jedem Kind eine Brust zuzuweisen, denn die Keime, welche Erkältungen und andere Infektionen hervorrufen, sind schon Tage, bevor sich die ersten Symptome zeigen, präsent und werden ausgetauscht. Wenn ein Kind krank wird, haben sich die Geschwister die Brüste der Mutter (und damit die Keime) schon mehrere Tage geteilt. Ausnahmen bilden Pilzerkrankungen und ernste, hoch ansteckende Krankheiten. In diesen Fällen sollte die Mutter besser jedem Kind `seine´ Brust zuweisen."

8.6. Wenn beide Kinder gleichzeitig trinken wollen

In der zweiten Schwangerschaft machte ich mir ständig Gedanken, wie ich es schaffen könnte, zwei Kinder zu stillen.

Die Lösung war nahe liegend: als unser zweites Kind geboren war, stellte ich fest, dass ich für jedes eine Brust hatte. Ich habe sie am Anfang im Liegen gestillt, da der Große aus Futterneid nach der Geburt ebenfalls trinken wollte. Das Baby musste sich mit der zu stark fließenden Milch auseinandersetzen, denn ein Kleinkind kann viel schneller trinken und Milchflussreflexe auslösen, ich hatte aber immer genügend Milch auf der einen Seite.

Wenn auf beiden Seiten gleichzeitig gestillt wird, schnellt der Prolaktinspiegel in die Höhe. Das ist eine bio-chemische Tatsache, gut für die Milchbildung und für die Geduld der Mutter. Das ist auch der Grund dafür, dass Kühe an allen vier Zitzen gleichzeitig gemolken werden und warum die Humanmilchpumpenindustrie endlich Doppelpumpsets erfunden hat. Wenn eine Frau nämlich abpumpen muss, regt es die Milchbildung an und geht auch schneller.

Nach etwa drei Monaten trank der Große unabhängig vom Baby, wann er wollte. Wenn ich sie zusammen stillte, bettete sich der Große über meine Oberschenkel und ich legte das Kleine oben drauf.

Cordula:
„In der 33./34. SSW entwickelte ich eine Gestose[86] mit den Symptomen Bluthochdruck und Eiweiß im Urin, die sich kontinuierlich verschlimmerten. So war es absehbar, dass aus der geplanten ambulanten oder gar Hausgeburt nichts werden würde. Was mich bedrückte, war die Tatsache, dass ich Stella nicht ins Krankenhaus würde mitnehmen können, auch nicht, wenn ich ein Einzelzimmer bezahlte. Denn Kleinkinder sind auf der Säuglingsstation aus Infektionsschutzgründen nicht zugelassen. Stella war an dem Tag tapfer und wollte schnell mit meinem Mann nach Hause; vielleicht war ihr die Sache unheimlich. Abends kam sie noch einmal und stillte, dann kam die erste Nacht ohne `Meh-meh´, die sie aber erstaunlich gut verkraftet hat. Zum Trost hatte mein Mann ihr eine Nuckelflasche mit Kuhmilch gegeben, aus der sie wohl auch ab und an einen Schluck trank. An meinem zweiten Krankenhaustag kam Stella mich besuchen, stillte aber nicht, ebenfalls eine Premiere. Am dritten Tag stillte sie sich mehrfach, obwohl ich abends Oberbauchschmerzen bekam und Stella mit litt.
Die Schmerzen waren der Hinweis auf ein lebensgefährliches HELLP-Syndrom[87]; meine Eltern kamen Stella abholen. Noch in der Nacht wurde unsere kleine Angela nach genau 36 Schwangerschaftswochen mit 2100 g per Notsectio geholt.
Angela war von Anfang an fit, konnte jedoch nicht stillen... damit hatte ich nicht gerechnet.

---

[86] Oberbegriff für die schwangerschaftsspezifischen Krankheiten als Ausdruck einer Stoffwechselentgleisung

Sie bekam den Mund nicht richtig auf und war schlapp. So pumpte ich notgedrungen ein paar Stunden nach der Sectio etwas Milch ab, die sie aus der Flasche tatsächlich trank. Am ersten und zweiten Tag nach der Geburt pumpte ich weiter, und Angela trank aus der

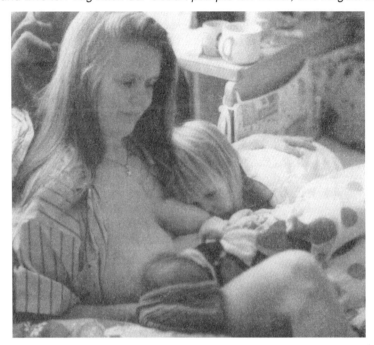

Flasche. Ich versuchte, sie zu stillen, was manchmal klappte – vor allem nachts, denn Angela brauchte viel Ruhe dazu. Am dritten Tag hatte Angela wieder mehr Stillschwierigkeiten. Ich rief meine Hebamme an, die sofort kam und mir einen speziellen Frühchengriff zeigte, mit dem es klappte. Die Flasche ließen wir weg. Am vierten Tag gingen Angela und ich abends gegen ärztlichen Rat nach Hause, weil uns die Krankenhausatmosphäre nicht behagte und weil Stella mich wieder zu Hause haben wollte.

Stella war von Anfang an begeistert von ihrer kleinen Schwester. Da sie sich solche Sorgen um mich gemacht hatte, war Angela wie eine Belohnung für die schwere Zeit. Angelas Stillstart hat Stella erleichtert, indem sie vor Angela jeweils zwei, drei Schlücke getrunken und somit den Milchfluss in Gang gebracht hat.
Milch hatte ich immer reichlich – in den ersten Wochen eher zu viel – und ich war froh, dass ich Stella hatte. Am Tag des Milcheinschusses im Krankenhaus konnte ich es kaum erwarten, dass sie kam. Als wir zu Hause waren, stand Stella schon in der ersten Nacht begeistert in ihrem Bettchen und sah zu, wie wir Angela wickelten. Die Begeisterung ist geblieben. Wir schlafen alle nebeneinander, morgens krabbelt Stella immer zu Angela rüber, legt sich neben sie und schmust mit ihr, aber immer sanft. Wenn Angela weint, singt Stella ihr etwas vor; wenn das nicht hilft, ruft sie mich: `Du musst sie auf den Arm nehmen! Sie muss Meh-meh machen!´

Das zeigt mir, dass wir auf dem richtigen Weg sind, auch wenn das Tandemstillen manchmal anstrengend ist. In den ersten Wochen nach der Geburt hatte Stella kaum noch etwas gegessen, sondern nur von der guten Frühchenmilch getrunken und so zweieinhalb Kilo

[87] relativ seltene Komplikation eines durch die Schwangerschaft bedingten Bluthochdrucks

zugenommen! Inzwischen (knapp vier Monate nach Angelas Geburt) will Stella nicht mehr so oft trinken. Heute war der erste Tag, an dem sie nach dem Kindergarten nicht gestillt hat. Sonst stillt sie morgens, mittags, abends – und nachts. Nachts leider mehrfach, eigentlich immer dann, wenn Angela auch stillt – direkt vor oder nach ihr. Die beiden haben denselben Rhythmus, ohne dass sie sich stören oder wecken.

Ein paar Tage habe ich mit dem Schreiben Pause gemacht; inzwischen ist deutlich, dass Stellas Stillen weniger wird: Manchmal wollte sie mittags nicht mehr stillen, und nachts schläft sie oft besser. Heute Morgen waren meine Brüste ganz prall, weil Angela fünf und Stella neun Stunden durchgeschlafen haben! Ich denke, Stella hat sich durch das viele Stillen in den Wochen nach der Geburt die Liebe und Sicherheit geholt, die sie in dieser Zeit brauchte, daher haben wir auch keine Probleme mit Eifersucht."

Beth, mit Ehemann Tom mit Andrew, Natalie, Cindy und Hannah Elizabeth:
„Meine ersten beiden Kinder waren 17 Monate auseinander und wurden 15 Monate tandemgestillt. Ich war ungefähr im dritten Monat mit dem dritten Baby, als sich unser erstes Kind selbst abstillte. Wenn die Babys beide gestillt wurden, war es besonders einfach, Mittagsschlaf zu halten. Sie sind die besten Freunde geworden und haben eine besondere Beziehung zueinander, die sie, glaube ich, nicht gehabt hätten, wenn sie nicht zusammen gestillt worden wären.

Unser drittes Kind kam auf die Welt, als das zweite 24 Monate alt war. Ich stillte sie eine ganze Woche lang tandem, dann beschloss meine Tochter, sich selbst abzustillen. Ich war ein wenig enttäuscht, da ich mich schon darauf gefreut hatte, auch diese beiden zusammen zu stillen. Unser viertes Kind wurde geboren, als das dritte 19 Monate alt war. Sie sind jetzt drei bzw. 22 Monate alt. Sie werden zusammen gestillt, es ist wunderbar! Cindy ist ein sensibles Kind und braucht diese Extrazuwendung und Schmusezeiten. Sie trinkt ungefähr fünf Mal am Tag. Eine Brust gehört ihr und eine dem Baby, sagt sie. Sie hält die Hand des Babys, streichelt ihm über den Kopf, wenn sie zusammen trinken."

8.7. Tandemstillhaltungen

Es gibt viele Situationen, z.B. im Auto oder bei einem Milchstau, in denen es günstig ist, wenn man beim Tandemstillen flexibel ist und nicht nur in einer Position stillt. Auf diese Idee musste ich erst einmal kommen. Ich habe verschiedene Stillhaltungen fotografiert und Marvin hängte sich für diese Kampagne zum Spaß sogar von oben über meine Schulter, so stillte er sonst nicht. Aber er konnte tatsächlich in jeder Haltung stillen, die wir versuchten und es hat ihn auch nicht interessiert, ob es bequem war.

Publikation der LaLecheLiga, Bulletin „Ja, ich stille noch" (1993), Tandemstillen:
„Für das gleichzeitige Stillen zweier Kinder gibt es verschiedene Stillhaltungen. Einige Mütter legen zuerst das Baby in der Seitenhaltung (auch `Rückengriff´ genannt) an, durch ein Kissen unterstützt. Benutzt die Mutter die Wiegenhaltung, gefällt es dem älteren Kind vielleicht, das Baby über seinem Schoss liegen zu haben. Andere Mütter legen zunächst das Baby in einer für sie bequemen Haltung an und überlassen es dann dem älteren Kind,

selbst einen Platz an der Brust zu finden. Stillende Kleinkinder können in nahezu jeder Position nuckeln.

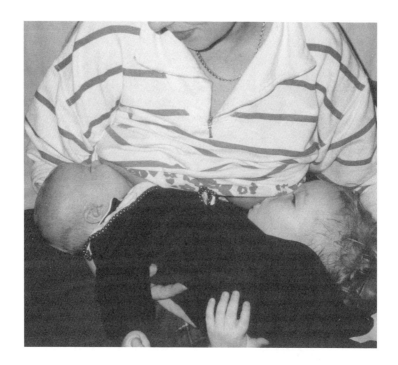

Ein Tragetuch oder ein Tragesack macht es für die Mutter leichter, ihr Baby nahe bei sich und ihre Hände für das ältere Kind frei zu haben. In einigen Tragesäcken und in bestimmter Weise gebundenen Tragetüchern kann die Mutter das Baby stillen und gleichzeitig dem älteren Kind andere Arten mütterlicher Aufmerksamkeit geben."

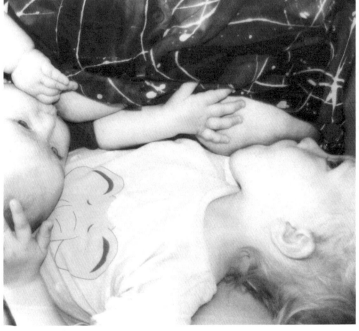

8.8. Das Geschwister trinkt dem Baby alles weg?

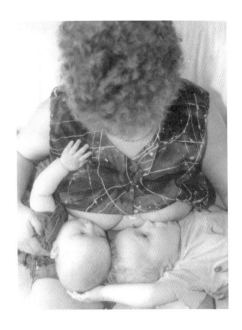

Als das Schwesterchen geboren war, wurde unser Sohn Marvin unruhig und wollte ständig gestillt werden. Im Krankenhaus war kein Zimmer mehr frei, so übernachtete die ganze Familie im Kreißsaal. Da wir nach einer durchwachten Nacht und der darauf folgenden stürmischen Geburt noch recht durcheinander waren, merkten wir nicht, dass Marvin Fieber bekam. Er wurde ständig wach und wollte gestillt werden. Ich wusste mir keinen anderen Rat, als dem Kind, welches als nächstes gestillt werden wollte, immer die Brust anzubieten, an der nicht zuletzt getrunken wurde, also abwechselnd. Das hatte zur Folge, dass unser Großer dem Baby das kostbare Nass wegtrinken konnte.

Die Milch bildende Brust wird zwar nie ganz leer, aber eine frisch leer getrunkene Brust ist nach zehn Minuten noch nicht völlig aufgefüllt. Nach Auskunft einer medizinischen Stillberaterin ist jede Brust nach etwa 45 Minuten wieder voll stillbereit. Das Kind verhungert nicht, aber es ist anstrengend für die Mutter.

So hatte unser Neugeborenes zu tun, um satt zu werden, und wollte oft gestillt werden.

Am nächsten Tag änderte ich mein Verhalten und teilte jedem Kind seine Brust zu, ohne es aber meinem besitzergreifenden Sohn zu erklären; das hätte verheerende Folgen gehabt, da das Kleine später, als es älter wurde, beide Seiten bei einer Mahlzeit brauchte und bekam.

Meistens ist bei einer Frau eine Brust Milch bildender als die andere. Das Baby bekam die „bessere" Seite und unser Großer die andere. Auch später, als das Baby aus beiden Seiten trank, behielt ich dies bei, bei mir hat es sich bewährt.

Beim dritten Kind bekam das ältere zweite Kind auch die „schlechtere" Seite und das Baby hatte Mühe, die andere Brust leer zu trinken. Ein älteres Stillkind ist für diese Zwecke universell einsetzbar und kann entweder Milch abtrinken oder bei leerer Brust Milch anregen, denn eine bessere Milchanregung als ein stillendes Kind gibt es nicht. Der Rat meiner Stillberaterin: `Tun Sie, was es gerade braucht, und machen Sie sich keine Sorgen im Voraus, denn erstens kommt es anders und zweitens anders, als Sie denken...".

Am Nachmittag und zum Abend hin, wenn bei mir die Milch stets etwas zurückging, gab ich dem Baby beide Seiten; meist dem Baby zuerst. Der Große trank auf „seiner Seite" den Rest und kurbelte die Milchbildung wieder an. Ich habe das als angenehm empfunden, weil der Große zufrieden war und ich mir nie Sorgen um die Milchmenge machen musste. Bis zu 16 Monaten konnte ich auf diese Art das zweite Baby voll stillen. Beide Kinder entwickelten sich gut und waren sehr selten krank.

Es gibt sicher medizinische Meinungen über das Wechseln der Seiten, denn am Anfang fließt die dünnere Milch für den Durst und wird dahinter dicker und macht satt. Wenn das Baby auf beiden Seiten nur die Anfangsmilch tränke, wäre das in einigen Fällen schlecht, weil es nicht an die gehaltvollere Hintermilch käme. Ich habe das so gelöst, dass das Baby entweder Vorrang hatte, oder, wenn der Ältere gleichzeitig wollte, eine Brust komplett leertrinken konnte und so auch etwas von der Hintermilch bekam. Zwischenzeitlich ließ mein damals zweieinviertel Jähriger über die Still-Länge mit sich handeln. Wir erfanden lange, mittellang, kurz und minikurz. Manchmal durfte er erst minikurz mit dem Baby zusammen stillen, und wenn seine Schwester satt war und beide Seiten leer getrunken hatte, durfte er weiter stillen. Auf diese Art quengelte unser Sohn nicht und war zufrieden; meist war es eine gute Lösung. Das muss jede Mutter am besten ausprobieren. Die Kinder sind sehr verschieden.
Susann wiederum machte ganz andere Erfahrungen als ich.

Susann Gannik, USA, LLL-Führungskraft und tandemstillende Mutter:
„Traditionelle Ratschläge sagen, dass man das Baby vor dem Kleinkind trinken lässt. Ich habe immer ein Problem mit diesem Ratschlag gehabt: warum soll man das Baby nicht die Hauptmilch trinken lassen? Es bekommt die ganze fette reiche Hintermilch.

Mein Sohn war drei, als seine Schwester geboren wurde, er war durch nichts zu bewegen, nach seiner Schwester zu trinken. Nach der Geburt seiner Schwester trank er zwei Wochen pausenlos. Sie gewann gut an Gewicht, meine Milch kam schnell und ich stille sie heute noch zusammen.

Das zweite Pärchen stille ich seit zehn Monaten tandem, ohne dass irgendwelche Anzeichen davon zu sehen sind, dass einer von beiden übervorteilt wird.

Beide Male, als das Tandembaby geboren wurde, fing das ältere Kind an, für drei bis sechs Wochen ausschließlich zu stillen. Es war zu kompliziert für mich, darüber zu wachen, wer zuerst trinkt, wer danach, wer links und rechts usw. Ich habe einfach zu jeder Zeit das jeweilige Kind, welches trinken wollte, dann trinken lassen.
Alle drei Kinder sind gut geraten. Ich denke, dass zu viele Regeln das Stillen schwierig machen können."

Susanne:
„Ich stille seit drei Monaten Tandem. Es spricht nichts dagegen. Der Große trinkt dem Kleinen bei uns nichts weg. Mats hatte nach zweieinhalb Monaten sein Geburtsgewicht verdoppelt. Ich hatte mich vor der Geburt aufs Tandemstillen gefreut und hatte Angst davor, dass Felix sich in der Schwangerschaft abstillen könnte. Seit drei Monaten habe ich gemischte Gefühle: der häufige Stillwunsch meines Großen macht mich kribblig und nervös. Im Gegensatz zum Kleinen, den zu stillen beruhigt ungemein. Es geht mir besser, seitdem ich beschlossen habe, nur noch in äußersten Notfällen beide gleichzeitig zu stillen. Manchmal macht es sogar wieder Spaß. Es gibt auch genügend Frauen, die schönere Tandemstillerfahrungen gemacht haben. Da hilft nur ausprobieren."

8.8.1. Zwei Brüste – zwei Kinder

Dagmar Grässle:
„Nein, Zwillinge haben wir keine. Dennoch habe ich zwei Kinder gleichzeitig gestillt. Wie das geht? Hier unsere Geschichte:

Als ich das zweite Mal schwanger wurde, war meine Tochter Wiebke knapp zwei Jahre alt, und ich stillte sie noch oft. Sie war ein anstrengendes Baby und brauchte auch das Stillen um zur Ruhe zu kommen. Meine zweite Schwangerschaft war geplant, und wir freuten uns sehr. Ich wollte unbedingt weiter stillen, kannte aber niemand, der das gemacht hätte. Und Besserwisser traf ich überall. Also habe ich meinen Gyn gefragt, der meinte nur: `Warum wollen Sie abstillen, weil Sie schwanger sind? Wenn sie weiter stillen wollen, dann bitte tun Sie es auch.´ Das fand ich echt klasse von ihm, und es machte mir Mut. Ich hätte es schwer gefunden, einer Einjährigen zu erklären, dass sie keine Milch mehr bekäme. Wiebke freute sich auf das Geschwisterchen; sie sollte es nicht als Bedrohung erleben, die ihr Mamas geliebten Busen streitig machte. Sie trank die ganze Schwangerschaft weiter, nichts war zu spüren von weniger Milch oder verändertem Geschmack.

Als Maike geboren wurde – kaum aus meinem Bauch, brüllte Maike und verlangte nach Mamas Brust, trank (dankbar, dass Milch kam) und schlief zufrieden ein. Unsere Große verbrachte die Zeit bei einer Freundin, kam heim, sah die kleine Schwester und liebte sie seit diesem Augenblick. Unsere Mädchen teilten sich seit diesem Tag Mama mit allem, was sie zu bieten hatte: Kuscheln, Wickeln, Schmusen und Trinken.

Auch wenn die Große nicht Hunger hatte, wenn die Kleine Hunger hatte, wollte sie in den

ersten Tagen auch trinken. Maike nahm gut zu, da sie ein gutes Angebot an Milch nach der Geburt vorfand; einen wirklichen Milcheinschuss hatte ich nicht. Die Nachfrage regelte das Angebot, wobei ich jedoch darauf achtete, dass, wenn Maike lange schlief oder ich ahnen konnte, dass sie bald großen Hunger bekommen würde, ich Wiebke nur an einer Seite trinken ließ.

Ich hatte nie zu wenig Milch und stillte Maike fast ein Jahr voll; trotz Wiebkes Beistillen klappte das problemlos.

Als Wiebke drei war, wollte ICH nicht mehr beide stillen und habe ihr erklärt, dass sie ein großes Bett bekäme und ohne Mimi schlafen könne. Sie hat das akzeptiert – war wohl fürs Abstillen bereit

Als Maike nicht ganz drei war, kündigte sich Ellert an. Sie trank noch gerne vor allem nachts. Leider musste ich lange in die Klinik, sodass ich Maike recht unsanft abstillen musste. Ich versprach ihr aber, wenn das Baby da sei, dürfe sie wieder trinken.

Ellert wurde in der 24 SSW viel zu früh geboren und lag lange in lebensbedrohlichem Zustand auf der Intensivstation. Maike fragte nach der Geburt, ob sie wieder Mimi haben dürfte. Mir war das recht, musste ich doch für Ellert Milch abpumpen und hatte kaum Milcheinschuss. Seltsamerweise hatte Maike in dieser kurzen Zeit die Technik des Trinkens völlig verlernt und war traurig: ` Mama, der Busen ist ganz leer´.

Abgepumpt habe ich dann 18 Monate, richtig trinken konnte der Kleine nie. Mir hat diese enge Stillbeziehung gefehlt!

Nach vier Jahren wurde unsere Neele geboren und trinkt trotz Kaiserschnittentbindung vom ersten Tag ohne Probleme. Maike probiert ab und zu einen Schluck Milch und findet das ganz lecker. Wiebke ist zehn Jahre alt und ihr Trinkversuch artete aus in `Ih eklig, das ist ja ganz warm´, sie macht aus abgepumpter Mumi lieber Zaubertinte und steht dem Thema distanziert gegenüber.

Alles in allem blicke ich bis jetzt auf siebeneinhalb Jahre Stillerfahrung zurück und muss sagen, dass es eine wunderschöne Zeit war und mit Neele noch lange schön sein wird. Sie darf trinken, solange sie möchte."

8.9. STILLEN UND SCHLAFEN DES ÄLTEREN KINDES NACH DER GEBURT DES GESCHWISTERCHENS

Ich denke, dass jedes Bedürfnis, das nicht erfüllt wird, sich irgendwann auf andere und evtl. anstrengendere Weise äußert. Jedes Kind hört irgendwann zu stillen auf, und Kinder werden schnell groß. Ich will nachfolgend den zeitlichen Ablauf bei uns aufzeigen.

Marvin schlief von selber ab dem dritten Monat nach der Geburt seiner Schwester immer öfter durch. Er trank noch früh morgens, vor dem Aufstehen und zwei Stunden später. Manchmal auch vormittags, manchmal gegen 18 Uhr. Er stillte immer vor dem Schlafengehen, aber ohne dabei einzuschlafen. Wenn er krank war, stillte er öfter und länger. Ich hatte dabei stets das Gefühl, dass es ihm gut ging.

Sechs Monate nach der Geburt der Schwester stillte Marvin noch einmal um 24 Uhr und um vier, fünf Uhr und dann wieder zum Aufstehen, das ging schon. Tagsüber war es manchmal anstrengend. Wenn er müde oder der Bauch leer war, wollte er viel, lange und oft stillen; ich musste ihn öfter zurückweisen. Dann konnte man immer besser mit ihm reden: `Nachher im Bett´ oder er verhandelte über die Länge des Stillens.

Später stillte er nur noch um vier, fünf Uhr morgens und nicht mehr um 24 Uhr. Oft genügte kurzes Stillen und aus einem total quengelndem Kind wurde nach einem Schluck ein zauberhafter und gutgelaunter Schatz. Als wenn er sich meiner versichern wollte.

Als Annie neun Monate alt war, schlief Marvin wieder jede Nacht durch, stillte manchmal früh morgens und schlief dann weiter. Als Robin geboren wurde, stillte Annie nachts schon nicht mehr. Nur noch morgens, selten mittags und abends. Als Linus geboren wurde, war unser Robin bereits ein Engel und Annie stillte nicht mehr.
So machte Tandemstillen eine recht kurze Zeit in meinem Leben aus. Wozu jammern? Ich habe es überlebt und hatte oft Vorteile dadurch. Stillgeschwister haben eine ganz besondere Beziehung zueinander. So viel Gutes für Körper und Seele kann ich ihm in meinem ganzen Leben nie wieder geben.

Es gibt immer Mütter, die sagen: „Ich würde alles für ihn/sie tun": Unsere ehemalige Nachbarin hatte alle Infos, wurde bestärkt – und hat mit einem Jahr abgestillt, und wir hörten ihr Kind weinen. Es ist wunderbar, dass sie ein Jahr stillte, aber es tat uns in der Seele weh.
Unsere älteren Kinder können stabil, sicher und zuverlässig alleine einschlafen, und wir haben kaum das Problem, dass sie wieder aus dem Bett aufstehen. Wir lassen sie oft kurz etwas zu Ende zu bringen, womit sie gerade beschäftigt ist. Sie gehen meist gerne und freiwillig schlafen, und das fällt jedem Besucher bei uns auf. Es hat wohl etwas damit zu tun, dass für sie das Schlafengehen immer angenehm war und sie sich nie davor fürchten musste.
Ein Stillberaterin von La Leche Liga hat mir gesagt, dass sie vier Kinder im Abstand von jeweils drei Jahren hat; drei Jungs, die alle nur mit Brust eingeschlafen sind, und der Vater

hat immer gemeckert. Auch bei ihr dauerte das Stillen – wie bei Marvin – jeweils etwa 15 Minuten. Das vierte Kind ist ein Mädchen und will nicht an der Brust einschlafen. Und nun meckert der Vater, wie schön einfach das früher mit Brust ging.

Cordula:
„Da ist Stella ganz genau so; sie wird vier, geht in den Kindergarten und kann schon ihren Namen schreiben. Manchmal `erklärt´ sie mir, es sei nur ihr Mund, der Meh-meh machen wolle, SIE könne nichts dafür. Neulich hat sie gesagt, ihr Bauch wolle nicht, dass Meh-meh-Milch da reinkomme, der Mund aber schon. Aber mitten in der Nacht wird nur geheult und gestrampelt. Also, lieber schnell stillen..."

8.9.1. Nächtliches Abstillen

Madeleine:
„Benjamin war zweieinhalb Jahre und ich ging auf dem Zahnfleisch – tagsüber immer müde, schnell gereizt, keine Möglichkeit, mich nachmittags hinzulegen. Das ist wichtig, denn dann spüren die Kinder, dass es wirklich ernst ist und man konsequent ist. Ich habe ihm erklärt, dass ich ihn nachts nicht mehr stillen wollte, da wir Großen im Bett auch nicht essen und das Bett zum Schlafen da sei. Ich schlug ihm vor, erst zu trinken, wenn es hell wird. (Man kann das mit einer Bettlampe machen, die an- und ausgeht.) Es ging auf den Winter zu und die Nächte wurden allmählich länger. Ich habe zum Einschlafen auf dem Sofa gestillt, um Stillen und Bett zu trennen. Aber zum Einschlafen gehörte Milch einfach dazu.
Tagsüber habe ich ihm die Brust vermehrt angeboten. Es war eine anstrengende Woche, aber die nächtlichen Wachphasen wurden jeden Tag weniger; das ist jetzt ein Jahr her; seit fast zwei Wochen schläft er öfter durch. Wenn der Große nicht wach wird, was oft genug vorkommt, kann ich sogar gelegentlich durchschlafen. Benjamin schläft ohne die Stillunterbrechungen besser, das habe ich daran bemerkt, dass er schlagartig weniger Schlaf brauchte und trotzdem zufrieden war.

Ich bin nicht zufrieden, weil Benjamin, sobald es hell wird, vehement nach der Brust verlangt in halbstündlichen oder gar kürzeren Abständen. Ich muss zugeben, dass ich nach knapp sechs Jahren Stilldauer am Stück ein wenig stillmüde bin. Nach drei Fehlgeburten in den letzten zwölf Monaten bin ich vielleicht ausgelaugt. Ich fände es schön, wenn Benjamin morgens und abends einmal trinkt und mir ansonsten meine Brust ließe. Aber ich mag ihn nicht ständig abweisen. Ich habe die Erfahrung gemacht, dass sich meine Kinder nicht einfach von selbst abstillen. Alle Stillkürzungen waren mehr oder weniger von mir induziert, allerdings zu einem Zeitpunkt, der mir für das Wohlbefinden der Kinder vertretbar erschien. Ich bin mir beim nächtlichen Stillen nie ganz im Klaren, wann es einfach zur Gewohnheit wird, und ich kenne viele Fälle, wo die Kinder sich auch nachts selbst abgestillt haben. Bei meinen war es nicht so."

Cordula mit Stella (dreieinhalb Jahre) und Angela (Baby):
„Manchmal geht es mir auch auf die Nerven, dass Stella viel mehr stillen will als unsere neugeborene Angela. Das sollte man auch einmal sagen dürfen... und wenn die negativen Gefühle nach einer langen Stillzeit wirklich überhand nehmen sollten, darf man sein Kind auch zum Abstillen `überreden´, finde ich. Ich werde das bei Stella jetzt nicht tun, ich sehe durchaus auch viele positive Seiten."

Frage zum nächtlichen Abstillen: „Wie hast du das denn (`sanft´) gemacht/geschafft?"

Kirsten:
„Wie wir das Stillen reduzierten? Tja, im Wesentlichen mit der Methode `Nicht anbieten, nicht verweigern´. Das galt aber nur tagsüber, und auch da nicht zu den üblichen `Stillmahlzeiten´ wie morgens und nachmittags, die wir nach wie vor beibehielten. Zu diesen und nachts durfte David weiterhin so oft an die Brust, wie er wollte. Da war er so etwa 13 Monate alt. Dann gingen wir so langsam daran, ihn nachts zu entwöhnen, indem er erst stillte und danach Wasser aus dem Becher bekam. Allmählich ließ ich dann die Zeit an der Brust immer kürzer werden, bis er schließlich auch das Wasser allein akzeptierte. Das hat aber etliche Wochen gedauert!! Mit 15 Monaten hat er die erste Nacht ohne Brust oder Wasser durchgeschlafen. Danach kamen immer wieder Nächte, in denen er wieder Wasser trank. Richtig zuverlässig schläft er seit etwa zwei Monaten durch. Allerdings schlafen wir im Familienbett, er musste also allmählich auf die Brust verzichten, nicht aber auf unsere Nähe, was sicher geholfen hat. Aber mit Ankunft des neuen Babys kann sich das alles ja wieder völlig ändern, wir sind schon gespannt..."

Sandra F.:
„Ich höre immer, wie das Stillen, auf längere Zeit gesehen, den Körper der Mutter `auszehrt´. Habt ihr euch einmal Gedanken darüber gemacht, WAS genau sich ändern würde, wenn das Stillen nicht mehr wäre? Müsstet ihr nicht trotzdem Eure Kinder betreuen und ihnen all eure Liebe und Fürsorge angedeihen lassen? Nur mit dem Unterschied, dass ihr die `Kuschelzeiten´, die zwangsläufig beim Stillen entstehen und auch EUCH Ruhe bringen (wenn ihr sie entsprechend nutzen könnt), gegen andere `Beruhigungsmaßnahmen´ ersetzen müsstet. Ich schreibe das, da ich viel mehr Bekannte und Freunde in meinem engeren Umfeld habe, die schon lange nicht mehr stillen, mit vergleichbar kleinen Kindern. Und lasst euch gesagt sein: Denen geht es nicht besser, als MIR mit meinen extremen Stillzeiten. Ich stille nunmehr seit fast elf Jahren ununterbrochen (am 28.11. habe ich unser 11-jähriges `Jubiläum´, sagt meine Tochter. Ich habe wohl in manchen Zeiten gemeint, mein Kind `frisst´ mich auf, das hat aber auch immer mit den `restlichen Umständen´ zu tun gehabt. Ich habe mich dann bewusst hingesetzt und mir eine Liste der Dinge gemacht, die einfach `warten´ können. Das Stillen aufzugeben, bevor mein Kind dazu bereit war, stand nicht zur Debatte.
Wohl aber konnte ich mir, durch Umorganisation des Tagesablaufes, Entlastung vom Haushalt, etc., ein wenig Freiraum schaffen, um zu `entspannen´. Viel zu vielen Müttern wird in der heutigen Zeit, wo kaum eine auf `Stillerfahrungen´ der älteren Generation zurückgreifen kann, suggeriert, dass das Stillen sie auslaugt – dabei ist es einfach die Kinderbetreuung an sich, die wahnsinnig anstrengend ist. Und leider haben wir heute auch nicht mehr den Rückhalt der Großfamilie, in der es auch einmal gegeben ist, das Kind, ohne auf das Stillen verzichten zu müssen, anders zu beschäftigen."

8.10. Sorgt Tandemstillen für mehr Eifersucht?

Ganz im Gegenteil: In den ersten Wochen rief und schimpfte mein Sohn, seine Schwester solle nicht alles leer trinken. Dann behauptete er, es sei seine Milch, später auch, es sei seine Seite zum Trinken. Das habe ich unterbunden, indem ich immer sagte, dass es meine sei. Nicht seine, nicht die seiner Schwester, sondern meine. So schürte ich keine Besitzrechte. Und das war gut so.

Dann ging ich dazu über, beide öfter gleichzeitig zu stillen, wenn der Große auch trinken wollte. So ging es uns allen besser, und es gab keinerlei Kampf mehr. Es war nun stets eine zärtliche Angelegenheit, denn der Große streichelte den Kopf der Kleinen, und später streichelte das Baby zurück.

Man sagt auch, dass sich Stillgeschwister besonders lieben. Wir merken oft, dass sich unsere Kinder nahe stehen und sich auch ohne viel Streit aneinander orientieren. Sie spielen inzwischen fast unentwegt zusammen und helfen sich auch schon gegenseitig.

Natürlich wird auch einmal geschubst oder um ein Spielzeug geschimpft, aber im Großen und Ganzen ist es eine Freude, die beiden zu beobachten.

Geschwisterrivalität wird jedoch nicht durch Tandemstillen alleine gemildert, sondern auch durch den Umgang mit den Kindern. Wer mehr als ein Kind hat, sollte dazu unbedingt das Buch „Hilfe, meine Kinder streiten" lesen. Darin wird vieles großartig erklärt, dessen man sich sonst nicht bewusst wird. Das Wichtigste ist z.B., dass man seine Kinder nie vergleichen darf, was nicht so leicht ist. Sätze wie: „Schau mal, dein Bruder hat sein Zimmer viel besser aufgeräumt als du," sollten einem nicht über die Lippen kommen. Das fällt mir immer wieder schwer.

Marvin und Annie: Geschwisterliebe

Auch vergleichende Sätze wie: „Sieh mal, Annie kann auch schon die Schuhe anziehen" sollten unterbleiben, weil sie die Aggression dem Geschwisterkind gegenüber wachrufen und meiner Meinung nach auch späteres Probieren von Drogen oder ähnliches erleichtern.

Warum? Wenn es so wichtig ist, was andere Menschen tun, dann hat der Stärkste in der Clique gute Chancen, wenn er den Gruppendruck nutzt, um zu sagen: „Mensch, hab dich doch nicht so. Rauch (oder fix) doch einmal eine, die anderen tun es doch auch!" Worte an unsere Kinder haben eine so starke Wirkung, auch im Bezug auf die Eifersucht. Aber nicht nur Worte.

Und manchmal auch Geschwisterhiebe

Melanie Diaz:
„Das Tandemstillen ist bisher eher erleichternd als anstrengend, weil ich so beide zur Ruhe bringen kann. Vor allem in Situationen, wo Joshua herumbockt, merke ich, dass es ihm gut tut, gestillt zu werden, als Trost und um meine Nähe zu spüren und vielleicht, um

einfach klein sein zu dürfen. Joshua findet es total normal, dass auch Noah gestillt wird, also dahingehend keine Eifersucht zu spüren (dachte ich ja vorher immer, dass das eintritt). Joshua will auch nicht öfter als vorher stillen, es scheint ihm einfach so zu reichen."

Cordula mit Stella (dreieinhalb Jahre) und Angela (Baby):
„Wir möchten nicht, dass Stella sich in den Kindergarten abgeschoben fühlt, seit Angela da ist. Das wollen wir vermeiden. Sie wirkt eigentlich nicht eifersüchtig, ist lieb zu Angela, singt ihr vor, passt auf sie auf, lässt ihr meist den Vortritt beim Stillen... ganz ab und an wirkt sie etwas traurig und/oder ungeduldig, wenn sie auch stillen will und sich Angela so viel Zeit lässt. Gleichzeitig stillen möchte sie nur ab und zu. In den ersten Nächten, als ich wieder zu Hause war, hat sie ins Bett gepinkelt (eine absolute Premiere), aber das tut sie jetzt nicht mehr. Es wird zumindest auch daran gelegen haben, dass sie jetzt sooo viel mehr trinkt (Muttermilch) und tatsächlich nachts zwei- bis dreimal aufs Klo muss. Aber schon vor Angelas Geburt, als es mit meiner Gestose los ging und das Krankenhaus `drohte´, fing Stella damit an, dass ICH immer alles für sie tun sollte: Apfelsaft holen, aufs Klo gehen usw. Papa oder sonst wer durfte nicht mehr: `Die Mama, die Mama!´ Das ist jetzt auch wieder so, obwohl (oder weil?) sie in der Klinikzeit ohne mich ausgekommen ist. Manchmal hält sie sich auch (halb spielerisch, halb im Ernst) an meinem Hosenbein fest und lässt mich gar nicht mehr los. Ich denke, sie zeigt einfach direkt, dass sie viel Aufmerksamkeit und Liebe möchte. Am liebsten würde sie den ganzen Tag mit mir (und Angela) im Bett schmusen."

Gunde (36 Jahre, Hotelfachfrau) mit Tiana und Bennet:
„In der Frühschwangerschaft war mir immer extrem übel und ich musste mich beim Stillen übergeben. Da haben wir es dann immer wieder versucht, aber es ging eine Zeit lang einfach nicht. Dass das Baby auch stillen würde, war ihr klar, sie hat sich auf die viele Milch und das gemeinsame Trinken mit dem Baby gefreut. Tiana wurde zwölf Tage nach der Geburt ihres Bruders Bennet sieben Jahre alt. Als wir nach Bennets Geburt in meinem Bett lagen und ich in jedem Arm ein Kind hatte, war das der glücklichste und vollkommenste Moment in meinem Leben. Tiana war gerührt und zufrieden. Sie hat es ihrem Bruder von ganzen Herzen gegönnt; das ist auch jetzt nach vier Jahren noch so. Sie wollte immer auch stillen, wenn ich das Baby an der Brust hatte und sie in der Nähe war. Mir war das große Kind plötzlich unangenehm an der Brust und ich entwickelte, ohne es zu wollen, einen Widerwillen. Tiana hat oft zum Spaß so getan, als wolle sie jetzt seine Milch trinken. Manchmal wurde Bennet dann richtig sauer und hielt beim Trinken die zweite Seite eisern fest (aua!), aber oft hatte er auch die Spendierhosen an und hat sie zur zweiten Seite eingeladen. Sie hat dann so getan, als ob sie trinkt und oft auch heimlich angedockt. Heimlich, weil ich das nicht mochte. (Als ob ich das nicht merke...). Tiana mochte die viele Milch nicht im Mund haben, angeblich kratzte die im Hals. Sie hat es trotzdem immer wieder versucht und fand meine Ablehnung verletzend, obwohl ich versuchte, ihr das nicht so deutlich zu zeigen.

Wir konnten wegen der nächtlichen Unruhe nicht mehr in einem Bett schlafen, weil sie morgens zur Schule musste. Sie fühlte sich deshalb aus dem Nest gestoßen und mir tat die Trennung auch sehr weh. Wir hatten unsere Betten durch eine Schiebetür getrennt und konnten diese nach Bedarf öffnen und schließen, aber es war nicht mehr das gleiche Bett. Im Vergleich zum Baby stillte Tiana selten, weil wir ja neuerdings nachts getrennt waren und sie tagsüber durch Schule und Freunde viel unterwegs war. Die Trennung bezüglich des Stillens und Schlafens hat mich traurig, Tiana wütend gemacht.

Sonst haben wir keine Abmachungen getroffen, aber beide Kinder hatten in der Kleinkindzeit Wörter für das Stillen, die kein Außenstehender verstehen konnte.

Eifersucht gab es keine. Sie war zwar sauer auf mich, weil ich so viel für ihren Bruder statt für sie da war und sie immer warten musste, hat es ihm aber gegönnt.

Zweifel, ob es richtig sei, hatte ich nie. Ich finde es eher eine Herausforderung, ein Kind vorzeitig abzustillen. Das hätte ich mir zu keinem Zeitpunkt zugetraut.
Ab einem bestimmten Alter bekam kein `Fremder´ etwas von unserer Stillbeziehung mit. Selbst am Strand (wir wohnen an der Ostsee) habe ich einfach eine Decke über uns geworfen und ein Zelt gebaut. Mein Mann ist wie ich in die Langstillerei hineingewachsen. Er steht dahinter und ist längst keine zweite Mutter mehr, sondern ein richtig guter Vater geworden.
Die Großväter genießen die Unabhängigkeit meiner Kinder. Mein Vater ist bereits mit den jeweils Einjährigen, die ja fast ausschließlich gestillt wurden, viele Stunden unterwegs gewesen. Er freute sich, dass er nicht so komplizierte Sachen mitnehmen musste, sondern einfach mit einer Tasse Wasser, etwas Obst oder einem Brötchen seine Enkelchen zufrieden stellen konnte. Die Großmütter waren viel interessierter, weil es bei ihnen ganz anders gewesen war. Tiana hat sogar einmal bei meiner Mutter probiert und sich beschwert, dass in Omas `Mops´ nur Speck ist.

Freunde kennen uns nicht anders und nehmen uns so, wie wir sind. Unsere Kinder sind besonders selbstständig und selbstbewusst und gut zu haben, deshalb ist die Stillerei überhaupt kein Problem für andere. Falls diese Vorurteile gegen das lange Stillen hatten, konnten wir sie offensichtlich widerlegen. Meine Hebamme fand es ganz praktisch, dass ich übergangslos gestillt habe, sie kennt uns aber auch privat ganz gut.

Auf die Frage, wie oft ich denn stille o. ä. gab ich manchmal zur Antwort: Wie häufig hast du denn Sex? Ich finde, dass man solche intimen Fragen nicht jedem stellt.

Meine Vorstellung vom Tandemstillen war anstrengend, aber die Realität ist sehr harmonisch.
Das Tandemstillen hatte eigentlich keinen praktischen Nutzen, weil Tiana als Siebenjährige nicht das Haus abgerissen hätte, während ich ihren Bruder stillte. Gut war, dass sich Tiana in den ersten Tagen für den Milchüberschuss geopfert hat, das hatte doch ziemlich gedrückt.

Einer anderen Frau würde ich raten: Überlegung zum Abstillen nicht im Zusammenhang mit einer weiteren Schwangerschaft anzustellen, weil das Abstillen überhaupt keinen Nutzen für sie hat, im Gegenteil. Ich selbst finde es viel netter, anstatt beim Stillen dem älteren Kind mit rotgeränderten Augen ein Buch vorlesen zu müssen, einfach mit beiden Kindern im Arm die Augen zu schließen und etwas zu dösen."

8.10.1. Geben und Nehmen

Barbara:
„Jetzt sitze ich hier und denke über das Tandemstillen nach. Dabei ist es mir mittlerweile so selbstverständlich geworden, dass ich tief im Gedächtnis kramen muss, um manche Fragen zu beantworten. Denkst du noch über deine Beweggründe für z. B. das Gehen, nach? Sicher nicht.
Ich habe früher auf die Frage `Wie lange wollt Ihr stillen?´ geantwortet: `Ein Jahr voll und dann nicht mehr´. Auf die Idee, dass ein Baby dazu eine eigene Meinung haben könnte, bin ich nie gekommen.

Unser Sohn wurde zehn Monate alt, bevor er überhaupt einen Bissen feste Kost akzeptierte. Das war vielleicht ein Druck von meiner Umgebung, als er mit sieben Monaten noch keine feste Kost nahm! Man warnte mich davor, irgendwann ein gestilltes Schulkind zu haben. `Erinnerst du dich an dem Film ‚Der letzte Kaiser'?´ wurde ich gefragt und wusste sofort Bescheid: Die Szene, in der der sechsjährige (?) Pu Yi bei seiner Amme stillt. `Du musst ihn zwingen´, sagte die Pekip-Leiterin, als unser Sohn neun Monate alt war. Sie hatte ihren eigenen Sohn mit neun Monaten zum Essen gezwungen und schauerliche Erinnerungen daran. Ich konnte mir weder vorstellen, wie das praktisch laufen sollte (Kiefer aufdrücken – Essen rein – Kiefer zudrücken – Nase zuhalten?), noch, dass ich meinem Kind so etwas antun könnte. Nach dem zehnten Monat klappte es dann von selbst, aber ich hatte meine Lektion gelernt: Sei vorsichtig, wem du davon erzählst!

Unsere Tochter ließ lange auf sich warten. Monat für Monat verging, und meine Angst stieg, unseren Sohn in einer Tagesstätte unterbringen zu müssen, denn er war noch nicht bereit für einen Kindergarten. Unsere Tochter wurde geboren, als der Erziehungsurlaub schon abgelaufen war. Unser Sohn wollte bis zuletzt gestillt werden. Da mir das Stillen wehtat, bat ich ihn, immer den Mund beim Ansaugen weit aufzumachen. `Mach AH´, sagte ich ihm, und das hat er auch noch gemacht, bis unsere Tochter ungefähr ein Jahr alt war. Er war immer behutsam mit meiner Brust, beinahe zärtlich, und ich wäre nicht auf die Idee gekommen, ihn abzustillen. Unbedarft, wie ich war, sah ich auch überhaupt keine Notwendigkeit dafür.

Unsere Tochter war das, was man ein Schreikind nennt. Ich verbrachte viel Zeit damit, sie zu stillen, denn sie wollte sehr oft gestillt werden. Zwischen den Stillzeiten wieder Schreizeiten. Unser Sohn machte alles geduldig mit. Sein abendliches In-den-Schlaf-Stillen erwartete er weiterhin, aber es machte mir zunehmend Probleme, im einen Arm ein zappeliges, unruhiges Baby zu beruhigen und einzulullen und im anderen Arm unseren Sohn zu stillen. Nach ein paar Wochen war ich entnervt. `Du nuckelst jetzt immer morgens, und abends liest dir Papa drei Geschichten zum Einschlafen vor´, beschloss ich. Nach sechs Wochen gab ich es wieder auf. Er hatte inzwischen angefangen, am Daumen zu lutschen, und fragte immer noch jeden Abend `Kann ich nuckeln?´. Ich hatte ihn nie zuvor so glücklich gesehen, und er hat am nächsten Tag einen Wachstumsschub gemacht. Das In-den-Schlaf-Stillen hat sich bei uns eingebürgert, auch heute noch: An der einen Seite er, an der anderen sie.

Im ersten Jahr durfte unsere Tochter immer erst die Brust leer trinken, an der unser Sohn anschließend trank. Ihm ist es egal, ob leer oder voll, Hauptsache Brust, aber er wartete immer ungeduldig, dass er `herandurfte´. Mit der Zeit wurden seine Stillzeiten wieder häufiger. Ob es Nachahmung oder Eifersucht war, kann ich nicht genau sagen, aber er brauchte es, so viel war klar. Trotzdem löste es in mir nicht immer freundliche Gefühle aus. `Nicht schon wieder´, habe ich oft gedacht. Mittlerweile wollen beide nicht mehr so häufig stillen und spielen auch mehr miteinander. Auch ihr Verhalten hat sich verändert.
Hat sie es zuerst noch als selbstverständlich hingenommen, dass er auch an der Brust war, so kam doch auch schon einmal Protest. Sie schob dann gekonnt den Finger in seinen Mund, unterbrach den Saugschluss und zog die Brust aus seinem Mund. Aber es gab auch Situationen, da gab sie zu erkennen `Mama, gib ihm auch eine Brust ab´.

Unser Sohn hat mittlerweile auf meine Bitten hin das Guten-Morgen-Stillen aufgehört, weil ich mir nicht sicher war, ob zwei Fehlgeburten in kurzen Abständen mit seinem Stillen zusammenhängen. Er hat von sich aus vorgeschlagen, morgens nicht mehr zu nuckeln, als ich ihm vorsichtig meine Befürchtungen schilderte. So bleibt nur noch das In-den-Schlaf-Stillen. Unsere Tochter zu überzeugen, wäre wahrscheinlich etwas schwieriger. Trotzdem habe ich gemerkt, dass auch sie weniger häufig an die Brust wollte, als wir die Möglichkeit hatten, unseren Tagesablauf etwas umzustellen.

Ich glaube nicht, dass sich unsere Kinder so nahe gekommen wären, wenn ich sie nicht gleichzeitig gestillt hätte. Sie sind sehr gegensätzliche Charaktere, aber der Moment, als sie sich von Brust zu Brust angrinsten, wird mir im Gedächtnis bleiben.

Schade, dass es so wenige Möglichkeiten zum Austausch gibt. Man ist ja als Langzeitstillende schon ein Exot, aber als Tandemstillende ist es nahezu unmöglich, Gleichgesinnte zu finden.
Ich weiß es nur von zwei weiteren Frauen, mit denen man sich per E-Mail austauschen kann. Eine Sensation war es für mich, als ich auf dem Spielplatz mit einer Frau ins Gespräch kam, die ihr Kind mit zwei Jahren noch stillte. Schockiert bin ich auch regelmäßig von Berichten über Leute in Amerika, denen Behörden das langzeitgestillte Kind wegnehmen, weil sie es für schädlich halten.

Wenn ich so zurückblicke auf die Stilljahre, bin ich doch erstaunt, an wieviel man sich gewöhnt. Ich glaube, es funktioniert nur, wenn die Beziehung zum Kind gut ist. Dann ist es aber ein Wechselspiel von Nehmen und Geben. Es ist nicht so, dass nur immer die Mutter gibt. Außerdem ist es eine schöne Erfahrung, etwas geben zu können. Ich finde, es hat etwas mit Hin-Gabe zu tun.

Was kann man Müttern raten, die das erste Kind zugunsten des zweiten Kindes abstillen wollen? Vielleicht sollte man erst einmal mit dem Vorurteil aufräumen, die Milch reiche nur für ein Kind. Tandemstillen ist bestimmt anstrengend, darüber sollte man sich vorher im Klaren sein. Trotzdem sollte man offen bleiben für die Bedürfnisse des älteren Kindes. Tandemstillen ermöglicht eine Phase der Nähe zu beiden Kindern, die man mit dem Abstillen vorzeitig beendet. Warum ein Kind in eine Situation bringen, auf die es in seinem Reifeprozess noch nicht eingestellt ist?"

8.11. Aufschieben vom Stillen bei Kleinkindern

Wenn die Kinder älter werden, ist es manchmal günstig, wenn sie einen Moment aufs Stillen warten. Ich würde bei einem älteren Kind auch nicht mehr panikartig mit dem Auto anhalten, wie beim Baby oder mir die Hände beim Kochen erst waschen usw. Auch das handhaben alle Familien ein wenig anders.

Susanne mit Ilona (drei Jahre):
„Bei uns wird noch oft gestillt, weil wir beide es schön finden und ich auch derzeit keinen Grund sehen würde, es einzuschränken. Ich bin tagsüber noch zu Hause, wir sind also nie länger voneinander getrennt; nur selten gibt es einen Grund, das Stillen aufzuschieben.
Bei einem Kleinkind finde ich es aber generell leichter, das Stillen einmal aufzuschieben, wenn die Situation ungünstig ist, weil man mit ihm schon mehr reden kann. Ich kann sagen: `Jetzt geht es nicht, aber später´, und meine Tochter ist zufrieden oder lässt sich mit etwas anderem ablenken. Als sie jünger war, war das nicht so möglich. Jetzt hat sie schon mehr Erfahrung und weiß, dass, wenn ich es verspreche, später auch gestillt wird. Es ist jetzt mehr eine Art Kooperation: Wenn wir beide wollen und können, stillen wir, wobei ich es ihr nicht aufdränge oder anbiete, sondern sie initiativ anzeigt, dass sie jetzt stillen möchte; ich lasse es zu oder lehne ab (in sehr seltenen Fällen)."

Oft scheinen sich Kinder auch beim Stillen nach den Erwartungen, die man an sie hat, zu richten, wie der folgende Bericht zeigt:

Claudia:
„Wenn ich Miles (zweieinhalb Jahre) nicht stillen will sage ich: `Später´. Das stößt auf etwas Protest, ist aber schnell vergessen. Für mich ist das ein Zeichen, dass das Sich-Abstillen naht, denn vor einem Jahr hätte ich nie und nimmer das Stillen verweigern können oder wollen - weder von Miles noch von mir aus... Jetzt kann es auch problemlos durch etwas anderes ersetzt werden. Heute hat Miles zum ersten Mal abends nach kurzem Nuckeln nach einem Müsliriegel gefragt – den fand er wohl besser. Nachts/morgens stillt er noch, zwei bis vier Mal. Ich will das nicht verweigern, weil ich denke, die Sicherheit der Mutter in der dunklen Nacht ist wichtig, damit er keine Angst hat. Es ist schön zu sehen, wie sie von alleine selbstständiger werden und sich lösen und man das gute Gefühl hat, sie auf diesem Weg gut begleitet zu haben und immer für sie dagewesen zu sein. Jetzt fängt bald die nächste Phase an..."

Ein Kleinkind zu stillen, ist ein eigenes Thema. Es hat viele Vorteile, wirft manchmal aber auch Probleme oder Fragen auf. Es ist auch ein großer Unterschied, in welchem Alter ein Kind ist und welche Entwicklungsschritte es gerade durchmacht.

Stillberaterin Petra mit Ilona:
„Bei Ilona war es auch im zweiten Jahr so, dass sie von der Häufigkeit her so oft kam wie als Neugeborene, nur die zeitliche Dauer der einzelnen Stillsession nahm ab. Mehrmals pro Stunde war bei uns oft der Fall. Das `Schlückchen zwischendurch´ wird aber meiner Erfahrung nach umso energischer eingefordert, je mehr man davon genervt ist und es eigentlich ablehnen will. Wenn ich mir also sage, na, ist doch egal, lass sie halt kurz, auch wenn's schooooon wieder ist, dann kommt sie nicht so oft, als wenn ich versuche, es krampfhaft hinauszuzögern. Ich habe nie gezählt, wie oft sie wirklich täglich kommt. Jetzt im dritten Jahr, ist es etwas weniger, aber es kommt darauf an, wie aktiv unser Tag ist:
Wenn wir zu Hause herumgammeln, will sie öfter stillen, als wenn wir viel draußen sind und irgendwas unternehmen. Es kann sein, dass bei einem Kind gerade eine Phase herrscht, wo es etwas Neues lernt und es deshalb mehr stillt, wenn sie laufen bzw. es gerade lernen oder ihre Fähigkeiten darin verbessern. Oft ist das ein Grund dafür, dass sie verstärkte Rückversicherung brauchen. Es könnte sein, dass je weniger du dich dagegen `wehrst´ und du dich nerven lässt, desto eher ihre intensiven momentanen Bedürfnisse befriedigt sind.
Vielleicht lassen sie sich durch bestimmte Dinge ablenken. Ich glaube, gerade dann merken sie es und wollen noch mehr stillen. Da reagieren die Kinder wohl individuell. Man muss ausprobieren, wie es am besten läuft. Bei Ilona hatte und habe ich immer wieder das Gefühl, sie will stillen, weil sie Durst hat, und sie ist dann auch einmal mit einem Getränk zufrieden. Manchmal nehmen Kinder auch eine eher schlechte Stimmung wahr, sind verunsichert und brauchen mehr Feedback in Form von Stillen. Das war bei mir zumindest oft so; inzwischen ist das nicht mehr so extrem, aber im Lauf des zweiten Jahrs war der Zusammenhang noch recht gut bemerkbar. Da muss man auch gar nichts groß gesagt haben vorher, und das Kind muss den Ärger auch nicht bewusst mitbekommen haben. Das sind so ganz

feine, subtile Antennen, und da haben die Hormone (die wegen des Stillens ausgeschüttet werden) auch des Öfteren eine beruhigende, relaxende Wirkung auf mich."

8.12. Übersteht man Tandemstillen körperlich?

Ja. Es ist manchmal anstrengend, zwei Kinder zu stillen, hat aber auch etliche Vorteile, denn das größere ist die beste Milchpumpe. Man muss sich nie Sorgen um die Mengen machen, weil das Ältere den Milchfluss genügend anregt. Und ein eifersüchtiges, schreiendes, tobendes Kleinkind, das dem Geschwisterchen wehtut und bei der Mama am Arm hängt, finde ich viel anstrengender.

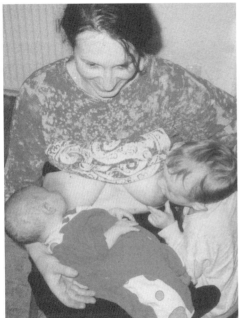

Da ich oft gefragt werde, warum ich trotz langen Stillens, Schwangerschaften und ewig nicht Durchschlafen doch recht frisch aussehe, empfehle ich Menschen, die nicht oft Fisch essen, zusätzlich Jod aus Algen (Kelp aus der Apotheke z.B.) zu sich zu nehmen. Da ich alt werden möchte, ohne meinem Körper durch das lange Stillen alle Nährstoffe zu entziehen, nahm ich (nicht nur in der Schwangerschaft, sondern auch davor und danach) Nahrungsmittelergänzungen (Calcium, Vitamin C und einige andere) der Firma Nutrilite aus Kalifornien zu mir. Und man sollte viel, wenn möglich, gutes Wasser (z.B. Volvic oder Vittel) trinken, um keine Dehydrierung zu erleiden. Es sollten schon zwei Liter täglich sein, mehr als vier sind ganz sicher nicht notwendig. Man bedenke, dass Kaffee, schwarzer oder grüner Tee dem Körper sogar Wasser entziehen, statt ihm etwas zuzuführen. Meine Ärztin vermutete, dass ich in der Zeit, als mein Sohn so oft trinken wollte, etwa zweieinviertel Liter Milch am Tag gebildet habe.

Mein Mann und ich sind hineingewachsen in diese Stillbeziehungen und sind dadurch stärker geworden. Wir hätten uns beide nicht vorstellen können, dass eines unserer Kinder so lange gestillt wird. Sicher, dachten wir, das ist spätestens mit ein oder zwei Jahren vorbei.
Aber es ist so am besten, und ich freue mich auch, dass ich meinen Kindern das Beste und Wichtigste mitgeben konnte: Muttermilch, die Geborgenheit und alle geheimnisvollen Inhaltsstoffe, die darin enthalten sind. Ich habe meine Kinder unterstützt, sich in dieser Welt weiterhin glücklich und in sich selbst richtig fühlen zu dürfen.

Kommentar meiner Mutti, die mich zwar sieben ½ Monate gestillt hat, aber nach kurzer Zeit zufüttern musste (Vier-Stunden-Rhythmus): „Hätte ich das doch damals auch schon gewusst!"

Meier, Jörg Otto „Babies machen Mütter stark. Frauen über Schwangerschaft und Geburt, Väter und Kinder", 1. Auflage, Reinbeck: Rowohlt Taschenbuchverlag Otto mit der freundlichen Genehmigung:

„Anja: Beim Stillen werden im Körper der Mutter übrigens auch Antistresshormone freigesetzt, die dieses nächtliche geweckt werden einigermaßen erträglich machen. Und das Kind wacht nun einmal im ersten Jahr häufig auf, weil es ein ganz normales Bedürfnis nach Nähe und Muttermilch hat. Aber es wird heutzutage leider schon oft so behandelt wie ein krankes Kind mit echten Schlafproblemen, weil die Eltern nicht bereit sind, die natürlichen Bedürfnisse ihrer Babys zu erfüllen. Je jünger die Eltern sind, desto geringer ist diese Bereitschaft. Das stell ich in meinen Kursen immer wieder fest: Die meisten Mütter möchten zwar ursprünglich länger stillen, geben aber leider zu schnell auf. Probleme gibt es am Anfang viele, weil das Stillen in unserer Gesellschaft ja nicht mehr selbstverständlich ist. Wir haben eine Flaschenkultur, und die Industrie trägt alles dazu bei, dass es so bleibt und sogar noch schlimmer wird. Ich glaube aber, wenn alle Mütter länger stillen würden, ginge es auf der Welt viel entspannter zu."

Sandra F.:

„Zum `Ausgepowert-Sein durch langes Stillen´ nur so viel: Ich stillte, als mein Sohn zur Welt kam, bereits über sieben Jahre ohne Unterbrechung. Er meinte dann, sich 18 MONATE lang ausschließlich mit Mumi ernähren zu müssen. Wir waren also bereits bei neun Jahren Stillen (ohne Unterbrechung) angekommen. Was `vollwertige Ernährung´ heißt, lerne ich gerade erst. In den ersten zweieinhalb Jahren mit meinem Sohn konnte ich kaum etwas essen, was ihn nicht zum Reagieren (Hautausschläge übelster Sorte) brachte. Die Lebensmittel, die mir noch verblieben, vertrug ICH aber größtenteils nicht. Also beschränkten wir uns auf Apfelstücke, manchmal etwas Käse zum (leicht bestrichenen) Butterbrot und als `etwas Warmes braucht der Mensch´ gekochte Kartoffeln, ohne Salz oder andere Gewürze (hat mein Sohn sofort Ausschlag bekommen).

Ich kann dir berichten, WAS MICH ausgelaugt hat: Wenn ich am Abend noch einen riesigen Haufen Zeug zu tun hatte, nachdem mich am Tag meine Familie völlig in Trab gehalten hat.

Wenn ich es mir NICHT erlauben konnte, mich mittags mit hinzulegen, weil mir ja ansonsten alles liegen blieb. Ich habe `umorganisiert´; höchste Priorität haben meine Kinder und das Stillen eingenommen. Alles andere konnte (und musste) warten. Hat es irgendjemanden nicht gefallen, wenn es sehr `wüst´ aussah, musste derjenige selbst Hand anlegen. So einfach ging das. Hatte ich nach einigen Tagen wieder Kraft geschöpft, konnte ich auch selbst wieder mitmachen. In der Zwischenzeit wurde auf `Sparflamme´ gefahren.

Deshalb kann ich guten Gewissens für MICH sagen, dass es NICHT das Stillen ist, was MICH von Zeit zu Zeit auspowert. Allein die große Verantwortung für meine Kinder (meine Familie), die teilweise ganz allein auf meinen Schultern lastet, bringt mich an meine Grenzen. In den vergangenen Jahren habe ich gelernt, sie so aufzuteilen, dass ich es verkrafte. Und eines, was mir ganz wichtig erscheint: Ich habe gelernt, die `Stillzeiten´ als `Auszeiten´ zu genießen. Denn schließlich bin ich in dieser Zeit für niemanden bzw. für nichts anderes zu gebrauchen.

Besonders entgegen kommt mir das am Abend, wenn wir alle gemeinsam ins Bett gehen. Ich kann dann in aller Ruhe meinen Sohn einstillen, meine Tochter liegt noch neben uns und lässt den `Tag Revue passieren´. Wir unterhalten uns eine Weile, bis dann irgendwann einmal beide eingeschlafen sind. Ich gestehe, dass ich dann oft einfach noch liegen bleibe und den Anblick genieße. Es ist zu schön, sie zu beobachten. Und alles andere kann warten. Daraus schöpfe ich dann wieder Kraft für meine Arbeit und all die anderen Dinge, die so `nebenher` anfallen."

8.13. SOLL MAN NICHT DOCH ABSTILLEN?

Es gab Momente, da war ich am Zweifeln, ob ich das Richtige tat. Ich hatte kaum Vorbilder und kannte persönlich keine Frau, die zwei Kinder stillte oder auch nur ein älteres Kind. Ich hätte zur Unterstützung tandemstillende Mütter über kostenlose Anzeigen in Elternzeitungen suchen sollen, aber auf die Idee kam ich erst viel später.

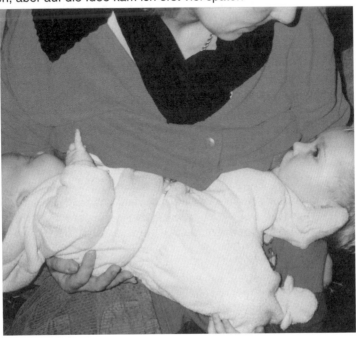

Als mein Mann zwei Wochen geschäftlich in Indien und ich im fünften Monat schwanger war, dachte ich mir, dass ich nun versuche, meinen Sohn nicht mehr in der Nacht zu stillen. Er war zwei Jahre alt und ich fand, dass ich es wenigstens versuchen müsste, jetzt, da mein Mann weg war und mein Sohn ihn nicht wecken konnte. Als er aufwachte und gestillt werden wollte, sagte ich nein, bot ihm Wasser an und wollte ihn in den Arm nehmen. Er weinte immer stärker und steigerte sich in jämmerliches Schreien. Nach 15 Minuten schlief er vor Erschöpfung wieder ein. Mir ging es schrecklich dabei, denn meinen Sohn weinen zu lassen, ging gegen mein Gefühl, und ich hatte es noch nie getan. Ich versuchte mit meinen Gedanken klarzukommen und weiter zu schlafen.

Nach ein paar Minuten wurde mein Sohn wieder wach. Als ich ihn in den Arm nehmen wollte, flüchtete er mit vor Entsetzen weit aufgerissenen Augen in die letzte Ecke seines Bettchens, das wie ein Balkon am Ehebett steht. Dort blieb er hocken, starrte vor sich hin, rollte sich irgendwann zusammen und wimmerte. Er schlief ein, um wenig später wieder wach zu werden und zu weinen. Ich zog ihn zu mir, stillte ihn und beschloss, dass dies nicht der richtige Weg sein konnte.

In den nächsten Tagen und Wochen lernte ich diesen Nacht-Abstillversuch zu bereuen, denn mein Sohn war sehr verändert. Mein Kind hatte nie gefremdelt, hatte keine Angst, alleine zu bleiben, wenn ich in einen anderen Raum ging und zurückkam. Er war in fremder

Umgebung nicht ängstlich und schlief seit kurzer Zeit alleine ein. Nun sollte sich das alles ändern. Er fing am nächsten Morgen an zu klammern. Ich durfte mich nicht entfernen, und er wollte fast ständigen Körperkontakt. Zum Einschlafen musste ich seine Hand halten. Misstrauisch wartete er schon darauf, dass ich loslassen wollte. Manchmal saß ich bis zu 90 Minuten an seinem Bett und hasste das, weil ich nicht weg konnte. Es war unsere schwerste Zeit. Über drei Monate hat es gedauert, bis das alte Vertrauen wieder hergestellt war. Ich habe nie wieder auch nur einen Moment ans Abstillen gedacht.

Unser Sohn hat mit viereinhalb Jahren jeden Morgen und Abend gestillt. Das wurde immer kürzer und er hat es immer öfter vergessen; schließlich war er zwischendurch die ersten 72 Stunden seines Lebens stillfrei. Damals hätte ich nie gedacht, dass er jemals aufhören würde, so wie er das Stillen liebte. Eines ist sicher: Aufhören tun sie irgendwann alle, warum also drängeln. Mit fünfeinhalb Jahren mochte er meist noch einen kurzen Einschlafschluck. Dann kann er besser schlafen, sagte er.

Er verreiste auch mit dem Kindergarten ohne Einschlafprobleme, obwohl er dachte, dass er welche haben würde. Auch unsere Tochter, damals Moment drei, stillte, wenn ich da war und stillte nicht, wenn ich nicht da war. Da ich trotzdem arbeiten ging und auch sonst relativ frei war, sah ich keinen Grund, das zu ändern. Natürlich war ich nachts für sie da, aber einschlafen konnte sie dann sogar mit der Oma, die "alle" ist, wie die Kinder beide sagen.

Susanne mit Ilona:
„Ich will auch nicht alles nur schönreden: Es gibt natürlich auch Situationen, wo mich das Stillen nervt, das ist klar, aber falls man da dann an einen Punkt kommt, wo der `Leidensdruck´ zu groß wird, dann wird man auch etwas daran ändern können."

Claudia Joller:
„Ich staune, wie viele Frauen sagen, sie hätten mit dem Stillen aufgehört, weil sie keine Kraft und Energie mehr dafür gehabt hätten. Ist es nicht sonderbar, dass gerade in unserer hoch entwickelten, wohlgenährten Kultur die Frauen nach ein paar Monaten Stillen völlig ausgelaugt zu sein scheinen?

Ausgewogene Ernährung ist während der Stillzeit besonders wichtig. Viel zu essen bedeutet nicht unbedingt, mit allen Nährstoffen versorgt zu sein. Ich hatte eine Phase, in der ich mich sehr müde fühlte: die Kinesiologin hat Eiweißmangel diagnostiziert und mir Algen verschrieben. Innerhalb kürzester Zeit war ich wieder topfit.

Jede Frau muss für sich herausfinden, was sie in der Stillzeit zusätzlich braucht.

Ich glaube, dass viel von dem Empfinden „ausgesaugt und ausgelaugt zu werden", nicht physisch, sondern psychisch bedingt ist. Das heißt nicht, dass es weniger wichtig ist, nur dass man ihm auch auf dieser Ebene begegnen muss.

Ich finde in dem Zusammenhang das Gedicht vom alten Brunnen von Kleemann tröstlich: Der Brunnen wird gefragt: `Geben, geben alle Tage, sag Brunnen, wird dir es nie zur Plage?´, worauf er antwortet: `Ich bin ja Brunnen nur, nicht Quelle. Mir fließt es zu, ich geb nur weiter.´"

8.14. Sind Krankheiten durch Tandemstillen übertragbar?

Dies ist sicherlich möglich. Nur kann man Kinder, die in einem Haushalt leben nicht daran hindern, sich anderweitig zu infizieren und anzustecken mit oder ohne Stillen.

Bei einer Erkrankung mit Hefepilzen im Mund (Soor) ist es sicher ratsam, den Kindern jeweils eine eigene Brust zuzuteilen. Diese Hefepilze sind meist hartnäckig und können bei einer herabgesetzten Abwehrlage zu einer großen Plage werden. Die Soorpilze rufen weiße, fleckenartige Beläge im Mund hervor. Sie können auch an den Nägeln, Fingerfalten oder Geschlechtsorganen auftreten, deshalb ist ein Scheidenabstrich der Mutter meist sinnvoll und ein Pilzbefall sollte abgeklärt werden.

8.15. Wie reagieren andere Menschen auf Tandemstillen?

Mir hat einmal eine Mutter gesagt: „Je selbstverständlicher du stillst, desto besser wird deine Umgebung darauf reagieren." Und genau so war es auch.

In Spanien im Restaurant saßen wir am Fenster, und eine Mutter schaute rein und applaudierte. Das war eine der wenigen Reaktionen der Umwelt, die ich bekam. Ich trage stets Blusen oder Pullover, die ich nach oben schieben kann und stille das Kind, wenn es auf meinen Oberschenkeln liegt. So denken und sagen viele, dass mein Kind schlafen würde und stören sich nicht daran.

Beide Kinder in der Öffentlichkeit gleichzeitig zu stillen, ist schwieriger, da man mehr nackte Haut sieht. Trotzdem kann das eine Kind liegen, das andere stehen; wenn man die Arme um die Kinder legt, geht es, ohne Aufsehen zu erregen. Wir gingen auch manchmal in eine Ausstellungssauna oder Umkleidekabinen, wo wir eben gerade waren.

Irgendwann kamen ein Zeitpunkt und Alter, da mochte ich sie nicht mehr öffentlich gleichzeitig stillen. Ein älteres Kind lässt irgendwann mit sich handeln und kann warten, bis wir im Auto sind oder sein Geschwisterchen fertig getrunken hat. Das geht meist gut, denn zu Hause mussten sie meist nicht warten. Es ist wichtig, dass ich darüber nicht mit ihnen diskutierte oder verhandelte. Ich erwartete von ihnen, warten zu können, und habe ihnen erklärt, dass beide zusammen nur bei mir trinken dürfen, wenn wir zu Hause sind oder weniger Leute um uns herum sind.

Gunde:
„Tiana wurde sieben Jahre gestillt und Bennet ist mit jetzt vier Jahren noch gut dabei. Beide haben sich nie, nie wegen ihrer Stillbeziehung geschämt. Sie hatten bzw. haben Mitleid mit anderen gleichaltrigen Kindern, die längst abgestillt wurden. Tiana wächst nun selbst ein Busen und sie freut sich jetzt schon darauf, irgendwann einmal damit ein Kind stillen zu können. (Ihr Bruder weigert sich, sonst hätte sie ihn auch schon längst angelegt.) Ich wusste in ihrem Alter nur, dass Männer auf Busen stehen, sie kennt aus eigener Erfahrung die besondere erotische Beziehung zwischen Mutter und Kind.

Was ist das für ein Vorurteil, dass Kinder sich für eine intakte, harmonische Stillbeziehung irgendwann einmal schämen??? Tatsächlich macht der Anblick eines gestillten Kleinkindes andere Kinder oft nachdenklich und sentimental. Ich habe in meinen über elf Jahren persönlicher Stillerfahrung noch nie erlebt, dass ein Kind darüber Witze macht."

Thurgauerin:
„Um blöden Kommentaren zu begegnen, hatte ich mir schöne Sätze zurechtgelegt: `Er hört vor der RS (Militär) auf´ - und das versuchte ich mit vollstem Ernst zu sagen, sodass die Leute wirklich nicht wussten, ob ich das ernst gemeint hatte."

Martina:
„Manchmal werde ich gefragt: Du stillst noch? - ich antworte dann mit drei zu hörenden Ausrufezeichen: `JA´ - das alleine klingt schon so überzeugend, dass die meisten nichts mehr sagen. Die anderen fragen höchstens noch: Wie lange willst du noch stillen? Worauf ich antworte: Solange mein Kind will!!! - das war's - so einfach ist das manchmal. Ich denke auch, man sollte den Spieß umdrehen. Die, die es seltsam finden, dass man `noch´ stillt, sollte man so zurückfragen, dass jeder merkt, dass man es seltsam findet, dass überhaupt jemand danach fragt. Das lässt keinen Zweifel, dass man das Natürlichste der Welt praktiziert. Mich fragt keiner mehr, wie lange ich noch stillen will."

8.16. Wie Tandemstillkinder auf die Umwelt reagieren

Nicht nur die Umwelt reagiert auf Stillkinder, auch Stillkinder reagieren mit steigendem Alter auf die (oft stillunfreundliche) Umwelt. Unser Sohn hat auch schon verstanden, dass er so lange stillen darf, wie er möchte, aber die meisten anderen Menschen nicht. Deshalb brauchen viele große Menschen auch einen Nuckel, sie brauchen und saugen wie verrückt immer wieder an einem brennenden, stinkenden, qualmenden, weißen Stäbchen. Er wird das später nicht brauchen, sagt er.

Susanne mir Tochter Ilona:
„Meine Tochter Ilona ist jetzt zweieinviertel und bekommt immer einen mitleidigen Blick,

wenn sie Babys mit Flasche sieht. Ich habe ihr (ganz wahrheitsgemäß und weitgehend wertneutral) ein paarmal erklärt, dass einige andere Babys halt nicht oder nicht mehr an die Brust gehen dürfen (`dürfen´ ist leider oft das treffende Wort), und sie deswegen Ersatzmilch aus Nuckelflaschen bekommen. Wenn wir unterwegs ein Baby sehen, das eine Flasche trinkt, dann hat sie schon recht früh (eigentlich schon bevor sie einigermaßen verständlich sprechen konnte) klargemacht, dass sie das nicht okay findet, indem sie auf die Brust der Mutter gezeigt und dann den Kopf geschüttelt und betrübt geguckt hat. Das habe ich schon beim ersten Mal so gedeutet, dass sie Mitleid mit dem jeweiligen Baby hat, weil es nicht an die Mamabrust darf. Beim (inzwischen abgestillten) fünfmonatigen Sohn unserer Nachbarin hat sie auch schon einige Male durch entsprechende Handzeichen und versuchtes Hochheben angezeigt, dass der Kleine jetzt an die Brust sollte, wenn er gejammert hat. Umso irritierter war sie dann die ersten Male, als die Nachbarin dann ein Fläschchen machte und es ihm gab. Sie hat einmal sogar erstaunlich souverän reagiert. Da hatte ich den Kleinen, der zu dem Zeitpunkt gerade frisch abgestillt war, auf dem Schoß, und er drehte sich zu meiner Brust und wollte durchs T-Shirt hindurch andocken (ich nehme an, er roch die Milch). Sie beobachtete das, kam dazu, zog mein T-Shirt hoch und stillte sich und wollte, dass er gleichzeitig an die andere Seite darf. Die Nachbarin wollte das natürlich nicht, ich hätte es ja ausprobiert (allein schon aus Neugier, einmal ein anderes Kind zu stillen), aber ich fand Ilonas Beobachtungsvermögen da schon bemerkenswert, zumal ich eher mit einer Eifersuchtsreaktion gerechnet hätte, da es ja `ihre´ Brust ist und da sie den Kleinen noch nie bei seiner Mutter stillen sah. Aber sie ist ohnehin immer erfreut, andere Kinder stillen zu sehen, egal ob Menschen- oder Tierkinder. Gerade gestern mussten wir unbedingt im Zoo eine längere Stillpause einlegen, weil sie zwei Beutelrattenkinder (das sind süße Minikängurus) beobachtet hat, die am Stillen waren. Ich finde diese artübergreifenden `Sympathieschlückchen´ schön und hoffe, dass sie sich später mal, wenn sie selbst Mutter ist, auch eher an den keine Schnuller besitzenden, Flaschen nur im Notfall benötigenden und kein eigenes `Bett´ besitzenden Tierkindern ein Beispiel nimmt."

8.17. Futterneid: Hört das ältere Kind überhaupt jemals mit dem Stillen auf, wenn es das Jüngere dabei zusieht?

Die Kinder hören von selber auf, ans Stillen zu denken oder danach zu verlangen, wenn sie dem Bedürfnis, gestillt zu werden, entwachsen sind – sofern dieses gestillt wurde.

Da das Stillen keine ungehörige Marotte ist, sondern ein tatsächliches, völlig normales Bedürfnis darstellt, müssen wir uns darüber keine Sorgen machen. Das ältere Kind braucht sowieso mehr Zuwendung, wenn es ein Geschwisterchen bekommt. Wenn der Vater dabei hilft, ist dies wunderbar und hilfreich. Aber das Stillen hilft ungemein, dem älteren Kind zu helfen, sich weiterhin angenommen zu fühlen, und zeigt ihm, dass das neue Kind nicht wichtiger ist. Natürlich kann man mit dem steigenden Alter mit dem älteren Kind über den Zeitpunkt des Stillens verhandeln.

Wenn sich das ältere Kind langsam an das Geschwisterchen gewöhnt hat, findet es zu seinem Stillrhythmus zurück, den es auch ohne das neue Baby gehabt hätte. Es kam bei uns noch ein paar Mal zu einem größeren Bedürfnis und mehr Eifersucht - immer dann, wenn das kleine Kind einen Entwicklungsschritt machte: wenn es anfing, sich zu bewegen, zu krabbeln, zu laufen und erneut, als es anfing zu rennen. Trotzdem wurde das Stillen des Älteren immer seltener und das Interesse daran nahm unabhängig vom jüngeren Geschwisterkind und dessen Stillverhalten kontinuierlich ab.

Das ältere Kind hatte auch Phasen des Rückschritts, indem es auf einmal wieder Baby spielte oder sein wollte. Je mehr dagegen geredet wurde, desto massiver wurde das Verhalten. Von wieder komplett Windeln tragen, Babysprache bis wieder viel gestillt werden waren alle Variationen vorhanden. Diese Phase kam in unterschiedlicher Ausprägung ein paar Mal. Manchmal dauerte es einen Nachmittag oder eine halbe Stunde, einmal auch drei Wochen, so dass wir schon besorgt waren. Nach Ausleben dieses Babyspiels machte das große Kind jeweils einen Schritt in der Entwicklung nach vorne.

Unser drittes Kind Robin wurde geboren, als Marvin fünfdreiviertel Jahre alt war. Er hatte sich vorgenommen, dann abends wieder einen Schluck zu nehmen. Während meiner Schwangerschaft vergaß er es immer öfter, das Bedürfnis wurde einfach immer weniger. Als das Baby zwei Monate alt war, war es ihm nur noch wichtig, seine Schwester darauf hinzuweisen, dass er dürfte, wenn er wollte. Robin starb mit acht Monaten vollgestillt und ich war dankbar, dass seine Schwester Annie seine Milch trank. Die Milch nicht wegwerfen zu müssen, tröstete uns beide.

Annie stillte bis sie fünf war. Auch sie vergaß es plötzlich immer öfter und länger. Als unser viertes Kind Linus geboren wurde, wollte sie nur noch den Milchgeschmack probieren, hatte aber nach drei Monaten vergessen, wie man stillt und war zufrieden.

8.18. So war es bei uns: Tandemstillberichte life und in Farbe

8.18.1. Zwei in einem

Denise Punger, USA:
„Dies ist meine Tandemstillgeschichte, ich hoffe, sie hilft. Mein erster Sohn William war 23 Monate alt, als Scott nach 41 Wochen geboren wurde. William wurde bis zum Ende meiner

Schwangerschaft drei- bis fünfmal täglich gestillt. Ich genoss die Zeit, in der es mir möglich war, mit ihm dazusitzen, denn er ist ein aktiver Junge. Beide Jungen waren jeder neun Pfund schwer. Ich habe während beider Schwangerschaften viel zugenommen. Nach vier Monaten wogen beide Jungen zehn kg. William hat nach Scotts Geburt schnell an Gewicht gewonnen, von 15 auf 20 kg in drei Monaten. Keinem von beiden gab ich zusätzliche Nährstoffe außer Muttermilch. Während ich die Wehen mit Scott bekam, habe ich William in den Schlaf gestillt. Ich dachte, ich müsste frühe Kontraktionen haben, während er gestillt wurde, aber zwei bis drei Stunden später wusste ich, dass es wirkliche Wehen waren. Es war eine relativ einfache Geburt mit guter Unterstützung einer Hebamme. Die ersten 24 Stunden danach wurde keiner der beiden Jungen viel gestillt. William war zu Hause und Scott schien es auszureichen, dass er nur gehalten wurde. Aber als ich nach 24 Stunden nach Hause kam, fingen beide Jungen kontinuierlich an zu stillen. Ich habe nicht darauf geachtet, wer zuerst gestillt wurde. Sie verlangten ständig danach. Ich wollte sie nicht schreien hören und so stillte ich sie beide. Der Milcheinschuss kam nach 48 Stunden. Beide Jungen wollten weiterhin drei bis fünfmal oder mehr täglich gestillt werden.

Ich habe viele Nachforschungen über Tandemstillen angestellt. In Webseiten habe ich einiges gefunden, aber es steht nicht viel darüber drin, was nach vier Monaten ist. Aus meinen eigenen Nachforschungen und Erfahrungen heraus wüsste ich nicht, warum eine Mutter routinemäßig vom Tandemstillen abgehalten werden sollte."

8.18.2. Auf dem Weg zu besseren Gefühlen

Susanne:
„Felix ist zweieinhalb Jahre, Mats einen Monat: Ich hatte mich immer auf das Tandem-Stillen gefreut. In der Schwangerschaft lief es auch ganz gut. Die Milch ging zwar nach der Befruchtung rapide zurück, aber das hat nur bewirkt, dass Felix endlich einmal richtig zu essen anfing. Schmerzende Brustwarzen hatte ich nur, wenn wir beim Anlegen geschlampt haben, aber dieses Problem habe ich auch außerhalb der Schwangerschaft. Nur gegen Ende wurde ich oft abends immer kribbliger, wenn Felix stillen wollte und es unterbrechen musste. Oft habe ich gedacht: Nur noch zwei Minuten, aber ich habe es dann irgendwie keine Sekunde mehr ausgehalten und sofort beendet. Es wurde dann also mehr ein In-den-Schlaf-Kuscheln. Komisch war, dass es mir fast nur abends und nachts so ging. Tagsüber war langes Stillen kein Problem. Als Felix nach der Geburt (Hausgeburt, er war die Nacht über bei Oma und Opa) kam, hat er Mats skeptisch angeschaut und wollte dann Nunu.

Soweit war alles in Ordnung, aber dann fingen die Probleme an. Felix wollte mindestens so oft stillen wie Mats. Gerade am Anfang hatte ich auch Befürchtungen, dass Mats nicht genug bekommt (was sich als Blödsinn herausgestellt hat, der kleine Mops nimmt zwischen 400 und 500g die Woche zu!). Anfangs habe ich oft beide gleichzeitig gestillt, was mir aber unangenehm war. Es machte mich fast schon aggressiv. Ich habe das gemeinsame Stillen dann auch oft recht rüde für Felix unterbrochen, oder ihn angemeckert, wenn er abends ewig

rumgenuckelt hat und nicht schlafen wollte. Dabei hatte ich ein total schlechtes Gewissen, denn ich wollte nicht, dass Felix wegen des Stillens auf Mats eifersüchtig ist (es soll eigentlich die Eifersucht eindämmen und nicht fördern) und auch nicht, dass Felix schlechte Gefühle mit dem Stillen verbindet. Aber ich fühle mich manchmal einfach überfordert, wenn Felix vor mir steht und `Nunu´, `Nunu´ skandiert. Und jault, wenn ich es nicht will. Dann habe ich beschlossen, möglichst nicht mehr beide gleichzeitig zu stillen. Es lässt sich nicht immer vermeiden, aber wenn es geht, warte ich zumindest, bis Mats eine Pause macht, bevor Felix darf. Außerdem möchte ich nicht, dass Felix so oft stillt: fünf bis sechs mal am Tag und ein bis zweimal in der Nacht sind o.K. Seitdem geht es besser, und ich habe auch wieder bessere Gefühle dabei (anfangs habe ich oft geheult). Felix ist manchmal frustriert, ich habe es ihm öfter erklärt, aber er kann oder will es nicht verstehen - oder akzeptieren. Außerdem wurde dann auch das Wetter besser und ich hatte eine wirklich schöne Zeit mit meinem Mann und den beiden Kindern. Jetzt arbeitet mein Mann wieder, wir werden sehen, wie es wird. Ich kann Felix, jetzt, nach vier Wochen, oft schon so lange stillen, bis er von selbst aufhört. Ich denke also, wir werden es hinbekommen. Insgeheim hatte ich schon befürchtet, dass Felix eifersüchtig auf das Stillen von Mats sein könnte. Natürlich weiß ich nicht, wie es wäre, wenn er gar nicht mehr gestillt würde. Denn auch wenn er selbst gerade nicht stillen darf, macht er keinen Blödsinn, wie man das von anderen Kindern schon gehört hat. Ist es überhaupt echte Eifersucht oder nur sein normales Stillbedürfnis?
Ich hoffe und bin auch zuversichtlich, dass sich alles im Laufe der Zeit besser einspielt. Aufhören käme für mich aber auf keinen Fall in Frage. Dazu braucht es Felix einfach noch zu sehr. Erstaunlich finde ich, dass man die ganzen Anfangserscheinungen wieder hat: einen spürbaren Milcheinschuss, allerdings angenehmer als bei Felix. Und ich spüre jetzt wieder den Milchspendereflex. Das hätte ich nicht gedacht. Ich finde das Tandemstillen zumindest nach einem Monat körperlich recht anstrengend. Ich bin abends um neun total platt und geh mit den Kindern ins Bett – früher habe ich es selten vor zwölf geschafft. Ich habe ständig Durst – früher habe ich eher zu wenig getrunken – und ich nehme ganz gut ab – sehr schön bei plus 20 kg in der Schwangerschaft. Was würde ich anderen raten? Es wirklich auf sich zukommen zu lassen und keine rosaroten Luftschlösser bauen. Auf seine Gefühle hören, auch wenn die negativ sind. Keine zu hohen Erwartungen an sich stellen – zwei Kinder bedeuten eben Kompromisse. Und wenn es nicht geht, sich zu nichts zwingen. Überwinden kann man sich manchmal, aber auf Dauer sollte das Angenehme überwiegen."

8.18.3. Eine anstrengende Zeit

Veronika Strohmeier (Salzburg):
„Als Bernhard geboren wurde, war Tobias zwei Jahre und zehn Monate alt und wollte nicht mit dem Stillen aufhören; ich wollte ihn nicht dazu zwingen. Noch bevor ich wusste, dass ich schwanger war, schmerzten meine Brustwarzen, so dass ich aus diesem Grund das Stillen möglichst einschränkte. Ansonsten genoss ich die Ruhepausen mit Tobias, da ich noch zwei größere Kinder zu versorgen hatte. Tobias stillte während der Schwangerschaft und auch im Krankenhaus. Ich glaube, er verstand während der Schwangerschaft noch nicht, dass er bald `Konkurrenz´ haben würde. Nach der Geburt teilte er mit seinem Bruder gerne, sofern er auch stillen durfte. Er wollte nicht immer gleichzeitig stillen; in diesem Alter konnte er bereits warten. Gefühlsmäßig war ich dabei mit dem Kleinen verbunden, sodass ich sicher manchmal den Größeren mit Widerwillen stillte. Ich wollte ihn aber nicht benachteiligen und ihm auch meine Zeit widmen, die er noch brauchte. Manchmal war Tobias trotz des Stillens eifersüchtig auf seinen Bruder, er ließ aber seine Wut eher an mir aus als an ihm. Zuerst durfte der Kleine trinken, dann er. Manchmal stillte ich beide

gleichzeitig. Tobias stellte einiges an, um meine Aufmerksamkeit zu erregen; trotzdem glaube ich, dass seine Trotzreaktionen schlimmer gewesen wären, wenn ich ihn nicht mehr gestillt hätte. Manchmal versuchte ich ihn auch abzulenken, damit er nicht aus Langeweile stillen wollte. Ich war froh, dass er genug andere Bezugspersonen (Vater, Schwester mit 13, Bruder mit zehn Jahren, Caritasschülerin) hatte, so dass er nicht nur von meiner Zuwendung abhängig war. Oft genug hatte ich trotzdem Zweifel, ob ich dem gewachsen bin und ohne Unterstützung von meinem Mann und den größeren Kindern hätte ich es nicht geschafft. Es war die anstrengendste Zeit in meinem Leben, aber auch die erfüllendste.

Die erste Zeit trank der Große öfter als der Kleine, da er die Zeit, in der ich fünf Tage im Krankenhaus war, erst aufarbeiten musste. Später änderten sich seine Interessen.

Es gab manche Tiefpunkte in unserer Tandemstillzeit: Wenn mein Mann nicht zu Hause war, dauerte es lange, bis beide schliefen. Denn zum Einschlafen war es besser, nur einen zu stillen, da sie sich gegenseitig wieder aufweckten. Ich bekam selber zu wenig Schlaf, sodass ich oft müde war. Ich hatte vorher vom Tandemstillen wenig Vorstellung und ließ es eher auf mich zukommen. Die Realität war aber anstrengender, als ich es mir vorgestellt hatte. Bald war der Kleine eifersüchtiger als der Große, und ich musste aufpassen, dass Tobias nicht zu kurz kam. Mein Partner nahm es gelassen hin und half mir bei der Betreuung der Kinder. Die Großeltern wollten mir das Tandemstillen zuerst ausreden, akzeptierten es dann aber. Probleme konnte ich nur in der Stillgruppe besprechen.

Meinem Arzt erzählte ich nichts vom Tandemstillen. Von anderen gab es von Akzeptieren bis Ablehnung verschiedene Reaktionen. Ich konnte ja keine Erfolge nachweisen, dass lang gestillte Kinder irgendwann doch selbstständig werden. Mein Mann akzeptierte die Bedürfnisse des älteren Kindes, aber die meiste moralische Unterstützung bekam ich in meiner Stillgruppe. Eine Freundin, die aber in einer anderen Stadt wohnte und auch in der Stillgruppe war, stillte ebenfalls zwei Kinder, und so konnten wir uns austauschen.

Meine Kinder sind heute 26, 23, 16 und 13 Jahre alt. Als Bernhard ca. anderthalb Jahre alt war und Tobias bereits vier, fünf Jahre, wurde es für mich anstrengend, beide Kinder in der Nacht im Bett zu haben und zu stillen. Tobias wollte nicht auf das Stillen verzichten und beanspruchte mich, sodass ich zu wenig Schlaf und Ruhe bekam und dadurch oft Migräne oder andere Krankheiten hatte. Mein Mann schlief einige Zeit mit ihm in einem anderen Zimmer, und nach einigen erfolglosen Versuchen sah Tobias ein, dass er zu groß zum Stillen war. Seine älteren Geschwister unterstützen ihn dabei. Tandemstillen ist sicher nicht die Ideallösung, aber manchmal ist das erste Kind noch nicht so weit und man muss eine individuelle Lösung finden. Von vornherein kann man nicht sagen, wie sich das Kind entwickeln wird. Vielleicht hört es am Ende der Schwangerschaft von selbst zu stillen auf. Je mehr man es drängt, desto weniger ist es bereit zum Abstillen. Den größten Vorteil beim Tandemstillen sah ich darin, dass der größere Bruder nicht so eifersüchtig auf den Kleinen war, da er nicht auf allzu viel verzichten musste."

8.18.4. Zweimal zwei: Schön und anstrengend

Renate Zach, Anzbach, Montessoripädagogin:
„Ich habe drei Kinder. Das ältere war jeweils drei Jahre alt, als das jüngere auf die Welt kam.

Vor den Geburten mit drei Jahren war einfach kein Zeitpunkt zum Abstillen, und ich wollte die Großen nicht aus der Wiege schmeißen. Ich stillte zweieinhalb Jahre Tandem.

Meine erste Tochter Kristine stillte die ganze Schwangerschaft über. Alexander hat während der Schwangerschaft aufgehört und sechs Wochen nach der Geburt wieder begonnen. Die Stillzeit während der Schwangerschaft war für mich nicht so angenehm, weil mir die

Brustwarzen weh taten und ich Gebärmutterkontraktionen spürte. Ich habe meine Kinder jeweils auf die Geburt des Geschwisterchens vorbereitet, indem ich ihnen erzählt habe, dass die Milch wichtig für das Baby sein wird und wegen des Babys so viel Milch da ist. Beim Stillen des Babys waren die Großen meist friedlich, wollten kuscheln und haben `ihre´ Brüste hergegeben. Die Großen wollten gestillt werden, wenn das Baby trank, zum Trost, beim Telefonieren usw. Mit zunehmendem Alter gingen mir die Großen beim Stillen auf die Nerven. Obwohl sie mir auch leid taten. Besonders Kristine, die Älteste. Manchmal dachte ich: Wie kann ich ihr das antun, noch ein Kind zu bekommen? Ich weiß nicht, wie es ihr ging, aber ich hoffe nicht so schlecht. Das Baby durfte entscheiden, wann und an welcher Seite es trinken wollte, und das größere Kind passte sich dann jeweils an. Tandem stillte ich jedoch nicht in der Öffentlichkeit. Gerne hätte ich für die Babys mehr Ruhe gehabt. An Eifersuchtsreaktionen kann ich mich nicht erinnern. Es gab Zeiten, da tranken die Großen viel häufiger als die Babys. Meist stillte ich die Kinder gleichzeitig. Manchmal hatte ich Zweifel, ob ich dem Ganzen gewachsen war, aber ich habe das Tandemstillen nie bereut. Das Bild von Kristine und Alexandra und mir in meinem großen Sessel, friedlich sitzend und trinkend, wird mir ewig in Erinnerung bleiben. Mein Umfeld reagierte meist positiv auf unsere Stillbeziehung, manchmal auch ungläubig. Dem Arzt erzählte ich es nicht. Meine Vorstellungen waren schon vor der Geburt des zweiten Kindes von den Erfahrungsberichten aus der Stillgruppe geprägt und so war meine Vorstellung vom Tandemstillen vorher recht realistisch. Die gleichzeitige Befriedigung der Bedürfnisse beider Kinder war ein großer Vorteil.

Kristine stillte bis vier, fünf Jahre, Alexander bis vier Jahre. Bei beiden habe ich dann darauf gedrängt, dass sie aufhörten, aber es war nicht schwer. Einer schwangeren Frau, die noch ihr erstes Kind stillt, würde ich sagen, dass ich wieder Tandemstillen würde, es aber nicht immer einfach ist, da man außer in den Stillgruppen wenig Unterstützung findet. Es ist schön, aber auch oft anstrengend."

8.18.5. Ein Anker: Die Entscheidung muss langsam wachsen

Doris Ruhnau (30 Jahre, Hausfrau):
„Als ich hörte, dass Tandemstillen möglich ist, wollte ich es probieren. Es war für mich eine gute Möglichkeit, das erste Kind nicht wegen des neuen Babys abzustillen. Ich habe drei Kinder und stillte sieben Jahre lang, davon jeweils einmal sechs Monate und einmal 18 Monate Tandem.

Unser erstes Kind stillte auch die ganze Schwangerschaft über, es war unkompliziert; ich reduzierte langsam die Stillzeiten, weil mir die Brustwarzen wehtaten. Ich habe meinen beiden älteren Kindern vom Baby erzählt und vom Stillen, so war es für beide neu und interessant, als sie das Baby stillen sahen, aber doch selbstverständlich. Das ältere Kind wollte meist gleichzeitig mit dem Baby gestillt werden, was ich aber nur in Ausnahmesituationen machte. Ich habe immer versucht, Ausgleich zu schaffen, denn ein bisschen schlechtes Gewissen war immer dabei. Sie akzeptierten beide, dass das Jüngere zuerst trinken durfte. Als Paul geboren wurde, war Daniel drei Jahre alt. Er trank immer morgens und zum Einschlafen. Das hatte er schon vorher gelernt. Paul war zwei Jahre alt, als Lisi geboren wurde, auch er hatte ihr Stillen akzeptiert. Da in beiden Fällen diverse Rituale eingehalten wurden, gab es keine Eifersuchts- oder Trotzreaktionen. Manchmal hatte ich negative Gefühle, wenn mein älteres Kind trinken wollte, aber öfter war es ein Anker für uns, das größere Kind und mich, nur für uns beide Zeit zu haben. Ich hatte vor der Tandemstillzeit gute und friedvolle Vorstellungen davon. Die Realität war nicht immer ganz einfach. Wegen einiger Dinge hatte ich Zweifel, ob ich die schaffen würde, aber nie wegen des Stillens. Mein älteres Kind trank im Vergleich jeweils auch nur morgens, abends und vielleicht einmal am Tag. Manchmal gab es während der Tandemstillzeit auch Tiefpunkte: wenn einmal beide gleichzeitig stillten, hielt ich es nicht aus. Für das jüngere Kind stellte es jeweils auch kein Problem dar, wenn es das ältere Kind trinken sah. Den größten Vorteil sah ich darin, dass der Stress des zeitlich begrenzten Abstillens nicht vorhanden war. Die Großeltern, Freunde und mein Partner waren dem Stillen gegenüber positiv eingestellt und ließen mich selbst entscheiden. Einen Arzt habe ich darüber nicht informiert. Zum Glück kannte ich eine Mutter, die auch Tandem stillte, mit der ich mich austauschen konnte.

Unser ältester Sohn Daniel ist nun sieben Jahre alt. Er stillte bis dreieinhalb. Ich reduzierte das Stillen dann langsam, bis er nur noch am Abend trank. Als Abschluss brachte der Osterhase ein Geschenk. Unser zweiter Sohn Paul trank ebenfalls bis dreieinhalb Jahre. Das Stillen wurde dann weniger und weniger, bis er es vergaß. Es gab ein Gespräch mit Verabschiedungstrunk an der Brust."

8.18.6. Beiden Kindern Glück geben

Maria Windholz (29 Jahre, Bibliothekarin):
„Unser erstes Kind Thomas wollte ich so lange stillen, bis er von selber damit aufhört.
Mit zwei Jahren und acht Monaten tat er das nicht, sondern stillte bis zur Geburt des zweiten Kindes. Obwohl ich Thomas auch in der Schwangerschaft stillen wollte, kamen manchmal negative Gefühle, während der Stillmahlzeit auf; nach der Geburt waren diese verschwunden. Ich habe mit Thomas vor der Geburt darüber gesprochen, dass das Baby auch stillen würde. Manchmal wollte er an der anderen Brust trinken, wenn er das Baby stillen sah. Meine Vorstellungen vorher vom Tandemstillen trafen mit der Wirklichkeit gut zusammen. Meistens stillte ich ihn nach dem Baby oder nur mehr zum Schlafengehen. Manchmal hatte ich negative Gefühle mein älteres Kind zu stillen, aber ich hatte Soor, das

Stillen war teilweise sehr schmerzhaft und ich weiß nicht, ob dieser Zustand das negative Gefühl hervorrief oder verstärkte. Aber ich freute mich, dass mein Sohn noch so eng bei mir war und meinte es ging ihm gut. Im Vergleich zum Baby trank er etwa nur jedes dritte Mal. Ich stillte beide je nach Bedarf, und meist hintereinander. Bis auf Ausnahmen konnte er mit zweieinhalb Jahren auf das Stillen warten, bis wir zu Hause waren bzw. bis am Abend. Nie gab es Eifersuchtsreaktionen! Sollte es in unserer Tandemstillzeit Tiefpunkte gegeben haben, habe ich sie schon vergessen. Als das Baby älter wurde, gab es immer Haut- und Blickkontakt ihrerseits, wenn beide zur gleichen Zeit tranken, sie waren sehr liebevoll zueinander. Ich werde es nie vergessen, wie Thomas nach Lisas Geburt gleichzeitig trinken wollte.

Meinen Partner störte das nicht, solange es mir gut ging. Die Großeltern reagierten: `Was, der Große trinkt noch immer?´, Freunde wussten es oft nicht, und mein Arzt akzeptierte es. Andere hatten dafür jedoch oft kein Verständnis. Von der LLL habe ich moralische Unterstützung bekommen, mit meiner Stillberaterin Anna hatte ich Möglichkeiten zum Erfahrungsaustausch. Ich hatte das Gefühl, beiden Kindern das Glück geben zu können, und das war für mich der größte Vorteil.
Thomas ging vom Brust-Trinken auf Brust-Streicheln über, Lukas trinkt noch, hauptsächlich zum Schlafen. Insgesamt stillte ich zehn Monate Tandem.

Einer schwangeren Frau, die überlegt, das erste Kind abzustillen, würde ich sagen, dass es dem Baby in ihrem Bauch an nichts fehlt, wenn sie doch weiterstillt und zugeben, dass es manchmal schwierig war, ich es aber wieder so machen würde und ihr Offenheit vermitteln für ihre eigene Entscheidung."

8.18.7. Unterstützung

Sabine T., Gymnasiallehrerin, Österreich:
„Patricia wurde von Beginn an viel und gerne gestillt. Sie begann mit elf Monaten anderes wirklich zu essen. Als ich wieder schwanger wurde, war Patricia neuneinhalb Monate alt und stillte noch zu 70-80%. Ich wollte sie nie abstillen, sondern warten, bis sie von selbst soweit war. Mit der Schwangerschaft bekam ich extrem empfindliche Brustwarzen, wenn Patricia in der Nacht dauernuckelte. Daher entschied ich mich, als sie 13 Monate alt war, sie nachts abzustillen. Das war schwer: Als Ersatz bot ich ihr Wasser an. Nach drei schrecklichen Nächten (sie schläft heute noch neben mir) war es geschafft. Bald darauf wollte ich auch das Stillen am Tag einschränken – nur mehr zu Hause. Einige Wochen vor dem Geburtstermin stillte Patricia nur noch zum Einschlafen. Nach Vincents Geburt ließ ich sie zuerst trinken, wann immer sie wollte - sie wollte oft, als wolle sie sich vergewissern, dass sie auch darf. Sie trank nur so viel, dass die Milch einschoss und ich damit ´übrig blieb`. Da ich eher zu zuviel Milch neige, hatte ich in den ersten zwei Monaten Tandemstillen auch drei Brustentzündungen. Jedenfalls begann ich Patricias Stillmahlzeiten wieder zu reduzieren. Sie war schon eifersüchtig, richtete ihre Aggressionen jedoch gegen mich. Sie biss mich auch einmal in die Brust. Es war eine schwierige Zeit, aber ich würde es wieder so machen. Mit zwei Jahren und einem Monat stillte sich Patricia selbst ab. Mein Eindruck war, dass ihr das Saugen zu anstrengend wurde. Als Ersatz bekam sie einige Wochen ein Fläschchen mit Reismilch, was für sie aber unwichtig war. Für mich war es eine große Erleichterung, wenn ich auch etwas traurig war und ein schlechtes Gewissen hatte. Als ich im August einmal das Baby meiner Freundin stillte, da begann Patricia wieder mehr eifersüchtig zu sein und wollte auch wieder trinken. Sie versuchte manchmal meine Brust zu erwischen - ich ließ sie aber nicht. Und aus Spaß nuckelt sie manchmal bei meinem Mann. Ganz glücklich ist Patricia

mit ihrer Entscheidung auch nicht immer. Aber im Großen und Ganzen habe ich das Gefühl, dass der Zeitpunkt und die Form des Abstillens gepasst hat. Viel Unterstützung bekam ich von der Stillgruppe. Dort traf ich einige Tandemstillerinnen. Wichtig für mich ist, dass jede so tun und lassen kann, wie er oder sie will - gerade beim Stillen. Negative Reaktionen habe ich eigentlich nie gehört. Österreich scheint diesbezüglich positiv eingestellt zu sein."

8.18.8. In jedem Arm ein Kind: Ausdruck größten Glücks

Silvia (35 Jahre), vier Kinder (elf, zehn, vier und anderthalb Jahre):
„Mein drittes Kind war zweieinhalb Jahre alt, als das vierte Kind zur Welt kam. Meine Kinder sind noch nicht abgestillt.

Ich lernte zunächst das Langzeitstillen kennen. Meine beiden ersten Kinder stillte ich nur je neun Monate und erntete schon damit viel Verwunderung, dass ich so lange stille. Durch die Literatur der La Leche Liga erfuhr ich erstmalig vom Tandemstillen. Davon war ich fasziniert - diese Erfahrung wollte ich machen. Deshalb war ich glücklich, dass mein noch nicht ganz zweijähriges Kind noch gestillt werden wollte, als ich zum vierten Mal schwanger wurde.

Ich habe bis zur Geburt des Babys gestillt, was ich nicht immer als angenehm empfand, da mir fast immer schlecht war. Außerdem war die Brust berührungsempfindlich, sodass das Stillen anfangs in der Schwangerschaft auch manchmal schmerzhaft war. Aber ich habe

niemals in Erwägung gezogen, das größere Kind abzustillen, weil ich wahnsinnig gespannt auf das Tandemstillen war.
Ich habe viel mit Charlotte darüber gesprochen, dass das Baby auch gestillt werden will. Es hat mir gut getan, meine Vorfreude auf das Baby mit meinem Kind zu teilen. Außerdem habe ich Charlotte erklärt, dass das Baby noch gar nichts essen, sondern immer nur `Mamamilch´ trinken kann. Charlotte ist ja schon groß und darf außer Mamamilch auch

noch andere Sachen essen und trinken.

In den ersten Tagen wollte Charlotte immer auch trinken, wenn ich das Baby stillte; später nur zum Trösten oder Einschlafen. Meistens war es in Ordnung so, nur manchmal wurde es mir zu viel. Meine Tochter hat meiner Meinung nach dadurch, dass auch sie weiter gestillt wurde, keinerlei Eifersuchtsgefühle auf das Baby entwickelt. Sie hatte die Einstellung (sicherlich durch mich gefördert), dass wir beide uns gemeinsam um das hilflose kleine Baby kümmern müssen. Es gab und gibt Abmachungen. Charlotte hatte schon in der Schwangerschaft festgelegt, dass die linke Brust `ihre Mamamilch´ und die rechte die des Babys ist. Das hat sie sich schwer ausreden lassen, aber mir war es wichtig, dass das Baby von beiden Seiten trinken darf. Eine Abmachung war, dass z.B. am Nachmittag oder Abend, wenn die Brust nicht mehr so voll war, sich zuerst Johann satt trinken darf. Es ist Charlotte nicht immer leicht gefallen, zu warten. Außerdem habe ich nie beide gestillt, wenn Besuch da war - wenn man zwei Kinder gleichzeitig stillt, kann man die Brust weniger verdecken.

Nein, ich habe ein Geheimwort fürs Stillen nicht für notwendig empfunden, da ich auch jetzt noch stolz darauf bin. Charlotte sagt, sie möchte Mamamilch trinken. Es gab fast nie Eifersuchts- oder Trotzreaktionen, wenn ich mein Baby stillte. In der ersten Zeit des Tandemstillens hatte ich nur selten negative Gefühle, wenn Charlotte trinken wolle - immer dann, wenn mir sowieso alles zu viel war. Johann war die ersten vier Monate ein Schreikind, aber insgesamt habe ich das gut verkraftet. Als Johann ein gutes Jahr alt war, hatte ich immer öfter negative Gefühle, wenn die Große trinken wollte. Ich lag im Bett, in jedem Arm ein Kind - das machte mich gereizt oder sogar wütend. Ich habe mit Charlotte diskutiert, was nicht immer leicht war, weil diese Situation oft abends eintrat, wenn beide Kinder müde waren und schlafen wollten. Wir haben uns dann so geeinigt, dass zuerst Johann trinken darf, und wenn er schläft, Charlotte. So ist es auch jetzt noch - inzwischen passiert es öfter, dass Charlotte einschläft, während Johann noch trinkt. Ich denke, dass sich damit langsam das Ende meiner bisher vierjährigen Stillbeziehung zu Charlotte ankündigt.

Als mein Baby älter wurde, versuchte er, Charlotte weg zu schieben, um selbst an die `offene Milchquelle´ zu kommen. Oder ich machte die andere Brust frei, dann war er zufrieden. Am Anfang stillte ich fast immer gleichzeitig, um Eifersucht zu vermeiden, jetzt lieber hintereinander.

Die schönsten Erinnerungen sind die Momente, wenn ich im Bett lag, in jedem Arm ein Kind, beide tranken und lächelten sich mit der Brust im Mund an. Das war für mich der Ausdruck größten Glücks und entschädigte für manchen Stress.

Die Umwelt reagierte auf unsere Stillbeziehung verwundert, dass das überhaupt möglich war. Mein Partner plädierte manchmal dafür, dass ich das große Kind abstillte. Die Großeltern akzeptierten es, Freunde staunten. Mein Arzt konnte sich nicht vorstellen, dass man z.B. schwanger werden kann, wenn man noch stillt. Doch da ich gern und selbstbewusst vom Tandemstillen geredet habe, musste ich mir noch keine blöden Kommentare anhören.

Die Realität kam meinen Vorstellungen vom Tandemstillen nahe, außer in einem Punkt: Ich konnte mir nicht vorstellen, dass es mir einmal zu viel würde. Jetzt, nach vierjähriger Stillzeit und vorherigem anderthalb Jahre Tandemstillen, ist es mir manchmal zu viel, wobei ich mir noch nicht vorstellen kann, Johann abzustillen. Bei Charlotte habe ich schon öfter den Wunsch, dass sie bald nicht mehr gestillt werden möchte.

Außer der Unterstützung durch die LLL habe ich keine Möglichkeiten zum Erfahrungsaustausch. Ich würde anderen Müttern von meinen positiven Erfahrungen berichten und raten weiterzustillen, wenn auch nicht um jeden Preis. Für mich war das Stillen nicht Kräfte zehrend - ich weiß aber, dass dies für andere Mütter der Fall ist. Deshalb bin ich bei all meiner Begeisterung fürs Stillen der Meinung, dass es vor allem auf die Beziehung zu meinen Kindern ankommt. Wenn eine Mutter aus Pflichtgefühl stillt und sich dabei überfordert und ausgezehrt fühlt, ist dies sicher keine gute Lösung. Für mich ist es immer wichtig, nach einem Kompromiss zu suchen, mit dem alle Beteiligten gut leben können. Für mich hat es sich gelohnt, `kleinere Härtezeiten´ (die schmerzende Brust oder das Stillen bei Übelkeit in der Schwangerschaft) zu überstehen. Aber die Mutter sollte sich zu nichts zwingen, was über ihre Kräfte geht."

8.18.9. Erneuter Stillbeginn des Älteren - es war für beide gut

Anne-Marie K. (40 Jahre):
„Florian war erst 15 Monate alt, als Marianne geboren wurde. Ich hatte ihn mit neun Monaten abgestillt, aber sechs Monate nach der Geburt des Babys fing er wieder an zu stillen. Ich war überrascht und dachte, es sei nur vorübergehend; später spürte ich, dass Florian die Nähe brauchte. Allerdings mochte ich nicht beide gleichzeitig stillen, und hatte negative Gefühle, beide zu stillen. Trotzdem gab es Eifersuchtsreaktionen, und nicht nur beim Stillen. Ich fragte mich des Öfteren, ob dies wirklich so gut sei. Das ältere Kind trank im Vergleich zum Baby eher oft, aber genau weiß ich das nicht mehr. Das Einschlafen beider Kinder empfand ich oft als anstrengend. Das Baby hatte auch später nichts dagegen, wenn das Geschwisterkind auch trinken wollte. Der große Vorteil beim Tandemstillen lag für mich darin, zu sehen, dass beide Kinder nicht zu kurz kamen, obwohl sie nur 15 Monate auseinander waren."

8.18.10. Unterstützung bei Einmischung: Heute würde ich länger stillen

Sabine Köhler (Floristin, 38 Jahre):
„Als mein zweites Kind zur Welt kam, war unser erstes Kind zwei Jahre alt. Das ältere Kind wollte nur an der Brust einschlafen, so stellte sich nie die Frage des Abstillens. Es war selbstverständlich, nach der Geburt beide zu stillen. In der Stillzeit kam weniger Milch, was der Großen aber egal war. Unserer Familie ging es damit gut, aber es gab eine Menge Einmischungen von Seiten der Umgebung, die mich ärgerten. Die Große kannte aus der Stillgruppe, dass Babys gestillt werden; so war eine Vorbereitung auf die Geburt und das Stillen des Babys nicht notwendig. Wenn das Baby gestillt wurde, wollte die Große auch trinken, wenn sie müde war, wurde sie in den Schlaf gestillt. Ich war stolz auf uns, dass wir es trotz heftiger negativer Reaktionen von Verwandten einfach so machten, wie es für uns gut war. Ich glaube, beiden Kindern hätte es nicht besser gehen können. Nach zwei, drei Wochen führte ich eine Regel ein: ich ließ die Große nur kurz trinken, dann das Baby und dann die Große wieder nach dem Baby also nicht mehr gleichzeitig. Beide tranken eigentlich genau so oft. Ich mochte das Gefühl nicht, wenn an beiden Brüsten gleichzeitig gesaugt wurde, je größer das Baby wurde. Es gab nie Eifersuchtsreaktionen. Wenn ich selber krank oder so müde war, hatte ich manchmal das Gefühl, dem nicht gewachsen zu sein; ich glaube aber, dass das nicht am Stillen lag, sondern daran, zwei so kleine Kinder zu haben. Gegen Ende der sechs Monate Tandemstillen wurde ich dem älteren Kind gegenüber genervter und gereizter. Das Baby versuchte die Schwester mit den Füßen wegzustoßen, sie spielten aber auch gegenseitig mit ihren Fingern.
Der Tag, als die Ältere am Tag nach der Geburt des Geschwisterchens zu mir kam und stillen

wollte, wird mir ewig in Erinnerung bleiben. Für meinen Partner war es selbstverständlich, dass ich beide Kinder stillte. Die Großeltern reagierten mit Unverständnis und zum Teil aggressiv. Dem Arzt sagte ich es nicht und stillte die Kinder möglichst nur, wenn wir alleine waren. Die Reaktionen gingen mir sonst auf die Nerven. Ich habe mir das Tandemstillen vorher genau so vorgestellt und hatte Briefkontakt zu zwei Tandemstillmüttern, die mich bestärkten, und eine Freundin, die in dieser Zeit auch so stillte. Wenn mich mein Mann jedoch nicht unterstützt hätte, wäre es schlimm gewesen. Das Beste am Tandemstillen war, dass die Große nicht eifersüchtig war, ich beide Kinder bei mir hatte und nebenher vorlesen konnte.

Einer stillenden schwangeren Frau würde ich raten, nicht abzustillen. Ich würde ihr auch raten, nicht unbedingt mit dem Frauen- oder Kinderarzt darüber zu sprechen. Sie sollte tun, was ihr Gefühl sagt. Es ist grausam für das Stillkind, wenn es abgestillt wird. Ich kann mir die erste Zeit mit dem Baby gar nicht ohne das Stillen der Großen vorstellen. Ich glaube, es hätte das ältere Kind verletzt. Das Familienbett war uns dabei hilfreich.

Die Kleine ist jetzt dreieinhalb Jahre, und ich stille sie vor allem zum Einschlafen. Die Mittlere wurde bis dreieinhalb Jahre gestillt, auch zum Einschlafen. Die Große wurde zweieinhalb Jahre gestillt, davon sechs Monate zusammen mit dem kleinen Bruder. Die Kinder haben nicht plötzlich gesagt, dass sie nicht mehr trinken wollen; ich habe das Einschlafen mit Vorlesen nach und nach eingeführt. Beim ersten Kind habe ich ein wenig Druck gemacht und schon immer wieder gesagt, dass ich nicht mehr so mag. Trotzdem habe ich mich zum Einschlafen zu den Kindern gelegt, damit sie nicht plötzlich alleine einschlafen mussten. Wenn ich die Zeit zurückdrehen könnte, würde ich mich bestimmter und aggressiver gegenüber den ewigen Einmischern verhalten. Stillbücher und die Stillzeitung der LaLecheLiga, haben mir geholfen und gaben mir die Gewissheit, nicht so allein zu sein."

8.18.11. Zwei widerstandsfähige Stillkinder

Susan Netzl (28 Jahre, Studentin):
„Meine Kinder sind 20 Monate auseinander geboren. Ich wollte dem älteren Kind nicht verwehren, was das zweite bekommt - das war mein Beweggrund, Tandem zu stillen. Ich habe auch in der Schwangerschaft die Stillzeit als positiv und normal erlebt, es ging mir körperlich gut, ich habe das Stillen kaum jemals als Belastung empfunden. Ich habe meiner Tochter erzählt, dass das Baby nach der Geburt von meiner Milch leben muss, weil es sonst noch nichts anderes essen kann. Für sie war es nach der Geburt kein Problem, das Baby trinken zu sehen, weil sie wusste, das sie auch trinken durfte, wenn sie wollte. Wenn sie müde war, getröstet werden wollte - oder manchmal ohne erkennbaren Grund - wollte sie auch gestillt werden. Anfangs war das kein Problem, aber je mehr das zweite Kind forderte und je älter es wurde, um so mehr hatte ich den Wunsch, das Stillen des ersten zu reduzieren. Ich glaube aber, dass es meinem ersten Kind gut ging. Es gab von ihrer Seite kaum Eifersucht, sondern sie hatte ihre Schwester von Anfang an lieb. Am Anfang hatten wir keinerlei Abmachungen für das Stillen. Nach sechs Monaten haben wir ausgemacht, dass die Ältere nur noch am Abend zum Einschlafen trinken darf. Richtig negative Gefühle hatte ich nie, wenn mein älteres Kind trinken wollte; ich hatte selten Zweifel, ob ich das schaffen konnte. Das ältere Kind trank im Vergleich zum Baby weniger. Für das Baby war es immer selbstverständlich, dass die ältere Schwester auch gestillt wird. In der Regel stillte ich hintereinander.

Die Kinder waren beide offenbar gegen Krankheiten widerstandsfähig, was mir am besten *gefallen hat. Einer schwangeren Frau, die noch ihr erstes Kind stillt, würde ich raten, in sich hineinzuhören, was sie wirklich will, und dann genau dies tun. Wenn sie nicht wirklich abstillen will und sich nur von ihrer Umgebung dazu veranlasst fühlt, tut sie sich selbst und ihrem Kind nichts Gutes."*

8.18.12. Höhen und Tiefen

Iris Thienemann (37 Jahre, Reiseverkehrsfrau):
„Mein erster Sohn Jen war 22 Monate alt, als sein Bruder Luke zur Welt kam. Ich hatte mir zu Anfang meiner Stillbeziehung mit Jen vorgenommen, ihm die Entscheidung zu überlassen, wie lange er Muttermilch trinken möchte.

Während der Schwangerschaft mit Luke habe ich immer gehofft, dass sich Jen in dieser Zeit selbst abstillt. Sicher war es nicht die Muttermilch, die für ihn wichtig war, denn er aß am Familientisch mit und trank nur ab und zu. In dieser Zeit verlangte er häufig nach dem Stillen ein Glas Wasser, es war also mehr der Akt des Stillens, die traute Zweisamkeit, die ihn an der Brust trinken ließ.

Für mich war das Stillen in der Schwangerschaft nicht viel anders, ich habe das Stillen nach wie vor genossen. Nachdem wir Jen mitgeteilt hatten, dass er ein Geschwisterchen bekommt, und mein Bauch immer runder wurde, habe ich ihm erklärt, dass die Muttermilch die einzige Nahrung für das Baby sein wird, genau so wie es für ihn war. Da er jetzt schon größer ist, darf er auch schon Brot und Wurst und auch einmal ein Stück Schokolade essen. Ich habe versucht, deutlich zu machen, dass es durchaus positiv sein kann, wenn man die Wahl hat und dass wir (Eltern) auch solche Sachen essen.

Als Luke geboren war, wollte Jen gleichzeitig mit Luke trinken. Da ich viel Milch hatte, habe ich es zugelassen. Dies war sicher die schwierigste Situation während des Tandemstillens, denn ich hatte das Gefühl, wenn ich Jen nicht trinken lasse, fühlt er sich zurückgestoßen. Während dieser Zeit dachte ich, die beiden fressen mich auf. Erst in einem Gespräch mit einer Stillberaterin wurde mir deutlich gemacht, dass ich ihm durchaus Grenzen setzen kann, ohne ihn zu verletzen. Wir haben die Abmachung getroffen, dass er erst immer das Baby trinken lässt, weil das ja nichts anderes essen kann und anschließend er trinken darf, wenn er will. Außerdem habe ich ihm angeboten, dass er sich immer dazu setzen kann und wir ein Buch ansehen oder ich ihm etwas vorlese. Das hat Jen sofort akzeptiert, so dass wir keine Eifersuchts- oder Trotzreaktionen erlebt haben.

Nachdem Jen festgestellt hatte, dass diese Regelung immer eingehalten wurde, wurde das Stillen nach und nach weniger wichtig. Während er zu Anfang jede Mahlzeit mitgetrunken hatte, wurde es immer weniger.
Da wir vorwiegend zu Hause gestillt haben, hat kaum jemand die Tandemstillbeziehung bemerkt. Mein Mann fand das Tandemstillen in Ordnung, hatte er doch schnell erkannt, welche Vorteile es hatte, außerdem hat er alles befürwortet, was mit Stillen zu tun hatte, und mich immer darin unterstützt, das zu tun, was mir wichtig erschien.

Die Großeltern haben teilweise mit Kopfschütteln reagiert, sich aber jeden Kommentars enthalten. Es wurde weniger über das Tandemstillen die Stirn gerunzelt als über das Langzeitstillen.
Im Großen und Ganzen habe ich mich kaum von außen beeinflussen lassen, denn ich hatte meinen Mann und eine tolle Stillberaterin. In der Stillgruppe habe ich vom Tandemstillen

erfahren, leider aber niemanden persönlich kennen gelernt, der es praktisch erlebt hatte. Es hat mich auch nicht weiter gestört, da ich alle Infos aus der Stillgruppe bezogen habe, sodass ich nicht weiter nach Literatur gesucht habe.

Meine Kinder sind jetzt neun und sieben Jahre alt und natürlich inzwischen abgestillt. Wie ich oben berichtet habe, hat Jen sich irgendwann selbst abgestillt. Das ging aber so allmählich vor sich, dass ich nicht genau sagen kann, wann es war; irgendwann zwischen seinem dritten und vierten Geburtstag hat er dann seinen Schnuller vorgezogen.

Luke hat von Anfang an den Schnuller verweigert und den Daumen nicht gefunden, sodass ich immer für sein Saugbedürfnis herhalten musste. Als er etwas über sechs Monate alt war, wollte er unbedingt alles probieren, was die anderen Familienmitglieder so aßen, um dann festzustellen, dass Muttermilch, für ihn immer MuMi, am besten schmeckt; so habe ich ihn fast bis zu seinem ersten Geburtstag voll gestillt. Dann fing er an vermehrt am Familientisch mitzuessen, die Stillmahlzeiten wurden weniger. Abgestillt hat sich Luke kurz vor seinem dritten Geburtstag, weil ich wieder anfing, voll zu arbeiten. Wenn er trinken wollte, war ich nicht da und wenn ich Zeit hatte, hatte er keine Lust, sodass es irgendwann ausblieb.

Meiner Meinung nach ist der größte Vorteil beim Tandemstillen, dass man sich beiden Kindern gleichzeitig zuwenden kann. Das Erstgeborene muss keinen Verlust von Nähe, die es vorher so intensiv genossen hat, erleiden. Dadurch bleiben eifersüchtige Gefühle dem Baby gegenüber aus oder werden minimiert.

Ich kann jeder Frau, die überlegt, beide Kinder zu stillen, nur dazu raten, es zumindest zu versuchen. Allerdings sollte man sich im Klaren darüber sein, dass es sicher Höhen und Tiefen gibt. Ich hatte das Gefühl, meinen Kindern Gutes zu tun und bin überzeugt, dass ich es nicht besser hätte machen können."

8.18.13. Die Kinder können selbst bestimmen

I. Haase (E-Mail: continuum@familiehaase.de, Krankenschwester, 25 Jahre), Tochter (zweieinhalb) und Sohn (ein Jahr):
„Mein erstes Kind war 20 Monate alt, als das zweite Baby zur Welt kam. Meine Tochter stillte da noch viel und brauchte es wohl auch noch. Deshalb kam mir nicht in den Sinn abzustillen. Ich wollte von Anfang an IHR den Abstillzeitpunkt überlassen. Bis zur Geburt des Babys wurde sie durchgehend gestillt, während Fieber auch einige Tage voll.

In der Schwangerschaft waren die mittleren drei Monate für mich nicht so angenehm. Die Brust war sehr empfindlich, es war mir fast unangenehm zu stillen. Manchmal habe ich sie gebeten, später weiter zu trinken, was sie akzeptiert hat. Die ersten und die letzten drei Monate waren wie immer, unproblematisch und schön.

Ich habe versucht meine Tochter darauf vorzubereiten, dass das Baby auch gestillt werden will. Ich habe es ihr erklärt, obwohl ich nicht sicher war, ob sie überhaupt zwischen ‚Baby' und ‚Bauch' unterscheiden konnte. Als sie das Baby stillen sah, hat sie einfach an der anderen Brust getrunken! Die ersten Wochen wollte sie immer mit dem Baby zusammen gestillt werden, mittlerweile findet sie langsam wieder ihren eigenen Rhythmus.

Unmittelbar nach der Geburt war es für mich selbstverständlich, dass sie auch getrunken hat. Dann kam es mir eine Zeitlang etwas störend vor; ich glaube, ich musste mich erst an

die neue Situation gewöhnen und vor allem auch erst das Baby kennen lernen. Jetzt ist es O.K. und fühlt sich richtig an. Für meine Tochter war es völlig in Ordnung, dass das Baby getrunken hat, solange sie uneingeschränkt stillen durfte. Sie achtet darauf, dass er genug und oft genug trinkt. Sie trinkt, wann sie will, außer in der Öffentlichkeit.
Ein Geheimwort für das Stillen haben wir nicht, da sie noch nicht spricht - sie `klopft´ dezent an der Brust an. Wenn es gerade unpassend ist, akzeptiert sie das fast immer. Zu Hause `bedient´ sie sich auch schon einmal selbst.

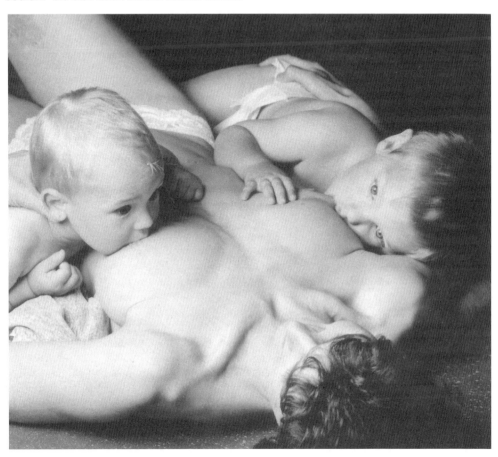

Das Fehlen jeglicher Eifersuchts- oder Trotzreaktionen führe ich hauptsächlich auf das Stillen zurück. Ich selbst hatte ein oder zwei Wochen lang negative Gefühle beim Stillen der Tochter, mich aber dann daran gewöhnt, und es war klar, dass sie weiterhin ein Stillkind ist und an die Brust gehört. Ich hatte nie Zweifel, ob ich dem Ganzen gewachsen bin.

Die ersten Wochen trank meine Tochter gleich oft wie das Baby, mittlerweile ersetzt sie einige Stillmahlzeiten durch andere Nahrungsmittel, die sie auch dem Baby anbietet. Ich stille die Kinder meist gleichzeitig, nachts allerdings zu verschiedenen Zeiten. Ich habe gedacht, dass die Kinder eher nacheinander stillen würden, aber eigentlich ist es so viel praktischer. Ansonsten war ich mir sicher, dass das Tandemstillen das Eifersuchtsproblem minimieren würde, was es auch hat.
Mein Partner sieht das lange Stillen als normal an und findet es praktisch. Meine Mutter findet es großartig. Sie bereut, mich und meine Geschwister nach sechs Monaten abgestillt zu haben und macht sich heute deswegen Vorwürfe. Ich hingegen finde diese sechs Monate

schon toll und kenne niemanden in meinem Alter, der gestillt wurde...

Meine Freunde haben irgendwann aufgehört, ihre Bedenken zu äußern. Allerdings hat keiner von ihnen Kinder. Mein Arzt weiß es nicht. Die Hebamme findet es normal, und für meine Schwester hat es Vorbildfunktion. Von meiner Familie habe ich auf jeden Fall moralische Unterstützung erhalten. Möglichkeiten zum persönlichen Erfahrungsaustausch hatte ich `nur´ über das Internet. Ich kenne sonst niemand, der tandemstillt.

Die Hauptvorteile des Tandemstillens sehe ich in der fehlenden Eifersucht und darin, dass meine Kinder den Abstillzeitpunkt selbst bestimmen können und ich nicht abstillen musste, weil ich wieder schwanger war. Einer Frau, die gerade mit dem zweiten Kind schwanger ist und überlegt, ob und wie sie das erste Kind abstillen soll, würde ich raten, auf jeden Fall weiter zu stillen, es lohnt sich 100%."

8.18.14. Händchen halten oder keine Dummheiten durchs Mitstillen

Kirsten Meikies (Schlagsdorf):
„Meine Tochter war fast zwei Jahre alt, als ihr Geschwisterchen bei uns zu Hause in der Badewanne geboren wurde. Sie war überwältigt vom Anblick des kleinen soeben geborenen Babys.

Tandem zu stillen hat sich bei uns so ergeben. Ich wollte Ria die Brust nicht entziehen und ihr vielleicht Schnuller oder Flaschensauger stattdessen anbieten. Stillen war (und ist) für uns beide (mittlerweile drei) sehr schön. Warum sollten wir damit aufhören?

Zu Beginn der Schwangerschaft hatte ich sehr empfindliche Brustwarzen. Das Stillen schmerzte, ich war oft kurz davor, abzustillen. Dazu kam ständige Übelkeit, die mir ebenfalls das Stillen verübelte. Dann wurde mir bewusst, dass ich dieses Abstillen wahrscheinlich nicht rückgängig machen kann und dass mir das Stillen fehlen würde - ich war hin- und her gerissen. Ria gab das Stillen wegen der fehlenden Milch irgendwann selbst auf, und ich war erleichtert, wenn auch sehr traurig. Immer wieder bot ich Ria die Brust an und sie wollte nicht (`bäh´). Ich nahm ihr Nichtwollen schließlich hin. Nach ein paar Tagen bekam sie Zähne, und nichts konnte die Schmerzen lindern. Sie suchte nach der Brust und stillte die ganze Nacht hindurch. Komischerweise waren meine Brustwarzen nun nicht mehr so empfindlich, und ich konnte das Stillen wieder richtig genießen. Seitdem stillte Ria wieder öfter, etwa zwei- bis dreimal am Tag.

Zum Ende der Schwangerschaft wurde mir das Stillen unangenehm, wenn es zu lange dauerte, und ich bekam leichte Wehen. Ria erklärte ich jedes Mal, dass es erst einmal genug wäre, was sie auch akzeptierte. Ich dachte, dass durch das Stillen die Geburt etwas `angeschubst´ werden könnte, was nicht der Fall war. Wie Ria wurde Annik weit nach dem errechneten Geburtstermin geboren.
Ria wurde nicht viel auf das Stillen des Babys vorbereitet. Natürlich haben wir Ria immer wieder erklärt, dass in meinem Bauch ein Baby wächst und er deshalb so dick ist. Und dass ein Baby noch ganz klein ist und nur an der Brust trinken kann - aber mehr nicht. In unserem Umkreis gab es leider zu der Zeit auch keine kleinen gestillten Babys, bei denen Ria hätte zuschauen können.
Als das Baby da war, wollte Ria zunächst nicht an die Brust. sie passte dafür aber genau auf, wenn Annik die Brust aus dem Mund fiel, um sie sofort wieder reinzustopfen.
Zum Milcheinschuss wollte Ria dann wieder öfter (war angenehm). Dann gab es wieder

Tage, an denen sie nicht wollte. Eingepegelt haben wir uns nun auf drei bis 30 Mal in 24 Stunden. Eigentlich immer, wenn Annik möchte. Nachts etwas öfter und am Tag auch manchmal etwas öfter (ich darf z.B. nicht im Wohnzimmer auf dem Sessel sitzen, ohne zu stillen). Unterwegs möchte Ria eigentlich gar nicht.
Als dann die Milch einschoss, hatte Ria sich wohl an ihre Schwester gewöhnt und wollte auch wieder an die Brust, was für mich angenehm war. Einige Tage war sie bei jeder Stillmahlzeit dabei und fand die Massen an Milch, die ich nun produzierte, klasse. Ich fand es auch schön, die Große dabei zu haben. Und sie war mit ihren nicht mal zwei Jahren plötzlich so groß. Dieser Vergleich zwischen den beiden war unglaublich. Es war, als sei sie über Nacht `erwachsen´ geworden.

Meinen Kindern geht es dabei gut (und mir auch). Oft halten die beiden einfach Händchen beim Stillen, schauen sich an oder albern herum. Für Ria war es wichtig, nicht einfach ausgeschlossen zu werden. Es war ohnehin schwer genug für sie: sie musste mich plötzlich teilen, ich hatte weniger Zeit, lag die ersten Tage nach der Geburt nur im Bett. Ich denke, dass das Stillen ihr über diese schwierige Zeit gut hinweggeholfen hat.

Abmachungen bezüglich des Stillens haben wir keine gehabt. Ria darf nur an der jeweils freien Seite trinken, das Baby hat Vorrang. Manchmal will Ria an der anderen Seite (an der Annik gerade nuckelt) trinken, akzeptiert jedoch, dass sie `besetzt´ ist.

Eifersuchtsreaktionen gab es schon manchmal; allerdings nur, wenn meine Eltern zu Besuch waren bzw. gerade wieder abgereist waren. Meine Eltern erklärten Ria immer wieder, wie groß sie doch schon sei, dass sie keine Mumi mehr bräuchte, dass ich mich ums Baby kümmern muss und Ria sich anders beschäftigen soll. Welches Kleinkind würde da nicht eifersüchtig werden?

Negative Gefühle, wenn mein älteres Kind trinken möchte... hatte ich eigentlich noch nicht. Manchmal dauert es mir allerdings zu lange. Das sage ich ihr, meistens hört sie auf. Ich war immer der Meinung, dass das Tandemstillen einige Probleme gar nicht aufkommen lässt bzw. diese mildert (z.B. Eifersucht). Zwei Kleinkinder zu haben, ist sicherlich nicht leicht, unabhängig vom Stillen. Aber wächst man nicht an seinen Aufgaben? Ria trinkt manchmal häufiger als das Baby, manchmal nur wenig am Tag. Das ist ganz unterschiedlich. Sicherlich ist es auch abhängig vom Tagesverlauf – zu wenig Aktion verleitet zu häufigerem Stillen. Aber abends und morgens ist Stillen ein Muss.

Beide gleichzeitig zu stillen, finde ich schön. Obwohl ich Ria nicht so lange nuckeln lasse wie Annik, es wird mir unangenehm, wenn sie nur noch nuckelt – vor allem nachts - bei Annik stört es mich dagegen nicht. Aber ansonsten ist das Tandemstillen natürlich auch praktisch, weil ich mich nicht darum kümmern muss, ob ich während des Stillens auslaufe. Und Ria hilft Annik gern, wenn sie die Brust nicht findet, und hilft dabei, mich auszuziehen. Manchmal gibt es auch Tränen, weil Annik nur Rias Brust gefunden hat und nicht ihre. Ist schon schön...

Tiefpunkte hatten wir bisher keine. Zum Anfang der Tandemstillzeit hatte ich eine wunde Brustwarze, weil Annik falsch gesaugt hat. Dann bekam Ria diese Seite zugewiesen und Annik die andere. Nach drei Tagen war alles vergessen. Eine leichte Brustentzündung hatte ich auch, erstmalig während meiner gesamten Stillzeit. Ich wollte wieder auf dem Bauch schlafen und hatte fix einen Milchstau. Der folgende Tag war dann stressig; abends war die ganze Brust heiß und rot, und ich hatte Fieber. Glücklicherweise hatte ich schon am Tag darauf geachtet, dass immer aus der gestauten Brust getrunken wurde, sodass die Entzündung schnell vorüber war und ich schon am nächsten Tag fieberfrei war.

Wie reagiert die Umwelt? Meine Mutter hat erst einmal den Fotoapparat gezückt. Dann wurde ich aufgeklärt, wie schlecht ich doch aussähe und dass das Stillen gar nicht gut sei (das war eine Woche nach der Geburt, und mir fehlte jede Menge Schlaf). Ria bekam immer wieder zu hören, dass die Milch nur fürs Baby ist und sie sie nicht wegtrinken dürfe. Eine Kollegin meinte zu mir, dass sie so etwas noch nie gesehen hätte, was jedoch nicht negativ gemeint war. Für meinen Partner war es ganz klar, dass Ria weiter stillen würde.

Er ist sogar ein wenig stolz darauf (und hat gleich Bilder gemacht). Unsere Kinderärztin kann nicht ganz glauben, dass Ria noch an der Brust trinkt, obwohl sie mich während der Schwangerschaft darin bestärkt hat. Mein Frauenarzt grübelt, ob ich ihm die Wahrheit erzähle, obwohl auch er wusste, dass Ria während der Schwangerschaft weitergestillt hat (er hat wahrscheinlich schon damals überlegt, ob ich nicht schwindele). Andere schauen nur ganz entsetzt und können nicht glauben, was ich ihnen erzähle. Ria stillt allerdings nicht öffentlich; sie möchte, dass ich dazu zu Hause auf der Couch sitze, es soll schön gemütlich sein. Draußen oder unterwegs gibt es so viel zu entdecken, was wichtiger ist. Wichtig ist gutes Selbstbewusstsein und vielleicht der Hinweis, dass Kuhmilch für Kälber da ist – viel Masse, wenig Gehirn...

Ganz lustig fand ich den Besuch meines Geburtsvorbereitungskurses zum Thema Stillen. Ria war an dem Abend mit dabei und wollte natürlich stillen. Anfangs fanden die werdenden Mütter das noch amüsant (`Wie süß, sie erinnert sich...´), bis sie aufgeklärt wurden. Leider war es der letzte Kursabend...

Moralische Unterstützung bekomme ich keine, brauche ich noch nicht. Mein Mann steht natürlich hinter mir. Wichtig ist, dass man sich nicht `beirren´ lässt. Persönlich kenne ich keine Mutter, die ebenfalls tandemstillt(e). Während der Schwangerschaft habe ich das Internet für mich entdeckt, eigentlich nur, weil ich Hilfe suchte wegen meiner empfindlichen Brustwarzen. Ich bin bei Internet-Mailing-Listen (u. a. langzeitstillen) hängen geblieben.

Der größte Vorteil: Ria kann keine Dummheiten machen, wenn sie mitstillt. Und: Die Eifersucht hält sich in Grenzen. Da ich selbst das Tandemstillen als Bereicherung sehe, würde ich einer Schwangeren nicht zum Abstillen raten. Ich würde eher darüber berichten, wie schön es ist, Geschwister zu stillen."

8.18.15. Einfach nur stillen

Susi Ditscher:

„Wir haben drei Kinder - Altersunterschied jedes Mal zweidreiviertel Jahre. Seit der Geburt des ersten Kindes stille ich (seit ca. acht Jahren), nach Bedarf. Unsere Kinder bekamen keinen Schnuller und wurden sechs Monate voll gestillt. Sie sind meist nur mit Stillen eingeschlafen und wollten auch nach dem Aufwachen gestillt werden. Sie wurden viel herumgetragen, auch bei der Hausarbeit. Um meinen Rücken daran zu gewöhnen, habe ich meine Babys von Anfang an herumgetragen und achtete auf richtige Körperhaltung. Unsere Kinder sind lebensfrohe, lebendige, lustige Kinder.

Als unser erstes Kind klein war, machte ich mir keine Gedanken bzgl. Abstillens. Ich dachte: `Vielleicht mit einem Jahr.´ Als es so weit war, empfand ich, dass ihm das Stillen wichtig sei, und wollte nicht so recht abstillen. Als ich mit unserem zweiten Kind schwanger war, wollte ich nicht, dass es nur wegen dem neuen Baby abgestillt wurde. Stillen war so wichtig: bei Angst, bei Weh-Wehs und Schmerzen, bei Ärger und Streit, wenn es müde war, zum Einschlafen, meistens nach dem Aufwachen. Z.T. war es durch nichts anderes zu beruhigen. Nach dem Stillen war er wieder so zufrieden und in Harmonie. Dieses Verhalten zeigte sich bei den nächsten zwei Kindern ebenso. Meiner Ansicht nach war das Stillen ein großes Bedürfnis, das ich meinem Kind gern erfüllen wollte.

Auf der anderen Seite gab es immer wieder endlose Diskussionen zwischen meinem Mann und mir. Wir beteten auch, denn er machte sich Sorgen um meine Gesundheit und die des werdenden Babys. Mein Mann stammt aus der Landwirtschaft; Kühe und Sauen werden während der Hochträchtigkeit `trocken gestellt´, d.h. sie werden nicht mehr gemolken bzw. die Kälber/Ferkel dürfen nicht mehr trinken, da die Kuh/Sau sonst zu sehr ausgelaugt wird. (In der Tierwelt gibt es durchaus Arten, die `tandemstillen´).
Diese Meinungsverschiedenheiten waren für mich schlimm, ebenso die ablehnenden Meinungen und Warnungen von Außenstehenden, die sich z.T. mit diesem Thema gar nicht auseinandergesetzt haben. So gut mein Mann konnte, ist er zu mir gestanden; das war sehr gut! Es gab auch Außenstehende, die neutral, positiv oder sogar unterstützend reagierten.

An Literatur fand ich nur wenig (Hannah Lottrop: Das Stillbuch), aber dadurch wusste ich etwas darüber und vor allem, dass Tandemstillen überhaupt möglich sei. Die entscheidende Hilfe bekam ich von einer Kinderkrankenschwester; sie gab mir die Adresse einer Stillberaterin.
Diese beiden Frauen nahmen sich Zeit. Sie gaben mir viel Unterstützung und auch Literatur. Über die Stillberaterin konnte ich mit zwei Müttern sprechen, die tandemgestillt hatten.

Während der Schwangerschaften hatte ich beim Stillen Schmerzen an der Brustwarze, aber es war auszuhalten. Die Vorbereitung des älteren Kindes auf sein neues Geschwisterchen war jedes Mal gleich: mit der Zeit sagte ich unserem älteren Kind, dass das neue Baby auch trinken wird, und dass es - das ältere Kind - auch weiterhin mittrinken darf; entweder mit dem neuen Baby zusammen oder nach ihm. Die Kinder nahmen es gut auf. Unser erstes Kind freute sich sogar und hatte später beim gleichzeitigen Tandemstillen überhaupt keine Eifersuchts- oder sonstige Probleme. Das neue Baby hatte ebenfalls keine Probleme.
Als ich mit unserem dritten Kind schwanger war, reagierte unser zweites Kind auf meine Ankündigung etwas kritisch, antwortete aber mit `ja´. Mit dem Tandemstillen war es nicht immer sofort einverstanden, akzeptierte es aber insgesamt gut. Auch das Baby akzeptierte es; als es schon etwas größer war, wollte es allerdings nicht, dass sein größeres Geschwisterchen anschließend noch an seiner Seite trinkt.

Tandemgestillt habe ich entweder beide zusammen, oder nacheinander: das ältere Kind durfte nach dem Baby trinken. Vom Gefühl her war das gemeinsame Stillen anfänglich etwas neu: wie beim `einfachen´ Stillen, nur doppelt so stark. Ich gewöhnte mich daran und war froh, dass es so gut klappte. Tagsüber durfte das ältere Kind normalerweise nicht öfter als das Baby trinken, denn ich fürchtete, dass es die Milch `weggetrunken´ hätte. Zum Schlafengehen musste das ältere Kind warten. Als das Baby etwas größer war, ließ ich beide gleichzeitig trinken.

Beim zweiten Kind machte ich es anders: Von Anfang an durften und konnten beide gleichzeitig trinken. Nachts klappte es beim ersten Kind fast immer, dass das ältere Kind nicht vor dem Baby aufwachte. Falls beide gleichzeitig aufwachten, musste das ältere Kind warten. Meistens klappte es, dass das ältere Kind nicht vor dem Baby aufwachte.
Auch das zweite Kind schlief mit ca. drei Jahren durch. Morgens stillte ich ohne Probleme nacheinander oder gleichzeitig. Als unser erstes Kind drei bis vier Jahre alt war, wollte es tagsüber nicht mehr trinken und stillte nur noch zum Einschlafen oder Aufwachen. Als es ca. vier Jahre alt war, wurde das Tandemstillen irgendwie unangenehm, wenn beide Kinder eine Weile gemeinsam tranken. Ich verstand das nicht und wollte es von meiner Einstellung her auch nicht, aber ich meinte, ich halte es nicht mehr aus. Ab diesem Zeitpunkt durfte das

ältere Kind nicht mehr so lange trinken! Es akzeptierte es zum Glück ganz gut. Mir tat es trotzdem leid.

Zwischen einem halben bis einem Jahr reduzierte ich das Stillen auf eine Sekunde. Irgendwann, als es fünf Jahre alt war, wollte es auch diese nicht mehr. Bei unserem zweiten Kind war es etwas schwieriger. Als es drei bis vier Jahre alt war, wollte es tagsüber öfter noch trinken. Auch dieses Mal wurde das Tandemstillen wieder `nervig´. Also begann ich auch bei ihm zu reduzieren, aber es reagierte massiver als das erste Kind damals, und dadurch wurde es schwieriger.

Da es mir mit der Zeit z. T. gesundheitlich nicht gut ging, reduzierte ich das Stillen (auch das Stillen des dritten, kleineren Kindes). Mit vier, fünf Jahren durfte es normalerweise nicht mehr trinken. Irgendwie hat es das akzeptiert. Unser zweites Kind hätte gerne weiter gestillt werden wollen, auch heute noch. Aber in der Zwischenzeit (jetzt fünf Jahre alt) geht es gut so, und wenn es in Einzelfällen einmal kurz oder einmal wieder so richtig trinken will (bei schlimmeren Weh-Wehs oder großen Enttäuschungen), dann darf es das. Das tut uns dann beiden gut. Jetzt wird also nur noch unser drittes Kind (zweidreiviertel Jahre) gestillt.

Ab ca. einem Jahr `wussten´ unsere Kinder, dass Stillen schön ist und wollten bewusst trinken. Nach zwei Kindern fühlte ich mich noch nicht ausgelastet. Nach drei Kindern hatte ich keine überschüssige Energie mehr. Ich denke, es waren außer dem Stillen auch andere Dinge, die so anstrengend waren. Das Tandemstillen hat einige Vorteile: Ich musste dem älteren Kind das meiner Ansicht nach große Bedürfnis des Stillens nicht wegnehmen. Ich empfand das als harmonischer und natürlicher. Es entsprach meinem Herzen, Gewissen und Verstand. Außerdem soll langes Stillen gut für das Kind sein (siehe die Empfehlungen der WHO und Unicef). Ein Vorteil ist es auch, lange keine Menstruation zu haben

Ich finde es schön und wichtig, seine Kinder mit großer Hingabe und möglichst natürlich aufwachsen zu lassen. Die Beziehung zu den Kindern wird dadurch eng. Mir persönlich gefällt dies, und ich genieße es, möchte sie aber natürlich nicht festhalten, wenn sie sich lösen wollen. Unsere Gesellschaft hält solche Beziehungen vielleicht für zu eng, doch ich denke, Kinder brauchen eine gute, feste Beziehung zu ihren Eltern, um dann zu gegebener Zeit selbstständig das Leben zu meistern!

Meine persönlichen Empfehlungen: Wissen, dass es sich lohnt, seine Kraft für das Richtige einzusetzen. Familie und Kindererziehung ist eine der wichtigsten Aufgaben. Dafür beten, Literatur, auch nachdenken, wie man selber als Kind fühlte, Kontakt zu Stillberaterinnen, Müttern etc. Die Babyzeit geht schnell vorüber, man hat irgendwann wieder mehr Zeit für den Ehepartner. Falls der Ehepartner anderer Meinung ist und man selbst der Überzeugung ist, dass das Stillen wichtig ist, unbedingt versuchen, es irgendwie mit ihm abzuklären (z.B. evtl. Putzfrau)."

8.18.16. Mal zehn Minuten Ruhe

Sonja (Mülheim am Main):
„Sarah war fast zweieinhalb Jahre, als David kam. Ich stillte Sarah weiter, denn ich empfand es als unfair, Sarah etwas zu nehmen, was ihr zustand. Wir stillten auch die Schwangerschaft über. Ich hatte Schmerzen beim Stillen und empfand das als nervig; deshalb habe ich ihr viele Mahlzeiten (besonders die nachts) abgewöhnt. Ich bereue heute die Art und Weise, wie das ablief, sehr.

Sarah war auf das Baby vorbereitet und wollte, dass es auch gestillt werden sollte, denn ich habe es ihr oft erzählt. Sie hat gleich mitgestillt und David immer wieder über den Kopf gestreichelt. Ich habe es nicht genossen, beide gleichzeitig zu stillen, und habe dann angefangen, der Großen zu sagen, sie soll warten. Ich denke, dass sie manchmal deshalb wütend ist. Es gibt eigentlich nur eine Regel: Wir stillen nur zu Hause oder im Notfall. Manchmal stille ich gleichzeitig (aber nur im Liegen). Sarah stillt jetzt meist, wenn David schläft.
Eifersuchts- oder Trotzreaktionen gibt es immer wieder, wobei es oft David ist, der es nicht mag, dass seine Schwester stillt. Also stille ich oft beide, weil er sonst brüllend vor mir steht. Häufig hatte ich auch negative Gefühle, mein älteres Kind zu stillen; täglich gab es Momente, in denen ich zweifelte, dem gewachsen zu sein. Aber das erste Mal, als Sarah und David gestillt haben, werde ich wohl nicht vergessen.

Die Umwelt reagierte unterschiedlich: überrascht, oder sie halten mich für verrückt - wobei mir selten jemand ins Gesicht gesagt hat, dass er es nicht gut findet. Ich glaube, die meisten Leute sind einfach überrascht, dass das überhaupt möglich ist. Die meisten Freunde denken leider nicht gut darüber, wobei ich denke, dass sie Stillen und Abends-bei-Babysittern-lassen miteinander verwechseln.
Mit Ärzten ist es so eine Sache: nachdem ich mich mit zwei Ärzten angelegt habe, habe ich es dem dritten nicht erzählt. Andere, viele ältere Leute, kommen ins Schwärmen, dass es ja früher mit dem Stillen immer so gewesen wäre.
Meine Antwort auf die blöde Frage: `Wie lange willst du den noch stillen?´ war `Bis er satt ist!´

Ich dachte, Tandemstillen wäre eine Garantie, dass meine Kinder harmonisch miteinander umgehen! Ich glaube immer noch, dass sie eine bessere Beziehung haben als andere Kinder aber perfekt ist sie nicht (aber ich reduzierte das Stillen ja auch).

Ich habe ein paar gute Freundinnen, die auch Tandem stillen; wir stehen in telefonischem

Kontakt. Ich habe meinen eigenen englischsprachigen Internet-Club und bin in zwei deutschsprachigen Internet-Foren Mitglied, die sich mit dem Thema beschäftigen. Ich habe dabei das Buch `Wir stillen noch´ und ein paar amerikanische Bücher über attachment parenting gefunden, in denen das Thema Tandemstillen wenigstens angesprochen wird.

Einer anderen Mutter würde ich sagen, dass es auf das Alter des Kindes ankommt. Vor allen Dingen würde ich ihr sagen, dass es keinen anderen Grund zum Abstillen geben sollte als den, dass einer von ihnen nicht mehr stillen möchte und nicht weil irgendwelche Personen das so wollen. Meine Kinder sind nicht abgestillt. Es ist das perfekte Mittel, um einmal zehn Minuten meine Ruhe zu haben."

E-mail-Adresse von Sonja für mögliche Kontaktaufnahme:sarahsmom98@hotmail.com

8.18.17. Milchgeschwister

Thurgauerin:
„Als der zweite Sohn 1980 zur Welt kam, war der erste zwei Jahre und zwei Monate alt. Beim dritten war der zweite zwei Jahre und acht Monate alt, und als der vierte geboren wurde, war der dritte zwei Jahre und zwei Monate alt. Mein Beweggrund, Tandem zu stillen, ergab sich aus meiner Überzeugung, dass Kinder solange stillen, wie sie es brauchen. Dies hat sich als richtig erwiesen. Ich bin dankbar, dass ich daran festgehalten habe. Außerdem wollte das erste Kind nicht von selbst nach sechs Monaten oder einem Jahr abstillen, wie sich das die Wirtschaft/Gesellschaft vorstellte, ich hatte keinen Nerv, ihm den Hahn zuzudrehen, nur weil `mann´ sich das so vorstellte.... Außer meinem letzten Kind stillten alle durch die Schwangerschaft hindurch und freuten sich am süßeren und dickeren `Kafirahm´ (Kolostrum), der im sechsten Schwangerschaftsmonat zu fließen begann. Ich habe die Stillzeit während der Schwangerschaft jedes Mal besser erlebt; vielleicht deshalb, weil es für mich selbstverständlicher wurde und ich keine Abstillversuche mehr unternahm, die für alle nervenaufreibend waren.

Ich ertrug es allerdings nach dem dritten Schwangerschaftsmonat nicht mehr, wenn das Kind auf der einen Seite stillte und mit der anderen Brust spielte. Das machte mich so nervös und kirrig, sodass ich ihn am liebsten `zum Fenster heraus geworfen´ hätte (nur als Gefühlsbeschreibung natürlich). Mit der Erklärung: `Die Brust ist jetzt fürs Baby reserviert´, habe ich gute Erfahrungen gemacht. `DIE Buscht isch dänn fürs Baby´ (Diese Brust ist dann fürs Baby), wobei `diese´ einfach die `andere´ war. `Und was machsch jetzt?´, war die Frage meines Mannes, als sich Nr. vier ankündigte und Nr. zwei und drei noch stillten. `Es wird sich weisen´... und Nr. zwei stillte ab, bevor Nr. vier kam.

Meinen älteren Kindern war irgendwie immer klar, dass das Baby auch gestillt werden will und an die Brust gehört, wenn es weint. Das haben sie ja auch mit ihren Puppen gespielt und in der Nachbarschaft (oder an LLL-Treffen) gesehen.
Das Tandemstillen war für mich o.k., solange ich nicht ganz entblößt auf dem Rücken lag; orgastisch war es für mich nie. Meinem Kind bzw. meinen Kindern erging es dabei offenbar gut, sonst hätten sie losgelassen und wären weggelaufen.

Beim ersten Tandem hatte ich noch Angst, zu wenig Milch zu haben, und versuchte die Regel `zuerst das Baby´, - was nichts außer Stress und Unsicherheit für den Großen, idiotische Wartezeiten und Geplärr brachte und was die Milchbildung nicht unbedingt förderte. Was ich damals noch nicht wusste, war, dass beim gleichzeitigen Stillen mehr

Prolaktin produziert wird und es mehr Milch gibt. Als ich vernünftig geworden war, ging alles gut. Da gab es nur eine Regel, die ich aufgestellt hatte: Im Zug immer nur eines auf einmal; diese Blicke hätte ich wohl nicht ertragen können, dazumal war schon ein stillendes Kind eine `Zumutung´ für die Mitreisenden (wenn sie es gemerkt haben). Als die Kinder älter wurden, haben sie im Zug nur noch `notfalls´ gestillt, - von sich aus, auf meinen Wunsch.

Es gab nie Eifersuchts- oder Trotzreaktionen beim Stillen des Babys. Wenn ich, auf dem Rücken liegend im Bett beide zugleich in den Armen hielt, hatte ich keine Hand mehr frei, wenn das Neugeborene die Brust verlor. Dann musste ich den Großen `abhängen´, aufsitzen, den Kleinen wieder positionieren, abliegen, und der Große konnte wieder an `seine´ Brust. Irgendwann beobachtete ich, dass es offenbar auch anders gehen konnte. Der Große bemerkte, dass der Kleine die Brust verloren hatte, und steckte sie ihm wieder in den Mund. – Ich war überwältigt...

Beim ersten Kind hatte ich manchmal negative Gefühle, wenn es trinken wollte. Ich dachte, ich würde ihn, wenn alles gut ginge, drei Monate, dann sechs Monate stillen. Mit einem Jahr fragte ich mich schon, wie lange es denn geht... obwohl ich ja überzeugt war, dass er schon vor dem Kindergarten aufhört. Im Innern konnte ich mir nichts vorstellen, ich kannte nie Frauen, die gestillt hatten vor der LLL, und jene hatten nicht länger als zwei Jahre gestillt ... Es ging also nicht ums Tandemstillen, sondern ums Langzeitstillen – und meine `Einsamkeit´. Später dann traf ich andere Exotinnen wie mich... Für Zweifel, ob ich dem Ganzen gewachsen wäre, hatte ich keine Zeit. Ich lebte und improvisierte jeden Tag; ich weiß nicht, wie perfektionistische Mütter das `handeln´ können.

Im Vergleich zum Baby trank mein jeweils älteres Kind natürlich mehr. Je nach Vollmond und Stress und Wehwehchen und Langeweile und Lust und Laune... Das Schlimmste wäre wohl, wenn ich gezählt und es ihm aufgerechnet hätte! (das wäre gemein gewesen).

Im Laufe unserer Tandemstillzeit gab es keine wirklichen Tiefpunkte. Das Stillen ist meiner Erfahrung nach (auch die anderer Mütter, seit 20 Jahren bin ich LLL-Beraterin und LC) ein GradANZEIGER, wenn etwas nicht stimmt, NIE die Ursache!

Es gab keine Festlegung, wie ich die Kinder stillte; nicht nur nacheinander, sondern auch voreinander, miteinander, hintereinander, übereinander, nebeneinander, auseinander...
Einige Momente unserer Tandemstillzeit werden mir ewig in Erinnerung bleiben. Nicht nur das oben Genannte, sondern auch die Erklärung von Nr. Zwei, eine Woche, nachdem er abgestillt hatte: `Häsch gmerkt, dass ich nümme tia´? Ich: `Ja, warum, du auch?´ Er: `Ja, weisch ich ha gmerkt, dass sÄnneli chunnt, und da hani em Platz gmacht´ (Ich habe gemerkt, dass Anna kommt und da habe ich ihr Platz gemacht.) - Es wurde ein Benjamin. Das war noch vor dem vierten Monat - und niemand wusste, außer dem Vater und mir, dass ich schwanger war.

Die Umwelt reagierte auf unsere Stillbeziehung different. Ich war einerseits Exotin und erntete anderseits heimliche neidische Blicke von älteren Frauen, die sagten, sie hätten sich nicht getraut, so lange zu stillen. Mein Partner gab mir volle Unterstützung – und musste während des Liebesspiels darauf verzichten, mit meiner Brust zu spielen. Die Großeltern reagieren unterschiedlich. Meine Mutter: `Gut, dass du das kannst, ich konnte es nicht.´
Die Schwiegermutter: `Jetzt reicht es aber, die saugen dich aus!´. Freunde waren echte Freunde/innen und sagten nichts. Der Arzt war einfach interessiert, ob das denn geht und wie.

Die Realität kann ich nicht mit meinen Vorstellungen von Tandemstillen vergleichen, da es

keine Vorstellung gab; ich wuchs da hinein mit mir als Vorbild... Die LLL hat mir moralische Unterstützung gegeben. Im Laufe der Zeit hielten wir einmal ein ostschweizerisches Tandemtreffen ab - wir waren drei oder vier Frauen.
Alle Kinder stillten vor dem siebenten Lebensjahr ab. Sie hörten auf, als es Zeit für sie war. Die größten Vorteile beim Tandemstillen waren für die Kinder und mich:
- *Kein Geschrei und Stress für Unnötiges; es gab noch genug andere Anlässe, bei denen es laut wurde.*
- *Notfalls immer `en Zapfe druf´, um das Geschrei abzustellen.*
- *Als Beispiel, dass `Milchbrüder´ auch für Mama gut sein können: Einmal hatte ich eine*

Brustentzündung, der Neugeborene wollte/konnte die entzündete Brust nicht nehmen und ich brachte mit der Pumpe nichts raus. Ich war verzweifelt und hatte 40 Grad Fieber. Der Große hatte erklärt: `Ich trinke keine gekochte Milch!´ Aber dann konnte ich mit ihm einen Deal machen: Wenn du mir hilfst und leer trinkst, bekommst du ein Biskuit. Er half.

Wenn mich eine Frau fragt, die mit dem zweiten Kind schwanger ist und überlegt, ob und wie sie das erste Kind abstillen soll, dann frage ich zuerst: `WARUM willst du abstillen? Meinst du, du müsstest abstillen, was erhoffst du dir davon...?"

8.19. Abstillgeschichten von Geschwisterkindern

Abstillen ist in meinen Augen nicht kindgerecht und meist schrecklich, deshalb wirst du ein normales Kapitel über Abstillen in diesem Buch nicht finden. Trotzdem geht es manchmal nicht anders. Wenn eine Frau wirklich abstillen muss, kann ich ihr das `Handbuch für die stillende Mutter´ der LLL empfehlen und `Wir stillen noch`. Dort werden sanftere Abstillmethoden, die den herkömmlichen weit überlegen sind beschrieben. Ich finde es jedoch erstrebenswert, dass das Kind sich natürlich abstillen darf, denn jedes hört irgendwann damit auf; es ist eine recht kurze Zeit im Leben einer Frau, nie wieder kann sie einem Kind so viel geben. Wenn eine schwangere Mutter bei ihrem größeren Kind reduziert und nachhilft, kann es seine Bedürfnisse nicht erfüllen. Es wäre wunderbar, wenn die Entscheidung darüber vom Kind getroffen werden könnte, aber manchmal kann eine Mutter damit einfach nicht mehr leben. Dann finde ich es großartig, wenn das Kind schon so lange gestillt wurde, weil jeder Tag ein Geschenk ist. Gut, wenn es immer mehr Kinder werden, die selber entscheiden dürfen, wann sie sich abstillen wollen.

Christa Reisenbichler, Präsidentin La Leche Liga Österreich:
„Jetzt ist es also so weit. Und ich weiß nicht, wie ich mit meinen Gefühlen umgehen soll. Einerseits ist mit einem Mal eingetreten, was ich erhofft habe, andererseits bedeutet dieser Schritt, wieder ein Stück loszulassen. Mein sechstes Kind, dreieinhalb Jahre, hat abgestillt. Es erfüllt mich mit Freude und Stolz, dass ich ihm diese lange Stillzeit, ohne viel nachzudenken, gewähren konnte. Und das, obwohl sein kleiner Bruder auch schon fast zwei Jahre gestillt wird. Nur in den letzten Wochen machte ich mir zunehmend Gedanken, wie es wohl mit drei Stillkindern ginge. Und ehrlich gesagt, dieser Gedanke machte mich doch etwas nervös. In sechs Wochen soll nämlich Baby Nummer acht zur Welt kommen. Vor ungefähr zwei Wochen hat es begonnen. Zuerst fragte mein `Großer´ tagsüber nicht mehr nach der Brust, dann ging er ins Bett, ohne die Brust zu verlangen. Als ich ihn nach einer Woche fragte, ob er nicht gestillt werden wolle, sagte er ` nein, bringe mir besser ein Buch´. Und mir blieb erst einmal die Luft weg. Er, der bei der Geburt des Bruders mit 20 Monaten ein Jahr lang jede andere Nahrung verweigerte (dabei 3 kg zulegte), tauschte einfach meine Brust gegen ein Buch aus!

Zumindest verstehe ich jetzt die Redewendung `mit einem lachenden und einem weinenden Auge´. Denn irgendwie bin ich stolz auf ihn, dass er ohne mein Drängen `groß´ geworden ist, aber auch wehmütig. Dafür kommt er jetzt oft zu mir, hebt meinen Pullover hoch und küsst meinen Bauch, unser Baby. Weil sich nämlich das Baby dann freut, sagt er.

Neugierig bin ich darauf, wie lange der kleine Bruder noch trinkt. Momentan ist zwar `trinken´ ein bisschen zu dick aufgetragen, weil schwangerschaftsbedingt kaum Milch in meiner Brust ist. Zum Einschlafen mittags und abends nuckelt er. Wenn das Baby geboren ist und wieder mehr Milch fließt, wird es sich zeigen, wie sich unser Stillen weiter entwickeln wird. Eines steht allerdings fest: Wie immer es auch kommen mag, so ist es richtig.

Sechs Wochen später: Unsere Maria kam schnell und leicht zur Welt. Nach sieben Kindern mit weit über 4 kg war sie die erste mit 3 kg. Über und über mit Käseschmiere[88] bedeckt, ließ ich ihr die Zeit, zu meiner Brust hoch zu krabbeln, was sie auch innerhalb einer Stunde schaffte. Moritz, der bis dahin Letztgeborene, sah sie an der Brust saugen, wandte sich angeekelt ab und sagte nur ` Busa wäh´, was so viel hieß wie `die Brust ist eklig.´ Seit diesem Zeitpunkt wollte er kein einziges Mal mehr gestillt werden.

Fast vier Jahre später: Maria hat noch einen Bruder bekommen. Gabriel ist inzwischen schon zwei Jahre alt, beide werden noch gestillt. Maria hatte sich schon fast einmal mit drei Jahren abgestillt, durch eine `Kindesverwechselung´ beim Telefonieren fing sie wieder zu trinken an. Und das war so: Ich hatte gerade ein Beratungsgespräch und ein Kind weinte zu meinen Füßen. Ich hob es ohne zu überlegen hoch und gab ihm die Brust. Es war aber nicht Gabriel, sondern Maria, wie ich nach dem Telefonat überrascht feststellte. Seit damals trinkt sie wieder und noch ist kein Ende in Sicht. Aber wir können alle damit gut leben."

---

[88] (auch Fruchtschmiere, lat: Vernix caseosa), weißer Belag auf der Haut des Neugeborenen (Talgdrüsensekret mit Epithelzellen, Wollhaaren, Cholesterin), dient als intrauteriner Schutz u. als natürliches Gleitmittel bei der Geburt.

Die beste Lösung für uns: Ich musste auch nein sagen können

Elisabeth Höllebrand-Palkowitsch (Betriebsinformatikerin, 37 Jahre):
„Unsere Tochter war zwei Jahre und drei Monate, als unser Bub zur Welt kam. Die Tochter stillte die ganze Schwangerschaft über. Zu Beginn fand ich das angenehm, weil es mir Ruhezeiten vergönnte, später fand ich es anstrengend, weil sie nur beim Stillen einschlief. Ich wollte das nicht mehr und hatte Angst, nicht mehr genug Zeit für beide Kinder zu haben.

Am Anfang wollte die große Schwester oft gestillt werden, nachdem das Baby getrunken hatte. Ich hatte das angenehme Gefühl, beiden Kindern das zu geben, was sie im Moment am liebsten wollten. Sicher wäre es anders gewesen, wenn sie immer gleichzeitig hätten trinken wollen. Ich glaube, dass es meiner Tochter gut ging; sie akzeptierte die Regel, nach dem Baby zu trinken.

Eifersuchtsreaktionen gab es selten, außer wenn sie lange oder nachts warten musste oder wenn sie gleichzeitig stillen wollten. Ich hatte nur vor der Geburt Zweifel, ob ich dem allem gewachsen sein würde. Schlimm war, dass der Bub in der Nacht oft gestillt werden wollte. Die ältere Tochter wollte zum Einschlafen trinken, sonst während des Tages manchmal und auch in der Nacht einige Male; mit der Zeit wurde es immer weniger. Tiefpunkte gab es während der Tandemstillzeit nicht; es gab anstrengende Nächte, aber die gibt es bei nur einem Stillkind auch. Mein Tiefpunkt beim Stillen war in der Schwangerschaft, als ich nicht mehr stillen wollte und dabei oft aggressiv war.

Das Tandemstillen hatte ich mir anstrengender vorgestellt und vor allem auch Angst davor, etwas zu machen, was in unserer Gesellschaft nicht verstanden wird. Als es so weit war, war es zwar in der ersten Zeit anstrengend, aber ich habe es als beste Lösung angesehen. Mein Partner reagierte damals verständnisvoll, aber mit Unsicherheit, ob ich es gut schaffen würde. Die Großeltern sagten: `Das kann doch nicht gehen, die trinkt dem Baby alles weg! Die sollte schon längst aufhören, bei dir zu trinken´, und Freunde konnten sich nicht vorstellen, wie das geht. Der Hausarzt hätte es nicht verstanden, und ich habe es ihm nicht erzählt. Die Frauenärztin war zum Stillen positiv eingestellt. Anderen habe ich oft nicht erzählt, dass ich zwei Kinder stille. Moralische Unterstützung bekam ich von einer Stillberaterin und einigen Frauen in meiner Umgebung, die auch Tandem stillten.

Die ältere Tochter brauchte das Stillen dann lange Zeit noch gelegentlich, nur mehr Sekunden. Meine Kinder sind nun fünf und sieben Jahre und beide mit etwas Abstand abgestillt. Mein jüngeres Kind wurde auch lange gestillt. Ich konnte bei ihm viel mehr auf unsere Stillbeziehung eingehen als beim ersten Kind; damals litt ich viel mehr unter dem Druck, dass das Stillen nicht lange dauern darf und ich aufhören muss. Jetzt tut es mir leid, dass ich mein erstes Kind und mich dauernd damit belastet habe. Beim zweiten Kind habe ich erlebt, wie es anders gehen kann: warten können, bis das Kind so weit ist und auch die Mutter mit gutem Gewissen zum Kind nein sagen kann. Denn ohne ein `Nein´ von meiner Seite wäre wohl auch noch kein Ende des Stillens da."

Tatjana mit David (fünf Jahre):
„Ohne jetzt einer Stillmama nahe treten zu wollen: `Hat-sich-selbst-abgestillt´ halte ich für Mythos Nummer vier ... Ich jedenfalls kann mir mit meiner Erfahrung nicht vorstellen, dass sich ein Kind abstillt, bevor es sich selbst `groß´ findet bzw. es als eigenen Schritt des Größerwerdens begreift. Ich kann mir aber sehr wohl vorstellen, dass es Kinder gibt, die spüren, dass Mama nicht mehr will, und die aus Anpassung `sich´ dann `abstillen´."

Als mein Sohn fünf Jahre alt wurde, stillte er immer im Bett seinen Einschlafschluck. Die letzten Tage vor dem Geburtstag war er unruhig, stänkerte viel, pullerte dauernd in die Hosen, zählte die Tage bis zum Geburtstag, und ich dachte, dies sei wegen der Geschenke. Am Vorabend sagte er, dass er morgen nicht mehr stillen würde. Ich fragte ihn, ob er mit fünf aufhören wolle und er meinte, da wäre er doch größer und dürfe nicht mehr. Ich habe erklärt, dass ich es ihm nicht wegnehmen würde und er so lange dürfte, wie er will. Er sagte, er höre dann vielleicht doch lieber mit sechs auf. Ich fragte, ob er Angst gehabt hätte, dass er nicht mehr dürfte und er sagte ganz kläglich „Ja!". Jetzt geht es ihm wieder besser. Vielleicht habe ich das einmal gesagt, als er drei war oder so, irgendwo hatte er es ja her.

Zur Zeit ist er fünfeinhalb Jahre alt und bekommt bald noch ein Geschwisterchen. Er hat sich an einem Tag überlegt, dass die Milch ja dann für drei Kinder nicht reichen würde und er dann aufhören könnte. Als ich ihm am nächsten Tag gute Nacht sagte, meinte er, ich könne jetzt schon rausgehen, ohne dass er gestillt hat. Er hat es bewusst entschieden. Manchmal will er abends wieder einen Einschlafschluck, er könne dann besser schlafen, sagt er, manchmal schläft er schon, bevor seine jüngere Schwester fertig ist. So neigt sich seine Stillzeit langsam dem Ende zu, weil es ihm einfach immer weniger wichtig wird; er ist trotzdem glücklich, nicht zurückstehen zu müssen und es selber bestimmen zu können. Wir sind froh, dass wir ihm das gewährt haben, und haben ein fröhliches, selbstbewusstes und zärtliches Kind.

Abstillgeschichte von Pepe
Katrin L:
„Meine Stillbeziehung mit meinem Sohn Pepe dauerte 21,5 Monate an. Er hat sich nicht selber abgestillt. Das Abstillen ging von meiner Seite aus. Ich denke, wenn ich es nicht forciert hätte, dann würde er auch weiterhin stillen. Der Wunsch abzustillen kam nach und nach auf. Irgendwann hatte ich mir einmal die `Grenze´ von zwei Jahren gesetzt, zwischendurch gedacht, ich würde bestimmt viel länger stillen – vor allem, weil Pepe über lange Strecken seines jungen Lebens ein Vielstiller gewesen ist. Aber nach und nach wurde mir das Stillen zu viel: ich wurde immer öfter ungeduldig dabei, sodass ich gehofft habe, Pepe würde nicht stillen wollen oder dass ich es nicht abwarten konnte, dass er endlich fertig sein würde. Das Stillen machte mir keine Freude mehr, die Stillunlust war stark und hielt länger an.

Ich wollte schwanger werden und meine Ärztin und ich hatten die Befürchtung, dass mein Prolaktinwert zu hoch sein könnte. Allerdings tut es mir leid, denn ich bin wohl noch während des Stillens oder einen Tag nach dem Abstillen schwanger geworden. Ob das Abstillen letztendlich das Schwangerwerden unterstützt hat oder ob ich auch trotz Stillens schwanger geworden wäre, ist schwer zu sagen.

Vor dem richtigen Abstillen hatte ich Pepes `Stilleinheiten´ schon reduziert. Wir hatten bestimmte `Regeln´, zu welchen Zeiten gestillt wurde und wann nicht. Im Kindergarten z.B., in den Pepe vier Stunden täglich geht, habe ich nie gestillt. Das wollte ich nicht. Dafür gehörte es zu unserem Ritual, nach dem Nach-Hause-Kommen eine ausgiebige Stillrunde auf dem Sofa einzulegen. Als mir klar wurde, dass ich das Stillen reduzieren will, habe ich z.B. diese Stillrunde gestrichen. Es gab sofort Abendbrot, wenn wir nach Hause kamen. Darüber hat Pepe das Stillen manchmal vergessen, an anderen Tagen fiel es ihm viel später wieder ein. Manchmal habe ich dann noch gestillt, manchmal habe ich ihn auch abgelenkt, was meist geklappt hat. Vor dem Abstillen war es so, dass Pepe seit einigen Tagen nur noch am Morgen (und in `Ausnahmesituationen´) gestillt hat.

Das Abstillen passierte an einem Wochenende. Pepe habe ich zuletzt an einem Freitag nach dem Aufwachen gestillt, am Nachmittag bin ich zu einer Tagung gefahren und war am Samstagmorgen nicht zu Hause. Wieder gesehen haben wir uns nach seinem Mittagsschlaf am Samstag. Eigentlich habe ich damit gerechnet, dass er dann stillen würde, aber er hat nicht danach gefragt. Von Samstag auf Sonntag waren wir über Nacht bei meinen Eltern; auch dort hat er nicht stillen wollen. Am Morgen danach habe ich beschlossen, dass ich `die Situation´ nutze und ihm die Brust nicht anbiete, und bin vor ihm aufgestanden. Als er wach wurde, hat sich mein Mann um ihn gekümmert, und ich habe schon den Frühstückstisch gedeckt. Da hat Pepe sofort sein Butterbrot gegessen und den ganzen Tag nicht nach der Brust verlangt. Am nächsten Morgen wollte er beim Frühstück zuerst auf meinem Schoß sitzen und ich dachte, dass er stillen wolle – aber er hat wieder nicht danach verlangt. Ab und zu kam es vor, dass er nachgefragt hat und ich ihm gesagt habe, dass er nichts mehr bekommt. Manchmal hat er ein wenig gemeckert, aber mit der Aussicht auf ein Honigbrot beim Frühstück war das Stillen schnell vergessen. Nach zwei oder drei Wochen hat er überhaupt nicht mehr nach der Brust gefragt. Jetzt allerdings, ein gutes halbes Jahr später, kommt das mit fortschreitender Schwangerschaft wieder. Er beschäftigt sich viel mit Babys, kennt einige Säuglinge, schaut beim Stillen zu und spricht viel davon. Gestillt wird, wenn das Baby schreit, Hunger hat oder müde wird: `In deiner Brust ist Milch drin´, sagt er zu mir und `Mama große Brust – Stillen, Pepe kleine Brust – keine Milch´. Neulich: `Möchte deine Milch trinken´, hat sich aber nicht getraut und zum Butterbrot gegriffen. Ich rechne stark damit, dass er das Stillen spätestens, wenn das Baby da ist, wieder probieren möchte. Am Anfang fiel mir das Abschiednehmen vom Stillen schwer – obwohl es meine Entscheidung war und ich mir sicher war, dass es der richtige Weg gewesen ist. Ein wichtiger Teil unserer gemeinsamen Zeit ging zu Ende.

Abschiednehmen ist wohl nie leicht. Ich empfinde die Stillzeit nicht als lang und habe nicht das Gefühl, zu den `Langzeitstillenden´ gehört zu haben. Manchmal fehlt mir das Stillen, es gibt Situationen, in denen ich den Impuls verspüre, Pepe an die Brust zu heben. Manchmal denke ich auch, dass es jetzt schön wäre, zu stillen. Meist aber vermissen wir beide es nicht.
Im Ganzen war es also die richtige Entscheidung und wohl der richtige Zeitpunkt. Pepe hat wenig Widerspruch eingelegt, und mir tut die Stillpause zwischen den beiden Kindern gut. Ich freue mich mittlerweile auch wieder auf das Stillen, was ich mir im vergangenen Sommer kaum vorstellen konnte. Das Nicht-Stillen wird schnell zum Alltag und an die Stelle von unseren Stillzeiten sind andere `Rituale´ getreten, wir schmusen mehr, Pepe schaffte den Mittagsschlaf ab und schläft nachts länger. Manchmal tut es mir Leid, aber im Ganzen war es für uns wohl die richtige Entscheidung. Wenn er geweint hätte, dann hätte ich es wohl nicht übers Herz gebracht.

Ich habe während der Schwangerschaft oft darüber nachgedacht, wie es mit Pepe und dem Stillen werden würde, wenn Titus geboren wäre. Innerlich habe ich mich darauf eingestellt, zwei Kinder zu stillen. Etwas neugierig war ich auch, wie das Tandemstillen wohl sein würde...

Nun ist Titus drei Monate alt und Pepe will nicht wieder stillen. Das Stillen ist ihm trotzdem wichtig: er `sorgt´ oft dafür, dass Titus gestillt wird, wenn er weint, denn `Babys brauchen Mamamilch´. Er sagt, dass ich stillen soll, achtet darauf, dass für Titus ein Spucktuch da ist und es auf der richtigen Schulter liegt. Mehrmals hat er zwar auf dem Sofa gesessen und gespielt, dass er trinken würde: er legt sich in `Stillhaltung´ und tut, als ob er nuckeln würde, oder hebt das T-Shirt hoch. Wenn ich ihm aber dann das Trinken anbiete, lehnt er ab: `Aber Mama, Mamamilch ist doch für kleine Kinder!´. Gut. Pepe will in dieser Beziehung also groß sein. Er selber stillt seinen Stoffhasen mit Begeisterung: der wird erst links, dann rechts angelegt und nach dem Stillen über die Schulter geworfen, um Bäuerchen zu machen.

Pepes Freundin, die auch kurz vor der erneuten Schwangerschaft der Mutter nicht mehr stillte (ca. 20 Monate, Pepe knapp 22 Monate), hat nach der Geburt der Schwester mal probiert, sich aber nach ein paar Schlucken wieder abgewendet und gesagt `Bah! Ich will lieber Orangensaft!´. Vielleicht ist der Abstand zwischen Abstillen und Geburt bei den beiden mit neun bzw. elf Monaten einfach zu groß gewesen.

Ich selber genieße das Stillen mit Titus, obwohl wir Startschwierigkeiten hatten. Ich wäre neugierig auf das Tandemstillen gewesen, bin aber letztendlich froh, nur ein Kind zu stillen, da ich es mir momentan kaum anders vorstellen kann. Aber wäre es so gekommen, hätte ich Pepe nicht abgewiesen – man wächst bekanntlich mit seinen Aufgaben..."

Abstillen in Schwangerschaft und Krisensituation

Anne:
„Jonas habe zu Hause geboren; ich wollte auf jeden Fall stillen. Zunächst hatte ich die üblichen vier bis sechs Monate als Ziel im Kopf. Schon bald erfuhr ich über Internet-Kontakte zu anderen Stillmüttern (Mailingliste, Stillberatung und Stillforen), dass auch längeres Stillen möglich und sogar vorteilhaft wäre. So wurde ich bald Befürworterin einer längeren Stillzeit. Ich habe meinen Sohn immer nach Bedarf gestillt, also auch nachts im Familienbett und phasenweise auch dauergestillt. Er war außergewöhnlich gesund und nahm rasch zu, verglichen mit anderen Gleichaltrigen, die ich kenne. Ich habe Jonas neun Monate lang vollgestillt, da er bis dahin keine Beikost akzeptierte. Mit einem Jahr aß er normal am Familientisch mit. Ich muss dazu sagen, dass ich eine stillfreundliche Familie habe. Mein Mann, meine Eltern und Geschwister haben das lange Stillen unterstützt.

Als Jonas 15 Monate alt war, stillte er mehr denn je. Er hatte das Wort `Nono´ für Stillen angenommen und stillte seither mindestens stündlich. Zu dieser Zeit wurde ich wieder schwanger. Für mich war klar, dass ich auch weiterhin stillen wollte, obwohl ich mir noch nicht sicher war, eventuell auch zwei Kinder nach der Geburt zu stillen. Meine Schwangerschaft verlief nicht komplikationslos; ich hatte oft Blutungen, war seit einigen Monaten häufig krank (Infekte aller Art) und hatte oft Antibiotika nehmen müssen. Hinzu kam, dass ich mein Gesundheitswissenschaften-Studium in Kürze beenden wollte. Ich schrieb in der Endphase an der Diplomarbeit, was, eine große Stressquelle war. Mit der Schwangerschaft, Diplomarbeit und Jonas häufigem Stillen war ich an der Grenze meiner Belastbarkeit angekommen. Jonas stillte nachts stündlich. Weihnachten 2001, kurz vor meinem Abgabetermin der Arbeit, war ich gesundheitlich und nervlich so erledigt, dass ich unbedingt etwas ändern musste. Ich hatte schon seit einigen Wochen überlegt, eventuell abzustillen, war aber zu inkonsequent vorgegangen. Ich bemerkte außerdem, dass ein Kind, das gegen seinen Willen abgestillt wird, sehr, sehr viel Aufmerksamkeit braucht, um es abzulenken, zu trösten. Diese Energie aufzubringen, schien mir in meiner jetzigen Lebensphase unmöglich. Ich verschob es auf später, wenn die Diplomarbeit fertig wäre. Jonas` Stillverhalten war zunehmend anstrengend geworden; er zappelte und hampelte unentwegt, fummelte an der freien Brust, drückte gegen den Bauch und nahm alle (un)möglichen Stillpositionen ein. Ich fühlte mich zunehmend in meiner Grenze verletzt und hatte immer mehr Abneigung gegen das Stillen. Als ich erneut krank wurde und meine Blutungen wieder begannen, war ich völlig fertig von den ganzen Belastungen und dem wenigen Schlaf, und so beschloss mein Mann (!), dass jetzt Schluss mit Stillen wäre. Ich selbst war zu diesem Entschluss immer noch nicht in der Lage, hatte viele Schuldgefühle und traute mir es letztendlich nicht zu.

Mein Mann unterstützte mich jetzt noch mehr. Ich beschloss, tagsüber auf fünf Stillzeiten zu reduzieren, was für mich akzeptabel schien, und nachts ganz abzustillen, da vor allem der schlechte Schlaf mir sehr zusetzte. Die erste Nacht ohne das gewohnte Stillen war schlimm. Jonas weinte sehr nach Nono und Mama, und es war schlimm für uns alle. Aber zum ersten Mal war mir klar, dass ich nicht nachgeben würde, weil ich so am Ende war, dass ich wusste, niemandem damit einen Gefallen zu tun. Mein Mann tröstete unseren Sohn, der lange weinte, und blieb bei ihm. Schließlich schliefen sie gemeinsam ein. Seither bringt mein Mann Jonas ins Bett (ich stillte Jonas früher in den Schlaf). Beide schlafen im Kinderzimmer in einem großen Bett. In den nachfolgenden zwei Nächten wachte er noch öfter auf und fragte nach Mama. Es zeigte sich aber bald, dass er deutlich längere Schlafphasen entwickelte und mit meinem Mann ebenso zufrieden war. Einziger Nachteil ist, dass er seither um fünf Uhr aufwacht.

Tagsüber gelang das Reduzieren des Stillens ebenfalls gut. Gegenüber früheren Versuchen spürte mein Sohn offenbar, dass ich keine Ausnahme machen würde und meiner Sache sicher war. In der übrigen Zeit freundete er sich zunehmend mit einem Schnuller an, den er früher abgelehnt hatte. Er benutzt ihn aber nur kurz. Ich lehnte das Stillen entweder ab, lenkte ihn mit einem seiner geliebten Bücher ab und vermied es, auf unserem gewohnten Stillsofa zu sitzen. Das klappte ziemlich gut. Nach einer Woche reduzierte ich auf drei Stillzeiten, bald schlief er auch mittags ohne Stillen ein (mein Mann brachte ihn ins Bett) und wir hatten nur noch zwei Stillzeiten. Abends ließ er es dann wieder nach einigen Tagen selbst ausfallen. So behielten wir einige Wochen nur noch morgens bei, vor allem weil es so schön kuschelig war und wir um fünf Uhr noch keine Lust hatten, aufzustehen. Meine Arbeit war inzwischen abgegeben, wir hatten Urlaub gemacht, und mir ging es gesundheitlich deutlich besser. Auch die Schwangerschaft verläuft seither problemlos.

Es gab dann noch einmal eine Krisenwoche. Nachdem ich ihn außer der Reihe einmal abends gestillt hatte, weil er auf einem Verwandtenbesuch mit vielen Menschen völlig überdreht und entnervt war und nur noch weinte, wollte er auch tagsüber wieder öfter gestillt werden. Er machte das klar, indem er sich auf dem Boden wälzte und immer wieder `nein´ sagte, entsprechend: `ich möchte so gerne stillen, aber du sagst doch immer nur nein´.
Er wollte sich nicht anders trösten oder ablenken lassen, und diese Tage waren für mich noch einmal sehr schwer. Ich war traurig und zweifelte. Ich beschloss dann, mittlerweile in der 22. Schwangerschaftswoche, ihn ganz abzustillen, damit er das Stillen vielleicht vergesse. Wir standen um fünf Uhr gemeinsam auf und umgingen so das morgendliche Kuscheln. Jetzt nach einer Woche hat er sich daran gewöhnt, er ist wesentlich zufriedener und ausgeglichener. Zwischendurch hat er Phasen, in denen er noch schmusen möchte oder seinen Nono-Nuckel haben möchte, was ihn auch entspannt. Ich nehme mir noch mehr Zeit und Aufmerksamkeit für ihn, um auch so einen Ausgleich zu schaffen. Inzwischen kann ich ihn auch wieder zu Bett bringen.
Ich habe mir den Entschluss zum Abstillen nicht gerade leicht gemacht; er entstand letztlich aus einer Situation, in der mir nur das Reduzieren des Stillens noch eine Möglichkeit bot, meine insgesamt belastende Lebenssituation zu verbessern. Ich musste wirklich am Ende meiner körperlichen und psychischen Kräfte angekommen sein, um mich zum Abstillprozess durchzuringen. Vor allem wäre es nicht ohne die große Unterstützung meines Mannes gegangen, der seither eine noch viel innigere Beziehung zu unserem Sohn hat. Ein Kind spürt sehr wohl, ob die Mutter sich ihrer Sache wirklich sicher ist. Da meine Milch schon reduziert war, hat sich das Essverhalten eigentlich nicht sonderlich geändert. Schon seit Beginn der Schwangerschaft hat Jonas deutlich mehr gegessen als vorher und auch mehr Flüssigkeit getrunken. Nachts wacht er meist nur noch zwei Mal auf und schläft schnell wieder ein. Ich sehe mein Kind jetzt mit ganz neuen Augen. Meine zuletzt nur noch vorhandene Genervtheit ist einer neuen Liebe gewichen. Auch mir fiel die Abnabelung schwer. Aber ich freue mich auch auf die Stillzeit mit dem neuen Baby und bin gespannt, ob Jonas sich nach den 19 Monaten Stillzeit noch daran erinnern wird.

Natürlich war das kein `sanftes´ Abstillen. Aber wenn du die Geschichte ganz verstanden hast, ist dir auch aufgefallen, dass ich in einer totalen Krise war und mir das Reduzieren des Stillens letztlich geholfen hat, diese besser ertragen zu können. Ich habe beschrieben, wie man ein intensiv und lange gestilltes Kind abstillen kann, wenn es aus der Situation der Mutter heraus sein muss. Mir hätte es als Langzeitstillende geholfen, wenn ich in der Situation eine Abstillgeschichte einer Langzeitstillerin hätte lesen können. Ich habe auch bewusst nichts geschönt. Abstillen gegen den Willen des Kindes ist nichts Lustiges und Nettes."

Thurgauerin:
„Als Jonas mit etwas mehr als vier Jahren merkte, das ich wieder schwanger war, sagte er: `Ich geb meine Brust frei für das da drinnen´, und tippte mir mit einem Riesensmiler im Gesicht auf den Bauch, der doch noch ziemlich klein war. Florian wünschte sich eine Medaille zum fünften Geburtstag. Sein Vater machte ihm eine aus Kupfer, und jeden stillfreien Tag wollte er einen Stern darauf. Als er sieben Sterne drauf hatte, und keiner mehr Platz fand, war er stolz auf seine Brustfreimedaille - und stillte wieder. Wir nahmen es mit Humor. Etwa drei Monate später stillte er sich sang- und klanglos ab. Benjamin stillte am längsten, bis sechs Jahre. Gut, dass mich die anderen schon auf geduldiges Warten vorbereitet hatten. Ich war erstaunt, weil er schon mit zwei Jahren zur Großmutter alleine in die Ferien wollte und er fünf Tage blieb! Ohne stillen natürlich - das Erste zu Hause war natürlich ein Schluck `Mammä´. Nachdem seine Allergie dann ausgebrochen war, wussten wir, warum er so lange getrunken hatte (Rotznase 24 Std/Tag, 365 Tage/Jahr), ich war froh, dass ich ihm wenigstens sechs Jahre eine rotzfreie Nase bieten konnte."

8.20. DAS STILLEN VON MEHRLINGEN?

Im Urlaub wollte Marvin zwei Tage hintereinander fast stündlich gestillt werden, auch in der zweiten Nacht sechs Mal. Ich hatte so viel Milch, das ich auch drei Kinder hätte stillen könnte. Das größere Problem ist sicher, das man am Körperkontakt zu satt wird und Mühe damit hat. Es ist eine Sache der Nachfrage und des Angebotes. Viel Nachfrage, viel Angebot.

Das Stillen von Zwillingen stellt auch eine besondere Herausforderung dar, wie das Versorgen von Zwillingen auch. Einige Zwillingsmütter waren bereit, mir Fragen zu beantworten, die nun folgen sollen. Die erste Mutter ist noch sehr jung, und deshalb war es für sie besonders schwer, weil sie noch darunter litt, etwas zu versäumen. Ich ziehe den Hut vor jeder Mutter, die diese Belastung auf sich nimmt, und finde es wunderbar.

Dunja stillte Zwillinge, und ich stellte ihr Fragen:

Hast du dich manchmal ausgelaugt gefühlt, wie so viele stöhnen oder es glatt gemeistert?
„So genau weiß ich das nicht mehr, weil es ja schon etliche Monate her ist. Und ob ich durch das Stillen ausgelaugt war, oder vom `Job´ Mutter, kann ich ja auch nicht sagen. Aber im Endeffekt würde ich nicht sagen, dass es mich ausgelaugt hat, die beiden zu stillen. Ich denke, Flaschen machen und geben dauert viel länger und außerdem hatte ich fast jedes Mal dieses unglaubliche Glücksgefühl, wenn die zwei die Milch von mir getrunken haben. Schlimm war es nur, als ich eine Brustentzündung hatte, in den ersten Wochen. Da hatte ich beim Stillen arge Schmerzen und habe viel dabei geweint. Aber ich wollte für die Kids durchhalten, auch, weil ich sehr viel Milch hatte. Dank einer wundervollen Hebamme, die mir ein homöopathisches Mittel empfohlen hat, hat sich alles wieder gegeben, und ich konnte wieder schmerzfrei und glücklich stillen."

Verstehen sich die beiden deiner Meinung nach deshalb besser, weil sie zusammen stillen durften?
„Das denke ich nicht. Ich glaube auch nicht, dass sie sich daran überhaupt erinnern können. Das wirklich Positive am Tandemstillen fand ich, dass es weniger Zeit in Anspruch nahm. Meine beiden haben sich wirklich gegenseitig `angestachelt´, und ich glaube, sie haben durch das gleichzeitige Stillen ganz bestimmt mehr getrunken!"
Wenn du Dunja erreichen möchtest, kannst du das unter NickundAlex@aol.com.
Ein gesammeltes Heft von Berichten nur über das Stillen von Zwillingen fand ich bei der LaLecheLiga, die kleine Zeitung "Bulletin" vom Dezember 1989. Möglicherweise ist es ja noch bestellbar, oder es erschien vielleicht inzwischen eine Neuauflage. Bei einigen LLL-Stillberaterinnen kann man die Bulletins auch ausleihen und im Internet gibt es Foren und Informationen über Zwillingsstillen.

Interview mit Rebecca, die Zwillinge bekam und stillte:

Welcher Moment eurer Stillzeit wird dir ewig in Erinnerung bleiben?
„Zwei glücklich schlafende Babys im Arm zu halten!"

Wie reagierte die Umwelt auf eure Stillbeziehung?
„Naja...sehr gut. Wer soll mir verbieten, meine Babys zu stillen.."

Hattest du einen schönen Satz, um blöden Kommentaren zu begegnen?
„Nein... aber ich muss feststellen, dass es immer noch viele Leute gibt, die es stört wenn man das Kind / die Kinder in der Öffentlichkeit stillt. Muss man ignorieren."

Hast du von jemandem moralische Unterstützung bekommen?
„Ja. Von meiner Familie, meinem Mann und Freunden."

Kennst du jemanden, der auch Zwillinge stillte bzw. hattest du die Möglichkeiten zum Erfahrungsaustausch?
„Ich bin selber ein Zwilling, und meine Mutter hat mir erzählt wie es war."

Hast du Literatur zum Thema gefunden?
„Nein, leider nicht!"

Was war für dich der größte Vorteil?
„Ich sehe keinen großen Vorteil. Vielleicht sehe ich ihn, wenn ich für beide gleichzeitig Fläschchen machen muss. Aber es gibt viele gesundheitliche Vorteile."

Was würdest du einer Frau raten, die gerade mit dem zweiten Kind schwanger ist und überlegt, ob und wie sie das erste Kind abstillen soll?
„Ich würde mir, vorausgesetzt, sie liegen vom Alter her nicht zu weit auseinander, überlegen, beide Kinder zu stillen. Sie soll es sich überlegen, so schön es auch ist, zwei Babys zu stillen."

Sandra:
„Ich habe nur ganz kurz gestillt, da meine Kinder trinkfaul waren; beim Stillen sind sie immer zu schnell müde geworden, da dies für sie anstrengender war, als aus der Flasche zu

trinken.
Ich würde jedenfalls nicht davon abraten. Ist genug Milch da, dann würde ich jedem zum Stillen raten. Ich denke, dass dies für die Kinder schön ist und für die Mami auch. Ich habe ca. fünf Wochen abgepumpt, damit sie die Muttermilch bekommen. Es kommt sicher auch darauf an, wie es in der Klinik gehandhabt wird. Leider wird vielen Zwillingsmamis gleich davon abgeraten, bzw. die Schwestern sagen gleich: `Das geht nicht´."

Sigrun Engert:
„Ich bin Mutti von mittlerweile sechs Kindern. Als die Zwillinge unterwegs waren, habe ich mir schon vorher Gedanken zum Thema Stillen gemacht. Die drei Großen habe ich jeweils fast zwei Jahre gestillt und wollte gern auch die Zwillinge wenigstens eine Zeit lang stillen. Als sie das Licht der Welt erblickten, dachte ich nicht, dass es so problemlos gehen würde, da sie doch klein waren (Larissa 2240g und Gabriele 1710g). Ich bekam die Kleinen dann allerdings dank ihrer guten zeitgerechten Entwicklung (38.SSW.) auch gleich mit in mein Zimmer und nach fünf Tagen mit nach Hause. Am Anfang war es stressig, da sie alle zwei Stunden gestillt werden mussten. Außerdem sollten ja auch die großen Kinder nicht zu kurz kommen. Ich hatte mir zum Ziel gesetzt, wenigstens vier Monate voll zu stillen und danach langsam umzustellen. Daraus wurden dann aber doch sieben Monate ohne Zufüttern. Ganz aufgehört habe ich erst, als mein Jüngster auf dem Plan stand - und auch da erst auf Anraten meines Gynäkologen hin, der eine Frühgeburt befürchtete. Die Zwillinge waren da schon ein Jahr und sieben Monate.

Ich habe die Zeit des Stillens voll und ganz genossen, sie war für mich Ruhepause vom Alltagsstress. Ich kann jeder Mutti nur empfehlen, es auch zu versuchen. Nach anfänglichem Aufwand ist es Zeitersparnis und lohnt sich!"

Cordula Stehmann, Sozialarbeiterin:
„Bei uns klappt es mit dem Zwillingsstillen sehr gut. Wir haben zwei siebeneinhalb Monate alte Töchter, die von Anfang an gestillt worden sind. Am Anfang habe ich sie bei ganz großem Hunger auch zusammen gestillt. Dabei war ich dann immer auf Hilfe angewiesen, habe das deshalb nicht oft gemacht; einer musste das zweite Kind immer anreichen und das was zuerst fertig war, wieder mitnehmen; außerdem war ich recht hilflos, wenn ein Kind verrutschte. So stille ich sie jetzt nacheinander, je nachdem, wer zuerst schreit, ist auch als erster dran. Jedes Kind hat von Anfang an seine Brustseite, und ich habe das Gefühl, dass sich mein Körper auf die unterschiedlichen Trinkbedürfnisse eingestellt hat bzw. immer wieder neu einstellt. Joline und Malina genießen das Gestillt werden wohl so sehr, dass sie nur ungern andere Nahrung zu sich nehmen.

Ich habe im fünften Monat angefangen, zuzufüttern, aber bei Malina hat das überhaupt nicht geklappt, sie isst erst seit Ende des sechsten Monats mittags ein Gläschen Karotten. Inzwischen sind wir bei mittags ein Gläschen Möhren und Kartoffeln angelangt und abends einem Früchtebrei für Malina und Möhren mit Reisflocken für Joline. Die Flasche nehmen die Beiden trotz vieler Versuche nicht, da ist gar nichts zu machen. Mir ging es zwischenzeitlich gesundheitlich nicht so gut, sodass ich mir gewünscht hätte, sie würden Milch aus der Flasche trinken, aber sie sind wohl zu verwöhnt... Ich genieße aber auch das Stillen, da ist ein Kind alleine bei mir, und ich habe in dem Moment nur Zeit für dieses Kind. Außerdem ist es günstig und praktisch, wenn ich unterwegs bin. Ich kann mir vorstellen, die Beiden bis zum ersten Geburtstag zu stillen."

Eine andere Mutter macht viel schönere und leichtere Erfahrungen und gibt sie nun wieder:

Dunja:
„Ich habe meine beiden Söhne Nick und Alex fast ein Jahr gestillt. Ich war eine glückliche Stillende und würde auch jeder Mutter immer dazu raten. Diese Verbindung zu den Kindern - einmalig - schön.
Ich war kurz vor ihrem ersten Geburtstag doch ziemlich geknickt, als die beiden von sich aus nicht mehr gestillt werden wollten. Dabei habe ich ganz zu Anfang gesagt, dass ich vielleicht drei Monate stille, falls es überhaupt klappt. Nach drei Monaten habe ich dann gesagt, okay, dann stille ich halt sechs Monate, etc. Zuletzt wollte ich nicht mehr aufhören. Gerade nachts oder auch wenn es mal `schnell´ gehen musste, habe ich beide auch oft gleichzeitig angelegt. Mir wurde von der Hebamme sogar dazu geraten, weil sich dadurch die Beiden angespornt fühlten (Konkurrenzdenken) und so mehr getrunken haben. Ich habe es auch ganz schnell in den Griff bekommen, beide gleichzeitig und ohne Hilfe anzulegen. Ich wüsste gar keinen Grund, dies nicht zu praktizieren. Vor allem wird so viel mehr Milch gebildet, weil viel Bedarf da ist."

Zwillingsbericht von Jacky Jutz:
„Unser erster Sohn Daniel ist fast drei Jahre lang gestillt und bis zum Krabbelalter getragen worden. Abgestillt hat er sich (leider) nicht selber, aber ich habe versucht es so sanft wie möglich für ihn zu machen und ihm nicht das Gefühl zu geben, dass ich ihm die Brust verweigere (siehe: The Continiuum Conceptletter, Band 1, Ausgabe 4, Seite 2, Gespräch mit Jean Liedloff nach Besuch in Bali: `Schlecht schmeckender Saft, das Kind lehnt selber ab – fühlt sich nicht unwillkommen oder weint los´). Selber abstillen wäre schön gewesen, aber immerhin war dies als Kompromisslösung für mich akzeptabel. Im Familienbett schlafen darf er immer noch. Dass das alles möglich geworden ist, verdanke ich auch meinem Mann Gerhard, der nach anfänglicher großer Skepsis meine Wünsche zum größten Teil akzeptiert und auch unterstützt hat.

Dann sind unsere Zwillinge Sarah und Noah geboren. Beide waren schon groß genug um selber zu trinken und wurden gleich bei mir angelegt. Die Säuglingsschwestern in der Klinik lehrten den Vier-Stunden-Rhythmus und das Zufüttern bei zuwenig Gewichtszunahme. Zum Glück wusste ich schon aus Daniels Stillzeit was ich wollte und stillte viel öfter. Es funktionierte gut, auch das gleichzeitige anlegen. Ich war froh, dass ich ohne Fläschchen nach Hause fahren konnte. Zuhause habe ich die Zwillinge dann in zwei „over the shoulder baby holders" getragen. Außerdem arbeitet von Anfang an eine Freundin vormittags mit im Haushalt und trägt gleichzeitig ein Baby. Nachmittags hoffe ich immer auf Besuch, von Leuten, die gerne Babys halten. Dauernd in Körperkontakt halten konnte ich nicht anbieten, aber meistens gelingt es in den Wachphasen.

Inzwischen sind sie schon schwer und öfter und länger wach. Deswegen habe ich jetzt entschieden, dass mir nachmittags ab und zu noch jemand beim Baby tragen helfen soll. Wir haben ein älteres Mädchen gefragt, ob sie einige Stunden pro Woche helfen möchte.

Ich stille nach Bedarf, gleichzeitig oder nacheinander. Wie es gerade kommt. Weiteres Beruhigen mache ich aber mit dem Schnuller. Ich war am Anfang nicht dafür und habe die Schnuller geschenkt bekommen und fast schon weggeworfen. Dann habe ich es trotzdem versucht und gemerkt, dass es als zusätzliche Hilfe nicht schlecht ist.

Stillen von Zwillingen ist nicht viel schwieriger, aber man braucht viel mehr Zeit, als mit einem Kind. Der Nachteil, beide gleichzeitig auf dem Stillkissen zu stillen, ist, dass die Babys meistens aufwachen, wenn man sie wieder ablegen möchte.

Sarah und Noah sind nun drei Monate alt und wir kommen gerade aus dem Urlaub. Gestillt habe ich in Bergrestaurants und in Gondelbahnen. Die Reaktionen waren im Allgemeinen positiv. Wie es sein wird, wenn sie größer sind, weiß ich nicht, aber dumme Bemerkungen machen mir inzwischen wenig aus, weil wir das bei Daniel schon alles erlebt haben und sehen können, das er ein ausgeglichenes, selbstständiges und fröhliches Kind ist. Oft kann man aus solchen Bemerkungen sogar etwas Entschuldigendes heraushören wie `ich hätte es auch gerne so gemacht, aber...´. Zum Schluss möchte ich noch einmal betonen, dass mein Mann mir beim Tragen hilft und mich unterstützt. Sonst wäre ich schon überfordert und schlecht gelaunt."

Kathrin Scholz, Sozialpädagogin:
„Meine Zwillinge sind zehn Tage zu früh, d.h. in der 38+4[89] SSW, spontan geboren. Nach nur zweieinhalb Stunden Wehen waren sie da. Beide mussten ins Wärmebettchen, da sie noch nicht die Temperatur halten konnten. Somit habe ich die Milchproduktion mit Hilfe einer elektrischen Milchpumpe angeregt, was auch gut klappte. Nach drei Tagen teilte man uns den Verdacht mit, dass Anna das Down-Syndrom haben könnte - es war erst ein Riesenschock. Da sie deutlich schwerer als ihr Bruder war (sie wog 2900g; er nur 2000g) durfte ich sie für ein paar Stunden schon den ersten Tag bei mir haben, aber sie tat sich schwer an der Brust. Nach der Verdachtsäußerung bezüglich Down-Syndrom meinten die `tollen´ Schwestern: `Ach Down-Syndrom-Kids trinken sowieso nicht an der Brust - lassen Sie es. Wichtig ist, dass Ihr kleiner Sohn zu Kräften kommt.´ Oh, war das eine Frechheit. Na ja, so ging es und geht es uns leider oft. Als ich ihn dann endlich anlegen dufte, trank Maximilian hervorragend an der Brust und auch viel, und es gab es keinerlei Schwierigkeiten mehr mit der Milchproduktion. Anastasia fütterten wir ca. sechs Wochen mit der Flasche; es dauerte bis zu 90 Minuten bei 80ml. Dann legte ich sie einfach mal an, und siehe da - sie trank und nicht zu knapp. Ab diesem Zeitpunkt habe ich dann beide voll gestillt. Sie hatten immer fast zur selben Zeit Hunger. Ich habe sie nacheinander gestillt. Das gleichzeitige Stillen hat bei uns nicht gut geklappt, da beide unterschiedlich tranken und ich es auch nicht angenehm fand, da ich verkrampft war, da es schon schwierig ist, beide zu halten. Außerdem fand ich es schön für ein paar Minuten nur mal ein Kind zu haben und mit ihm zu kuscheln. Meine Kinder hatten jeder `seine´ Brust – also jeder trank eine aus. Ich musste allerdings auch zwischendurch noch abpumpen, da ich zu viel Milch hatte – ein drittes wäre auch noch satt geworden.
Als sie sechs Monate alt waren, waren wir mit Rottaviren und starker Bronchitis im Krankenhaus mit beiden. Da Maximilian krank war und auch die Nase dicht war, wollte er nicht mehr an die Brust, und somit hatte er sich entwöhnt und bekam ab sofort die Flasche. Anastasia trank weiter Muttermilch und auch nichts anderes. Sie wollte keine Flasche, was im Sommer etwas stressig für Mama war, da sie immer an die Brust wollte. Ein weiteres Problem bei Anna war die geringe Gewichtszunahme, und somit war ich froh über alles, was sie zu sich nahm. Im Mai, als sie acht Monate alt war, stellte eine Kinderärztin endlich den Herzfehler fest; keiner hat ihn vorher erkannt, obwohl wir das immer ansprachen und auch in drei verschiedenen Kliniken waren. Auch dort machte keiner einen Test. Doch nun wurde es höchste Zeit, sie zu operieren, da der Lungendruck schon hoch war und sie uns mitteilten, dass es eigentlich schon fast zu spät war für eine Operation. Es ging alles gut, und sie ist jetzt topfit. Allerdings war es nun mit dem Stillen vorbei, da sie auf der Intensivstation lag und ich sie mehrere Tage nicht anlegen konnte. Wahrscheinlich auch

---

[89] 38. Schwangerschaftswoche plus vier Tage

durch den Stress ging bei mir die Milch weg. Ich pumpte noch ein paar Tage ab, und das bekam sie auch als erstes nach der Operation, aber dann wurde es immer weniger und war dann ganz vorbei. Was noch erstaunlich ist: nach der geglückten Herzoperation nahm Anna nun einen Nuckel und trank hervorragend aus der Flasche. Ich habe meine Zwillinge also prima beide voll stillen können und ich würde es immer wieder so machen. Ich hätte auch Drillinge satt bekommen. Stillen ist eine echt tolle Sache, und so nah ist man seinen Kindern selten wieder!"

8.21. Tandemstillen bei Tieren

Nicht nur Menschenkinder „stillen Tandem", sondern auch einige Tierarten säugen Jungen verschiedenen Alters, wenn auch nicht oft.

Elaine Ziska, Jackson, USA:
„Im Haushalt eines Freundes säugte eine Katzenmama `Tandem´; von ihrem ersten Wurf hat sie ein Katzenkind für einige Wochen während der Schwangerschaft weggejagt, aber dann weitergesäugt; nun säugt sie es gemeinsam mit ihren kleinen Kätzchen."

Bei Kängurus klettert das Kleine in den Beutel und saugt sich an der Zitze im Bauchbeutel der Mutter fest. Mit etwa 235 Tagen macht es den ersten Ausflug. Erst mit zehn Monaten wird es von der Mutter aus dem Beutel ausgesperrt, weil es nicht mehr hineinpasst.
Trotzdem wird es weiter gestillt. Selbst wenn das Weibchen selber schon eine junge Mutter ist und ein Junges im Beutel trägt, saugt es noch ab und zu. Diese hat zwei Zitzen: an der einen trinkt das Baby, an der anderen das große Kind. Nach dem Gepard ist ein Känguru immerhin das schnellste Säugetier der Welt.

In der Welt am Sonntag vom 20.1.2000 fand ich einen Artikel von Vitus B. Dröscher:
„Als ein Dingo-Wildhund das Känguru-Weibchen in der Halbwüste Australiens angriff, geschah Groteskes: Obgleich das Beuteltier gerade erwachsen geworden war und als junge Mutter selber ein Kind im Beutel trug, wollte es in die Bauchtasche der Mutter hineinspringen. Doch es war dafür zu groß geworden. So steckte es den Kopf hinein. Zum Trost saugte die junge Mutter in Omas Beutel am Milchquell. Neben ihr an der anderen Zitze war ihre gerade erst geborene Schwester quasi festgewachsen: ein Winzling von 0,8 Gramm Gewicht. Beide Zitzen im Beutel lieferten Milch mit unterschiedlichem Fettgehalt: die eine gleichsam `Super´ für das große und die andere `Normal´ für das kleine Kind."

9 FACHARBEIT ZUM THEMA TANDEMSTILLEN

Facharbeit von Angela Cevallos, leicht gekürzt:
„Als Mutter auf die innere Stimme zu hören, den eigenen Gefühlen zu vertrauen, auf die Bedürfnisse der Kinder einzugehen, ... das ist die eine Seite.

Die andere Seite: Weit und breit alleine zu sein mit einer Situation, die kaum jemand wagt, kaum Erfahrungsaustausch, wenig Verständnis, dafür umso mehr Kritik, kaum Literatur, ...'

Zwischen diesen beiden Seiten habe ich mich befunden, als ich vor drei Jahren meine beiden Kinder gestillt habe. Deshalb habe ich das Thema meiner Facharbeit im Rahmen der Ausbildung zur Still- und Laktationsberaterin, IBCLC, dem Tandemstillen gewidmet.
Ich wollte in dieser Arbeit aber nicht nur über meine eigenen Erfahrungen berichten. Daher habe ich einen Fragebogen ausgearbeitet und versucht Frauen aufzuspüren, die ebenfalls zwei Geschwisterkinder gestillt haben. Über die La Leche Liga bin ich auch fündig geworden. Ich konnte 25 Fragebögen ausschicken, wovon ich 14 ausgefüllt zurückbekommen habe.

Statistische Auswertung des Fragebogens

- Das Alter der Mutter beim Beginn der Tandemstillzeit liegt zwischen 24 - 38 Jahren. Schulbildung der Mutter: Mittlere bis höhere Bildung.
- Die Dauer der Tandemstillzeit liegt zwischen sechs Monaten und drei Jahren.
Das Alter des ersten Kindes bei der Geburt des zweiten liegt zwischen 19 Monaten und drei Jahren.
- Gesamtanzahl der Kinder pro Familie liegt zwischen zwei und vier Kindern, ein mal sieben Kinder.
- Zwei Frauen haben zweimal tandemgestillt.
- Zwei Kinder hörten mit dem Stillen während der Schwangerschaft auf und fingen später, als das Geschwister gestillt wurde, wieder an: eines sechs Wochen nach der Geburt und eines sechs Monate nachher.
- Abstillen: Das Alter der Kinder liegt zwischen zweieinhalb und viereinhalb Jahren.

Ist Tandemstillen etwas Ursprüngliches?

Ich war erstaunt, als ich in einem Vortrag von Prof. Wulf Schievenhöfel, Humanethnologe, über das Stillen bei den Papuas erfuhr, dass die Paare Koitusverbot[90] haben, solange die Frau ihr Kind stillt. Geschlechtsverkehr ist also erst nach dem Abstillen, das etwa mir zwei Jahren stattfindet, wieder erlaubt. Somit ergab sich für mich eine neue Überlegung, dachte ich doch, dass das Tandemstillen bestimmt etwas Ursprüngliches sei. Jetzt wurde ich neugierig.
Prof. Schievenhöfel ist zur Zeit meiner Recherchen auf den Trobriand-Inseln und somit nicht erreichbar. Deshalb kontaktierte ich Frau Ursula Henzinger, Autorin des Buches ‚Die Geschichte des Stillens'. Von Frau Henzinger erfuhr ich, dass Ihrer Meinung nach, das Koitusverbot eher kulturell bedingt sein könnte und nicht unbedingt übertragbar sein muss auf unsere menschlichen Vorfahren. Ihr ist jedoch auch nichts bekannt, dass das Tandemstillen jemals bei einem Naturvolk beobachtet worden ist und sie hat auch noch keine geschichtlichen Berichte darüber gefunden.
Eine interessante Überlegung ergibt sich im Vergleich zum Zwillingsstillen bei den Naturvölkern: Die Zwillingsmütter sind fast nicht in der Lage beide Babys durchzubringen.

---

[90] Koitus = Geschlechtsverkehr

Es dürfte an der mangelnden Ernährung liegen, dass die Frauen zu wenig Muttermilch produzieren.

Folglich könnte ich mir auch das Koitusverbot erklären, denn wenn die Menschen wissen, dass die Frauen nicht genügend Milch für zwei Kinder haben, dann möchten sie damit vielleicht sicherstellen, dass das erste Kind, zwei bis drei Jahre gestillt, gute Überlebenschancen hat und die Mütter dann ihre Energiereserven für die mögliche nächste Schwangerschaft aufladen können. Vielleicht befürchten sie, dass das nächste Baby weniger Chancen zum Überleben hätte, wenn die Mutter ihr größeres Kind auch noch stillt.

Durch das Stillen ergibt sich zwar eine Verzögerung der Fruchtbarkeit, aber im Durchschnitt eben doch nicht für zwei bis drei Jahre. Das Koitusverbot stellt somit sicher, dass ein Kind solange gestillt wird, bis es die Muttermilch nicht mehr braucht. ‚Allerdings drängen die Papuafrauen oft doch schon früher aufs Abstillen, weil sie ihre Männer halten wollen, die sonst fremdgehen' - Zitat Prof. Schievenhöfel.

Die einzige geschichtliche Überlieferung, dass Frauen mehrere Kinder unterschiedlichen Alters gestillt haben, kommt von den Berichten über das Ammenwesen.

Also kann ich meinen geschichtlichen Rückblick auf die Ursprünge des Tandemstillens noch nicht weiter zurückverfolgen, als bis zu meiner Urgroßmutter, die meine Großmutter 1910 und deren um drei Jahre jüngeren Bruder tandemgestillt hatte.

Meine Großmutter hat mir als Kind oft erzählt, dass sie ihrer Mutter immer mit dem Schemel nachgelaufen ist, um auch an die Brust zu gelangen, wenn das Baby gestillt wurde.

Auch von anderen Frauen wurde mir erzählt, dass ihre Großmütter in Kriegszeiten Tandem stillten. Die Lebensmittelknappheit und die Sorge um die Gesundheit der Kinder wird wohl der Grund dafür gewesen sein.

Wie wird man tandemstillende Mutter?

Für viele Menschen ist die Vorstellung an ein gestilltes Kleinkind schon abstrakt. Aber die Vorstellung, ein Kleinkind und ein Baby zu stillen, klingt für die meisten absolut unvorstellbar!

Beinahe jede Frau kann sich das Tandemstillen auch nicht vorstellen, bevor sie nicht in die Situation kommt, den Bedürfnissen beider Kinder gerecht werden zu wollen.

Es kommt gar nicht so selten vor, dass eine Mutter ihr Baby noch stillt und bereits zum nächsten Kind schwanger wird. In einer Studie von Niles Newton und Marilyn Theotokatos wird berichtet, dass fast 70 % der Frauen während der Schwangerschaft abgestillt haben (s. Literaturnachweis [2]). Eine zweite Studie von Moore und Moscone '93 besagt, dass sich 57 bis 69 % der Kinder von selber abstillen, wenn ihre Mütter wieder schwanger sind (s. Literaturnachweis [3]).

Manche Frauen aber haben das Gefühl, dass sie das ältere Kind nicht einfach ‚Aus der Wiege schmeißen' wollen. Sie möchten ihm die Zeit geben, bis es reif ist zum Abstillen oder von selber aufhört. Gemischte Gefühle in Bezug auf diese unbekannte Zeit sind jedoch normal.

Das Stillen in der Schwangerschaft

Im Breastfeeding Answer Book steht geschrieben:
‚Eine gesunde Mutter sollte keine Probleme haben beide Kinder zu versorgen, das Ungeborene und das ältere Stillkind, vorausgesetzt, es ist älter als ein Jahr.' (s. Literaturnachweis [3])
Die Muttermilchmenge geht zurück und es kann sein, dass ein jüngeres Baby zu wenig an Gewicht zunimmt. Für den Fall, dass die nächste Schwangerschaft sehr früh eintritt, empfiehlt es sich, das Erstgeborene trotzdem bis etwa sechs Monate zu stillen.

Dieses Kind würde etwa ein gutes Jahr alt sein, wenn das Geschwister zur Welt kommt; dies könnte dann bedeuten, dass die Mutter, wenn sie zu diesem Zeitpunkt das ältere Kind noch stillt, an die Grenzen der möglichen Milchproduktion gelangt (s. Literaturnachweis [4]).

Das durchschnittliche Alter des älteren Kindes zum Zeitpunkt der Geburt des neuen Babys bei meiner Umfrage beträgt 26 Monate.

Für gestillte Kleinkinder in diesem Alter bedeutet Stillen eher Nähe, Liebe, Geborgenheit, Sicherheit, ... Allerdings berichteten mir zwei Mütter, dass ihre ‚Großen' für einige Zeit wieder nur mehr ausschließlich gestillt werden wollten. (Eines hat sogar für fünf Monate das Essen verweigert und während dieser Zeit drei Kilo zugenommen!)

Da die Milchmenge zurückgeht und der Geschmack sich verändern kann, entwöhnen sich manche Kinder ganz von selber.

Für die Mütter ist es beruhigend zu wissen, dass bei einer normal verlaufenden Schwangerschaft das Stillen das Ungeborene nicht gefährdet. Uteruskontraktionen sind eine normale Erscheinung während der Schwangerschaft und treten nicht nur in Verbindung mit dem Stillen auf (s. Literaturnachweis [3]).

Ein häufig auftretendes Problem – meist schon zu Beginn der Schwangerschaft – sind empfindliche Brustwarzen und die Frauen reduzieren deshalb das Stillen mit dem älteren Kind. Etwa die Hälfte der Frauen meiner Umfrage hatten Probleme damit (im Breastfeeding Answer Book berichtet man sogar von 74 Prozent). Übelkeit in der Schwangerschaft kann auch ein Beweggrund sein, die Stillzeiten mit dem Kleinkind zu verkürzen.

Die Stillzeiten mit dem Älteren aber haben für die Mutter auch den Vorteil, zu Ruhezeiten zu kommen, die sie aufgrund der schwangerschaftsbedingten Müdigkeit braucht.

Aber auch wenn ein Kind in der Schwangerschaft aufhört an der Brust zu trinken oder vorher abgestillt wurde, ist es keine Garantie, dass es nicht wieder damit beginnen möchte nachdem das Geschwisterkind geboren ist. Zwei Frauen berichteten mir darüber. Bei einer fing das Ältere sechs Wochen nach der Geburt des Babys wieder an, bei der zweiten Mutter nach sechs Monaten!

Der Alltag mit zwei gestillten Kindern

Die Geburt des Geschwisterchens löst starke Emotionen bei den älteren Kindern aus. Sie möchten auch in die Arme genommen werden und spüren, dass sie noch genau so geliebt werden wie vorher.

Für die Mutter mag es eine Erleichterung sein, das größere Kind nicht abweisen zu müssen, wenn sie das Baby stillt. Meistens möchten die Größeren auch gestillt werden, wenn sie das Baby an der Brust sehen. ‚Eines Busa mir, eines Baby', so der Wortlaut eines 20monatigen Buben nach dem er seinen Bruder zum ersten Mal gesehen hatte. Aber auch Kinder, die schon abgestillt waren, kommen manchmal beim Anblick eines gestillten Geschwisterchens auf die Idee einmal ‚kosten' zu wollen.

Ich kenne eine Mutter, deren siebenjähriger Sohn extreme Eifersuchtsreaktionen zeigte, nachdem seine Schwester geboren wurde. Der Alltag, einschließlich des Stillen, wurde zum Alptraum! Bis die Mutter eines Tages dem Großen anbot, er dürfe auch, wie seine kleine Schwester, eine Brust haben. Es war mit einem einzigen ‚Kosten' abgetan! Jetzt fühlte er sich genau so geliebt wie seine Schwester und seit diesem Tag akzeptierte er sie.

Es entwickelt sich bei tandemgestillten Kindern eine besondere Geschwisterliebe. Eine Mutter erzählte, dass der Kleine nicht stillen möchte, wenn der Große vormittags im Kindergarten ist. Der Große hingegen beginnt nicht zu trinken, bevor nicht der Kleine auch da ist. ‚Ich warte noch auf meinen Bruder', sagte er. Diese zwei Buben sind bestimmt der Überzeugung: ‚Zum Stillen gehören Drei.'

Es ist wichtig zu wissen, dass das Baby Vorrang an der Brust hat – vor allem in den ersten Lebenstagen, damit es genug Kolostrum erhält (s. Literaturnachweis [1]).
Das Stillen des größeren Kindes im Wochenbett kann eine große Hilfe sein, um den Milcheinschuss in Gang zu bringen und somit für das Baby bald genug Milch zu haben oder einen Stau in den Griff zu bekommen. Manche Mütter stillen die Kinder gleichzeitig, jedoch sollte keinem Kind eine Brust fix zugeteilt werden. Werden die Kinder hintereinander gestillt, ist darauf zu achten, dass das Baby die Brust gut ‚leer trinkt' damit es auch die fettere Hintermilch erhält. Abmachungen mit dem älteren Kind bezüglich Stillzeiten, Vorrangigkeit des Babys etc. können sinnvoll und hilfreich sein.

Probleme beim Tandemstillen

Ich beginne mit den Bedürfnissen der Mutter, da ich weiß, dass diese immer erst zuletzt Beachtung finden:

Manche Mütter berichten über negative Gefühle beim Stillen des älteren Kindes, vor allem, wenn es sehr fordernd ist. Negative Gefühle gegenüber dem ‚Großen' nach der Geburt des neuen Babys sind normal, auch wenn es nicht mehr gestillt wird. Das ältere Kind wirkt mit einem Mal so ‚groß' - und die Natur schlägt sich eindeutig auf die Seite des Neugeborenen. Das heißt aber nicht, dass das Stillen später nicht wieder als harmonisch empfunden wird. Viele Mütter achten immer auf die Bedürfnisse des Babys und auf die des älteren Kindes und auf alle Anforderungen, die der Familienalltag an sie stellt. Aber sie übersehen dabei sich selber und verdrängen die eigenen Bedürfnisse. Es ist wichtig darüber nachzudenken, was einem helfen könnte, den Alltag und das Tandemstillen so zu gestalten, dass es für alle Beteiligten in Ordnung ist.

Im Gegensatz zum Stillen eines Kleinkindes kommt beim Tandemstillen die Schwierigkeit hinzu, dass das Ältere ja das Geschwisterchen beim Stillen sieht und es ihm schwer fällt, die vereinbarten Regeln einzuhalten. Eifersucht und Angst, nicht genau so wie das Baby geliebt zu werden, können die Ursache sein, wenn das größere Kind seine Mutter beinahe überfordert (das ist bei abgestillten Kindern erst recht der Fall, Anmerkung der Autorin).

Beweggründe und Auswirkungen des Tandemstillens aus der Sicht des Psychologen

Ich hatte die Vorstellung, dass ich Studien, Untersuchungen und Überlegungen von Psychologinnen über das Tandemstillen finden könnte.
Dieser Aspekt interessierte mich, denn es kamen mir immer wieder gewisse Anspielungen zu Ohren, dass das Stillen von zwei Kindern unterschiedlichen Alters möglicherweise

keine positiven Auswirkungen auf die psychische Entwicklung der Kinder hätte. Und die Beweggründe einer Mutter zwei Kinder zu stillen? Lägen die etwa im Bereich einer sexuellen Störung?

Ich habe einige Personen gefragt, die sich mit Psychologie beschäftigen, aber es wusste niemand etwas über ‚handfeste Studien'. Also kam ich zur Überzeugung, dass diverse Meinungen nur auf Vorurteilen basieren.

Da es in unserer Kultur nur sehr wenige Frauen gibt, die tandemstillen, es also nicht ‚normal üblich' ist, ist es auch erklärbar, dass viele Menschen aus Unsicherheit mit diesem Thema umzugehen, negativ reagieren und dann eben so argumentieren.

Ich hoffe, dass meine Arbeit dazu beiträgt, dass die ‚Allgemeinheit' offener wird und nicht von vornherein etwas ablehnt, nur weil es fremd ist und sie es sich nicht vorstellen können.

Schlusswort

Mir fällt auf, dass alle Frauen von ihren Partnern Unterstützung hatten! Von außenstehenden Personen hingegen fühlten sich viele Frauen unter Druck gesetzt, das ältere Kind abzustillen. Bezeichnend dafür ist, dass vielfach Verwandte und Freunde nichts davon wussten, und auch die wenigsten mit ihrem Arzt darüber sprachen.
Die Entscheidung zum Tandemstillen bedeutet für viele Familien eine besondere Erfahrung

zu machen, die nur wenige machen können. Erfahrungsaustausch und das Gefühl bei Außenstehenden wenigstens auf Akzeptanz zu stoßen kann sehr wichtig sein.

Eine Tandemstillbeziehung hat Höhen und Tiefen, die meisten haben es als große Bereicherung empfunden. Nur 6 % berichteten, dass sie nicht mehr tandemstillen würden, wenn sich die Gelegenheit ergäbe (s. Literaturnachweis [2]).

Mit zwei Sätzen aus dem Breastfeeding Answer Book möchte ich diese Arbeit beschließen:
‚Tandemnursing can be joyful, but it can also be stressful.'
'Tandemnursing calls for creativity, a positive attitude and a sense of humour.'"

Literaturnachweis

1) La Leche Liga International: Handbuch für die stillende Mutter
2) N. J. Bumgarner, „Wir Stillen noch ...". über das Leben mit gestillten Kleinkindern
3) La Leche Liga International, Breastfeeding Answer Book
4) Ruth A. Lawrence, Breastfeeding, A guide for the medical profession

NACHWORT

Ich habe das Buch geschrieben, weil es dringend gebraucht wird. Die Außerirdische kann es am besten beschreiben:

Stillbericht einer Außerirdischen nach einem Besuch auf der Erde

Besuch auf der Erde von Claudia Joller

„Krieg habe ich gesehen, Hunger, viel Krankheit.
Und die Kinder!!!
Die liefen zum Teil mit so komischen Gummidingern im Mund herum.
Ich weiß nicht, warum.

Geweint haben sie oft.
Ich weiß nicht, wo ihre Mütter waren.
Die meisten wurden von irgendwelchen Frauen in kleinen Autos herumgeschoben.
Und stellt euch vor, sie tranken Tiermilch aus Flaschen.

Einmal war ich bei einer Familie zu Besuch, da wurde das Kind in einem Käfig gehalten. Es schrie, die Frau brachte ihm das Gummiding. Irgendwann hat es aufgehört zu schreien und schlief ein.
Ich habe gefragt, ob das zum Krieg gehöre, und sie vielleicht dem Feind das Kind geraubt habe. Doch sie sagte mir, das sei ihr Kind und sie liebe es sehr.
Ich habe nichts verstanden.

Und lange, sehr lange habe ich gesucht, bis ich Mütter gefunden habe, ganz normale stillende Mütter wie bei uns.
Denn stellt Euch vor, die stillen dort ganz heimlich, vor allem in ihren Häusern, sodass man sie kaum finden kann. Ich musste lange suchen.

Dabei ist es nicht einmal so, dass die Erdenmenschen ein Problem mit Nacktsein haben.
In fast jeder Zeitschrift, ja sogar auf Plakaten habe ich halbnackte Frauen gesehen.
Aber das waren nicht Mütter, sondern magersüchtige, halbwüchsige Mädchen.
Ein sonderbares Volk."

Inzwischen stillen wieder mehr Frauen, und der Umgang mit den Kindern verändert sich; es wird wieder mehr Familien geben, die zwei Kinder im Stillalter haben. Viele reden nicht darüber, aber es gibt sie: Mütter, die lange stillen und Mütter, die tandemstillen.

Meine Stillbeziehung ist noch nicht zu Ende. Marvin stillt nicht mehr. Annie ist zur Zeit fünf Jahre und stillt seit vier Monaten auch nicht mehr. Robin starb vollgestillt mit acht Monaten in der Zeit in der das Buch geschrieben wurde. Robin wird immer irgendwie da sein, aber nicht als Baby, das seine Milch trinken kann. Linus ist nun fast zwei Monate alt. Er trinkt gerne und gut und somit kann dieses Buch auf den Abschluss unserer Stillbeziehung nicht warten.

Möge es zukünftig immer mehr lange gestillte Kinder geben und die Haptonomie unser Leben und das von immer mehr Kindern bereichern und damit unsere Welt schöner machen.

Heidi:
„Meine Ziele und Wünsche? Dass das Stillen wieder zur selbstverständlichen Ernährungsform für Kinder wird und die Flasche zur Ausnahme, dass Stillen nicht sofort mit Schwierigkeiten und Problemen assoziiert wird, dass ich selber lerne, angemessen auf bissige Bemerkungen von Frauen in meinem Umfeld zu reagieren, hinter denen sich wohl oft Schuldgefühle, Unsicherheit oder Neid (?) verbergen..."

Frau Liedloff („Auf der Suche nach dem verlorenen Glück") hat sicher eines der wichtigsten Bücher zum Thema Menschsein geschrieben; wenn jede Schwangere nur ein Buch lesen dürfte, sollte es dieses sein. Wir müssen alles tun, um viele Menschen an diesem großartigen und eigentlich so natürlichen Gedankengut teilhaben zu lassen, dass durch die Zivilisation, die katholische Kirche und das Mittelalter in unseren Köpfen so in Vergessenheit geriet.

Soll es sich überall verbreiten.

LESE-, BUCHTIPPS UND INTERNETSEITEN

Es gibt über alles Gesetze und Bestimmungen. Für die meisten Dinge benötigt man eine Ausbildung, Genehmigung, Anleitung oder einen Führerschein. Nur wenn man konkret die Welt beeinflussen kann, indem man Kinder bekommt, dann darf jeder machen, was er will. Das macht mich oft wütend, manchmal auch traurig, denn überall sieht man, wie mit Kindern umgegangen wird. Dummerweise geben wir weiter, was uns widerfahren ist, und das ist in Europa oder Amerika meist wenig Körperkontakt und viel Frust.

Natürlich ist das Unsinn, aber wenn ich einen Kinderführerschein einführen dürfte und es möglich wäre, dass nur diejenigen Eltern Kinder bekämen, die ihn bestanden haben, würde ich den Inhalt der folgenden Bücher als Prüfungsgrundlage nehmen, dem sich alle werdenden Eltern unterziehen müssten. Ich würde drei Semester anraten. Für den Inhalt wählte ich für dieses spannende und wundervolle Studium folgende Bücher:

Buchempfehlungen vor der Geburt
Leben mit einem Neugeborenen von Barbara Sichtermann, Fischer-Verlag 1981

Das Seelenleben des Ungeborenen von Dr. Thomas Verny, Rogner&Bernhard, München 1981, ISBN- 3-8077-0175-3

GeburtsTage von Heike Schwitzke, Am Düsselufer 36, 40699 Erkrath

Mineralstoffe nach Dr. Schüssler von Richard Kellenberger und Friedrich Kopsche, ISBN 3-8289-1909-X, Weltbild Verlag. Ein wunderbares Buch auch schon für die Zahnanlage des Babys im Mutterleib und andere Dinge sehr wirksam.

Die Suche nach dem verlorenen Glück von Jean Liedloff, Gegen die Zerstörung unserer Glücksfähigkeit in der frühen Kindheit, Beck`sche Reihe, München 1996, ISBN 3-406-32078-3. Das möchte ich jedem Menschen ans Herz legen. Ein Muss in jedem Menschenleben, in jeder Familie und auch für die eigene Persönlichkeit wichtig, denn wir alle waren Kinder.

Geburt ohne Gewalt von Frédérick Leboyer, Kösel Verlag, München 1981, ISBN 3-466-34332-1

Drei in einem Bett – Schlafen mit Kind, Deborah Jackson, Rowohlt 1991

Schlafen und Wachen – Ein Elternbuch für Kindernächte, La Leche Liga International, Zürich 1991, ISBN 3-906675-03-3

Körpergefühl – Die Wurzeln der Kommunikation zwischen Eltern und Kind von Regina Hilsberg, Rowohlt 1985

Ein Baby will getragen sein, Evelin Kirkilionis, Kösel-Verlag GmbH & Co., 1999

Ins Leben tragen, A. Manns, A. Schrader, VWB

Körperkontakt, A. Montagu, Klett-Cotta

M. Dornes, Der kompetente Säugling, Fischer tb

Stillen von frühgeborenen Kindern und Babys mit Down Syndrom und LKG

Es gibt mehrere Broschüren und Links zum Thema, zu beziehen bei: Down-Syndrom-Center, Hammerhöhe 3, 91207 Lauf a.d. Pegnitz, Tel.: 09123/982121, E-Mail: DS.InfoCenter@t-online.de, www.ds-infocenter.de

Das Stillen eines Babys mit Down Syndrom von Teresa Board, La Leche Liga Deutschland e.V., München 2000, ISBN 3-932022-09-2, erhältlich bei: La Leche Liga Deutschland e.V., Postfach 650096, 81214 München, Infoline Telefon und Fax: 068512524, www.lalecheliga.de. Dort gibt es auch Informationen über das Stillen eines Kindes mit einer Lippen-Kiefer-Gaumenspalte.

Ein Link zum Stillen von Kindern mit Down-Syndrom: www.down-syndrom.org/inf/stillen.shtml.

Gestillte Kinder mit Down Syndrom, eine Erstinformation für Eltern mit guten Fotos von Annette Heidkamp, Kinderkrankenschwester und Stillberaterin, Eigenverlag, Köln 2003. Zu beziehen bei Annette Heidkamp, Am Weingartsberg 1, 51143 Köln, E-Mail: AnnetteHeidkamp@aol.com

Das besondere Stillbuch für frühgeborene und kranke Babys, Brigitte Benkert, Ravensburger Ratgeber Familie, ISBN: 3-332-01254-1. Das Buch wird empfohlen vom Bundesverband Kinderkrankenpflege Deutschland e.V.

Link zum Schlafen
www.das-kind-muss-ins-bett.de/contc.html
www.dydimos.de
www.tragetuch.ch

Link zur Haptonomie
Adressen von haptonomisch ausgebildeten Therapeuten in Deutschland bekommst du von: Dr. Djalali, Bastionstr. 33, 40213 Düsseldorf, Tel/Fax: 0211-8369005, DrMDjalali@t-online.de. Seine Homepage: www.haptonomie.de.vu.

Es gibt eine kostenlose Internet-Mailingliste zur Haptonomie: Melde dich an unter: http://de.groups.yahoo.com/group/Haptonomie. Abboniere die Liste kostenlos, um dich über Haptonomie, haptonomische Schwangerschaftsbegleitung und alles, was dazugehört, austauschen zu können, da im Umfeld meist nur wenige Möglichkeiten dazu existieren. Haptonomisch begleitete Kinder sind anders? Wie sich Haptonomie auf Eltern und Kinder auswirkt, Themen wie Tragen, Familienbett, Stillen, vielleicht keine Fruchtwasseruntersuchungen etc.; das Kind liebevoll und respektvoll zu begleiten, sanfte

Geburten, Kinder sind Persönlichkeiten, das Erfahren der Schwangerschaft und der Zeit danach mit Haptonomie... diese Themen kommen sicher vor.

In www.kinder-erziehen.de/Beginn/body_lebensbeginn.html steht:
„Education For A Better World© empfiehlt die originale Haptonomie zur Geburtsvorbereitung und -begleitung."

Einen guten Link zur Haptonomie in der Krankenpflege:
www.stichtingpdl.nl/german_info.htm.

Eine weitere Seite zur Haptonomie mit Forum: www.haptokind.de

Lesetipps: Mit zwei Monaten des Kindes:
Die Impfentscheidung von Dr. Friedrich Graf, Lütjenburgerstr.3, 24306 Plön oder „Impfen, das Geschäft mit der Angst" von Dr. Buchwald

www.impfkritik.de

http://de.groups.yahoo.com/group/impfkritischemamis/

Und noch ein guter Link:
http://de.groups.yahoo.com/group/impfkritik_deutsch/
Dort kommen überwiegend unkommentiert Sachinformationen, bei den impfkritischen Mamis wird viel persönlich diskutiert, ich durfte dort viel fragen und lernen.
Eine tolle Seite: www.wasserbabies.de/WaBaPo/wabapo6.htm

Lesetipps: Mit 5 - 12 Monaten des Kindes
Wir stillen noch ...über das Leben mit gestillten Kleinkindern von N. J. Bumgarner, La Leche Liga International, 1996, ISBN 3-932022-00-9, zu beziehen über die LaLecheLiga

Mein Kind will nicht essen von Carlos Conzàlez, ISBN-Nr. 3-932022-12-2, LaLecheLiga München 2002

Nun hör doch mal zu! Kindersprache – Elternsprache von Adele Faber/Elaine Malish, Droemersche Verlagsanstalt, München 1989, zu beziehen über die LaLecheLiga

Kleiner Ratgeber mit Rezepten über die vegetarische Ernährung von Schwangeren und Kindern: Vegetarierbund: Tel:(+49) 0511-3632050, www.vegetarierbund.de.

Lesetipps: nach oder vor der Geburt eines weiteren Kindes
noch einmal lesen: Auf der Suche nach dem verlorenen Glück
Hilfe, meine Kinder streiten, Ratschläge für erschöpfte Eltern von Adele Faber/Elaine Malish, Droemersche Verlagsanstalt, München 1996, zu beziehen über die LaLecheLiga

Bulletin „Stillen solange es uns gefällt!", Nr. 4, August 2002 (mit frankiertem und adressiertem

Rückumschlag A 5 auch als Einzelnummer): Bulletin-Versand, Simone Kamer, Neumattstr. 20, CH-3053 Münchenbuchsee, Tel: (+41) 031/869 22 36)

CD-Rom von Franka Rose „Stillzeit. Geschichte. Geschichten. Ratgeber", Hier steht noch ein bisschen mehr dazu: www.uni-weimar.de/~rose3/diplom.

Links zum Tandemstillen
www.tandemstillen.de

www.members.fortunecity.de/tandemstillen

Abboniere die kostenlose Internet-Mailingliste zum Thema Tandemstillen: http://de.groups.yahoo.com/group/Tandemstillen. Da kaum eine Familie eine andere kennt, die zwei Kinder stillt, ist eine Mailingliste eine wunderbare Möglichkeit zum Austausch, zum Mutmachen, Stärken und Fragen stellen und Sich-Nicht-Alleine-Fühlen. Es gibt sie wirklich, die Tandemmütter – hier treffen sich welche.

Schöne Tandemstillzeitung unter: www.nurturing.ca/nursetwo.htm
www.geocities.com/Brodway/Stage/2203.pregtandem.html (englischsprachig)
www.afs-stillen.de/cms/cms/front_content.php?idcat=37.

Hilfreiche Adressen
La Leche Liga Deutschland e.V., Postfach 650096, 81214 München, Infoline Telefon und Fax: 068512524, www.lalecheliga.de

Arbeitsgemeinschaft Freier Stillgruppen (AFS) e.V., Geschäftsstelle, Rüngsdorfer Str. 17, 53173 Bonn, Internet: www.afs-stillen.de

BDL – Berufsverband Deutscher Laktationsberaterinnen, Saarbrücker Str. 157, 38116 Braunschweig, Internet: www.bdl-stillen.de

Bezug von Stillbekleidung, Stillbett und prima Still-BH`s, Tragetüchern, Milchpumpen: www.be-mom.com, E-Mail: be-mom@gmx.at.

Still-BH´s gibt es auch unter www.baby-naturstuebchen.com

Links zum Thema Stillen während der Schwangerschaft
Hier gibt es Praktisches und auch ein Stillbett:
www.be-mom.com

Für Anfragen oder Stillberaterinnen oder Stillgruppen zu finden:
www.lalecheliga.de und www.afs-stillen.de.

Liste mit Stillgruppenterminen: www.ichstille.de/wissen/stillgruppen_de.htm

Links zum Thema Stillen

Internetzeitung: www.elternzeitschrift.org
Eine sehr liebevolle, recht umfangreiche Seite übers Stillen: www.uebersstillen.org
Der Erfahrungsbericht von Elke Vogts Seite www.ichstille.de enthält viele Fakten zu der Muttermilch, die ein Kleinkind trinkt: www.ichstille.de

Stillen und Erschöpfung, auch nach Blutverlust:
www.verlag-medizinischesforum.de/archiv/He14/14CHIN1.htm

Stillen für eine gesunde Entwicklung:
www.geburtskanal.de/Wissen/Stillen/GesundeEntwicklung.shtml

Stillen und impfen, sehr lesenswert:
www.wasserbabies.de/WaBaPo/wabapo6.htm

Online Stillbuch:
www.uebersstillen.org/mammalsd_1.htm

Wunderbare Elternseite zum stillen, schlafen und anderen wichtigen Themen:
www.attachment-parenting.de

LITERATURVERZEICHNIS

Quellen:

Acheson ED, Truelove SC: Early weaning in the aetiology of ulcerative colitis: a study of feeding in infancy in cases and controls, BMJ (British Medical Journal) 1961, 2, S. 929-33.

Berke GA: Nursing Two, Is It For You? LLLI, August 1989. Publication No. 302-17.

British Medical Journal 1999;319: S. 815-819.

Bumgarner, NJ: Wir stillen noch... Über das Leben mit gestillten Kleinkindern, deutsch von Irmgard Ruppert, La Leche Liga 1996, (Orginal: Bumgarner NJ: Mothering Your Nursing Toddler. Schaumburg, Illinois: LLLI, 2000)

Cavallo MG, Fava D, Monetini L, Barone F, Pozzilli P: Cell-mediated immune response to beta casein in recent-onset insulin-dependent diabetes: implications for disease pathogenesis, Lancet 1996, 348, S. 926-928.

Dahl-Jorgensen K, Joner G, Hanssen KF: Relationship between cows' milk consumption and incidence of IDDM in childhood. Diabetes Care 1991, 14, S. 1081-83.

Davis MK, Savitz DA, Graubard BI: Infant feeding and childhood cancer, Lancet 1998, 2(8607): S. 365-68; Golding J, Paterson M, Kinlen L: Factors Associated with Childhood Cancer in a National Cohort Study, British Journal of Cancer 1990, 62, S. 304-08.

Décant-Paoli Dom.: „L´Haptonomie" aus der französischen Reihe: Que sais-je?, puf, 2002.

Duncan B, Ey J, Holberg CJ, Wright AL, Martinez FD, and Taussig LM: Exclusive breast-feeding for at least 4 months protects against otitis media, Pediatrics 1993, 91(5), S. 867-72.

Fall CHD, Barker DJP, Osmond C, Winter PD, Clark PMS, Hales CN: The relation of infant feeding to adult serum cholesterol and death from ischaemic heart disease, BMJ 1992, 304, S. 801-05

Feige und Krause – Beckenendlage, München: Urban & Schwarzenberg, 1998, Seiten 76 u.77

Feldman, Sora, „Nursing Through Pregnancy", NEW BEGINNINGS, Vol. 17 No. 4, July-August 2000, S. 116-118, 145 (www.lalecheleague.org/NB/NBJulAug00p116.html)

"Flotte Mahlzeit". In: Nordwest-Zeitung vom 11.08.2003, S. 8.

Fredrickson DD, Sorenson JR, Biddle AK, SIDS = Sudden Infant Death Syndrome (plötzlicher Kindstod). Kotelchuck M: Relationship between sudden infant death syndrome and breastfeeding intensity and duration, American Journal of Diseases in Children 1993, 147, S. 460

Freudenheim JL, Marshall JR, Graham S, Laughlin R, Vena JE, Bandera E, Muti P,

Swanson M, Nemoto T: Exposure to breastmilk in infancy and the risk of breast cancer, International Journal of Epidemiology 1994, 5(3), S. 324-31.

Frye A: Holistic Midwifery, Volume 1, Portland, OR: Labrys Press, 1995.

Greco L, Auricchio S, Mayer M, Grimaldi M: Case control study on nutritional risk factors in celiac disease, Journal of Pediatric Gastroenterology and Nutrition 1988, 7, S. 395-98.

Gromada KK: Breastfeeding more than one: multiples and tandem breastfeeding. NAACOGS Clinical Issues in Perinatal and Womens Health Nursing 1992, 92, 3(4), S. 656-66.

Gromada KK: Mothering Multiples. Schaumburg, Illinois: LLLI, 1999.

Hasselbach H, Jeppsen DL, Engelmann MDM et al: Decreased thymus size in formula-fed infants compared with beastfed infants, Acta Paediat 1985, 1029, 1996.

Howie PW, Forsyth JS, Ogston SA, Clark A, Florey C du V: Protective effect of breast feeding against infection. BMJ (British Medical Journal) 1990, 300, S. 11-16.

Illinois: LLLI, 1997, Handbuch für die Stillberatung, deutsch von Denise Both

International Board Certified Lactation Consultants (www.iblce.org)

Kato H, Inoue O, Kawasaki T, Fujiwara H, Watanabe T, Toshima H: Adult coronary artery disease probably due to childhood Kawasaki disease, Lancet 1992, 340, S. 1127-29

Kawasaki T, Kosaki F, Okawa S, Shigematsu I, Yanagawa H: A new infantile acute febrile mucocutaneous lymph node syndrome (MLNS) prevailing in Japan, Pediatrics 1974, 54, S. 271-76

Kellenberger, Richard/Kopsche, Friedrich: Mineralsstoffe nach Dr. Schüssler, Ein Tor zu körperlicher und seelischer Gesundheit, Augsburg: Lizenzausgabe Weltbild GmbH, 2001

Koletzko S, Sherman P, Corey M, Griffiths A, Smith C: Role of infant feeding practices in development of Crohn's disease in childhood, BMJ 1989, 298, S. 1617-18.

Kries R, Koletzko B, Sauerwald T, von Mutius E, Barnert D, Grunert V, von Voss H: Breast feeding and obesity: Cross sectional study, BMJ (British Medical Journal) 1999, 17, 319(7203), S. 147-50.

Labbok MH and Hendershot GE: Does breastfeeding protect against malocclusion? An analysis of the 1981 child health supplement to the National Health Interview Survey, American Journal of Preventive Medicine 1987, 3(4), S. 227-32

Lawrence Ruth: Breastfeeding. A guide for the medical profession. Mosby, St. Louis, 1999.

Dr. Lockie / Dr. Geddes Homöopathie für Frauen, (Lizenzausgabe Bechtermünzverlag, Augsburg 2000, nun erhältlich unter Dr. Lockie / Dr. Geddes: Frauenhandbuch der Homöopathie, Zabert Sandmann Taschenbuch, 2001)
Lufkin Ruth: Nursing during pregnancy. LEAVEN (www.lalecheleague.org/llleaderweb/lv),

May-June 1995.

Marmot MG, Page CM, Atkins E, Douglas JW: Effect of breast-feeding on plasma cholesterol and weight in young adults, Journal of Epidemiology and Community Health 1980, 34, S. 164-67.

Mayer EJ, Hamman RF, Gay EC, Lezotte DC, Savitz DA, Klingensmith J: Reduced risk of IDDM among breastfed children, Diabetes 1988, 37, S. 1625-32.

Medaustria 22.10.1999, Quelle: JNCI (Journal of the National Cancer Inst), 1999, 91, 1765-72.

Medaustria 27.9.1999, aus BMJ (British Medical Journal), 1999, 319, 815-19

Meier, Jörg Otto: Babies machen Mütter stark. Frauen über Schwangerschaft und Geburt, Väter und Kinder, Erstauflage, Rowohlt Taschenbuchverlag, Reinbeck 2000

Merchant KMR, Haas J: Maternal and fetal responses to the stresses of lactation concurrent with pregnancy and of short recuperative intervals. American Journal of Clinical Nutrition 1990, 52, S. 280-88.

Mitchell EA, Scragg R, Stewart AW, Becroft DMO, Taylor BJ, Ford RPK, Hassall IB, Barry DMJ, Allen EM, Roberts AP: Results from the first year of the New Zealand cot death study. New Zealand Medical Journal 1991, 104, S. 71-76.

Mohrbacher N, Stock J: The Breastfeeding Answer Book. Schaumburg,

Moscone SR, Moore MJ: Breastfeeding during pregnancy. Journal of Human Lactation 1993; 93-6 9(2): 83-88, Herausgeber: La Leche Liga Deutschland e.V., September 2000

Newton N, Theotokatos K: Breastfeeding during pregnancy in 503 women: does a psychobiological weaning mechanism exist in humans? Proceedings of the Fifth International Congress of Psychosomatic Obstetrics and Gynecology. Zichella L, ed.; London: Academic Press; 1980.

Pisacane A, Impagliazzo N, Russo M, Valiani R, Mandarini A, Florio C, Vivo P: Breastfeeding and multiple sclerosis, BMJ 1994, 308, S. 1411-12; dto, Authors reply: BMJ 1994, 309, S. 610-11.

Pisacane, Buffolano, Grillo und Gaudiosi, 1992.

Pressel, Simeon, Bewegung ist Heilung, Der Bewegungsorganismus und seine Behandlung, Praxis Anthroposophie Band 59, München; Verlag Freies Geistleben, Ausgabe: 4., erw. Aufl. 1998, Seite 93/94

Projektgeschäftsstelle zur Qualitätssicherung Geburtshilfe / Pädiatrie bei der Ärztekammer Nordrhein, Düsseldorf: Perinatalstatistik 1998

Retzke, Prof. Dr. Ulrich (Flensburg), Fragen aus der Praxis, Mamakarzinom und Stillen, in:DIE HEBAMME, Heft 3/2003; 16: 187-188

Roy, Ravi, Selbstheilung durch Homöopathie; München 1998, Knaur Verlag

Silfverdal SA: Protective effect of breastfeeding on invasive Haemophilus influenzae infection: a case-control study in Swedish preschool children. International Journal of Epidemiology, 1997, 26(2): 443-450

Studie von Cunningham, Kanada, 1995

Veldman, Frans: „Haptonomie, Science de l´Affectivité", Paris, puf (Presses Universitaires de France), 1989

Virtanen SM, Rasanen L, Aro A, Lindstrom J, Sippola H, Lounamaa R, Toivanen L, Tuomilehto J, Akerblom HK: Infant feeding in Finnish children less than 7 year of age with newly diagnosed IDDM. Childhood Diabetes in Finland Study Group, Diabetes Care 1991, 14, S. 415-17.

STICHWORTVERZEICHNIS

A

Abhängigkeit _____ 253, 254
Abnabelung _____ 30
Abpumpen _____ 50, 129, 130, 286
Absaugset _____ 246
Abstillalter _____ 126, 195, 231, 254
Abstillen _____ 250, 253, 254, 256
Affektivität _____ 24, 59
Alkohol _____ 149, 150, 215, 256
Amalgam _____ 150
Angst _____ 162, 181, 350
Antikörper _____ 108
Arbeitgeber _____ 130
Atemtechnik _____ 42, 193
aufwachen _____ 159
ausgelaugt _____ 149, 234, 308
Autonomie _____ 34

Ä

Ärzte _____ 123

B

Bauch _____ 193
Bauchumfang _____ 14, 33
Beckenendlage _____ 57, 66, 68, 87
Bedingung _____ 28
Bedürfnis _____ 29, 52, 99
Beikost _____ 157, 195, 199, 201, 202
Beißen _____ 242
Beruhigung _____ 49
Beruhigungsfläschchen _____ 152
Berührung _____ 24, 28
Bett _____ 157
Bewegungsapparat _____ 40
Beziehung _____ 42, 44, 47, 106
Bindegewebe _____ 29
Blähungen _____ 55, 276
Braxton-Hicks-Kontraktionen _____ 175
Brustentzündung _____ 143, 275, 334
Brustfreimedaille _____ 341
Brustwarzen _____ 14, 133, 144, 176, 181, 184, 248

C

Calcium _____ 113, 144, 154, 305
Contiuuum _____ 212

D

Dammschnitt _____ 16, 60, 67
Darmgrippe _____ 235
Daseinsbestätigung _____ 25
Dauerkontakt _____ 138
Daumen _____ 21, 120, 231
Dehnbarkeit _____ 24

Deo _____ 211
Down Syndrom _____ 43, 48, 115, 130, 345, 356
Drei-Monats-Koliken _____ 53
Drillinge _____ 346
Durchschlafen _____ 155, 166

E

Ehebett _____ 52, 307
Eifersucht _____ 266, 298
Einschlafen _____ 155, 167
Einschlafschluck _____ 308
Eisen _____ 136. 153, 186, 209
Eisprung _____ 57, 168
Eiweiß _____ 110, 111, 115, 196
Eiweißbedarf _____ 115
Elastizität _____ 24
emotionale Beziehung _____ 59, 85
Empfängnis _____ 168
Entspannung _____ 72
Entwicklungsschübe _____ 136, 217
Erinnerungslücken _____ 189
Ersatz _____ 104, 215
Ersatznahrung _____ 135, 188
Erwartung _____ 20, 105, 136, 159
Essensbeginn _____ 211

F

Familienbett _____ 50, 73, 127, 159
Fehlgeburt _____ 26, 119, 171, 181,
feste Nahrung _____ 199
Flasche _____ 236, 354
Flaschenkinder _____ 203, 205
Flaschenmilch _____ 104
Fleisch _____ 106, 123
Flüssigkeitsbedarf _____ 203
Fluor _____ 125, 154
fremdeln _____ 51
Fruchtbarkeit _____ 168, 266, 348
Fruchtblase _____ 74
Frühchenmilch _____ 285
Fühlen _____ 24
Fußlage _____ 57, 66

G

ganzheitlich _____ 25, 51
Geborgenheit _____ 188
Geburt _____ 52, 58, 61
Geburtsbegleitung _____ 62
Geburtsgewicht _____ 135, 202
Geburtskanal _____ 43
Geburtsschock _____ 30
Geburtsvorbereitung _____ 34, 76
Geburtsvorbereitungskurs _____ 80
Gedächtnis _____ 161
Gehirnentwicklung _____ 115, 206
Gereizt _____ 185, 283
Geschwister _____ 282, 291, 295, 299
Geschwisterliebe _____ 269, 350

364   Gestillte Sehnsucht - starke Kinder!

Gesellschaft _____ 23
Gesundheitszustand _____ 127, 207
Gewichtszunahme _____ 177, 217

H

Halswirbelsäule _____ 56, 105
Hängebrüste _____ 121
Haushalt _____ 20, 141
Hintermilch _____ 107
Hochsommer _____ 136
Hohlkreuz _____ 33, 41
Homöopath _____ 134, 143
Hormonumstellung _____ 139
Hunger _____ 28, 46, 140, 158, 198

I

Immunglobulin _____ 108, 276
Immunsystem _____ 108
Impfen _____ 106, 156
Infektionen _____ 108, 257
Instinkt _____ 105
Intensivstation _____ 65, 115

K

Kaiserschnitt _____ 57, 58, 63, 64
Karies _____ 152
Kinderarzt _____ 210
Kinderbett _____ 27, 160
Kinderwagen _____ 27, 52, 81, 99
Kinderwunsch _____ 170
Kinderzimmer _____ 27
Kleinkind _____ 126, 139, 207
Körperkontakt _____ 28, 49, 308, 341, 355
Kolostrum _____ 108
Konditionierung _____ 239
Kontaktaufnahme _____ 24, 48
Kontraktionen _____ 174, 265
Konzentrationsschwäche _____ 189
Krankenhaus _____ 57, 58, 60, 74
Kuhmilch _____ 18, 56, 123, 196

L

Laufgitter _____ 52
Lippen-Kiefer-Gaumenspalte _____ 115

M

Medikamente _____ 57, 149
Milchbildung _____ 140, 180, 286, 292
Milchbildungstee _____ 141
Milcheinschuss _____ 148, 183, 275
Milchmenge _____ 16, 140, 151
Milchspendereflex _____ 107, 186
Milchstau _____ 143, 146, 148
Milchüberschuß _____ 118, 144
Mittelohrentzündung _____ 109, 207
Muskulatur _____ 130
Mutterschutz _____ 129

N

Nähe _____ 10
Nährstoffgehalt _____ 258
Nahrungsmittelergänzungen _____ 189, 305
nebeneinander schlafen _____ 158
Nestflüchter _____ 31
Nikotin _____ 151
nuckeln _____ 120

O

Obstbrei _____ 201
Öffentlichkeit _____ 217, 219
Oxytocin _____ 174

P

Parfum _____ 211
PDA _____ 87, 98
Perinatal _____ 60
plötzlicher Kindstod _____ 109
pressen _____ 26
Primaten _____ 121
Prolaktin _____ 140

R

Rauchen _____ 149

S

Saugen _____ 105, 216, 248
Saugverwirrung _____ 130
Schadstoffbelastung _____ 256
Schlafrhythmus _____ 161
Schlaftraining _____ 156
Schmerzen _____ 24, 58, 61, 145
Schnuller _____ 50, 73, 107, 120
schreien _____ 58
Schüssler Salze _____ 144
Schuldgefühle _____ 130, 163
Schwangerschaftsbegleitung _____ 356
Schwangerschaftswoche _____ 24
Selbstbewußtsein _____ 51
Sexualität _____ 251
Sicherheit _____ 10, 24, 31
Soor _____ 235, 309
Sprachentwicklung _____ 107
Steißlage _____ 57, 66
Stillabstände _____ 50
Stillberaterin _____ 15
Stillbeziehung _____ 16
Stillgruppe _____ 260
Stillhütchen _____ 134

T

Tee _____ 135
Thymusdrüse _____ 108
Trösten _____ 147, 238

Gestillte Sehnsucht - starke Kinder!

U

Übergewicht _____ 110
U-Hefte _____ 205
Umweltaspekte _____ 123
Unsicherheit _____ 55
Urvertrauen _____ 27

V

Vaterschaft _____ 15
Vegetarier _____ 257
Vergesslichkeit _____ 188
Vertrauen _____ 27, 52, 213
Vitamin C _____ 196, 204, 305
Vitamin D _____ 113
Vollstilldauer _____ 258

W

Wachstumskurve _____ 205
Weinen _____ 238
Wirbelsäule _____ 46

Y

Yoga _____ 42

Z

Zähne putzen _____ 153
Zahnen _____ 156
Zufüttern _____ 198
Zwillinge _____ 341
Zyklus _____ 170